KB119520

1일 1페이지,
세상에서 가장 짧은
교양 수업
365
【현대문화편】

1일 1페이지,
세상에서 가장 짧은
교양 수업
365

Salvador Dali

Madonna

현대문화편

1984

The Generation of 1968

데이비드 S. 키더 · 노아 D. 오펜하임 지음
고원 옮김

Television

J. R. R. Tolkien

Marilyn Monroe

Charlie Chaplin

Luddite

Nuclear Bomb

Stanley Kubrick

Pablo Picasso

위즈덤하우스

배우나 가수, 예술 작품, 아이디어 그리고 특정 집단의 상상력이 담긴 트렌드 등을 총 망라하는 대중문화는 각종 매체를 통해 전 세계에 강력한 영향력을 행사하고 있습니다.《세상에서 가장 짧은 교양 수업 365》는 하루에 한 장씩 꼭 필요한 지식을 쌓을 수 있도록 엮은 책으로, 이번에는 그중에서도 '현대문화'라는 풍성한 태피스트리에 초점을 맞추었습니다. 이 책은 지성에 대한 신선한 자극이자 창의적인 발상 그리고 필수적인 지식 영역에 대한 가르침을 제공합니다. 페이지마다 주제를 심도 있게 다루면서도 짧은 시간 안에 간편하게 소화할 수 있도록 구성했습니다.

20세기에 대중매체가 발전하면서 현대문화의 영향력은 눈에 띄게 확장되었습니다. 한 나라에서 시작된 유행은 금세 전 세계로 퍼져나갔습니다. 또한 뉴트로[새로움(New)과 복고(Retro)를 합친 신조어로, 복고를 새롭게 즐기는 경향]라는 트렌드에 힘입어 어린 시절의 추억이 깃들어 있는 TV프로그램, 우리를 울리고 웃겼던 영화와 음악, 사람들의 마음과 생각을 변화시킨 예술 작품들이 거의 모든 분야에서 확대재생산되고 있습니다. 이 책은 앞으로의 트렌드의 흐름을 이해하기 위해 현대문화에 관한 필수적인 지식들을 가려 뽑았습니다. 익숙한 방식으로 향수를 불러일으키면서 재미를 더하는 방식으로, 지난 100년 동안 지속된 문화적 배경에 빠져들게 될 것입니다.

이 책에 담긴 365가지 주제는 다음의 분야들로 나뉩니다.

월요일 – 인물
인쇄물과 타블로이드 신문의 첫 장을 장식했던 전설적인 인물들을 소개합니다.

화요일 – 문학
상상력과 표현의 한계를 넘어서 사람들의 생각을 변화시킨 작가와 작품을 기록했습니다.

수요일 – 음악
힙합, 재즈, 로큰롤 등 현대 음악 장르의 출발점이자 수십 년이 지난 지금도 대중들에게 사랑받는 음악들을 모았습니다.

목요일 – 영화

은막에서 튀어나와 우리의 의식 속에 들어온 감독과 배우 그리고 대형 흥행작들을 소개합니다.

 금요일 – 사회

인류 사회의 패러다임을 뒤흔들며 새롭게 등장한 이데올로기와 혁명적인 발명품들을 소개합니다.

 토요일 – 스포츠

인간의 한계를 이겨내면서 관중들에게 감동과 환희를 안겨준 운동선수와 경기들을 살펴봅니다.

 일요일 – 팝

지난 100년 동안 별안간 나타나 대중들을 들었다 놨던 떠들썩한 사건 사고들을 보여줍니다.

이 책을 한 페이지씩 넘길 때마다 지적인 호기심으로 일상이 새로워지고 인생의 새로운 탐험을 시작할 수 있기를 바랍니다.

– 데이비드 S. 키더David S. Kidder, 노아 D. 오펜하임Noah D. Oppenheim

오직 한없이 가지고 싶은 것은 높은 문화의 힘이다.

– 백범 김구

001 | MON 인물 | 지그문트 프로이트

지그문트 프로이트는 마음에 대한 연구를 구체화한 20세기의 가장 중요한 지식인이자 심리학자다. 심리 분석, 최면술, 꿈 분석이라는 논란 많은 발상을 통해 사람들 내면의 삶과 동기에 빛을 비추고자 했고 그럼으로써 심리학뿐만 아니라 철학, 사회학, 예술에까지 강력한 영향을 끼쳤다.

프로이트의 연구는 그 자신을 천재 혹은 사기꾼이라는 소리를 듣게 만들었다. 빈대학교에서 신경의학 학위를 받고 졸업한 후 파리로 건너가 히스테리 연구를 전문으로 하는 장 마르탱 샤르코 아래서 연구했다. 프로이트는 환자를 치료하면서, 정신질환은 자연적으로 발생하는 신체적인 문제가 아니라 심리적·감정적 트라우마에서 비롯된다는 결론을 내렸다.

파리에 있는 동안 프로이트는 심리 분석을 하면서 환자들에게 최면술을 사용했고, 이것은 그의 중심 이론으로 전개되었다. 즉, 사람은 무의식적이고 억압된 기억을 갖고 있으며, 그것이 강력한 감정적 성적 충동을 일으킨다. 유아기에 생기는 이런 충동들이 인간의 행동을 통제하고 궁극적으로 지배하려고 서로 투쟁한다는 것이다.

1899년에 그는 《꿈의 해석》이란 널리 알려진 유명한 저서를 출간했다. 그는 꿈은 복잡한 상징들로 가득 차 있으며, 인간의 욕망에 대한 단서를 제공하려는 잠재의식의 노력이라는 이론을 제기했다.

〈자아와 이드〉라는 논문에서 경쟁하는 3가지 마음에 대해 소개했는데 이드는 가장 원시적인 충동이 자리하는 곳이고, 자아는 현실과 상호작용하는 의식적인 자기 모습을 가리키며, 초자아(superego)는 사회적 규범에 의한 제약을 인식하고 준수하는 정신요소다. 무의식에 대한 관심과 믿음 때문에 프로이트는 모든 농담과 말실수, 꿈이 인간 마음에 대한 통찰을 보여주거나 의미를 내포한다고 생각했다.

- 프로이트는 자신은 물론 타인에게 코카인을 주입하면서 그것의 도취 상태에 관해 연구했다.
- 그는 동물학 연구를 통해 장어에게서 고환을 발견하기도 했는데 이는 이전 연구들이 간과했던 사실이었다.
- 프로이트는 보석상 가문에서 태어났는데 그의 네 여자 형제는 2차 대전 중에 나치의 강제 수용소에서 사망했다.
- TV 드라마 〈소프라노스〉부터 우디 앨런의 영화, 살바도르 달리의 초현실적인 작품에 이르기까지 프로이트는 여러 분야에 영향을 끼쳤다.

002

죄와 벌

표도르 도스토옙스키의 《죄와 벌》은 1866년에 출간되었지만 여러 면에서 최초의 20세기 소설이라 할 수 있다. 살인, 죄책감, 소외, 구원에 관한 이 이야기는 이어지는 20세기의 여러 근대주의자들과 실존주의 작품들의 초석이 되었으며 오늘날까지도 문학과 영화 속에 끊임없이 흔적을 남기고 있다.

러시아의 상트페테르부르크를 배경으로 하는 이 소설은, 자신이 뛰어난 능력을 가졌다고 믿지만 빈곤과 기회의 부재로 좌절감을 느끼는 라스콜니코프라는 젊은 학생에 관한 이야기이다. 그는 뛰어난 잠재력을 가진 자신이 나이 든 수전노 전당포 주인을 살해하고 그녀가 모은 돈으로 위업을 달성하는 것은 정당하다고 판단한다. 그러나 자신의 계획을 실행에 옮기는 와중에 당황하여 강도 행각은 망친 채 돈은 훔치지도 못하고 2번째 살인을 우발적으로 저지르게 된다. 실패로 고뇌하던 라스콜니코프는 불안감에 빠져 자신의 진짜 범행동기가 무엇이었는지 돌아보게 된다. 그사이 그가 범인이라는 증거를 찾았는지 찾지 못했는지 알 수 없는 한 수사관에게 쫓긴다.

《죄와 벌》은 라스콜니코프의 동기와 정신 상태를 복잡하게 탐구했다는 점에서 최초의 심리소설로 꼽히며 지금까지도 가장 위대한 심리소설로 평가받는다. 그와 동시에 이 작품은 서스펜스를 불러일으키는 놀라운 작품이기도 하다. 독자들이 라스콜니코프가 잡힐 것인지, 자수할 것인지 궁금해하면서 긴장감은 고조된다. 사실, 생계형 범죄소설 작가의 책들이 그렇듯이 《죄와 벌》도 1년 동안 연재된 뒤에 출간되었다. 이 소설은 도박 빚에 허덕이던 도스토옙스키에게 빚을 갚을 수 있도록 금전적인 횡재를 가져다주었고, 출간 즉시 레프 톨스토이 같은 동시대 작가들로부터 획기적인 작품이라는 찬사를 받았다. 그 후 지그문트 프로이트, 프리드리히 니체, 장 폴 사르트르, 알베르 카뮈를 비롯한 사람들이 이 작품에서 직접적인 영향을 받았다고 밝혔다.

- 《죄와 벌》은 우디 앨런의 영화 〈범죄와 비행〉과 〈매치 포인트〉의 모티프가 되었다.
- 도스토옙스키는 20대 후반에 비밀 좌파 정치 단체 모임에 참가한 혐의로 총살 선고를 받았다. 차르 니콜라이 1세가 마지막 순간에 감형해주면서 시베리아 강제 노동 수용소에서 4년간 복역했다. 이 경험은 《죄와 벌》에 어느 정도 영감이 되었다.
- 도스토옙스키는 도박 중독으로 수년간 고생했는데, 다행스럽게도 이 중독을 문학적 가치로 승화시켜 1866년에 《노름꾼》을 집필할 수 있었다.

003 표트르 일리치 차이콥스키

WED
음악

러시아 작곡가 표트르 일리치 차이콥스키는 〈백조의 호수〉, 〈잠자는 숲속의 미녀〉 그리고 크리스마스의 고전 〈호두까기 인형〉 등 역사상 가장 인기 있는 발레곡들을 작곡했다. 발레 작품 외에도 차이콥스키는 7곡의 교향곡을 비롯해 수십 가지의 관현악곡을 작곡했다.

차이콥스키는 봇킨스크라는 러시아의 작은 마을에서 태어났고 5세에 피아노를 배우기 시작했다. 처음에 그의 부모는 나약하고 병치레가 잦은 아이에게 '열정적인' 취미가 위험할 것이라고 생각해 그가 음악을 하는 것을 격려하지 않았다. 그러나 결국 차이콥스키는 러시아의 수도인 상트페테르부르크로 이주했고 그곳에서 음악 교육을 마쳤다. 차르 알렉산드르 3세가 그의 팬이었고, 또 다른 후원자인 나데즈다 폰 메크는 그가 음악 활동을 계속할 수 있도록 매년 연금을 지불하기도 했다.

오늘날 차이콥스키는 발레 작품 외에도 프랑스 황제 나폴레옹 보나파르트를 누르고 승리한 러시아를 기념하는 작품 〈1812년 서곡〉으로 유명한데, 이 곡에는 대포 발사와 교회 종소리가 악기의 일부로 포함된다. 차이콥스키는 또한 11편의 오페라를 작곡하기도 했다. 그중 가장 유명한 것으로는 〈예브게니 오네긴〉과 〈스페이드의 여왕〉이 있는데, 이 두 작품 모두 19세기 러시아 시인 알렉산드르 푸시킨의 극시를 바탕으로 쓴 것이다.

차이콥스키는 작품 활동을 하는 동안 세계적인 유명세를 얻었고 1891년에는 미국 순회공연에 올라 지금은 고전이 된 그의 작품들을 미국인들에게 소개하기도 했다. 그의 두 작품, 〈1812년 서곡〉과 〈호두까기 인형〉은 미국 문화에서 가장 즐겨 찾는 감상작으로 독립기념일과 크리스마스 때마다 연주되곤 한다.

- 차이콥스키는 마지막 작품 교향곡 제6번 〈비창〉이 초연되고 9일 만에 사망했고, 이 작품은 그의 장례식에서 장송곡의 일부로 연주되었다.
- 그는 동성애 사건이 폭로된 후 자살했다는 소문도 있었지만 대부분의 학자들은 그가 콜레라로 사망했다고 생각한다.
- 차이콥스키의 오페라 〈예브게니 오네긴〉이 대작으로 간주되기도 하지만, 러시아 작가 블라디미르 나보코프는 이 작품 안의 모든 것이 "푸시킨의 대작을 모욕한다"면서 '한심하고', '대충 만들어진' 작품이라 치부했다.

004 | THU 📽 영화 | 뤼미에르 형제

영화를 최초로 발명하지는 않았지만 1895년에 특허를 등록한 최초의 활동사진 프로젝터 개발로, 프랑스의 형제 루이 뤼미에르와 오귀스트 뤼미에르는 현대 영화의 아버지로 여겨진다. 이 형제는 1893년에 키네토스코프라고 불리는 활동사진영사기를 선보인 미국 발명가 토머스 에디슨의 발명품에서 영감을 얻었다. 키네토스코프는 부품이 담긴 나무 상자 안을 들여다보면서 단편영화를 관람할 수 있게 한 기기다.

사진 장비와 소모품을 생산하는 가문에서 태어난 뤼미에르 형제는 키네토스코프를 개선해서 카메라이면서 프로젝터이기도 한, 손으로 돌리는 가벼운 장치 시네마토그래프를 만들었다. 관객 한 사람씩만 활동사진을 볼 수 있었던 키네토스코프와 달리 시네마토그래프는 영화를 스크린에 투사하여 다수의 관객들이 함께 영화를 볼 수 있게 했다.

뤼미에르 형제는 1895년 2월에 시네마토그래프에 대한 특허를 취득했는데, 많은 역사가들은 1895년 12월 28일을 영화가 탄생한 날로 본다. 그날 뤼미에르 형제는 파리의 카푸친 대로에 있는 그랑 카페에서 관람료를 지불한 관객들에게 최초로 영화를 상영했다. 이 프로그램에는 10편의 영화가 포함되었는데 그 가운데에는 〈공장 노동자들의 퇴근〉도 포함되어 있었으며, 상영 시간은 총 20여 분이었다.

1896년에 뤼미에르 형제는 시네마토그래프와 자신들의 영화를 가지고 런던과 뉴욕을 포함해 월드투어에 올랐다. 일설에 의하면 일부 관람객 중에는 뒷배경에서부터 나온 기차가 역에 도착하는 단일 샷으로 이루어진 〈열차의 도착〉을 보고 겁먹은 나머지 두려움에 떨며 도망치는 사람들도 있었다고 한다.

1900년대에 이르러 뤼미에르 형제는 2만 편의 영화를 제작했다. 그러나 "극장은 미래가 없는 발명품"이라고 믿었던 형제는 자신들의 카메라를 다른 영화 제작자들에게 판매하지 않았고 스틸 사진에 노력을 쏟아부었다.

• 루이 뤼미에르는 물리학자였고, 오귀스트 뤼미에르는 기업을 운영했다.
• 뤼미에르 형제는 파리에서 최초로 선보인 자신들의 단편영화에 배경 음악을 넣기 위해 피아니스트를 고용했다.

005

FRI
사회

공산주의

"하나의 유령이 유럽을 떠돌고 있다. 공산주의라는 유령이." 카를 마르크스와 프리드리히 엥겔스는 이 말로 19세기와 20세기에 가장 강력한 정치 운동으로 남은 정치 강령, 〈공산당 선언〉의 서문을 열었다.

마르크스와 엥겔스가 팸플릿을 만들었던 그 당시, 공산주의는 몇 건의 실패한 반란과 잘 알려지지 않은 어려운 독일 철학과 관련된 비주류 운동에 불과했다. 그러나 한 세기가 지났을 때 공산주의는 전 세계의 절반을 지배하고 있었다.

공산주의자들은 19세기 초에 발생한 산업 혁명이 공장 소유주와 투자자들에게는 거대한 수익을 남겨준 반면 노동자들은 빈곤에 허덕이게 하는, 심각한 경제적 불평등을 낳았다고 믿었다. 공산주의자들은 자본주의는 엄청난 부를 창출했지만 부르주아들이 그것을 프롤레타리아와 공유하지 않고 사회 안에서 자신들이 속한 권력층을 그대로 유지하려고만 한다고 생각했다.

마르크스와 엥겔스는 노동자 계층이 스스로 생산 수단을 통제할 수 있게 하는, '프롤레타리아 독재'를 수립하자고 주장했다. 부르주아가 결코 자발적으로 권력을 포기하지 않을 것이기 때문에 폭력적인 혁명이 필요하다고 믿었다. 게다가 공산주의자들은 자본주의뿐만 아니라, 마르크스가 '인민의 아편'이라고 묘사했던 종교와 제국주의에도 적대적이었다. 실제로 반대파들의 눈에 공산주의는 서구의 생활 방식에 직접적인 위협으로 여겨졌다. 그러나 19세기 유럽의 빈곤과 사회적 갈등 속에서 공산주의는 많은 지지자들을 모았고 꾸준히 퍼져나갔다. 공산주의자들은 1917년 러시아 혁명으로 자신들의 생각을 실천할 수 있는 능력을 갖추게 되었다.

자본주의와 공산주의 사이의 갈등은 40년 동안의 냉전으로, 20세기 대부분의 세계 정치를 정의했다. 그러나 중국 같은 몇몇 국가들이 명목상의 공산주의 국가로 남아 있을 뿐 그 이데올로기는 "노동자들의 파라다이스"라던 소비에트 연방의 끔찍한 실상이 세계에 알려진 후 그 매력을 대부분 잃게 되었다.

- 〈공산당 선언〉과 세 권의 《자본론》 같은 저서로 유명한 마르크스는 수년 동안 기자 생활을 하면서 《뉴욕데일리트리뷴》을 비롯한 영국과 미국 신문에 기사를 게재했다.
- 공산주의가 러시아에서 처음으로 대승을 거두긴 했지만 마르크스와 엥겔스는 러시아를 낙후되고 퇴보하는 국가라고 여겼으며 미국이 공산주의의 미래를 이끌어나가기를 바랐다.
- 마르크스는 공산주의 철학이 훗날 '마르크스주의'로 이름 붙여진 것에 짜증을 냈다. 한번은 "나는 마르크스주의자가 아니다"라고 선언하기도 했다.

006 | SAT ♔ 스포츠 | 제임스 네이스미스

미국의 위대한 세 스포츠 야구, 농구, 풋볼 중 하나만이 진짜 창시자에 의해 만들어졌다. 1891년 12월 21일 제임스 네이스미스라는 캐나다 출신의 체육 교사가 매사추세츠주 스프링필드의 한 운동장에서 서로 마주보는 벽에 복숭아 바스켓을 걸고는 새로운 게임에 대한 13가지 규칙을 발표했다. 그렇게 '농구'가 탄생했다.

스코틀랜드 이민자의 아들인 네이스미스는 온타리오주에서 자랐으며 9세 때 고아가 되었다. (그의 부모는 모두 장티푸스로 사망했다.) 15세에 벌목꾼으로 일하기 위해 고등학교를 자퇴했던 그는 결국 학교로 되돌아갔고 맥길대학교와, 목사가 되기 위해 다녔던 프레스비테리언 칼리지에서 학위를 취득했다.

그는 1890년에 스프링필드에 있는 YMCA 국제 훈련 학교에 등록했다. 그곳에서 그와 동료 학생들은 풋볼과 야구 시즌 사이의 겨울 동안 YMCA에서 남자들이 할 수 있는 실내 활동을 고안하라는 과제를 받았다.

당시에는 체조와 미용 체조가 유일한 실내 운동이었는데 쉽게 싫증을 느끼는 종목이었다. 새로운 경기에 대한 유일한 조건은 "모든 선수들에게 공정해야 하고 거친 몸싸움이 없어야 한다"는 것이 전부였다.

네이스미스가 창안한 경기는 인기를 얻었고 13가지 규칙이 스포츠 잡지에 실리자 열렬한 반응을 얻었다. 그 후로 네이스미스는 주로 농구에만 몰두했고 특히 농구 규칙이 현재의 상태로 발전하는 데 깊이 관여했다. 1898년 캔자스대학교에 채용된 그는 10년 동안 코치를 하면서 78세의 나이로 사망하기 직전까지 운동 관리자이자 교목으로 종사했다.

- 네이스미스가 만든 원래 규칙은 선수들에게 드리블을 허용하지 않고, 패스로만 공을 몰 수 있었다.
- 그는 1925년에 미국 시민이 되었다.
- 맥길대학교 졸업반 시절 럭비 구장에서 벌어진 한 사건이 그의 인생을 바꾸어놓았다. 한 선수가 욕설을 내뱉고는 (장차 목사가 되고자 했던) 네이스미스를 보더니, "미안, 제임스. 네가 거기 있는 걸 잊었어"라고 말했다. 그 순간 네이스미스는 자신이 신체 발달을 통해 젊은이들의 삶을 향상시킬 수 있을지도 모른다는 사실을 깨달았다.
- 네이스미스는 캔자스대학교 역사상 패배한 기록이 더 많은 유일한 코치이다. 그는 1898년에서 1907년까지 55승 60패를 기록했다.

007

코니아일랜드

브루클린 남부 끝자락에 위치한 코니아일랜드의 놀이공원은 1890년 대에 개장해서, 수십 년 동안 미국에서 가장 크고 인기 있는 곳으로 군림했다. 전성기 시절 매년 수백만 명의 방문객들이 찾았던 코니아 일랜드는 회전 목마와 대관람차, 롤러코스터, 경마, 기괴한 쇼 그리 고 핫도그로 유명했다.

코니아일랜드에서 가장 먼저 개시한 놀이기구들은 안전하지 않 은 경우가 많았다. 예컨대 1911년에는 2명의 여성이 자이언트 레이서라는 롤러코스터 를 탔다가 트랙에서 벗어나 약 25m 상공에서 추락하여 사망하기도 했다.

그럼에도 이 공원은 엄청난 인기를 누렸는데 1904년에는 3200만 명의 방문객들이 찾은 것으로 추정된다. 1927년에 세워진 목재 롤러코스터인 사이클론을 포함해서 이 공원의 황금기 때부터 존재해왔던 빈티지 놀이기구들은 지금도 운영되고 있다.

영화와 TV가 나오기 이전에는 놀이공원이 최초의 대중 오락물 중 하나였다. 대부분 의 미국 대도시들이 1910년대와 1920년대에 놀이공원을 세웠지만, 그중에 루나파크와 스티플체이스파크를 포함해 여러 소유주가 시끌벅적하게 운영하는 놀이공원 리조트 코니아일랜드에 견줄 만한 것은 하나도 없었다.

그러나 시간이 지나면서 이 리조트는 매춘, 마약 거래 외에도 보드워크에서 벌어지 던 가족 친화적이지 않은 행위로 좋지 못한 평판을 받게 되었다. 대공황 역시 이 놀이 공원에 심각한 타격을 안겨주었다. 루나파크는 1946년에 문을 닫았고 대부분의 코니 아일랜드 놀이기구들은 1980년대에 이르러 해체되었다.

그러나 롤러코스터 사이클론은 여름마다 운행되고, 리조트의 전성기 시절 만들어진 코니아일랜드 핫도그 먹기 대회는 매년 열리는 국제적인 행사로 발돋움했다.

● 미국인 조이 체스트넛이 2007년에 66개의 핫도그를 12분 만에 먹어 치우면서 6차례 우승한 일본인 챔피언 다케루 고바야시를 누르고 코니아일랜드 핫도그 먹기 대회에서 우승했다.

● 코니아일랜드라는 이름은 17세기에 뉴욕에 정착한 네덜란드 정착민들에게서 유래했는데, 그들은 그 지역을 네덜란 드어로 '토끼 섬'이라는 뜻의 코닌 아일랜드라고 불렀다.

● 이 리조트는 현재 뉴욕 메츠의 마이너리그 소속팀인 브루클린 사이클론즈 야구팀이 홈구장으로 사용한다.

008 | MON 인물 | 알베르트 아인슈타인

20세기 천재의 전형을 보여준 인물이 있다면 그것은 알베르트 아인슈타인일 것이다. 누구도 이 독일 태생의 물리학자만큼 현대 과학과 기술에 지대한 영향을 끼치지는 못했다. 그의 생각은 과학자들이 우주를 바라보는 방식을 바꿔놓았으며 한 세기 동안 발생한 대부분의 기술 발전에 초석을 놓아주었다.

아인슈타인은 1905년에 스위스 특허 사무소에서 기술 보조로 일하면서 여가 시간에 집필했던 4편의 논문을 《물리학 연보》에 제출했는데, 그것들이 세상을 바꾸었다.

한 편의 논문에서 아인슈타인은 빛이 파동과 미립자의 형태로 이동한다고 선언하며 광양자설에 대한 최신 정보를 소개했다. 두 번째 논문에서는 분자의 불규칙한 운동을 포함한 이전의 브라운 운동에서 설명할 수 없던 현상을 설명했다. 제출한 논문들 중에 가장 유명한 논문에서는 상대성에 대한 특별한 이론의 개요를 소개하면서 과학에서 가장 유명한 공식이 된 $E = mc^2$을(에너지=질량×빛의 속력의 제곱) 발표했다.

이 논문들이 발표되고 난 후 그는 스위스대학교 교수직에 임명되었다. 그 후 1916년에 가장 위대한 업적인 일반 상대성 이론을 발표했다. 일반 상대성 이론은 중력의 본질을 재정의하면서 공간과 시간이 곡선으로 움직일 수 있다고 주장했다. 이런 업적으로 1921년 노벨 물리학상을 수상했다.

아인슈타인의 이론들은 당시에나 지금이나 대중이 이해하기에는 어렵지만 그 영향만은 분명했다. 그는 우주가 논리적이고 기계적인 공간이라는 낡은 개념을 깨부수고 과학과 정치, 예술 분야에서 새로운 사고를 가능하게 했다. 그의 업적이 반도체, 레이저, TV와 같은 현대의 경이로운 결과를 이끌어낸 것을 알기 위해 현대양자물리학이나 $E = mc^2$을 이해할 필요는 없다. 다만 그의 업적은 건망증이 심하지만 아이들을 사랑하는 평화주의자인 그를 세계적인 유명인으로 만들어놓았다.

아이러니하게도 그는 원자 폭탄 개발에 중심 역할을 했다. 1939년 프린스턴대학교 강사 시절 프랭클린 루스벨트 대통령에게 독일이 핵무기를 개발할지도 모른다고 경고했는데, 그 경고가 연쇄 반응을 일으켰고 결국 미국이 자체적으로 원자 폭탄 제작에 착수해 1945년에 히로시마와 나가사키를 파괴하는 결과를 초래했다.

- 2000년에 《타임》은 아인슈타인을 세기의 인물로 선정했다.
- 열렬한 시온주의자였던 아인슈타인은 2차 대전이 끝난 후 이스라엘의 대통령직을 제안받았으나 거절했다.
- 아인슈타인의 어린 시절은 '전혀 아인슈타인답지' 않았다. 3세 때까지 말을 하지 못했으며 학창 시절 대부분 평범한 학생이었다. 1900년에 드디어 학사 학위를 받았지만 전공을 살려 물리학과 수학 교사직을 구하는 데는 실패했다.

009

안나 카레니나

100여 년 전에 쓰이긴 했지만 레프 톨스토이의 《안나 카레니나》는 직접성과 신선함으로 지금까지도 끊임없이 독자들을 놀라게 한다. 톨스토이의 또 다른 대표작 《전쟁과 평화》와 더불어 이 책은 줄곧 언어로 쓰인 모든 소설 중 최고로 꼽힌다.

주인공은 아름답고 똑똑하며 카리스마 넘치는 상트페테르부르크 상류층 여성으로 표면적으로는 완벽한 삶을 살아간다. 그녀는 헌신적인 정부 관료를 남편으로 두었고, 매력적이고 지적인 아들을 두었으며 친한 친구, 가족들과 자주 어울린다. 안나의 결혼 생활은 아무 문제 없는 듯했으나 브론스키라는 이름의 멋진 장교가 등장하면서 모든 것이 뒤집힌다. 재미없고 열정 없는 남편에게 단 한 번도 느껴보지 못한 열망을 그에게서 느끼게 되었던 것이다. 안나와 브론스키는 외도를 시작했고 머지않아 사람들에게 알려지면서 안나는 가족과 명성을 모두 잃게 된다. 브론스키와의 관계가 악화되면서 안나는 사회적 파멸 직전에 위태롭게 남겨졌음에도, 이미 어긋난 결혼 생활로 되돌아가야 한다는 것에 당혹스러워 한다.

안나 카레니나는 문학 작품 속에 등장하는 대단히 비극적인 인물이자 가장 완전하게 깨인 인물로 꼽힌다. 그녀는 경솔한 행동으로 비난받으면서도 품위와 우아함을 갖고 솔직하지 않은 모습으로 살아가길 거부해 존경받을 만한 매력적인 여성의 모습으로 생생하게 다가온다. 여러 세대의 독자들은 그녀를 페미니스트의 상징이자 낭만적인 여주인공 그리고 비극적인 희생자로 여긴다.

비록 안나에게 초점이 맞춰져 있긴 하지만 이 소설은 또한 러시아 정부와 농민, 현대화로 향하는 과도기 그리고 서양 세계와의 관계 등 러시아 사회를 전반적으로 다룬다. 또 다른 주인공인, 부유하지만 저속한 지주 레빈을 통해 이런 주제들이 다양하게 탐구된다. 이 인물은 일반적으로 톨스토이의 대역으로 여겨진다.

• 《안나 카레니나》는 1800년대 중후반에 서양 문학을 휩쓸었던 현실주의 운동의 가장 위대한 작품 중 하나로 간주된다.

• 오프라 윈프리가 진행하던 TV 북 클럽 프로그램에서 《안나 카레니나》를 선정하면서 이 책은 2004년 5월에 미국 베스트셀러에 올랐다.

• 출간된 이후 《안나 카레니나》는 다수의 영화, TV 미니시리즈, 라디오 연극, 무대 연극, 발레, 오페라, 심지어 브로드웨이 뮤지컬 등 20여 가지 작품의 모티프가 되었다.

010

스콧 조플린

스콧 조플린은 20세기 무렵 유행한, 독특하고도 특별한 미국의 음악 스타일이자 재즈 음악 발전에 큰 영향을 준 래그타임 음악에 있어 가장 유명한 작곡가였다.

텍사스에서 태어난 조플린은 어린 시절부터 음악적 소질을 보였고, 미주리주 세달리아에 있는 조지 R. 스미스 칼리지에서 음악 이론, 하모니, 작곡을 공부했다. 조플린은 활동 기간 내내 유럽 고전 음악에 관한 방대한 지식을 래그타임 작곡에 적용했는데, 다른 경쟁자들이 작곡한 래그타임 음악들보다 훨씬 더 복잡한 작품을 만들었다.

조플린의 첫 번째 주요 히트곡은 1899년에 발매한 〈메이플 리프 래그〉였다. 그 후로 그는 수십 개의 히트곡들을 작곡했는데, 그중에는 가장 유명한 곡인 〈엔터테이너〉도 있었다. 그는 〈주빈〉(지금은 유실됨), 〈트리모니샤〉라는 두 편의 래그타임 오페라를 작곡함으로써 가장 야심찬 목표를 달성했다.

래그타임 음악은 주류로 소개되기 전에 본래 아프리칸-아메리칸 공동체 내에서 댄스 음악으로 연주되던 것이었다. 조플린이 이 장르의 음악을 작곡하고 연주한 최초의 예술가는 아니었지만, 일반적으로 이 장르의 최고 음악가로 인정받고 있다. (그의 음반 제작자는 조플린이 래그타임을 대중 음악 형태에서 "베토벤과 바흐에 견줄 만한 수준"으로 올려놓았다고 주장했다.) 래그타임은 예기치 않은 비트를 강조하는 당김음에 지나치게 의존하던 행진곡 형태를 변형한 것이다. 독특한 리듬으로 인해서 이런 스타일의 연주가 래기드 타임(ragged time, 고르지 못한 시간 — 옮긴이)으로 알려졌다가 그 후 래그타임으로 축약되었다.

조플린이 사망한 직후 래그타임의 인기는 급격히 떨어졌고 재즈가 우세해졌다. 1970년대에 잠깐 다시 유행하기도 한 조플린의 가장 인기 있던 곡들은 지금도 인정받는 미국 고전 음악으로 꼽힌다.

• 조플린의 〈엔터테이너〉는 영화 〈스팅〉에 삽입되었으며 1974년에 빌보드 차트 3위까지 올랐다.
• 1971년에 피아니스트 조슈아 리프킨이 조플린의 피아노 래그 모음집으로 그래미상 최우수 클래식 퍼포먼스상을 수상했다.
• 2006년에 한 수집가가 그동안 유실되었다고 여겨졌던 1916년도 피아노 롤 작곡인 조플린의 〈플레전트 모먼츠〉의 사본을 발견했다고 주장했다.

011 | THU 📹 영화 | D. W. 그리피스와 국가의 탄생

D. W. 그리피스가 영화 역사상 차지하는 위치는 대부분 1915년 이전에 형성되었지만, 그의 유산은 항상 1915년에 제작된 문제의 영화 〈국가의 탄생〉으로 기억될 것이다. 여러 사람들이 대작으로 꼽는 〈국가의 탄생〉은 최초의 미국 서사 영화로 그리피스가 완성한 영화 기법을 사용했으나 인종차별적 내용으로 논란을 일으켰다.

남부연합 대령의 아들인 그리피스는 켄터키주에서 자랐다. 그는 1908년에 배우에서 감독으로 전향해 보통 12분에서 15분 길이의 원릴 영화를 제작했다. 그는 놀라울 정도로 많은 작품을 만들었는데, 1909년 한 해에만 연출한 영화가 140편이 넘었다.

이 시기에 그는 다음과 같은 혁신적 기술들을 완성했다.

- 긴장감의 고조를 위해 다른 장소에서 벌어지는 각각의 이야기를 함께 편집하는 크로스커팅
- 스토리텔링과 감정적인 공명을 일으키기 위해 와이드숏, 미디움숏, 클로즈업숏들을 신중히 사용하기
- 연기와 표정을 강조하기 위해 배우들과 리허설하기

이런 기법들을 그리피스가 발명한 것은 아니지만 그는 각기 다른 혁신들을 한데 모아 영화적 언어, 즉 '영화문법'을 만든 최초의 감독으로 인정받고 있다. 그는 20세기 초반의 원시적인 영화를 예술의 형태로 탈바꿈하는 데 기여했다.

이 영화의 내용은 그의 이런 기여를 다소 흐려놓았다. 《클랜스맨》이란 소설이 원작인 이 영화는 남북전쟁의 여파에 초점을 맞추며 쿠 클럭스 클랜(KKK)을 미화했다. 영화가 개봉되자 여러 도시에서 폭동이 벌어졌고 많은 극장들이 이 영화의 상영을 거부했다. 전미유색인종촉진동맹(NACCP)은 이 영화의 상영 금지를 촉구했으나 소용없었다. 〈국가의 탄생〉은 개봉 후 20여 년간 가장 수익성이 좋은 영화였다.

인종차별에 대한 비판에 대응하기 위해 그리피스는 〈인톨러런스〉를 연출했다. 이 영화는 인류 역사 속에서 행해지는 편협한 태도를 다룬 거대한 서사극인데, 흥행에 실패하며 그는 부채에 시달리게 됐다. 그리피스는 1931년에 마지막 영화를 제작했다.

- 〈국가의 탄생〉의 초기 제작비는 11만 달러에 불과했으나, 〈백설공주와 일곱 난쟁이〉를 누르고 역대 최고의 흥행작이 되었을 때의 수익금은 1800만 달러에 달했다.
- 등장하는 주요 흑인 인물들은 검은색으로 얼굴을 칠한 백인들이 연기했고, 이 영화는 개봉 후 10년 동안 KKK 단원의 수가 증가한 원인으로 간주된다.

012

FRI
📡
사회

러다이트 운동

기술을 혐오하는 러다이트 운동은 자신들의 생활을 위협하는 공장의 새로운 방식에 불만을 품고 반발했던 19세기의 영국 섬유 노동자 단체에서 이름을 따왔다. 최초의 러다이트 운동은 신속하게 진압되었지만, 새로운 과학 발전에 대한 두려움과 불만은 끊임없이 정치적으로 큰 역할을 하고 있고 컴퓨터에서 유전자 조작 식품에 이르기까지 다양한 주제에 관한 동시대적인 논쟁을 일으켰다.

원래 러다이트라는 명칭은 네드 러드라는 실존 여부를 알 수 없는 사람에게서 유래했다. 속설에 따르면 러드는 1770년대 말 어느 집에 침입해 그 당시 새롭게 발명되어 섬유 노동자들의 일자리를 앗아간 양말 짜는 기계 한 대를 망가뜨렸다고 한다. 이 사건이 실제로 발생했는지는 알 수 없으나, 최신식 기계가 고장 나 있는 것이 발견될 때마다 영국 공장에서는 '러드가 분명 거기 있었다'는 말이 흔히 쓰이는 표현이 되었다.

1812년에 이르자 네드를 '러드 왕'으로 칭한 섬유 노동자 한 무리가 영국 전역에서 양말 짜는 기계와 직물 기기 들을 파괴하기 시작했다. 최초의 조직적인 러다이트 운동은 1911년에 발생했고 2500명의 군대를 동원해 반란을 진압했다. 그로부터 머지않아 '기기 파괴'는 중범죄가 되었다. (1813년에 요크에서 열린 한 재판 이후 이 법법 행위로 교수형에 처해진 사람이 17명이나 되었다.)

원래의 러다이트 운동은 사라졌지만 러다이트라는 용어는 끊임없는 기술의 공격에 반대한다는 의미의 정치적인 어휘가 되었다.

- 테드 카진스키는 유나바머라고 알려진 하버드 출신의 테러리스트로 과학자들을 대상으로 폭발물 테러를 일으켰는데, 이따금 현대의 러다이트라고 불리기도 한다.
- 러다이트 운동을 지지한 유명인으로 영국 시인 바이런이 있다. 그의 사후에 출간된 〈러다이트를 위한 시〉에는 "우리는 / 싸우다 죽거나 아니면 자유롭게 살 것이다, / 그리고 모든 왕들을 타도하라, 러드 왕만 빼고!"란 시구가 있다.
- 러다이트들은 무기를 만들던 요크셔의 대장장이 에녹 톰슨을 기리기 위해 '에녹의 망치'라고 부르는 대형 망치를 지니고 다녔다.

013 | SAT 🏆 스포츠 | 사이 영

사이 영이라는 이름은 야구에서 뛰어난 투수를 나타내는 말과 동의어다. 오하이오주에서 덴튼 트루 영이라는 이름으로 태어난 이 뛰어난 우완투수는 22년 동안 메이저리그에서 활동했고 깨지지 않을 것이 거의 확실시되는 몇 가지 기록을 보유했다. 그는 가장 많은 승리를 기록한 투수(511승)이자 가장 많이 패배한 투수(316패), 가장 많은 이닝을 뛴 투수(7356이닝), 가장 많이 선발로 등판한 선수(815경기) 그리고 가장 많이 마무리로 등판한 선수(749경기)였다.

영은 야구가 아직 발전 단계에 있던 1890년도부터 1911년까지 선수로 활동했다. 그 시기 투수들은 엄청난 수의 이닝을 뛰었고 구원투수에게 마운드를 내주고 내려오는 경우가 거의 없었다. 영은 25살이었던 1892년에 453이닝에 출전해 공을 던진 놀라운 기록을 세웠다. (오늘날 경기에서 리그의 선발투수는 보통 한 시즌에 250이닝 정도만 출전한다.)

영은 5개 팀에서 활동했고 30승 이상 시즌을 5번, 20승 이상 시즌을 15번 기록했다. 1901년 갑작스럽게 등장해서 내셔널리그의 라이벌이 된 아메리칸리그의 첫 시즌에 영은 신생팀 보스턴 아메리칸스의 선수로서 최고의 시즌을 보냈다. 그는 새로운 리그에서 33승, 방어율 1.62 그리고 158개의 삼진을 기록했다.

2년 후 그는 머지않아 레드삭스로 이름을 바꾸게 되는 아메리칸스에서 투수로 활약하며 사상 첫 월드시리즈에 팀이 진출하도록 기여했고, 피츠버그 파이럿츠를 상대로 2번 선발승을 거두었다. 1904년 영은 필라델피아 애슬레틱스를 상대로 아메리칸리그 최초의 퍼펙트게임을 달성해 전설적인 기록을 추가했다.

1911년 시즌 후 은퇴한 영은 1937년 야구 명예의 전당에 입성했다. 매년 야구 기자단의 투표로 내셔널리그와 아메리칸리그에서 최고로 활약한 투수가 사이영상을 받는다.

- 사이 영의 '사이'는 사이클론의 줄임말이다. 마이너리그 시절 영은 나무 펜스에 공을 던져 워밍업을 했는데 펜스가 마치 사이클론에 맞은 것처럼 보였다는 데서 유래했다.
- 워싱턴 세네이터스의 월터 존슨 단 한 명만이 417승을 달성해 영의 기록과 100승 내의 차이를 기록했다.
- 보스턴 아메리칸스는 20세기 초에 팀명이 여러 번 바뀌었는데, 서머세츠, 필그림스 등으로 불리다가 1907년에 마침내 레드삭스라는 팀명을 갖게 되었다.
- 영은 19세기와 20세기에 무안타 경기를 기록한 유일한 메이저리그 투수였다. (1897년에는 신시내티 레즈를 상대로 기록했고 1904년에는 퍼펙트게임을 달성했다.)
- 영은 클리블랜드 스파이더스, 세인트루이스 퍼펙토스/카디널스, 보스턴 아메리칸스/서머세츠/필그림스/레드삭스, 클리블랜드 냅스/인디언스 그리고 보스턴 브레이브스에서 활동했다.

014 | SUN ✹ 팝 | 마작

중국의 보드게임, 마작은 이르면 1907년쯤 영국 국민들에 의해 서양에 소개되었고 1920년대에 미국에서 열광적인 인기를 얻었다. 전성기 때 급증하는 마작 수요를 맞추기 위해 미국에서 상하이로 수입된 소뼈를 서둘러 완전한 게임 피스로 제작해 다시 미국으로 수출하면서 중국에서 150만 달러 규모의 산업을 일으키기도 했다. 1923년까지 1000만 명에서 1500만 명의 미국인들이 정기적으로 이 게임을 했던 것으로 추정된다. 1920년대에는 많은 미국인들이 중국식 옷을 입고 마작의 밤을 개최하면서 마작을 사회적 행사로 만들기도 했다.

마작은 4명의 대국자들이 하는 게임이다. 144개의 장식된 소뼈 타일로 구성된 한 세트는 36개의 삭수패, 36개의 통수패, 36개의 캐릭터 수트, 16개의 바람타일, 12개의 삼원패, 8개의 조커패로 이루어져 있다. (마작패의 개수와 명칭은 국가마다 차이가 있다.) 이 게임의 목적은 여러 족보로 패를 짝지어 점수를 겨루는 것이다.

〈드라이빙 미스 데이지〉, 〈코쿤〉 같은 영화에서 볼 수 있듯이 마작은 미국에서, 특히 중장년 여성들 사이에서 인기 있었다. 간혹 마작이 유대인 여성들의 게임으로 생각되는 경우도 있는데, 아마도 1920년대에 중국인 이주자들과 유대인 이주자들이 공동주택에서 가까이 살았기 때문이 아닌가 한다.

● 홍콩 의사들의 어느 연구에 의하면 마작 판의 열기가 너무나 강할 경우, 심지어 보는 사람들 사이에서도 발작을 야기할 수도 있다고 한다. 연구원들은 이런 상태를 '마작 간질'이라고 부른다.

● 에디 캔터의 노래, 〈엄마가 마작을 하고 있기 때문에〉처럼 이 게임에 관한 히트곡이 몇 곡 있다.

● 밀튼브래들리컴퍼니는 마작 세트의 수요를 맞추기 위해 공장을 24시간 가동하면서 파산을 모면했다.

015

MON

인물

파블로 피카소

예술가 파블로 피카소가 사망한 날,《뉴욕타임스》는 "파블로 피카소는 의심의 여지 없이 20세기의 전반기 동안 미술 분야에서 가장 독창적이고 가장 변화무쌍하며 가장 강력한 인물이다"라고 선언했다.

그 후로 약 50년이 지난 지금까지도 이 평가는 변함이 없다. 스페인 출신의 이 예술가는 회화로 가장 유명하지만 소묘, 석판화, 에칭, 조각, 도자기, 모자이크, 벽화도 제작했다.

지난 세기의 다른 예술 거장들과 달리 피카소는 특별한 운동이나 장르에 국한되지 않았다. 오히려 그는 끊임없이 혁신하고 탐구하며 새로운 스타일을 개발했다. 가장 심오한 그의 업적은 아름다움과 추함의 구분을 흐릿하게 만들고 심지어 파괴한 것이다.

1907년경 그는 조르주 브라크와 함께 입체파 양식을 공동으로 창시한 인물로 간주된다. 입체주의는 물체를 다각도에서 나타내어 전통적인 관점에서 보는 것보다 더욱 많은 정보를 전달함으로써 르네상스의 전통을 탈피했다. 입체주의로의 전환점으로 여겨지는 피카소 최초의 주요 작품은 〈아비뇽의 처녀들〉로 미와 해부학, 관점에 관한 전통적인 생각을 해체했다.

〈게르니카〉를 비롯한 그의 후기 작품에는 작은 부분이지만 영감이 된 초현실주의를 비롯해 다른 양식의 요소들을 사용했다. 높이 약 3.5m, 넓이 약 7.7m의 캔버스에 유화로 그려진 〈게르니카〉는 일련의 추상적인 인물들의 고통을 표현했다. 이 회화는 스페인 내전 중에 발생한 나치의 스페인 마을 공습에 대한 피카소의 생각을 담고 있다.

피카소는 80대까지도 활기 넘치고 생산적이었다. 그는 6000여 작품을 제작한 것으로 알려졌는데, 대부분은 그가 사망할 때까지 판매하지 않고 직접 소장했다. 그는 88세였던 1969년 한 해에도 165개의 회화와 45개의 소묘를 제작했다.

그는 91세의 나이로 사망했다.

• 피카소는 부인과 정부, 뮤즈들로도 유명하다. 그는 2명의 부인을 두었고 3명의 여성에게서 4명의 자녀를 가졌다.
• 그가 스스로를 스페인 사람이라고 주장했지만 (그리고 스페인 내전에 대한 반응으로 가장 오래 기억되는 작품을 만들었지만) 1904년부터 대부분 프랑스에서만 살았다. 심지어 2차 대전 동안 나치에 점령당했을 때도 프랑스에 있었다.
• 피카소는 어린 시절 아버지와 함께 스페인의 투우 경기를 관람했는데, 투우는 그의 작품에서 여러 번 등장하는 중요한 주제가 되었다.

016

윌리엄 예이츠

시인 윌리엄 버틀러 예이츠는 아일랜드 문화에서 제임스 조이스와 오스카 와일드보다 큰 입지를 차지하고 있다. 1800년대 후반 켈트 문화 부흥 운동의 중심 인물이었던 예이츠는 아일랜드에서 문학뿐 아니라 정치적이고, 민족주의적 인물이기도 했다. 그는 작품 속에서 오늘날까지도 아일랜드의 정치를 복잡하게 만드는 가톨릭과 개신교 사이의 갈등에서 벗어나기 위해 아일랜드의 최초의 뿌리인 신화와 설화로 돌아갈 것을 지지했다.

더블린에서 태어난 예이츠는 아버지와 형이 모두 화가인 예술가 집안에서 성장했다. 예이츠도 잠깐 미술에 손을 대긴 했지만, 결국 시인이 되기로 결심했고 30대에 이미 다수의 시를 집필한 상태였다. 윌리엄 블레이크의 시와 성장하던 아일랜드 문학 부흥 운동에 영향을 받은 그는 신화와 아일랜드 고유의 문화적 영감을 합쳐놓은 세계관을 갖기 시작했다.

예이츠는 〈이니스프리의 호수 섬〉의 목가적인 것부터 〈그대 늙었을 때〉에서의 세월과 무상함, 〈두 번째 트로이는 없다〉의 짝사랑에 이르기까지 매우 다양한 주제를 다뤘다. 또한 아일랜드 독립주의자들이 독립을 명분으로 무장해 영국 정부에게 처형당한 1916년의 부활절 봉기에 관한 〈1916년 부활절〉을 통해 분명하게 알 수 있듯이 그는 아일랜드의 정치에 관한 시도 집필했다. 일반적으로 예이츠는 매우 전통적인 형식의 시를 쓰긴 했지만 후기로 갈수록 현대적 감성을 녹여냈다.

예이츠의 시는 나이가 들면서 점점 더 풍부해졌고 최고라 칭해지는 다수의 작품을 60대와 70대에 집필했다. 가장 잘 알려져 있는 종말론적인 작품 〈재림〉은 역사에 관한 예이츠만의 고유한 순환적 관점을 설명하기 위해 최후의 날을 아찔하게 형상화했다. 그리고 또 다른 후기 대작, 〈비잔티움으로의 항해〉는 예이츠가 느꼈던 노화와 예술에 관한 매력을 한 편의 숭고한 시로 엮은 것이다.

- 예이츠는 오랫동안 아일랜드 독립주의자였던 여배우 모드 곤을 열렬히 사랑했다. 비록 그녀가 그와 더 가까워지는 것을 거부하기 했지만, 그는 다른 여성과 결혼한 후에도 계속해서 그녀를 그리워했다.
- 그는 1923년에 노벨문학상을 수상한 후에도 계속해서 여러 작품을 집필했는데, 그의 대작은 노벨상을 받고 난 후에 탄생했다.
- 예이츠는 아일랜드 슬라이고카운티의 드럼클리프에 묻혔다. 그의 묘비에는 그의 작품에서 발췌한 다음과 같은 묘비명이 새겨져 있다. "차가운 시선을 보내라 / 삶과 죽음에 / 말 탄 이여, 지나가라!"

017

WED
음악

아널드 쇤베르크

주로 젊은 시절에 최고의 업적을 올린 다른 예술가들과 달리 오스트리아의 작곡가 아널드 쇤베르크는 그의 커리어 후반에 가장 유명한 작품을 완성했다. 수십 곡의 관현악곡을 통해 전통적인 화음을 거부하고 무조성이라는, 불협화음을 위한 혁신적인 클래식 음악 스타일을 보급하는 데 힘썼던 쇤베르크는 20세기 음악가들에게 큰 영향을 끼쳤다.

빈에서 태어난 쇤베르크는 10대에 음악을 독학했고, 1890년대에 초기 작품들을 작곡했다. 초기 작품들은 대부분 일반적인 양식에 의존했지만 1차 대전이 발발하기 전 몇 해 동안 쇤베르크는 급격하게 새로운 음악 장르를 만들기 시작했다. 그가 정한 목표는 '과거의 미적 가치관의 모든 제한을 초월'하는 것으로 유명했다.

쇤베르크의 가장 유명한 혁신은 무조성을 사용한 것이었다. 전통적인 클래식 음악에서 불협화음이란 조화롭지 않은 음색을 내는 것을 뜻하며, 그 균형을 맞추기 위해 협화음이 요구된다. 쇤베르크는 협화음과 불협화음 사이의 구분을 무시했다. 그는 이것을 "불협화음의 해방"이라고 선언했는데 이는 지금까지 무조성을 가장 잘 정의해주는 말일지도 모른다. 무조성의 사용은 그의 작품에 불안정하고 마음을 어지럽히는 소리를 더해주었다.

쇤베르크는 1920년대에 음악을 가르치기 위해 독일로 이주했으나, 유대인이었기 때문에 1933년에 나치가 정권을 차지하고 난 후 독일을 떠날 수밖에 없었다. 그는 미국으로 이주해서 캘리포니아대학교에서 가르쳤으며 세상을 뜰 때까지 작곡 활동을 계속했다.

• 쇤베르크는 미신을 대단히 신봉했고 특히 숫자 13을 두려워했다. 이런 심리 증상을 일컬어 '13공포증'이라고 한다.
• 그는 작곡 외에도 다년간에 걸쳐 그림을 그렸는데, 스스로를 파울 클레, 바실리 칸딘스키와 같은 독일 인상주의파로 여겼다.
• 전통적인 음악 세계를 거부했던 쇤베르크는 1918년 홍보를 하지 않으며 관객들이 공연에 대한 리뷰를 작성할 수 없는 콘서트 공간, 소사이어티 포 더 프라이빗 퍼포먼스 오브 뮤직을 설립했다.

018 | THU 🎬 영화 | 찰리 채플린

리틀 트램프는 전설적인 배우 찰리 채플린이 연기한 유명 캐릭터이자, 할리우드 무성영화 시대의 불후의 상징이다. 1910년대~1920년대 트램프는 영화가 상영되는 나라라면 전 세계 어디서나 사랑받은 해학적인 인물로 지구상에서 가장 공인된 이미지였다.

채플린은 런던에서 태어나 어린 시절 영국 무대에서 아역으로 활동했다. 그는 미국에서 두 번째 순회 공연을 하고 난 후 미국에 남았고 1913년부터 무성영화 배우로 활동하기 시작했다. 그리고 2년 만에 그는 세계적인 스타로 성장했다.

두 번째 영화 〈어린이 자동차 경주〉에서 트램프로 데뷔했는데, 이 인물은 콧수염, 중산모자, 배기팬츠, 큰 신발, 지팡이와 뒤뚱거리는 걸음걸이가 특징이다. 채플린의 숙련된 몸 개그와 감정을 자극하는 제스처는 그를 음성 언어의 제한을 받지 않는 글로벌 스타로 만들었다.

1914년 채플린은 영화를 직접 연출하기 시작했고 이후에는 배우, 감독, 제작, 각본, 음악, 편집에 이르기까지 작품의 거의 모든 면에 관여했다. 1920년대에 〈키드〉와 〈황금광 시대〉를 연출한 이후 10년 동안 채플린은 고작 두 편의 영화만 완성했지만, 모두 대작이었다. 최고의 작품으로 자주 꼽히는 〈시티 라이트〉는 유성영화가 등장하고 3년 후에 개봉됐지만 채플린은 무성영화가 말보다 더 순수한 형태를 표현한다는 믿음을 고수했다. (음악과 음향 효과가 포함되었기 때문에 엄밀한 의미에서 무성영화는 아니다.) 이 영화는 슬랩스틱 코미디, 연민, 사회 풍자를 결합했다. 또 다른 대표작 〈모던 타임스〉는 산업시대의 기계와 사람의 투쟁 그리고 실업, 빈곤, 굶주림에 중점을 두고 있다.

아돌프 히틀러의 등장을 풍자한 〈위대한 독재자〉는 트램프가 마지막으로 등장한 영화이자 처음으로 대사를 했던 영화다. 나이가 들면서 채플린은 점점 활동이 줄었고 1940년 이후에는 5편의 영화만 연출했다. 유럽으로 여행을 다녀온 1952년에 그는 "바람직하지 않은 외국인"이라는 명목으로 미국으로 재입국이 거부되었다. 수년 동안 미국 당국이 그의 공산주의 성향을 의심한데다 젊은 여성들과 세간의 이목을 끄는 염문에 휘말리기까지 했기 때문이다. 88세의 나이로 사망하기 전까지 스위스에서 여생을 보냈다.

- 채플린은 1975년에 엘리자베스 2세 여왕으로부터 기사 작위를 받았다.
- 그의 네 번째이자 마지막 부인 우나는 결혼 당시 18살이었고 채플린은 54살이었다. 우나는 미국 극작가 유진 오닐의 딸이었는데, 우나가 채플린과 결혼한 후 이 부녀는 서로 말도 하지 않았다.
- 1972년 채플린은 20년간 떠나 있던 미국으로 잠시 돌아가 아카데미 평생공로상을 수상했다.

019

시오니즘

1894년, 헝가리 태생의 젊은 유대인 기자 테오도르 헤르츨은 파리에서 끔찍한 광경을 목격했다. 알프레드 드레퓌스라는 이름의 유대인 프랑스 포병장교가 부당하게 반역죄 판결을 받았는데 파리에 모였던 대중들이 "유대인을 죽이자"라는 구호를 외쳤던 것이다. 그 순간 헤르츨은 근대 시오니즘(Zionism) 운동을 야기하도록 이끄는 통찰을 갖게 된다. 그는 유대인들에게 그들만의 조국이 필요하며, 그것도 빨리 필요하다는 것을 깨달았다.

'드레퓌스 사건'이라 불리는 이 사건은 유대인들이 19세기 유럽에서 직면한 독설 가득한 반유대주의의 심각성을 드러냈다. 드레퓌스는 결국 날조된 혐의를 벗었지만, 남아메리카의 고립된 감옥에서 4년형을 살고 난 후에야 비로소 프랑스 대통령에 의해 사면되었다.

유대인 국가라는 개념은 전혀 새로운 것이 아니었지만(유대인들은 서기 70년에 로마인들에 의해 예루살렘이 파괴되고 난 후 다시 돌아가기를 기도했다) 헤르츨은 전 세계에 흩어져 있는 유대인들을 하나의 기치 아래 모으는 최초의 캠페인을 조직했다.

헤르츨은 나단 번바움과 함께 1897년에 스위스 바젤에서 1차 유대인의회를 서둘러 결성했다. 3일 동안의 회담에서 대표자들은 세계유대인연합(WZO)과 "팔레스타인에 공공법(국제법) 아래 유대인들을 위한 조국을 세우기로" 동의하는 바젤 프로그램을 창설했다.

그 후로 WZO는 2차 대전의 발발로 지도자들의 걸음이 빨라지기 전까지 4년마다 모였다. 한편 WZO는 예루살렘이 속한 팔레스타인 지방으로 소규모 이민을 독려하면서 바젤 프로그램에서 밝힌 목표를 향해 그 즉시 나아가기 시작했다.

시오니즘 운동을 형성하고 촉진시킨 주요 요인이 반유대주의이긴 하지만 유대인들은 독립적인 국가로서 스스로를 통치하기 위해 조국으로 돌아갈 길을 찾기도 했다. 헤르츨과 번바움을 비롯한 여러 사람들 덕분에 이스라엘이 독립기념일로 선포한 1948년 5월 14일에 최초의 근대 유대인 국가가 생기면서 마침내 그 기회가 생겼다.

- 번바움은 그의 저널 《자기 해방》의 1890년도 판에서 시오니즘이라는 용어를 만들어 사용했다.
- 헤르츨은 1896년 저서 《유대인 국가》에서 유대인들을 위한 두 가지 가능한 국가를 제안했다. 하나는 팔레스타인에 '영원히 기억되는 역사적 고국'을 세우는 것이고, 다른 하나는 '세상에서 가장 풍요로운 나라 중 하나'인 아르헨티나에 세우는 것이었다.
- 헤르츨은 시오니즘 운동의 모토가 된 "당신이 원한다면, 그것은 동화가 아니에요"라는 구절을 만들었다.

020

짐 소프

짐 소프는 20세기 전반에 걸쳐 가장 위대한 미국의 운동선수로 꼽힌다. 소프는 전성기 시절 스포츠를 부흥시킨 최고의 인물로, 대학에서 11가지 각기 다른 종목에서 선수로 활동했고, 프로야구와 프로풋볼 선수였으며, 올림픽 육상 챔피언이었다.

소프는 오클라호마주 프라하 인근에 있는 단칸방 오두막집에서 태어난 아메리칸 원주민이었다. 그는 1907년 펜실베이니아주 칼라일 산업 인디언 스쿨에서 1.7m 높이뛰기에 성공하면서 육상팀에 충격을 주며 처음으로 운동 기량에 대해 주목받았다. 당시 그는 육상팀 소속도 아니었고 무거운 작업복을 착용한 상태였다.

1911년과 1912년에 칼라일 풋볼 팀 올 아메리칸(All-American, 스포츠에 특출한 재능을 가진 선수로 뽑힌 사람 — 옮긴이) 하프백이었던 소프는 1912년 스웨덴 스톡홀름 올림픽에서 전 종목 중 가장 힘들다는 5종 경기와 10종 경기에서 세계 기록을 깨고 금메달을 따며 국제적인 돌풍을 일으켰다.

올림픽에서 성공한 후 소프는 뉴욕 브로드웨이에서 오색 테이프가 휘날리는 행진을 하며 환대를 받았지만 그 영광은 그리 오래 가지 못했다. 그가 1909년과 1910년 야구 마이너리그에서 두 시즌 동안 뛴 사실이 밝혀지면서 1913년 국제올림픽위원회가 그의 아마추어 자격이 무효임을 선언하며 메달과 기록도 모두 박탈했다.

그 후로 소프는 대부분 뉴욕 자이언츠 소속으로 메이저리그에서 6시즌 동안 활동했고(1913년~1915년, 1917년~1919년), 각기 다른 여섯 팀에서 12시즌 동안 프로풋볼 선수로 활동했다. 1920년 그는 아메리칸 프로풋볼 연합의 창설을 도왔는데, 이 연합이 나중에 내셔널 풋볼 리그(NFL)로 발전했다.

소프는 말년에 알코올 중독에 시달리면서 여러 가지 잡일을 했고 64세의 나이에 캘리포니아의 이동식 주택에서 심장마비로 사망했다. 1982년 수년 간의 탄원 끝에 소프의 올림픽 메달과 기록은 복권되었다.

- 1950년 〈연합뉴스〉의 여론 조사에서 소프는 20세기 최고의 남성 운동선수이자 최고의 풋볼선수로 꼽혔다. 1999년 〈연합뉴스〉는 그를 1900년대 최고의 운동선수 3위로 올려놓았다.
- 그 당시 올림픽 규정상 메달이 수여되고 30일 이내에 선수의 참가 자격에 대한 이의를 제출하도록 명기되어 있었다. 아메리칸아마추어연합은 올림픽 이후 6개월이 지날 때까지 이의를 제기하지 않았기 때문에 소프의 메달은 박탈당할 수 없는 것이었다.
- 1953년 펜실베이니아주의 머치 청크라는 마을이 소프의 유산과 이름 사용권을 매입해 현재 짐 소프라고 불린다.
- 1912년 올림픽 5종 경기 메달 수여식에서 스웨덴 국왕 구스타프 5세가 소프에게 "선생님은 세상에서 가장 위대한 운동선수입니다"라고 하자, 소프는 "감사합니다. 국왕"이라고 대답했다.

021

꾸러기 클럽

미국 영화 감독 할 로치가 제작한 어린이 프로그램 〈아워 갱〉은 1922년에 시작해 그 후로 수십 년 간 극장과 TV에서 방영되었다. 이 프로그램은 매 회마다 스팽키, 알파파, 벅위트 등 인상적인 인물을 등장시키며 이웃 아이들 무리의 모험을 그렸다. 이 쇼는 결국 '꾸러기 클럽'으로 제목이 바뀌었고 1955년부터 TV 전파를 타기 시작했다.

로치에 따르면 1922년 어느 영화 제작을 위해 어린 소녀를 오디션하고 난 후 〈아워 갱〉에 대한 아이디어가 떠올랐다고 한다. 여자 아역 배우가 화장을 하고 성인처럼 최선을 다해 연기를 했지만 로치는 그 오디션에 따분함을 느꼈다. 대신 그는 그날 오후 사무실 밖을 바라보다가 놀이터에 모인 한 무리의 아이들이 논쟁을 벌이는 모습에 사로잡히게 되었다.

그는 아역 배우들이 정말 아이들처럼 연기하는 시리즈를 연출하기로 결심했고 1922년에 처음으로 단편영화 〈아워 갱〉을 개봉했다. 〈아워 갱〉은 장편영화 상영 전에 '단편' 영화로 인기를 얻었다. 로치는 1938년까지 계속해서 시리즈를 제작하면서 몇 가지 사항을 변경했다. 1929년에는 유성영화로 제작했고, 1936년에는 최초의 (그리고 유일한) 〈아워 갱〉의 장편영화인 〈스팽키 장군〉이 개봉됐다. 로치는 1938년에 이 프로젝트에서 손을 뗐지만, MGM스튜디오는 1944년까지 계속해서 새로운 에피소드의 〈꾸러기 클럽〉을 제작했다.

로치가 이룬 가장 큰 혁신은 백인과 흑인을 함께 캐스팅한 것이었다. 오늘날에는 특히 흑인 등장인물들을 묘사할 때 많이 사용하는 정형화된 이미지를 인종차별이라고 여기지만, 그 당시에는 단지 흑인을 캐스팅한 것만으로도 새 분야를 개척한 것이었다.

- 〈멋진 인생〉, 〈스미스 씨 워싱턴 가다〉를 연출한 감독 프랭크 카프라는 〈아워 갱〉의 초기 시나리오 작가였다.
- 코미디언 에디 머피는 〈새터데이 나이트 라이브〉에서 〈꾸러기 클럽〉의 등장인물 벅위트를 패러디한 것으로 유명하다.
- 로치는 코미디 듀오 스탠 로렐과 올리버 하디의 대표 영화를 연출하기도 했다.

022

마하트마 간디

마하트마 간디는 2차 대전 이후 인도가 영국 식민지의 통치 사슬에서 벗어날 수 있게 촉진한 인도 독립의 아버지로, 비폭력과 수동적 저항(불복종)으로 자유와 도덕을 상징하는 세계적인 정치 활동가이다. 소박한 옷차림과 값싼 안경 그리고 대나무 지팡이는 그가 수 세대 동안 전 세계 인권 활동가들에게 영감을 주며 국제적인 상징으로 부상하는 데 영향을 주었다.

간디는 남아프리카에서 변호사로서 차별에 대항하면서 자신만의 철학을 다지고 1915년, 18세기부터 영국의 통치를 받고 있던 인도로 돌아왔다. 그는 상류층의 투쟁에 국한되던 독립 운동을 모든 계층과 종교, 종족 파벌들이 합세하여 영국 정부에 대항할 수 있도록 대중적인 운동으로 신속히 변화시켰다.

그는 1918년부터 1922년까지 이어진 비폭력 파업을 이끌면서 인도인들이 영국 기관들을 보이콧하도록 촉구했다. 이 파업은 대대적인 체포로 이어졌고(그의 추종자 약 3만 명이 체포됐다), 또 의도하지 않은 유혈 폭동의 결과를 낳기도 했으며, 간디도 22개월 동안 수감되었다.

1930년 간디는 가장 의미 있는 시민 불복종을 감행했다. 인도인들이 자체적으로 소금을 만들지 못하게 금지하는 법안에 항의해 78명의 추종자들과 함께 소금을 만들기 위해 바다까지 약 322km를 행진하는, 위대한 소금행진을 이끌었다. 인도 전역의 국민들이 결집했고 간디를 비롯한 수십만 명의 비폭력 시위대가 체포되었다.

1942년에 영국의 지배가 2차 대전으로 약화되자 간디는 영국에 즉시 인도를 독립시킬 것을 요구하는 퀏 인디아 캠페인을 홍보했다. 이 운동은 대규모 시위와 폭력을 촉발하면서 거의 1000명에 달하는 인도인들이 죽임을 당했다. 간디는 다시 체포되었지만 1945년 영국 정부는 인도에게 독립을 허용하는 협상에 착수한다.

1947년은 간디에게 위대한 승리와 참담한 패배를 안겨준 해였다. 영국이 인도를 독립시켰지만 파키스탄을 이슬람 국가로 분할한 것이다. 항상 종족과 종교에 대한 관용을 설파했던 간디는 국가의 분할에 반대했다. 나라가 분리된 후 국경선에서 종교 갈등이 벌어지는 가운데 간디는 이듬해 78세의 나이로 한 힌두교 광신도에 의해 암살당했다.

- 간디가 비폭력과 수동적인 저항의 가르침으로 영감을 준 인권 지도자들 중에는 미국의 마틴 루터 킹 주니어와 남아프리카 공화국의 넬슨 만델라 그리고 폴란드의 레흐 바웬사가 있다.
- 간디는 인도에서 마하트마라고 하는데 '위대한 영혼'이라는 뜻이다. 이 밖에도 '아버지'라는 뜻의 바푸로도 불린다.
- 간디에게 유별난 점이 없었던 것은 아니다. 그는 월요일에는 말을 하지 않았고, 엄격한 식단을 고수했다. 그리고 비누가 아닌 재를 이용해 목욕을 했으며, 36세 이후에는 성관계를 갖지 않았다.

023

E. M. 포스터

영국 소설가이자 비평가인 E. M. 포스터는 20세기 문학에서 독특한 입지를 차지한다. 그의 작품들은 표면적으로는 전통적이고 구식으로 보이지만, 놀라울 정도로 현대적인 아이디어를 세심하게 표현하며 빅토리아 시대와 현대의 경계를 가로지른다. 특히 포스터의 소설들은 개개인 사이 관계의 개념뿐 아니라, 그런 연결이 일어나지 못하게 방해하는 사회적, 문화적 혹은 그 외의 다양한 장벽을 탐구한다.

어린 시절부터 포스터는 통찰력 있는 관찰에 두각을 나타냈다. 그는 케임브리지대학교에서 재능을 펼칠 수 있는 창의적인 배출구를 찾았고, 졸업하자마자 지중해 전역을 여행하며 전업 작가로 활동하기 시작했다. 그의 주목할 만한 첫 작품《전망 좋은 방》은 이탈리아를 방문한 영국 여성에 대한 믿을 수 없을 정도로 단순하고 낭만적인 소설이다. 세 가족과 영국 시골집에 관한 그의 차기작《하워즈 엔드》역시 전통적인 풍속 소설로 치장하고 있다. 그러나 인간관계의 가치와, 그 관계성을 저해하는 영국 계급제도의 어리석음에 관한 메시지는 오늘날에도 놀라울 정도로 신선하고 긴박한 단어들을 통해 두드러지게 표현되어 있다.

포스터의 후기 작품들은 점점 더 어두워지고 복잡해지다가 그의 가장 위대한 작품이자 마지막 소설《인도로 가는 길》에서 절정을 이룬다. 인도에서 영국의 식민 통치가 저물어갈 무렵을 배경으로 하는 이 소설은 문화적 경계를 넘어 진정한 우정과 이해의 가능성에 관해 비관적인 듯 모호하게 끝을 맺는다. 이 책이 출간되고 45세 이후 포스터는 더 이상 소설을 집필하지 않았고 대신 문학비평에만 집중했다.

작품 활동이 끝날 때쯤에는 그다지 낙관적이지 않은 가치관을 갖게 되었지만, 포스터는 당대에 매우 자유로운 인본주의적 사상을 가진 소설가로 기억된다. 그의 대부분의 작품들은 인간에 대한 가능성과 인류의 관계성에 대한 매우 신비로운 관점에도 불구하고 인간이 가진 이해의 힘에 대한 확신을 표현한다.

- 생전에는 거의 논해진 적이 없지만 포스터는 자신이 동성애자임을 공개했다. 그는 심지어 게이를 주제로 다룬《모리스》라는 소설을 집필하기도 했는데, 이 소설은 그가 세상을 떠난 1971년까지 출간되지 않았다.
- 영국 소설가 제이디 스미스의 베스트셀러《온 뷰티》는 오늘날의 보스턴 지역을 배경으로《하워즈 엔드》를 대략적으로 개작한 이야기이다.
- 포스터는 작가 초년 시절에 소설가 버지니아 울프가 런던의 언니 집에서 운영하던 비공식적이지만 영향력 있는 문학 살롱, 블룸스버리 그룹에 조금 관여했다.

024 | WED 💿 음악 | 봄의 제전

러시아 작곡가 이고르 스트라빈스키는 1910년에 〈불새〉라는 발레곡을 작곡하는 도중에 〈봄의 제전〉에 대한 아이디어를 처음으로 떠올렸다. 봄의 신에 제물로 바쳐져, 죽을 때까지 춤을 춰야 하는 어린 소녀가 등장하는 이교도 의식을 잠시 상상했던 것이다.

스트라빈스키는 2년 후에 이 발레곡을 완성했는데, 이 곡은 현대 음악의 진화에 중요한 사건으로 손꼽히며, 주로 프랑스어 제목인 '르 사크르 뒤 프랑탱(Le sacre du printemps)'으로 불린다. 획기적인 이 작품은 '대지에 대한 경배'와 '제물' 두 부분으로 나뉘어 있다.

오늘날 발레 공연장에서 폭동이 일어나는 모습을 상상하기란 쉽지 않지만, 1913년 5월 29일 파리 샹젤리제 극장에서 〈봄의 제전〉이 초연을 했을 때 프랑스 경찰은 가까스로 군중을 통제했다. 러시아의 무용수 바츨라프 니진스키가 안무한 〈봄의 제전〉은 거의 모든 면에서 전통적인 제한을 확연하게 벗어났다. 이 곡은 바순이 낼 수 있다고 생각되는 가장 높은 음보다 더 높은 음으로 시작해 곧 무작위의 불협화음으로 바뀐다. 니진스키의 안무도 비평가들을 달래는 데 도움이 되지 못했다. 댄서들은 발끝으로 우아하고 조용하게 움직이는 대신 엉덩이를 선정적으로 흔들어대며 파리 관객들을 놀라게 했다. 〈봄의 제전〉은 모더니즘이 서양 음악에 도달했음을 대단히 야단스럽고 극적으로 알려주었다.

이 발레곡은 20세기에 가장 의미 있는 관현악 작품으로 손꼽힌다. 만화가 월트 디즈니가 1940년 클래식 애니메이션 〈판타지아〉의 사운드트랙에 루트비히 판 베토벤, 요한 제바스티안 바흐의 작품과 더불어 〈봄의 제전〉의 일부를 포함시키면서 대중들에게 널리 알려졌다.

- 〈봄의 제전〉 초연은 최고의 프랑스 작곡가들 사이에서도 반응이 제각각이었다. 모리스 라벨은 객석에서 "천재다, 천재!"라고 외쳤는가 하면, 카미유 생상스는 처음 몇 분을 듣고 화를 내며 나갔다고 한다.
- 스트라빈스키가 니진스키의 춤을 칭찬하긴 했지만, 그는 (적어도 스트라빈스키의 말로는) 음악에 대해서는 아는 것이 "전혀 없는" 이 안무가와 함께 일하는 것이 몹시 불만스러웠다고 한다.
- 스트라빈스키는 그의 1951년 오페라 〈난봉꾼의 행각〉의 아리아를 쓴 영국 시인이자 극작가인 W. H. 오든, 프랑스 작가 장 콕토를 비롯해 다른 위대한 예술가들과 협업했다.
- 스트라빈스키의 영향은 클래식 음악에만 국한되지 않고, 록 음악가 프랭크 자파에게까지 미쳤다.

025

THU
🎥 영화

더글러스 페어뱅크스와 메리 픽포드

1920년대 더글러스 페어뱅크스 시니어와 메리 픽포드는 세상에서 가장 유명한 무성 영화배우들이었다. 픽포드는 청순하고 감성적인 여주인공으로 사랑받았고, 페어뱅크스는 가벼운 코미디극 배우로 시작한 후 무성 시대의 탁월한 모험가가 되었다.

오늘날 그들의 영화는 그들의 페르소나가 대표하는 것만큼 잘 알려져 있지는 않다. 그들은 최초의 '할리우드 왕족'의 표본이었다. 1920년 3년간의 교제 끝에 결혼하면서 미국의 국민 애인과 잘생기고 탄탄한 몸매의 박스오피스 스타 커플이 탄생하게 되었다.

남편보다 10살이나 어렸던 픽포드는 캐나다 출신으로 1909년 영화에 데뷔했다. 그녀는 1909년부터 1912년까지 영화계를 이끌었던 D. W. 그리피스 감독의 영화 75편에 출연했다. 이 시기 그녀는 금발의 나선형 곱슬머리로 유행을 선도했다. 인기가 높아지면서 더욱 높은 출연료를 받는 데 적극적이었고, 다른 스튜디오로 성공적으로 옮겼다. 그녀는 〈푸어 리틀 리치 걸〉과 〈폴리애나〉에서 청순한 역할을 연기했다.

페어뱅크스는 1915년에 영화에 데뷔해 초반에는 순진한 중산층 역할로 등장했다. 그는 1920년에 〈쾌걸 조로〉, 〈삼총사〉, 〈로빈 후드〉, 〈바그다드의 도적〉 등 코스튬 에픽 (costume epic, 역사적 인물이나 신화적 영웅의 모험담을 그린 영화 장르 — 옮긴이) 영화에서 보다 남자다운 역할을 연기하기 시작했다.

페어뱅크스와 픽포드는 결혼하기 1년 전에 찰리 채플린, 그리피스와 함께 유나이티드아티스트라는 배급사를 공동 설립해서 그때까지 배우와 감독들이 겪지 못한 새로운 수준의 자립성을 부여했다. 픽포드는 1956년까지 이 회사의 파트너로 남아 있었다.

픽포드는 유성 영화배우로 성공적으로 변신하지 못한 무성영화 스타 중 한 명이다. 비록 그녀가 자신의 첫 유성영화, 〈코켓〉으로 아카데미 여우주연상을 수상하긴 했지만, 그 뒤 1933년 은퇴하기 전까지 겨우 네 작품에만 출연했다.

1933년 페어뱅크스와 픽포드는 별거에 들어갔고 1936년 이혼했다. 페어뱅크스는 3년 후 56세에 심장마비로 사망했다. 1976년 아카데미 평생공로상을 수상한 픽포드는 87세까지 살았다.

• 페어뱅크스와 픽포드는 페어뱅크스의 첫 유성영화인 〈말괄량이 길들이기〉 단 한 편의 영화에만 함께 출연했다.
• 페어뱅크스의 본명은 더글러스 울만이고, 픽포드의 본명은 글래디스 스미스이다.
• 페어뱅크스와 픽포드는 1927년 그로맨스 차이니즈 시어터 앞마당에 공식적으로 손자국을 남긴 최초의 배우였다.

026 | FRI ⍾ 사회 | 무정부주의

20세기 공산주의, 파시즘, 민주주의 사이에서 가장 큰 충돌이 벌어지던 때 하나의 작고 투쟁적인 운동이 그들과 전혀 다른 방향을 선택했다.

모든 형태의 정부에 반대하는 무정부주의(Anarchism)는 피에르 조제프 프루동, 미하일 바쿠닌을 비롯한 유럽 정치 이론가들이 창시했다. 이 운동은 19세기 말과 20세기 초에 유럽과 미국에서 큰 인기를 누렸다.

지지자들에게 무정부주의는 정부의 탄압은 물론 자본주의 약탈에 대한 끝을 보장했다. 무정부주의자들은 사유재산을 폐지하고 공장의 통제권을 노동자들에게 넘겨야 한다고 주장했다. 무정부주의는 공산주의와 비슷한 점이 많았지만 프루동 같은 철학자들은 어떤 형태든 정부의 역할은 필요하지 않다고 생각했다.

실제로 무정부주의자들은 세계 전역의 정부가 붕괴되기를 바라며 각 정부 요인의 암살을 특별히 강조하면서 세계적인 폭력의 물결을 일으켰다. 러시아에서는 차르 알렉산드르 2세가 무정부주의자의 폭탄에 암살당했고, 이탈리아의 국왕 움베르토 1세는 총에 맞아 숨졌다. 미국의 윌리엄 매킨리 대통령의 암살범 리언 촐고츠도 무정부주의자였다. 또한 무정부주의자들은 1920년 38명의 행인들을 숨지게 한 월스트리트 테러 사건의 주범으로 추정되지만 이 사건은 미제 상태로 남아 있다.

엠마 골드만이라는 가장 유명한 미국 무정부주의자가 존재하긴 했지만, 무정부주의자들은 그들의 고유한 본질로 인해 결속력 있는 국가적 리더십 구조를 갖추지 못했다. 그러나 그들의 비밀스러움 때문에 더욱 두려운 대상이 되었다. 무정부주의에 대한 두려움은 1차 대전 이후 적색공포를 야기하는 데 일조했고, 골드만을 비롯해 무정부주의자로 의심받은 사람들이 미국에서 추방되었다.

무정부주의 폭력은 1920년대 이후 미국에서 사라지긴 했지만 지금도 여전히 무정부주의 추종자들이 존재한다.

- 골드만은 1892년 파업을 탄압한 철강 부호 헨리 클레이 프릭을 암살하려는 음모에 가담했다.
- 1907년 조셉 콘라드의 고전 소설 《비밀 요원》은 영국의 그리니치 천문대를 폭파하려는 무정부주의자의 음모에 관한 이야기다.
- 정부군의 반대 세력들은 1871년 두 달 동안 프랑스 수도의 통제권을 차지하고 파리코뮌이라고 불린 준무정부주의 정권을 세웠다. 코뮌의 지도자들은 프랑스 정부군이 파리를 재탈환한 후 대부분 처형되었다.

027 | | 타이 콥

야구장 안에서 타이 콥은 가장 맹렬하고 성공적인 선수였으나, 구장 밖에서는 그저 흉포한 사람에 불과했다.

여러 사람들이 공격적인 경기 스타일로 유명한 콥을 역대 가장 위대한 만능 선수로 꼽는다. 그는 지금도 가장 높은 통산 타율(0.367) 기록을 보유하고 있고 그가 받은 12번의 타격왕은 아무도 따라잡지 못했다. 또 콥은 많은 도루 기록을 세우기도 했는데 그 당시에는 절대 깨지지 않을 것으로 여겨졌다. 그는 1936년 첫 명예의 전당 선정 투표에서 베이브 루스보다 더 많은 표를 받았다.

그러나 팬과 동료 선수들로부터 사랑을 받았던 루스와 달리 콥은 누구나 대부분 몹시 싫어했다. 그는 구장에서 자신의 길을 막는 사람이면 누구에게든 스파이크 슈즈를 날리며 분노를 조절하지 못한 채 경기를 펼쳤다. 구장 밖에서도 마찬가지여서 야유하는 팬을 공격하기 위해 스탠드로 들어간 적도 있었다.

콥은 18살 때 겪었던 사건에서 회복되지 못했다고 말했다. 콥의 어머니가 바람을 피운다고 생각한 그의 아버지가 갑자기 집으로 돌아와 침실 밖으로 난 발코니로 기어 올라갔다. 밖에 불법 침입자가 있다고 생각한 콥의 어머니는 총을 쐈고 아버지는 죽었다. 후에 그녀는 살인 혐의에 대해 무죄를 선고받았다.

24시즌 동안 콥은 안타 4191개, 득점 2245점, 도루 892개를 달성하며 수십 년 동안 깨지지 않는 기록을 세웠다. 그가 디트로이트 타이거즈 선수로 활동했던 1909년에는 타율(0.377), 홈런(9), 득점타(107) 면에서 리그 1위를 달성하면서 3관왕을 차지했다. 1911년에는 타율(0.420), 득점(147), 득점타(127)를 비롯한 여러 부문에서 리그 1위를 차지하며 최초의 아메리칸리그 최우수선수상을 수상했다.

그가 사망했을 때는, 주식과 코카콜라 회사 투자를 통해 수백만 달러를 벌어들여 갑부가 된 상태였지만 야구계에서 겨우 4명만이 그의 장례식에 참석했다.

- 조지아주 내로우스에서 태어난 콥은 조지아 피치라는 별명을 가졌다.
- 그는 디트로이트 타이거즈(1905년~1926년)와 필라델피아 에이스(1927년~1928년)에서 선수로 활동했다. 또 그는 1921년부터 1926년까지 타이거즈의 선수 겸 매니저였다.
- 콥의 놀라운 위업 중에는 23시즌 연속으로 3할2푼 이상의 타율을 올린 것도 있다.
- 콥은 디트로이트 타이거즈 선수 시절 3회 월드시리즈에 출전했지만(1907년, 1908년, 1909년) 한 번도 우승하지 못했다. 사실 월드시리즈에서 그가 기록한 최고의 타율은 2할6푼2리에 불과했다.

028 | 깃대 위에 오래 앉아 있기

1924년, 앨빈 '쉽렉' 켈리라는 이름의 한 무모한 사람이 돈을 받고 캘리포니아주 할리우드에 있는 한 깃대 위에서 3시간 13분 동안 앉아 있었다. 켈리의 재주는 세계 기록을 세웠고 (깃대 위에 오래 앉기를 시도한 최초의 인물이다), 예기치 않은 열풍을 일으켰다.

켈리의 기록은 뉴스로 전국에 퍼지면서 다른 많은 사람들이 세계 기록을 깨기 위해 도전하기 시작했고, 곧 하루 12시간부터 21시간에 이르는 기록들이 나왔다. 독창성에 매료된 군중들은 깃대의 왕 타이틀에 도전하는 사람이 나올 때마다 모여서 그 광경을 관람했고, 신문들은 그 결과를 열심히 실어 날랐다.

예컨대 1928년에 켈리가 켄터키주 루이즈빌에 도착하자 《쿠리어저널앤타임스》의 헤드라인은 요란스럽게 알렸다. "무모한 도전자 켈리, 기꺼이 깃대 위에서의 100시간에 도전하다."

깃대 위에 앉기는 일상적인 존재의 압박에서 벗어나기 위해 높이 세워진 조그만 연단 위에 37년 동안 앉았다가 그곳에서 사망한 것으로 알려진 초기 기독교 성인, 시리아의 시메온 스틸리테스로부터 영감을 얻은 것이었다. 그는 고대 사람들에게 깃대 위에 앉는 물결을 일으켰는데, 그런 사람들을 일컬어 스타일라이트라고 불렀다.

몇 명의 참가자들이 자신의 기록을 깨뜨리자 켈리는 1930년에 뉴저지주 애틀랜틱시티에서 49일 동안 깃대 위에 앉음으로써 최장 기록을 탈환했다. 그러나 켈리에게는 안타깝게도 그 무렵 미국인들에게는 그것보다 걱정할 일이 더욱 많이 생겼다. 1929년에 주식 시장이 붕괴되면서 깃대 위에 오래 앉아 있기에 대한 인기도 시들해졌던 것이다.

- 최근 기록은 2002년 깃대 위에서 196일을 보낸 폴란드의 다니엘 바라니욱이 보유하고 있다.
- 월드 폴 시팅 챔피언십의 현재 규정은 참가자들이 2시간마다 잠시 동안 휴식을 갖도록 허용하고 있다.
- 스페인 영화 제작자 루이스 부뉴엘은 시메온 스틸리테스를 주인공으로 1965년 영화 〈사막의 시몬〉을 만들었다.

029 | MON ▲ 인물 | 하워드 휴즈

하워드 휴즈는 20세기의 가장 불가사의하고 신비한 인물로 꼽힌다. 그는 제조업계의 거물이자 혁신적인 영화 프로듀서 겸 감독이었고, 기록을 세운 비행사이자 야심만만한 비행기 제작자였으며, 라스베이거스 호텔과 카지노 산업의 거물이었다. 그러나 그는 또한 영화, 항공, 호텔, 카지노 회사들을 통해 수천만 달러를 잃은 형편없는 사업가이자 괴짜이기도 했다.

아마도 휴즈는 말년에 호텔 방을 전전하며 외롭게 은둔했고 세균을 두려워한 인물로 더 잘 알려져 있을 것이다. 전기 작가 도널드 발렛과 제임스 스틸은 그의 말년 모습을 보고 "가망 없는 정신병자"라고 썼다. 그러나 젊은 시절의 휴즈는 미국 문화 속 멋진 공인으로 비쳤다.

그의 아버지는 바위를 뚫고 유전을 캐낼 수 있는 성공적인 회전날을 최초로 개발했고, 그 발명으로 휴즈툴컴퍼니는 큰돈을 벌었다. 휴즈는 1924년에 사업체를 물려받았는데, 그 수익으로 그가 평생 열정을 바친 두 가지, 즉 영화와 비행을 탐구할 자유를 얻게 되었다. 할리우드에서 몇몇 성공적인 영화를 제작한 휴즈는 캐서린 헵번, 에바 가드너 등 할리우드의 가장 유명한 배우들과 사귀었다.

그러나 그의 비즈니스 모험은 대부분 처참하게 끝났다. 가장 큰 실패는 '멋진 거위'라는 조롱 섞인 별명으로 불린, H-4 헤라클레스 수상비행기를 구축한 것이었다. 미국 정부가 2차 대전에 사용하기 위해 날개폭이 97.5m에 달하는 이 거대한 8기통 수상비행기 3대의 공급을 1800만 달러에 휴즈와 계약했다. 그러나 휴즈는 심지어 수백만 달러의 자기 돈을 쏟아 붓고 난 후에도 한 대밖에 제작하지 못했고, 그마저도 1947년에 단 한 차례 1.6km밖에 비행하지 못했다.

휴즈는 다양한 호텔과 나라들을 전전하며 말년을 보냈다. 생이 끝날 무렵에는 그의 비서, 고문, 간호사, 외부에 그의 메시지를 전달하는 사람 등 5명만이 그를 볼 수 있었다. 그는 70세의 나이에 신부전으로 사망했다.

- 휴즈가 성공한 영화로 〈지옥의 천사들〉, 〈스카페이스〉 그리고 논란을 불러일으킨 〈무법자〉 등이 있다. 그 당시 휴즈가 제작과 감독을 겸했던 〈지옥의 천사들〉은 400만 달러라는, 영화사상 최고의 예산을 책정했다. 이 영화의 총 제작비는 800만 달러에 달했으며 배우 진 할로를 스타로 만들었다.
- 휴즈는 극적인 비행기 사고를 여러 차례 겪었는데, 그중 1946년에 발생한 사고로 두개골이 골절되었고, 가슴과 왼쪽 허파가 으깨졌으며, 9대의 척추가 부러졌다.
- 말년에 휴즈가 여러 호텔들을 남몰래 전전하며 살았던 이유는 자신의 모습과 정신병을 대중에게 숨기기 위한 것뿐 아니라 어느 국가에도 거주하지 않음으로써 소득세를 지불하지 않기 위해서였다.

030 TUE 📖 문학 | D. H. 로렌스

영국 소설가 D. H. 로렌스는 작품 활동 기간 내내 거의 끊임없이 논란을 일으켰다. 심지어 사망한 후에도 수십 년 동안 그의 작품은 논의될 때마다 그 안에 담긴 꾸밈 없는 성적 묘사에만 대부분 초점이 맞춰졌다. 그 당시 로렌스의 소설들이 불러일으킨 적대감에도 불구하고 그것들은 결코 포르노가 아니었다. 그의 작품에는 개개인의 무의식적이고 원시적인 욕망이 사회 규칙과 제약에 맞설 때 발생하는 긴장감에 대한, 시대를 앞선 심오한 통찰이 담겨 있다.

로렌스는 영국의 노팅엄셔 지역에서, 서로의 배경이 너무 다른 부모에게서 태어났다. 아버지는 거의 글을 읽지도 못하는 광부였고 어머니는 교육받은 교사였다. 어린 시절 친구의 독려로 로렌스는 기사와 단편소설을 쓰기 시작했다. 20대 후반 그는 최초의 소설을 완성해 주요 편집자들의 관심을 받았으며, 결혼한 뒤 유럽을 여행하며 전업 작가로 활동하기 시작했다.

자전적인 소설《아들과 연인》은 로렌스 자신의 가정과 닮은 한 가족의 오이디푸스적 낭만과 성적인 드라마를 탐구한 작품이다. 그의 편집자는 로렌스가 썼던 특히 솔직담백한 성에 관한 구절의 일부를 윤색해서 이 소설이 검열을 피하고 획기적인 작품이라는 찬사를 받게 했다. 그러나 로렌스의 더욱 대담한 차기 소설《무지개》는 외설적이라는 이유로 여러 지역에서 금지되었고, 이 작품을 필두로 로렌스의 여러 작품들도 같은 논란을 불러일으켰다.

좋은 평가를 받은 또 다른 작품《사랑하는 여인들》을 집필한 후 로렌스는 여러 곳을 여행 다니며 단편소설, 여행기, 시, 서신을 썼다. 여행하는 동안 그는 본능, 의식, 꿈, 권력, 의지와 같은 인류의 원시적인 면 그리고 그것들과 사회의 힘 사이에 불가피하게 발생하는 마찰에 점점 더 깊이 매료되었다. 그의 마지막 작품이자 가장 악명 높은 작품《채털리 부인의 사랑》이 그가 매료됐던 소재를 잘 담고 있다. 열정 없는 결혼으로 인해 자신과 다른 사회 계층의 남성과 외도를 하는 여성에 관한 이 소설은 포르노로 맹렬히 매도되었고, 로렌스가 사망하고 거의 30년이 지난 1959년에야 공식적으로 미국에서 출간될 수 있었다.

• 1차 대전 동안 로렌스가 취했던 평화주의적 입장은 영국 정부의 의심을 샀고, 영국 정부는 그 당시 그의 작품 일부를 금지하려고 했다.
• 로렌스는 지그문트 프로이트의 무의식과 억압된 성적 욕망에 관한 연구에 큰 영향을 받았다.
• 로렌스는 어린 시절은 물론 성인이 된 후에도 폐렴을 앓아 병약했고, 나중에는 결핵에 시달리다 1930년 숨을 거두었다.

031

어빙 벌린

미국의 위대한 송라이터 어빙 벌린은 벨라루스의 마힐료프라는 마을의 유대인 가문에서 이스라엘 이시도어 발린이라는 이름으로 태어났다. 그가 5살 때 가족은 유대인 집단 학살을 모면하기 위해 미국으로 도망쳤다. 뉴욕에 정착한 직후 아버지가 사망하면서 이 어린 소년은 가족을 부양하기 위해 일을 찾아야 했다. 그가 가졌던 첫 직업은 노래하는 웨이터였고, 그 후로 평생 음악에 몸담았다.

벌린의 초기 곡들은 그다지 성공하지는 못했고, 1911년 〈알렉산더의 래그타임 밴드〉를 발표하면서 처음으로 주목을 받았다. 처음 발표되자마자 악보 차트 1위에 오르면서 크게 성공한 이 노래는, 벌린이 송라이터로서의 경력을 쌓을 수 있도록 길을 터주었으며 하룻밤 사이에 틴 팬 앨리(미국 대중음악의 대부분을 출판하던 곳 — 옮긴이)의 작곡가와 작사가들 사이 가장 위대한 스타라는 명성을 가져다주었다. (벌린은 작곡과 작사를 모두하는 몇 안 되는 틴 팬 앨리 예술가였다.) 머지않아 벌린은 히트송 제작에 이어 히트 뮤지컬을 제작했고, 〈애니여 총을 잡아라〉, 〈스탑! 룩! 리슨!〉과 같은 브로드웨이 클래식을 만들었다.

새로운 미디어가 나타날 때마다 벌린은 항상 선두에 있었다. 그는 '발성영화' 작업을 한 최초의 송라이터로, 사운드를 가진 최초의 장편영화 〈재즈 싱어〉에서 앨 졸슨이 1926년 벌린의 히트곡 〈블루 스카이스〉를 불렀다.

벌린의 최고의 히트곡은 1942년 영화 〈홀리데이 인〉에서 빙 크로스비가 처음 부른 〈화이트 크리스마스〉다. 벌린은 1920년에 한 인터뷰에서 이렇게 말했다. "송라이터는 자신의 일을 비즈니스로 바라봐야 합니다. 그것은 곧 성공하기 위해서는 반드시 일하고, 일하고, 또 일해야 한다는 것이지요." 그 일은 대가를 가져다주었다. 벌린이 처음 만든 노래, 〈맑은 이탈리아에서 온 메리〉는 고작 37센트를 벌어주었지만, 〈화이트 크리스마스〉는 역대 최고의 베스트셀러 곡이 되었다.

- 2001년 9·11 테러 공격이 있고 몇 시간 후, 여러 의원들은 국회의사당 계단에 모여 벌린의 〈하느님 미국을 축복하소서〉를 불렀다.
- 벌린 외 유대인 송라이터가 만든 다른 크리스마스 대표곡들로는 조니 막스의 〈루돌프 사슴 코〉, 제이 리빙스턴과 레이 에반스의 〈실버 벨〉 등이 있다.
- 1944년 벌린은 윈스턴 처칠과 함께 점심식사를 했는데, 처칠은 벌린을 정치 철학자인 이사야 벌린과 혼동했다. 이 영국 수상은 벌린에게 가장 중요한 최근 작품이 무엇이냐고 물었고, 당황한 송라이터는 "모르겠는데요, 아마 〈화이트 크리스마스〉가 아닐까요"라고 대답했다.

032 | THU 영화 | 재즈 싱어

"잠깐, 잠깐만요. 아직 아무것도 듣지 않았어요." 잭 로빈 역의 이 대사로, 할리우드 장편영화에 동시녹음 대사를 넣은 배우 앨 졸슨은 유성영화 시대를 열었고 무성영화의 사멸이 임박했음을 알렸다.

그전까지 동기식 사운드는 단편영화에서만 사용되었고 영화 사운드트랙에는 비동기식 대사가 나타났었다. 그러나 장편영화에서 배우의 대사가 배우의 모습과 동시에 들리는 경우는 없었다.

앨런 크로슬랜드 감독이 연출한 〈재즈 싱어〉는 1927년 10월 6일 LA에서 개봉한 즉시 센세이션을 일으켰다. 이 영화는 획기적인 비타폰 사운드 시스템을 개발했던 워너 브러더스에게 당시까지 가장 큰 흥행 작품이었다.

이 영화의 성공은 영화 제작에 혁명을 일으켰고 할리우드 스튜디오들은 영화 제작 방식을 바꾸었다. 그때부터 그들은 머리 위에 마이크가 달린 조용한 스튜디오 무대를 지어야 했다. 즉, 카메라, 촬영 감독, 감독이 들어가는 방음 상자를 만들고, 극장에 스피커와 앰프를 설치해야 했던 것이다.

2년 만에 할리우드 작품의 대부분은 유성영화로 제작되었다. 〈재즈 싱어〉는 전체가 유성영화는 아니었다. 이 영화에는 대화 장면 2신과 노래 10곡이 삽입되었는데, 그중 6곡을 졸슨이 불렀다. 그가 흑인 분장을 하고 주제곡들을 불러서 다소 논란을 불러일으키기도 했다. 영화는 쇼 비즈니스에 들어가고 싶어하는 성가대 선창자의 아들이 유대교 회당에 등을 돌리고 재즈를 부르는 내용이다. (졸슨 자신도 유대교 예배 음악을 감독하는 선창자의 아들이었다. 그리고 재키 로비노비치에서 잭 로빈으로 개명한 주인공처럼 리투아니아 출신의 졸슨도 아사 요엘슨에서 개명했다.) 이 영화는 세대간의 갈등, 문화적 동화 그리고 종교적 관용이라는 테마를 다룬다. 이 영화의 원작은 샘슨 라파엘슨의 1921년도 단편소설 《속죄일》로, 라파엘슨 또한 이 이야기를 1925년도 브로드웨이 연극으로 만들었다.

- 졸슨은 주인공 역으로 세 번째로 선정된 사람이었다. 브로드웨이에서 재키 로비노비치를 연기한 조지 제셀과 에디 캔터가 모두 영화 출연을 고사했다.
- 최초의 '온전한 유성' 장편영화는 〈라이트 오브 뉴욕〉이다.
- 〈재즈 싱어〉는 할리우드에서 1952년과 1980년에 2번 리메이크 되었다.
- 1929년 워너브러더스 대표 대릴 재넉은 '영화 산업을 개혁한 뛰어난 선구적인 유성영화, 〈재즈 싱어〉를 제작한 공으로' 아카데미 평생공로상을 수상했다.

033

헨리 포드와 모델 T

20세기 초 사업가 헨리 포드는 새로운 제조 기술로 미국의 중산층이 구입할 수 있는 저렴한 자동차의 생산을 가능하게 하면서 자동차를 보급하는 데 일조했다. 그의 주요한 혁신 두 가지는 조립 라인의 자동화와 5달러의 일당을 실현한 것으로, 이것은 자동차 산업과 미국의 제조업 전체에 대변혁을 일으켰고 단시간에 자동차는 미국의 주요 교통수단으로 부상했다.

포드는 1908년 10월 1일에 모델 T를 출시했다. 최초로 출시된 차는 아니었지만 이 모델은 단연코 가장 믿을 수 있고 가장 저렴한 자동차였다. 그리고 그 가격은 점점 내려갔다. 최초 가격은 850달러였지만 곧 260달러까지 떨어졌다.

포드는 공장에서 대단히 효율적이고 자동화된 조립 라인을 시행함으로써 가격을 저렴하게 유지할 수 있었다. 가장 단순한 부품들을 시작으로 부품들이 라인을 따라 저마다 한 가지의 각기 다른 일을 맡은 전문화된 노동자들을 향해 이동했다. 이 과정을 통해 모델 T는 93분 만에 완성될 수 있었다.

그러나 260달러도 그 당시 수준으로는 상당히 높은 가격이었다. (1908년에는 미국의 1인당 연간 소득이 326달러에 불과했다.) 자동차 수요를 높이기 위해 노력하던 포드는 자신의 직원들도 잠재 고객이 될 수 있음을 깨닫고 근로자들의 임금을 일당 5달러까지 인상했다.

그 후 20년 동안 포드는 1500만 대의 모델 T를 판매했다. 이 모델은 1927년에 단종되었지만, 머지않아 다른 자동차 회사와 제조사들이 포드가 선도했던 산업현장 실무지침을 따르기 시작했다. 현재까지 포드모터컴퍼니는 세계 최대의 자동차 업체로 손꼽힌다.

- 비록 포드는 스스로 반유대주의자임을 부인했지만 그의 소유 신문사 《디어본인디펜던트》는 반유대주의 저서 《시온 장로 의정서》를 출간했다. 1938년 포드는 나치 독일이 외국인에게 수여한 가장 큰 영예인 '그랜드 크로스 오브 더 저먼 이글' 훈장을 수상하기도 했다.
- 포드 가족의 구성원들이 지금까지도 포드모터컴퍼니를 운영한다. 현재 회장은 헨리 포드의 증손자인 윌리엄 클레이 포드 주니어다.
- 헨리 포드는 자동차 회사를 차리기 전에 레이싱카선수였는데, 1996년에는 미국 모터스포츠 명예의 전당에 오르기도 했다.

034 | SAT 🏆 스포츠 | 베이브 루스

1915년 5월 6일 조지 허먼 '베이브' 루스가 그의 첫 메이저리그 홈런을 날렸다. 당시에는 미국 스포츠의 얼굴을 바꾸는 이 혁신적인 행위를 인식한 사람이 거의 없었다.

루스가 첫 홈런을 쳤을 때, 그는 보스턴 레드삭스의 뛰어난 좌완 투수였다. 그러나 그는 곧 세계적인 영웅이자, 뉴욕 양키스의 왼손 강타자로 야구 역사상 가장 영향력 있는 선수가 되었다.

루스 이전의 데드볼 시대에는 홈런이 드물었다. 대신 팀들은 단타, 번트, 도루로 점수를 올리는 데 집중했다. 따라서 1919년 루스가 레드삭스에서 29개의 홈런을 치면서 1884년 네드 윌리엄슨이 세운 27개의 홈런 기록을 깨뜨렸을 때, 센세이션을 일으켰고 홀로 야구를 현대의 모습으로 발전시켰다.

그러나 재정난에 처한 레드삭스 소유주 해리 프레이지는 이 스타 선수를 12만 5000달러에 뉴욕 양키스에 트레이드했고, 이 거래는 양 팀에 크나큰 영향을 미쳤다. 루스는 단 한 번도 월드시리즈에서 우승하지 못한 양키스를 전설적인 강팀으로 바꾸어놓았다. 반면 레드삭스는 이후 86년 동안 단 한 번도 월드시리즈에서 승리하지 못했다.

양키스에 입단한 첫해인 1920년 루스는 54개의 홈런을 쳤다. (그해 2위 기록은 조지 시슬러의 19개다.) 이듬해 그는 59개의 홈런을 쳤으며, 동시에 3할7푼8리의 타율과 171타점을 올렸다. 가장 유명한 시즌인 1927년 그는 유명한 양키스의 '머더러스 로(muderer's row, 살인타선)'의 중심이 되었고, 60개의 홈런을 날렸다.

루스는 총 714개의 홈런을 비롯하여 여러 타격 기록을 세우고 은퇴했다. 또 그는 양키스가 7회의 리그 우승과 4회의 월드시리즈 타이틀을(1923년, 1927년, 1928년, 1932년) 거머쥐는 데 일조했다.

그러나 루스는 단순히 탁월한 선수만은 아니었다. 그는 핫도그, 맥주, 여자에 대한 지나친 본능적 욕구와 구장 밖에서의 기이한 행각으로도 전설적인 인물이었다. 그는 자동차 사고, 외도, 질병, 할리우드 배역을 비롯해 인생의 대부분이 헤드라인에 실리면서 운동선수가 전국구 스타가 될 수 있다는 선례를 남겼다.

• 루스의 별명은 1914년 19살의 나이로 볼티모어 오리올스 마이너리그 팀과 처음으로 프로 계약을 했을 때 생겼다. 그 해 봄 훈련 기간 동안 팀 동료들이 그를 구단주 잭 던의 '베이브'라고 불렀는데 그것이 영원히 남게 된 것이다.

• 루스가 뉴욕 양키스에 입단했던 1920년 양키스의 관중은 배로 늘었고 한 시즌에 100만 명 이상의 관중들을 모은 최초의 팀이 되었다. 3년 후 '루스가 지은 집'이라고도 알려진 양키스 스타디움이 개장했다.

• 다채로운 스포츠 기사의 시대에 활동했던 루스는 다양한 별명을 얻었는데 그중 가장 눈에 띄는 것은 '밤비노'와 '장타의 제왕'이었다.

035 | SUN ☀ 팝 | 댄스 마라톤

1928년 6월 10일, 1920년대 가장 유명한 댄스 마라톤이 뉴욕 매디슨 스퀘어 가든에서 시작됐다. 미국 역사상 가장 별난 유행이 절정에 달했던 시절, 5000달러의 우승 상금을 놓고 132쌍의 커플이 그 유명한 무대에서 춤을 추기 시작했던 것이다.

댄스 마라톤 열풍은 1923년에 27시간 동안 쉬지 않고 춤을 췄다고 알려진 앨마 커밍스라는 이름의 미국 여성이 일으켰다. 그녀의 기록은 곧 뉴욕 무도회장에서 69시간 동안 춤을 춘 베라 셰퍼드에 의해 깨졌다. (셰퍼드는 신문기자들에게 "가장 짜증났던 건 남자의 팔이 항상 나를 감싸고 있었다는 거예요."라고 했다.) 그리고 셰퍼드의 기록은 다시 순식간에 클리블랜드 여성에 의해 깨졌다.

미국 전역에서 비슷한 마라톤이 생겨났고 기획자들은 가장 오래 춤을 춘 커플에게 상금을 제공하기 시작했다. 그러나 가장 세간의 이목을 끈 것은 매디슨 스퀘어 가든에서 열린 댄스 마라톤이었다.

이 대회의 참가자들은 엄청난 신체적 대가를 치러야 했다. 매디슨 스퀘어 가든에서 대회가 열린 지 이틀이 되자《뉴욕타임스》는, "댄서들은 마치 멈출 때가 다 된, 태엽을 감아야 하는 장난감과 같았다"고 묘사했다. 심사 기준은 참가자들의 춤 솜씨가 아니라 그들의 체력이었다. (뉴욕 마라톤에서는 댄서들이 주기적으로 15분씩 휴식을 취하도록 허용하긴 했다.) 마라톤은 20일 동안 계속되었고 뉴욕의 보건국장이 무대에 남은 8쌍의 커플들의 건강을 우려하면서 겨우 끝을 맺게 되었다.

1935년 소설가 호레이스 맥코이가《그들은 말을 쏘았다》라는, 공황기 댄스 마라톤을 중심으로 벌어지는 살인 미스터리 소설을 출간했다. 시드니 폴락 감독은 1969년에 이 책을 영화로 제작했는데, 제인 폰다가 출연했다. 아카데미상 1개를 수상했고 8개 부문에 후보작으로 선정되었다. 오늘날 폴락의 영화는 가난하지만 열정적인 아마추어들이 밤새도록 춤을 추면서 돈을 벌고자 했던 시대의 증거가 되었다.

- 미국 댄스강사협회는 1923년에 댄스 마라톤이 "건강에 위협이 되고 쓸모없는 엔터테인먼트이며 예술과 댄스 직업에 수치"라는 이유로 댄스 마라톤을 금지하는 탄원 운동을 조직했다.
- 일설에 의하면 몬태나주 버트의 렌쇼 홀에서 열린, 최초로 기록된 댄스 마라톤 역시 15시간이 지난 후 보건당국에 의해 정지되었다고 한다.
- 멕시코시티는 "아무에게도 도움이 되지 않는다"는 판단에 따라 1933년에 댄스 마라톤을 금지했다.

036 MON 인물 살바도르 달리

커다란 눈, 우스꽝스럽게 올라간 콧수염, 수많은 지팡이 수집, 터무니없는 발언으로 화가 살바도르 달리는 그 유명한 초현실주의를 스스로 구현한 인물이었다. 달리는 괴짜 천재의 모습과 작품만큼이나 혁신적인 쇼맨십과 시장성으로 유명해졌다.

초현실주의는 환상적인 시각적 형상화와 잠재의식의 탐구로 가득한 1920년대 유럽 예술계의 주요 운동으로 등장했다. 달리가 처음으로 세계에 이름을 알린 것은 1928년 작품 3점이 피츠버그의 카네기 국제 미술전에 전시되었을 때였다. 이듬해 그는 파리에서 최초로 단독 전시회를 개최했다.

그 무렵 그는 스스로 정신병적 환각을 일으켜 예술을 창조하는 '편집광적 비판방법'을 개발했다. 그리고 머지않아 초현실주의 운동의 지도자가 되면서 이 장르 역사상 가장 유명한 작품인 〈기억의 지속〉으로 자신의 입지를 다지게 되었다. 이 작품에는 녹는 시계(시간의 왜곡), 개미(부패), 그의 고향인 스페인 카탈루냐 지역의 풍경 등 가장 특징적인 달리의 이미지들이 들어 있다. 그 뒤로 내내 그는 초현실주의 전시회에서 작품을 선보였지만 정치에 무심했기 때문에 1934년에 초현실주의 그룹에서 제명되었다. (다른 초현실주의자들은 대부분 마르크스주의자였다.)

1940년부터 그는 과학적, 역사적, 종교적 주제에 좀 더 초점을 맞추기 시작했다. 그는 활동하는 내내 많은 작품을 그렸는데, 1980년 파리에서 열린 회고전에 그림 168점, 데생 219점, 오브제 38개 그리고 문서 2000여 장이 전시된 것만 봐도 알 수가 있다.

달리의 쇼맨십과 다작, 오만함은 많은 비판을 받았지만, 그는 대부분 자신보다 못한 예술가들의 질투로 치부해버렸다. 1958년 기자인 마이크 월리스가 어떤 동시대 예술가들을 존경하느냐는 질문을 했을 때 달리는 "먼저 달리요. 달리 다음으로는 피카소요"라고 대답했다. 그게 전부였다.

달리는 84세의 나이에 심장 질환으로 사망했다.

- 달리는 유화, 수채화, 드로잉, 그래픽, 조각, 영화, 사진, 퍼포먼스, 보석 등 다양한 매체에 대해 작업했다.
- 그는 주요 초현실주의 영화, 〈안달루시아의 개〉와 〈황금시대〉에서 스페인 감독인 루이스 바뉴엘과 협업했다. 달리는 또 알프레드 히치콕의 영화 〈스펠바운드〉에 꿈과 같은 생생한 정경을 제공했고, 2003년에 완성되어 개봉한 단편 애니메이션 〈데스티노〉를 위해 월트 디즈니와 작업하기도 했다. (달리는 1945년과 1946년에 이 작품을 작업했다.)
- 달리는 센세이션을 일으키기 위해 터무니없는 발언을 하기도 했다. 한번은 19세기 프랑스의 대가 폴 세잔을 "내가 만난 가장 서투른 화가"라고 일컬었다.

037 | TUE 📖 문학 | 칼 샌드버그

미국 역사상 가장 완전한 시인으로 손꼽히는 칼 샌드버그는 미국 중서부의 위대한 산업 도시의 힘, 생산력 그리고 특징을 기념한 〈시카고〉와, 수십 년 후 출간한 에이브러햄 링컨의 장편 전기로 가장 잘 기억되는 인물이다. 샌드버그의 이해하기 쉽고 생동감 넘치는 시는 살아생전 대단한 인기를 가져다주었고, 그의 작품들은 지금도 널리 읽히고 있다.

일리노이주 서부의 작은 도시 게일스버그에 사는 가난한 이민자 부부 사이에서 태어난 샌드버그는 어린 나이에 학교를 그만둔 후 10대와 20대 때 여러 가지 잡역을 했다. 이 시기 그는 지역 문화와 중서부의 전통에 깊이 빠져들면서 정치 캠페인부터 이발소, 농장 분야에 이르기까지 지역의 모든 것에 익숙해졌다. 그는 1913년 무렵 시카고에 뿌리를 내리고 기자로 일하면서 취미로 시를 썼다.

샌드버그의 첫 번째 주요 시집인 《시카고 시집》은 출간 즉시 히트를 쳤으며 그중 '시카고'라고 단순하게 제목이 붙은 가장 유명한 시는 그에게 유명세를 가져다주었다. 이 작품은 시에 대한 샌드버그의 전형적인 접근 방식을 보여주는데, 과감한 선언형 문장과 이제는 전설이 되어버린 시카고에 대한 아름다운 기억을 떠올리게 만드는 비유적인 묘사에 의존한다. 예를 들면 다음과 같다. "폭풍이 몰아치고, 허스키하며 떠들썩한/ 넓은 어깨를 가진 이들의 도시." 게다가 이 시는 무운의 자유시로 쓰였기 때문에 전통적인 시에 비해 더욱 이해하기 쉽고 덜 딱딱하다. 시의 전반에 걸쳐 샌드버그는 범죄, 매춘, 가난 같은 시카고의 문제점을 인식하면서도 이곳의 인내심과 활기에 열중하며 시카고에 대한 대단한 자부심을 드러냈다.

샌드버그는 주로 19세기 가장 대중적인 미국 시인 월트 휘트먼과 비교된다. 사실 샌드버그는 휘트먼의 대작 〈풀잎〉이 자유시를 사용한 선구적인 작품이며 소박하고 일상적이면서도 미국 특유의 주제를 기념한다는 이유로 공개적으로 존경을 표했다. 휘트먼같이 샌드버그도 미국의 전통 문화와 민주적인 체계에 매료되어 그는 시뿐만 아니라 미국 역사와 음악에 관해 10여 권의 저서를 집필하기도 했다.

- 열정적인 연주자이기도 한 샌드버그는 낭송회에서 포크송과 이야기로 관객들을 즐겁게 했다.
- 월트 휘트먼처럼 샌드버그도 에이브러햄 링컨을 대단히 존경했다. 그는 다양한 사항에 관해 여러 권으로 구성된 링컨의 전기를 집필하는 데 수년을 보냈고, 그 가운데 한 권이 1940년에 풀리처 역사상을 수상했다.
- 미국 아이들이 알고 있는 대부분의 동화가 유럽에서 유래한 것을 우려한 샌드버그는 미국 인물과 배경의 동화를 직접 집필하기로 결심했다.

038 | WED ◉ 음악 | 베시 스미스

컬럼비아레코드가 베시 스미스에게 '블루스의 여왕'이라는 별명을 붙여줬을 때 음악 기자들은 동의하지 않는다는 의사를 분명하게 밝혔다. 여왕은 그녀에게 걸맞는 칭호가 아니었다. 이 가수가 영원히 불리게 된 별명은 '블루스의 여제'였다.

베시 스미스는 1920년대와 1930년대에 가장 유명한 블루스 가수로서 녹음실에 들어가기 전에 이미 공연 가수로 상당한 성공을 거둔 상태였다. 1912년 스미스는 전설적인 블루스 가수이자 '블루스의 어머니'라는 별명을 가진 거트루드 '마' 레이니와 함께 어느 시사 풍자극에서 노래를 불렀고 레이니에게 큰 인상을 남겼다. 레이니는 스미스에게 무대에서 침착성을 유지할 수 있는 방법 등 몇 가지 충고를 해주었고, 제자는 곧 스승을 능가하게 되었다.

스미스는 1920년 애틀랜틱시티에서 단독 쇼를 가졌고 1923년에는 뉴욕으로 이주해 보드빌 등에서 엄청난 히트를 쳤다. 이 해는 그녀가 컬럼비아레코드와 계약하고 첫 번째 앨범을 발매한 해이기도 하다.

컬럼비아는 아프리칸-아메리칸 블루스 음악의 인기를 이용하려고 새로운 '레이스 레코드(race records, 미국 레코드사가 흑인 고객을 대상으로 취입, 발매했던 레코드의 카탈로그상 명칭 — 옮긴이)'를 위한 최초의 아티스트로 스미스와 계약했다. 스미스의 첫 싱글 〈걸프 코스트 블루스〉와 〈다운 하티드 블루스〉는 높은 판매 실적을 올렸다. 다른 히트곡들로는 〈베이비 오운 츄 플리즈 컴 홈〉과 〈노바디 노스 웬 유어 다운 앤 아웃〉이 있다.

스미스의 유명세는 대공황으로 엔터테인먼트에 대한 국가 예산이 삭감되고 보드빌이 유성영화에 기반을 내주면서 시들해지기 시작했다. 영화에 소리까지 녹음할 수 있게 되자 보드빌 공연 시장은 거의 사라졌다. 스미스는 그 당시 전성기를 누리고 있었고 여전히 꽤 젊었다. 그녀가 1930년대 말에 재기할 준비가 되었다고 믿는 사람도 있었지만 그녀는 기회를 잡지 못했다. 블루스의 여제는 1937년 9월 26일 미시시피주에서 자동차 사고로 사망했다.

• 포크록 그룹, 더 밴드가 1975년 베시 스미스의 이름을 딴 곡을 만들었다.
• 스미스가 태어난 날은 공식적으로 1892년 7월로 표기될 때도 있고 1894년 4월 15일로 표기될 때도 있었다. 어떤 날짜가 정확한지에 대한 의견은 분분하지만 스미스는 항상 4월 15일을 자신의 생일로 삼았다.
• 1929년 스미스는 영화 〈세인트 루이스 블루스〉에 출연했는데, 이는 그녀의 모습이 담긴 유일한 자료이다.

039

그레타 가르보

스웨덴 태생의 그레타 가르보는 1930년대 가장 인기가 많던 박스오피스 스타였고, 무성영화에서 유성영화로 성공적으로 전환한 몇 안 되는 연기자였다. 36세의 나이에 은퇴한 그녀가 배우로 활동했던 기간은 비교적 짧았지만, 스크린 위에 남긴 강렬한 인상과 스크린 밖의 신비한 모습은 수 세대에 걸쳐 영화 애호가들의 넋을 빼놓았다.

스톡홀름에서 그레타 로비사 구스타프슨으로 태어난 가르보는 스웨덴과 독일에서 영화에 출연하다 전설적인 할리우드 프로듀서 루이스 메이어의 눈에 띄었다. 그는 그녀를 MGM과 계약하게 했고 그녀는 1926년 〈급류〉, 〈폭풍〉, 〈육체와 악마〉 등 3편의 할리우드 영화에 출연했다.

중성적인 아름다움을 가진 가르보는 순식간에 무성영화의 인기 스타가 되었고 '스웨덴의 스핑크스'라는 별명을 얻었다. 그녀의 스칸디나비아식 발음 때문에 MGM은 유진 오닐의 연극을 영화로 만든 〈안나 크리스티〉에 출연한 1930년까지 그녀를 유성영화에 출연시키지 않았다. 그녀의 첫 유성영화가 센세이션을 일으키자 MGM은 영화 광고에 "가르보가 말한다!"라는 문구를 집어넣어 홍보하기도 했다. 지쳐버린 스웨덴계 미국인 매춘부로 등장한 그녀의 첫 대사는 이랬다. "위스키 한 잔, 진저에일은 따로 담아서. 그리고 인색하게 굴지 말아, 자기야!" 허스키한 목소리가 그녀를 매력적이고 신비하게 만들면서 발음에 관한 우려는 기우에 불과했다. 대공황이 한창이었던 1930년대 가르보는 영화 한 편당 50만 달러의 출연료를 더 요구했다고 한다.

아마도 그녀의 가장 유명한 대사는 아카데미 작품상을 수상했던 〈그랜드 호텔〉의 대사일 것이다. 러시아 발레리나 역을 맡았던 가르보는 "혼자 있고 싶어요"라고 했는데, 이 말은 1941년에 은퇴한 후 은둔 생활을 했던 그녀의 남은 생애를 떠올리게 한다.

그녀가 출연한 마지막 주요 작품은 MGM이 "가르보가 웃는다!"라고 홍보했던 고전 로맨틱 코미디 〈니노치카〉였다. 그녀는 4번째로 아카데미 여우주연상 후보에 올랐지만 모두 수상에 실패했다. 2년 후 그녀는 〈두 얼굴의 여인〉에 마지막으로 출연했다.

가르보가 84세의 나이로 사망할 때까지 그녀에 대한 전설이 계속되는 가운데 어떤 인터뷰도 수락하지 않으면서 거의 50년 동안 대중의 눈에서 사라진 채 살았다.

- 가르보는 〈육체와 악마〉에 함께 출연했던 존 길버트와 1926년에 약혼했지만 결혼식 도중 그를 떠났다. 그녀는 평생 독신으로 살았으며 사람들은 그녀를 양성애자라고 믿었다.
- 그녀는 MGM이 마지막으로 제작한, 대사가 없는 영화인 〈키스〉에 출연했다.
- 1954년 《기네스 북》은 가르보를 '가장 아름다운 여성'으로 선정했고 1955년에 아카데미 평생공로상을 수상했다.

040 | FRI ⦿ 사회 | 근본주의

근본주의라는 용어는 1910년대 현대 과학을 거부하고 성경이 하나님의 말씀을 문자 그대로 나타냈다고 주장했던 기독교인들을 가리키기 위해 만들어졌다. 거의 한 세기가 지난 후에도 근본주의는 미국 종교 사상의 주요 부분으로 남아 있으며 미국과 전 세계에서 스스로를 복음주의 기독교인으로 여기는 수백만 명의 사람들이 수용하고 있다.

19세기 말과 20세기 초에 이루어진 과학의 비약적 발전은 오랫동안 이어졌던 기독교의 믿음에 심각한 위기를 초래했다. 찰스 다윈의 생물학 연구는 동물들이 다른 형태에서 진화했음을 보여주었는데 이는 성경의 창세기 내용을 반박하는 것이었다. 알베르트 아인슈타인 같은 과학자들이 이룬 새로운 발견은 우주가 고대 문헌에 묘사된 것보다 훨씬 더 방대하고 복잡하다는 걸 시사했다.

이에 대한 대응으로 일부 기독교 학자들은 20세기가 시작될 무렵 전통적인 종교적 믿음을 새롭게 바꿀 방법을 모색했다. 은퇴한 하버드대학교 총장 찰스 엘리엇은 1909년 '미래의 종교'라고 불린 유명한 연설을 했다. 그는 연설에서, 장차 종교는 권위에 기반을 두지 않고, '죽은 조상, 스승, 통치자들'에 대한 어떤 숭배도 없으며, 개인의 구원에 집착하지 않고 '비관적이지' 않을 것이라고 말했다.

그러나 엘리엇의 연설과 20세기 초반 우세했던 종교적 믿음에 대한 회의론은 일부 보수 기독교인들의 맹렬한 반박을 야기했다. 엘리엇의 연설이 있은 지 1년 후, 프린스턴 신학교 교수들은 성경에 오류가 없다는 성경무오와 예수의 육체적 부활 등 기독교에 필수적이라고 여겨지는 '기본 사항' 목록을 발표하면서 그에 맞대응했다.

근본주의 지지자들은 특히 침례교와 감리교 신자들 사이에 많았다. 1920년대를 시작으로 기독교 단체들이 교육자들에게 천지창조설을 가르치라고 강요할 방법을 모색하면서 근본주의는 공립 학교에서 가르치는 진화론을 공격했다. 오늘날 근본주의는 다양한 기독교 종파의 많은 신자들이 따르고 있다.

• 근본주의자라는 용어는 1980년대 레바논 인질 사건 때 일부 무슬림을 나타내는 말로 처음 사용되었다.
• 2007년도 여론 조사에 따르면 미국인들 가운데 39%가 하나님이 사람들을 현재의 모습으로 창조했다는 것을 "명백한 진실"로 생각한다.

041 | SAT ☻ 스포츠 | 루 게릭

루 게릭이 활동하던 시절 그는 '철마'로 알려졌다. 그처럼 야구공을 친 사람이 전무할 정도로 파괴할 수 없는 기계 같던 그는 2130경기 연속 출전 기록을 가지고 있다. 또한 그는 뉴욕 양키스의 동료였던 베이브 루스의 그늘에 가린 조용하고 겸손한 사람으로 알려지기도 했다. 그러나 오늘날 게릭의 이름은 그의 선수 생활과 삶을 너무 빨리 앗아 간 희귀병과 동의어고, 은퇴 후 양키스 스타디움에서 했던 감동적인 작별 연설로 더 잘 기억된다.

게릭은 맨해튼에서 태어났으며 컬럼비아대학교를 다녔다. 그는 1923년 양키스와 계약했고 1925년 일루수가 되었다. 게릭은 대타자로 경기에 출전하고 하루 만에 베테랑 일루수 윌리 핍의 자리를 차지한 후로 13여 년 동안 라인업에서 제외된 적이 없었다. 2130경기에 연속으로 출전한 게릭의 기록은 1995년 볼티모어 오리올스의 칼 립켄 주니어가 깰 때까지 아무도 깨지 못했다.

게릭은 곧 야구 역사상 최고의 타자로 도약했다. 1927년 그는 홈런 47개를 날렸고 타점 175점과 3할7푼3리의 타율을 올렸다. 루스(그해 60개의 홈런을 쳤다) 외에 다른 어떤 선수도 1시즌 동안 그렇게 많이 홈런을 친 사람은 없었다. 1931년 게릭은 지금까지도 깨지지 않는 184타점의 아메리칸리그 기록을 세웠고, 1934년에는 아메리칸리그 3관왕을 차지했다(타율 3할6푼3리, 홈런 49개, 165타점).

1939년 게릭의 타율은 1925년 이후 처음으로 3할 아래로 떨어졌고, 체력이 저하되기 시작한 것을 느꼈다. 그는 시즌 내내 주전 라인업에 머물렀지만 시즌 중 8게임만에 처음으로 경기에서 빼달라고 요청하면서 연속 출전 기록은 1939년 5월 2일에 끝났다. 한 달 후 게릭은 근위축성측색경화증(ALS) 진단을 받았다. 이는 중추신경계의 신경세포들이 서서히 퇴화하는 신경 질환으로, 오늘날 흔히 루게릭 병이라고 불린다.

1939년 7월 4일, 양키스가 개최한 루 게릭 감사일 행사에서 게릭은 6만 2000명의 팬들을 향해 더듬더듬 이렇게 말했다. "오늘 저는 제 자신이 지구상에서 가장 운이 좋은 사람이라고 생각합니다." 그해 말 그는 야구 명예의 전당에 입성했고, 2년이 채 지나기 전 37세의 나이에 사망했다.

- 게릭의 등번호 4번은 프로 스포츠 역사상 영구 결번이 된 첫 번째 번호였다.
- 월드시리즈 경기에서 3할6푼1리의 타율을 올린 게릭은 양키스가 7번의 리그 우승을 차지하고 6번의 월드시리즈 우승을 하는 데 기여했다.
- 23개의 만루홈런을 쳤던 게릭은 지금도 메이저리그 커리어 그랜드슬램 기록을 보유하고 있다. 그는 3할4푼대의 타율을 보유했고, 총 493개의 홈런을 쳤으며 1995타점으로 야구 경력을 마쳤다.

042 | SUN ☀ 팝 | 앨 졸슨

앨 졸슨은 보드빌, 브로드웨이 그리고 레코딩에서 당시 가장 인기 있는 미국 엔터테이너였다. 또한 그는 선구적인 영화 〈재즈 싱어〉에서 맡았던 역할과, 주류무대와 스크린에서 관례대로 연기자들이 흑인 분장을 하고 나왔던 시대의 상징으로 기억된다.

졸슨의 가족은 그가 어렸을 때 리투아니아에서 워싱턴으로 이주했다. 졸슨은 10대 초반 거리 가수이자 무대 가수로 활약했고 1898년 스페인-미국 전쟁 중 미군을 위한 위문 공연을 하기도 했다. 1911년 무렵에는 브로드웨이에 출연했으며 전국 순회공연을 다니기도 했다.

졸슨은 당시 무뚝뚝하던 몇몇 사람들과 달리 무대에서 활기차고 카리스마 넘쳤다. 관중의 기쁨을 위해, 그는 종종 예정된 쇼 대신 단독 콘서트를 하는 경우도 있었다. 또 그는 1910년대와 1920년대에 대단히 성공적인 음반 활동을 하면서 1000만 장 이상의 음반을 판매한 최초의 가수가 되기도 했다.

그의 전기를 기반한 〈재즈 싱어〉에서 졸슨은 세속적인 엔터테이너로 명성을 날리게 되는 유대교 회당 선창자의 아들 역을 맡았다. 노래와 대화가 동시에 이루어지는 최초의 장편영화였던 〈재즈 싱어〉는 엄청난 박스오피스 히트작이 되었고 졸슨은 그 후 더욱 큰 히트작이었던 〈싱잉 풀〉에도 출연했다.

졸슨은 무대와 스크린에서 당시 가장 유명한 흑인 분장 연기자였다. 그때 흑인 분장은 널리 수용되던 엔터테인먼트 업계의 관행이었지만, 졸슨의 죽음 이후 이 관행을 둘러싼 논란이 불거지면서 졸슨의 인기와 이미지를 흐려놓았다.

졸슨은 1940년대를 잠정적 은퇴 상태로 지내면서 이따금 순회공연과 브로드웨이 쇼에 참가해 적정한 성공을 이뤘다. 그는 1946년에 전기 영화 〈졸슨 이야기〉가 개봉되고 그의 예전 음반들이 재발매되면서 재기했다.

건강이 악화되는 상황에서도 그는 2차 대전 중 미군을 위해 위문 공연을 했고, 1950년에는 사비를 들여 한국에서 미군 위문 공연을 했으며, 그다음 달 64세의 나이에 심장마비로 사망했다.

- 일부 라이브 공연을 위해 졸슨은 무대에서 관객석으로 이어진 경사로를 만들어 관객들 사이로 걸어갈 수 있게 해서 이따금 관객들과 대화를 나누기도 했다.
- 〈빌보드〉는 졸슨이 최고의 히트곡 약 23개를 녹음한 것으로 추정한다.
- 졸슨은 〈재즈 싱어〉에서 대사의 대부분을 즉흥적으로 만들어냈지만 이 영화의 오프닝 대사 "당신은 아직 아무것도 듣지 못했어요"는 그의 무대 연기의 중심 대사였다.

043 | MON 인물 | 존 에드거 후버

존 에드거 후버는 미국연방수사국(FBI)의 초대 국장이었으며 거의 50년 동안 법 집행 기관의 관리자였다. 그의 지휘하에 FBI는 주류 밀매자, 스파이, 마피아들과 대적했지만 후버는 그의 요원들이 시민의 자유를 무시한다는 이유로 자주 비판을 받았다.

후버는 워싱턴에서 태어나 로스쿨을 졸업한 후 법무부에 합류했다. 1924년 29세에 그는 관료로서 법무부의 작은 수사국을 담당했다. 1920년대 수사국은 그의 지휘하에서 주류 밀수업자들과 은행 강도들에 집중하며 빠르게 성장했다. 수사국이 올린 가장 유명한 공적으로 후버의 정부 요원들이 존 딜린저라는 은행 강도를 추적해 시카고 바이오그래프 극장 밖에서 총격전을 벌인 끝에 그를 사살한 것을 꼽을 수 있다. 후버는 순식간에 수사국의 승리에 대한 공을 인정받았고 범죄가 극심하던 대공황 시기에 법과 질서의 얼굴로 여겨졌다.

1935년, 수사국은 연방수사국으로 명칭을 바꿨고, 프랭클린 루스벨트 대통령이 후버를 국장으로 임명했다. 후버는 8명의 미국 대통령 아래에서 죽을 때까지 FBI에 남았다.

냉전 중 후버는 미국 내 공산주의 요원들을 색출하는 데 특히 집중했다. 그의 결정 가운데 가장 널리 비난받은 사항은 인권 운동 단체에 요원을 잠입시키고, 공산주의 첩보원으로 의심한 마틴 루터 킹 주니어 같은 지도자들을 감시하기 위해 불법 도청 장치를 설치한 것이었다. 코인텔프로라고 알려진 이 프로그램이 1970년대에 드러나면서 그는 의회로부터 비난을 샀다.

몇몇 대통령들은 후버를 해고할 생각도 했지만 범죄 수사관으로서 그가 누렸던 인기와, 사실상 공직 생활을 하는 거의 모든 인물과 연관된 두터운 배경이 그를 워싱턴에 영원히 남게 해주었다.

사생활 측면을 살펴보면, 후버는 전적으로 일에만 빠져 있는 수수께끼 같은 인물이었다. 그는 평생 독신으로 살았다. 후버가 사망한 후, FBI의 개혁으로 도청 장치의 사용이 금지됐고, 향후 국장들의 임기도 10년으로 제한되면서 후버처럼 권력을 축적하지 못하게 막았다.

• 후버가 죽고 난 후 워싱턴 중심가에 세워진 FBI 본부의 이름은 후버의 이름을 따서 붙여졌다.
• 1950년 최초의 FBI 10대 수배자 목록을 발행한 것은 후버의 아이디어였다.
• 후버의 임기 중 FBI는 캘리포니아주 출신의 젊은 로스쿨 졸업생이었던 리처드 닉슨의 채용을 승인하지 않았다.

044 | TUE 📖 문학 | 로버트 프로스트

로버트 프로스트는 20세기 미국 문학의 원로로, 문학 비평가들은 물론 일반 시민들도 모두 작품을 읽고 존경한 흔치 않은 국민 시인이다. 그는 자주 인용되는 작가지만, 미국의 문학 규범에서 가장 오해받는 작가로 꼽히는 불확실한 분류를 즐겼다. 독자들은 프로스트의 작품을 진기하고 별나고 서민적인 생활을 그린 것으로 해석하지만, 사실 미묘하게 복잡한 그의 시들은 어둡고 아이러니한 유머와 심지어 비관주의로 가득 차 있다.

프로스트는 캘리포니아주에서 태어났지만 그와 뗄 수 없는 뉴잉글랜드에서 자랐다. 그는 시인으로 활동하기 위해 다트머스대학교를 자퇴한 후 여러 작품을 썼지만 생활비를 벌 만큼 충분히 많은 작품을 출간하지 못해 수년 동안 좌절했다.

결국 프로스트는 자신의 작품이 런던에서 더 잘 받아들여질지도 모른다는 생각에 1912년 미국을 떠났다. 1913년 영국에서 그의 첫 번째 시 전집이 출판되었다. 동료 미국 시인이었던 에이미 로웰은 프로스트의 작품을 좋아했고 다시 미국으로 들여와 끈질기게 홍보했다. 대부분 로웰의 노력 덕분에 프로스트의 전집은 베스트셀러가 되었고 거의 즉각적으로 유명세를 타게 되었다.

프로스트의 작품은 19세기 뉴잉글랜드 시의 낭만적인 전통에서 벗어나 자연에 대한 숭고한 묘사를 버리고 주변부 풍경을 더욱 어둡게 그렸다. 그의 목가적인 형상화와 단순해 보이는 언어는 그의 시가 단순한 해석을 불가능하게 하는, 복잡하고 애매한 작품이라는 사실을 숨긴다.

프로스트의 가장 유명한 시로는 장벽을 쌓는 인간의 성향에 관한 〈담장 고치기〉, 잦은 오해를 부르는, 삶의 선택의 독단에 관한 명상시 〈가지 않은 길〉, 세상의 종말에 관한 건방진 상상을 표현한 〈불과 얼음〉 그리고 자연과 문명화 사이의 경계를 다룬 아름답지만 음울한 시 〈눈 내린 저녁에 숲에 멈추다〉가 있다.

- 프로스트는 퓰리처상을 4번 수상하면서 미국 역사상 가장 많이 수상한 시인이 되었다.
- 1961년 그는 존 F. 케네디 대통령 취임식을 위해 〈헌정사〉를 썼다. 그러나 86세였던 그는 노안과 겨울 햇빛에 눈이 부셔 자신이 쓴 시를 읽기가 힘들었다. 그래서 그는 마지막 순간에 예전에 썼던 〈아낌없는 헌신〉을 기억해 낭송했다.
- 프로스트는 자유시와 같은 당대 스타일보다 오랜 세월 지속적으로 활용되는 시의 형식과 압운을 선호했다. 그가 다음과 같은 말로 자유시를 조롱한 것은 유명하다. "차라리 네트를 내리고 테니스를 치겠다."

045 | WED 💿 음악 | 에런 코플랜드

클래식 음악은 때때로 사회의 상류층을 위해 만든 엘리트 예술의 형태로 여겨졌지만 클래식 작곡가들은 주로 대중문화에서 영감을 받는다. 이런 성향을 가장 잘 나타낸 본보기로, 미국만의 클래식 음악을 작곡하기 위해 재즈라는 미국 고유의 대중예술 형태를 기반으로 프로젝트를 수행한 미국의 작곡가 에런 코플랜드를 들 수가 있다.

브루클린에서 태어난 코플랜드는 10대에 피아노 레슨을 받고 클래식 음악과 작곡의 기본을 배웠다. 고등학교를 졸업한 후 파리에서 작곡을 공부하기 위해 집을 떠난 그는 그곳에서 전위적인 현대 음악의 열렬한 옹호자가 되었고 재즈를 자기 음악의 기반으로 사용하겠다고 결심했다.

음악사는 코플랜드의 활동을 두 시기로 나눈다. 첫 번째 시기는 엄격한 시기로 재즈의 영향과 모더니즘에 대한 헌신이 가장 뚜렷하게 드러난다. 이 시기의 주요 작품으로는 〈오르간과 오케스트라를 위한 심포니〉, 〈극장을 위한 음악〉 그리고 〈댄스 심포니〉가 있다.

후기에는 코플랜드의 대중적인 성향이 더욱 두드러지면서 미국만의 특색이 드러나는 작품을 작곡하기 시작했다. 이런 작품들은 주로 악명 높은 범죄자의 이야기를 토대로 만든 발레곡 〈빌리 더 키드〉와 미국 대통령 링컨의 이야기를 기념하는 〈링컨의 초상〉처럼 미국의 민중 전통에서 영감을 받았다.

비록 그가 커리어 전반에 걸쳐 계속해서 아방가르드 작품을 만들긴 했지만, 대중적인 작품에 점점 더 집중했다. 그는 심지어 여러 곡의 영화 음악을 작곡하기도 했는데 그중에는 〈생쥐와 인간〉, 〈우리 읍내〉의 사운드트랙 등이 있다. 애국적이고 쳇소리가 나는 〈보통 사람들을 위한 팡파르〉는 1943년에 선보였는데 아마도 그의 가장 유명한 곡이자 가장 자주 연주되는 곡일 것이다.

- 코플랜드는 뉴욕 필하모닉 오케스트라 지휘자인 레너드 번스타인과 친했는데, 그는 번스타인이 자신의 작품을 가장 잘 지휘한다고 생각했다.
- 코플랜드는 1930년대 중반 공산주의를 옹호했다는 이유로, 특히 1950년대 적색공포 시대를 비롯해 여러 해 동안 공산주의자로 오해를 받기도 했다.
- 코플랜드가 10대 때 피아노를 배웠던 사람은 루빈 골드마르크로, 같은 브루클린 출신의 조지 거슈윈을 가르쳤던 사람이기도 하다.

046

THU
📹
영화

마르크스 브러더스

마르크스 브러더스는 영화 역사상 가장 성공한 가족 코미디팀이었다. 1929년과 1949년 사이에 출연한 13편의 작품들에는 유명한 영화 속 개그와 비트, 대사가 담겨 있다. 마르크스 브러더스의 페르소나는 코미디 영화에 익숙한 사람이라면 누구든 알아볼 만한 모습이다.

  - 안경을 쓰고 콧수염을 기른 언어의 곡예사이자 사기꾼 그루초(본명 줄리어스 헨리)
  - 이탈리아어 억양을 가지고, 피아노를 치는 떠돌이 치코(본명 레너드)
  - 하프를 연주하는 엉뚱한 벙어리 하포(본명 아돌프)

마르크스 브러더스는 이주자였던 샘과 미니의 자녀로 모두 뉴욕에서 태어났다. 야심 찬 어머니의 성화로 삼촌인 코미디언 알 쉰을 따라 쇼 비즈니스에 발을 들였다. 그들은 보드빌 무대에서 활동하기 시작했고 이후에 브로드웨이로 옮겨갔다. 그들은 1929년 그들의 브로드웨이 연극 히트작의 영화 버전 〈코코넛 대소동〉으로 영화계에 데뷔했다. 〈애니멀 크래커〉, 〈몽키 비즈니스〉, 〈호스 피더〉, 〈오리수프〉 등 그들의 영화는 전반적으로 무질서, 슬랩스틱 코미디, 뮤지컬 공연과 익살스러움이 특징이다.

분장용 화장품으로 그린 콧수염에 진한 눈썹을 가지고 짤막한 농담을 하는 그루초는 마르크스 브러더스의 중심인물로, 줄거리가 그를 중심으로 움직였다. 그의 배역이 영화의 일부분이긴 했지만 그는 농담을 던질 때마다 자의식적으로 윙크를 함으로써 청중들과 호흡했다. 비평가 로저 에버트가 쓴 것처럼, "그루초의 대화를 인용하지 않고 논하는 것은 불가능하며 그루초의 전달 방식이 필수적이기 때문에 그걸 인용하는 것만으로는 아무런 의미가 없다."

전쟁과 정치, 정부를 풍자한 〈오리수프〉는 마르크스 브러더스 최고의 영화로 꼽힌다. 비록 개봉 당시에는 흥행에 실패했지만 베니토 무솔리니가 이탈리아에서 상영을 금지할 정도로 파시스트 지도자를 위협하기에 충분했다.

그루초만이 눈에 띄는 솔로 활동을 이어갔는데, 그는 1947년부터 1961년까지 라디오 프로그램과 〈유 벳 유어 라이프〉라는 TV 게임쇼를 성공적으로 진행했다.

● 그루초는 1924년 〈아일 세이 쉬 이즈〉라는 연극 작품을 위해 처음 분장용 화장품으로 콧수염을 그렸는데 그것이 그의 트레이드 마크가 되었다. 사실 그가 너무 늦게 극장에 도착하는 바람에 제대로 된 콧수염을 붙일 시간이 없었다.
● 형제들이 공식적으로 함께 출연한 마지막 영화는 〈러브 해피〉로, 23세의 신인 마릴린 먼로가 출연한 작품이었다.

047

FRI
사회

아모리 쇼

1913년에 뉴욕의 무기고에서 한 달 동안 개최된 영향력 있는 미술전 아모리 쇼는 마르셀 뒤샹 같은 당시 유행의 첨단을 걷던 유럽 화가들을 처음으로 미국인들에게 선보인 전시회로 현대 미술을 미국 문화에 소개한 것으로 인정받아왔다.

바실리 칸딘스키, 파블로 피카소 같은 유럽 화가들은 물론 메리 카사트, 조지 벨로스 같은 미국 예술가들을 비롯한 300여 명의 예술가들이 이 전시회에 출품했다. 입체파, 미래주의, 후기 인상파, 기타 아방가르드 유럽 스타일들을 대표하는 화가와 조각가들이 이 전시회에 출품하면서 미국 대중에게 첫 선을 보였다.

이 미술전은 1913년 2월 17일 뉴욕의 69연대 무기고에서 개최됐다. 그 후 한 달 동안 시어도어 루스벨트 전 대통령을 비롯한 수천 명의 미국인들이 관람했다.

적대적인 사람에서부터 열광하는 사람에 이르기까지 반응은 다양했다. 여러 비평가들이 여러 개의 이미지를 겹쳐 놓아 움직이는 인물을 묘사한 입체파 작품, 뒤샹의 〈계단을 내려가는 나부〉를 입을 모아 조롱했다. 팬들은 그림에서 움직임을 나타내는 새로운 방식을 발명한 뒤샹을 칭찬했지만 루스벨트를 비롯한 비판적인 사람들은 이 그림을 싫어했다.

팬들에게 이 미술전은 분수령적인 행사였고, 그 즉시 미국 예술에 심오한 영향을 주었다. 거리와 공장의 풍경을 실물같이 그린 미국의 사회적 사실주의 작품들은 곧바로 아모리 쇼에 출품된 작품들에서 영감을 받은, 보다 추상적인 스타일의 작품들에게 길을 내주었다.

뉴욕에서 전시회가 끝난 후 아모리 쇼는 시카고로 옮겼고, 그곳에서도 마찬가지로 관람객들을 놀라게 하고 영감을 주었으며 정신을 잃게 했다.

- 〈계단을 내려가는 나부〉는 현재 필라델피아 아트뮤지엄에서 영구 소장 중이다.
- 뒤샹이 성공적인 예술가이기는 하지만 그는 1920년대에 전문 체스 플레이어가 되기 위해 회화를 포기했다.
- 뉴욕은 1999년 이후로 매년 아모리 쇼를 개최해왔다.

048 | SAT 🏆 스포츠 | 베이브 디드릭슨

많은 사람들이 밀드레드 '베이브' 디드릭슨을 20세기 가장 위대한 여성 운동선수로 꼽는다. 자신만만하고 자만심에 가득 찬 텍사스주 출신의 그녀는 주로 육상 경기와 골프에서 성공했다. 1949년 그녀는 미국여자프로골프협회(LPGA)를 설립한 공동 창립자이며 오늘날까지도 영향력을 미치고 있다.

노르웨이 이민자 가정에서 태어난 디드릭슨은 야구와 소프트볼에서 가장 먼저 두각을 나타내기 시작했고, 고등학생 때는 전미대표 농구선수였다.

1932년 그녀는 아마추어경기연맹챔피언쉽(AAU)에 출전해서 5개 종목에서 우승하고 6번째 종목에서 공동 1위를 차지했고, 그 과정에서 3개의 세계 신기록을 세우면서 세계적인 육상스타로 부상했다. 그녀는 혼자 힘으로 자신의 소속팀인 댈러스 근로자 상해보험회사가 AAU 팀 경기에서 우승하게 만들었다. 2위는 22명의 선수들로 구성된 일리노이대학교였다.

디드릭슨은 그해 열린 LA올림픽에서 5개 종목에 출전할 자격을 갖췄음에도 여성이라는 이유로 3개 종목밖에 출전할 수 없었다. 그녀는 최초의 올림픽 여자 창던지기와 80m 허들 종목에서 금메달을 땄고(자신이 보유했던 세계 기록을 깼다), 높이뛰기에서 은메달을 차지했다. (사실 그녀는 공동 1위였지만 논란이 많은 세부적인 규정으로 인해 은메달로 밀려났다.)

그 후 디드릭슨은 골프선수로 활동하기 시작했고 크게 성공해 거의 20년을 세계 최고의 골프선수로 활동했다. 그녀가 골프선수로 활약하는 동안 〈연합뉴스〉는 5번이나 그녀를 미국 최고의 여자 운동선수로 꼽았다. (1945년, 1946년, 1947년, 1950년, 1954년을 비롯해 1931년에는 육상선수로 활약한 점을 인정받아 처음으로 미국 최고의 여자 운동선수가 되었다.)

그녀가 차지한 10번의 주요 토너먼트 대회 우승 가운데 1954년도 US오픈에서 이룬 마지막 우승은 대장암 진단을 받고 수술을 받은 지 1년 만에 이룬 것이었다. 디드릭슨은 2년 후 암이 재발하면서 45세의 나이로 사망했다.

- 디드릭슨은 야구에서 장외 홈런을 날린 적이 있었는데 보는 사람들이 강타자 베이브 루스를 떠올렸다고 하면서 '베이브'라는 이름을 갖게 되었다.
- 그녀는 〈연합뉴스〉, ESPN, 《스포츠 일러스트레이티드》에 의해 20세기 최고의 여자 운동선수로 꼽혔다.
- 그녀는 패티 버그, 프레드 코코란과 함께 LPGA를 창립했다.
- 디드릭슨은 프로 레슬러 조지 자하리아스와 1938년에 결혼해 자신의 이름을 베이브 디드릭슨 자하리아스로 바꾸었지만 지금도 보통 베이브 디드릭슨으로 불린다.

049 | SUN ☀ 팝 | 미키 마우스

미키 마우스는 1928년 11월 18일, 단편만화 〈증기선 윌리〉가 뉴욕 콜로니 극장에서 상영되었을 때 '탄생'했다. 비록 이 만화 속 쥐가 그전에도 〈플레인 크레이지〉, 〈갤로핀 가우초〉 등의 영화에 등장하긴 했지만 〈증기선 윌리〉는 월트 디즈니 영화 중 최초로 소리가 들어간 것이었다. 상영 즉시 히트를 친 이 영화는 미키 마우스를 대중문화 스타 반열에 올려놓았다.

디즈니에 따르면 미키 마우스는 예전에 창작했던 〈오스왈드 더 럭키 래빗〉에 대한 저작권을 상실해서 우울해 하던 그가 기차 안에서 모티머 마우스라는 이름의 새로운 캐릭터를 떠올리면서 만들어졌다고 한다. 디즈니의 아내인 릴리언은 모티머라는 이름이 마음에 들지 않아 그보다 온화한 이름인 미키를 제안했다.

항상 장난기 많고 제멋대로인 캐릭터 미키는 원래 현재의 친근하고 귀여운 이미지보다 조금 더 말썽꾸러기였다. 월트 디즈니 스튜디오는 나중에 오리지널 미키 마우스의 폭력적인 행동 때문에 〈증기선 윌리〉 중 30초를 삭제하기도 했다. 미키는 〈증기선 윌리〉 이후 1940년도 뮤지컬 〈판타지아〉 등 여러 영화 속에 등장했다.

미키는 월트 디즈니의 기업 로고가 되면서 몇 년 동안 영화 활동은 뒷전이었다. 그러나 1955년에 〈미키 마우스 클럽〉이라는 TV프로그램이 시작되고 디즈니랜드 놀이공원이 개장하면서 다시 돌아왔다. 미키는 시계, 도시락, 티셔츠 등과 디즈니 놀이공원과 관련된 모든 것에 등장했다.

대단히 미국적인 가족 엔터테인먼트의 동의어가 된 미키 마우스는 미국 문화와 상업적 제국주의를 상징한다며 비판을 받기도 했다. 그와 상관없이, 미키는 전 세계적으로 가장 많이 알려진 아이콘으로 손꼽힌다.

- 미키의 50세 생일에 할리우드 명예의 거리에 이름이 새겨지면서 영원히 죽지 않는 스타로 남은 최초의 만화 캐릭터가 되었다.
- 월트 디즈니는 오리지널 미키 마우스의 목소리를 직접 연기했고, 스튜디오 운영으로 할 일이 너무 많아질 때까지 계속해서 미키의 목소리 역을 맡았다.
- 2007년 하마스가 운영하는 TV 채널에서 미키 마우스와 비슷한 모습을 한 파포라는 이름의 캐릭터가 등장하는 어린이 프로그램을 방영했다. 파포가 반이스라엘, 반미의 가르침을 지향한다는 주장이 제기되면서 대대적인 논란이 일고 난 후 하마스는 이 캐릭터를 범블비로 대체했다.

050 | MON 🎩 인물 | 윈스턴 처칠

윈스턴 처칠의 확고한 리더십은 2차 대전 기간 영국이 가장 암울한 시기를 헤쳐 나갈 수 있게 해주었으며 그를 20세기의 거대한 인물로 만들었다. 처칠은 낭만적이고 애국주의자였지만 무엇보다도 민주주의의 도덕적 우월성을 변함없이 옹호한 사람이었다.

저명한 영국 가문에서 태어나기 했지만 그의 군사적, 정치적 성공이 항상 보장되었던 것은 아니었다. 1900년 26세의 나이로 의회에 입성한 그는 1911년 해군장관으로 승진했다. 그러나 1915년 1차 대전 중 영국이 갈리폴리 전투에서 참담한 패배를 당한 후 책임을 지고 사퇴하라는 압박을 받았다. 그러나 그는 다시 정치 활동을 재개했고 1924년부터 1929년까지 재무장관을 역임했다. 그러나 영국을 금본위제로 되돌리겠다는 그의 결정은 완전한 실패로 판명되어 1930년대의 대부분을 정치적으로 방황하며 보냈다. 그는 집필에 집중했고, 아돌프 히틀러의 등장과 나치 정권을 노골적으로 비판했다.

그는 네빌 체임벌린 수상의 유화 정책을 격렬하게 반대했는데, 1940년 체임벌린 수상이 사임하자 그 뒤를 이어 수상이 되었다. 그는 즉시 시험대에 올랐다. 그해 6월, 독일이 프랑스를 물리치면서 영국 또한 1066년 이후 처음으로 독일에 침략을 당할 위기에 놓였기 때문이다.

독일이 영국을 침략하지는 않았지만 처칠은 포위된 국민들에게 계속해서 파시즘의 압제와 야만 행위에 맞서 싸우라고 설득했다. 영국은 이탈리아와 독일을 상대로 연이은 군사적 성공을 이뤘으며, 미국과 소련이 연합군에 합류해 추축군을 물리치기 전 전세를 역전시켜 놓았다.

연합군이 승리를 이룬 후 처칠은 위대한 지도자로 찬사를 받았고 서양 역사상 전설적인 인물로 남게 되었다. 이후 별 탈 없이 수상 재임 기간을 끝내고, 그는 말년에 건강 악화로 고생하다 90살에 사망했다.

- 처칠은 일반적으로 2차 대전 동안 빅3(처칠, 프랭클린 루스벨트, 이오시프 스탈린)를 단결시킨 공을 인정받고 있다. 테헤란, 얄타, 포츠담에서의 정상 회담을 생각해낸 사람이 바로 그였기 때문이다.
- 처칠은 1946년 연설에서 서유럽과 동유럽, 보다 일반적으로는 민주주의와 공산주의의 상징적인 경계를 가리키기 위해 '철의 장막'이라는 용어를 널리 알린 것으로 유명하다.
- 정치인으로서의 성공 외에도 처칠은 유명한 작가이자 6권으로 구성된 《2차 대전》의 저자이기도 하다. 1953년 그는 노벨문학상을 수상했다.
- BBC가 실시한 2002년 설문 조사에서 처칠은 역대 가장 위대한 영국인으로 꼽혔다. 그는 미국에서도 유명한데, 1963년 존 F. 케네디 대통령은 미국인 어머니를 둔 처칠에게 미국 명예 시민권을 수여하기도 했다.

051 TUE 문학 | 모더니즘

문학계의 모더니즘은 1900년경부터 1940년까지 유럽과 미국에서 유행했다. 제임스 조이스, 버지니아 울프, 거트루드 스타인, 윌리엄 포크너, T. S. 엘리엇을 비롯한 주요 작가들이 예기치 않은 방식으로 현실을 묘사하고 진실에 도달하는 급진적인 새 기법을 가지고 실험했다.

모더니즘은 서양 작가들이 19세기 후반에 추구했던 현실주의에 반대하는 움직임이었다. 현실주의자들은 사람들과 사회를 가능한 자세하고 사실적으로 그리려고 노력했다. 그러나 20세기 초에 등장한 새로운 이론과 과학의 발견으로 현실주의자들의 접근법에 의문이 제기되었다. 알베르트 아인슈타인, 지그문트 프로이트와 같은 사상가들은 세상에서 가장 익숙하게 여겨졌던 시공간, 언어, 심지어 인간의 마음까지 본질적으로 알 수 없고 불가사의한 것이라고 밝혔다.

이런 새로운 사상에 비추어 그 시대의 모더니즘 작가와 예술가들은 구체적인 현실과 객관적인 진실이란 것이 도대체 존재하기는 하는지 궁금해하기 시작했다. 그들은 현실주의자들이 집착하던, 세상에 대한 정확한 묘사를 헛된 열의로 치부했다. 대신에 그들은 사실과 현실을 탐구하는 새로운 방식을 정하고자 했다.

그 결과 모더니즘 문학은 실험으로 가득하게 되었다. 언어, 구조, 화법, 연대기 등 전에는 난공불락이었던 문학적 기반에 대한 실험을 시도했다. 조이스, 울프를 비롯한 작가들은 등장인물들의 내면의 생각을 보다 완전하게 탐구하기 위하여 의식의 흐름 화법을 선도했다. 객관적인 진실에 도달하기 위해서 그들은 작품 속에서 다양한 화자를 사용해서 그들의 주관적인 관점이 비교, 대조될 수 있게 했으며, 수렴과 확산의 분야가 분명히 드러나게 했다. 그들은 과거, 현재, 미래의 사건이 연결되었음을 강조하기 위하여 시간의 흐름을 따르는 줄거리를 저버리고 시간대를 오가는 화법을 사용했다.

- 문학적 모더니즘의 전성기는 1920년대로, 이 시기를 가리켜 하이모더니즘 시기라고 부른다.
- 모더니즘 시인들은 덜 엄격하지만 여전히 복잡한 형태인 자유시의 실험을 통해 1800년대에 시를 통제하던 엄격한 운문과 운율 규칙을 느슨하게 만들었다.
- 모더니즘은 문학에만 국한되지 않고 음악과 시각 예술 분야에서도 표현되었다. 예컨대 파블로 피카소를 비롯한 입체파 화가들이 모더니즘에 속한다.

052 | WED ◉ 음악 | 카터 패밀리

애팔래치아 시골에 사는 한 가족으로 구성된 가스펠과 블루그래스(bluegrass, 기타 등의 악기로 연주하는 미국의 컨트리 음악 — 옮긴이) 밴드 카터 패밀리는 최초로 히트한 컨트리 음악 밴드로, 컨트리 음악이 독립적인 미국 음악 장르가 되는 데 도움을 주었다. 최초의 컨트리 음악 가족 밴드로 알려진 카터 패밀리는 〈푸어 오펀 차일드〉, 〈와일드우드 플라워〉 그리고 전통적인 〈윌 더 서클 비 브로큰〉을 비롯해 여러 고전 컨트리 음악을 남겼다.

버지니아주 빈민가 출신의 카터 패밀리는 교회에서 가스펠을 불렀고, 집에서는 향토색이 풍부한 '힐빌리(hillbilly) 음악'에 몰두하며 자랐다. 그들의 음악은 전통적인 애팔래치아 음악의 강한 템포에 복잡한 편곡과 가스펠의 하모니를 적용했다. 카터 패밀리의 오리지널 핵심 멤버인 A. P. 카터와 그의 아내 새라 그리고 제수 메이벨은 1927년 라디오로 진출했고 슬픔과 후회가 담긴 자신들의 사적인 이야기를 노래로 불렀다. 대공황이라는 분위기 속에서 그들의 노래는 특히, 경제 상황으로 가장 큰 타격을 받은 시골 사람들의 심금을 울렸다.

이혼, 재혼, 출산을 통해 카터 패밀리 멤버 구성은 시간이 지나면서 변했다. 오리지널 멤버에 메이벨의 세 딸, 애니타, 준, 헬렌이 영입되었다. 준 카터는 반항아 컨트리 스타 조니 캐쉬와 1968년에 혼인했는데, 많은 사람들이 이 결혼을 전통적인 컨트리 음악과 로큰롤의 결합으로 여겼다. 준은 1970년대 자신의 딸 카렌 카터를 무대에 올리면서 카터 패밀리의 명성을 이어나갔다.

1960년대 전통 음악의 부활과 새로운 포크 음악 운동이 카터 패밀리를 토대로 세워졌다. 무수히 많은 예술가들이 카터 패밀리의 음악을 재해석했는데, 많은 음악 비평가들은 우디 거스리, 밥 딜런을 카터 패밀리의 계보를 이은 가수로 여긴다.

- 메이벨 카터는 독특한 플랫피킹 스타일의 기타 연주법을 개발했는데, 이 기법은 후에 카터 스크래치로 알려지게 되었다. 오늘날 이 기법은 블루그래스 음악에서 널리 사용되고 있다.
- 〈와일드우드 플라워〉는 미국공영라디오에 의해 20세기 가장 중요한 미국 음악 작품 100위 안에 꼽혔다.
- 리즈 위더스푼은 2005년도 영화 〈앙코르〉에서 준 카터 역을 맡아 아카데미 여우주연상을 수상했다.

053 | THU 영화 | 프랭크 카프라

시칠리아에서 태어난 프랭크 카프라는 1903년 가족과 함께 미국으로 이주했고, 당대에 가장 중요한 애국적인 미국 영화를 감독했다. 크리스마스 때 TV를 본 적 있는 미국인이라면 모두 카프라의 가장 사랑받는 영화 〈멋진 인생〉을 봤을 것이다.

카프라는 22편의 장편영화를 잇달아 연출하고 난 후 최초의 블록버스터 히트작 〈어느 날 밤에 생긴 일〉로 감독으로서 명성을 날리기 시작했다. 클라크 게이블과 클로데트 콜베르가 예측 불가의 연인으로 출연하는 〈어느 날 밤에 생긴 일〉은 획기적인 괴짜 로맨틱 코미디로, 컬럼비아픽처스가 주요 제작사로 발돋움하게 했으며 대단한 파장을 일으켰다. 아카데미 시상식에서 이 영화는 5개 부문을 휩쓸었는데(남우주연상, 여우주연상, 감독상, 각본상, 작품상), 이것은 〈뻐꾸기 둥지 위로 날아간 새〉 이전까지 어떤 작품도 깨지 못한 기록이었다.

〈어느 날 밤에 생긴 일〉 이후 카프라는 냉소주의와 부패에 맞서 싸우는 소도시 영웅들의 이야기를 그리는 데 집중했다. 〈천금을 마다한 사나이〉, 〈잃어버린 지평선〉, 〈우리 집의 낙원〉(아카데미 작품상)이 모두 성공했고, 〈스미스 씨 워싱턴 가다〉를 연출하기에 이르렀다. 카프라는 지미 스튜어트가 연기한 제퍼슨 스미스의 모습을 통해 워싱턴에서 부패 정치에 맞서 싸우는 순진하고 젊은 상원의원에게서 전형적이고 평범한 영웅의 모습을 떠올리게 했다.

미국 정부는 카프라에게 2차 대전의 이해관계에 대해 미국 군인들을 교육시키기 위해 일곱 편의 다큐멘터리 시리즈 〈왜 우리는 싸우나〉의 감독을 맡겼다. 선전의 걸작이라 여겨지는 이 시리즈는 1942년과 1945년 사이에 개봉되었고 미국과 해외 극장에서 상영되도록 배급되었다.

〈멋진 인생〉이 가장 사랑받는 카프라의 영화가 되었다는 사실은 이 영화가 1946년 개봉되었을 때 받았던 뜨뜻미지근한 반응을 생각하면 아주 놀라운 일이다. 그러나 크리스마스 시즌의 희망과 인간성의 믿음에 대한 고무적인 메시지 덕분에 이 영화는 연말마다 고정적으로 상영되었다. 〈멋진 인생〉은 카프라의 마지막 주요 작품으로 꼽힌다. 1961년 그는 마지막 영화 〈포켓에 가득 찬 행복〉을 감독했고, 1991년 94세의 나이에 심장마비로 사망했다.

• 카프라는 아카데미 감독상 후보에 6번 올랐는데, 그중 3번을 수상했다(〈어느 날 밤에 생긴 일〉, 〈천금을 마다한 사나이〉, 〈우리 집의 낙원〉). 또 그는 1936년, 1939년에 아카데미 시상식을 진행했다.
• 그는 1982년 미국영화연구소로부터 평생공로상을 받았다.

054

금주법

1919년 미국 정부가 제18차 헌법 수정안을 비준하면서 '술의 생산, 판매, 이동'을 금지하자 사람들은 새로운 법안으로 인해 술에서 비롯되는 가난, 가정 폭력, 사회적 문제들이 끝나기를 바랐다. 그러나 금주법은 음주를 막는 데 실패했고, 이 조치가 해결하고자 했던 여러 가지 사회 문제들을 오히려 악화시켰다. 대중들 사이에서 점점 인기를 잃어가던 금주법은 그로부터 14년 후 폐지되었다.

이른바 절제 운동 속에서 개혁가들은 19세기부터 금주를 밀어붙였다. 수전 앤서니 같은 많은 차별 폐지론을 앞세운 초기 페미니스트 지도자들도 금주가 술에 취한 남편들로부터 여성을 보호하고 도심 속 빈민가들의 상태를 나아지게 할 것이라고 주장하며 금주법을 지지했다.

그러나 금주법은 오히려 1920년대와 1930년대에 술을 원하는 미국인들을 위해 밀수가 생겨나면서 범죄가 급증하는 도화선이 되었다. 시카고의 알 카포네 같은 폭력배가 정교한 범죄망을 만들어서 캐나다로부터 술을 들여왔고, 사실상 모든 미국 도시의 주류 밀매점이라고 알려진 불법 바에 공급했다. 1929년 알 카포네의 심복이 라이벌 갱단을 총으로 살해한 발렌타인데이 대학살 같은 사악한 갱들의 전쟁은 미국인들을 충격에 빠뜨렸다.

그뿐만 아니라 많은 미국인들은 불법 증류소에서 직접 '밀주'를 증류하기 시작했다. 밀주는 만들기도 위험하고 악명 높을 정도로 독했다. 또한 일부 소비자들은 술 대신 아편, 코카인, 마리화나 같은 마약에 손을 대기도 했다.

심지어 워런 하딩 대통령조차 백악관에서 벌어진 포커 파티에서 술을 제공하는 등 금주법은 전반적으로 무시되었고 1920년대 후반에는 폐지에 대한 요청이 점점 증가했다. 의회는 1933년에 제18차 개정을 폐지하면서 주가 개별적으로 금주법을 유지할 수 있게 허용했지만 그런 곳은 얼마 없었다.

- 추정치에 의하면 금주법 시대의 알코올 도수가 대부분 그 전후 생산된 알코올 도수보다 1.5배 더 강했다고 한다.
- 제18차 수정안은 미국인들의 권리를 요약한 유일한 헌법 수정안이었다. 또한 이것은 1933년 제21차 수정에 의해 유일하게 폐지된 수정안이기도 했다.
- 스콧 피츠제럴드의 대표 소설 《위대한 개츠비》의 등장인물인 제이 개츠비는 알코올 불법 판매를 통해 큰 돈을 번 것으로 추정된다.

055 | SAT 🏆 스포츠 | 제시 오언스

독일의 독재자 아돌프 히틀러에게 1936년 베를린 올림픽은 아리아 인종 우월주의를 세상에 입증할 수 있는 기회였다. 그러니 아프리칸-아메리칸 소작인의 아들이자 노예의 손자였던 제시 오언스가 육상에서 4개의 금메달을 목에 걸며 올림픽의 스타가 되었을 때 그는 분명히 매우 당황했을 것이다. 히틀러에게 굴욕을 안겨줌으로써 오언스는 2차 대전이 발발하기 전 국제적인 긴장기에 세계적인 영웅이 되었다.

오언스는 오하이오대학교 2학년 때 1935년 빅텐 챔피언십에 출전해 처음으로 국민들의 관심을 받는 성적을 올렸다. 그는 4개 종목에 출전해서 약 45분 만에 모두 승리하면서 3개의 세계신기록을 올렸고, 하나는 기존의 세계 기록과 동일했다.

1년 후 올림픽이 개최됐을 때 오언스는 미국의 스타에서 국제적인 정치적 상징으로 발돋움했다. 그는 100m, 200m 달리기, 멀리뛰기, 400m 계주에서 우승했다. 오언스는 원래 계주팀이 아니었지만 또 다른 아프리칸-아메리칸 단거리 주자였던 랠프 멧커프와 함께 유대인 선수 마티 글릭먼과 샘 스톨러를 대신해 출전했다. 소문에 의하면 나치 관료들이 미국 대표단에게 당국이 더 굴욕감을 느끼기 전에 유대인 선수들을 빼달라고 요청했다고 한다. 히틀러는 흑인 선수들과는 악수하기를 거부했다.

올림픽이 끝난 후 오언스는 프로 운동선수가 되었으나 흑인은 후원자를 얻을 기회가 없었기 때문에 돈을 벌기가 힘들었다. 오언스는 가족을 부양하기 위해 사람, 개, 말 등 상대를 가리지 않고 경주를 벌여야 했다. 1950년대에 이르러 그는 성공한 강사로 자리매김을 했고 자신만의 홍보 회사를 세웠다. 그는 66세의 나이에 폐암으로 사망했다.

- 그는 앨라배마주에서 제임스 클리브랜드 오언스라는 이름으로 태어나 9세에 오하이오주 클리블랜드로 이주했다. 그곳에서 처음 학교에 간 날 선생님이 그의 이름을 묻자 그는 "J. C."라고 대답했다. 선생님은 그가 제시라고 말한 줄로 생각했고, 그때부터 제시라는 이름이 평생 그를 따라 다녔다.
- 오언스는 올림픽 1회에서 4개의 금메달을 수상한 최초의 미국인이었다.
- 1976년 당시 대통령 제럴드 포드는 오언스에게 민간인이 받을 수 있는 가장 높은 영예인 대통령 훈장을 수여했다.
- 오언스는 1936년 올림픽에서 멀리뛰기 결승전 출전권을 놓고 겨룰 때 처음 두 번의 시도에서 실격했다. 오언스가 마지막 시도를 하기 전, 이른바 아리아인을 상징하는, 금발에 키가 큰 독일 선수 루츠 롱이 오언스에게 도약판보다 몇 인치 뒤에서 뛸 것을 제안했다. 오언스는 이를 받아들였고 출전 자격을 얻었다. 오언스는 금메달, 루츠는 은메달을 수상했고 두 사람은 경기가 끝난 후 포옹했다. 루츠는 2차 대전에서 사망했지만 오언스는 루츠의 가족과 연락을 계속했다.

056 | ☀ SUN 팝 | 베티 붑

비록 만화 캐릭터로는 오래 가지 못했지만, 이 육감적인 내숭쟁이 베티 붑은 애니메이션이 어린이용 엔터테인먼트 이상이 될 수 있음을 증명했다. 야한 보드빌 가수의 만화 버전인 그녀는 파라마운트픽처스가 1930년부터 1939년까지 제작한 성인용 만화 시리즈에 등장했다.

붑은 1920년대 가수이자 신여성인 헬렌 케인을 모티프로 했다. 케인은 단발머리, 고음의 노래, 발로 차는 듯한 춤 등 여러 가지로 유명했는데(그녀는 심지어 "붑~우~파~둡"이라는 유행어를 만들기도 했다), 그녀의 만화 버전 캐릭터가 이런 것들을 세계적으로 유명하게 해주었다.

영화 제작자 맥스 플라이셔는 케인을 모델로 삼아 파라마운트가 배급하는 단편 만화영화 토카툰 시리즈의 새로운 캐릭터를 만들었다. 초창기 베티 붑은 케인을 막연하게 닮았을 뿐이었다. 심지어 1930년 붑이 처음 등장했을 때는 프렌치 푸들이었다. 1932년 1월 2일 영화 〈애니 랙스〉에서 지금 같은 인간의 모습으로 표현되었다. 그보다 1년 전에 성우 매 퀘스텔이 베티 붑의 목소리를 연기하기 시작했는데, 그녀는 1939년 베티 붑이 출연하는 마지막 만화 〈입 입 이피〉가 폐지될 때까지 계속 붑의 목소리를 연기했다.

플라이셔 스튜디오 외에 1930년대 만화영화의 주요 제작사로는 월트디즈니 스튜디오가 있었다. 이 두 스튜디오는 다른 점이 많은데, 특히 디즈니는 어린이용 프로그램을 선호한 반면, 플라이셔는 성인용 주제를 다룬 프로그램을 선보였다. 베티 붑은 주로 노출이 심한 의상을 입었고 그녀의 노래와 댄스는 대단히 외설적이었다.

그러나 미국 영화제작사와 배급사협회가 1934년 헤이스규약이라는 영화 산업 전반에 걸친 윤리 규정을 채택하면서 플라이셔 스튜디오는 붑을 얌전하게 만들 수밖에 없었다. 정해진 규정 가운데에는 여성들의 복장 규정도 있었는데, 이는 만화영화 속 여성 캐릭터에게도 적용되었다. 그 후 베티 붑은 긴 치마와 덜 파인 옷을 입었다.

- 1934년 단편 만화 〈베티 붑스 라이즈 투 페임〉에서는 붑이 옷을 갈아입을 때 가슴이 잠깐 보였다.
- 현재의 영화 등급제는 헤이스규약을 대신해 1968년도에 채택한 것이다.
- 1934년 케인은 베티 붑의 인기에 대한 보상금을 받아야 한다고 주장하며 플라이셔 스튜디오와 파라마운트픽처스를 고소했지만 패소했다.

057 | MON 인물 | 샤를 드골

프랑스는 20세기 가장 큰 투쟁에 직면할 때마다 법과 질서, 독립을 회복하기 위해 한 남자에게 의지했다. 그는 샤를 드골 장군이었다. 그는 누군가에게는 오만한 독재자이 자 자신과 조국에 대해 지나치게 큰 야망을 가진 남자였다. 그러나 그런 야망은 2차 대 전 중 프랑스가 겪은 굴욕적인 패배에서 회복하는 데 도움이 되었고 1950년대 말 거의 내전에 이를 뻔한 흐름을 막았다.

1940년 선임 육군 장교였던 그는 독일에 대한 프랑스의 항복을 받아들이지 못하고 런던으로 건너가 프랑스 망명 정부 자유프랑스를 세웠다. 그는 프랑스 장병들과 시민 들에게 저항에 동참하고 나치와의 투쟁을 계속하기를 촉구했다.

1944년 파리가 독립하면서 드골은 영웅 대접을 받으며 고국으로 돌아왔다. 그리 고 곧이어 새롭게 세워진 임시정부의 대통령으로 임명되었다. 그러나 궁극적으로 제 4공화국의 건국으로 이어진 새 헌법은 대통령에게 충분한 권한을 주지 않았고 드골은 1946년 사임했다.

이후 드골은 10년 동안 프랑스 정계에서 중요 인물이긴 했지만, 1958년까지 주역이 되지 못했다. 그해 프랑스의 북아프리카 식민지인 알제리에서 일어난 반란과 프랑스 내의 정치 불안정이 정권을 무너뜨렸다. 불안한 프랑스 지도자들은 다시 한번 드골에 게 기대면서 프랑스를 안정시키기 위해 6개월 동안 전권을 부여했다. 그는 알제리의 폭거를 진압했고(결과적으로 1962년 알제리 독립을 위한 길을 열어주었다) 프랑스를 더욱 강 하고 독립적인 궤도에 올려놓으면서 안정시키는 데 성공했다. 그는 새로운 헌법의 제 정을 통과시켰고(대통령에게 더 많은 권한을 부여했다), 핵무기 개발을 승인했으며, 북대서 양조약기구(NATO)의 군사 진영에서 프랑스군을 철수시켰다.

1968년 드골은 학생 시위, 데모, 노동자 파업을 헤쳐 나갔지만 그렇다고 그의 권위를 모두 보전한 것은 아니었다. 1년 후 그는 개혁안에 관한 투표를 그의 리더십에 대한 국 민투표로 전환했는데, 제안이 패배하자 사임했다. 그리고 19개월 후 사망했다.

- 2차 대전 기간 프랑스 군대에서 복무한 드골은 프랑스 군대 체계를 비판하는 일련의 저서와 기사들을 저술했다. 그의 아이디어는 프랑스에서 무시당했고, 1940년에 이르자 그가 제안한 것과 유사한 전술을 사용한 나치가 프랑스를 점령했다.
- 드골은 첫 아이 이름을 군대에서 후원해준 필리프 페탱 중장의 이름을 따서 붙였다. 페탱은 비시정부가 수립한 뒤 나 치와 협력했고, 드골의 가장 큰 적이 되었다.
- 《타임》은 1958년 프랑스를 혼란에서 구한 드골을 올해의 인물로 선정했다.

058

제임스 조이스

아일랜드의 소설가 제임스 조이스는 몇 편의 획기적인 작품만으로 근대의 다른 어떤 작가들보다 서양 문학의 면면을 바꿔놓는 데 기여했다. 그의 소설은 당대뿐 아니라 지금까지도 끊임없이 작가들에게 영향을 주는 수많은 새로운 문학적 기법을 도입했다.

더블린에서 젊은 시절을 보내고 난 후 조이스는 유럽 전역을 여행하며 작품을 집필했고, 아일랜드로 잠시 돌아와 자신의 작품들을 출간하고자 했다. 그의 첫 번째 주요 작품《더블린 사람들》은 1914년에 출간되었는데, 지금도 20세기 최고의 단편소설집으로 꼽힌다. 이 중 마지막 이야기〈죽은 사람들〉은 조이스의 대표적인 작법이기도 한, 등장인물이 자신이나 세상에 대해 갑작스럽게 인생을 변화시킬 만한 깨달음을 얻는 특정한 순간, 즉 에피파니(Epiphany)의 좋은 예를 보여준다.

조이스가《더블린 사람들》에 이어 발표한《젊은 예술가의 초상》은 주로 가톨릭 방식의 훈육과 교육 그리고 예술가로 발돋움한 것 등에 관한 자전적인 소설이다.《젊은 예술가의 초상》이 조이스에게 대단한 찬사를 가져다주긴 했지만, 논의의 여지가 없는 그의 대작은 그다음 소설《율리시스》다. 근대 더블린에서의 하루를 배경으로 호머의《오디세이》를 개작한 이 엄청난 작품은 종종 영어로 쓰인 가장 위대한 소설로 불린다. 이 작품에서 조이스는 특히 등장인물의 내면의 생각을 어떤 구성이나 해석 없이 문자 그대로 표현하려고 시도하는 의식의 흐름 화법을 이용해 언어, 형식, 화자에 대한 급진적인 실험을 했다. 조이스의 실험은 마지막 소설《피네간의 경야》에서 더욱 고조되었는데, 이 작품은 너무나 어려워서 학자들만 읽는다.

조이스의 작품은 연극이나 영화로 각색하기가 불가능하지만, 그래도 서양의 문화적 상상력 속에서 살아남았다. 그의 작품들은 문학적인 혁신뿐 아니라 가톨릭교, 성적 취향, 예술 그리고 종종 조이스의 고국인 아일랜드 정치에 대한 탐구로서 가치를 인정받고 있다.

- 조이스는 평생 녹내장, 백내장을 비롯해 눈에 관한 여러 질환에 시달렸고 잠깐 동안 앞을 보지 못하기도 했다.
- 매년 전 세계 조이스 애호가들은《율리시스》속 사건이 벌어진 1904년의 그날에 경의를 표하여 6월 16일을 블룸스데이로 기념한다.
- 조이스는 마르셀 프루스트, 버지니아 울프, 윌리엄 포크너와 더불어 문학계 모더니즘의 중심인물로 꼽힌다.

059

패츠 월러

피아니스트 토머스 라이트 '패츠' 월러는 20세기 초 가장 유명하고 영향력 있는 미국 예술가로 손꼽히며 초기 재즈의 선구자였다. 대담하고 코믹한 스타일로 유명한 월러는 〈에인 미스비헤이빈〉과 〈허니서클 로즈〉를 포함해 미국 노래집에 여러 스탠더드(시대를 뛰어넘어 오랫동안 애창되고 연주되는 곡― 옮긴이)를 게재했다. 월러는 요한 제바스티안 바흐의 곡에 대해 탄탄한 기초 교육을 받는 등 클래식 음악 훈련을 받은 피아니스트였지만, 스트라이드라고 알려진 어렵고 즉흥적인 재즈 스타일을 완벽하게 연주한 사람으로 가장 유명하다.

월러 외에 스트라이드 피아노의 대가로는 윌리 '더 라이언' 스미스와, 월러가 뉴욕에서 자라면서 피아노 레슨을 받았던 제임스 존슨이 있다. 스트라이드를 연주할 때 피아니스트는 곡의 리듬과 멜로디에 모두 관여한다. 대개 업라이트 베이스나 드럼 세트 같은 별도의 악기에 의해 연주되는 리듬이 스트라이드에서는 순전히 피아니스트의 왼손에 좌우된다. 스트라이드는 피아니스트의 왼손이 단순하게 비트만 유지하는 것이 아니기 때문에 악명 높을 정도로 어렵다. 피아니스트가 피아노의 왼쪽을 사용해 곡의 리듬을 다지는 것과 키보드의 중간 부분에서 코드를 치며 하모니를 만들어내는 것을 오가야 하기 때문이다. (스트라이드란 명칭은 건반을 오르락내리락 하는 왼손의 움직임에서 유래했다.) 그와 동시에 피아니스트는 오른손으로 정교하고 빠른 멜로디를 연주해야만 한다.

스트라이드를 연주하려면 뛰어난 재능과 다년간의 연습이 필요하지만 월러는 상당히 타고난 이점을 가지고 있었다. 피아니스트 조지 시어링은 언젠가 월러와 악수하는 것을 '바나나 한 묶음을 잡는 것'에 비유한 적이 있는데, 그렇게 과장된 표현은 아니었다. 월러는 피아노의 흰건반 12개 크기만큼 벌어질 정도로 거대한 손을 가졌다. 그는 재즈가 전국적으로 인기를 얻던 1920년대와 1930년대에 주요 연주자이자 히트음반 음악가였고, 1943년에 폐렴으로 사망했다. 그는 후대 재즈 음악가들에게 지대한 영향을 준 인물로 꼽히며 1993년 그래미어워드 평생공로상을 수상했다.

• 월러는 10대 때 뉴욕에서 주민들이 임대료 지불을 위해 개최한 유료 라이브 음악 하우스 파티에서 공연하면서 연주자로서의 활동을 시작했다.
• 자신의 연주를 담은 음반을 판매하기 전에 월러는 음반사 오케를 위해 자동 피아노 롤을 썼다.
• 전성기를 누리던 1926년 월러는 등에 총을 겨눈 한 남자에 의해 시카고 클럽으로 끌려갔다. 그는 납치되는 줄 알았지만 사실은 유명한 폭력배 알 '스카페이스' 카포네의 생일 파티에서 연주하도록 강요당한 것이었다.

060 | THU 영화 | 제임스 캐그니

제임스 캐그니는 1930년대에 등장해 급성장한 갱스터 영화의 전형적인 스타였다. 《뉴욕타임스》에 실린 그의 사망 기사에 쓰인 것처럼, 그는 "자만심에 찬 호전적인 영화배우"였고 전설적인 쇼맨이었다. 윌 로저스는 그에 대해 "그가 일하는 모습을 볼 때마다 한 묶음의 폭죽이 한꺼번에 터지는 것과 같았다"고 말했다.

캐그니는 브로드웨이와 보드빌에서 훈련받았는데 대단한 댄서도 뛰어난 가수도 아니었지만, 무대에서 에너지 넘치는 모습은 스크린에서도 잘 표현되었다. 〈시너스 홀리데이〉라는 영화로 데뷔하고 1년 후 〈공공의 적〉에 출연했는데, 그는 이 영화로 순식간에 스타가 되었다. 최초의 갱스터 영화 중 하나인 이 작품은 폭력과 여성 혐오에 대한 사실적인 묘사로 괄목할 만한 작품이었다. 이 영화의 가장 유명한 장면은 캐그니가 연기한 탐 파워스가 함께 출연한 메이 클라크의 얼굴에 자몽의 절반을 뭉개버리는 것이다.

이후 1930년대에 캐그니는 계속해서 할리우드의 주요 갱스터로 명성을 날렸고, 험프리 보가트가 함께 출연한 〈더럽혀진 얼굴의 천사〉로 아카데미 남우주연상 후보에 오르기도 했다. 1년 후 그는 다시 한 번 보가트와 함께 〈포효하는 20대〉에 출연했는데, 이것은 캐그니의 1930년대 마지막 갱스터 영화였다.

캐그니는 〈성조기의 행진〉에서 유명한 가수 겸 송라이터, 댄서인 조지 코한을 연기하기 위해 다시 춤추고 노래하는 모습으로 돌아갔다. 이 애국적인 뮤지컬 영화는 그해 최고의 박스오피스 흥행작이었고, 캐그니에게 오스카 남우주연상을 안겨주었다. 그는 라울 월쉬 감독의 프로이트주의 영화 〈화이트 히트〉에 출연하기 위해 갱스터 장르로 돌아와 "이뤘어요, 엄마! 세계 최고예요!"라는 유명한 대사를 하는 사이코패스 조직 폭력배를 연기했다. 1955년 캐그니는 아카데미상 후보에 선정된 〈사랑과 이별〉과 헨리 폰다, 잭 레몬이 함께한 〈미스터 로버츠〉에 출연했다.

캐그니는 1961년에 은퇴했지만 좀 더 활동하라는 의사들의 지시로 20년 후 스크린으로 돌아와 밀로스 포만 감독의 〈래그타임〉에서 단역을 맡았다. 그것이 캐그니의 마지막 영화였다. 그는 86세의 나이에 심장마비로 사망했다. 오랜 친구 로널드 레이건 대통령이 그의 장례식에서 추도 연설을 했다.

- B급 영화의 역할로 가장 유명하긴 하지만, 캐그니는 아카데미상을 수상한 윌리엄 셰익스피어의 〈한 여름 밤의 꿈〉을 각색한 영화에도 출연했다.
- 1984년 캐그니는 민간인이 받을 수 있는 가장 큰 영예인 미국 대통령 훈장을 받았다.

061

FRI
📡
사회

플래퍼

1920년대에 한 무리의 젊은 여성들이 이국적인 단발머리를 하고, 담배를 피우고, 재즈 음악을 듣는 등 젊은 여성들에 대한 전통적인 기대에 반항하는 행동을 보였다. 매춘부를 뜻하는 영국의 은어에서 유래한 것으로 여겨지는 플래퍼라는 별명이 붙은 그들은 1차 대전 이후 미국과 유럽에서 증가했던 전통적인 성의 표준에 대한 저항을 상징했다. 유명한 플래퍼로는 여배우 조앤 크로퍼드와 소설가 스콧 피츠제럴드의 부인 젤다 피츠제럴드가 있다.

소년 같은 헤어스타일과 옷차림 외에도 플래퍼 세대는 대개 성에 대해 보다 자유로운 태도를 보였다. 일부 플래퍼들은 여러 명의 남성들과 사귀었는데, 그 당시로는 스캔들을 일으킬 만한 행동이었다.

플래퍼는 여성들에게까지 완전한 투표권을 부여함으로써 많은 미국인들에게 전통적인 성의 역할을 재고하게 만들었던 제19차 헌법 수정안의 배경 속에서 등장했다.

아마도 플래퍼를 가장 잘 묘사한 것이 피츠제럴드의 소설일 것이다. 그의 대작《위대한 개츠비》에는 독립적이고 강철 같으며, 술이 센 프로골퍼 조단 베이커라는 유명한 플래퍼가 등장한다. 그의 단편소설 〈버니스, 단발머리로 자르다〉에는 진정한 플래퍼로 행동하는 방식을 가르치는 사촌 언니 마저리에게 사교계 여성이 되기 위한 훈련을 받는 버니스라는 어린 소녀가 등장한다.

1929년 주식 시장의 붕괴로 광란의 1920년대가 갑작스럽게 중단되면서 플래퍼와, 그들의 값비싸고 쾌락적인 생활방식도 유행에서 뒤떨어지게 되었다.

• 플래퍼 시대는 특히 립스틱처럼 1차 대전 이전 미국에서 비교적 흔치 않던 화장의 인기가 폭발한 시기와 일치했다.
• 피츠제럴드는 1920년에 《플래퍼와 철학자들》이라는 단편소설집을 출간했다.
• 〈버니스, 단발머리로 자르다〉는 피츠제럴드가 여동생에게 보냈던, 남자에게 보다 매력적으로 어필하는 방법에 관한 지침을 담은 편지를 토대로 쓰였다.

062 | SAT 🏆 스포츠 | 조 루이스

많은 사람들이 가장 위대한 헤비급 권투선수로 꼽는 조 루이스는 25차례 연속 챔피언 방어에 성공하는 기록을 세우며 거의 12년 동안 헤비급 챔피언을 유지했다. 그러나 가장 기억에 남는 것은 그가 아돌프 히틀러가 나치 우월주의 상징으로 홍보했던 독일의 막스 슈멜링을 상대로 1938년에 이룬 승리였다. 아프리칸-아메리칸이 독일인을 누르고 이룬 승리로 루이스는 20세기 가장 위대한 흑인 민중 영웅이 되었다.

루이스는 앨라배마주에서 노예의 손자로 태어났다. 1934년 프로 권투선수가 된 후 그는 연달아 27번의 경기를 이기면서(23경기는 KO로 이겼다) 헤비급 선수들을 공포에 떨게 했다. 많은 사람들이 그를 무적으로 여겼고, 1936년 6월 19일 양키스 스타디움에서 열린 첫 시합에서 그가 슈멜링에 패했을 때도 챔피언십을 향해 제대로 나아가고 있다고 생각했다. 루이스는 다시 일어섰고, 당시 챔피언 제임스 브래독을 1937년 6월 22일 KO시키며 타이틀을 차지했다.

그렇지만 루이스는 만족하지 않았다. 그는 슈멜링을 이길 때까지 스스로를 진정한 챔피언으로 여기지 않았다. 그는 1938년 6월 22일 다시 한 번 양키스 스타디움에서 기회를 얻었다. 그는 경기가 시작된 지 불과 124초만에 슈멜링을 KO시켰다. 그의 승리는 미국 문화에 지울 수 없는 흔적을 남겼고, 흑인과 백인 모두의 영웅이 되었다.

루이스는 1949년 은퇴할 때까지 챔피언으로 남았지만, 금전 문제로 1950년 다시 링에 올랐다. 그는 재기 시합에서 챔피언 에자드 찰스에게 패했다. 루이스는 9번 더 싸웠고 1951년 로키 마르시아노에게 패한 후 영원히 은퇴했다. 걸출한 프로선수 생활 동안 '갈색 폭격기'라고 불린 루이스는 54번의 KO와 더불어 68승 3패의 기록을 세웠다.

루이스는 남은 생을 코카인 중독과 피해망상에 시달렸고 결국에는 라스베이거스의 한 카지노에서 손님을 맞이하는 사람으로 일했다. 생의 마지막 무렵, 그는 2차 대전에서 살아남은 슈멜링과 친구가 되었다. 루이스는 66세의 나이에 심장마비로 사망했다.

- 루이스가 헤비급 챔피언이던 시절, 그에 맞서는 선수들은 주로 '이달의 운 나쁜 선수'로 불렸다. 탁월한 기술을 가진 그를 이길 가능성이 없었기 때문이다.
- 1942년부터 1945년까지 루이스는 미 육군에서 복무했는데, 군대를 위해 모금하고 사기를 충전하기 위해 96회의 시범 경기에 출전했다.
- 그의 이름은 조셉 루이스 바로우였지만 자신이 권투를 시작했다는 것을 반대하는 어머니가 알지 못하도록 조 루이스라는 이름으로 출전했다.

063 | | 루니 툰

1929년, 월트디즈니 스튜디오는 인기 캐릭터 미키 마우스와 함께 단편 만화영화 시리즈를 개봉했다. 〈실리 심포니즈〉라고 불리는 이 시리즈는 평단의 사랑을 받았고 아카데미에 신설된 최고 단편만화상의 첫 6개를 수상했다. 이것은 라이벌인 워너브러더스를 자극했고, 음악 기반의 만화 시리즈인 〈메리 멜로디즈〉와 〈루니 툰〉을 제작하게 만들었다.

워너브러더스는 인기 있는 여러 음악의 판권을 갖고 있었기 때문에 방대한 양의 음악을 사용할 수 있었다. 그러나 〈메리 멜로디즈〉와 달리 〈루니 툰〉은 곧 디즈니가 제작한 만화영화 캐릭터만큼이나 유명한 고정 캐릭터들을 만들어냈다. 그런 캐릭터에는 벅스 버니, 대피 덕, 포키 피그, 실베스터, 트위티, 포그혼 레그혼 등이 있다. 놀랍게도 이 모든 캐릭터들과 다른 캐릭터들은 멜 블랭크라는 배우가 목소리를 냈다.

〈루니 툰〉은 1969년까지 극장에서 장편영화 상영 전이나 후에 상영되었다. 에피소드들 중에는 극단적인 고정관념을 사용해서 만들어져 오늘날 보기 힘든 것도 있었는데 특히 2차 대전 동안 일본인에 대한 것이 그랬다. 그러나 대부분의 〈루니 툰〉 에피소드들은 널리 배급되었다. 또한 1960년부터 워너브러더스는 〈루니 툰〉을 TV용으로 판매하기 시작했다. 1948년 이전에 제작된 에피소드들은 흑백으로 그려졌기 때문에 방송국에 배급된 〈벅스 버니/로드 러너 아워〉나 〈벅스 버니 앤 트위티 쇼〉의 모든 에피소드들은 1948년 7월 워너브러더스가 이 시리즈에 칼라를 입히고 난 후 제작된 것들이다.

- 다양한 〈루니 툰〉 캐릭터들의 목소리 연기 외에도 블랭크는 〈고인돌 가족〉의 바니 목소리를 연기하기도 했다.
- 〈루니 툰〉의 캐릭터들은 2003년도 반 애니메이션, 반 라이브 액션 영화인 〈루니 툰: 백 인 액션〉을 비롯해 장편영화에도 종종 등장했다.
- 디즈니의 도널드 덕은 1934년 〈실리 심포니즈〉의 에피소드 '더 와이즈 리틀 헨'에서 처음으로 등장했다.

064

안네 프랑크

아마 홀로코스트에서 등장한 목소리 가운데 안네 프랑크의 목소리만큼 전 세계에 울려 퍼진 것은 없을 것이다. 그녀는 2차 대전 중 나치가 네덜란드를 점령한 시기, 가족과 4명의 친구와 숨어 지낼 수밖에 없었던 유대인 소녀였다. 8명의 사람들은 그녀의 아버지 회사가 소유한 건물의 비밀 별관에서 살았다. 그들은 1942년 7월에 숨어 들어갔다가 1944년 8월, 익명의 제보로 배신당해 체포될 때까지 그곳에서 살았다.

숨어 지낸 2년 동안 안네는 일기를 썼는데, 이 일기는 그녀가 사망하고 난 후 1947년에 처음으로 출간되었으며 현재는 67개의 언어로 번역, 출간되었다. 이 일기의 미국 버전 제목은 《앤 프랑크: 어린 소녀의 일기》다. 그녀는 베르겐벨젠 강제수용소에서 사망하기 약 1년 전, "나는 아직 나를 잘 모르는 주변 사람들에게 도움이 되거나 즐거움을 주고 싶다. 나는 죽은 후에도 계속 살아 있고 싶다!"고 썼다.

프랑크 가족은 1933년 독일을 떠나 네덜란드로 피신해서 나치가 점령하자마자 시행된 반유대인법이 지속된 1940년까지 암스테르담에서 안전하게 살았다. 추방될까 두려웠던 프랑크 가족, 아버지 오토, 어머니 이디스 그리고 딸 마고와 안네는 숨어 있기로 작정했다. 그들은 음식과 옷, 생필품을 건물 아래층에서 일하던 4명의 직원들로부터 공급받았다.

별관에 숨어 있던 사람들이 발각된 후 그들은 모두 독일에 있는 강제수용소로 보내졌고, 이디스, 마고, 안네는 모두 수용소에서 사망했다. 프랑크 가족 중 오토만이 살아남았다. 그리고 그의 예전 직원 2명이 기적적으로 안네의 일기를 발견해서 암스테르담으로 돌아온 오토에게 전달했다.

그가 이 일기를 출간하기로 결심하면서 1947년 네덜란드어로 처음 출간되었다. 1999년 로저 로젠블랫이 《타임》에 기고했던 것처럼, "이 책이 불붙인 열정은 모든 이에게 안네 프랑크를 소유할 것을 제안한다. 그녀는 홀로코스트, 유대교, 소녀 시절, 심지어 선(善)까지 초월했고, 현대에 신성시되는 인물이 되었다. 파괴적 기계에 괴롭힘을 받은 도덕적인 개인의 마음들이 살아갈 권리를 주장하고, 인류의 미래에 의문을 던지면서 희망을 가지라고 한다".

- 프랜시스 굿리치와 알베르트 해킷은 이 책을 1955년 최초로 브로드웨이에서 제작해 성공적인 연극으로 만들었다. 이 연극은 퓰리처 드라마상을 수상했고, 1959년 할리우드 영화로도 제작되었다.
- 1960년 5월 안네가 머물던 암스테르담 프린샌그라쳇 263번지의 별관이 박물관으로 보존되어 '안네 프랑크의 집'이라는 이름으로 개장되었다.
- 안네와 마고는 1945년 3월 베르겐벨젠에서 발진티푸스로 사망했다. 영국이 수용소를 해방하기 불과 3주 전이었다.

065 TUE 문학 | T. S. 엘리엇

앵글로 아메리칸 작가 겸 비평가 T. S. 엘리엇은 복잡한 시와 주목할 만한 연극, 에세이로 유명했다. 〈황무지〉 같은 획기적인 작품 속의 비현실적이고 충격적인 이미지들은 모더니즘 시의 전형으로, 1차 대전 이후 유럽을 괴롭혔던 슬픔과 혼돈을 함축적으로 보여주었다.

세인트루이스에서 태어난 엘리엇은 하버드대학교를 다녔고, 파리에서 1년간 공부한 후 1차 대전 발발 직후인 1914년 영국으로 건너가 영원히 살기로 결심했다. 전쟁이 엘리엇과 그의 작품에 남긴 인상을 과장하기란 쉽지 않다. 전쟁은 유럽에 불가해한 파괴를 남겼다. 거의 1000만 명에 가까운 사람들이 전쟁 중에 사망했는데 확실한 원인은 알 수 없었다. 전쟁의 무의미함으로 인해 엘리엇과 동시대 사람들은 방향과 심지어 서양 문명화의 실행 가능성조차 찾지 못한 채 헤맸다.

엘리엇의 첫 번째 주요 작품 〈J. 알프레드 프루프록의 연가〉는 그 시대에 가장 널리 읽힌 시다. "내가 감히 복숭아를 먹을 수 있을까?"라는 유명한 질문을 던지는, 자기 회의와 마비에 시달리던 한 남자의 1인칭 독백은 독자들을 매료시키고 어리둥절하게 만드는 모호한 의식의 흐름을 그린다.

엘리엇의 최고 걸작 〈황무지〉는 서양과 엘리엇 자신의 전후 정신 상태에 관한 대단히 난해하고 암시로 가득한 장편시이다. 이 시는 전쟁이 끝난 후 유럽에 만연해 있던 무력감을 혼란스럽게 묘사하기 위해 고대와 중세가 미친 여러 가지 영향들을 이끌어낸다. 엘리엇은 〈황무지〉의 비관적인 감정을 〈텅 빈 사람들〉에서도 반복한다. 〈텅 빈 사람들〉은 가장 인상적인 이러한 행으로 끝을 맺는다. "이것이 세상이 끝나는 방식이다/ 쾅 하고 끝나는 것이 아니라 훌쩍임으로."

• 엘리엇은 말년에 유명한 극작가가 되어 12세기 캔터베리 대주교였던 토마스 배켓에 관한 《대성당의 살인》과 결혼 생활의 어려움을 겪는 부부에 관한 《칵테일 파티》를 집필했다.
• 엘리엇의 작품이 모두 무거운 것은 아니다. 앤드루 로이드 웨버는 엘리엇의 동시집인 《지혜로운 고양이가 되기 위한 지침서》를 토대로 현재 장기 상연 중인 뮤지컬 〈캣츠〉를 제작했다.
• 영화 〈지옥의 묵시록〉에서 말론 브란도가 연기한 인물은 〈텅 빈 사람들〉에서 발췌한 글을 큰 소리로 읽고, 침대 옆 탁자에는 엘리엇이 가장 좋아하는 책, 제임스 프레이저의 《황금가지》와 제시 웨스턴의 《의식에서 로맨스로》가 놓여 있다.
• 엘리엇은 1916년에 하버드대학교에서 박사학위논문을 완성했지만 구두시험에 나타나지 않아 학위를 받지 못했다.

066 | WED 💿 음악 | 빌리 홀리데이

빌리 홀리데이(본명 엘레노라 파간)는 필라델피아의 10대 미혼모에게서 태어났고 곧이어 메릴랜드주 볼티모어의 가난한 동네로 이사했는데, 그곳에서 대단히 충격적인 어린 시절을 보냈다. 홀리데이는 11살에 강간당했으며 그해 후반에 가톨릭 개혁 학교에 보내졌고, 10대 시절을 할렘가의 사창가에서 매춘부로 일했다. 그녀의 자서전 《레이디 싱스 더 블루스》에 의하면 홀리데이는 매춘으로 체포되었고 다른 일을 찾아야 했다고 한다.

어느 날 홀리데이는 댄서로 일하기 위해 할렘가의 주류 밀매점을 찾아갔다. 그녀는 클럽에서 댄서를 구하지는 않고 대신 가수를 구한다는 말을 들었다. 일이 필요했던 그녀는 가수 오디션에 참여했고, 그녀의 노래를 들은 사람들은 눈물을 흘렸다. 그녀는 가수 자리를 따냈고 결국 뉴욕의 다양한 클럽에서 노래하는 가수가 되었다. 1933년 CBS 프로듀서이자 인재 스카우트 존 해먼드가 그녀를 발굴해서 음반 계약을 맺었다.

홀리데이는 그 시대의 가장 위대한 빅 밴드와 함께 음반 활동을 시작했다. 그중에는 베니 굿맨, 카운트 베이시, 아티 쇼가 이끄는 그룹도 있었다. 오직 그녀만의 잊을 수 없는 발성이 드러나는, 슬프고 애타는 목소리가 담긴 그녀의 음반은 놀라웠다. 그녀의 가장 유명한 노래인, 흑인에 대한 법을 벗어난 사적 가혹행위를 비난하는 〈이상한 열매〉는 활동 초기에 발표되었다. 인권 운동이 탄력을 받기 수년 전에 발매된 이 곡은 그 당시로는 상당히 대담한 노래였다.

안타깝게도 홀리데이의 인생은 그런 운동이 달콤한 결실을 맺는 것도 보지도 못한 채 끝나버렸다. 거의 평생을 헤로인과 알코올 중독에 시달리던 홀리데이는 1959년 간경변으로 사망했다.

- 《레이디 싱스 더 블루스》의 동명 영화에서 홀리데이 역은 슈프림스의 리드 싱어 다이애나 로스가 연기했다.
- 1930년대 아티 쇼가 이끄는 밴드에 합류한 홀리데이는 백인만으로 구성된 오케스트라와 함께 공연한 최초의 흑인 여성이 되었다.
- 1988년 아일랜드 록밴드 U2가 홀리데이를 추모하며 〈엔젤 오브 할렘〉이라는 곡을 발매했다.

067 | THU 영화 | 프레드 아스테어와 진저 로저스

댄싱 듀오 프레드 아스테어와 진저 로저스는 1933년부터 1939년까지 9편의 뮤지컬에 출연했고 '프레드와 진저'라고 세상에 알려지면서 공황 시대에 할리우드의 매력과 세련미를 정의했다. 영화 역사가 데이비드 톰슨이 쓴 것처럼, 그들은 '한량과 이웃집 소녀'로 이루어진 의외의 한 쌍이었다.

아스테어는 1930년대 초에 할리우드에 입성하기 전부터 누나 아델과 춤으로 파장을 일으킨 사람이었다. 그는 1933년 영화에 데뷔했고, 그해 후반에 〈플라잉 다운 투 리오〉에서 로저스와 한 팀이 되었다. 그의 올백 머리와 완벽하게 다림질된 옷은 공황에 지친 영화 관람객에게 우아한 이미지를 어필했다.

로저스는 1929년 영화로 데뷔하기 전에 보드빌과 브로드웨이에 출연했다. 그녀는 아스테어와 팀을 이루기 전에 25편의 영화에 출연했지만 그와 협업하고 나서야 비로소 전성기를 누렸다. 그들은 함께 기술적인 기교, 세련미, 순수한 즐거움으로 관객들의 혼을 빼놓았다.

그들의 성공은 춤을 추는 장면이 가능한 편집되지 않고, 몸 전체가 나오도록 프레임을 잡아서 관객들이 그들이 추는 춤의 진가를 알아볼 수 있게 해야 한다는 아스테어의 주장에서 비롯되었다. 아스테어는 안무가 허미스 판과 팀을 이뤄 안무의 순서를 짰는데 그들의 춤이 너무나 멋진 나머지 허술한 줄거리마저 극복할 정도였다.

이 듀오가 출연한 최고의 영화는 1930년대 RKO스튜디오에게 약 300만 달러라는 최고의 수익을 벌어다 준 〈톱 햇〉과 〈스윙 타임〉을 꼽을 수 있다.

1939년에 결별한 후 아스테어는 다른 파트너들과 함께 일했지만 로저스와 함께할 때만큼의 마법은 발생하지 않았다. 로저스는 가벼운 코미디와 드라마에서 활동했고 〈키티 포일〉로 아카데미 여우주연상을 수상했다.

아스테어에게는 〈그날이 오면〉과 〈타워링〉이, 로저스에게는 〈몽키 비즈니스〉, 〈키티 포일〉이라는 성공작이 있었지만 둘이 함께할 때만큼 빛을 보지는 못했다.

- 아스테어의 본명은 프레데릭 오스터리츠 주니어였고, 로저스의 본명은 버지니아 캐서린 맥매스였다.
- 아스테어의 또 다른 스크린 댄스 파트너로는 리타 헤이워스, 엘리너 파웰, 폴렛 고더드, 조안 레슬리, 루실 브레머가 있다.
- 로저스는 1950년 아스테어에게 아카데미 평생공로상을 시상했다.

068 | FRI ⓟ 사회 | 제국주의

대영제국은 1921년 전성기에 홍콩에서 버뮤다에 이르는 식민지를 포함해 전 세계 인구의 4분의 1을 차지했다. 프랑스, 스페인, 포르투갈, 네덜란드 같은 유럽의 다른 주요 강대국들도 저마다 아프리카와 아시아의 넓은 지역을 통치했고 심지어 뒤늦게 제국주의에 뛰어든 미국마저 필리핀과 푸에르토리코를 소유했다.

제국주의는 정치 체제인 동시에 이데올로기이기도 했다. 지지자들은 전 세계에 '문명화'를 보급할 수 있는 기회라며 시인 러디아드 키플링이 '야만적인 평화 전쟁'이라고 불렀던 잔인한 전쟁으로 다른 국가들을 예속시키는 것을 정당화했다.

스페인과 포르투갈이 15세기 제국 건설을 시작하긴 했지만, 1800년대 들어 교통이 빨라지고, 유럽 대륙이 비교적 평화를 유지하면서 유럽의 각국은 해외로 눈을 돌렸고, 제국 확장에 가속도가 붙었다. 심지어 비교적 작은 강대국들도 거대한 제국을 구축했는데, 1885년에는 벨기에가 자국보다 8배나 더 큰 콩고를 차지했다. 유럽 제국들은 1차 대전 후 오스만 제국이 무너지자 남은 땅을 차지하면서 더욱 성장해나갔다.

유럽 국가들에게 제국주의는 무엇보다 경제적인 목적을 이루게 해주는 것이었다. 통치국들이 벨기에령 콩고, 영국령 남아프리카 같은 식민지에서 금, 철, 구리, 상아, 고무, 기타 원자재를 약탈하면서 유럽과 미국의 성장에 불을 붙였지만, 식민지에는 파괴적인 손상을 가하는 일방적인 경제 관계가 이루어졌다. 또 좋든 나쁘든 제국주의는 서양의 법률, 교육, 경제 시스템을 전 세계에 보급했다. 예컨대 인도 같은 영국의 예전 식민지들은 지금도 영국을 모델로 삼은 교육 체계를 사용하고 있다.

그러나 제국주의 체제는 오래가지 못했다. 2차 대전으로 유럽 주요 강대국들의 재원이 바닥났고, 그 후 팽배하는 제국에 대한 방어 비용과 점점 늘어나는 저항으로 영국 제국주의의 종말이 도래했다. 인도는 1947년 독립했고 벨기에는 1960년 콩고를 해방시켰다.

• 유럽 제국의 몇몇 식민지들은 현재도 여기저기 산재해 있다. 예컨대 영국은 터크스카이코스 제도를 소유하고 있고 프랑스는 프랑스령 가이아나에 대한 통치권을 보유하고 있다.

• 조셉 콘라드의 1902년 소설 《어둠의 심장》은 벨기에 국왕 레오폴 2세가 콩고를 통치하는 데 사용했던 야만적인 방법을 폭로했고 콩고에서 개혁이 일어나도록 박차를 가하는 데 도움을 주었다.

• 사이크스피코협정이라고 알려진, 오스만 제국을 나누기 위한 영국과 프랑스 사이의 거래는 1916년 비밀리에 체결되었다.

069 | SAT ♟ 스포츠 | 조 디마지오

졸팅 조, 양키 클리퍼라는 별명을 가진 조 디마지오는 야구장에서 가장 우아하고 품위 있게 경기하는 선수로 꼽힌다. 구장 밖에서 그는 사람들이 냉담하다고 여길 정도로 사생활을 전혀 노출하지 않았다. 스포트라이트를 피해 사는 모습은 그를 노래, 영화, 소설의 소재로 만들어주었고, 그는 미국 대중문화 속에서 신비로운 인물이 되었다.

많은 사람들이 디마지오를 야구 역사상 최고의 선수 중 한 명으로 꼽는다. 그는 타율 (통산 타율 3할2푼5리), 파워(통산 홈런 361개) 면에서 우수했고, 삼진 아웃은 드물게 당했으며(통산 369번), 무결점에 가까운 외야수이자 탁월한 주자였다. 그는 아메리칸리그에서 3번 MVP를 수상했고(1939년, 1941년, 1947년), 1941년에 그가 기록한 56경기 연속 안타는 미국 스포츠 역사상 상징적인 기록 가운데 하나로 지금까지 깨지지 않고 있다.

또한 그는 팀을 승리로 이끌었다. 양키스는 디마지오를 영입한 해부터 연속 4시즌 동안 매번 월드시리즈에서 우승했고, 1951년에 은퇴하기 전까지 5회 더 월드시리즈 우승을 차지했다. 그는 1955년 명예의 전당에 올랐으며, 1969년에는 스포츠 기자단이 그를 살아 있는 최고의 야구선수로 뽑았다.

선수 생활이 끝난 후 1954년 디마지오는 마릴린 먼로와 '세기의 결혼'을 하면서 드디어 스포트라이트를 받았다. 그것은 미국에서 가장 유명한 스포츠 영웅과 할리우드에서 가장 섹시한 스타의 결합이었고 온 국민이 반기는 결혼이었다. 그러나 1962년 먼로가 사망할 때까지 디마지오와 먼로가 애정 관계를 이어나가긴 했지만 실제 결혼 생활은 고작 9개월 동안만 유지했다.

디마지오는 대중 앞에 섰던 말년에도 항상 완벽한 옷차림으로 품위와 세련미를 유지했다. 그는 심지어 미스터커피와 뉴욕보워리저축은행의 대변인이 된 후에도 자신의 평판을 성공적으로 유지했다. 그는 84세에 사망했다.

• 디마지오의 두 형제 빈스와 돔도 메이저리그 선수였다.
• 그 세대의 많은 선수들처럼 디마지오도 3년 동안 군복무를 했다(1943년~1945년). 미 육군에서 제대한 후 그는 1946년 양키스로 복귀했다.
• 먼로가 사망하고 난 후 디마지오는 그녀의 장례식을 준비했고 그 후 20년 동안 매주 3번씩 그녀의 묘지에 붉은 장미 6송이를 보냈다.

070

바보 삼총사

재미있고 익살스러운 행동으로 40년 동안 관객을 즐겁게 해준 바보 삼총사는 1930년 영화 〈수프 투 너츠〉에서 갈팡질팡하는 소방관으로 데뷔했다. 그들은 1934년까지 조연으로 등장하다가, 컬럼비아사가 이 3명의 코미디언과 20분짜리 단편영화 시리즈를 자체 제작하면서 계약을 체결하게 되었다.

바보 삼총사의 원년 멤버인 래리(루이스 파인버그), 모(모세 호비츠), 컬리(제롬 호비츠)는 모두 보드빌 무대에서 연기 활동을 시작했다. 모와 컬리는 형제로 브루클린의 유대인 이주민 동네에서 자랐다.

바보 삼총사의 단편영화는 조잡한 줄거리, 멍청한 농담, 삼총사 중 뚱한 얼굴을 하고 있는 모가 버릇없는 컬리와 싸우는 상당히 폭력적인 유머를 중심으로 전개되었다. 이들에게 절묘하고 세련된 강점은 없었지만 그들은 1940년 나치 독일을 풍자한 할리우드 최초의 작품 〈유 내스티 스파이〉를 제작하기도 했다.

삼총사는 컬리가 심각한 뇌졸중으로 고생하던 1947년까지 함께 공연했고, 호비츠의 다른 형제인 솀프(새무엘 호비츠)가 그의 자리를 대신했다. 8년 후 솀프가 사망하자 조 베서가 그 역할을 맡았다. 베서가 1958년 은퇴하자 컬리 조(조셉 워델)가 3번째 삼총사를 맡았다가 1970년 래리가 뇌졸중으로 쓰러지면서 바보 삼총사는 해체할 수밖에 없었다.

바보 삼총사는 장편영화에도 출연했는데, 〈백설공주와 바보 삼총사〉, 〈바보 삼총사, 헤라클레스 만나다〉, 〈우쭐해진 바보 삼총사〉 등이 있다. 또한 그들은 1963년 클래식 코미디 〈매드 매드 대소동〉에 카메오로 출연하기도 했다.

- 모의 아내 헬렌은 유명한 마술사 해리 후디니의 사촌이다.
- 바보 삼총사의 멤버들은 단독으로 출연하기도 했다. 예컨대 모의 경우, 1973년도 영화 〈죽음의 의사, 영혼을 찾는 자〉에 출연했다.
- 바보 삼총사에 합류하기 전 래리는 라이트급 권투선수였다.
- 바보 삼총사에 합류하기 전 솀프는 영화 〈미시시피의 도박사〉에서 택시 운전사로 출연했다. 아이러니하게도 솀프는 택시 뒷자리에서 심장마비로 사망했다.

071 | MON 인물 | 로버트 오펜하이머

핵폭탄의 아버지로 알려진 로버트 오펜하이머는 맨해튼 프로젝트를 이끌었는데, 이 프로젝트는 결국 1945년 최초의 핵무기를 개발하고 성공적으로 테스트를 마쳤다. 그는 당대의 선도적인 미국 이론물리학자였지만 핵물리학에 관여한 과학자들이 직면했던 도덕적, 윤리적 딜레마의 대표적인 인물이기도 하다.

오펜하이머는 하버드대학교와 케임브리지대학교에서 공부하고 독일에서 박사학위를 받은 후 캘리포니아공과대학과 캘리포니아대학교 버클리캠퍼스의 교수가 되었다. 독일이 원자를 분열했다는 소식에 대응하기 위해 루스벨트 대통령은 1941년 맨해튼 프로젝트를 설립하고 이듬해 오펜하이머를 책임자로 앉혔다.

오펜하이머는 뉴멕시코주 로스 알라모스 사막에 연구소를 세우고 뛰어난 과학자들로 구성된 팀을 꾸렸다. 결과는 성공적이었다. 1945년 7월 16일, 오펜하이머와 다른 과학자들은 트리니티 테스트라고 알려진 시험을 통해 핵폭탄이 처음으로 폭발하는 것을 목격했는데, 1만 8000톤의 TNT 폭탄에 해당하는 위력을 내뿜었다. 그 당시 오펜하이머는 이렇게 말했다. "우리는 세상이 이전과 같지 않을 것을 알았다." 한 달 만에 미국 전투기가 일본의 히로시마와 나가사키에 2개의 핵폭탄을 떨어뜨려 140만 명 이상의 사람들이 사망했다. 그리고 몇 주 만에 일본이 연합군에 항복하면서 2차 대전이 종식되었다.

전쟁이 끝난 후 오펜하이머는 1947년부터 1952년까지 미국핵에너지위원회의 고문단 회장을 맡았고 자신의 지위를 이용해 수소폭탄 개발과 소련과의 핵무기 경쟁을 반대했다. 그는 1953년 공산주의에 동조한다는 혐의를 받았고 1954년 진행된 청문회 이후 비밀정보 사용허가권을 박탈당했다.

그는 프린스턴대학교로 물러나 고등학술연구소 소장을 역임했다. 1963년, 존 F. 케네디 대통령은 일종의 공적 사면을 제시하면서 오펜하이머에게 '이론물리학에 대한 뛰어난 기여와 과학적, 관리상의 리더십'을 인정해 페르미상을 수여했다.

오펜하이머는 1967년 인후암으로 사망했다.

- 1947년 오펜하이머는 히로시마와 나가사키에서 너무나 많은 사람들의 죽음을 초래한 과학 공동체의 역할에 대해 양면적인 입장을 가지고 있음을 인정했다. "어떤 과장도 없이 일종의 가공하지 않은 의미에서 그 물리학자도 죄를 짓는다는 것을 알고 있었다. 그리고 이것은 그들이 잊을 수 없는 사실이다."
- 그는 8개 국어를 구사했는데, 젊은 시절 기술 강의를 할 수 있는 수준의 네덜란드어를 6주만에 배웠다고 한다.
- 오펜하이머는 부유한 맨해튼의 가정에서 태어났다. 그의 아버지는 섬유 수입상이었고 그의 어머니는 예술가였다. 그의 가족이 수집한 예술품에는 반 고흐 작품도 3점 포함되어 있다.

072

거트루드 스타인

미국의 지성인 거트루드 스타인은 교양 있는 생활과 아방가르드 작품으로 스스로가 문화적 현상이 된 독특한 문학적 인물이었다. 때론 지루하기도 했지만 그녀의 실험적인 작품은 분명 흥미 있고, 영어의 한계를 넓히는 데 큰 몫을 했다.

캘리포니아주 오클랜드에서 자란 스타인은 래드클리프대학교에서 공부했고, 1903년 파리로 이주했다. 그곳에서 그녀는 문학과 예술계에 빠졌고, 평생의 파트너가 되는 같은 미국인 앨리스 토클라스를 만났다. 머지않아 스타인은 어마어마한 문학적, 사회적 호스트로 명성을 얻었다. 두 세계 대전 사이에 그녀는 파리의 집에서 지식인 살롱을 운영하면서 헤밍웨이, 피카소, 마티스를 비롯해 여러 사람들과 교류했다.

입체파 예술의 초기 대변인이었던 스타인은 그 원리를 자신의 글에 적용하려고 노력했다. 입체파 화가들이 같은 물체를 동시에 다양한 각도에서 묘사하는 것처럼, 스타인도 개별적인 단어를 집요하게 반복하며 매번 각기 다른 의미의 차이를 발견하려고 애썼다. 예를 들어, 그녀의 초기 작품《세 가지 인생》가운데 "착한 애나(The Good Anna)"라고 불리는 한 부분에서는 '착한'이라는 단어를 수백 번 반복하여 단순해 보이는 단어가 여러 가지 미묘한 의미의 주변을 맴돈다. 또 스타인은 즉각적인 순간을 포착하기 위해, 예컨대 "그녀가 읽고 있다"는 식의 진행형을 사용하면서 대부분 현재형으로 글을 썼다.

스타인은 악명 높을 정도로 커다란 자아를 가지고 있었고 노골적으로 스스로에게 천재라는 꼬리표를 붙이며, 자신을 '세기의 창의적인 문학적 정신'이라고 불렀고, 노력이 부족하다고 생각되는 다른 작가들에 대해서는 조롱도 서슴지 않았다. 심지어 표면적으로 그녀의 파트너에 대한 작품이었던《앨리스 B. 토클라스》마저도 사실은 스타인 자신에 대한 것이었다. 활동 기간 내내 그녀는 괴짜였으며, 인용할 만한 글을 많이 썼고, 끊임없이 자기 홍보를 일삼았다. 그동안 헌신적인 토클라스는 그녀의 조수이자 매니저처럼 행동하면서 스타인이 온전히 집필에만 집중할 수 있도록 일상적인 일을 처리해주었다.

● 아마도 스타인에 대한 가장 기억에 남는 이미지는 사진이 아니라 1906년 피카소가 그린 가면 같은 그녀의 초상화일 것이다. 이 그림은 현재 뉴욕의 메트로폴리탄 미술관에 걸려 있다.

● 스타인의 수많은 인용문에는, "장미는 장미이고 장미이며 장미이다(Rose is a rose is a rose is a rose)"와 오클랜드에 대한 혐오감을 자주 반복해 표현했던, "거기에는 거기가 없다(There is no there there)"가 있다.

● 스타인은 언젠가 헤밍웨이와 그의 문학적 동시대인들을 '모두 잃어버린 세대'라고 선언한 적도 있다. 그 후로 잃어버린 세대라는 용어가 그 그룹을 지칭하는 표현으로 쓰였다.

073

WED
음악

포기와 베스

조지와 아이라 거슈윈 형제는 10여 개의 성공적인 브로드웨이 쇼를 작곡했고 〈패시내 이팅 리듬〉, 〈썸원 투 와치 오버 미〉처럼 오래도록 불리는 미국의 스탠더드를 만들었 다. 그러나 그들의 가장 유명한 작품은 아마도 논란 많았던 1935년 오페라 〈포기와 베 스〉일 것이다. 이 작품은 〈서머타임〉 같은 잊을 수 없는 명곡들은 물론 흑인 배우만을 출연시킨 과감한 캐스팅으로 미국 극장의 획기적인 작품으로 널리 인정받고 있다.

〈포기와 베스〉는 듀보스 헤이워드의 1925년 소설 《포기》를 토대로 만든 작품이다. 이 이야기는 사우스캐롤라이나주 찰스턴의 캣피시 로우라고 불리는 흑인들이 사는 지 역을 배경으로 포기라는 이름의 거지와 그가 사랑하는 베스, 그녀의 위압적인 남자친 구 크라운 그리고 스포틴 라이프라는 이름의 코카인 마약상을 중심으로 벌어지는 이 야기이다.

음악을 작곡했던 조지 거슈윈은 〈포기와 베스〉를 '전통 오페라'라고 불렀고, 그의 음 악은 미국 전통 음악, 블루스, 재즈의 생동감 넘치는 조합으로 이루어졌다. 그러나 그 의 형 아이라가 쓴 가사는 아프리칸-아메리칸 사투리를 자주 사용했는데, 그 때문에 오페라가 부정적인 고정관념을 강화한다고 느꼈던 흑인들로부터 비판을 받았다. (헤이 워드와 거슈윈 형제는 모두 백인이었다.)

사실 이 오페라는 첫 공연부터 논란을 일으켰다. 거슈윈 형제는 오리지널 프로덕션 을 아프리칸-아메리칸 배우로만 구성해 무대에 올리겠다고 결심했는데 1930년대에 는 이루기 어려운 업적이었다. 이 프로덕션은 백인 관객들로부터 즉각적인 찬사를 받 지 못했고 여러 흑인들로부터 인종차별이라는 조롱을 받았다. 그러나 〈서머타임〉, 〈아 무것도 없네〉, 〈꼭 그럴 필요는 없어요〉 같은 오페라 삽입곡들은 저마다 최고의 히트곡 이 되었다. 결국 일부 아프리칸-아메리칸들은 인종차별적인 고정관념을 사용했음에 도 불구하고 이 오페라를 인정하게 되었고, 오늘날 〈포기와 베스〉는 20세기 가장 위대 한 미국 오페라로 꼽힌다.

• 조지 거슈윈은 작곡가, 피아니스트, 지휘에 선구적인 인물로, 뮤지컬과 스탠더드(여러 가수들에 의해 녹음된 노래 ─ 옮긴이)를 작곡한 것 외에도, 〈랩소디 인 블루〉, 〈아메리칸 인 파리〉를 작곡하기도 했다.
• 조지 거슈윈은 38세의 나이에 뇌종양으로 사망했다.
• 의회도서관은 인기곡에 주는 상에 조지 거슈윈과 아이라 거슈윈의 이름을 따서 붙였다.

074 | THU 영화 | 클라크 게이블

스크린 속 클라크 게이블은 남성미 넘치는 터프가이의 모습으로 유명했다. 스크린을 벗어나면 그는 술을 많이 마시는 한량에, 할리우드의 유명 여배우들과 염문을 뿌려댔다. 그럼에도 당시 가장 위대한 영화에 출연하면서 그는 1930년대와 1940년대에 가장 인기 있는 우상이 되었고, 그에게는 '할리우드의 왕'이라는 별명이 붙었다.

게이블의 배우 활동은 12편의 영화에 출연했던 1931년부터 빛을 보기 시작했다. 1년 후 그는 〈레드 더스트〉에서 진 할로의 상대역을 맡으면서 슈퍼스타 반열을 향한 궤도에 올라탔다. 1934년 그는 프랭크 카프라 감독의 〈어느 날 밤에 생긴 일〉에서 주연을 맡았고, 아카데미 남우주연상을 수상했다. 이 영화는 게이블이 겉보기에는 거칠어 보이면서도 다정하고 감성적인 내면을 가지고 있는 인물을 연기할 수 있는 능력을 입증해 보인 중요한 로맨틱 코미디였다. 그는 〈바운티 호의 반란〉에서 폭도들의 리더인 플레처 크리스천을 연기하면서 다시 한번 아카데미상 후보에 올랐다. 이 무렵 게이블은 할리우드 왕으로서의 입지를 다졌지만, 가장 위대한 배역은 아직 연기하기 전이었다.

미국 서사극의 정수로 널리 꼽히는 〈바람과 함께 사라지다〉에서 게이블은 레트 버틀러라는 멋지고 오래 기억될 역할을 연기했다. 이 영화는 박스오피스 기록을 깼고, 게이블에게는 계속해서 주연을 맡을 수 있게 해주었다.

1942년에 게이블의 아내이자 영화배우인 캐롤 롬바드가 비행기 충돌로 사망했고, 얼마 지나지 않아 그는 미 공군에 징집되어 2차 대전에서 전투기를 조종하는 임무를 수행했다. 그가 전후 출연한 영화 중 어느 것도 예전 같은 성공을 가져다주지 못했다.

존 휴스턴이 연출하고 아서 밀러가 각본을 쓴 그의 마지막 영화 〈기인들〉은 함께 출연한 마릴린 먼로의 마지막 영화이기도 하다. 게이블은 완성된 영화를 보지 못한 채 59세의 나이에 심장마비로 사망했다.

- 〈바람과 함께 사라지다〉가 10개의 아카데미상을 수상했지만 게이블은 남우주연상을 로버트 도냇에게 내주었다.
- 〈어느 날 밤에 생긴 일〉의 한 장면에서 게이블은 셔츠를 벗고 맨가슴을 보여줘서 미 전역의 남자들이 게이블처럼 내의를 입지 않았다고 한다.
- 게이블 주연의 〈어느 날 밤에 생긴 일〉, 〈바운티 호의 반란〉, 〈바람과 함께 사라지다〉 모두 아카데미 작품상을 수상했다.

075 | FRI ⓟ 사회 | **파시즘**

1925년 10월 28일, 이탈리아의 독재자이자 파시스트당의 지도자였던 베니토 무솔리니가 연설을 통해 자신의 이데올로기를 다음 같은 하나의 구절로 요약했다. "모든 것은 정부 안에 있고, 정부 밖에 있는 것은 아무것도 없으며, 아무것도 정부에 반하지 않는다."

모든 면에서 정부의 완전한 권력을 강조하는 전체주의적 정부 체제, 파시즘(Fascism)은 1차 대전 이후 경제적 대변동과 사회적 문제가 발생하던 시기에 유럽 국가들에서 생겨났다. 무솔리니, 히틀러 같은 파시스트 지도자들이 질서를 도입하고, 국가적인 자부심을 회복하며, 철권으로 통치하겠다고 약속하면서 대중들의 지지를 받았다. 무솔리니와 히틀러 외에도 스페인의 프란시스코 프랑코와 포르투갈 지도자 안토니우 드 올리베이라 살라자르가 파시즘의 일원으로 여겨진다.

최초의 파시즘 국가인 이탈리아에서는 블랙셔츠라는 별명이 붙은 무솔리니와 그의 지지자들이 1922년 정권을 장악한 후 곧이어 파업을 불법화하고, 신문 검열 제도를 도입했으며 선거를 폐지했다.

파시즘은 여러 나라에서 공산주의 권력이 강해지는 것에 대한 두려움이 이는 가운데 지지를 얻었다. 사실 무솔리니, 히틀러, 프랑코는 모두 공산주의에 대한 두려움에 기대어 서둘러 권력을 장악했다. 나치는 1933년 베를린의 제국의회 의사당 건물에 불을 내고는 공산주의에 장악될지도 모른다는 두려움을 조장하고, 자신들의 지지 기반을 구축하기 위해 범죄를 공산주의자들에게 덮어 씌웠다.

권력을 잡은 파시스트들은 민간 부문을 없애고 '법인형 국가'라는, 모두를 아우르는 정부의 권한을 갖추려고 했다. 히틀러의 파시즘 버전은 인종적으로 통일된 독일의 창설을 강조했는데, 결국 이런 이데올로기가 홀로코스트로 이어지게 되었다.

2차 대전에서 추축군이 패하면서 이탈리아와 독일에서의 파시즘도 끝났다. 그러나 스페인에서는 1975년 프랑코가 사망할 때까지 해체되지 않았다.

• 무솔리니는 이탈리아어 파시오(fascio)와 라틴어 파세스(fasces)에서 파시모(fascimo)라는 단어를 만들어냈다. 돌출한 도끼날을 가진 막대 묶음을 뜻하는 파세스는 고대 로마에서 권위의 상징이었으며 일치를 통한 힘을 상징했다.
• 1945년 4월 28일, 한 이탈리아 북부 마을에서 독일 병사로 변장한 무솔리니가 발견되었다. 그는 파시즘 정당의 비서, 4명의 장관 그리고 내연녀와 함께 처형당했다.
• 스페인의 파시즘 운동은 팔란지(Falange)로 알려졌다. 이 단어는 고대 로마 군사 형태인 팔랑크스(phalanx)에서 유래했다.

076 | SAT 🏆 스포츠 | 테드 윌리엄스

테드 윌리엄스는 그가 활약한 거의 모든 부문에서 두각을 나타냈다. 그는 전투에서 기량을 입증한 최고의 전투기 조종사였고, 플라이피싱 챔피언일 뿐 아니라 야구 관중에게는 가장 위대한 타자였다.

2차 대전과 한국전쟁에 참전하면서 5년 가까이 공백기가 있었음에도 윌리엄스는 통산타율 3할4푼4리의 기록했고, 521개의 홈런을 쳤으며, 17차례 올스타전에 출전했고, 아메리칸리그(AL) 최우수 타자에 6번 선정되었으며, 3관왕(1942년, 1947년)과 AL의 MVP(1946년, 1949년)를 수상했으며, 1941년 4할6리의 타율 올리면서 한 시즌에 4할대의 타율을 기록한 마지막 선수였다.

좌익수였던 윌리엄스는 뛰어난 시력을 가지고 집요하게 연구를 하는 사람이었다. 그는 《타격의 과학》을 집필하기도 했는데, 이 책은 타격에 대한 최고의 책으로 꼽힌다.

그는 1939년 보스턴 레드삭스에서 데뷔했고, 펜웨이파크에서 열린 경기의 마지막 타석에서 521번째 홈런을 날렸던 1960년까지 같은 팀에서 활동했다. 그는 1966년 최초의 무기명 투표를 통해 야구 명예의 전당에 올랐다. 3년 후 한 매체가 그를 야구의 첫 100년 중 가장 뛰어난 타자로 선정했다.

윌리엄스는 타격 솜씨는 뛰어났지만 좌익수로서는 단 한 번 월드시리즈에 출전했을 뿐이다. (레드삭스는 1946년 세인트루이스 카디널스에 패했다.) 또 신경질적이고 자주 화를 내서 보스턴 팬들과 애증 관계에 놓여 있었고, 보스턴 스포츠 기자들과는 서로 증오하는 사이였다.

그는 은퇴한 후 대부분의 시간을 낚시와 사인회, 타격에 대한 이야기를 하면서 보냈다. 그는 연이은 뇌졸중과 심장 합병증으로 83살의 나이에 사망했다.

- 윌리엄스는 한국에서 39번의 전투 임무를 완수했고, 후에 우주 비행사이자 미국 상원의원 존 글렌의 조종사로도 자주 활동했다.
- 1941년 시즌 마지막 날 윌리엄스는 3할9푼5리5모를 반올림해서 4할이 된 타율을 올렸다. 레드삭스 감독 조 크로닌은 그가 4할대의 타율을 유지할 수 있게 그날 더블헤더에서 경기에 참여하지 않도록 권유했다. 윌리엄스는 경기에서 빠지기를 거부하고 8타석 중 6번을 출루하면서 타율을 4할5리7모(4할6리)로 올렸다.
- 2002년 윌리엄스가 사망한 후 그의 유해는 극저온으로 냉동되었는데 그의 머리와 몸이 분리되어 질소로 가득 찬 통에 나누어 담았다. 그와 그의 아들 존 헨리 그리고 딸 클라우디아는 미래에 다시 함께하기를 바라면서 생물내성 절차에 동의했다.

077

모노폴리

한때 러시아와 중국에서 금지되고, 지금도 쿠바와 북한에서는 금지되는 미국 자본주의의 상징 모노폴리는 상대방을 파산시키겠다는 하나의 목적을 가진 운과 기회의 전략 게임이다. 이 게임은 1935년 출시된 후 무수히 많은 버전으로 수백만 부가 생산되었다.

이 게임은 펜실베이니아주에 사는 찰스 대로라는 이름의 실직한 세일즈맨이 특허를 낸 것이다. 대로는 이 게임의 중요한 지점을 뉴저지주의 애틀랜틱시티라는 리조트 타운의 거리 이름에서 따왔다. 판에서 가장 가치 있는 공간인 보드워크는 애틀랜틱시티의 유명한 해변가 산책로를 가리킨다.

대공황이 한창일 때 이 게임은 제조사 파커브러더스의 예상을 깨고 히트를 쳤으며 그해 가장 많이 판매된 게임이 되었다. 수년 동안 파커브러더스는 무일푼에서 거부가 된 대로의 인생 이야기를 이 게임의 홍보용으로 사용했다. 그러나 이 이야기는 1970년 대 초 한 경제학과 교수가 1904년 특허를 취득하고 널리 판매한 미국의 랜드로드 게임을 변형한 형태가 모노폴리라는 사실을 입증하면서 홍보 내용이 거짓임이 드러났다.

발명을 했든 하지 않았든 대로는 모노폴리의 전매권을 획득했고 최초의 백만장자 보드게임 디자이너가 되었다. 그의 게임은 1935년 이후 37개의 언어로 번역되어 2억 5000만 부 이상이 판매되었고 "감옥탈출 카드"와 "출발점을 통과하지 않으면 200달러를 받을 수 없다"는 표현이 영어 어휘에 추가되기도 했다. 전통적인 뿌리에 맞춰 모노폴리는 계속해서 도시(라스베이거스 모노폴리), 스포츠팀(덴버 브론코스 모노폴리), 영화(《반지의 제왕》 모노폴리), 기타 관심사(애묘인의 모노폴리) 등 수십 개의 변형된 형태로 진화하고 있다.

● 해즈브로토이스의 웹사이트에서 모노폴리 돈을 프린트할 수 있다.
● 이용자들은 일리노이 애비뉴, '출발점', 베오 레일로드에서 가장 많이 멈춘다.
● 가장 인기 있는 게임 말은 경주용 자동차다.
● 2차 대전 동안 독일의 미국인 포로수용소에서는 편지와 돈이 모노폴리 세트 속에 감춰져 반입되었다.
● 파커브러더스는 처음에 '52가지 기본적인 플레이 오류'를 지목하면서 대로의 게임을 거절했지만 그가 필라델피아 백화점에서 5000개의 핸드메이드 세트를 판매하고 난 후 마음을 바꿨다.

078 | MON 인물 | 클레멘트 애틀리

윈스턴 처칠의 뒤를 이어 영국 수상이 된 그는 2차 대전 동안 영국을 이끈 거세고 투지 넘치던 처칠과는 전혀 달랐다. 클레멘트 애틀리는 스스로를 '평범한 녀석'이라고 부르던, 조용한 성격의 겸손한 중산층 변호사였다.

그러나 1945년부터 1951년까지 수상을 역임하는 동안 애틀리는 영국의 경제를 근본적으로 변화시켜 2차 대전의 고난에서 고군분투하던 나라가 회복할 수 있도록 복지국가로서 첫발을 내디뎠다. 그의 리더십 아래 변화한 사항으로는 국민건강보험(NHS)의 설립과 탄광, 철강 생산을 비롯한 몇몇 산업의 국유화 그리고 국가보험 프로그램의 창설 등이 있다. 애틀리의 정부는 영국 경제의 약 5분의 1을 개인 소유에서 공공 소유로 전환해 전후 대부분의 유럽에서 정부가 가졌던 경제적인 역할을 근본적으로 바꾸어놓았다. '실용적 사회주의'라는 이 형태는 마거릿 대처 같은 보수 지도자들이 경제 성장을 도모하기 위해 산업의 여러 규제를 철폐했던 1970년대 후반까지 영국과 대부분의 유럽 국가에서 지속되었다.

겸손한 그의 성격 때문에 애틀리는 정치 활동을 하는 내내 과소평가되었다. 그는 1차 대전 중에 군 복무를 했으며 1922년에 의회에 입회했고, 1935년 무렵 의회 노동당의 지도자가 되었다. 2차 대전 중에는 처칠의 전쟁 연합의 일원으로 부총리와 영연방자치령 장관을 역임하는 등 다양한 역할을 하면서 처칠이 전쟁에 집중하는 동안 국내 정사를 보살폈다.

전쟁이 끝난 후 노동당이 집권하면서 애틀리는 처칠의 후임으로 수상에 오르게 되었다. 그는 복지 국가의 창조뿐 아니라 대영제국의 주요 식민지를 해체하는 일도 관장했다. 인도, 버마(오늘날의 미얀마), 실론(오늘날의 스리랑카)이 모두 그의 수상 시절에 독립을 이뤘다.

1951년 보수당이 노동당을 누르면서 처칠이 다시 공식 수상 관저('다우닝가 10번지')로 돌아왔고, 애틀리의 뒤를 이어 수상이 되었다. 애틀리는 4년 더 야당의 지도자로 지내다 1955년에 은퇴했다. 그는 84세의 나이로 사망했다.

- 인도의 독립을 반대하던 처칠과 달리 애틀리는 1947년 인도를 독립시키는 법안을 하원에 직접 제출했다.
- 1955년 의회에서 은퇴한 후 애틀리는 백작의 지위와 영국 최고의 영예인 가터 훈장을 받았다.
- 애틀리는 아마추어 시인이자 열렬한 크리켓 팬이었다.

079

E. E. 커밍스

오늘날 대문자를 혐오하는 것으로 가장 잘 알려져 있는 미국 시인 E. E. 커밍스가 영시에 기여한 바는 구두점과 대문자 사용에 대한 단순한 기벽보다 훨씬 더 많다. 40여 년간 작품 활동을 하면서 그는 대부분 긍정적이고 생기 넘치는 10여 권의 시집을 출간했는데, 대단히 실험적이면서도 이해하기 쉬운 것들이다.

보스턴에서 태어난 커밍스는 하버드대학교에서 2개의 학위를 취득했는데, 여러 편의 시가 캠퍼스 잡지에 실리기도 했다. 그는 졸업 후 얼마 지나지 않아 구급차 운전사로 자원했고 1차 대전 중 프랑스로 파병되었다. 전쟁이 끝난 직후 커밍스는 프랑스로 되돌아가 파리에서 여러 해를 보내면서 시를 쓰고 예술을 공부했다. 그는 이 시절 초기에 거트루드 스타인의 여러 작품을 읽었고, 언어를 이용한 아방가르드 실험이 커밍스 글의 특징이 되었다.

커밍스는 먼저 소설로 호평을 받았다. 《거대한 방》은 1차 대전 문학의 주요 작품 중 의미 있으면서도 자주 간과되는 작품이다. 그는 이어서 활자체, 어휘, 어순을 이용한 특유의 실험이 담긴 몇 권의 시집을 발표했다. 이 시들은 영어의 문법과 구두법의 경계를 시험한다. 커밍스는 본래 단순한 언어를 사용하면서도 흥미롭고 예측할 수 없게 관계를 드러내는 방식으로 언어들을 배치하고 결합했다. 예컨대 그의 스타일을 전형적으로 보여주는 유명한 시는 이렇게 시작한다.

누구든 얼마나 예쁜 마을에 사는
(많은 종들이 높이 떠 울려 퍼지는)
봄 여름 가을 겨울
그는 노래는 하지 않았고 춤은 췄다

〈안타깝구나, 이 분주한 괴물, 불쾌한 인간〉, 〈나의 아버지는 사랑의 죽음을 헤쳐 나갔네〉 같은 커밍스의 가장 유명한 작품들 중에는 이런 형식을 고수한 것이 많은데, 이는 그의 작품 활동 내내 거의 바뀌지 않았다.

- 커밍스가 자신의 이름을 모두 소문자로 개명했다는 것은 흔히 잘못 알려진 내용이다. 그는 실제로 "E. E. Cummings"라고 주로 대문자로 이름을 썼으며 법적으로 개명한 적도 없다.
- 그보다 먼저 살았던 뉴잉글랜드 출신의 시인 에밀리 디킨슨처럼, 커밍스도 뚜렷한 제목을 남긴 시가 별로 없기 때문에 학자와 명시 선집 편집자들은 그의 시의 첫 행을 제목처럼 사용한다.
- 하버드에 다니는 동안 커밍스는 《맨해튼 트랜스퍼》와 《미합중국 U.S.A.》를 집필한 소설가 존 더스 패서스와 친했다.

080 | WED ○ 음악 | 콜 포터

콜 포터는 상류층이 다니는 이스트코스트 사립고등학교에서 예일대학교를 목표로 공부하고 있을 때 교장 선생님으로부터 그의 음악의 성격을 확립하게 만드는 소중한 교훈을 배웠다. "언어와 음악은 마치 하나인 것처럼 떨어질 수 없게 결합되어야 한다."

부유한 집안 출신이자 어느 정도 폐쇄적인 게이였던 포터는 부유한 미망인과 결혼해 파리에서 수년 동안 호화로운 생활을 하다가 마침내 브로드웨이에 자리를 잡는다. 그 뒤 그는 절대 브로드웨이를 떠나지 않았다. 거장다운 가사와 대중문화를 영악하게 활용한 것으로 유명한 포터는 종종 작품에 고급문화와 저급문화를 섞어 놓았다. 그의 가장 유명한 노래 가운데 하나인 〈유 아 더 톱〉은 이런 가사를 담고 있다.

당신은 스트라우스의 심포니 멜로디이고
당신은 벤델(Bendel, 여성 액세서리 브랜드 — 옮긴이) 보닛이고
셰익스피어의 소네트이며
당신은 미키 마우스야.

포터는 사교 모임에서 완벽한 손님이었고 인생을 즐겼으나, 지나친 풍족에서 비롯되는 권태감을 경험한 포터는 1934년 히트 뮤지컬 〈애니씽 고즈〉의 가사에 이렇게 풍자적인 유머를 표현했다.

누군가는 코카인으로 쾌감을 얻지.
나는 한 번 들이 마시기만 해도
너무 따분하게 만들 거라는 걸 알아
그래도 나는 너한테 쾌감을 느껴.

포터는 800여 곡을 작곡했는데 그중에는 미국 노래집의 대표 곡인 〈나이트 앤 데이〉, 〈아이브 갓 유 언더 마이 스킨〉, 〈애니씽 고즈〉, 〈키스 미 케이트〉의 삽입곡 등이 있다.

● 1937년 포터는 낙마로 두 다리가 부러져 고통받다가 1958년 결국 오른쪽 다리를 절단했다.
● 예일대학교에 다니는 동안 포터는 '휘픈푸스(Whiffenpoofs)'라는 합창단에서 활동했다. 또한 그는 예일대학교 풋볼 팀 응원가인 〈예일 불독〉과 〈빙고 일라이 예일〉을 작사하기도 했다.

081

베티 데이비스

본명 루스 엘리자베스 데이비스인 베티 데이비스는 전형적인 미인은 아니었음에도 그 당시 가장 성공한 배우가 되면서 할리우드의 전통을 깼다. 그녀는 거칠고 때로는 인정머리 없는 여성을 실감나게 연기함으로써 누구와도 비교할 수 없는 배우라는 입지를 다졌다. 그녀는 어떤 신인 배우도 보일 수 없는 깊이와 넓이를 갖추고 있었다.

브로드웨이까지 이어졌던 무대 활동 이후 데이비스는 1930년 할리우드로 이주했고, 이듬해 〈배드 시스터〉라는 영화로 데뷔했다. 그녀는 20여 편의 영화에 출연하다가 〈인간의 굴레〉에서 레슬리 하워드의 상대역을 맡으며 마침내 빛을 보게 되었다. 거친 웨이트리스 밀드레드 로저스를 연기한 데이비스는 비평가들과 관객들의 찬사를 받았지만 아카데미상 후보에는 오르지 못했다. 그래서 후보자 추가 기명 캠페인이 벌어지기도 했는데 열광적이었으나 실패로 끝나버렸다.

어쩌면 1935년 오스카의 밤에서 제외되어서 이듬해 〈데인저러스〉에서 알코올 중독 여배우를 연기해 아카데미 여우주연상을 수상할 수 있었을지도 모른다. 그녀는 3년 후 〈제저벨〉에서 버릇없는 남부 미인을 연기해 2번째 오스카상을 거머쥐었다.

데이비스의 역할 중 가장 오래 기억되는 것은 조셉 맨키위즈 감독의 〈이브의 모든 것〉에서 연기한 마고 채닝스였다. 비평가 로저 이버트는 그녀가 연기한 가장 대단한 역할이 채닝스라고 썼다. "이 영화는 그녀가 젊은 여배우의 농간에 당한 것처럼 보이지만 사실은 그녀가 이긴 것이다. 즉, 아름다움이 가진 표면적인 힘을 누른 인성과 의지의 승리다. 그녀가 이보다 더 자전적인 역할을 연기한 적은 없었다."

〈이브의 모든 것〉은 아카데미상 14개 부문에 후보로 올랐으며(1997년 〈타이타닉〉이 기록한 것과 동률이다), 6개의 아카데미상을 수상했고, 총 11차례 후보에 올랐던 데이비스가 9번째로 아카데미 후보에 오른 작품이었다. 이는 〈인간의 굴레〉에서 했던 역할로 흔치 않은 후보자 기명 캠페인이 벌어진 것까지 합친 수치다.

그녀가 마지막으로 아카데미 후보에 올랐던 역할은 1962년 심리스릴러 〈제인의 말로〉에서 맡은, 라이벌이자 스크린의 전설 조앤 크로퍼드의 상대역이었다. 데이비스는 81세의 나이에 유방암으로 사망할 때까지 연기 활동을 계속했다.

• 1941년 데이비스는 미국영화예술과학아카데미의 최초의 여성 사장이 되었지만 두 달 만에 사임했다.

• 1977년 그녀는 미국영화연구소로부터 평생공로상을 수상했다.

• 2차 대전 기간 데이비스는 LA에서 미국 군인들에게 오락거리를 제공했던 할리우드 캔틴이라는 전설적인 나이트클럽의 조직을 도왔다.

082 | FRI ⊚ 사회 | SAT

1926년 6월 23일, 약 8000명의 청소년들이 학습 능력을 측정하고 각 대학이 신입생을 선발할 수 있도록 고안된 최초의 학습능력적성시험(SAT)을 보았다. 유추 검사, 독해, 수학 문제로 구성된 이 객관식 시험은 몇십 년 만에 수백만 명의 미국인들이 대학 입학 과정의 주요 통과 의례가 되었다.

발명되었던 당시 SAT는 미국 고등교육의 혁신적인 개념을 대표했다. 칼리지 보드라고 불리는 비영리단체가 시행하는 이 시험은, 대학 입학 과정에서 가족 관계, 재산, 운의 비중을 줄이고, 이론상 모든 지원자들에게 동일한 시험장을 마련해줌으로써 학생의 적성을 객관적으로 측정하기 위한 의도로 만들어졌다.

대학들이 SAT가 상징하는 학업 능력주의라는 목표를 수용하면서 2차 대전 이후 표준시험이 빠르게 확산됐다. 1957년에 이르자 매년 50만 명 이상의 미국인들이 이 시험을 보기 위해 준비했다. 1955년 또 다른 표준시험 어드밴스드 플레이스먼트(AP)가 도입되었고, 칼리지 보드의 경쟁 단체 ACT가 1959년부터 AP를 시행하기 시작했다.

최근 들어 표준시험 결과는 학생들뿐 아니라 교육자들을 측정하는 데도 이용된다. 2001년 아동낙오방지법에 따라 공립학교의 모든 학년에서 정규 시험으로 표준시험을 이용하게 했다.

그러나 많은 비평가들은 SAT 같은 시험이 시험을 준비할 시간과 돈이 부족한 가난한 학생들과 소수민족 출신의 학생들에게 불리하게 작용한다고 주장하면서 단점을 지적했다. 여러 비평가들 또한 표준시험의 중요성으로 인해 교육자들이 심층적이고 창의적인 교육과정 대신 '시험을 위해 가르칠 수밖에' 없다고 비난했다.

2001년 캘리포니아대학교의 총장은 정부가 이 시험을 더 이상 받아들이지 말 것을 제안하면서 미국 전역에서 관심을 모았다. 그러나 이 대학교를 비롯해 수백 개의 다른 대학들은 여전히 SAT 점수로 신입생을 선발한다.

- 최초로 SAT 시험을 봤던 학생들의 약 26%는 SAT 점수를 인정한 최초의 대학교 중 하나인 예일대학교에 지원한 학생들이었다.
- SAT의 공식적인 명칭은 1990년에 학업평가시험(Scholastic Assessment Test)으로 변경되었다.
- 원래 객관식만으로 구성되었던 SAT에 2005년 작문 부분이 추가되었다.

083 | SAT 🏆 스포츠 | 재키 로빈슨

단순히 야구 경기에 출전한 것만으로도 재키 로빈슨은 20세기 가장 중요한 시민평등권 운동가 중 한 사람이 되었다. 1947년 4월 15일, 노예의 손자이자 소작농의 아들인 로빈슨은 유색인종이 참여할 수 없었던 야구의 벽을 깨고 메이저리그 경기에서 일루수로 뛰었다.

UCLA에서 1년에 4개 종목의 스포츠에 참가한 최초의 학생이었던 로빈슨은 대학교의 스타 운동선수였다. 그는 2차 대전 중 미 육군으로 복무한 후 1945년 흑인만을 위한 니그로리그에서 캔자스시티 모나크스의 유격수로 활동했다.

이듬해 브루클린 다저스(현 LA 다저스) 단장 브랜치 리키가 야구에서 인종을 통합할 선수로 인종차별을 가볍게 여기지 않던 사나운 남자 로빈슨을 선발했다. 마이너리그에서 1년 동안 활동한 후 로빈슨은 브루클린으로 건너갔다.

리키의 엄격한 지도 아래 로빈슨은 신인선수 시절 내내 신체적이거나 언어적인 조롱에 단 한 번도 대응하지 않았다. 그는 팀 동료, 상대 팀 선수, 팬들에게까지 조롱을 받았다. 그러나 로빈슨은 분노를 야구장에서 쏟아내면서 특히 주루에 대해서라면 공격적인 무서운 존재가 되었다.

로빈슨은 선구자일 뿐 아니라 위대한 야구선수이기도 했다. 그는 1947년 올해의 신인상을 수상했다. 1949년에는 타율(3할4푼2리)과 도루(37개)로 내셔널리그를 이끌면서 MVP를 수상했다. 그는 올스타에 선발되어 다저스를 월드시리즈로 이끌었으며(6회) 1955년에는 월드챔피언십 우승을 차지하게 만들기도 했다.

1956년 12월 브루클린 다저스는 그를 뉴욕 자이언츠(현 샌프란시스코 자이언츠)에 트레이드했지만 로빈슨은 브루클린이 싫어하던 라이벌 팀에 입단하는 대신 은퇴를 선택했다. 그 후 그는 계속해서 시민의 평등권을 위해 활동하다가 53세에 심장마비로 사망했다.

- 다저스는 1972년에 로빈슨의 등번호 42를 영구 결번으로 지정했고, 모든 메이저리그 팀들도 로빈슨의 데뷔 50주년 기념일이었던 1997년 그의 등번호를 영구 결번으로 지정했다.
- 브루클린의 신인선수 시절 로빈슨은 1루수로 활약했다. 그는 다음 시즌에 2루수가 되었고, 그 뒤 선수 시절의 대부분을 2루수로 활동했다.
- 로빈슨은 1962년 야구 명예의 전당에 올랐다.

084 | SUN ☀ 팝 | 슈퍼맨

1938년 6월, 만화가 제리 시걸과 조 슈스터가 《액션 코믹스》 초판에 슈퍼맨이라는 이름을 가진 근육질의 주인공을 소개하면서 미국 대중문화에서 가장 사랑받는 캐릭터가 등장했고, 슈퍼히어로 만화라는 장르가 생겨났다.

초창기 슈퍼맨은 날아가는 총알보다 빨랐고 기관차보다 강력했으며, 단번에 높은 빌딩을 뛰어 오를 수 있었지만, 날지는 못했다. (날 수 있는 슈퍼파워는 1941년에 얻었다.) 시걸과 슈스터는 이 슈퍼히어로가 크립톤이라는 행성에서 태어났고, 크립톤이 파괴되기 전 아버지가 지구로 보내 캔자스 농부에 의해 클라크 켄트라는 이름으로 자랐다는 등 그의 전기를 정교하게 만들었다. 켄트가 《데일리플래닛》의 온순한 리포터로 일할 때 연애 감정이 싹트는 루이스 레인을 만나게 되는데, 그는 자신의 정체를 숨기고 슈퍼맨으로 변신했을 때 자주 그녀를 구해준다. 그러면서 슈퍼맨은 최대의 적 렉스 루터를 비롯하여 다양한 슈퍼 빌런에 맞서 싸운다.

슈퍼맨의 즉각적인 인기로 1939년 처음 등장한 〈배트맨〉, 1941년 〈캡틴 아메리카〉, 〈원더우먼〉 이후 더 많은 어드벤처 히어로 만화가 탄생했다.

만화책 캐릭터로 시작한 슈퍼맨은 곧 라디오 시리즈, 만화영화, 크리스토퍼 리브가 출연한 1978년도 동명 영화 등 다양한 매체에도 등장했다. 1990년대에는 슈퍼맨이 〈루이스 앤 클락〉이라는 TV프로그램으로 제작되기도 했다. 2001년에 시작된 〈스몰빌〉 시리즈는 클라크 켄트가 슈퍼맨으로 변하기 이전의 젊은 시절 이야기를 다룬다.

- 슈퍼맨 이야기의 가장 최근 버전은 2013년 〈맨 오브 스틸〉이다.
- 비록 슈퍼맨이 1990년대 들어 대중문화 속에서 점점 잊혀갔지만 디씨코믹스가 1993년 이 유명한 슈퍼히어로가 사망했다는 줄거리를 발매하면서 다시 뉴스거리가 되었다. 두 달 후 그는 또 다른 호에서 부활했다.
- 시걸과 슈스터는 1933년 슈퍼맨의 이전 버전을 만들었는데, 그때는 슈퍼맨이 아니라 슈퍼 빌런이었다.

085

MON
인물

잭슨 폴록

화가 잭슨 폴록은 1940년대 말과 1950년대 초에 미국에서 가장 유명한 추상표현주의
자였다. '드립 앤 스플래쉬' 또는 '액션 페인팅'이라고 알려진 그의 표현방식은 예술계
에 충격을 던져주었고 대변혁을 일으켰다.

폴록은 캔버스를 이젤에 올려놓는 대신 스튜디오 바닥이나 땅 위에 놓고는 캔버스
가장자리 주변을 돌거나 심지어 캔버스를 밟고 서서 상업용 페인트를 통에서 캔버스
위로 바로 흘리고 부었다. 그는 질감을 더하기 위해 때때로 모래나 깨진 유리를 작품에
첨가하기도 했다. 일부 비평가들은 그의 작품을 혼란스럽고 의미가 없다고 치부하기
도 했지만, 대단히 조직적이고 심리적으로 흥미로우며 시각적으로 매혹적이라고 생각
하는 비평가들도 있었다. 폴록은 대형 작품을 창작하고 융 심리학에 흥미를 가지고 있
으며(특히 집단 무의식과 원시적인 신화), 그림은 물리적 과정을 통해 진정한 표현법을 찾
을 수 있다는 신념을 가진, 대부분 뉴욕에 기반한 화가들로 구성된 추상표현주의를 이
끌었다.

폴록은 LA에서 고등학생 때부터 그림을 그리기 시작했고 1930년 뉴욕으로 건너와
아트 스튜던트 리그에서 미국 지방분권주의자 화가였던 토머스 하트 벤튼에게 그림을
배웠다. 폴록은 초창기 벤튼과 파블로 피카소, 초현실주의자, 멕시코 벽화가, 미국 원
주민 화가들로부터 영향을 받았다. 그는 1935년에서 1943년까지 공공산업진흥국의 연
방예술 프로젝트에서 일했고 1943년 페기 구겐하임의 금세기 미술 화랑에서 첫 단독
전시회를 가졌다.

폴록은 1947년에 드립 앤 스플래쉬 기법을 개발하기 시작했다. 〈오텀 리듬〉과 〈라벤
더 미스트〉를 비롯해 그의 가장 유명한 작품들이 이 기법으로 그려졌다.

그는 1951년 색을 사용하던 방식에서 벗어나 흑백으로 전환했다. 말년에는 알코올
중독과 우울증에 시달리며 어떤 그림도 그리지 않았다. 폴록은 44세의 나이에 음주 운
전을 하다가 사고를 내고 사망했다.

- 애드 해리스가 감독하고 주연한 할리우드 영화 〈폴록〉은 아카데미상 2개 부문에 후보로 올랐고 마샤 게이 하든은 아
  카데미 여우조연상을 수상했다.
- 폴록은 같은 예술가 리 크라스너와 결혼했다. 뉴욕주 롱아일랜드의 스프링스에 있는 그들의 집은 현재 폴록-크라스
  너 하우스 앤 스터디 센터로 알려졌다. 센터는 대중에게 개방되며, 뉴욕주립대학교 스토니브룩 캠퍼스가 운영하고
  있다.
- 2006년 11월 엔터테인먼트 거물인 데이비드 게펀이 폴록의 가장 유명한 그림 〈넘버 5〉를 1억 4000만 달러에 매각
  했다. 이는 하나의 그림 값으로 지불된 금액으로는 당시 최고가를 기록했다.

086 | TUE 📖 문학 | 《댈러웨이 부인》

버지니아 울프의 《댈러웨이 부인》은 서양 문학의 모더니즘 시기에 분수령이 되었던 작품으로 손꼽힌다. 이 소설은 울프를 의식의 흐름 화법과 새로운 문학적 기법들을 가지고 과감한 실험을 한 작가이자 1차 대전의 대대적인 파괴 이후 영국 사회를 예리하게 관찰한 목격자로 자리매김하게 했다.

제목에서 알 수 있듯이, 《댈러웨이 부인》은 클라리사 댈러웨이라는 여성에 초점을 맞춘다. 그녀는 전후 런던에 사는 사교계 귀부인이다. 이 소설은 그녀와 남편이 주최하는 저녁 파티를 준비하면서 하루 동안 벌어지는 클라리사의 생활 속 세세한 사항들을 그린다. 그녀는 꽃을 사고, 오랜 친구의 방문을 맞고, 런던의 상류층 거주지를 걸어 다니다가 파티를 하기 위해 집으로 돌아온다.

이 소설은 하루 동안 클라리사에게 벌어진 일에 관한 것이 아니라 그런 일들이 벌어질 때마다 그녀와 다른 등장인물들의 마음에 떠오르는 생각을 표현했다. 클라리사가 가게에 들어가거나 우연히 아는 사람을 만날 때마다 그녀는 예전에 만났던 사람들과 사건들을 떠올린다. 울프의 서술 기법은 클라리사의 연쇄적인 생각을 밀접하게 추적하며, 그녀가 만나는 다른 사람들의 마음속으로 뛰어들기도 한다.

이 의식의 흐름 기법은 자유로운 형태로 이루어지고 혼란스럽게 느껴질 수도 있지만 울프는 등장인물의 깊이와 관점을 조명하기 위해 다른 식으로는 가능하지 않을 정도로 의식의 흐름 기법을 복잡하게 구성해 사용했다. 특히, 클라리사가 하루 종일 여러 사람들을 만나고 소설의 여러 구성이 서로 얽혀 있지만, 소설 속에서 진정한 인간의 접촉이 이뤄지는 부분은 거의 없다. 그리고 심지어 가장 오래되고 가장 친한 친구들 사이에서도 의사소통의 오류로 인한 공허함이 발생한다.

- 울프는 이후 집필한 소설 《등대로》에서도 계속해서 의식의 흐름을 가지고 실험하며 《파도들》에서는 더욱 적극적으로 실험을 이어나갔다.
- 여성 작가들이 직면한 도전과 기회의 부족에 관한 울프의 비평적 에세이 《자기만의 방》은 페미니즘과 여성의 인권 운동에 지대한 영향을 끼쳤다.
- 마이클 커닝햄의 소설 《디 아워스》는 댈러웨이와 연관된 3명의 여성들, 즉 소설을 쓰는 버지니아 울프 자신과, 그것을 읽는 1950년대 주부 그리고 하루 동안에 자신도 모르게 그 소설의 내용을 다시 체험하는 현대 여성을 그리고 있다.

087

듀크 엘링턴

재즈 밴드 리더 듀크 엘링턴은 자신의 음악 철학 전체를 단 하나의 유명한 가사로 요약했다. "그 스윙이 없다면 아무 의미도 없어." 엘링턴의 곡이 점점 복잡해지고 난해해지는 만큼 그 곡들에는 항상 '그 스윙'이 담겨 있었다.

에드워드 케네디 '듀크' 엘링턴은 워싱턴에서 태어났는데, 재즈라는 단어가 지나치게 제약적이라고 여겨 자신의 곡을 '미국 음악'이라고 지칭했던 예술가에게 적절한 곳이었다. 그는 엘라 피츠제럴드와 녹음했던 스탠더드부터, 베이스 연주자 찰스 밍거스, 색소폰 연주자 존 콜트레인 등 당대 가장 혁신적인 재즈 뮤지션들과의 협업에 이르기까지 활동 기간 동안 수많은 스타일의 작품을 만들어냈다.

그러나 엘링턴은 1920년대와 1930년대에 할렘 코튼 클럽에서 하우스밴드 리더를 맡으면서 가장 유명해졌다. 엘링턴은 밴드에서 피아노를 연주했지만 많은 비평가들은 그가 가장 잘 연주하는 것이 오케스트라라고 말했다. 그는 워싱토니안스라는 작은 댄스 공연단을 이끌기 시작했지만, 곧 14명의 연주자들을 모아 페이머스 오케스트라를 구성했다. 시간이 지나면서 연주자들은 바뀌었지만 단원들 중에는 색소폰 연주자 자니 호지스, 찰스 '쿠티' 윌리엄스, 렉스 스튜어트 등 당시 가장 위대한 재즈 뮤지션이 항상 있었다. 이들은 모두 나중에 자신만의 오케스트라를 이끌었다. 이런 훌륭한 밴드를 이끌면서 엘링턴은 〈코튼테일〉과 〈할렘 에어 샤프트〉 같은 유명한 곡들을 다수 제작했다.

스윙이 댄스용이 아니라 청취용으로 만들어진 새로운 스타일의 재즈 비밥(bebop)에 인기를 빼앗기면서 엘링턴의 인기도 시들해졌다. 하지만 그는 사람들의 눈에서 완전히 멀어지지는 않았다. 그는 1956년 열린 뉴포트 재즈 페스티벌에서 공연하면서 청중에게 새로운 자신의 음악을 소개했고, 마일스 데이비스부터 데이브 브루벡에 이르는 젊은 세대 예술가들은 모두 듀크에 대한 존경심을 강조했다. 그리고 엘링턴은 젊은이다운 매력을 단 한 번도 잃은 적이 없었다. 67세의 나이에 퓰리처상을 놓쳤을 때, 이렇게 말했다. "운명이 나에게 친절하게 군다. 운명은 내가 너무 어릴 때 유명해지길 원하지 않는다."

• 엘링턴은 생전에 퓰리처상을 단 한 번도 수상하지 못했지만 사망하고 난 후 1999년에 퓰리처상 특별상을 수상했다.
• 마일스 데이비스는 1974년도 엘링턴 추모 음반의 제목을 '그는 그를 미친 듯이 사랑했네'라고 붙였다. 듀크는 공연을 끝낼 때마다 (그리고 어느 해 크리스마스 카드에도) "미친 듯이 사랑합니다"라고 말했기 때문이다.
• 리처드 닉슨은 1969년 엘링턴을 백악관으로 초대해 연주하게 한 후 미국 최고의 영예인 대통령 훈장을 수여했다.

088 | THU 영화 | 캐서린 헵번

캐서린 헵번은 페미니스트의 아이콘으로, 독립 정신, 활동성, 지성을 겸비했으며 당시 전형적인 할리우드 신인 여배우들과 반대되는 연기를 하면서 '영화계의 영부인'이 되었다. 그녀는 60년이 넘는 기간 동안 영화배우로 활동하며 4번의 아카데미상을 수상했고(배우로서는 기록적인 수치다), 12번 후보에 올랐다. 헵번은 〈이혼 증서〉로 영화계에 데뷔했고, 1년 만에 〈아침의 영광〉으로 아카데미 여우주연상을 수상했다.

헵번의 첫 번째 주요 상대 배우는 캐리 그랜트였다. 그들은 스크루볼코미디(등장인물들이 바보스럽고 우스꽝스러운 행동을 하는 영화 — 옮긴이)로 간주되는 하워드 호크스 감독의 〈아이 양육〉에 함께 출연했다. 그러나 이 영화는 흥행에 실패했고, 그해 《포토플레이》가 실시한 설문조사에서 그녀는 '박스오피스의 독'으로 꼽혔다.

헵번은 1939년 할리우드를 떠나 브로드웨이에서 로맨틱코미디 〈필라델피아 스토리〉에 출연했는데, 이 작품이 큰 히트를 쳤다. 그녀는 이 이야기의 판권을 구입해서 할리우드로 돌아왔다. 1940년 이 연극을 영화화했고 이는 그녀의 연기 활동에 다시 활력을 불어넣었다.

헵번은 그녀 최고의 영화로 꼽히는 〈여성의 해〉에 처음으로 스펜서 트레이시와 함께 출연했다. 두 사람은 이후 8편의 작품에 더 출연했고, 스크린 밖에서 그와의 외도는 1967년 트레이시가 사망할 때까지 계속되었다.

1951년 그녀는 처음이자 마지막으로 할리우드 아이콘인 험프리 보가트와 함께 〈아프리카의 여왕〉에 출연했다. 헵번은 사랑을 찾는 나이 든 여성을 연기했는데, 이런 역할이 그녀의 연기 생활 후반을 정의하게 되었다. 그녀는 연기 활동 말에 〈초대받지 않은 손님〉을 시작으로 연이어 오스카상을 수상했다. 많은 사람들이 이 작품을 영화가 완성된 직후에 사망한 트레이시의 추모작으로 여긴다. 그녀는 1년 후 〈겨울의 라이언〉으로 오스카상을 수상했고, 헨리 폰다와 그의 딸 제인 폰다가 출연하는 〈황금 연못〉으로 유래 없는 4번째 오스카상을 수상했다. 헵번의 마지막 영화는 그녀가 96세의 나이로 코네티컷 자택에서 사망하기 9년 전인 1994년 개봉되었다.

• 헵번은 미국영화연구소에 의해 최고의 전설적인 여배우로 선정되었다.
• 〈아프리카의 여왕〉은 헵번과 보가트 모두 처음으로 출연한 컬러 영화였다.

089 | FRI ⟨🛜⟩ 사회 | 원주민 보호주의

1938년, 루스벨트 대통령은 미국애국여성회에서 이주민에 대한 관용을 호소하는 유명한 연설을 했다. 그는 "우리 모두가, 특히 당신과 내가, 이주민의 후예라는 것을 항상 명심하기 바랍니다"라고 말했다. 루스벨트 대통령은 1920년대와 1930년대에 원주민 보호주의라고도 알려진 반이주민 정서가 고조되는 가운데 이 같은 연설을 했다.

원주민 보호주의라는 용어는 그보다 앞서 이민 공포가 일었던 19세기 중반에 생겼다. 이른바 불가지론자들은 1854년 선거에서 이룬 원주민 보호주의, 반가톨릭 공약을 잠시 동안 누렸지만 원주민 보호주의는 얼마 지나지 않아 와해되었다.

원주민 보호주의는 1차 대전 이후 범죄와 경제적 불확실성이 어우러져 이주민들에 대한 적대감이 새롭게 조성되면서 다시 생겨났다. 1924년 의회가 아시아 국가들과 이탈리아, 폴란드 같은 가톨릭교 국가들을 비롯해 '달갑지 않은' 국가들로부터의 이민을 제한하는 법안을 통과시켰다. 적색 공포 시기 수백 명의 동유럽인들이 무정부주의와 연관된 혐의로 추방당했다. 그와 동시에 원주민 보호주의 시민단체들은 점점 더 세력을 키워나갔다. 남북전쟁 이후 남부에서 아프리칸-아메리칸들을 공격하기 위해 설립된 KKK는 가톨릭 신자들과 유대교 신자들까지 목표 대상으로 삼기 시작했다. 1928년 민주당 대통령 후보 알 스미스는 가톨릭 신자라는 이유로 상당한 적대감에 직면했고, 공화당 후보 허버트 후버에게 크게 패했다.

반이민 분위기는 루스벨트 대통령 임기 동안에도 지속되었다. 1939년 여객선 세인트루이스호와 함께 대부분 독일계 유대인이었던 승객들에 대한 입국이 거부되어 다시 유럽으로 보내진 사건이 발생했는데, 승객 다수가 홀로코스트에서 사망한 것으로 추정된다.

원주민 보호주의는 2차 대전 중에 약화되었고 1924년도 이민법 대신 1965년에 새로운 이민법이 제정되면서 훨씬 더 많은 이민자들이 미국으로 이주할 수 있었다. 지금도 반이민자 정서가 미국 정계에 잠재적인 암류로 남아 이따금 수면 위로 떠오르기도 한다.

- 19세기 몇몇 구인 광고에 '아일랜드인은 지원하지 말 것'이란 악명 높은 거부 성명은 반가톨릭과 반이민자 정서의 깊이를 보여준다.
- 1960년대 선거에서도 반가톨릭 관점이 여전히 이슈였다. 존 F. 케네디는 "나는 가톨릭 대통령 후보가 아닙니다. 나는 민주당 후보입니다"라고 노골적으로 밝혀야 했다. 그는 대통령으로 선출된 유일한 가톨릭 신자였다.
- 폭력적인 인종차별 조직으로 가장 잘 알려진 KKK는 원주민 보호주의와 반가톨릭주의도 강력하게 지지했다.

090 | SAT 🏆 스포츠 | 로키 마르시아노

로키 마르시아노는 가장 크다거나, 재능이 매우 뛰어나다거나, 가장 숙련된 권투선수는 아니었지만 가장 강인한 권투선수였을 것이다. 비록 그는 175cm에 84kg밖에 나가지 않는 작은 체구였지만, 49승 0패를 기록했고 헤비급 챔피언으로 등극했으며 권투 역사상 유일하게 한 번도 패하지 않은 챔피언으로 은퇴했다.

보스턴 외곽에서 로코 프란시스 마르체지아노라는 이름으로 태어난 마르시아노는 '브록턴 블록버스터'와 '브록턴 출신의 바위'라는 별명으로 불렸다. 그의 어린 시절 꿈은 프로야구 투수였지만 1947년 시카고 컵스 입단 테스트에서 실패한 후, 미 육군 복무 시절 4년 동안 배운 권투로 눈을 돌렸다.

그는 1948년 프로로 전향했고 그가 '수지 큐'라고 별명 붙인 강력한 오버핸드 라이트 덕분에 떠오르는 스타로 자리매김하기 시작했다. 1951년 10월 그의 권투 영웅이자 전 챔피언인 조 루이스와 맞섰을 그의 기록은 37승 0패, 32KO였다. 루이스는 1937년부터 1949년까지 헤비급을 평정한 선수였지만 1951년에는 37살이나 되었고 이미 한 번 은퇴한 전적이 있는 상태였다. 전 챔피언을 KO시킨 후 마르시아노는 루이스의 탈의실에서 눈물을 흘렸다. 루이스가 전성기를 벗어나긴 했지만 이 승리로 마르시아노는 신뢰를 얻었고 저시 월코트를 상대로 챔피언전을 벌이게 되었다.

1952년 9월 23일, 마르시아노는 월코트에게 끌려다니며 13라운드를 맞이했다. 도전자는 KO가 필요했고, 수지 큐가 그걸 해내면서 월코트의 정신을 잃게 만들어 마르시아노는 챔피언 벨트를 따게 되었다. 그는 6번의 타이틀 방어에 성공하는 동안 월코트를 상대로 한 번 더 승리했고 에자드 찰스를 상대로 2번의 큰 승리를 거두었다.

마르시아노는 1956년에 은퇴했고 46번째 생일 전날 전용기 사고로 사망했다.

● 퓰리처상을 수상한 스포츠 기자 레드 스미스는 마르시아노에 대해 이렇게 썼다. "그는 권투선수들 중에 가장 강인하고, 가장 강하며, 가장 헌신적인 전사였다. 그의 어휘에 두려움이란 없었고, 고통은 아무 의미도 없었다."

● 마르시아노의 49승에 가장 근접한 기록을 남긴 헤비급 권투선수로 래리 홈즈가 있다. 그는 1985년 마이클 스핑크스에게 패하기 전까지 통산 48승 0패를 기록했다.

● 마르시아노의 리치(reach, 두 팔을 양쪽으로 벌린 상태에서 왼쪽 가운데 손가락 끝부터 오른쪽 가운데 손가락 끝까지의 길이 — 옮긴이)는 1.7m로 헤비급 챔피언 가운데 가장 짧았다.

091 | ☀ SUN 팝 | 래시

래시는 아마도 미국 대중문화에서 가장 유명한 개로 1938년《새터데이 이브닝 포스트》의 단편소설 속 동물로 처음 등장했다. 저자 에릭 나이트는 이 이야기가 인기를 얻자 내용을 덧붙여 '래시 집에 오다'라는 제목의 책을 출간했고, 이 책은 다시 엘리자베스 테일러가 출연한 1943년 동명 영화의 모티프가 되었다.

원작에서는 영국 요크셔의 가난한 농부 샘 카라클로프가 어쩔 수 없이 아들의 콜리를 스코틀랜드의 공작에게 팔고, 그 공작이 개를 스코틀랜드로 데려가게 된다. 영원히 충실하고 충성스러운 래시는 어린 주인에게 헌신적인 개로 남아 먼 거리와 엄청난 위험을 무릅쓰고 카라클로프 가족에게 돌아온다.

이 영화는 개봉하자마자 흥행했고 그 후로 더욱 많은 래시 영화들이 제작되었다. 그 후 캠벨수프가 TV 시리즈를 후원하기로 약속하면서 래시는 TV 속으로 들어왔다.

TV프로그램에 거듭 출연하는 캐릭터는 래시만이 유일했다. 래시의 주인은 여러 번 바뀌었고 때로는 혼자 여행하는 에피소드도 있었다. 그렇지만 어떤 가족과 함께 살든, 래시는 항상 주인들에게 그리고 시청자들에게 충성심과 우정, 용기의 교훈을 주었다.

래시 이전에는 연예계에서 개가 중심이 된 적이 단 한 번도 없었다. 사실 영화나 TV에 등장하는 대부분의 개들은 농장의 동물로 취급했고 집 밖에서 자랐다. 2005년 래시는《버라이어티》에 의해서 역대 최고의 스크린 아이콘 100위 안에 선정되면서, 순위에 든 유일한 동물이 되었다.

- 래시의 캐릭터가 암컷 콜리 종이긴 했지만, 순종이 아닌 팰이란 이름의 수컷이 오리지널 래시를 연기했다. 그 후로 래시 역은 대부분 팰의 직계 후손들이 맡았다.
- 래시는 할리우드 명예의 거리에 별이 새겨진 3마리 동물 중 하나이다. 나머지 2마리는 저먼 셰퍼드 린틴틴과 스트롱하트이다.
- 래시 시리즈의 여러 에피소드가 멸종위기종 같은 환경 문제를 다뤘다.

092 | MON 인물 | 마오쩌둥

단순한 회색 재킷을 입은 마오쩌둥은 1949년 그가 주도해 창시한 중화인민공화국을 상징했다. 그는 전쟁과 정치 투쟁에서 벗어나 새로운 국가의 지도자가 되었고 정권을 거머쥐었던 27년 동안 거의 신과 같은 지위를 유지했다.

마오는 중국을 현대화하고 초강대국으로 나아가도록 이끌기 위해 공산주의라는 이름으로 소작농의 힘을 이용한 혁명가이자 국가건설자였다. 그러나 이행 과정에서 아무런 희생이 없었던 것은 아니다. 대규모 기아, 잘못된 정책 그리고 피해망상이 그의 통치를 망쳤고 사망 이후 이것들은 대체로 그가 남긴 유산을 정의했다.

중국 후난성의 소작농 가정에서 태어나 1918년 카를 마르크스의 글을 처음 접한 마오는 1921년 중국 공산당의 창당 멤버였다. 국공내전이 벌어지는 동안 그는 숙련된 게릴라 전투의 전문가임을 입증했고 1949년 부족한 병력의 군대를 이끌고 장제스의 국민당을 상대로 이기지 못할 것 같던 승리를 이뤄냈다. 군사적 대승 후 마오는 중국을 소비에트의 이미지로 재건하는 일에 착수했다. 1953년에 시작된 그의 첫 5개년 계획은 중앙 집중식 계획과 더불어 대규모 군사력 증강과 공장 생산량 증가를 강조했다.

그러나 그는 소작농들의 힘으로 농산물 생산을 극적으로 늘려 서양을 따라잡겠다는 생각으로 1958년 마르크스주의 중국에 소작농들을 공동체로 재조직하라는 명령을 내렸다. 하지만 대약진이라고 불렸던 이 계획이 완전한 실패로 끝나면서 거의 2000만 명에 달하는 사람들이 굶어 죽었고 소비에트와의 관계는 결렬되었다. 이 대실패로 마오는 중앙정부 의회의 의장직을 잃게 되었다. (그렇지만 공산당 중앙위원회의 의장직은 유지했다.)

중국에서 부르주아적 요소를 (그리고 정적들을) 완전히 없애고 마오의 미래를 보장하기 위해 1966년 시작된 문화혁명은 중국의 모든 사회 계층에서 혼란을 초래하면서 대대적인 학살을 낳았다. 그럼에도 마오는 국가와 군대의 지도자직을 확고히 다질 수 있었다. 그는 1971년 마지막으로 공개 석상에 나타났고 82세의 나이로 사망할 때까지 닫힌 문 뒤에서 중국 최고의 권력을 행사했다.

- 마오가 지도자로 있는 동안 전쟁이 없는 와중에도 수천만 명의 사람들이 죽었지만 그는 중국에서 여전히 숭배되는 인물로 남아 그의 초상화가 베이징에 있는 자금성 입구를 장식하고 있다.
- 1972년 미국 리처드 닉슨 대통령이 직접 베이징에서 마오를 만나면서 양국은 20년간의 적대관계를 끝냈다.
- 중국 지도자로 보낸 27년 동안 마오가 공개 석상에 모습을 드러내는 일이 거의 없었기 때문에 더욱 신비로운 존재로 여겨졌다. 어린 학생들은 마오를 사랑하라고 배웠고, 수백만 권의 마오쩌둥 어록이 중국의 국가 신조로 배포되어 이른바 마오 숭배를 부추겼다.

093 | TUE 📖 문학 | 스콧 피츠제럴드

스콧 피츠제럴드는 여러 면에서 20세기 최고의 미국 소설가이다. 기술적 탁월함과 타의 추종을 불허하는 서정적인 표현이 담긴 그의 소설은 1920년대 재즈 시대에 미국을 특징지었던 가능성과 절망감을 포착한다.

미네소타주에서 태어나 프린스턴대학교에서 교육을 받은 피츠제럴드는 1920년 데뷔작 《낙원의 이편》으로 미국 문학계에 돌풍을 일으켰다. 프린스턴 대학생의 낭만적인 위업에 대한 이 이야기는 가식적이고 유치해 보일 수도 있지만, 부인할 수 없는 탁월함이 피츠제럴드를 인재로 자리매김하게 했다. 이 명성과 수익금으로 피츠제럴드와 그의 젊은 아내 젤다는 아찔하고 퇴폐적인 생활을 시작할 수 있었고, 그로 인해 타블로이드 신문의 단골 기사거리가 되었다.

피츠제럴드의 세 번째 소설이자 가장 짧은 소설 《위대한 개츠비》는 그의 대표작으로 꼽히는 작품이다. 이 작품은 비도덕적인 배경과 외로운 인생을 성공의 허울 속에 감춘 자수성가 백만장자의 시각을 통해 아메리칸 드림의 가능성과 공허함을 모두 탐구하는 작품이다. 그 당시에는 인기를 얻지 못했지만 오늘날 《위대한 개츠비》는 아마도 그 시대 가장 훌륭한 소설이자, 비평가들이 위대한 미국 소설을 뽑을 때마다 항상 언급하는 소설일 것이다.

악명 높을 정도로 불안정한 젤다와의 굴곡진 결혼 생활은 외국에 거주하는 미국 심리학자와 그의 환자 한 사람과의 근심 가득한 관계를 정처 없이 그린 《밤은 부드러워》 등 피츠제럴드의 후기 작품에 영향을 주었다. 피츠제럴드의 결혼 생활은 이미 심각한 상태에 있던 음주 문제를 더욱 악화시켰고 1930년대 말 무렵에는 완전히 알코올 중독에 빠지게 되었다. 1937년 극작가로 활동하기 위해 LA로 이주한 그는 1940년 심장마비로 사망했다. 할리우드 거물에 관한 그의 마지막 소설 《라스트 타이쿤》은 미완성으로 남겨졌다.

• 피츠제럴드의 풀네임은 프랜시스 스콧 키 피츠제럴드로, 먼 친척이자 1814년 미국의 국가인 〈성조기〉의 가사를 쓴 프랜시스 스콧 키의 이름을 따서 지어졌다.

• 수년간의 정신적 불안정을 겪은 젤다 피츠제럴드는 1930년 심각한 신경쇠약을 앓으면서 정신병원으로 보내졌다. 신경쇠약에서 회복하지 못한 그녀는 1948년 병원 화재로 사망했다.

• 희극 작가로 알려지진 않았지만 피츠제럴드는 예리한 재치를 가진 사람이었다. 갈팡질팡하는 할리우드 극작가에 대한 그의 단편소설집 《팻 하비 스토리스》는 독자들로부터 가장 외면받는 작품이면서도 가장 웃긴 작품으로 꼽는다.

094 | WED 💿 음악 | 로버트 존슨

블루스 기타리스트 로버트 존슨은 1911년 5월의 어느 날, 미시시피주 헤이즐허스트에서 태어났으며 1968년에 발견된 그의 사망 증명서에 따르면 1938년 8월 16일에 사망한 것으로 나타나 있다. 이 사실 외에는 그의 인생에 대해 알려진 바가 거의 없다. 그러나 1936년과 1937년에 텍사스에서 존슨이 녹음한 41개의 지직거리는 음악이 남아 있다. 〈스윗 홈 시카고〉 같은 대표곡과 〈러브 인 베인 블루스〉, 〈트레블링 리버사이드 블루스〉, 〈크로스 로드 블루스〉 등은 후에 롤링스톤스, 레드 제플린, 크림 같은 록 음악가들이 리메이크하면서 유명해졌다.

존슨의 일생에 관해 알려진 바가 거의 없기 때문에 정교하게 만들어낸 신화가 생겨났다. 전설에 따르면, 존슨은 시골의 한적한 교차로에서 악마에게 영혼을 팔아 뛰어난 기타 솜씨를 받았다고 한다. 존슨 자신이 생전에 이런 이야기를 퍼트렸는지는 몰라도 또 다른 미시시피주 출신의 블루스 연주자 선 하우스가 블루스가 다시 유행하던 1960년대에 이 이야기를 팬들에게 널리 퍼트리고 다녔다.

그가 어디에서 재능을 얻었는지는 몰라도, 《킹 오브 더 델타 블루스》(컬럼비아레코드에서 발매한 로버트 존슨의 컴필레이션 음반 — 옮긴이) 음반은 진정한 미국의 예술 형태를 표현한 가장 위대한 연주자의 것임에는 틀림없다. 술집과 길거리 모퉁이를 전전하며 얼마 안 되는 청중들을 대상으로 연주를 하던 그는 결국 음반 계약을 하기에 이르렀다. 당시에는 보통 수준의 성공밖에 이루지 못했지만 1960년대에 발매 되었을 때는 롤링스톤스의 키스 리처드와 레드 제플린의 로버트 플랜트 같은 록 음악가들에게 깊은 영향을 주면서 대대적인 찬사를 받았다.

• 로버트 존슨의 사진은 단 2장만 남아 있는데 모두 1974년에 공개되었다.
• 롤링스톤스의 라이브 음반 《겟 여 야 야스 아웃》에는 로버트 존슨의 〈러브 인 베인 블루스〉의 리메이크곡이 실려 있다. 처음에는 존슨에 대한 언급은 없이 '전통' 포크송이라고만 되어 있었는데 이 앨범의 새 버전에는 존슨이 작곡가로 기재되어 있다.
• 존슨의 음반은 존 해먼드가 컬럼비아레코드를 설득해 《킹 오브 더 델타 블루스 싱어스》를 발매하게 하면서 1961년 처음으로 대대적으로 판매되었다. 해먼드는 후에 밥 딜런, 아레사 프랭클린, 브루스 스프링스틴을 비롯한 여러 음악가들과 계약을 맺었다.

095 | THU 🎥 영화 | 존 포드

역대 가장 큰 찬사를 받은 서부영화들을 연출한 존 포드는 〈역마차〉, 〈분노의 포도〉, 〈수색자〉 같은 영향력 있는 작품을 탄생시킨 단순하고 고전적인 영화제작 방식으로 유명하다.

그는 4번 아카데미 감독상을 수상하면서 유례없는 기록을 세웠고 존 웨인과 헨리 폰다가 대스타로 성장하는 데 도움을 주었다. 또 그는 마틴 스코세이지, 조지 루카스, 장 뤼크 고다르, 구로사와 아키라 감독 같은 후 세대 감독들에게 영감을 주었다.

20년간 무성영화와 유성영화를 제작한 후 포드 감독은 빅터 맥라글렌이 출연하는 아일랜드 내전을 배경으로 한 영화 〈밀고자〉로 첫 번째 아카데미상을 수상했다. (주인공 빅터 맥라글렌은 아카데미 남우주연상을 수상했다.)

포드의 첫 번째 유성 서부영화 〈역마차〉는 서부영화 장르가 다시 활기를 찾는 데 도움을 주고, 존 웨인이 배우로서 경력을 쌓기 시작한 영화였다. 문명화와 야생 개척지 사이의 갈등을 탐구하는 이 영화는 이전의 서부영화들보다 좀 더 철학적인 주제와 더욱 다채로운 등장인물을 수반했다. 〈역마차〉는 크게 흥행했고, 웨인과 포드는 그 후로 10여 편의 영화에서 함께 작업했다.

또 1939년은 포드가 헨리 폰다와 협업하기 시작한 해이기도 하다. 2년의 기간 동안 감독과 배우는 3개의 영화를 만들었는데, 그중 하나였던 〈분노의 포도〉는 포드에게 2번째 아카데미 감독상을 안겨주었고, 수년 동안 역대 가장 위대한 미국 영화로 꼽혔다. 그리고 난 후 포드와 폰다는 획기적인 서부영화 〈황야의 결투〉에서도 함께 작업했다.

포드는 〈아파치 요새〉, 〈황색 리본을 한 여자〉, 〈리오 그란데〉 등 '고난 시리즈'에서 웨인의 스크린 이미지를 빛나게 했다. 그러나 이들이 가장 오래 기억될 영화는 포드가 미국 서부 대신 식물이 무성한 아일랜드 시골을 배경으로 삼은 〈말 없는 사나이〉와 그의 가장 영향력 있는 영화 〈수색자〉라 할 수 있다.

〈수색자〉는 웨인이 영웅적 자질이 없는 주인공 에단 에드워즈 역으로 등장하고 집착, 인종차별, 도덕적 모호성에 초점을 맞춘 작품이다. 이 역할은 웨인이 가장 좋아하는 역으로 꼽는데, 할리우드가 미국에서 백인의 서부 확장과 아메리칸 원주민들에게 미치는 파괴적인 영향을 인정하도록 도운 역이었다.

• 포드는 주로 서부영화로 잘 알려져 있지만 4개의 아카데미 감독상 중 서부영화로 받은 것은 없다.
• 포드는 〈역마차〉를 시작으로 7편의 주요 영화들의 배경을 유타주와 애리조나주의 모뉴먼트 밸리로 삼았다.
• 〈수색자〉는 마틴 스코세이지의 〈택시 드라이버〉와 조지 루카스의 〈스타워즈〉에 가장 큰 영향을 미쳤다.

096 | FRI 📡 사회 | 초현실주의

초현실주의는 잠재의식의 신비한 작용을 기이하고 환상적인 예술과 문학 작품으로 해석한 20세기 초의 예술 운동이었다.

스페인 화가 살바도르 달리가 가장 잘 알려진 초현실주의 예술가이긴 하지만, 이 운동은 여러 장르에 걸쳐 퍼져 있었고 20세기 예술에 뚜렷한 영향을 남겼다.

초현실주의 운동의 실질적인 리더는 프랑스 정신 분석가 앙드레 브르통이었다. 지그문트 프로이트의 이론에 깊은 영향을 받은 브르통은 잠재의식을 이용하는 기술을 가지고 실험하기 시작했다. 그가 시도한 첫 번째 기술은 자동 글쓰기로, 잠재의식 속에 담긴 생각을 직접 기록하는 것이었다. 그러기 위해서 초현실주의자들은 서사 구조와 미의 기준을 비롯해 일반적으로 요구하는 '바람직한' 글쓰기를 무시해야 했다. 1924년 브르통이 데뷔작 《초현실주의 선언》을 출간했을 때 그는 초현실주의를 "이성에 의해 행해지는 통제가 전무한 상태에서" 생각을 기록하고자 하는 시도라고 정의했다.

그후 이 운동은 명성을 얻었다. 파리 카페에서 이따금 모이던 그룹으로 시작한 것이 문학에서 영화에 이르는 국제적인 운동으로 탈바꿈했다. 주요 인물로는 이탈리아의 조르조 데 키리코, 벨기에의 르네 마그리트, 스페인 화가 호안 미로 그리고 달리가 있다. 프랑스 작가 앙토냉 아르토는 초현실주의 기술을 극문학을 개혁하는 데 사용했다. 그리고 스페인 감독 루이스 부뉴엘은 초현실주의를 영화 속에 들여놓았다. 부뉴엘이 별로 유명한 인물은 아니었지만, 그가 가장 큰 영향을 끼쳤을 수는 있다. 초현실주의가 예술적, 문학적 운동으로는 쇠퇴했지만 〈환상특급〉의 반전에서 〈덤보〉의 꿈에 이르기까지 영화 속에서 사라진 적은 없다.

- 초현실주의를 나타내는 프랑스어 'surrealisme'를 직역하면 '현실을 넘어서'라는 뜻이다.
- 초현실주의 운동은 1930년대 정치적인 이유로 나뉘었다. 브르통과 다른 사람들은 공산당을 떠나거나 공산당에 의해 축출된 반면 그들의 동료들은 모스크바에 충성했다.
- 부뉴엘은 1928년 달리와 함께 유명한 아방가르드 단편영화 〈안달루시아의 개〉 제작에 협업했다.

097 | SAT 🏆 스포츠 | 온 세상에 울린 총성

"자이언츠가 우승했습니다! 자이언츠가 우승했습니다! 자이언츠가 우승했습니다!"
1951년 10월 3일 러스 호지스가 라디오 방송에서 외쳤다.

1951년 8월 12일, 브루클린 다저스는 내셔널리그에서 라이벌인 뉴욕 자이언츠를 상대로 13.5게임이라는 역전이 불가능해 보이는 게임차로 크게 앞서고 있었다. 다저스 감독 척 드레센은 "자이언츠는 죽었다"라면서 으스댔다. 자이언츠가 8월 중반 다저스를 상대로 4패하자 드레센의 말이 맞는 것처럼 느껴졌다.

그러나 8월 12일, 자이언츠는 필라델피아 필리스를 이겼다. 다음 날 자이언츠는 또다시 승리했다. 그리고 16경기를 연속으로 이겼다. 이것이 야구 역사상 가장 위대한 역전의 시작이었다. 자이언츠는 마지막 44경기 중에 37번을 이기면서 다저스를 따라 잡았고, 승리 팀이 월드시리즈에서 뉴욕 양키스와 맞붙게 된 상황에서 내셔널리그 역사상 최초로 플레이오프를 3번이나 치르게 만들었다.

양 팀이 경기를 한 번씩 이기면서 자이언츠의 홈구장 폴로 그라운즈에서 승자독식 경기가 벌어졌다. 뉴욕은 경기에 온 신경을 곤두세웠다. 증권 중개인들은 일을 거르고 학생들은 수업을 빼먹은 채 경기를 시청하거나 방송인 러스 호지스가 중계하는 라디오 방송을 들었다.

각 팀의 스타 투수 다저스의 돈 뉴컴과 자이언츠의 살 매글리를 선발로 경기를 시작했다. 7회 동안 경기는 1:1로 팽팽한 접전을 이어가다가 8회 초 다저스가 3점을 올려 4:1로 리드하면서 월드시리즈에 진출하는 것이 확실시되는 듯했다. 그러나 9회 말 2번의 일루타와 1번의 이루타로 점수는 4:2가 되었다. 그리고 1아웃에 2명의 주자가 출루한 상황에서 외야수 보비 톰슨이 다저스의 구원투수 랄프 브랑카에 맞서 타석에 들어섰다. 브랑카의 첫 번째 투구를 스트라이크로 거른 후 톰슨은 높은 속구를 때려 왼쪽 담장을 넘겼다. 관중과 도시가 대혼란에 빠졌다. 경기가 끝났음을 알리는 호지스의 열광하는 소리는 라디오 역사상 가장 유명하다. 다음 날 신문에는 톰슨의 역전 홈런을 '온 세상에 울린 총성'이라고 불렀고, 그것은 지금까지도 야구 역사상 가장 기억에 남는 끝내기 홈런으로 남아 있다.

• 자이언츠는 극적으로 진출한 월드시리즈에서 6차전 끝에 양키스에 패했다.
• 이 경기는 어퍼맨해튼의 폴로 그라운즈가 위치한 '쿠간스 블러프(Coogan's Bluff)의 기적'이라고도 불린다. 이 경기장은 1964년에 헐렸다.
• '온 세상에 울린 총성'이란 문구는 1775년 미국 독립혁명의 첫 전투와 1차 대전의 시작을 촉발했던 1914년 프란츠 페르디난트 대공 암살 등 세계의 심각한 사건을 묘사하는 데도 쓰였다.

098 | SUN ☀ 팝 | 우주 전쟁

1938년 10월 30일, 뉴욕의 600만 청취자들은《머큐리 시어터 온 디 에어》라는 CBS 라디오의 주간 드라마를 듣다가 불안한 목소리의 뉴스 속보를 듣고 깜짝 놀랐다. 화성인 함대가 지구를 침공하고 있다는 것이었다.

뉴스 진행자는 이렇게 말했다. "20세기 초인 지금 우리는 이 세상이 인간보다 뛰어난 지성에 의해서 세세히 관찰당하고 있다는 것을 압니다."

조만간 세계적으로 유명해질 멋진 목소리를 가진 이 아나운서는 뉴저지주에 있다고 하는 한 특파원과 연결했고, 그는 외계인의 배가 '푸른 불꽃의 비행기 같은' 모습으로 상공에 나타났다고 보도했다. 속보가 이어지는 1시간 동안 상황은 점점 더 절망스러워졌다. 외계인들이 배에서 모습을 드러내 맨해튼으로 향하고 있다는 것이었다.

하지만 대부분의 청취자들이 간과한 것이 있었으니 바로 방송 시작 부분에 나왔던 경고문이었다. 그것을 들었더라면 청취자들은 자신들이 듣고 있는 것이 실제 사건에 대한 방송이 아니라 영국 작가 H. G. 웰스의 공상과학 소설《우주 전쟁》이란 걸 알았을 것이다.

아나운서 역을 맡았던 젊은 배우 오손 웰스의 아이디어로 시작된 이 방송은 할로윈을 맞아 사람들을 즐겁게 해주기 위한 것이었다. 그러나 추축군과 다른 유럽 강대국들 사이의 갈등이 점점 고조되면서 이미 긴장하고 있던 많은 청취자들은 실제 뉴스를 듣고 있다고 생각했던 것이다.

이 연기로 미국 동부에는 작은 공포심이 일었고 웰스는 유명세를 타게 되었다. 그는 이어서 〈시민 케인〉, 〈위대한 앰버슨가〉, 〈오셀로〉, 〈검은 함정〉을 연출하며 큰 찬사를 받았다.

- 방송된 날 오후 8시 30분부터 10시까지 뉴저지주 트렌턴 경찰 본부에는 "화성인들이 이 나라를 공격한다"라는 내용의 전화가 여러 통 걸려왔다.
- 방송이 나가고 수년 동안 이 프로그램이 심리 전술에 대한 군사적 테스트일 가능성을 비롯해 여러 음모론이 제기되었다.
- 오손 웰스와 H. G. 웰스는 1940년 10월 28일 라디오 프로그램에서 이 방송에 대해 이야기를 나눴는데, 두 사람 모두 사람들의 반응에 놀라워했다.

099

MON
인물

밀튼 버얼

밀튼 버얼은 20세기의 가장 유명한 코미디언 겸 연기자로, TV 최초의 슈퍼스타로 가장 잘 알려져 있다. 1948년 NBC에서 처음 방송된 그의 첫 프로그램인 〈텍사코 스타 씨어터〉는 순식간에 성공했고, 이 새로운 매체를 보급시킨 공을 인정받았다.

밀튼 벌린저라는 이름으로 태어난 버얼은 거의 평생 동안 쇼 비즈니스에 종사했다. 어린 시절 찰리 채플린 닮은꼴 콘테스트에서 우승한 후 그의 어머니는 그에게 연기자가 될 것을 강요했다. 그는 뉴욕 안팎에서 촬영한 무성영화에 등장했고 10살 때는 보드빌 순회공연에 합류했다.

그는 보드빌과 브로드웨이의 스타가 되었고 할리우드 영화와 라디오에서 연기하기도 했다. 그러나 그는 1948년 새로운 매체로 옮기고 난 후 '엉클 밀티'와 '미스터 TV'로 알려지면서 슈퍼스타가 되었다. 그의 엉뚱하고 익살스러운 행동은 시청자들 사이에서 돌풍을 일으켰다. (가장 눈에 띄는 모습은 여자 옷을 입고 앞니를 까맣게 칠한 것이었다.) 그의 프로그램은 그가 나이트클럽과 보드빌에서 하던 연기와 마찬가지로 코미디, 게스트 소개, 게스트의 연기, 게스트들과의 막간극 순서로 진행되었다.

버얼의 영향력은 엄청났다. 《라이프》에 따르면 1947년 13만 6000대에 불과하던 TV가 1948년 말 70만 대로 증가했다. 방송을 탄 지 불과 2달 만에 너무나 큰 인기를 끈 그의 프로그램은 1948년 대통령 선거일에도 결방되지 않은 유일한 프로그램이었다.

1951년 그는 NBC와 30년이라는 유례없는 계약을 체결했지만(NBC는 그에게 매년 20만 달러를 지불했다), 그의 인기가 시들해지면서 1953년에 텍사코가 프로그램 스폰서십을 중단했고 버얼을 다시 최고의 자리에 올리려는 잇따른 시도는 실패로 끝났다. 그 후로 버얼은 할리우드 영화와 다양한 TV프로그램의 게스트로 출연하면서 연기자 생활을 이어나갔다. 또 그는 나이트클럽과 자선행사에서 연기하기도 했다. 그는 1984년 아카데미 명예의 전당에 이름을 올린 7명의 선구자가 되었다. 그는 93세에 대장암으로 사망했다.

● 많은 코미디언들이 농담을 훔쳤다면서 버얼을 비난했고, 칼럼니스트인 월터 윈첼은 그를 '나쁜 개그 도둑'으로 부른 것으로 유명했다. 버얼은 이런 평판을 코미디극의 캐릭터로 활용했다.

● 버얼은 대부분 엔터테이너로 구성된 남성협회 프라이어스클럽에서 적극적으로 활동했다. 그는 이 협회가 파티를 할 때마다 주로 진행자를 맡았다.

● 버얼의 트레이드마크는 항상 지니고 다니는 시가와 〈텍사고 스타 씨어터〉의 오프닝 "굿 이브닝, 레이디스 앤 젬스"였다.

100 | TUE 문학 | 윌리엄 포크너

윌리엄 포크너는 미국 남부 역사상 가장 고통스럽고 어려운 시기를 기록한 가장 유명한 작가였다. 남북전쟁과 시민평등권의 시대에 인종 갈등이 들끓었고, 경제가 흔들렸으며, 옛 남부의 귀족은 중요치 않은 것으로 치부되었다.

포크너는 옛 남부의 산물이었다. 몇 대에 걸쳐 미시시피주에서 산 그의 가문은 경찰, 남북전쟁 영웅들을 비롯한 다양한 지위에 있었다. 의욕이 없는 학생이긴 했지만 포크너는 독서를 사랑했다. 10대 무렵에는 직접 시와 이야기를 써보기도 했다. 1920년대 여행을 하고 여러 가지 잡역을 하던 그는 미시시피주의 요크나파토파 카운티라는 가상의 장소를 꿈꿨는데, 이곳은 그의 작품 대부분의 배경이 되었다.

포크너의 첫 주요 소설 《음향과 분노》는 대작으로 꼽힌다. 한때 유명했던 남부 가족이 도덕적, 금전적으로 파멸하는 이야기를 그린 이 소설은 등장인물들의 생각을 무질서한 의식의 흐름으로 정확하고 완전하게 그리고자 했다. 《내가 누워 죽어갈 때》, 《8월의 빛》, 《압살롬, 압살롬!》을 비롯한 몇몇 획기적인 작품들을 통해 포크너는 계속해서 옛 남부의 붕괴와 현대 세상과 타협하려는 남부의 분투를 탐구했다.

긴 문장과 신뢰할 수 없는 화자가 가득하고, 연대순과는 전혀 상관없이 펼쳐지는 포크너의 소설들은 일반적으로 쉽게 읽힐 만한 것이 아니다. 그럼에도 그의 소설들은 통렬하고 잊을 수 없는 이야기를 들려주고, 남부의 과거라는 환영을 서정성과 날카로운 통찰로 탐구한다. 포크너 시절에 남부가 직면했던 위기는 대부분 오래전에 사라졌지만, 그의 작품들은 여전히 현재의 상황에 과거의 힘이 미치는 영향을 냉혹하게 일깨워주고 있다.

• 2005년 여름, 오프라 윈프리는 자신의 북클럽 도서로 포크너의 《음향과 분노》, 《내가 누워 죽어갈 때》 그리고 《8월의 빛》을 선정했다.

• 포크너는 현재에 미치는 과거의 끝나지 않는 영향에 사로잡혀 있었다. 그의 1951년도 희곡 《한 수녀를 위한 진혼가》에는 그의 가장 유명한 대사가 담겨 있다. "과거는 절대 죽지 않아. 심지어 지나가지도 않지."

• 또한 포크너는 소설 외에도 할리우드 시나리오 작가라는 어울리지 않는 일도 했다. 1946년 그는 유명한 레이먼드 챈들러의 소설 《빅 슬립》을 험프리 보가트와 로런 버콜이 등장하는 고전 영화로 만들기도 했다.

101 | WED 🎵 음악 | 글렌 밀러

비평가들의 사랑을 받은 적은 없지만 글렌 밀러는 스윙 시대에 가장 많은 음반을 판 재즈 음악가였다. 특히 그의 대표곡 〈문라이트 세레나데〉 등 다수의 히트곡은 지금까지도 2차 대전 시대 미국 음악 중 가장 널리 알려진 빅밴드(10명 이상의 앙상블 형태의 밴드) 편곡에 속한다.

아이오와주 출신의 밀러는 음악가로 활동하기 시작했을 때 훌륭한 트롬본 솔로 연주자가 되겠다는 꿈을 가지고 있었고, 실제로 1920년대와 1930년대 초반 내내 여러 빅밴드들과 함께 연주했다. 그는 활동 초기 클라리넷 연주자 베니 굿맨, 드러머 진 크루파와 같은 전설적인 인물들과 함께 활동하기도 했고, 지미와 토미 도시 형제의 지도 아래 잠시 활동하기도 했다. 또 그는 조지 거슈윈의 히트 뮤지컬 〈걸 크레이지〉에서 오케스트라 연주자로 활동하기도 했다. 그러나 밀러는 헌신적인 노력에도 불구하고 윌 브래들리, 잭 '빅 T' 티가든을 비롯한 동시대인들만큼 고도의 트롬본 기법을 연마하지 못했다고 느꼈다.

사실 밀러는 연주가 아니라 편곡에서 성공했다. 그는 1937년 처음으로 직접 오케스트라를 꾸렸는데, 실패로 끝났다. 그러나 그는 1938년 다시 한 번 시도했고, 이번에는 큰 성공을 이뤘다. 두 번째 글렌 밀러 오케스트라는 '밀러사운드'를 완성했다. 밀러사운드란 테너 색소폰이 연주하는 가운데 클라리넷 솔로가 고음을 연주하는 것으로, 밀러가 〈인 더 무드〉, 〈턱시도 정크션〉 그리고 대표곡 〈문라이트 세레나데〉를 통해 연속적으로 히트를 쳤던 밀러만의 독특한 편곡 기법이었다.

밀러는 육군항공대에 입대해 장교가 되었던 1942년까지 오케스트라를 이끌었다. 그는 미국에서 먼저 군대 밴드를 이끌었지만 그의 그룹은 1943년 전투 부대와 더욱 가까운 런던으로 옮겨 갔다.

1944년 12월 15일, 밀러는 파리를 막 해방시킨 연합군 병사들을 위한 공연을 하기 위해 파리로 향하는 비행기에 올랐다. 그 비행기는 악천후 속 영국해협 해상에서 사라졌고 밀러의 시신은 발견되지 않았다.

- 제임스 스튜어트가 1953년 영화 〈글렌 밀러 스토리〉에서 밀러를 연기했다.
- 밀러 재산권에 의해 공식적으로 인가를 받은 글렌 밀러 오케스트라라는 이름의 '유령밴드' 3개가 지금도 공연을 하고 있다. 한 그룹은 미국에서, 다른 한 그룹은 유럽에서 그리고 나머지 한 그룹은 남아프리카에 있다.
- 밀러가 가진 첫 악기는 선물로 받은 만돌린이었으나, 그것을 재빨리 트롬본으로 교환했다.

102 | THU 📹 영화 | 오즈의 마법사

"토토, 내가 더 이상 캔자스에 있는 것 같은 기분이 들지 않아."

– 도로시 게일

판타지, 음악, 코미디, 서스펜스, 특수효과라는 독특한 조합을 가진 〈오즈의 마법사〉는 영화 역사상 가장 사랑받는 영화 중 하나다. 노란 벽돌길에서 도로시의 반려견 토토와 "집처럼 좋은 곳은 없어"라는 명대사까지, 이 영화에 관한 거의 모든 것이 미국 전통 문화에 포함되었다.

이 영화는 프랭크 바움의 1900년도 소설을 영화한 것으로 미국 대중문화 속에서 가장 널리 알려진 노래가 실려 있다. 주디 갈랜드가 혐오스러운 이웃의 괴롭힘에서 벗어나기 위해 토토와 도망치고 싶어하는 캔자스 농장에 사는 고아 소녀, 도로시를 연기했다. 토네이도가 발생한 와중에 도로시는 머리를 맞고 의식을 잃었는데, 꿈속에서 그녀와 토토는 회오리바람에 의해 마녀와 난쟁이들, 다른 이상한 캐릭터들이 사는 오즈라는 즐거운 땅으로 옮겨진다.

이 영화의 기본 줄거리는 길을 잃은 아이가 집으로 돌아오는 여정에 관한 것인데, 도로시는 여정 중에 무서운 시험을 연속적으로 겪게 된다. 다행스럽게도 도로시는 허수아비(레이 볼저 분), 겁쟁이 사자(버트 라 분) 그리고 양철 나무꾼(잭 헤일리 분)과 친구가 되어 함께 여행하면서 그들의 소원을 이룰 수 있도록 도와준다.

주디 갈랜드가 16세에 연기한 도로시는 그녀의 최고의 역할로 남았다. 그녀의 몇몇 노래는 스탠더드가 되었는데, 특히 미국영화연구소가 2004년 역사상 최고의 영화 음악으로 꼽은 〈오버 더 레인보우〉가 그렇다.

주목할 만한 특수 효과로는 도로시가 오즈에 처음 떨어졌을 때 화면이 적갈색 톤의 흑백에서 테크니컬러로 바뀌는 장면이 있다. 〈오즈의 마법사〉와 또다른 MGM 작품인 〈바람과 함께 사라지다〉는 할리우드에서 컬러영화가 보급되는 데 큰 도움을 주었다.

- 감독 4명이 이 영화 제작에 참여했지만, 〈바람과 함께 사라지다〉를 감독하기 위해 떠났던 빅터 플레밍이 이 영화를 이끈 사람으로 공식적으로 인정받고 있다. 리처드 소프, 조지 쿠커 그리고 킹 비더는 이 영화의 일부분을 감독했다.
- 이 영화는 아카데미상 6개 부문에 후보로 올랐고 그중 2개 부문인 아카데미 음악상과 주제가상을 수상했다. 주디 갈랜드는 아카데미 평생공로상을 수상했다.
- 이 영화가 개봉했을 때는 흥행에 성공하지 못하고 280만 달러를 거둬들이면서 손익분기점을 겨우 넘겼다.

103 | FRI ⑨ 사회 | 플라스틱

1907년 벨기에 태생의 화학자 리오 베이클랜드가 페놀과 포름알데히드라는 두 화학성 분을 섞어 세계 최초의 합성 플라스틱을 발명했다. 그는 이 끈적거리는 황색 화합물을 베이클라이트(Bakelite)라고 불렀는데, 그렇게 플라스틱 시대가 탄생되었다.

합성 플라스틱을 발명하려는 시도는 19세기부터 있었다. 플라스틱은 압력이나 열을 가하면 다양한 형태로 만들 수 있는 물질이다. 베이클랜드 같은 과학자들은 셸락과 호박 같은 희귀 천연 플라스틱 대신 널리 사용할 수 있는 물질을 발명하려고 했다. 그는 두 화학물질을 섞어 고열과 고압을 가했고 그 결과 내열성에, 전기를 전도하지 않으며, 모양을 유지하는 물질이 생성되었다.

머지않아 이 발명품은 전기 배선을 싸고, 장난감, 칼 손잡이, 라디오, 심지어 장신구를 만드는 데도 이용되었다. 플라스틱 열풍이 일던 1920년대에는 이 새로운 물질이 빗이나 가정용 상품들에 사용되던 동물성 소재를 대체하는 데 널리 이용되었다. 베이클라이트의 성공으로 다른 과학자들도 서둘러 자신만의 플라스틱을 개발하기 시작했다. 플라스틱의 개선된 형태인 나일론은 1939년에 출시되었다.

플라스틱은 2차 대전 동안 연합군에 매우 유용하게 쓰였다. 항공기 부품, 병사들의 물통 뚜껑, 심지어 핵폭탄을 구축하는 데 필요한 장비에도 쓰인 것이다.

전쟁이 끝난 후 화학 회사들은 대중에게 새로운 세대의 플라스틱을 홍보하기 시작했다. 가장 유명한 플라스틱 제품 중 하나인 타파웨어는 1946년에 처음 출시됐다.

플라스틱이라는 용어가 물질주의와 피상적인 미국 문화와 동의어가 되었던 1960년대에는 플라스틱에 대한 반발이 일었다. 근래에는 환경 운동가들이 합성 플라스틱의 생산으로 환경이 큰 대가를 치러야 한다며 반대해왔다.

- 또 다른 초기 플라스틱인 셀로판은 엎질러진 와인병이 발단이 되었다. 1913년에 작스 에드윈 브란덴베르거라는 한 스위스 엔지니어가 고객이 레스토랑 테이블보에 와인을 쏟는 것을 목격한 후 직물을 위한 유연한 보호용 코팅을 개발하는 일에 착수했다. 그는 직물에 적용하기에는 지나치게 잘 부서졌지만, 포장용으로는 훌륭한 물질을 개발했다.
- 플라스틱은 부패되기까지 수백 년이 걸린다. 2005년 알바트로스의 배 속에서 발견된 플라스틱에는 2차 대전 중 격추된 항공기의 시리얼 넘버가 새겨져 있었다.
- 1957년부터 1967년까지 가장 인기 있었던 디즈니랜드의 몬산토 하우스 오브 더 퓨처는 거의 전체가 플라스틱으로 만들어졌는데 그 당시에는 상상할 수 없었던 1987년의 미래 생활이 어떤지 보여주는 곳이었다.

104

SAT
🏆
스포츠

고디 하우

고디 하우는 '미스터 하키'로 불렸고, 1970년대 말 웨인 그레츠키가 등장할 때까지 가장 위대한 하키선수로 널리 인정받았다.

하우는 강인하고 신체능력이 좋은 선수로 능숙한 득점 터치, 강력한 주먹 그리고 전례없는 긴 선수생활로 스스로 차별화했다. 그는 1946년 18세에 디트로이트 레드윙스 선수로 데뷔했을 때부터 1980년 은퇴할 때까지 프로 시즌에서 32번 뛴 놀라운 기록의 보유자이다. (그는 1973년에 재기하기 전, 2시즌 동안 은퇴했었다.)

북미아이스하키리그(NHL)나 다른 어떤 스포츠 선수도 하우가 수년 동안 보였던 높은 수준을 능가하기 힘들 것이다. 그의 수상 내역은 무수하다. NHL에서 6번의 MVP를 수상했고, 6회 리그 득점왕이 되었으며, 4번의 스탠리컵(북미프로아이스하키리그 플레이오프 우승팀에게 수여되는 트로피 — 옮긴이)을 수상했고 골과 포인트를 비롯한 다양한 부문에서 통산 기록 선두를 달리는 상태로 은퇴했다. 그레츠키가 하우의 득점 기록을 깨긴 했지만, 하우는 지금도 최다 출전 기록 보유자이자 하키 역사상 어떤 라이트윙 선수보다 많은 포인트를 올린 선수로 남아 있다.

디트로이트에서 25시즌 동안 선수로 활약한 후 하우는 1971년에 은퇴했다. 그러나 2년 후 그는 자신의 아들 마크, 마티와 함께 NHL의 경쟁 리그로 새롭게 부상하던 세계하키협회(WHA)의 휴스턴 에어로스에서 뛸 수 있는 기회를 얻었다. 그는 휴스턴에서 4년 동안 활약했으며(2번의 리그 챔피언십과 1번의 리그 MVP를 수상했다) 뉴잉글랜드 웨일러스에서도 2년 동안 활약했다.

1979년에 WHA와 NHL이 합병하면서 하우는 하트포드 웨일러스로 팀명을 바꾼 웨일러스에서 마지막 시즌을 뛰었다. 그해 52세가 되었지만 그는 여전히 80차례의 경기에 모두 출전했고, 그의 23번째 NHL 올스타 경기에는 19세의 그레츠키와 함께 출전했다. 그리고 그렇게 미스터 하키가 그레이트 원(Great One, 그레츠키의 별명 — 옮긴이)에게 배턴을 넘겨줬다.

- 하우는 통산 2589포인트, 1071개의 골, 1518개의 어시스트를 기록하고 은퇴했다(WHA와 플레이오프 기록 포함). 그의 NHL 정규 시즌 기록인 801골과 1850포인트는 그레츠키에 의해 깨졌다.
- 하우는 1950년 플레이오프 토론토 대 디트로이트의 연속 경기에서 보드에 거꾸로 부딪히면서 두개골 골절과 뇌 손상을 입었으나, 뇌압을 줄이는 수술을 받은 후 회복했다.
- 하우는 1997년 디트로이트 바이퍼스 선수로 60대에도 국제하키리그 경기에 출전했다.

105 | SUN ☀ 팝 | 슬링키

2차 대전이 최고조에 이르렀던 1943년, 리처드 제임스라는 이름의 한 펜실베이니아주 엔지니어는 잘 알려지진 않았지만 중대한 군사적 문제를 해결하기 위해 자신의 집에 있는 연구소에서 일을 하고 있었다. 해군 선박들은 거친 바다를 뚫고 항해하는 경우가 많았는데, 그럴 때마다 배 위에 실린 기기들을 안정적으로 유지할 수 있는 정교한 방법이 필요했던 것이다. 제임스는 격한 움직임에도 기기를 평평하게 유지하게 하는 예민한 스프링 시스템을 개발하여 이 문제를 해결하고자 했다.

어느 날 제임스는 연구 도중에 우연히 스프링 하나를 떨어뜨렸는데, 그 스프링이 선반에서 책 한 무더기 위를 지나 책상 위와 바닥으로 떨어지면서 완벽한 실린더 형태로 다시 감기는 모습을 보았다. 그 즉시 제임스의 생각은 전쟁 물자에서 장난감 가게로 옮겨갔다. 그는 자신의 생각을 아내 베티에게 털어놓았고, 그녀는 이 간단한 장치에 슬링키라는 이름을 붙였다.

슬링키는 약 20m 길이의 철선을 감아 제작되었는데, 제임스의 최초 기기들을 사용하면 거의 10초 만에 완성할 수 있었다. 날카로운 끝부분이 다듬어진 것 외에는 1945년 처음으로 판매된 후 이 장난감에 바뀐 점은 없다. 자신의 발명품을 판매할 장난감 회사를 찾을 수 없었던 제임스는 직접 슬링키를 만들어, 김벨스백화점에서 직접 판매에 나섰고 첫날만 400개를 팔았다. 제임스는 1974년에 사망했지만 1995년까지 제임스인더스트리가 판매한 슬링키는 2억 5000개 이상이다.

슬링키는 장난감뿐만 아니라 교육적인 목적으로도 사용되었는데, 특히 지진을 연구하는 지진학에서 파동의 특성을 입증하는 데 이용되었다. 나사는 심지어 이 장난감을 우주왕복선 안에서 실험하는 용도로도 사용하는데, 그로 인해 슬링키가 탄생하게 되었던 원래의 과학적 목적까지 모두 완수하게 되었다.

- 슬링키처럼 실리 퍼티(Silly Putty, 플러버라는 이름으로도 불렸던 고무공 — 옮긴이) 역시 2차 대전 시대의 과학 연구에서 비롯되었다. 그 당시 이 물질은 고무의 대체물로 여겨졌다.
- 베트남전에서 미국 군대는 슬링키를 사용해 원시적인 단파 라디오를 만들었다.
- 1960년 제임스는 자신의 회사와 가족을 떠나 볼리비아의 사이비 종교에 입회했다.

106 | MON 인물 | 드와이트 아이젠하워

2차 대전에서 미국 장군으로 성공한 후 민주당과 공화당 지도자들은 모두 드와이트 아이젠하워 장군에게 자기 당 후보로 대통령에 출마해줄 것을 권했다. 그리고 1952년, 이 경쟁에서 미국 공화당이 이겼다.

소박한 매너와 뛰어난 군사적 신임으로 아이젠하워는 미국에서 가장 인기 있고 존경받는 사람이 되었다. 팽팽한 접전 끝에 오하이오주 상원의원 로버트 태프트를 누르고 공화당 대통령 후보로 선출된 그는 민주당 후보인 애들레이 스티븐슨을 상대로 압승을 거두고 미국의 34대 대통령이 되었다.

백악관에 있는 동안 아이젠하워는 예산의 균형을 맞추고 한국전쟁을 끝냈으며 소비에트 연방과의 관계를 개선했고 세계 평화를 이루기 위해 노력했다. 대개 과감한 정치적 움직임을 피했던 결과, 입법부의 성과는 별로 이루지 못했다.

아이젠하워는 소비에트 연방과의 긴장감을 줄이고자 했고 때로는 성공을 거둔 적도 있었다. 1955년 미국과 소비에트 연방 사이에 상호 공중 사찰을 허가하자고 제안했다가 퇴짜를 맞긴 했지만 소비에트 지도자도 고마워하긴 했다.

그러나 1960년, 미국 U-2 정찰기가 소비에트 연방의 영공을 날면서 양측의 관계가 악화되었다. 아이젠하워가 이 사건에 대해 책임졌지만 소비에트 총리 니키타 흐루쇼프는 그해 대단한 기대를 모았던 파리평화회담을 보이콧했다.

대내적으로 아이젠하워는 대체로 민주당이었던 전 대통령들이 펼쳤던 정책들을 지속해 나가면서 대부분의 뉴딜과 공정정책 프로그램을 유지했다. 그는 1956년 주간 고속도로 시스템의 구축을 관장했고 그해 말에는 아칸소주 리틀락으로 군대를 보내 지역 당국이 학교 내의 인종차별정책을 폐지하는 연방법을 따르게 했다. 그러나 아이젠하워의 유산은 그가 직접 선택한 후임자 리처드 닉슨 부통령이 1960년 대통령 선거에서 존 F. 케네디 상원의원에게 패하면서 큰 타격을 받았다.

백악관을 떠난 후 아이젠하워는 펜실베이니아주 게티스버그에 있는 자택에서 머물면서 회고록을 집필하며 원로 정치인 역할을 했다. 그는 78세에 사망했다.

- 2차 대전 이후 아이젠하워는 컬럼비아대학교 총장을 역임했고 1950년 새로운 나토군 창설을 이끌었다.
- 아이젠하워가 백악관에 있는 동안 건강상의 문제가 크게 2번 발생했다. 1955년에는 심장마비로 7주 동안 병원에 입원했으며 1957년에는 가벼운 뇌졸중을 겪었다.
- 아이젠하워는 1951년 비준된 22차 수정안으로 인해 임기가 2번으로 제한된 최초의 대통령이었다.

107 | TUE 📖 문학 | 멋진 신세계

여러 반유토피아 소설들은 정치 체제를 엉망으로 묘사했지만, 영국 작가 올더스 헉슬리의《멋진 신세계》는 과학적, 기술적 발달이 실제로 벌어지기 수십 년 전에 확인되지 않은 과학기술 발달의 위험성을 조명한 소설이다. 오늘날까지도 예언적인 이 소설은 우생학, 제약학, 정신과학, 줄기세포 연구 및 논란이 많은 여러 생명공학 분야에 관한, 여전히 해결되지 않은 수많은 윤리적 딜레마들을 예측했다.

셰익스피어의《폭풍우》에서 제목을 따온 헉슬리의 이 소설은 26세기 영국을 배경으로 한다. 자연분만은 과거의 것이고 대신 정부는 인간의 배아를 배양하는 대규모 부화 시스템을 운영한다. 태어나기도 전에 인간들은 신분 체계에 따라 엄격하게 구분된다. 어떤 배아들은 보살핌을 받고 철저하게 관리받는 반면, 다른 배아들은 독성 화학물질과 혹독한 기온에 노출되어 발달이 저해된다. 보살핌을 받은 배아들은 자라서 상류사회에 올라 권력을 휘두르지만 그렇지 못한 배아들은 밑바닥 생활을 하게 된다. 이런 길들이기는 개개인의 발달기에 주입된 사회적 차별, 세뇌, 항우울제 투여에 의해 지속되면서 자유의지를 모르고 살아가게 만든다.

《멋진 신세계》는 또한 헉슬리가 사회에 악영향을 끼친다고 느꼈던 산업화와 특히 미국적인 대량 생산을 비판한다. 그는 사회에 경종을 울리기 위해 이 책을 집필했는데, 수십 년 후 되돌아보면서 자신의 예측이 옳았다고 표현하기도 했다. 그럼에도 이 소설은 출간 후 잘 팔리지 않았고, 고전 소설로 인정된 것도 그리 오래되지 않았다.

《멋진 신세계》가 문학적인 가치를 가지지 않는 것은 아니지만, 이 소설은 선도적인 공상과학 소설이자 반유토피아 문학으로서의 영향력이 제일 크다. 이후 여러 작가들이 헉슬리의 반유토피아 시각을 확대한 소설을 집필하면서 레이 브래드버리의《화씨 451》, 스티븐 킹의《런닝맨》그리고 P. D. 제임스의《사람의 아이들》같은 다양한 소설들이 탄생하게 되었다.

- 헉슬리는 여러 저명한 생물학자들을 배출한 집안에서 태어났는데 10대 후반 거의 실명하게 되지만 않았다면 그도 역시 의학을 공부했을 것이다.
- 《멋진 신세계》가 출간된 후 10년 동안 헉슬리는 힌두교, 채식주의, 명상에 빠졌다. 그는 심지어 동양의 신화에 관한 저서《영원의 철학》을 집필하기도 했다.
- 말년에 헉슬리는 환각성 마약을 가지고 광범위한 실험을 벌였고, 이에 대한 여러 저서들이 1960년대 히피 반체제 사람들에게 영감을 주었다. 예컨대 록밴드 도어즈는 밴드 이름을 약물을 소재로 한 헉슬리의 1954년 소설《인식의 문》에서 따왔다.

108 | WED 음악 | 우디 거스리

포크송 가수 우디 거스리의 가장 유명한 곡 〈디스 랜드 이즈 유어 랜드〉는 어빙 벌린의 〈갓 블레스 아메리카〉와 함께 미국 독립기념일에 주로 연주된다. 거스리의 곡은 여러 절로 되어 있어서 끓어오르는 분노로 가득 찬 가사를 알아차리지 못하는 사람들이 많다.

첨탑의 그늘 아래서 나는 내 사람들을 보았다.
구제 사무소 옆에서 나는 내 사람들을 보았다.
굶주린 채 서 있는 그들에게 나는 물었다.
이 땅이 당신과 나를 위한 것인가요?

거스리가 1940년에 작곡한 이 곡은 사실 수백만 명의 미국인들이 실직했던 당시 진부하고 지나치게 감상적이라고 여겼던 벌린의 낙관적이고 애국적인 곡에 응수하기 위해 만든 것이었다.

오클라호마주 출신의 우드로 윌슨 거스리는 대공황 때 먼지폭풍의 피해로 난민이 되었다. 그 영향으로 거스리는 미국 노동자들의 역경에 깊이 공감했다. 뉴욕에 정착한 후에는 진보 정치에 관여했으며 후디 '레드 벨리' 레드베터, 피트 시거, 벌 아이브스 같은 음악가들과 협업했다. 2차 대전 중에 거스리는 역사적인 발라드와 반나치 곡들로 군대를 결집시켰고, 자신의 기타에 '이 기계가 파시스트를 죽인다'라는 문구를 붙였다.

마지막 15년을 헌팅턴 무도병에 시달리던 거스리는 말년에 뉴욕과 뉴저지주의 병원에서 끔찍한 고통에 시달렸다. 그는 그의 열렬한 팬이던 젊은 포크송 가수 밥 딜런이 병문안을 한 후 얼마 지나지 않아 사망했다.

대단한 평등주의자이자 애국자인 거스리의 방대한 곡들은 정치적인 것에서부터 유치한 것에 이르기까지 다양하다. 그는 자신이 만든 노래를 직접 연주했는데, 그의 곧고 갈라지는 목소리는 보통 사람의 음성을 떠올리게 했다. 단순한 스타일을 선호한 그는 딜런, 조니 미첼, 존 바에즈, 브루스 스프링스틴 같은 새로운 포크송 가수에게 영감을 주었고 1950년대 미국 포크송의 부활에 기반을 다져준 사람으로 인정받고 있다.

● 우디의 아들 알로 거스리는 1967년 우디가 사망하고 한 달 후 상징적인 반전 시위곡 〈앨리스 레스토랑〉을 발표했다.
● 우디의 유해는 그가 뉴욕에서 마지막으로 살았던 코니아일랜드 해안에 뿌려졌다.
● 밴드 윌코는 영국 송라이터 빌리 브래그와 협업해서 1998년 《머메이드 애비뉴》에 거스리의 미발표곡들을 담아 발표했다. (머메이드 애비뉴는 거스리의 곡명이자 브루클린의 거리명이다.)

109 | THU 🎥 영화 | 바람과 함께 사라지다

당대에도 그리고 수십 년이 지난 후에도 〈바람과 함께 사라지다〉는 최고의 미국 영화로 꼽힌다. 2년간의 준비 기간을 거친 이 영화는 개봉되자마자 미국 전역에서 파장을 일으켰고 역대 최고의 흥행작이 되었다. 물가상승률을 감안하면 지금도 역사상 가장 성공적인 영화다(현재 가치로 미국 내 흥행 수익이 13억 달러에 달했다).

이 역사적인 서사영화는 스칼렛 오하라(비비안 리 분)의 남북전쟁 전부터 후까지의 삶과 사랑을 다루면서 향수가 깃든 시선으로 옛 남부를 그린다. 레트 버틀러(클라크 게이블 분)와의 불운한 관계는 할리우드 역사상 대단한 로맨스로, 잊을 수 없는 영화 대사를 남겼다. 미국영화연구소 설문조사 결과, 스칼렛을 퇴짜 놓는 레트의 "솔직히 말해서 내가 알 바 아니오"가 미국 영화 역사상 가장 기억에 남는 대사로 꼽혔다.

이 영화는 10개의 아카데미상을 수상했는데, 이 기록은 〈벤허〉가 11개의 오스카상을 수상할 때까지 20년 동안 깨지지 않았다. 주요 수상 부문으로는 작품상, 감독상(빅터 플레밍), 여우주연상(리), 여우조연상(해티 맥대니얼) 그리고 각본상(오스카 역사상 최초로 사후에 상을 수상한 시드니 하워드)이 있다. 1939년을 할리우드 최고의 해로 꼽는다는 점을 고려하면 특히 주목할 만하다. 그해 〈오즈의 마법사〉, 〈스미스 씨 워싱턴 가다〉, 〈역마차〉, 〈폭풍의 언덕〉, 〈굿바이, 미스터 칩스〉를 비롯해 여러 작품들이 개봉했다.

400만 달러 이상의 제작비용이 든 이 영화는 잘 고증된 의상과 세트로 찬사를 받았다. 빅터 플레밍 감독이 이 영화를 연출한 공을 인정받고 있지만 이 영화 제작에 참여한 감독들은 5명이나 된다. 최초 극장 개봉과 7번의 재개봉을 거쳐 〈바람과 함께 사라지다〉는 미국에서 1억 9800만 달러를 벌어들였으며, 전 세계에서 4억 달러를 벌었다. 역사상 이 영화보다 더 많은 티켓이 판매된 영화가 없었고, 한때 미국 TV 역사상 가장 많이 시청된 특집 영화로, 지금까지도 할리우드에서 가장 사랑받는 서사영화로 남아 있다.

- 이 영화는 마가릿 미첼의 동명 소설을 바탕으로 만들어졌다. 1936년 제작자 데이비드 셀즈닉이 이 책의 판권을 기록적으로 5만 달러에 구입했다.
- 스칼렛 역의 여배우 섭외가 어려웠는데, 섭외 대상에 올랐던 여배우 수만 1400명에 달했다. 결국 리와 폴렛 고더드 그리고 2명의 다른 여배우가 컬러 스크린 테스트를 받았는데, 그중에서 리가 배역을 땄다.
- 레트 버틀러 역을 맡길 대상으로 고려된 사람은 4명밖에 없었다. 셀즈닉이 첫 번째로 선택한 사람은 게이블이었지만, 계약상 갈등으로 게리 쿠퍼가 유력했다. 쿠퍼는 이 역할을 고사했는데, 게이블이 선정되고 난 후 이런 말을 남겼다. "〈바람과 함께 사라지다〉는 할리우드 역사상 가장 큰 실패작이 될 것이다. 크게 넘어질 사람이 게리 쿠퍼가 아니라 클라크 게이블이라 다행이다."

110 | FRI ⓟ 사회 | 페니실린

2번째 밀레니엄 기간 가장 중요한 과학적 혁신이라고 불리기도 하는 의약품 페니실린은 1928년에 발견된 후 2억 명의 목숨을 살린 것으로 추정된다. 이 약물은 결핵, 나병, 임질처럼 그전까지 체력을 약화시키는 질병을 치료하는 데 사용되어왔으며 항생제라고 알려진 강력한 의약 부류의 발명에 모티프가 되었다.

최초의 페니실린은 스코틀랜드 과학자인 알렉산더 플레밍이 페니실륨이라고 불리는 일종의 곰팡이를 이용해 만들었다. 플레밍은 런던에 있는 병원에서 실험을 하다가 이 약물이 여러 질병을 유발할 수 있는 아주 작은 유기체인 박테리아의 확산을 막는다는 사실을 알아냈다. 처음에는 페니실린의 중요성을 아무도 깨닫지 못했고 1939년이 되어서야 사람을 치료하는 데 쓰이기 시작했다. 그해, 하워드 플로리와 언스트 체인이 사람의 질병에 대한 페니실린의 효과를 테스트하면서 노벨상위원회는 1945년 플레밍, 플로리, 체인에게 공동으로 노벨의학상을 수여했다.

페니실린의 효과는 2차 대전 중 대규모로 사용되면서 가장 뚜렷하게 드러났다. 그전에 발생한 미국 남북전쟁과 1차 대전 같은 전쟁에서는 의사들이 스트리크닌과 비소 같은 가공되지 않은 의약을 사용해 감염을 치료할 수밖에 없었다. 이런 혼합물은 환자들에게 도움이 되기도 했지만 사람의 몸에 독성 효과를 남기기도 했다. 큰 부작용이 없었던 페니실린은 수천 명의 연합군 병사들의 목숨을 구했다.

그렇다고 페니실린에 아무런 문제가 없었던 것은 아니다. 페니실린은 대량 생산이 대단히 어려웠기 때문에 2차 대전 중 페니실린이 간절히 필요했던 과학자들이 이웃들에게 페니실린 생산에 필요한 주방 곰팡이를 모아달라고 부탁했을 정도였다.

전쟁이 끝난 후 과학자들은 페니실린을 생산할 수 있는 더욱 빠른 방법을 발견했고 새로운 종류의 항생제도 개발했다. 페니실린은 현재까지 가장 널리 이용된 항생제이며 지금도 특정한 부류의 감염병 치료용으로 처방된다.

• 플레밍의 발견은 우연에서 시작했다. 그가 연구소 창문을 열어 공기로 운반되는 곰팡이가 박테리아를 배양하고 있던 용기를 오염시켰던 것이다.
• 고대 이집트, 그리스, 중국을 비롯한 많은 고대 문명사회들이 감염을 치료하는 데 곰팡이와 식물을 이용했다. 그러나 고대 문명사회의 치료사들은 이렇게 '자가 생산되는' 치료법이 효과를 보는 이유에 대해서는 알지 못했다.
• 페니실린의 화학식은 $C_{16}H_{18}N_2O_4S$이다.

111 | | 레드 아워백

인재를 알아보는 예리한 눈과 호전성, 승리할 때마다 피우는 시가로 유명한 농구 감독 아널드 '레드' 아워백은 보스턴 셀틱스를 미국 프로 스포츠 역사상 가장 위대한 팀으로 구축했다.

1950년 셀틱스 수석코치로 계약할 때부터 2006년 사망할 때까지 아워백은 16차례 미국프로농구협회(NBA) 우승팀을 이끌었는데, 그중 9번은 수석코치로, 6번은 단장으로 그리고 남은 1번은 회장으로 이끌었다. 1959년부터 1966년까지 셀틱스는 8연속 NBA 최종 우승을 거두었는데, 이는 미국 프로 스포츠 역사상 독보적인 기록이다.

그리고 아워백은 NBA에서 인종 평등을 추구한 선구자이기도 했다. 그는 1950년 최초로 흑인 선수 척 쿠퍼를 선발했으며 1963년~1964년 시즌에 최초로 5명의 흑인 선수들을 스타팅 라인업에 출전시킨 사람이기도 했다. 그리고 1966년 처음으로 흑인 코치 빌 러셀을 고용했다.

그는 인재를 알아보는 능력으로 연이은 트레이드와 선수 선발을 성사시키면서 셀틱스를 성공적으로 이끌었다. 그는 11명의 명예의 전당 선수들을 코치했고 몇몇은 단장으로 영입하기도 했지만, 항상 개인플레이보다는 팀플레이를 강조했다. 그가 코치하거나 영입한 명예의 전당 선수로는 러셀과 밥 쿠지, 톰 하인슨, 래리 버드, 케빈 맥헤일, 빌 셔먼 그리고 존 하블리첵이 있다.

게임이 끝나기 전 농구장 안에서 피웠던 아워백의 승리 시가 역시 농구 감각만큼이나 전설적이었다. 그의 건방진 모습은 상대팀 선수들과 코치, 때로는 구단주까지 화나게 했다. 1957년 한 경기가 시작되기 전에 벌어졌던 세인트루이스 호크스 구단주 벤 커너와의 대립은 아워백이 그의 입을 가격하면서 끝났다.

아워백은 89세의 나이에 심장마비로 사망했다.

• 1966년~1967년 시즌 전 감독에서 물러났을 때 아워백은 NBA 역사상 정규 시즌에서 가장 많은 우승을 달성하고 (938회), 플레이오프에서 가장 많은 우승을 기록했다(99회). (그 후 이 기록은 모두 깨졌다.)

• 1985년 셀틱스는 아워백을 기리기 위해 등번호 2번을 영구 결번으로 정했다. (그는 셀틱스 역사상 구단주 월터 브라운 다음으로 가장 중요한 사람으로 꼽혔다. 셀틱스는 브라운을 위해 1번을 영구 결번으로 지정했다.)

• NBA 올해의 감독상 수상자에게 수여되는 트로피의 이름이 아워백의 이름을 따서 붙여졌다.

112 | ☀ SUN 팝 | 하우디 두디 쇼

토요일 아침 만화가 생기기 이전에 〈하우디 두디 쇼〉가 있었다. 원래 〈트리플 B 랜치〉라는 명칭의 라디오 프로그램이었지만, 1947년 12월 NBC 방송국 TV프로그램으로 변경되면서 최초의 어린이 TV 프로그램이 되었다.

첫 방송 당시에는 불과 2만 가정만이 TV를 보유했다. 이 프로그램이 방영되었던 13년 동안 2000여 회가 제작되었고 캐나다에서 쿠바에 이르기까지 각국에 맞게 소개되었다.

두디빌이라는 텍사스주의 가상 마을을 배경으로 하는 이 프로그램은 시작할 때마다 "안녕, 아이들, 지금이 몇 시야?"라는 질문을 던지면 관객석에 있는 아이들이 "하우디 두디 시!"라고 대답한다. 버펄로 밥 스미스가 목소리 연기를 했던 하우디 두디는 빨간 머리의 소년 인형으로 미국의 주 숫자만큼 주근깨가 나 있었다(당시에는 48주였다). 심술궂은 시장 피니아스 블러스터, 딜리 달리, 플러브 아 덥 등의 두디빌 인형들이 가공의 마을에서 치프 썬더써드, 프린세스 서머폴 윈터스프링같이 사람이 연기하는 등장인물들과 함께 살았다. 탄산수 병을 들고 다니는 말 못하는 어릿광대 클라라벨의 익살스러운 행동 사이로 노래와 대화가 이어졌다. 이 프로그램의 가장 유명한 순간은 마지막 회에 클라라벨이 침묵을 깨고 아이들에게 작별인사를 건네는 때였다.

이 프로그램은 여러 개의 TV 최초 기록을 보유하고 있다. 하우디 두디는 컬러로 방영된 최초의 네트워크 시리즈였고, NBC방송국에서 일주일에 5회 방영하고, 분할 스크린 기술을 통해 각기 다른 지역에 있는 등장인물들을 연결시켜준 최초의 프로그램이었다. 그보다 더욱 의미 있는 점은 이 프로그램이 보여준 마케팅 잠재력이었다. 1948년 하우디는 '모든 어린이들의 대통령'에 출마했고 가정에 있는 시청자들에게 무료 캠페인 버튼을 제공했다. 약 6만 명의 아이들이 응답했고 광고 시간대가 모두 판매되었다. 콜게이트파몰리브피트 같은 후원사의 제품이 크게 홍보되었고 1948년 이후 음반, 만화책, 태엽으로 움직이는 장난감 같은 하우디 두디 상품들이 베스트셀러가 되었다.

- 클로즈업용 하우디 두디, 롱샷용 더블 두디, 사진을 위한 포토 두디, 3개의 하우디 두디 인형들이 프로그램 제작에 사용되었다.
- 밥 스미스는 뉴욕주 버펄로 출신이라는 이유로 버펄로 밥이라는 별명을 얻었다.
- 이 프로그램은 처음에 퍼펫 플레이하우스라고 불렸지만 일주일 만에 '하우디 두디 쇼'로 이름을 바꾸었다.

113 니키타 흐루쇼프

MON
인물

소비에트 연방 지도자 니키타 흐루쇼프는 주로 대담하고 때로는 상스러운 공적 행동으로 기억되는 인물이다. 그렇지만 소비에트 공산당 지도자로서 그는 기본적으로 고국의 정치 노선을 바꾸었고 미국과의 냉전 관계를 개선했다.

농노의 손자이자 정식 교육을 거의 받지 못한 농부 겸 광부의 아들인 흐루쇼프는 스탈린이 사망한 후 소비에트 공산당 제1서기가 되었다. 제1서기를 역임하는 동안 그는 미국과의 '평화적 공존'을 도모했고, 세계를 돌아다니면서 소비에트 정책을 대변하고 스탈린과 개인주의 숭배를 맹렬히 비난했다.

특히 1956년 2월 제20회 소비에트 연방 공산당의회 연설에서 전 독재자를 비판한 것은 이 나라 역사상 극적인 순간이었다. 그것은 이른바 서양과의 '해빙기'의 시작을 알렸고 수천 명의 스탈린 피해자들의 사회 복귀를 이끌었으며 스탈린에 대한 비판이 인쇄물로 실릴 수 있게 허락했다.

그러나 흐루쇼프는 1956년 헝가리 반란을 폭력적으로 진압했고, 1962년에는 쿠바의 미사일 위기를 선동했으며, 같은 공산당 지도자였던 중국의 마오쩌둥과 공개적으로 다툼을 벌였다. 또한 그는 국민들과의 경제적, 농업적 약속을 이행하는 데 실패했고, 공식 석상에서의 상스러운 행동으로 다른 소비에트 지도자들을 난처하게 만들었다.

1964년, 보수적인 소비에트 지도자들이 흐루쇼프의 축출했고 후임자로 레오니트 브레즈네프를 앉히려고 했다. 그렇지만 흐루쇼프의 '해빙기' 유산은 1980년대 미하일 고르바초프의 보다 자유로운 리더십 아래에서 다시 한 번 느낄 수 있게 되었다. 고르바초프는 결국 소비에트 연방의 해체를 관장했다.

축출된 후 흐루쇼프는 마지막 7년을 사실상 고립된 채 살았다. 그는 77세에 심장마비로 사망했다.

• 흐루쇼프의 가장 악명 높은 무례한 행동은 1960년 UN에서 일어났다. 필리핀 대표 로렌조 수물롱이 연설하는 동안 그가 오른쪽 신발을 벗어 책상 위를 두드리면서 수물롱을 "얼간이, 꼭두각시, 제국주의의 종"이라고 불렀던 것이다.
• 흐루쇼프의 가장 유명한 발언은 서양 외교관들 앞에서 자본주의를 가리키며, "우리가 묻어버릴 것입니다"라고 한 말이다.
• 흐루쇼프가 1959년 리처드 닉슨 부통령과 벌인 유명한 '키친 논쟁'은 실질적으로 냉전에 아무런 영향도 끼치지 않았지만 소비에트 지도자 앞에서 닉슨이 자본주의를 강력하게 옹호하면서 존 F. 케네디와의 대통령 선거전을 앞둔 그의 위신이 극적으로 높아졌다.

114 | TUE 📖 문학 | 어니스트 헤밍웨이

40년에 걸쳐 어니스트 헤밍웨이는, 이후 20세기 작가들에게 지대한 영향을 미칠 기법으로 소설과 단편 소설들을 집필했다. 헤밍웨이의 간결하고 군더더기 없는 문체는 종종 비웃음거리가 되었지만 독자들에게는 매력적이었고 1954년 노벨상을 수상했다.

일리노이주에서 태어난 헤밍웨이는 미주리주에서 기자 일을 시작했다. 미국이 1차 대전에 참전했을 때 그는 이탈리아에서 구급차 운전사로 복무했고 전후에도 유럽에 머물면서 파리의 미국인 작가 공동체 안에서 살았다. 에즈라 파운드, 스콧 피츠제럴드, 존 더스 패서스를 비롯한 사람들로 구성된, 후에 거트루드 스타인이 '잃어버린 세대'라고 불렀던 이 그룹은 1920년대에 풍부한 문학 작품을 생산해냈다.

헤밍웨이의 첫 번째 주요 성공작인《태양은 다시 떠오른다》는 프랑스와 스페인에 거주하는 방탕한 해외 미국인 거주자 공동체를 배경으로 한다. 비극적인 전시 사랑 이야기《무기여 잘 있거라》와《누구를 위해 종은 울리나》는 각각 1차 대전과 스페인 내전을 겪은 헤밍웨이의 경험을 바탕으로 쓰였다. 그의 후기 대작《노인과 바다》는 한 연로한 어부에 관한 감동적인 우화를 들려준다. 이런 작품들을 통해 헤밍웨이는 반복적이고 아무런 꾸밈없는 문장으로 이루어진 독특한 산문 스타일을 개발했는데, 단어와 단어 사이의 공간, 즉 말하지 않은 내용은 말한 내용만큼이나 중요한 의미를 가진다.

헤밍웨이의 작품은 노골적이고 자의식이 강한 남성성이 드러나는 주제로 인해 유명세를 탔으며 때로는 조롱거리가 되기도 했다. 사실 대부분의 소설에 금욕적인 남성 주인공이 등장하는데, 다수가 전쟁이나 투우, 권투, 사냥 같은 일에 몰두한다. 아프리카 사파리에서 쿠바에서 대어 낚시에 이르기까지 세계를 떠돌아다니며 살았던 헤밍웨이의 생활 방식이 이런 명성을 뒷받침해주었다. 그럼에도 헤밍웨이는 말년에 심한 우울증에 시달렸고 건강이 악화된 후 1961년 스스로 목숨을 끊었다.

● 사후 출간된 논픽션《파리는 날마다 축제》는 헤밍웨이가 1920년대 파리의 카페 문화 속에서 살던 때를 아름답게 그린 책으로, 그의 작품에 보이던 억제되지 않은 남자다움의 과시와는 다른 문체로 쓰였다.
● 현재 관광지가 된 키웨스트의 헤밍웨이 집은 그가 1930년대 선물 받은 고양이의 후손이라 알려진 발가락이 6개 달린 고양이들로 가득하다.
● 영국 소설가 그레이엄 그린은 이런 말로 헤밍웨이의 스타일을 칭송했다. "그것은 마치 헤밍웨이가 단어들을 체로 쳐서 불필요한 형용사와 부사를 모두 걸러낸 것과 같다."

115 | WED 음악 | 머디 워터스

블루스의 발생지인 미시시피주 델타의 중심가에서 태어난 가수 겸 기타리스트 머디 워터스, 본명 맥킨리 모건필드는 어린 시절부터 하모니카와 기타를 연주했다. 그렇지만 생계를 이어나가기 위해 소규모 파티에서 공연하는 것으로 충분한 돈을 벌 수 없었던 그는 젊은 시절 불법으로 증류 위스키를 만들어 생활비를 보충하기도 했다.

워터스는 1941년에야 비로소 노래를 녹음하기 시작했는데, 그의 첫 번째 음반도 상업적인 것은 아니었다. 그해 의회도서관 문서보관 담당자 앨런 로맥스가 미시시피주 스토벌에서 워터스를 만났고 의회도서관용 미국 포크송 모음집을 위해 그의 몇몇 노래들을 녹음했다. 로맥스는 워터스에게 녹음된 것을 기념품으로 보내줬고 워터스는 자신의 노래가 얼마나 좋은지 듣고 놀랐다. 그 순간, 그는 블루스 음악을 연주하고 녹음하는 데 인생을 바치겠다고 결심했다.

몇 년 후 워터스는 시카고로 건너갔고 무겁고 흐느끼는 듯한 백 비트가 특징인 영향력 있는 스타일의 시카고 블루스의 창시자 중 한 명이 되었다.

워터스는 시카고로 이주한 직후 처음으로 전자 기타를 받았는데, 미국의 상징적인 악기가 되는 이것을 활용한 최초의 음악가 중 하나가 되었다. 그는 〈매니시 보이〉, 〈아이 저스트 원트 투 메이크 러브 투 유〉, 〈갓 마이 모조 워킹〉, 〈아임 유어 후치 쿠치 맨〉 등 대부분의 대표곡들을 1950년대에 발매했다. 그의 음악은 에릭 클랩튼과, 이 위대한 블루스 가수의 음반을 대대적으로 차용한 레드 제플린 같은 록의 선구자들에게 영향을 미쳤다. 현대 음악의 중심 인물 워터스는 1983년 사망했다.

• 밴드 롤링스톤스와 잡지 《롤링스톤》이 모두 워터스의 1948년 곡 〈롤린 스톤〉에서 이름을 따왔다.
• 록커 척 베리가 체스레코드와 처음으로 계약을 성사하게 도와준 사람이 워터스였다. 레오나르드 체스는 처음에 베리의 《메이벨린》을 발매하기 주저했지만 워터스가 그를 설득했고 이 레코드사의 가장 큰 히트곡이 되었다.
• 시카고에서 사는 동안 워터스는 하울링 울프로 더 잘 알려진 블루스 가수 체스터 버넷과 격렬한 경쟁을 벌였는데, 많은 사람들이 버넷을 유일하게 그에게 견줄 만한 연주자로 꼽았다.

116 THU
영화 제임스 스튜어트

제임스 스튜어트는 특히 1930년대와 1940년대에 이상적인 역할을 연기한 덕분에 20세기 가장 사랑받는 미국 영화배우로 꼽힌다. 키가 크고 멀쑥한 스튜어트는 프린스턴대학교에서 건축학 학위를 받았지만 곧 배우라는 천직을 찾게 되었다. 그는 일정 기간 무대에서 활동한 후 할리우드로 건너가 〈살인자〉로 영화에 데뷔했다.

스튜어트는 프랭크 카프라 영화에 출연하고 스타가 되었다. 하나는 아카데미 작품상을 수상한 〈우리 집의 낙원〉이었고, 다른 하나는 〈스미스 씨 워싱턴 가다〉였다. 특히 두 번째 영화로 스튜어트는 처음으로 아카데미 남우주연상 후보에 올랐다. 그럼에도 스튜어트는 캐서린 헵번, 캐리 그랜트와 함께 출연한 로맨틱 코미디 〈필라델피아 스토리〉로 유일하게 남우주연상을 수상했다.

스튜어트의 영화 활동은 1941년 3월 미 육군 항공대에 징집되면서 잠시 중단되었다. 그는 2차 대전 중에 20건의 전투기 미션을 완수하면서 이등병에서 대령으로 진급했고, 결국 미 공군 예비군의 준장 지위까지 올랐다.

전쟁이 끝난 후 스튜어트가 출연한 첫 영화는 카프라의 〈멋진 인생〉으로, 개봉 당시 흥행에는 실패했지만 크리스마스마다 TV에서 방영되는 전통을 남긴 작품이 되었다. 그는 〈멋진 인생〉과 〈하비〉, 〈살인의 해부〉로 아카데미상 후보에 올랐다.

〈멋진 인생〉 이후 스튜어트가 연기한 배역들은 점점 어둡고 더욱 성숙한 분위기를 띄었는데, 특히 〈이창〉, 〈현기증〉 등 알프레드 히치콕 감독의 스릴러와 〈윈체스터 73〉, 〈운명의 박차〉 등 앤서니 만 감독의 서부영화에서 더욱 그랬다. 또한 스튜어트는 비평가들의 찬사를 받은 존 포드 감독의 서부영화 〈리버티 밸런스를 쏜 사나이〉에 존 웨인과 함께 출연하기도 했다.

스튜어트는 1985년 아카데미 평생공로상을 수상했으며, 그로부터 12년 후 89세의 나이에 심장마비와 폐색전으로 사망했다.

- 스튜어트는 아카데미 작품상을 수상한 〈우리 집의 낙원〉과 〈지상 최대의 쇼〉에 조연으로 출연했다.
- 〈필라델피아 스토리〉로 오스카상을 수상한 스튜어트는 트로피를 아버지에게 보냈고, 그의 아버지는 펜실베이니아주 인디애나에 위치한 그의 철물점 창문에 트로피를 전시했다.
- 스튜어트의 출연작은 미국영화연구소가 선정한 미국 최고의 영화 100선에 여러 편 선정됐다. 그 작품들은 〈멋진 인생〉(11위), 〈스미스 씨 워싱턴 가다〉(29위), 〈이창〉(42위), 〈필라델피아 스토리〉(51위), 〈현기증〉(61위)으로, 100선 가운데 스튜어트만큼 여러 작품에 출연한 배우는 로버트 드 니로밖에 없다.

117 | FRI 📡 사회 | 미국우선주의위원회

1940년 예일대학교의 한 학생이 단 하나의 목적으로 미국우선주의위원회라는 평화 단체를 조직했다. 목적은 2차 대전에 미국이 참전하지 않는 것이었다.

2차 대전은 1939년 나치 독일이 블리츠크리그라고 불리는 기습을 통해 폴란드를 침공하면서 시작됐다. 그러자 폴란드의 동맹국 프랑스와 영국이 독일과 이탈리아에게 전쟁을 선포했다.

유럽에서 벌어진 이 전쟁은 많은 미국인들에게 11만 6000명의 미군이 참호전에서 목숨을 잃었던 1차 대전의 끔찍한 기억을 떠올리게 했다. 1930년대에 강력한 평화주의와 고립주의 운동이 등장해 다음 유럽 전쟁에는 미국이 참여하지 않기를 바랐다.

실제로 고립주의는 20세기 동안 어느 때보다 1930년대에 미국에서 가장 많은 대중의 지지를 받았다. 1935년을 시작으로 의회는 미국이 다른 나라들의 전쟁에서 편을 들지 못하도록 고안된 중립법을 연이어 통과시켰다.

그러나 미국우선주의위원회의 여러 회원들은 비도덕적인 동기도 가지고 있었다. 평화 운동에는 나치를 찬양한 비행사 찰스 린드버그가 이끄는 반유대주의 대표단도 속해 있었기 때문이다.

비록 위원회 자체에는 100만 명도 안 되는 미국인들이 참여했지만, 이 위원회는 2차 대전 참전에 대한 미국인들의 깊은 반발을 상징했다. 그러나 전쟁 초반 영국과 프랑스를 지원하려는 프랭클린 루스벨트 대통령으로 인해 이 저항은 방해를 받았다. 1940년과 1941년 루스벨트 대통령은 영국에 대한 일부 지원을 제공하는 데에 그쳤지만, 1941년 12월 7일 일본의 진주만 공습 이후 독일을 상대로 선전포고를 했다.

미국우선주의위원회는 진주만 공습이 있은 지 나흘 만에 해산했다.

• 위원회에는 저명한 민주당과 공화당 의원들은 물론 사회당 지도자인 노먼 토마스도 참여했다.
• 향후 미국의 대통령이 되는 제럴드 포드는 예일대학교 로스쿨 재학 시절 미국우선주의위원회의 지지자였으나, 후에 생각을 바꾸고 2차 대전에 자원했다.
• 2004년 미국 작가 필립 로스가 미국우선주의위원회가 우세하고 린드버그가 대통령으로 선출되는 미국을 그린 소설 《미국을 겨냥한 음모》를 출간했다.

118 | SAT 🏆 스포츠 | 윌리 메이스

앨라배마주에서 나고 자란 윌리 메이스는 야구 역사상 가장 유명한 선수이다. 스피드, 힘 그리고 열정을 갖춘 메이스는 1950년대 뉴욕 자이언츠에서 사랑받는 중견수였고, 1958년 팀이 연고지를 옮긴 후에는 샌프란시스코 자이언츠 소속으로 활동했다.

'세이 헤이 키드'라는 별명을 가진 메이스는 올라운드 플레이어의 전형이었다. 그는 타율과 힘이 좋은 타자이자 주자, 투수 그리고 수비수로도 활약했다. 통산 3283개의 안타와 660개의 홈런 기록을 보유한 채 은퇴했고, MVP로 2번 선정되었으며, 24번 올스타에 선발되었고 12번 골든글로브를 수상했다. 또 1954년 자이언츠가 월드시리즈에서 우승하도록 이끌기도 했다.

그는 버밍햄 블랙바론스 소속으로 니그로리그에서 2년간 활동하다가 1951년 자이언츠에 입단했다. 초반 26차례 타석에서는 단 한 번의 안타를 기록할 만큼 저조한 성적을 보이며 고전했다. 그러나 전설적인 감독 리오 더로쇼에게 격려를 받은 후 타율이 불타올랐고, 결국 올해의 내셔널리그 신인상을 수상하기에 이르렀다.

그는 미 육군에 입대하면서 1952년도 시즌의 대부분과 1953년도 전체 시즌을 놓친 후 1954년 복귀해 센세이션을 일으켰다. 41개의 홈런과 110점의 타점으로 3할4푼5리의 타율을 기록하며 처음으로 MVP를 수상했고 월드시리즈 챔피언십에 올랐다.

그는 자이언츠와 함께 1957년도 시즌에 샌프란시스코로 옮겨갔지만 캘리포니아에서는 뉴욕만큼 환영받지 못했다. 성적이 저조한 탓은 아니었다. 그는 1965년 52개의 홈런과 112타점을 올리면서 3할1푼7리의 타율을 기록했고 두 번째 MVP를 수상했다.

1972년 자이언츠는 메이스를 뉴욕 메츠로 트레이드했고, 1973년 월드시리즈 경기 도중에 외야에서 넘어지는 등 부끄러운 성적을 올린 후 은퇴했다. 그는 1979년 첫 번째 투표에서 야구 명예의 전당에 이름을 올리는 선수로 뽑혔다.

- 메이스는 훌륭한 수비로 유명했는데, 가장 유명한 캐치는 1954년 월드시리즈 1차전 당시, 클리블랜드 인디언스의 빅 워츠가 친 공을 센터필드부터 질주해서 홈으로부터 약 137m 지점에서 어깨 너머로 잡은 것이다. 그로 인해 8회에서 2:2 동점이 유지, 자이언츠는 결국 경기에서 승리했을 뿐 아니라 월드시리즈를 휩쓸었다.
- 은퇴할 당시 메이스의 홈런 기록은 베이브 루스, 행크 아론 다음이었으나, 현재는 그의 대자 배리 본즈가 그의 기록을 깨면서 4위로 내려갔다.
- 메이스는 센터필드에서 현란한 모습으로도 유명해서 바스켓 캐치가 유명해졌고, 종종 머리보다 훨씬 작은 모자를 쓰는 바람에 날아가는 공을 잡으러 달릴 때마다 모자가 머리에서 벗겨지기도 했다.

119 | SUN ✳ 팝 | 루실 볼

루실 데지레 볼은 1933년 뮤지컬 영화 〈로마 스캔들〉에 코러스로 출연하면서 영화배우 활동을 시작했다. 또 캐서린 헵번, 진저 로저스와 함께 출연한 〈스테이지 도어〉와, 밥 호프와 함께 출연한 〈팬시 팬츠〉 등에도 출연했다. 결과적으로 볼에게 가장 중요한 영화는 1940년 코미디 〈투 매니 걸즈〉였는데, 영화를 찍는 동안 남편이 될 데지 아너스를 만났기 때문이다.

1950년대 초, 그녀의 영화배우 활동이 실패를 거듭하자 아너스는 볼에게 그 당시 새로운 매체였던 TV 작업을 함께하자고 설득했고, 두 사람은 함께 쇼를 제작했다. 처음 방송사들은 쿠바 억양을 가진 남편이 있는 백인 여주인공이 등장하는 프로그램을 제작하는데 망설였지만, 결국 CBS가 이 시리즈를 구입했고 1951년 10월 15일 볼이 루시로, 아너스가 리키 리카르도로 출연하는 〈왈가닥 루시〉의 첫 화가 방영되었다.

첫 화인 "루시, 리키가 자신을 살해하려 한다고 생각하다"는 큰 호응을 불러일으키지 못했다. 그러나 30회차 "루시, TV 광고하다"에서 반응을 이끌어냈다. 30회는 볼이 비타민과 비타미타베가민이라는 제품을 판매하는 광고에 출연하기 위해 9분간 오디션을 보는 모습을 담았다. 이 제품은 식후 한 스푼만 먹으면 누구든 활력 있게 만들어준다는 것이었지만 맛이 형편없었고, 알코올 함유량이 놀라울 정도로 높아 네 번째 장면에서 루시는 이미 상당히 취한 상태였다. 이 에피소드는 TV 역사 중 대표적인 순간이 되었고, 그렇게 〈왈가닥 루시〉가 시청자들로부터 인정받게 되었다.

다른 하이라이트 장면들도 나오는데, 특히 실제로 임신한 볼이 리카르도의 첫 번째 아기를 출산하는 에피소드 시리즈 또한 대단한 성공을 거뒀다. 이 시리즈는 닐슨 시청률 순위에서 자주 1위를 차지했고, 단 한 번도 3위 아래로 떨어진 적이 없었다. 그럼에도 볼과 아너스는 최고의 인기를 구가하던 중 시즌6을 끝으로 이 프로그램을 그만두기로 결심했다.

• 볼은 1933년 체스터필드 담배 광고에 모델로 등장하면서 처음으로 미국 전역에서 유명세를 탔다.
• 무성영화배우 버스터 키턴은 볼의 잠재성을 가장 먼저 알아보고 잠시 멘토 역할을 하기도 했다.
• 볼의 트레이드마크 빨간 머리는 타고난 게 아니라 1942년 "보다 독특한 모습을 찾던" MGM 헤어 디자이너들이 빨간 머리를 찾자 염색하기 시작했다.
• 볼과 아너스는 1960년에 이혼했다.

120 | MON 🐗 인물 | 피델 카스트로

1959년, 피델 카스트로와 혁명가 무리가 독재자 풀헨시오 바티스타를 타도하고 쿠바 정권을 장악했을 때 미국의 대통령은 아이젠하워였다. 그 후로 카스트로가 사망할 때까지 백악관의 대통령 자리에 오른 사람이 10명이나 더 있었지만, 카스트로는 여전히 쿠바에서 중요한 인물이자 전 세계적인 혁명의 상징이었다.

냉전 기간 카스트로는 소비에트 연방과 동맹을 맺었고 미국 해안에서 불과 145km밖에 떨어지지 않은 곳의 공산주의 국가 지도자 역할을 맡았다. 수십 년 동안 소비에트 연방이 저가에 원유를 공급하고 쿠바의 설탕을 고가에 매입하면서 쿠바의 경제를 지원하고, 무기와 전투기를 공급해주었다. 그러나 1991년 소비에트 연방이 몰락하면서 쿠바는 혹독한 경제적 궁핍을 견뎌야 했다.

20세기 카스트로는 냉전 중 가장 잘 알려진 두 사건에 관여했는데, 하나는 피그스만 침공이었고 다른 하나는 쿠바 미사일 위기였다. 1961년 발생한 피그스만 침공은 미국을 등에 업은 쿠바의 망명자들이 쿠바를 침공해 카스트로 정권을 타도하고자 했던 사건인데 실패로 끝났다. 이 실패로 미국과 당시 케네디 정권은 매우 난처한 상황에 처했다. 그리고 1년 후 미국 정찰기가 찍은 사진으로 소비에트가 미국을 공격할 수 있는 무기를 저장하기 위해 쿠바에 미사일 기지를 구축하고 있다는 사실이 드러났다. 30일간의 교착 상태 끝에 소비에트 연방이 미사일을 제거하는 데 동의하면서 카스트로로부터 반발을 샀다.

그 후로 카스트로의 지지자들은 쿠바의 보편적 보건 시스템, 98%의 식자율, 낮은 유아 사망률을 카스트로 정권의 성공 사례로 인용했다. 그럼에도 비판자들은 많은 쿠바인들의 절망적인 가난, 인프라 부족, 수많은 인권 침해 사례를 지적한다.

건강이 악화된 후 카스트로는 2008년 2월 동생 라울 카스트로에게 대통령직을 물려주고 물러났고, 2016년 90세로 사망했다. 그러나 피델은 지금도 여전히 쿠바 정치와 사회에 강력한 영향력을 행사하는 인물로 남아 있다.

• 남동생에게 권력을 물려줄 때까지 카스트로는 세상에서 가장 오랫동안 정치적 지도자로 남았던 인물이었다.
• CIA는 반복적으로 카스트로의 밀크셰이크에 비소를 주입하거나 시가에 독을 바르거나 마피아들을 징집하는 등 암살을 시도했다. 존 F. 케네디는 대통령 임기 동안 남동생이자 법무장관이었던 로버트에게 암살 프로그램을 맡겼다.
• 카스트로의 가족 구성원 중 몇 명은 미국으로 망명한 후 공개적으로 반카스트로 쿠바망명공동체의 멤버가 되었다. 그 가운데는 그의 여동생 후아니타, 사생아로 태어난 딸 알리나 페르난데스 레부엘타 그리고 미국 국회의원이 된 링컨 디아즈 발라트와 마리오 디아즈 발라트라는, 그의 아내의 두 조카가 있다.

121 | TUE 📖 문학 | 베르톨트 브레히트

 독일 극작가 베르톨트 브레히트는 몇 편의 주목할 만한 희곡을 저술하긴 했지만 연극에 대한 전반적인 접근법으로 더 잘 알려져 있다. 관객을 감동시키고 즐겁게 하려는 목적으로 멜로드라마나 현실주의에 치중했던 이전의 극작가들과 달리 브레히트는 자신의 정치적인 견해를 관객들에게 직접 말하는 플랫폼으로 연극을 사용함으로써 연극의 인위성에 관심을 불러 일으켰다.

브레히트는 1920년대 초 처음으로 희곡을 집필했다. 그는 1920년대 후반 베를린에 살면서 예술가, 정치 이론가들과 만나게 되었는데 그들의 반자본주의적이고 반중산층 사상이 그에게 지대한 영향을 끼쳤다. 후에 서사극으로 알려지는, 대단히 중요한 연극 이론의 기초도 이때 개발했다.

서사극은 연극이 관객들을 즐겁게 해주거나 실생활을 반영해야 한다는 개념에 이의를 제기한다. 브레히트는 연극은 극작가가 자신의 생각을 관객들에게 분명하게 제시하는 장이어야 한다고 믿었다. 또 그는 관객들이 이야기에 대한 불신의 유예나 정서적 개입을 하지 않는 것이 중요하다고 느꼈다. 브레히트는 소외 효과(Verfremdungseffekt, alienation effect)를 이루기 위해 여러 가지 독특한 기법에 의존했는데, 그중에는 벗겨낸 무대 세트, 빈번한 연극 중단, 관객들에게 말 걸기, 사람보다 사상을 대표하는 등장인물 등이 있다.

서사극을 가장 잘 나타낸 브레히트의 연극은 30년 전쟁으로 이득을 얻기도 하고 파멸하기도 하는 여성에 관한 이야기를 그린 〈억척어멈과 그의 자식들〉이다. 브레히트는 관객이 감정적으로 개입하지 못하게 하기 위해 코미디, 노래, 무대에서의 발표, 심지어 앞으로 발생할 반전을 알리는 스포일러성 장면 제목 등을 이용해 극의 흐름을 방해했다.

- 브레히트의 몇몇 작품들은 뮤지컬극에 가깝다. 독일 작곡가 쿠르트 바일과 협업한 〈서푼짜리 오페라〉에는 20곡 이상의 노래가 포함되었다.
- 히틀러의 나치에 의한 박해를 두려워하던 브레히트는 1930년대 독일을 떠났다. 브레히트는 스칸디나비아에서 몇 년을 보내다가 1941년 미국에 정착했다.
- 미국에서 브레히트는 할리우드 시나리오 작가로 일했다. 그러나 1947년 공산당과의 연관성을 의심받은 그는 영화계의 블랙리스트에 올랐다.

122 | WED 💿 음악 | 오클라호마!

1943년 3월 31일, 〈오클라호마!〉의 막이 올랐다. 그리고 1948년, 2212회가 공연될 때까지 막을 내리지 않으면서 지금까지 가장 오랫동안 상연된 작품이 되었다. 작곡가 리처드 로저스와 작사가 오스카 해머스타인 2세가 최초로 협업한 작품 〈오클라호마!〉는 장르를 영원히 바꾸어놓았고 멋진 줄거리를 중심으로 벌어지는 뮤지컬극이라는, 새로운 스타일의 미국 뮤지컬극이 탄생했음을 알렸다.

〈오클라호마!〉를 무대에 올릴 때 로저스와 해머스타인 모두 이미 오랜 경력이 있었다. 로저스는 작사가 로렌츠 하트와 함께 일했고, 해머스타인은 작곡가 제롬 컨과 함께 일했다. 로저스는 원래 음악을 먼저 작곡한 후 작사가에게 넘겼지만 처음으로 해머스타인에게 작사를 먼저 하게 한 결과 최초의 진정한 뮤지컬이 탄생하게 되었다. 그전까지의 뮤지컬은 현란함으로 치장한 연주만 가득할 뿐 줄거리는 빈약했다. 그러나 〈오클라호마!〉의 노래는 무대 위에서 사건을 발전시켰고 등장인물들의 사건 전개에 도움을 주었다. 예컨대 카우보이 컬리가 무대 밖에서 오프닝곡을 부르며 등장한다.

오, 얼마나 아름다운 아침인가./오, 얼마나 아름다운 날인가.
나에게는 아름다운 느낌이 있어/모든 것이 내 방식을 따르네.

관객은 코러스의 춤을 보고 놀라워하기보다 자기 성찰을 하며 이야기에 빠져든다. 단순히 관객을 즐겁게 하는 것에는 관심이 없었던 로저스와 해머스타인은 감정의 공감대를 형성하길 바랐다. 2차 대전이 절정에 달했을 때에는 미 육군 병사들이 〈오클라호마!〉를 보기 위해 브로드웨이로 몰려왔다. 이 뮤지컬은 순수하고, 단순하며, 독특하게 미국적인 무언가를 나타냈다.

로저스와 해머스타인은 이야기와 노래, 춤을 하나의 조용하고 겸손한 미국 설화로 만들어놓았다. 가식적이지 않았던 〈오클라호마!〉는 히트 뮤지컬들의 대장정의 시작에 불과했다. 두 사람의 대표작으로 〈캐러셀〉, 〈남태평양〉, 〈왕과 나〉 그리고 〈사운드 오브 뮤직〉 등이 있다.

- 〈웨스트 사이드 스토리〉와 〈집시〉의 작사가이자 〈스위니 토드〉, 〈숲속으로〉 등의 뮤지컬 작사가 겸 작곡가 스티븐 손드하임은 어렸을 때 해머스타인에게서 배웠다.
- 〈오클라호마!〉는 1944년 뛰어난 이야기 전개를 인정받아 특별히 퓰리처상 문학상을 수상했다.
- 〈오클라호마!〉의 안무는 아그네스 드 밀레가 맡았는데 여주인공 로리의 내면의 심리를 탐구하는 유명한 꿈의 시퀀스로 신기원을 구축했다.

123 THU 영화 | 헨리 폰다

헨리 폰다는 느긋한 스타일과 도덕적 딜레마에 직면한 정직하고 예의 바른 캐릭터 연기로 배우 활동을 오래 이어갔다. 비평가 로저 이버트는 그를 "사람들에게 다가가려고 하거나 노력하지 않는 것 같은데도 스크린에 남을 수 있는 보기 드문 능력을 가진 배우"라고 묘사했다.

브로드웨이 배우로 활동했던 폰다는 1935년 처음 할리우드에서 영화에 출연했고 존 포드 감독의 영화, 〈젊은 미스터 링컨〉, 〈모호크족의 북소리〉, 〈분노의 포도〉에 출연하면서 스타로 발돋움했다. 대부분의 영화 역사가들은 존 스타인벡의 동명 소설 《분노의 포도》를 영화화한 작품 속에서 연기한 톰 조드를 그의 최고의 역할로 꼽는다. 그는 아카데미 남우주연상 후보에 올랐지만 〈필라델피아 스토리〉에 출연했던 그의 친구 제임스 스튜어트에게 밀렸다. 린치를 가하는 무리를 기소하며 정의를 보여준 서부영화 〈옥스보우 인서던트〉에 출연한 후, 폰다는 미 해군에서 3년간 복무하고, 공중전투정보부의 중위로 제대했다.

2차 대전 후 그는 〈황야의 결투〉에서 와이어트 업을 연기하면서 또 하나의 대표적인 역할을 맡았다. 그러나 2년 후에 그는 할리우드를 떠나 다시 연극배우로 활동하기 시작했다. 폰다는 토니상을 수상했던 〈미스터 로버츠〉의 주인공 역할을 영화에서도 그대로 맡았는데, 제임스 캐그니와 잭 레몬이 조연으로 출연한 이 영화는 폰다와 존 포드의 마지막 합작품이었다. 그들은 세트장에서 주먹다짐했고, 포드 감독이 건강상의 이유로 그만두면서, 머빈 르로이 감독이 합류해 영화를 마무리했다.

폰다는 시드니 루멧 감독의 〈12명의 성난 사람들〉에서 논리적이고 예의 바른 8번 배심원을 연기하면서 선한 사람을 연기하는 전문가로서의 이미지를 굳혔다. 그는 세르지오 레오네 감독의 〈옛날 옛적 서부에서〉에서 유일하게 악역으로 출연한 후 10여 년 동안 영화, TV, 연극 무대에서 그다지 주목받지 못한 역할에 연이어 출연했다.

그가 맡았던 마지막 큰 배역은 전설적인 여배우 캐서린 헵번과 그의 딸 제인 폰다가 함께 출연한 〈황금 연못〉의 주인공이었다. 이 영화는 의외의 흥행으로 거의 1억 2000만 달러의 수익을 거뒀고, 1982년 폰다에게는 유일한 아카데미 남우주연상을 안겨줬다. 그는 그해 말 만 77세의 나이로 사망했다.

- 헨리 폰다는 할리우드 배우 피터 폰다의 아버지이자 브리짓 폰다의 할아버지이기도 하다.
- 폰다와 그의 딸 제인은 1982년 〈황금 연못〉으로 아카데미상 후보에 오른 유일한 부녀다.
- 폰다는 아카데미 남우주연상을 받은 가장 고령의 배우였다. (수상 당시 그의 나이는 76세였다.)

124 | FRI ⊕ 사회 | 브레턴우즈 협정

1944년 뉴햄프셔주 브레턴우즈에서 열린 국제연합통화금융회의는 2차 대전의 폐허 속에서 세계 경제 정책의 초석을 놓았다. 이 회의에 참석한 대표단은 세계은행과 국제 통화기금(IMF)이라는 세계 경제의 기둥이 되는 주요 기구를 창설했다. 마운트 워싱턴 인근 숲속의 으리으리한 호텔에서 3주간 지속된 회의는 광범위한 효과를 낳았다. 경제 역사가들에 의하면 브레턴우즈 협정이 전후 세계의 번영을 보장해주었고 20세기 후반 의 경제적 세계화의 장을 마련해주었다.

그러나 1944년 여름, 이 회의가 개최될 당시에 대표단에게는 보다 임박한 사안이 있 었다. 바로 유럽의 재건과 대공황 같은 경제적 재난이 다시 반복되지 않게 하는 것이었 다. 경제 불안정이 결국 정치 불안정으로 이어진다고 믿었던 여러 정치인들은 세계 평 화만큼 중대한 사안이 없다고 느꼈다.

브레턴우즈 협정의 대표단에는 영향력 있는 영국 경제학자 존 메이너드 케인스도 있었다. 케인스는 정부가 경제에 적극적으로 개입하는 것을 지지했던 사람이었는데, 그의 이런 입장이 브레턴우즈 협정에서 합의된 정책에 반영되었다.

재건을 위해 대표단은 도로, 댐, 다리 같은 기반 시설 사업을 위해 중앙정부에 대금 을 대출해주는 기관인 세계은행을 인가했다. 전쟁이 끝난 후 이 대출의 혜택을 본 첫 번째 수혜국은 서유럽 국가들이었다.

또한 경제적 안정을 보장하기 위해 대표단은 IMF를 창설하여 국가들 사이의 환율 을 조정하게 했다. 이 기금은 경제적 어려움을 경험하는 국가들이 긴급 대출용으로 쓸 수 있다.

IMF와 세계은행 모두 지금까지 존재하며 세계 경제의 주요 부분으로 인정받고 있 다. 가입국들이 자국의 통화 가치를 미국 달러에 고정하게 하는 브레턴우즈 협정의 세 번째 조항은 1970년대에 파기되었다.

● 이 회의가 열린 뉴햄프셔주 화이트 마운튼스에 위치한 스키 리조트는 지금도 운영되고 있다.

● IMF와 세계은행 가입국이 아닌 나라는 쿠바와 북한을 비롯해 전 세계 몇몇 국가밖에 없다.

● 브레턴우즈 회의 이후 금에 대한 달러의 가치는 온스당 35달러로 고정되었는데, 이 금액은 1971년까지 그대로 유지 되었다.

125 | SAT 🏆 스포츠 | 로저 배니스터

1954년 5월 6일 아침, 로저 배니스터라는 25세의 영국 의대생이 신경과 수련의로 일하던 런던의 한 병원에 출근했다. 그날 오후, 그는 조퇴해서 기차를 타고 옥스퍼드로 향했고, 러닝화의 스파이크를 교체한 후 한때 불가능한 것이라 여긴 업적을 달성했다. 바로 1마일 (1.6km)을 4분 안에 돌파한 것이다.

1마일 달리기 기록은 20세기 초반 꾸준히 단축되었지만 1954년 전까지 8년 동안 4분 1초대에 머물러 있었고, 일부 사람들은 달리기선수들이 인간의 신체 능력의 한계에 도달한 것인지도 모른다고 생각했다. 그러나 1950년대 배니스터와 다른 아마추어 달리기선수들은 4분대의 장벽을 깨겠다는 목표를 세웠다.

배니스터는 영국의 해로 온 더 힐에서 태어났다. 정교한 스포츠 훈련과 홍보 계약, 기업 스폰서십이 생기기 전이었기에 그는 수업 시간과 병원 근무 시간 중간중간에 틈을 내어 기록을 깨기 위해 짬짬이 훈련해나갔다. 아마추어로 참가했던 배니스터에게는 어떤 상금도 주어지지 않았고, 심지어 그는 20달러 이상의 가치가 있는 트로피와 선물마저 모두 거절했다.

이 운명적인 경기는 바람 부는 어느 저녁에 약 1000명의 관객들 앞에서 벌어졌다. 배니스터의 훈련 파트너인 크리스 브래셔와 크리스 채터웨이가 경기 초반에 보조를 맞추면서 그가 기록을 단축할 수 있게 도왔다.

경기가 끝났을 때 아나운서가 시간을 발표하자, 군중은 환호성을 질렀다. 3분 59초 4의 기록은 곧 전 세계에 중계되었다.

그해 후반, 배니스터는 학업에 전념하기 위해 달리기를 그만두었다. 그는 저명한 신경과 의사가 되었고 2001년 은퇴했다.

• 호주 출신 존 랜디가 2개월도 채 지나지 않아 배니스터의 기록을 깼다. 그는 핀란드에서 열린 한 경기에서 3분 57초 9를 기록했다.
• 배니스터는 1975년 달리기가 아니라 신경과 의사로 이룬 공을 인정받아 기사 작위를 받았다.
• 현재 최단 기록 보유자는 모로코 출신의 히샴 엘 게루주로 1999년 3분 43초 13의 기록을 세웠다.

126 | SUN ☀ 팝 | 야구 카드

최초의 야구 카드는 1800년대 말 담배 또는 씹는 담배의 포장에 담겨 배포되었다. 베이브 루스, 호너스 와그너 같은 20세기 초의 대스타들이 싸구려 홍보용으로 제작된 작은 직사각형 담배 카드에 실렸다.

야구 카드의 생산은 2차 대전 중 일시적으로 중단되었다. 그러나 전쟁이 끝난 후 껌 회사인 톱스(Topps)가 1952년 카드 시리즈를 제작했는데, 최초의 현대적인 이 카드 세트는 1950년대와 1960년대에 불었던 야구 카드 열풍의 시작을 알렸다.

톱스 야구 카드는 단면이었던 담배 카드와 달리 선수의 사진이 실린 앞면과 타율이나 투구 관련 통계 등이 실린 뒷면으로 구성되었다. 또 톱스는 5센트짜리 포장에 자사의 핑크색 데이 글로(Day-Glo) 껌을 하나씩 넣기도 했다.

원래는 카드가 껌 판매량을 늘리기 위한 미끼로 만들어졌지만 머지않아 카드가 껌보다 더욱 많은 인기를 끌게 되었다. 1950년대 시작된 카드 수집은 수백만 미국 소년들의 취미가 되었다. 아이들은 카드를 맞바꾸거나 카드치기 놀이를 하거나 아니면 그저 작은 보물로 수집했다.

1980년대에는 잃어버린 어린 시절의 추억을 되찾고 싶어 하는 베이비부머들이 다시 야구 카드를 유행시키면서 1950년대의 희귀 카드 가격이 치솟기도 했다. 예술품 판매로 잘 알려진 경매 회사 소더비가 다락에서 찾아낸 야구 카드를 판매하기 시작하면서 뒤늦게 가치가 올라간 이 골동품을 내다 버린 엄마들이 갑작스레 비난을 받기도 했다. 1952년 오리지널 톱스 시리즈에 속하는 미키 맨틀 카드는 27만 5000달러에 판매되었는데, 이는 야구 카드 수집의 가장 귀한 성배이다.

• 아메리칸타바코컴퍼니가 발행한 1909년도 호너스 와그너 카드가 역사상 가장 귀한 야구 카드이다. 총 60개밖에 남아 있지 않는데, 그중 하나가 2007년 280만 달러에 판매되었다.

• 톱스는 1991년 카드 상자에 껌을 끼워 넣는 것을 중단했다.

• 이어 풋볼, 축구, 농구, 하키, 심지어 골프 트레이딩 카드도 제작되었다.

127 | MON 인물 | 존 F. 케네디

존 F. 케네디가 백악관에 머물렀던 시간은 짧았지만 그가 남긴 영향력은 대단했다. 냉전의 긴장감이 가장 팽팽하던 시기에 미국을 이끌었던 그는 앞을 내다보는 지도자, 뛰어난 연사로 여겨졌다. 그렇지만 그는 행정부를 이끈 지 고작 1000여 일 만에 충격적으로 암살된 후, 미국 역사에서 더욱 중요한 인물로 부각되었다. 그가 살해된 1963년 11월 22일은 20세기의 분수령으로 남아 있으며, 아마추어와 전문 역사가들 모두 누가, 왜, 케네디를 살해했는지에 대해 논쟁을 이어가고 있다.

1960년 대통령 선거에서 케네디가 부통령 리처드 닉슨을 상대로 거둔 승리는 역사상 가장 적은 표차로 당선된 것이었다. 43세의 케네디는 백악관에 입성한 가장 젊은 대통령이었을 뿐만 아니라 유일한 가톨릭신자 대통령이기도 했다.

그러나 확고한 권한을 확보하지 못했던 케네디는 사망하기 전 뉴프런티어라고 불렸던 대내적인 정책을 거의 실행하지 못했다. 대외적으로는 그의 반공산주의 외교 정책이 국제적인 대적수였던 소비에트 연방 총리 니키타 흐루쇼프와의 눈에 띄는 대립으로 이어지기도 했다. 가장 극적인 대립은 1962년 소비에트 연방의 무기가 쿠바에서 발견되고 난 후 30일 동안 미국과 소비에트 연방이 대치했을 때였다. 실제로 핵전쟁의 가능성이 임박한 상황에서 결국 흐루쇼프가 쿠바의 미사일과 부대를 철수했다.

케네디의 짧은 대통령 임기와 생애는 댈러스에서 열린 자동차 퍼레이드 도중 두 발의 총탄을 맞으면서 막을 내렸다. 그로부터 채 2시간도 지나지 않아 24세의 리 하비 오스왈드가 대통령을 암살한 혐의로 체포되었다. 그리고 이틀 후 나이트클럽 주인 잭 루비가 오스왈드를 총으로 살해했다.

1964년 케네디 대통령 암살사건조사위원회인 워렌위원회가 방대한 증거를 근거로 오스왈드가 단독으로 케네디를 암살했다고 결론 내렸다. 그러나 40여 년 동안 실시된 각종 여론조사 결과는 대부분의 미국인들이 케네디 대통령은 음모의 희생양이라고 믿는 것으로 나타났다.

- 케네디 대통령과 그의 아내 재클린은 멋진 외모에 패션 감각이 넘치는 커플로 백악관에 화려함을 더해주었다. 2명의 어린이들과 예술가, 지성인, 엔터테이너 등 다수의 방문객들이 백악관을 찾았던 케네디 대통령의 임기에 훗날 카멜롯이라는 동화 같은 이름이 붙여졌다.
- 고무적인 취임 연설에서 케네디 대통령은 다음과 같은 유명한 말로 미국인들을 설득했다. "나라가 자신을 위해 무엇을 해줄 것인가를 묻지 말고 자신이 나라를 위해 무엇을 할 수 있는지 물어보십시오."
- 1961년, 케네디 대통령은 평화봉사단을 발족했고, 1960년대 말까지 미국이 달 착륙을 할 수 있게 도와달라며 의회에 220억 달러를 요청했다. 새로운 우주 계획 아폴로 프로젝트로 1969년 7월, 두 사람이 달에 착륙했다.

128 | TUE 📖 문학 | 분노의 포도

위대한 미국 고전소설을 논할 때마다 언제나 《분노의 포도》가 목록에 포함된다. 캘리포니아주 출신의 존 스타인벡이 저술한 이 강력한 작품은 미국의 가난한 이민자 농부들의 역경을 미국인들에게 일깨워주었으며, 지금까지도 영문학 시간에 주요 과제로 활용되고 있다.

소설은 1929년부터 1930년대 중반까지 미국 경제가 마비되면서 실업률이 걷잡을 수 없어지고 대대적인 가난과 굶주림이 발생했던 대공황 시기를 배경으로 한다. 공황의 무게는 미 서부 농부들에게 특히 큰 짐이 되었는데, 가뭄과 무책임한 농업 활동에 기인한 먼지폭풍이라는 천재지변까지 발생하면서 대부분의 경작지가 황폐해졌기 때문이다.

《분노의 포도》는 고난의 먼지폭풍을 피해 이른바 오키라고 불리던 오클라호마주 사람들 수천 명과 미국의 66번 국도를 따라 캘리포니아주를 향해 서쪽으로 이동하던 오클라호마주 출신의 농부 가족, 조드 일가의 이야기를 그린다. 조드 가족은 강하고 단호한 마 조드를 중심으로 움직이는 전형적인 선량한 부류의 사람들이지만 결국은 마의 전과자 아들 톰에게 이끌린다. 곧 부서질 듯한 트럭에 삼대가 올라탄 채 그들은 캘리포니아주에서 일자리와 새로운 삶을 찾으려고 한다. 그 과정에서 그들은 비극을 접하게 되지만 몇몇 가족 구성원들은 그 사건을 통해 한층 더 강해진다.

《분노의 포도》는 미국의 사회저항소설의 계보를 잇는 작품이다. 이 유형의 작품으로는 해리엇 비처 스토의 반노예제도 소설 《톰 아저씨의 오두막》과 시카고 도축장의 어두운 상황을 폭로한 업턴 싱클레어의 《밀림》이 있다. 스타인벡의 소설이 전 세계적으로 찬사를 받았던 것은 아니다. 비평가들은 그의 압제적인 성향, 감상주의 그리고 캐릭터들을 방대하게 그리려고 하지만 특별히 깊이 묘사하지 않는 성향을 지적한다. 그럼에도 스타인벡의 스토리텔링 기법은 분명 효과적이고, 그의 작품은 미국 역사상 가장 어려운 시기를 혹독하게 일깨워주는 소설로 남아 있다.

● 《분노의 포도》로 스타인벡은 그의 좌파적 정치 성향과 노동조합에 대한 지지를 몹시 싫어하던 여러 사업가들과 지주들로부터 개인적인 분노를 사기도 했다.
● 《분노의 포도》가 가장 오래 기억되는 스타인벡의 작품으로 꼽히긴 하지만, 그는 나중에 집필한 《에덴의 동쪽》을 자신의 최고 작품으로 꼽았다.
● 《분노의 포도》는 1940년 동명의 영화로 제작되어 찬사를 받았다. 이 영화에는 헨리 폰다, 제인 다월 그리고 존 캐러딘이 출연했고, 영화의 엔딩은 소설과 상당 부분 다르게 제작되었다.

129

WED
음악

카운트 베이시

월리엄 앨런 '카운트' 베이시는 성공한 재즈 작곡가 겸 피아니스트로, 역사가들은 그가 자신의 밴드, 카운트 베이시 오케스트라를 통해 20세기의 가장 위대한 음악적 재능을 가진 사람들을 배양하고 선보인 것을 가장 뛰어난 업적으로 꼽는다.

뉴저지주 출신의 베이시는 캔자스시티와 시카고에서 피아노를 연주하고 밴드를 이끈 후, 1936년 말 뉴욕에 정착했다. 그의 밴드는 듀크 엘링턴의 밴드만큼이나 훌륭한 기량을 가진 밴드로 인정을 받았는데, 엘링턴의 밴드처럼 베이시의 오케스트라도 후에 더욱 유명해지는 음악가나 가수들의 출발점이 되는 경우가 많았다.

베이시 오케스트라를 거쳐간 가장 유명한 사람 중에는 테너 색소폰 연주자 레스터 영도 있었다. 영이 처음 활동을 시작했을 때 색소폰은 대체로 재즈 연주의 배경 악기로 여겨졌고 솔로 악기로써 중요성을 아직 얻지 못한 상태였다. 베이시의 밴드에서 연주하면서 영은 색소폰이 중요한 재즈 악기로 자리매김하는 데 기여했다. 가장 오래 지속된 영의 영향은 어쩌면 빅밴드의 고루한 격식과 달리 비밥 시대에 재즈와 연관되는 최신 유행을 따르는 태도를 구축한 것일지도 모른다.

베이시 밴드에서 활동을 시작한 가수들은 더 유명하다. 블루스에 대한 열정을 가지고 있던 베이시는 자신의 밴드를 이용해 위대한 가수들을 알렸다. 베이시의 지원으로 혜택을 받은 사람들 중에는 빌리 홀리데이와 빅 조 터너가 있다. 터너가 블루스 가수로 밴드에서 활동하긴 했지만, 후에는 로큰롤의 초기 선구자가 되었고 1954년에는 록의 고전 《쉐이크, 래틀 앤 롤》을 취입하기도 했다.

1950년대 초 빅밴드의 인기가 시들해지면서 베이시도 명성을 일부 잃었지만, 그는 변함없이 문화인으로 남았고, 프랭크 시나트라에서 멜 브룩스에 이르는 다양한 예술가들과 협업하기도 했다.

- 카운트 베이시와 그의 밴드는 1974년도 멜 브룩스 감독의 코미디 영화 〈불타는 안장〉에 카메오로 출연했다.
- 프랭크 시나트라의 베스트셀러 앨범 《시나트라 앳 더 샌즈》는 라스베이거스에서 베이시 오케스트라와 녹음한 라이브 공연 앨범이다.
- 많은 사람들이 루이 암스트롱, 엘라 피츠제럴드, 셀로니어스 몽크보다 베이시의 1955년도 음반 《에이프릴 인 파리》를 사상 최고의 음반으로 꼽는다.

130 | THU 영화 | 알프레드 히치콕

영국 태생의 감독 알프레드 히치콕은 긴장감 넘치는 스릴러물로 '서스펜스의 대가'라는 별명을 얻었다. 그의 영화는 주로 범죄자, 스파이, 심리 드라마를 다뤘으며, 사람을 오인해서 희생자가 되거나 무고한 사람들이 스스로 통제할 수 없는 상황에 휘말리는 이야기를 그렸다. 히치콕은 작품 속에서 서스펜스를 고조시키기 위해 편집을 능수능란하게 이용했을 뿐 아니라 관객을 이야기 속에 끌어들이기 위한 목적으로도 사용했다. 실제로 가장 많은 찬사를 받은 〈현기증〉, 〈사이코〉 그리고 특히 〈이창〉 같은 작품들이 모두 관음증이라는 공통적인 주제를 담고 있다.

히치콕은 활동 초기 영국에서 〈39계단〉과 〈반드리카 초특급〉을 통해 서스펜스를 활용하는 실력을 닦았다. 1939년 할리우드로 건너간 그는 첫 번째 장편영화 〈레베카〉부터 비평가들의 찬사를 받는 동시에 흥행했고, 아카데미 작품상까지 수상했다. 〈해외특파원〉, 〈의혹〉, 〈스펠바운드〉 그리고 그의 활동 중기 대작인 〈오명〉으로 계속해서 할리우드에서 성공을 이어나갔다.

제임스 스튜어트와 그레이스 켈리가 출연한 〈이창〉은 히치콕의 전성기를 이끌었다. 이 영화는 걷지 못하는 상태로 그리니치빌리지 아파트 이웃들의 삶을 엿보는 것이 유일한 낙인 부상당한 사진사를 중심으로 펼쳐지는 이야기를 그렸다. 히치콕은 두 가지 평행 세계를 만들었는데, 하나는 스튜어트가 이웃들을 보는 세상이고, 다른 하나는 관객이 스튜어트와 함께 바라보는 세상이다.

스튜어트가 출연하는 또 다른 영화 〈현기증〉은 흥행에 성공하지는 못했지만 히치콕 최고의 작품으로 인정받는다. 이 영화는 히치콕이 집착하는 주제인, 여성에 대한 욕망이나 여성들을 통제하고자 하는 욕구를 가장 분명하게 나타낸 작품이다. (이 작품에서는 킴 노박이 그 대상이 된 여성을 연기했다.)

〈북북서로 진로를 돌려라〉와 〈새〉 또한 평단의 극찬과 함께 흥행에 성공한 작품이다. 그러나 감독을 가장 유명하게 해준 영화는 아마도 현대 공포영화라는 전혀 새로운 장르를 낳은 〈사이코〉일 것이다. 사이코를 상징하는 몇몇 요소는 버나드 허먼의 귀청을 찢는 듯한 음악과 베이츠 모텔, 재닛 리의 샤워 장면이다.

- 히치콕은 아카데미 감독상 후보에 5번 올랐지만 단 한 번도 수상하지 못하고, 결국 1968년 어빙솔버그기념상 평생 공로상을 수상했다.
- 히치콕은 자기 작품에 카메오로 출연하는 것으로 유명하다. 그는 통틀어 37번 카메오로 출연했다.
- 히치콕은 활동할 당시 많은 비평가들로부터 인정을 받지 못했지만, 프랑스 저널 《카예 뒤 시네마》에 기고한 여러 작가와 감독들은 영화에서 감독이 곧 작가라며 그의 대의를 작가주의의 일부라고 옹호했다.

131

핵폭탄

 1945년 8월 6일, 미국은 암호명 '리틀 보이'라는 작은 우라늄 기기를 일본의 히로시마로 떨어뜨려 12만 명에서 14만 명에 이르는 목숨을 앗았다. 오늘날까지도 세계 정치 속에서 핵무기 전쟁은 큰 역할을 차지하면서 핵폭탄 개발과 폭파의 의미는 이런 파괴적인 인명 손실을 훨씬 넘어서는 파문을 일으키고 있다.

핵폭탄은 20세기 최고의 두뇌를 동원한, 맨해튼 프로젝트라고 알려진 극비 정책을 통해 개발되었다. 닐스 보어, 엔리코 페르미 같은 맨해튼 프로젝트에 참여했던 여러 과학자들은 미국이 맞서 싸우던 추축국에서 추방된 사람들이었다. 원자력 사용에 대한 연구는 원래 나치가 이미 그들만의 핵무기를 개발해서 시험하고 있을 것이라는 두려움에서 비롯되었다. (나치가 그랬던 것은 아니었다. 아니, 적어도 성공하지는 못했다.)

2차 대전에서 핵폭탄을 사용한 것은 예나 지금이나 큰 논란이 되고 있다. 옹호론자들은 일본의 가미가제 같은 자살특공대원들이 연합군의 승리가 임박한 상황에도 전혀 투항할 기미를 보이지 않았기 때문에, 핵폭탄이 전쟁의 종식을 앞당기면서 결국 무수히 많은 병사들의 삶을 구했다고 주장한다.

반면, 비판론자들은 국제적으로 인정받은 전투 규정을 어기고 엄청난 수의 적국 시민들을 끔찍하게 죽인 것을 애통해한다. 또한 히로시마와 나가사키에 폭탄을 투하함으로써 소비에트 연방이 그들만의 핵무기 개발에 박차를 가하게 만들어 실제로 냉전을 유발했다고 믿는다.

원자력의 이용은 만들고 파괴하는 인류의 이중적인 성향을 완벽하게 보여주는 사례로 세계의 상상력을 사로잡았다. 냉전 기간 중 핵으로 인한 전멸에 대한 공포가 세계 정치의 틀이 되었고 지금까지도 북한과 이란 같은 일부 국가들이 핵 프로그램 개발 혐의를 받으면서 전 세계 지도자들의 주의를 끌고 있다.

- 록밴드 러시는 '맨해튼 프로젝트'라는 제목의 노래를 만들었다.
- 핵폭탄의 주요 설계자 중 이탈리아의 물리학자 엔리코 페르미는 유대인 여성과 결혼했다. 그들은 무솔리니의 반유대인 정책을 피해 미국으로 이주했다.
- 스탠리 큐브릭이 감독한 전형적인 냉전 영화 〈닥터 스트레인지러브〉는 세상의 마지막 날 핵 기기의 폭발을 통해 전 세계가 파괴되는 것에 대한 두려움을 풍자했다.

132 | SAT ♛ 스포츠 | 지상 최고의 경기

1958년 12월의 어느 추운 일요일, 양키스 스타디움의 땅거미 속에서 현대의 미국프로
풋볼리그(NFL)가 탄생했다.

'지상 최고의 경기'라는 별명을 얻은 최초의 NFL 타이틀 경기에서 볼티모어 콜츠가
뉴욕 자이언츠를 23:17로 누르면서 연장전에서 승패가 났다. 이 경기 자체가 흥미로웠
는데, 콜츠가 17:14로 지고 있는 상황에서 자이언츠를 따라잡아 연장전까지 끌고 갔
고, 결국 우승을 차지했다.

그러나 이 경기는 볼티모어가 NFL의 우승을 차지한 것 이상의 의미가 있다. 이 경기
는 현대 NFL의 탄생으로 이어졌고 25세의 콜츠 쿼터백 조니 유니타스를 빛나게 해주
었다. 이 경기가 신화적인 수준으로 등극하는 데는 TV가 큰 역할을 했다. 얼마 되지 않
던 미국 전역의 관객들이 유니타스와 훗날 프로풋볼 명예의 전당에 입성하게 되는 선
수 11명의 영웅적인 플레이를 보기 위해 채널을 돌렸고, 많은 비평가들은 바로 이때부
터 NFL이 인기를 얻기 시작해서 1960년대 중반에 이르러 가장 인기 있는 미국 스포츠
가 된 것으로 본다.

1분 56초가 남은 상황에서 17:14로 끌려가던 콜츠와 유니타스는 자기 팀의 14야드
라인에서 공을 차지했다. 유니타스는 필드 중반에서 패스로 콜츠를 자이언츠 영역 속
깊숙이 끌고 갔고, 7초가 남은 상황에서 스티브 마이라가 20야드 필드골을 넣었다.

자이언츠는 공을 가지고 단판승부 연장을 시작했지만 결국 펀트를 할 수밖에 없는
상황에 놓였다. 콜츠는 자기 팀 20야드 라인을 장악했고, 유니타스가 와이드 리시버 레
이몬드 베리에게 13번째와 14번째에서 21야드 패스를 성공한 것도 포함해 연달아 결
정적인 패스를 성공했다.

드라이브의 13번째 플레이에서 콜츠의 풀백 알란 아미치가 유니타스에게 공을 넘겨
받았고 결정적인 터치다운을 위해 1야드를 내리꽂으면서 지상 최고의 경기가 끝을 맺
었다.

- 12명의 명예의 전당 선수들 외에도 후에 명예의 전당에 입성하게 되는 3명의 코치들이 있는데, 콜츠의 수석코치 윕
유뱅크와 자이언츠의 공격 코디네이터 빈스 롬바디 그리고 자이언츠의 수비 코디네이터 톰 랜드리였다.
- 자이언츠는 그해 11월 9일에 콜츠를 24:21로 이겼다.
- 자이언츠에서 뛰었던 두 선수는 유명한 방송인이 되었다. 팻 서머롤은 2점의 엑스트라 포인트를 얻은 필드골을 찼
고, 프랭크 기포드는 2번이나 헛발질을 했다.

133 | SUN ☀ 팝 | 비버는 해결사

이른바 TV의 황금기였던 1950년대에는 〈왈가닥 루시〉, 〈오지와 해리엇의 어드벤처〉를 비롯한 가족 기반의 시트콤이 많았다. 그러나 이런 프로그램에서 아이들이 등장하는 경우는 드물었고, 성인 캐릭터에만 집중했다.

반면 1957년에 처음으로 방영되었던 〈비버는 해결사〉라는 시트콤은 시어도어 '비버' 클리버라는 7살짜리 소년과 그의 형 월리, 그들의 부모 준과 워드를 중심으로 이야기가 펼쳐졌다.

지금은 이 프로그램이 1950년대 말 1960년대 초의 가장 상징적인 TV 시리즈로 여겨지지만 방영 당시 6시즌 동안 그다지 인기를 얻지 못했다. (CBS는 1시즌 후 이 프로그램을 폐지했고, ABC가 이어 받아 5시즌을 방영했다. 실제로 1980년대에 재방송이 방영되었을 때 시청률이 최고에 달했다.)

이 프로그램은 조 코넬리와 밥 모셔가 제작했는데, 그들은 아이들이 성인처럼 연기하는 모습보다 아이다운 행동을 하는 것을 현실적으로 보여주려고 시도했다. 예컨대 한 에피소드에서는 비버가 이발비를 잃어버린 사실을 감추기 위해 월리가 비버의 머리를 우스꽝스럽게 잘라놓는 내용이 나오는데, 이건 실제로 모셔 자신이 어린 시절 겪었던 경험이다.

대부분의 에피소드들은 키우던 고양이를 잃어버리는 것에서 가정용 배관을 망가뜨리는 것에 이르기까지 전형적으로 무모한 장난에 치중했다. 그 외의 에피소드들은 알코올 중독('비버와 앤디')이나 이혼('비버의 투숙객') 같은 보다 성숙하고 그 당시로는 획기적인 주제를 다뤘다.

종영에 다가갈수록 월리가 청소년기에 들어서면서 이 프로그램은 다른 주제로 전환하기 시작했다. 그러나 1963년 9월 프로그램이 폐지되면서 새로운 방향마저 갑자기 중단되었다.

• 원년 배우들이 1983년도 장편영화 〈비버는 해결사〉에서 다시 재회했다. 이 영화는 이 프로그램이 다시 주목을 받게 되는 계기가 되었다.

• 이 프로그램의 파일럿 에피소드였던 '좁은 세상이야'는 오리지널 시리즈와 함께 방영되지 않았고, 워드와 월리 역에도 다른 배우들이 출연했다. 이 파일럿 녹화본은 1987년까지 행방이 묘연했다.

• 공동제작자 코넬리는 비버라는 이름을 2차 대전 구축함에 함께 승선했던 동료 선원의 이름에서 따왔다.

134 | MON 인물 | 교황 요한 23세

전 세계가 현대화, 우주 경쟁, 핵전쟁에 대한 불안감에 시달리고 있던 1962년, 교황 요한 23세는 가톨릭이 시대에 뒤처질 것을 우려했다. 그는 새로운 세상과 접촉하기 위해서는 새로운 정신이 필요하고, 그러기 위해서는 가톨릭이 보다 개방적으로 변하고 모든 종교를 믿는 사람들을 환영해야 한다고 믿었다.

그해를 기점으로 교황 요한 23세는 현대 가톨릭교회가 직면한 문제들을 제기하기 위해 제2차 바티칸공의회('Vatican II'라고도 알려져 있다)를 소집했다. 그 당시에는 세계에서 가장 큰 종교의 고위층이 모여서 가톨릭의 오래되고 보수적인 태도가 현대를 다루는 최고의 방법이 아닐 수도 있다는 것을 암묵적으로 인정하는 것이 굉장히 놀라운 일이었다.

3년간의 공의회에서 내린 결과 대부분은 교황 요한 23세가 사망한 1963년 이후에 실행되었는데, 그 가운데 미사는 라틴어를 대신해 그 지역의 언어로 관장할 수 있도록 허락한 것, 종교의 자유에 대해 가톨릭 국가의 보다 관대한 결정 등 그때까지보다 자유로운 정책 몇몇이 포함되었다.

교황 요한 23세는 이탈리아 소토 일 몬테에서 안젤로 주세페 론칼리라는 이름으로 태어났다. 교황이 되기 전에 그는 불가리아, 터키, 그리스, 프랑스에서 교회를 섬겼던 세상 물정에 밝은 사람이었다. 1930년대와 1940년대에는 유럽에서 자신의 영향력을 이용해 유대인들이 나치의 박해에서 벗어나도록 도와주기도 했다.

그는 1958년에 교황 비오 12세의 뒤를 이어 교황으로 선출되었고, 관대함과 따스함으로 '선하신 교황(Il Papa Buono)'이라고 알려졌다. 그가 81세의 나이로 사망하기 전에 보였던 마지막 주요 행보는 《지상의 평화》라는 회칙을 출간한 것이었다. 이 회칙에는 인권을 인정해야만이 세상의 평화가 이루어질 수 있다고 명기되어 있다.

- 2000년에 교황 요한 23세가 시복되면서 성인이 되기 전 마지막 단계에 올랐다.
- 그는 1962년에 제2차 바티칸공의회를 소집한 것으로 《타임》에 의해 올해의 인물로 선정되었다.
- 그의 따스함은 재클린 케네디가 바티칸을 방문했을 때의 일화를 통해서도 볼 수 있다. 교황 요한 23세가 그녀를 어떻게 불러야 할지 보좌관에게 물었고, 그 보좌관은 '케네디 여사(Mrs. Kennedy)' 또는 '마담'이라고 부르는 것이 적절하다고 대답했다. 교황 요한 23세는 두 가지 호칭을 모두 연습했지만 막상 그녀가 도착했을 때 그는 팔을 벌리고 "재클린!"이라고 외쳤다고 한다.

135 | TUE 📖 문학 | 이방인

알베르 카뮈의 《이방인》은 20세기 유럽 문학과 철학 작품 중 가장 중요한 작품으로 지금까지도 널리 읽히는 소설이다. 이 짧고 이해하기 쉬운 소설은 눈을 뗄 수 없는 긴장감 넘치는 줄거리로, 카뮈와 당대의 여러 철학적 인물들이 갖고 있던 부조리주의 세계관을 명확하고 간결하게 표현한다.

이 소설의 제목인 '이방인'은 프랑스령 알제리에서 목적 없이 사는 젊은이 뫼르소를 가리키는 것으로, 주변 세상과 완전하게 감정적으로 동떨어진 인물이다. 소설 초반 그는 그의 어머니가 사망했다는 사실을 알게 되지만 어떤 슬픔도 표현하지 않고 장례식에 관한 어떤 것도 사실상 기억하지 못한다. 몇 주 후 그는 여자친구와 함께(그는 여자친구에게도 대개 무심하다) 바닷가에 있는 한 친구의 집을 방문하기로 한다. 해변에서 뫼르소의 동행이 한 아랍 남자와 다툼을 벌인다. 그날 오후 뫼르소는 동행의 총을 가지고 해변으로 되돌아가서 혼란스러워하다가 그 아랍 사람을 아무 이유도 없이 총으로 쏴 죽인다.

뫼르소는 체포되어 살인 혐의에 대한 재판을 받는다. 재판관들은 그가 사형 판결에 위협을 당하는 순간에도 후회하는 모습과 하나님에 대한 믿음을 보이려는 의지가 전혀 없는 것을 보고 몸서리친다. 재판관들은 뫼르소가 아랍인을 살해한 사실이 아니라 사회의 도덕성에 대한 일반적인 개념을 무시하는 것을 문제 삼으면서 재판은 웃음거리가 된다.

사형이 임박한 상황에서 뫼르소는 마침내 열정을 드러내며 인생은 터무니없고 의미 없으며 하나님이 존재하지 않는다는 자신의 관점을 피력한다. 뫼르소에게는 그리고 카뮈에게는, 이런 세계관이 반드시 암울하고 비관적인 것만은 아니다. 사실 이런 세계관은 평화와 평온의 원천이다. 결국 뫼르소는 '세상의 온화한 무관심'에 내맡겨져 거의 고귀한 인물처럼 보이는 데 성공한다.

- 비록 사람들은 카뮈를 실존주의 철학과 연관지어 생각하지만 그는 그런 주장을 일축했고, 자신은 어떤 학파에도 속하지 않는다고 주장했다.
- 카뮈는 1957년 노벨문학상을 수상하고 불과 3년 후 프랑스에서 교통사고로 사망했다.
- 카뮈는 프랑스 철학자 겸 작가인 장 폴 사르트르와 친한 친구 사이로, 사르트르의 주요 작품으로는 《구토》와 《닫힌 방》이 있다.

136 | WED 🎵 음악 | 루이 암스트롱

재즈 비평가 냇 헨토프는 윌리엄 셰익스피어가 그 이전의 시인, 극작가들과 가진 관계가 루이 암스트롱과 전대의 재즈 음악가의 관계와 같다고 쓴 적이 있다. 새치모 (Satchmo, 루이 암스트롱의 애칭 — 옮긴이) 이전에도 재즈 뮤지션은 있었지만 그는 전임자들 위로 우뚝 솟았고 후대 재즈 음악가 모두에게 지대한 영향을 미쳤다.

루이 대니얼 암스트롱은 재즈의 발상지 뉴올리언스에서 태어났다. 그러나 그가 처음 유명세를 타기 시작한 것은 1920년대 초반 시카고로 이주하면서부터다. 그 무렵에는 시카고가 재즈 공연의 중심지였다. 암스트롱은 먼저 조 '킹' 올리버가 이끄는 밴드에서 트럼펫을 연주했는데, 그곳에서 그는 예정된 단체 연주를 따르지 않고 즉흥 솔로 연주를 중심으로 하는 연주 스타일을 개척했다.

그러나 암스트롱은 곧 올리버의 밴드를 떠났고 1920년대 중후반에 그의 전설적인 두 그룹 핫파이브, 핫세븐과 함께 레코드를 제작했다. 이때 그의 대표 음반 《포테이토 헤드 블루스》, 《웨스트 엔드 블루스》 등을 만들었다.

암스트롱은 특히 1940년대 말 결성한 올 스타스 그룹과 함께 수십 년간 연주와 혁신을 이어갔다. 또 그는 다수의 훌륭한 음악가들과 협업하기도 했는데, 그중에서 가장 유명한 사람은 아마 엘라 피츠제럴드일 것이다. 일부 비평가들은 이런 콜라보로 인해 암스트롱의 뛰어난 재능이 빛을 보지 못했다고 생각했지만, 그래도 상업적으로 가장 인기 있었다.

암스트롱이 트럼펫 연주자들에게 끼친 영향은 엄청났다. 마일스 데이비스는, "루이가 연주하지 않은 것을 트럼펫으로 연주할 수는 없다"고 말했고, 디지 길레스피는 한 술 더 떠서, 재즈 역사 전체가 암스트롱에게 빚을 졌다고 주장했다. "그가 아니었다면 우리 가운데 어느 누구도 없었을 것이다. 나는 내 생계를 이어준 암스트롱에게 감사를 표하고 싶다."

- 그의 곡 〈머글스〉는 마리화나를 나타내는 속어로, 암스트롱은 평생 동안 열정적으로 마리화나를 애용했다.
- 1964년 〈헬로우, 돌리〉의 리메이크곡으로 빌보드 팝 차트에서 비틀스를 1위에서 떨어뜨린 사람이 바로 암스트롱이었다.
- 자서전과 산발적인 글 외에도 암스트롱은 《새치모식으로 살 빼기》라는 다이어트 책을 출간하기도 했다.

137 | THU 📽️ 영화 | 오손 웰스

영화 역사상 누구도 할리우드에서 오손 웰스만큼 뛰어나고 당혹스러운 활동을 했던 사람이 없다. 그는 1939년 24세의 천재로 영화계에 발을 들였고, 2년 만에 여러 비평가들과 영화 관람객들이 역대 최고의 영화라는 〈시민 케인〉의 감독, 제작, 공동 집필을 맡는 동시에 직접 출연하기까지 했다.

극장과 라디오계에서 웰스의 명성은 너무나 대단해서 그가 할리우드에 도착했을 때 RKO픽처스는 저명한 영화제작자들이라면 모두 부러워할 만한 계약 조건을 제시했는데, 그에게 〈시민 케인〉에 대한 완전한 예술적 통제권을 준 것이다. 웰스는 직접 미디어의 거물 찰스 포스터 케인을 연기했고(케인은 윌리엄 랜돌프 허스트를 비롯한 여러 언론 거물들을 대충 본떠 만든 캐릭터이다), 영화를 연출했다. 이 영화는 특히 촬영 감독 그레그 톨런드의 성과가 빛나면서 기술적으로 유명해지기도 했다. 〈시민 케인〉이 평단의 호평을 받긴 했지만, 흥행에는 실패했고, 아카데미상도 각본상 단 하나만 수상했을 뿐이었다.

웰스의 남은 활동 기간은 충족되지 않은 야망, 금전적인 문제, 스튜디오의 배반 등으로 얼룩졌다. 그는 〈시민 케인〉 이후 〈위대한 엠버슨가〉를 제작했다. 비록 많은 비평가들이 이 영화를 대작으로 여겼지만 RKO는 웰스가 브라질과 멕시코에서 다른 작품에 참여하는 동안 러닝타임의 3분의 1을 삭제했다. 그가 그다음으로 제작한 영화 〈이방인〉, 〈상하이에서 온 여인〉, 〈맥베스〉 역시 모두 그의 바람과 달리 일부가 삭제되는 운명을 겪었다. 웰스는 대개 불운했던 감독 일을 계속하기 위해 연기를 하기도 했는데, 가장 주목할 만한 것으로 〈제3의 사나이〉를 꼽을 수 있다.

그의 마지막 할리우드 영화인 〈검은 함정〉은 필름 느와르 시대의 마지막 위대한 작품으로 꼽힌다. 그러나 흥행에 참패했고, 1998년 재편집되기 전까지 웰스의 의도를 그대로 반영하지 않았다. 그는 70세의 나이로 사망할 때까지 조연으로 출연하고 해외에서 감독을 하며 남은 생을 보냈다.

- 웰스는 전설적인 동료 배우 리타 헤이워드와 1943년 결혼했으나 1948년에 이혼했다. 헤이워드는 〈상하이에서 온 여인〉에 웰스와 함께 출연했다.
- 금전적인 문제 때문에 웰스의 《오델로》는 완성하기까지 수년이 걸렸다. 이 영화는 1952년 마침내 개봉했고 칸느영화제에서 황금종려상을 수상했지만 1955년까지 미국에서는 개봉되지 않았다.
- 웰스는 1938년 할로윈 전날 라디오 방송에서 H. G. 웰스의 소설 《우주 전쟁》으로 전국적인 유명세를 타게 되었다. 이 방송을 들은 많은 청취자들은 화성인들이 실제로 뉴저지주에 착륙했다고 믿었다.

138 | FRI ⊕ 사회 | 교외화

2차 대전 후 살 집과 땅을 찾는 수백만 명의 미국인들이 도시에서 벗어나 새롭게 구축된 교외의 소도시로 이주했는데, 이러한 트렌드는 곧 커다란 사회적, 환경적 결과로 이어졌다. 너무나 많은 주민들이 갑자기 떠나면서 오래된 도심 지역이 위기에 봉착했다. 반면 교외가 마구잡이로 확장되면서 수백만 에이커의 시골 농경지가 이른바 스프롤 현상(무질서하게 뻗어나간 도시 외곽 지역 — 옮긴이)으로 사라져갔다.

2차 대전 이후 대규모 주택 부족 사태로 인해 교외화가 촉발되었다. 1930년대 발생한 대공황 기간에는 새로 지어진 집이 거의 없어서 귀국한 많은 참전용사들이 주거지를 찾을 수가 없었다. 뉴욕 같은 도시에서 일부 가족들은 아주 작은 아파트를 함께 나눠 써야만 했다. 1947년 열린 의회 증언에서 주택 공급 옹호자들은 "참전 용사들과 시민들 모두 전후 꿈에 그리던 집의 몰락을 보고 있다"고 말했다.

그에 대한 대응으로 개발자들은 아무런 기반도 없는 곳에 새로운 공동체를 건설하기 시작했다. 전후 최초이자 가장 유명한 교외 도시인 뉴욕의 레빗타운(Levittown, 조립식 주택단지)은 1947년 입주를 시작했다. 그 후로 수십 년 동안 수천 개의 교외 도시들이 생겨났다. 1950년대 경제가 성장하면서 교외 도시는 전후 미국의 번영을 상징하게 되었다.

그러나 중산층 주민들이 떠나면서 많은 옛 도시들은 쇠퇴하기 시작했다. 1960년대 옛 도시의 불안정한 상황은 또 한 차례 교외로의 이주에 불을 붙이면서 이런 트렌드를 더욱 악화시켰다. (두 번째 대이동은 '화이트 플라이트'라고도 알려져 있다.)

또한 교외화는 수백만 명의 미국인들이 자가용을 유일한 교통수단으로 삼게 만들기도 했는데, 경제학자들과 사회과학자들은 이로 인해 공해가 증가하고 수입 원유에 대한 의존도가 높아졌으며 심지어 미국의 충격적인 비만율의 원인도 이 트렌드 때문이라고 주장한다.

• 일부 인구 통계학자들과 도시 계획가들이 도시를 직접 둘러싸고 있는 교외의 외곽에 현재 개발 중인 형태를 지칭하기 위해 준교외(exurbs)라는 새로운 용어를 만들어냈다.

• 약 20년에 걸쳐 디트로이트, 뉴어크, 뉴저지, 워싱턴 같은 도시의 백인 인구가 가파르게 감소하면서 여러 미국 도시들의 인구 통계가 단시간에 급격하게 변했다.

• 레빗타운은 교외 지역을 건설한 건설회사 레빗앤선스의 이름을 따서 지어졌다.

139 | SAT 🏆 스포츠 | 존 우든

다른 대학 농구 감독들이 존 우든보다 더 많은 경기에서 이겼지만 생전에 그만큼 많이 챔피언십 우승을 거머쥐거나 성공의 윤곽을 남긴 사람은 없다. 우든은 사람을 만드는 게 우선이고, 농구코치는 그다음이라고 여겼다. 1960년대와 1970년대에 그가 캘리포니아대학교 로스엔젤레스(UCLA)에서 남긴 유산은 타의 추종을 불허하는 성공의 연속이다. 그는 총 10번의 대학농구 챔피언십을 따냈는데, 그중 7번은 1967년부터 1973년까지의 연속 우승이어서, 선수들로부터 깊은 존경심과 감탄을 자아냈다.

그는 여러 고등학교와 인디애나주립대학교의 전신인 인디애나티처스 칼리지에서 성공적인 감독 생활을 한 후 1948년 UCLA로 옮겼다. 그는 그만의 성공 피라미드를 바탕으로 프로그램을 구축했는데, 충성심, 우정 그리고 열정 같은 덕목이 모두 '위대한 경쟁력'으로 이어진다는 점을 강조했다. 매년 훈련 첫날마다 그는 선수들에게 제대로 양말을 신고 신발끈을 묶는 법을 보여줬다. 많은 선수들이 그의 구시대적인 방식에 놀랐고, 진부하다고 생각하는 선수들도 있었지만, 효과는 있었다.

우든은 UCLA에서 27시즌을 보내는 동안 620승 147패를 기록했고 그의 팀은 그가 감독으로 활약했던 마지막 12년 동안 10번의 미국대학체육협회(NCAA) 우승을 거머쥐었다. 또한 그의 UCLA 브루인스는 88연승(1971년~1973년)과 NCAA 토너먼트 38연승(1964년~1974년)을 달성했으며 4번은 30전 30승의 무패를 기록하기도 했다. 그의 선수들 가운데에는 대학농구 역사상 가장 위대한 2명이 있었는데, 하나는 훗날 카림 압둘자바로 이름을 개명하는 루 일신도어였고 다른 한 선수는 빌 월튼이었다.

우든은 감독으로 성공하기 전에 퍼듀대학교에서 미국의 최우수 가드로 활약했다. 그는 1932년 퍼듀 보일러메이커스를 내셔널 챔피언으로 이끌었고 이후에는 선수이자 감독으로 농구 명예의 전당에 입성한 최초의 인물이 되었다.

• 선수 시절 우든은 코트 전역을 누비는 인디애나 러버맨으로 알려졌다. UCLA에서는 '웨스트우드의 마법사'라는 별명으로 불렸다.
• 2008년에 텍사스기술대학교에서 은퇴한 바비 나이트가 902승을 올리며 남자농구 1부 역사상 최다 우승 기록을 보유한 감독이 되었다. 테네시의 여자 코치 팻 서밋은 그보다 더 많은 우승을 기록했는데, 2007년까지 981승이다.
• 2차 대전에서 우든은 미 해군 중위로 복무했다.

140 SUN 팝 아메리칸 밴드스탠드

〈아메리칸 밴드스탠드〉는 미국 최초의 TV 음악 프로그램으로 30년간 전파를 타고 방영되는 동안 수백 개의 록밴드들을 대중에게 알리는 데 도움을 주었다. 이 프로그램은 또한 수많은 음악 그룹을 배출했던 〈소울 트레인〉, 〈솔리드 골드〉 같은 프로그램의 모티프가 되었다.

원래 '밴드스탠드'라고 불렸던 이 프로그램은 1952년 10월 7일 한 필라델피아 TV방송국에서 필라델피아 디스크자키 밥 혼의 진행으로 처음 방영되었다. 포맷은 단순했다. 혼이 음악을 연주하고 청소년들이 춤을 쳤으며, 프로그램이 끝날 무렵에는 무대에서 몇 곡의 노래가 라이브로 연주되었다. 디온 앤 벨몬츠, 빌 헤일리 앤 커밋츠, 버디 홀리가 모두 〈밴드스탠드〉 초반에 출연한 밴드들이었다.

1956년 혼이 음주운전으로 체포되면서 라디오 디제이로 젊은 딕 클라크가 진행을 맡았다. 이 프로그램의 잠재성을 인식한 클라크는 이듬해에 ABC방송국 임원들에게 이 프로그램을 미국 전역에 방송할 것을 자주 권유했다. 클라크의 집요함이 빛을 보았고 1957년 8월 5일, 〈아메리칸 밴드스탠드〉가 미국 전역에 방송되었다.

클라크는 여러 가지 다른 중요한 변화도 줬다. 그는 가능할 때마다 관객들의 참여를 독려하면서 춤을 추는 청소년들에게 자주 음악에 대한 의견을 묻고, 때로는 그들에게 라이브 공연의 소개를 맡기기도 했다. 또 여러 아프리칸-아메리칸 연주자들이 충분히 인정을 받지 못한다는 사실을 알아차린 그는 프로그램에 등장하는 라이브 공연을 인종적으로 화합할 것을 고집했다. 클라크의 노력은 샘 쿡, 척 베리, 패츠 도미노의 활동을 북돋웠다.

30여 년 후 ABC방송국은 1989년 〈아메리칸 밴드스탠드〉를 폐지했다. 그때까지 이 프로그램에 출연한 연주자들은 1만 명이 넘었고, 60만 명의 청소년들이 춤을 췄던 것으로 추정된다. 이 프로그램은 청년 문화를 겨냥한 미국 TV프로그램 가운데 가장 오래 방영된 것으로 손꼽힌다.

● 배리 매닐로우가 1977년부터 1987년까지 이 프로그램의 테마송을 불렀다.
● 〈아메리칸 밴드스탠드〉는 2002년부터 2005년까지 NBC방송국에서 방영된 〈아메리칸 드림즈〉에 등장했다. 딕 클라크가 제작한 이 프로그램은 1960년대에 관한 드라마 시리즈이다.
● 〈아메리칸 밴드스탠드〉를 희화한 〈내셔널 밴드스탠드〉라는 가상의 프로그램이 영화 〈그리스〉에 등장했다.

141

레니 브루스

레니 브루스 이전에는 스탠드업 코미디언들이 무대에서 우스갯소리만 했다. 그러나 레니 브루스는 달랐다. 그는 관객 앞에 서서 인종, 성, 마약, 정치, 종교 및 기타 떠오르는 문제를 탐구하며 신랄하고 외설적인 사회 비판을 일삼았다.

그는 특히 리처드 프라이어와 조지 칼린을 비롯해 수 세대의 코미디언들에게 영향을 주었지만 자신이 한 일에 대해 대가를 치르기도 했다. 그가 1961년 외설죄로 체포되면서 외설과 마약 혐의를 두고 5년간 법정에서 다퉜다. 그는 1964년 뉴욕에서 외설 혐의에 대해 유죄 판결을 받았고 2003년에 사면되었다.

본명이 레오나르드 슈나이더인 브루스는 2차 대전에서 미 해군으로 복무한 후 1947년에 뉴욕과 인근에서 공연하기 시작했다. 그는 1950년대 말 전국적으로 악명을 떨치기 시작했고, 그의 초기 팬이었던《플레이보이》의 출판인 휴 헤프너의 도움으로 첫 번째 앨범《더 식 유머 오브 레니 브루스》를 제작했다.

브루스의 공연은 현대 생활의 위선을 폭로하면서 관객들을 놀라게 하는 동시에 즐겁게 했다. 그리고 법정 다툼에 휘말리기 시작하자 그는 경찰관, 변호사, 재판관들과의 경험을 연기 소재로 삼기도 했다. 그가 처음 체포되고 난 후 지역 당국은 정기적으로 그의 나이트클럽 공연에 참석해서 그가 외설적인 발언을 하는지 지켜보다가 그의 차례가 끝나면 바로 체포했다. 나이트클럽 주인들도 그를 무대에 올리면 클럽을 폐쇄하겠다거나 수감하겠다는 협박을 당했다.

브루스는 샌프란시스코, 뉴욕, 필라델피아, LA를 비롯한 여러 도시에서 체포되었다. 그는 법에 대한 피해망상증과 강박증에 사로잡히게 되었고, 수년간의 법정 다툼으로 1965년에 파산하고 말았다. (그를 제1차 헌법 개정의 순교자라고 부르는 사람도 있다.) 이듬해 그는 40세의 나이에 모르핀 과다복용으로 사망했다.

- 브루스의 일생은 밥 포시가 감독하고 더스틴 호프만이 출연한 〈레니〉에서 할리우드 전기 영화로 제작되었다. 이 영화는 아카데미상 6개 부문에 후보로 올랐고 1971년 브로드웨이 연극으로 제작되기도 했다.
- 비교적 최근 작품으로는 로버트 웨이드 감독의 레니 브루스에 대한 다큐멘터리 〈스웨어 투 텔 더 트루스〉와 오프 브로드웨이 쇼 〈레니 브루스〉가 있다. 〈인 히스 오운 워즈〉는 브루스의 연기를 현대 관객들에게 선보인 작품이다.
- 브루스는 비틀스 앨범《서전트 페퍼스 론리 하트 클럽 밴드》에 등장하는 사람들 중 하나이다.

142 | TUE 📖 문학 | 올 더 킹즈 맨

윌리엄 포크너의《음향과 분노》에서 카슨 매컬러스의《외로운 사냥꾼》까지, 많은 미국 남부 고전소설들이 그 지방에 사는 고독한 시민들의 숨겨진 일상에 초점을 맞추었다. 그러나 로버트 펜 워런의《올 더 킹즈 맨》은 화려한 남부 정치인의 성공과 몰락을 보여주는 매우 대중적인 이야기다. 부분적으로 실제 사건을 바탕으로 한 이 소설은 지난 한 세기 동안 가장 저명한 미국 정치소설로 꼽혔다.

워런은 켄터키주와 테네시주에서 자랐지만 버클리, 예일, 옥스퍼드대학교에서 공부하고 가르치면서 인생의 대부분을 고향 땅에서 멀리 떨어진 곳에서 보냈다. 30대에 그는 성공한 시인이자 주요 문학비평가가 되어 있었다. 그는 1960년대에 서양 문학 비평을 주도했던 이른바 뉴크리티시즘파의 창시자 중 하나였다.

1933년 루이지애나대학교 강사로 선임되면서 워런은 배턴루지(루이지애나의 주도 — 옮긴이)의 지역 정치를 직접 목격할 수 있었는데, 특히 화려하고 논란이 많은 주지사 휴이 롱의 정치 활동을 목격할 수 있었다. 악명 높은 대공황 시대의 정치가였던 롱은 포퓰리즘으로 엄청난 인기를 얻었지만, 독재적인 스타일과 부패에 연루되었다는 의혹으로 비판을 받았다. 그의 일약 성공은 1935년 암살당하면서 갑작스럽게 끝을 맺었다.

워런이 롱과《올 더 킹즈 맨》의 주인공 윌리 스타크와의 연관성을 끈질기게 부인하긴 했지만, 우연이라고 하기에는 두 인물의 닮은 점이 너무 많다. 롱처럼 보잘것없는 집안 태생이었던 스타크 역시 남부 주지사로 대단한 명성을 얻게 되었다. 그는 괴롭힘과 종종 불법적인 기술을 이용해서 자신의 정책이 자리 잡게 했고, 대중의 사랑을 받게 되었지만, 전문적으로 그리고 개인적으로 부패하며 비극적인 결말을 맞게 된다. 워런의 소설은 눈을 뗄 수 없는 내용과 부패와 정치적 효과 사이의 미묘한 차이에 관한 적절한 우화로 남아 있다.

- 《올 더 킹즈 맨》으로 가장 잘 알려지긴 했지만 워런은 시인으로 훨씬 더 많은 작품을 남겼다. 그는 1986년 미국 최초의 계관시인으로 임명되기도 했다.
- 워런은 소설의 제목을 〈험프티 덤프티〉라는 동시에서 따왔다. "임금의 모든 말과 임금의 모든 사람도 / 험프티를 다시 붙일 수 없네."
- 숀 펜과 주드 로가 출연하는 《올 더 킹즈 맨》의 동명 영화가 2006년 리메이크되었다. 비평가들은 소설을 처음으로 영화화했던 1949년 오스카 수상작을 무의미하게 리메이크한 작품이라며 혹평했다.

143 | WED 💿 음악 | 디지 길레스피

 빵빵한 볼을 하고 구부러진 트럼펫을 든 존 벅스 '디지' 길레스피는 현대 재즈계에서 가장 널리 알려진 인물이다. 길레스피는 20세기의 유명한 음악가들과 함께 공연했고 2차 대전 이후 인기를 얻은 비밥 스타일이 탄생하는 데 영향을 끼쳤다.

사우스캐롤라이나주에서 태어난 길레스피는 1930년대와 1940년대에 캡 캘러웨이, 듀크 엘링턴 같은 가수들에게 화음을 넣어주는 빅밴드 그룹의 연주자로 활동하기 시작했다. 그러나 길레스피는 그 분야에서 그다지 성공하지 못했는데, 그의 독특하고 빠른 속도의 독주 방식이 전통적인 빅밴드 음악의 관습에 들어맞지 않았기 때문이다.

1940년대 중반 무렵 길레스피는 보다 작은 비주류 그룹으로 옮겼고, 그곳에서 그만의 독특한 재능을 선보일 수 있었으며, 색소폰 연주자 찰리 '버드' 파커와 함께 비밥을 개발할 수 있었다.

비밥 이전에 가장 인기 있는 재즈 유형은 스윙이었다. 스윙 재즈는 강하고 일정한 리듬과 뚜렷한 멜로디, 춤을 출 수 있는 중간 속도의 템포 등의 특징을 가지고 있지만 즉흥성이 떨어졌다.

비밥은 거의 모든 면에서 스윙과 크게 달랐다. 훨씬 더 빠른 템포를 가진 비밥은 음악가들에게 자신의 실력을 뽐낼 수 있는 기회를 제공하긴 했지만 청중들이 곡에 맞춰 춤을 추기보다는 자리에 앉아 가만히 들어야 한다. 또한 훨씬 더 복잡한 드럼과 베이스 연주로, 리듬부가 더욱 뚜렷한데다 시간의 제약도 받지 않는다. 멜로디가 곡의 처음부터 끝까지 이어지지 않고 초반부만 연주되면, 그다음은 뮤지션들이 독창적인 방법으로 멜로디를 반복한다.

길레스피는 무대에서 독창적인 즉흥 연주자이자 상냥한 연주자로 관객들로부터 큰 사랑을 받았다. 〈코스비 가족 만세〉와 〈세서미 스트리트〉에 출연하면서 젊은 세대에게 알려지기도 했던 그는 1993년 사망했다.

- 1964년 길레스피는 대통령 선거에 출마해서 백악관의 명칭을 '블루스하우스'로 바꾸고, 레이 찰스를 의회도서관 사서로, 마일스 데이비스를 CIA 국장으로 그리고 말콤 X를 법무장관으로 임명하겠다는 공약을 내걸었다.
- 길레스피가 마지막으로 했던 일 중에는 국제연합 오케스트라의 리더도 있었다.
- 길레스피는 대학 교육을 완수하지 못했지만 평생에 걸쳐 14개의 명예 학위를 받았다.

144 | THU 영화 | 시민 케인

영화 역사상 오손 웰스가 감독한 첫 작품 〈시민 케인〉만큼 많이 논의되고 찬사를 받고 영향력 있는 영화도 없다. 세련된 시각 양식, 현대적인 사운드 그리고 기술적인 혁신으로 스토리텔링의 새로운 방식들을 혼합해놓은 이 획기적인 영화는 많은 비평가들에 의해 역사상 가장 위대한 영화로 꼽힌다. 영화 역사가 로버트 스클라가 쓴 것처럼, "〈시민 케인〉의 어떤 요소도 완전히 새로운 것이거나 영화 제작자들이 알지 못했던 것은 아니지만, 이 작품은 그 양식의 전체적인 효과, 농도, 포괄성 그리고 스타일 작업의 통일성에서 놀라운 충격을 준다."

영화의 줄거리는 미천한 신분에서 세계적으로 유명한 언론 거물로 성장한 복잡하고 전설적인 찰스 케인(웰스 분)의 삶과 죽음을 한 기자가 조사하는 내용이다. 이야기의 대부분은 케인을 가장 잘 아는 사람들의 회상을 통해 그려지면서 영화를 퍼즐처럼 만든다. 기자인 제리 톰슨은 이 사람을 파악하기 위해 모순적인 조각들을 합쳐야 한다. 그리고 영화 내내 톰슨은 케인이 죽기 직전에 뱉었던 마지막 말 '로즈버드'에 대한 설명만이 케인의 삶에 대한 수수께끼를 풀 수 있는 열쇠라고 믿는다.

이 영화는 순서대로 전개되지 않아 퍼즐 같은 스토리텔링의 가장 주목할 만한 사례로 꼽힌다. 그 당시 대부분의 할리우드 영화들과 달리 〈시민 케인〉은 시간순으로 이야기가 전개되지 않으며 톰슨이 깨닫게 되듯이, 퍼즐의 조각들이 들어맞지도 않는다.

〈시민 케인〉은 RKO픽처스가 개봉하기 전부터 논란을 불러 일으켰다. 언론 거물 윌리엄 랜돌프 허스트는 영화의 일부가 자신의 일생을 바탕으로 한 것을 알았을 때 제작을 금지하려고 시도하기도 했으나 실패하자 대신 위협, 협박, 언론 비방 등의 작전을 펼치며 웰스와 RKO의 명예를 실추시켰다.

영화의 영상미는 1941년 영화 관객들에게 충격을 주었고 지금까지도 현대 관객들을 경악하게 한다. 웰스의 딥 포커스 촬영, 과장된 표현주의적인 조명, 롱테이크, 로우 앵글 숏과 하이 앵글숏, 레이어드 사운드는 수십 년 동안 영화학도들을 사로잡았다.

- 2007년에 미국영화연구소가 〈시민 케인〉을 미국 역사상 가장 위대한 영화로 선정했다.
- 영화는 그렉 톨렌드의 로우 앵글 카메라 숏으로 인해 세트의 천장이 보이는 최초의 영화이다.
- 웰스는 허먼 맨키비츠와 함께 오스카 각본상을 수상했다. 실제로 촬영된 시나리오를 누가 더 많이 썼는지에 대해서는 아직도 의견이 분분하다.

145 | FRI ⊛ 사회 | 컨테인먼트 정책

1946년 조지 케넌이라는 모스크바 주재 미국 외교관이 소비에트 연방과의 거래를 위해 제안하는 전략의 개요를 전보로 워싱턴으로 보냈다. 미국과 소비에트는 2차 대전 중 나치 독일에 맞선 불편한 동맹이었고 전쟁이 끝나자 긴장감은 극도로 고조되었다.

이른바 롱텔레그램이라고 불리는 것을 통해 케넌은 소비에트 연방과 직접 맞서는 것은 불가능하지만 미국이 공산주의의 확장을 막을 수는 있을 것이라고 주장했다. 이후 케넌은 자신의 제안을 자세하게 설명하는 한 기사에서 "평화롭고 안정적인 세계의 이익을 침해하는 징후를 보이는 모든 지점에 변하지 않는 대항세력으로 러시아와 맞서도록 고안된 견고한 봉쇄 정책"이라고 주장했다.

케넌의 제안은 미국이 동유럽에서 공산주의 확산을 저지할 수 있는 즉각적인 군사 공격을 하길 원하는 강경파의 작전과 소비에트에 대한 보다 유화적인 접근을 선호하던 헨리 월리스 전 부통령이 지지하는 작전의 중용이었다.

해리 트루먼 대통령은 곧 케넌의 봉쇄 전략을 지지했고, 그렇게 봉쇄 전략은 냉전의 남은 45년 동안 미국 외교정책의 근간이 되었다.

1947년 트루먼은 머지않아 트루먼독트린이라는 별명을 얻게 되는 정책을 대중에게 공개하면서 필요하다면 미국은 그리스와 터키에 공산주의가 퍼지는 것을 막기 위해 개입할 수도 있다고 발표했다.

양당 출신의 후임 대통령들도 지지했던 공산주의 봉쇄의 목적은 한국전과 베트남전에 미국이 관여하는 근거로 작용하게 되었다.

아이러니하게도 케넌은 나중에 자신의 제안을 후회했고 냉전과 그 후의 기간 동안 미국이 펼친 외교정책을 비판하는 사람이 되었다. 그는 2003년 미국의 이라크 침공을 비판하는 인터뷰를 한 직후 101살의 나이로 사망했다.

• 월리스는 루스벨트 대통령 밑에서 1941년부터 1945년까지 부통령을 역임했다. 그는 1948년 대통령 선거에서 제3당 후보로 출마해 트루먼과 평화 공약을 놓고 대립했다.

• 냉전이라는 용어는 《동물농장》과 《1984》를 집필한 영국의 작가 조지 오웰이 만든 것이다.

• 트루먼의 봉쇄 정책의 일부는 미국 동맹을 강화한다는 목적으로 유럽에 대한 대대적인 지원 프로그램을 낳으면서 1947년 마셜플랜(서유럽 16개국에 대한 미국의 대외 원조 계획 ― 옮긴이)에 착수하게 되었다.

146 | SAT 🏆 스포츠 | 아널드 파머

아널드 파머 이전에 미국 골프는 순전히 부유한 컨트리클럽 게임에 불과했다. 그러나 1950년대 말과 1960년대 초에 파머가 성공하면서 대중을 영합하는 방향으로 골프를 이끌었다. 잘생긴 외모와 공격적인 플레이로 파머는 20세기 후반 골프 붐을 일으켰고 아니스 아미라고 알려진 다수의 팬들을 확보했다.

펜실베이니아주의 라트로브 컨트리클럽 골프장 관리인이자 프로골퍼의 아들이었던 파머는 7번의 메이저 챔피언십 우승을 비롯해 PGA의 미국 투어에서 62차례 우승을 차지했다. 그는 투어에서 100만 달러의 상금을 수상한 최초의 골퍼였고 라이더컵(유럽에서 2년마다 개최되는 유럽-미국 남자 골프 대회 — 옮긴이)에 6번 출전했는데 그중 2번은 미국팀의 주장을 맡기도 했다. 그는 엄청난 인기를 토대로 골프 코스 디자인, 자동차 판매상, 의류 회사, 케이블 TV까지 확장하며 대단히 성공적인 비즈니스 활동을 벌였다. (그는 골프채널의 창립 멤버였다.)

파머가 골프로 전성기를 누린 시기는 1960년부터 1963년까지로, 투어에서 29번 우승했다. 1960년에 마스터스대회와 US오픈에서 우승한 그는(마지막 라운드에서 7타 차로 뒤지다가 우승한 경기)《스포츠일러스트레이티드》에 의해 올해의 스포츠맨으로 선정되었다. 〈연합뉴스〉는 그를 1960년대 최고의 운동선수로 선정했다. 그는 TV 골프 프로그램의 성장으로 혜택을 보았고, 그의 성공은 다시 새로운 골프 팬을 만드는 데 도움이 되었다.

비록 1964년 이후에는 메이저 대회 우승을 거머쥐지 못했지만, 파머는 '더 킹'으로 그 후로 40년간 사람들의 뇌리에 챔피언이자 세상에서 가장 유명한 선수로 남았다.

- 파머는 1950년 웨이크포레스트대학교 마지막 학년에 친구 버드 워샴이 죽은 후 자퇴했다. 파머는 미국 해안경비대에 자원했고 1953년까지 골프에 대해 진지하게 생각하지 않았다. 그는 1954년 미국아마추어챔피언십에서 우승했고 이듬해 프로로 전향했다.
- 파머는 마스터스 대회에서 4번, US오픈에서 1번, 브리티시오픈에서 2번 우승했다. 그가 브리티시오픈에서 우승하기 전까지 미국 선수들은 이 토너먼트에 잘 참가하지 않았다.
- 1960년대에 골프가 인기를 얻게 된 또 다른 요소는 파머와 잭 니클라우스의 라이벌 구도였다. 이 경쟁 관계는 1962년도 US오픈에서 니클라우스가 생애 최초이자 18번의 메이저 챔피언십 우승 중 최초의 우승을 차지하며, 대단한 호평을 누리던 파머의 속을 뒤집어놓으면서 시작되었다.

147 SUN ☀ 팝 | 훌라후프

1958년 봄, 웸오라는 이름의 한 캘리포니아 장난감 회사가 진기한 새 물건을 출시했다. 바로 훌라후프였다. 고대 그리스와 로마에서 유래한 아주 오래된 장난감을 토대로 플라스틱으로 만든 훌라후프를 웸오는 1달러 98센트에 판매했는데, 하룻밤 만에 센세이션을 일으켰다. 4개월 만에 이 회사는 미국에서 2500만 개의 훌라후프를 판매했고, 2년 만에 그 수치는 1억 개로 늘어났다.

훌라후프의 인기가 정점에 달했던 1958년 여름, 훌라후프는 미국 전역에서 대대적인 인기를 끌었고 곧이어 후퍼두퍼, 홉드두와 같은 모방 상품들이 전 미국인의 허리춤에 등장했다.

그러나 이 유행은 처음 시작되었을 때만큼이나 빠른 속도로 사라졌다. 실제로 웸오는 9월 개학으로 아이들이 다시 학교에 다니기 시작하면서 창고에 재고가 쌓이는 등 판매 급감으로 1958년 손실을 기록했다.

1960년대 초까지는 매출이 안정화되었다. 후프는 계속 판매되었고, 주기적으로 판매가 활기를 띄기도 했지만 처음 같은 열풍은 다시 불지 않았다.

짧지만 압도적인 인기로 훌라후프는 그 후로 소비자 유행의 원형으로 묘사된다. 리처드 존슨은 그의 저서 《아메리칸 패즈》에 이렇게 썼다. "훌라후프만큼 미국 전역을 휩쓸었던 센세이션도 없다. 후프는 모든 전국적인 유행을 가늠할 수 있는 기준으로 남았다."

이후에는 1990년대 중반에 등장한 스트링 치즈 인시던트라는 이름의 잼 밴드가 관객들에게 후프를 던지면서 공연하는 모습에 일부 힘입어 후프가 다시 유행하는 듯도 했다. 그 쇼에 정기적으로 등장하던 '프렌즈 오브 치즈'가 후프를 이어받아, 작지만 새로운 유행을 탄생시키기도 했다.

- 웸오는 1958년 최초로 프리스비를 출시했다.
- 훌라후프는 14세기 영국에서도 널리 흥행했다.
- 훌라후프의 열렬한 지지자들은 2009년 9월 9일을 월드후프데이로 선언했다.

148 | MON 🎩 인물 | 줄리아 차일드

줄리아 차일드는 미국 최고의 유명 셰프로 신기원을 연 인물이다. 1963년에 데뷔한 그녀의 공영방송 TV 쇼 〈더 프렌치 셰프〉를 시작으로 차일드는 미국 시청자들에게 정교한 프랑스 조리법을 이해하기 쉽게 설명해주었고 그 과정에서 대단한 인기를 얻었다. 14년 동안 방송 활동을 이어가면서 그녀는 몇몇 프로그램을 진행하고 10여 권의 요리책을 집필했는데, 그 가운데 프랑스 요리에 관한 가장 뛰어난 요리책도 있다.

차일드는 1948년 남편과 함께 파리로 이주하면서 사실상 처음 프랑스 요리를 접하게 되었다. 그녀는 르 꼬르동 블루 요리학교에 등록했고 곧이어 그녀와 같은 열정을 가졌던 시몬 벡, 루제트 베르톨리와 친분을 맺었다. 그들은 함께 요리학교를 설립했고(레꼴 데 트루아 구아망데), 1961년 출간된《마스터링 더 아트 오브 프렌치 쿠킹》을 집필했다.

보스턴 WGBH방송의 북 쇼에 차일드가 출연한 후 이 방송국은 그녀를 불러 새로운 프로그램을 만들게 했고, 그렇게 〈더 프렌치 셰프〉가 탄생했다. 차일드의 간단명료하면서도 편안한 접근 방식이 시청자들 사이에서 즉시 센세이션을 불러일으켰고, 미국 전역의 PBS 지방방송국이 앞다퉈 그녀의 프로그램을 방영하기 시작했다.

그녀는 40년 동안 공영방송에 고정적으로 출연하며 여러 세대의 팬을 확보했고 다양한 영예를 얻었다. 1966년 그녀는 에미상을 수상한 최초의 PBS방송인이 되기도 했다. 또 차일드는 컬리너리 인스티튜트 오브 아메리카(CIA) 명예의 전당에 입성한 최초의 여성이었으며, 2000년에는 프랑스 정부로부터 프랑스 최고 훈장인 레종 도뇌르를 받았다.

차일드는 91세에 신장병으로 인한 합병증으로 사망했다.

- 차일드가 프로그램을 마칠 때마다 했던 특유의 인사는 "보나페티('맛있게 드세요'라는 뜻의 프랑스어 — 옮긴이)" 였다.
- 2차 대전 중에 차일드는 워싱턴, 실론(지금의 스리랑카), 중국에서 CIA의 전신인 전략사무국의 사무원으로 일했다.
- 그녀는 유방암을 이겨냈다.

149 | TUE 📖 문학 | 1984

1949년 처음 출간되어 20세기 중반에 전 세대의 독자층을 놀라게 한 조지 오웰의 악몽 같은 정치 소설《1984》는 오늘날까지도 그 위력이나 혜안을 잃지 않았다. 영어에 미친 그 영향은 지금까지도 느낄 수 있으며, 전체주의, 정부의 사생활 침해를 비롯한 여러 억압들에 대한 묘사는 충격적이게도 오늘날까지도 이어지고 있다.

오웰은 오세아니아라고 불리는 거대한 전체주의 국가의 일부인 가상의 미래 영국을 《1984》의 배경으로 삼았다. 사실상 사회의 모든 점을 정부가 지배한다. 모든 것을 알고, 멋대로 침입하는 경찰 조직이 모든 시민들을 끊임없이 모니터하고 심지어 사적인 순간까지도 감시한다. 도처에 널린 정치 광고는 오세아니아 여당과 빅 브러더라고 알려진 콧수염을 기른 신비한 여당 지도자의 위대함을 홍보한다. 런던 일대에 널린 거대한 포스터들이 '빅 브러더가 보고 있다'는 사실을 모든 사람들에게 일깨워준다.

소설의 주인공 윈스턴 스미스는 정부의 진실부(Ministry of Truth)의 하급 사무원으로, 여당의 현재 입장에 맞게 역사 기록을 수정하는 일을 맡고 있다. 그러나 마음속으로 여당을 싫어하던 스미스는 여성 동료와 함께 비밀스런 일에 착수하고 지하 혁명조직에 가담함으로써 일자리와 목숨이 위태로워진다.

오웰의 이 걸작은 그동안 출간된 반유토피아 소설들 가운데 최고의 작품이다. 이상적이고 유토피아 같은 세계를 묘사하는 대신 반유토피아 작품들은 대개 잔인하고 억압적인 악몽 같은 사회를 그린다.《1984》가 출간된 후 수년 동안 반유토피아 소설 장르가 문학뿐 아니라 영화계에서도 급성장하면서 〈블레이드 러너〉, 〈매트릭스〉, 〈칠드런 오브 맨〉 같은 영화들이 제작되었다.

- 오웰은 《1984》에 등장하는 사회의 여러 단면들을 스탈린의 전체주의 정권 아래 놓인 소비에트 연방을 바탕으로 그렸다. 이 소설에서 묘사하는 빅 브러더의 모습도 스탈린의 모습과 흡사하다.
- 이 책은 현대 영어의 여러 단어와 구에 기여했다. 침략적이고 억압적인 정치는 종종 오웰리언으로 묘사되고, 일상적인 시민의 생활을 방해하는 빅 브러더의 이미지는 지금도 흔히 인용된다.
- 애플은 1984년에 매킨토시 컴퓨터 라인 출시를 발표하는, 이제 유명해진 TV 광고에 《1984》와 빅 브러더의 이미지를 활용했다. 이 광고는 다시 2008년 대통령 선거 기간 동안 인터넷에 등장한 반힐러리 클린턴 광고에서 패러디되었다.

150 | WED · 음악 | 행크 윌리엄스

컨트리 음악가 행크 윌리엄스는 미국 대중음악 역사 속에서 너무나도 흔하게 등장하는 비극의 산증인이었다. 즉, 그는 어렵고 가난한 어린 시절을 거쳐 열심히 노력한 덕분에 때 이른 성공을 거두고 알코올과 마약 중독으로 몰락하다가 재기하여 슈퍼스타가 되었는데 결국 오랜 습관을 버리지 못하고 비극적으로 요절했다.

히람 킹 "행크" 윌리엄스는 앨라배마주의 작은 마을에서 태어났으나 선천성 척추 장애로 평생 고통에 시달렸다. 그의 아버지는 윌리엄스가 어렸을 때 뇌동맥류로 줄곧 입원해 있었고 어머니는 대공황 때 일자리를 찾아 남부로 갈 수밖에 없었다.

가족이 앨라배마주 몽고메리에 정착했을 때 윌리엄스는 지역 라디오방송국 밖에서 기타를 연주하며 처음으로 컨트리 가수가 되겠다는 꿈을 향해 첫발을 내딛었다. 방송국은 결국 그를 안으로 불러들여 방송 중에 연주하게 했고, '노래하는 아이'가 큰 호응을 얻으면서 매주 2회씩 라디오 쇼에 출연하게 되었다. 이내 그는 자신만의 첫 번째 밴드 드리프팅 카우보이스를 결성했다. 이 밴드는 1941년 해체했는데, 그 무렵 윌리엄스의 알코올 중독이 문제가 되어 결국 라디오 쇼에서 퇴출당했다.

그러나 1940년대 말과 1950년대 초에 윌리엄스는 건강을 회복했고 미국에서 가장 유명한 스타가 되었다. 그는 테네시주 내슈빌에서 라이브로 방송되는 컨트리음악 라디오프로그램 〈그랜드 올 오프리〉에서 가장 인기 있는 연주자였고, 1949년에 발매한 〈러브식 블루스〉를 시작으로 11곡의 히트곡을 발매했다. 다른 히트곡들로는 〈콜드, 콜드 하트〉, 〈헤이, 굿 룩킨〉 그리고 〈유어 치틴 하트〉 등이 있다. 그럼에도 윌리엄스의 알코올, 모르핀, 진통제 중독 문제가 재발하면서 1952년 10월 〈그랜드 올 오프리〉에서 퇴출당했고 더는 재기하지 못했다. 컨트리음악의 대스타는 1953년 1월 1일 29세의 나이로 자신의 자동차 뒷자리에서 숨진 채 발견되었다.

- 행크 윌리엄스의 마지막 싱글은 〈아윌 네버 겟 아웃 오브 디스 월드 얼라이브〉였다.
- 윌리엄스는 '루크 더 드리프터'라는 가명을 사용해서 지금까지 그와는 전혀 다른 스타일의 스토리텔링과 블루스 곡을 14곡 취입했다.
- 토니 베넷은 1951년 윌리엄스의 〈콜드, 콜드 하트〉를 리메이크한 크로스오버 히트곡을 만들었다.

151 | THU 🎥 영화 | 험프리 보가트

험프리 보가트는 맨해튼 어퍼웨스트사이드의 부유한 가문에서 태어나 1940년대와 1950년대의 전형적인 할리우드 터프가이가 된 인물이다. 〈카사블랑카〉의 릭 블레인을 비롯해 기억에 남는 은막의 캐릭터들을 연기한 보가트는 전 세계적인 아이콘이 된 일련의 고전 영화에 출연해 끝없이 기억에 남을 명대사들을 전달했다.

보가트는 1920년대에 무대에서 로맨틱한 주인공을 연기하며 배우 생활을 시작했고 1930년대 초반 주목받지 못한 몇 편의 영화에 등장했다. 그는 로버트 셔우드의 1935년 연극 〈화석의 숲〉에서 갱스터 듀크 만티를 연기하면서 유명세를 탔는데, 이것은 그해 브로드웨이에서 대성공을 거뒀다. 보가트는 1936년 동명 영화에서 같은 역을 맡았고, 이후 저예산 B급 영화들 속 악당을 연기하게 됐다.

그의 유명세는 라울 월쉬 감독의 〈하이 시에라〉에서 복잡한 안티히어로 로이 얼을 연기하면서 얻었다. 그해 후반 존 휴스턴 감독의 〈말타의 매〉에서 보가트는 고집 센 형사 샘 스페이드를 연기하며 할리우드 스타 반열에 올랐고, 그의 연기 활동을 정의하는 스크린 속 신랄한 모습을 다지게 된다. 1942년 그는 그의 가장 유명한 영화인 마이클 커티즈 감독의 〈카사블랑카〉에 출연했다. 살롱 관리자 릭 블레인으로 분한 보가트는 "당신의 눈동자에 건배를", "우리에게는 파리에서의 추억이 있어요", "루이스, 이것이 멋진 우정의 시작일 것 같군" 같은 명대사들을 말했다. 영화에서 그는 터프하고 비꼬는 말투를 가진, 진정으로 로맨틱한 외톨이의 역할을 완벽하게 소화했다.

어니스트 헤밍웨이의 동명 소설을 바탕으로 한 1944년 영화 〈소유와 무소유〉에 출연한 그의 상대 배우는 19세의 신인 여배우 로런 버콜이었다. 그들은 1945년 결혼했는데, 당시 45세의 보가트는 이미 3번 결혼한 전력이 있었다. 그들은 역대 최고의 탐정영화인 하워드 호크스 감독의 〈명탐정 필립〉에 동반 출연했다.

이후 그가 출연한 주요 영화로 〈시에라 마드레의 보석〉, 〈고독한 영혼〉, 유일하게 아카데미 남우주연상을 수상했던 〈아프리카의 여왕〉과 〈케인호의 반란〉 그리고 마지막 영화 〈하더 데이 폴〉이 있다. 그는 57세의 나이에 식도암으로 사망했다.

- 보가트는 1930년부터 1956년까지 76편의 영화에 출연했다.
- 그의 영화 속 모습은 몇몇 영화의 모티프가 되었는데, 그중에는 장뤼크 고다르의 〈네 멋대로 해라〉, 우디 앨런의 〈카사블랑카여 다시 한번〉 등이 있다.
- 1999년 미국영화연구소는 보가트를 20세기 최고의 전설적인 남자 배우로 선정했고, 《엔터테인먼트위클리》는 1993년 그를 역대 최고의 전설적인 영화배우로 뽑았다.

152 | FRI 📡 사회 | TV

오늘날 TV는 미국 생활 중 가장 흔한 일상이다. 미국 시청자들은 하루에 평균 4시간 TV를 시청하며 미국 가정의 절반 이상이 3대 이상의 TV를 보유하고 있다. 통틀어 미국인들은 매년 TV를 2500만 시간 시청한다.

그러나 불과 60년 전만 해도 TV는 일부 가정에서만 보유할 수 있는 비싸고 조작하기 힘든 진기한 물건이었다.

1920년 최초의 원시 모델이 발명된 이후 TV 기술은 급격하게 발달했다. 주요 라디오 방송국들은 이내 극소수의 TV 소유자들에게 접근하기 위해 TV 자회사를 만들었다. CBS방송국은 1931년 처음으로 방송을 시작했고, NBC방송국은 1939년 최초의 흑백 TV 방송을 내보냈다. 그럼에도 초기 시청률은 지극히 제한적이었다. 예컨대 NBC 방송국이 엠파이어스테이트빌딩 옥상 안테나에서 송출을 시작했던 1939년 뉴욕에 사는 1000가구만이 TV를 보유했다.

2차 대전이 발발하면서 정부가 상업 방송을 중단하고 TV 부품 공장을 군수물자 생산으로 돌리면서 TV의 성장세는 일시적으로 멈췄다. 그러나 전쟁 종식과 더불어 다시 프로그램이 방영되기 시작했다. 1940년 말과 1950년 초에는 TV 세트의 가격이 치솟았고 미국인들은 코미디언 배우 밀튼 버얼, 뉴스 앵커 에드워드 머로 같은 브라운관의 스타들을 보기 위해 TV를 구입하기 시작했다.

TV의 문화적 영향은 시작부터 의견이 분분했다. TV의 이상적인 지지자들은 이 최신식 발명을 통해 뉴스와 교육 프로그램이 지식을 널리 전달하길 바랐다. 그러나 비판자들은 TV가 미국 문화에서 생명력을 앗아갈 것을 두려워했다. 뉴튼 미노는 'TV와 대중의 관심'이라는 유명한 1961년 연설에서 TV를 얄팍한 코미디와 폭력, 만화가 난무하는 '광활한 황무지'라고 불렀다. 연설에서 미노는 TV의 문화적 영향을 다음과 같이 설명했는데, 이 의견은 그 후 40년 동안 크게 변하지 않았다. "TV가 좋을 때는 어떤 것도, 극장도, 잡지도, 신문도, 그 어떤 것도 더욱 좋은 것이 없습니다. 그러나 TV가 나쁠 때는 그보다 더 나쁜 것은 없습니다."

● 미국의 발명가 토머스 에디슨과 전화기 발명가 알렉산더 그레이엄 벨은 모두 TV 기술 개발에 크게 기여했다.

● TV 초기 이후 생긴 최초의 주요 방송국은 폭스브로드캐스팅컴퍼니로 1986년부터 방송을 시작했다.

● 케이블 TV는 원래 방송 신호를 받을 수 없었던 시골 지역에 TV를 보급하기 위해 생겨났다.

153 | SAT 🏆 스포츠 | 조니 유니타스

조니 유니타스는 미국 프로 스포츠 역사상 가장 예상 밖의 성공 신화를 이룬 인물이다. 1955년 피츠버그 스틸러스가 그를 드래프트하고 난 후 막상 그를 원하지 않자, 그는 그다음 시즌에 건설 관련 일을 하면서 피츠버그 세미프로 팀에서 한 경기당 6달러씩 받고 쿼터백으로 뛰었다. 그는 1956년 볼티모어 콜츠와 계약했고 NFL 역사상 가장 뛰어난 쿼터백으로 발전했다.

18년의 선수 생활 동안 유니타스는 야드(4만 239), 터치다운(290개), 터치다운 패스로 연속 게임 우승(47회, 지금까지도 깨지지 않고 있다) 등 거의 모든 NFL 패스 기록을 세웠다. 그러나 유니타스는 기록 면에서만 뛰어난 선수가 아니었다. 그는 리더십, 침착함, 경쟁력 면에서도 뛰어났다. 콜츠의 팀 동료였던 존 매키는 유니타스에 대해 이렇게 말했다. "마치 하나님과 한편인 것 같았다."

유니타스는 콜츠에서 17시즌을 뛰면서 1958년과 1959년에 콜츠를 NFL 우승으로 이끌었고 슈퍼볼V에서의 우승에 기여하기도 했다. (그는 두 번째 쿼터에서 부상을 당하는 바람에 후반에는 출전하지 못했다.) 그는 MVP로 3번 선정되었으며 프로볼(NFL의 올스타전 — 옮긴이)에 10번 선정되기도 했다.

유니타스의 대표적인 경기는 뉴욕 자이언츠와 맞붙었던 1958년 NFL 챔피언십 게임이다. 그는 정규시간에 단 7초만 남겨둔 상황에서 동점 필드골로 이어지는 드라이브를 조직한 후 연장전 때 13 플레이 드라이브를 이끌어 결국 알란 아미치가 1야드 터치다운을 내리꽂으면서 콜츠가 23:17로 우승하게 만들었다. 이 경기는 흔히 '지상 최고의 경기'라고 알려져 있다.

유니타스는 샌디에이고 차저스에서 마지막 시즌을 뛴 후 1973년 은퇴했다. 말년에는 경기에서 혹사당한 그의 몸에 이상이 생기기 시작했다. 그는 양쪽 무릎을 교체했고 그의 대단한 오른팔과 오른손의 세 손가락을 사용할 수 없는 상태가 되었다. 그는 69세의 나이에 심장마비로 사망했다.

- 유니타스는 피츠버그에서 고등학교를 졸업한 후 노터데임대학교에 입학하길 희망했다. 그러나 이 아일랜드계 대학교는 63kg의 쿼터백을 원하지 않았고, 그는 대신 루이빌대학교에 입학했다.
- 유니타스는 1979년 프로풋볼 명예의 전당에 입성했다.
- 그는 NFL 역사상 통산 4만 야드를 패스한 최초의 쿼터백이었다.

154 | SUN ☀ 팝 | 바비

문화적 아이콘, 최신 유행, 장난감, 뮤즈 등 마텔의 바비 인형은 많은 사람들에게 여러 의미를 안겨주었다. 그러나 1959년 출시 이래 분명한 한 가지는, 바로 사랑받은 만큼 논란의 대상이 되었다는 것이다.

제작자이자 마텔의 공동 창립자 루스 핸들러는 원래 성인용으로 제작되었지만 어린 소녀들 사이에서도 인기를 얻었던 성인 몸매의 독일 패션 인형 빌드 릴리에게서 아이디어를 얻었다. 아기 인형과 동물 인형으로 가득한 시장에서 핸들러는 아이들이 소꿉놀이를 할 수 있는 인형에 대한 욕구가 대단히 크다는 점을 인식했다. 핸들러의 생각이 옳았고 마텔은 첫해에만 35만 개의 바비 인형을 판매했다.

세간의 이목을 끄는 바비의 성공은 그만큼 철저한 비판의 대상이 됐다. 무엇보다 바비의 비현실적인 몸매가 어린 소녀들 사이에서 건강하지 않은 자아상을 도모한다는 비판을 받았다. (바비의 몸매를 가진 실제 여성은 극도로 낮은 체내 지방률로 인해 건강에 무리가 온다) 이뿐만 아니라 일부 측정치에 의하면 바비의 비정상적으로 가는 허리와 휜 다리로는 서는 것이 불가능할 수도 있다. 1992년 인형이 "언젠가는 옷을 충분히 가질 수 있을까?" "수학 수업은 어려워!" 같은 270개의 멍청한 문장 중 4개를 말할 수 있는 틴 토크 바비가 출시되자 비판의 목소리는 더욱 커졌다. 잡음이 끊이지 않자 마텔은 문제가 되는 발언을 하도록 프로그램된 틴 바비 토크를 교환해주겠다고 제안하기에 이르렀다.

시간이 지나면서 바비는 미국과 국제 사회에서의 사회적 변화를 반영하는 모습으로 진화했다. 다양한 직업군을 탐구했을 뿐 아니라(그 가운데에는 우주비행사, 카레이서, 의사, 스튜어디스 등이 있다), 다양한 출신과 민족으로 구성된 친구들을 소개하기도 했으며, 심지어 다양한 문화적 정체성을 가진 인형도 출시됐다. 예컨대 마텔은 1965년 유색의 프랜시 인형, 1968년 크리스티라는 이름의 흑인 인형도 출시했지만 1980년대에 들어서야 흑인 바비와 히스패닉계 바비가 출시됐다.

• 바비와 그의 남자 친구 켄의 이름은 모두 루스 핸들러의 자녀인 바바라와 케네스의 이름에서 따왔다.
• 전 세계적으로 10억 개 이상의 바비 인형이 판매된 것으로 추정된다.
• 핸들러가 5만 달러를 지불하며 미키마우스 클럽의 단독 스폰서가 되면서 바비 인형은 부모가 아닌 아이들을 대상으로 직접 마케팅을 한 최초의 장난감이 되었다.

155 | MON 🎩 인물 | 배리 골드워터

배리 골드워터는 거침없는 발언과 논란을 야기하는 애리조나주 상원의원으로 5번의 임기를 지냈으며 1964년 공화당 대통령 후보로 출마하기도 했다. 그러나 그가 끼친 가장 큰 영향은 현대 보수주의 운동의 지도자로서 공화당의 중심을 자유로운 동부 진영으로부터 이끌어내 우파로 향하게 한 것이다. 그의 1960년 저서《보수주의자의 양심》은 베스트셀러이자 현대 보수주의 발전에 중요한 성명서였다.

골드워터의 정치 철학은 대내적으로 정부의 역할을 축소하고 대외적으로 공산주의와 맞서 싸우는 것을 기초로 삼았다. 그는 1930년대 뉴딜 정책에 의해 만들어진, 연방 기금으로 운영되는 사회 프로그램에 반대했고, 아이젠하워의 현대 공화주의 정책을 '싸구려 뉴딜'이라고 비판했다. 상원에서 골드워터는 소득세, 사회복지 프로그램, 핵실험 금지조약의 폐지를 지지했으며 대외 원조와 교육에 대한 연방정부의 지원도 반대했다. 그는 브라운 대 교육위원회 재판에 대한 획기적인 대법원 판결을 공격하면서 학교에서의 인종차별 폐지를 결정하는 것은 법원의 관할이 아니라고 주장했다. 또 그는 1964년 시민평등권법에 대해서도 반대 표결을 했는데, 나중에는 이런 결정을 후회했다. 골드워터는 아이젠하워를 비롯해 소비에트 연방과의 평화를 모색하던 정치인들을 비판했다. 그는 미국이 군사력을 증강해야 하고, 소비에트 연방에 대한 외교적 인정을 철회하여 공산주의 국가의 사람들에게 정부에 저항하도록 부추겨야 한다고 믿었다.

상원에서 2번의 임기 후 그는 1964년 대통령 선거에 출마했으나 큰 표 차이로 린든 존슨에 패했다. 비록 골드워터가 6개 주에서만 승리했지만, 그의 선거는 1980년 로널드 레이건 대통령의 당선에 초석이 되었다.

골드워터는 1969년 다시 상원으로 돌아가 3번의 임기를 보냈지만 시간이 지나면서 보수주의 운동에서 멀어졌다. 그는 다양한 이슈에 대해 다른 보수주의자들과 마찰을 빚었는데, 그 가운데에는 낙태(그는 낙태 허용을 지지했다), 동성애자의 입대 거부(그는 허용을 지지했다) 등이 있었다. 상원의원으로 활동하던 말년에 건강에 이상이 생기면서 더이상 활동하기 어려워진 그는 1987년 은퇴했고, 89세의 나이로 사망했다.

- 골드워터는 1974년 워터게이트 사건이 발생했을 때 리처드 닉슨 대통령이 사임하도록 설득한 인물로 알려졌다.
- 1964년 골드워터를 지지하는 강력한 연설로 배우 출신의 레이건은 주요 정치가로 발돋움했으며 그로 인해 1966년 도에 캘리포니아 주지사로 선출되었다.
- 1986년 골드워터는 미 국방부의 최고 수뇌부를 재조직하는 법안을 통과시키면서 합동참모 본부장이 대통령의 주요 군사자문관이 되게 했다. 골드워터는 이것을 "내가 상원에서 한 일 가운데 가치 있는 유일한 일"이라고 지칭했다.

156 | TUE 📖 문학 | 파블로 네루다

문학에서만큼 정치에서도 활동적이던 칠레의 시인 파블로 네루다는 최고의 명예와 망명의 어두운 시기를 거치면서 세계를 떠돌며 살았다. 네루다가 생전에 취했던 일부 정치적 입장에 대해서는 논란이 많지만, 그는 엄청난 재능을 가졌으며 기억에 남는 가장 풍부한 서정시를 쓴 시인이기도 하다.

네루다는 아버지의 반대에도 불구하고 10살이라는 이른 나이에 시를 쓰기 시작했다. 그의 시는 10대 중반에 처음으로 출간되었고 《스무 편의 사랑의 시와 한 편의 절망의 노래》로 큰 주목을 받았다. 노골적인 관능주의로 유명한 이 시집은 시인이 불과 19세밖에 되지 않았다는 점에서 독자들을 더욱 충격에 빠뜨렸다.

그 후로 10년 동안 네루다는 칠레에서 사랑받는 공인이 되었고 버마에서 멕시코, 스페인에 이르기까지 연이은 외교관직에 임명되었다. 이런 기간 목격했던 만연한 가난에 연민을 느낀 그는 좌파 성향을 갖게 되었고 자극을 받아 정치적으로 개입했다. 스페인내전에서 좌파에 휘말리게 된 후 그는 칠레로 돌아와 칠레 상원의원에 당선되었다.

1940년대 남아메리카를 여행하면서 그는 자신이 태어난 대륙의 역사와 지형, 사람들을 기념하는 서사시 〈칸토 헤네랄〉의 모티프를 얻었다. 이 무렵 칠레 정부의 눈 밖에 났던 네루다는 1949년 칠레에서 도망쳐 숨어 지내야 했다. 망명 중에도 그는 소비에트의 독재자 스탈린에 대해 노골적인 찬사를 보내 양극적인 인물로 남았다. 안전하게 칠레로 돌아온 후 20여 년 동안 놀라운 시를 배출했던 네루다는 1973년 우파 쿠데타로 칠레 정권이 타도되면서 다시 한번 정치적으로 미움을 사게 되었다. 그로부터 불과 며칠 후 암으로 사망했는데 칠레 국민 사이에서 인기가 있었음에도 새로운 정권은 그의 장례를 국장으로 치르는 것을 거부했다.

- 네루다의 본명은 네프탈리 리카르도 레예스 바소알토였으나, 시 쓰는 것을 반대했던 아버지의 눈에서 벗어나기 위해 체코 작가 얀 네루다의 이름을 따서 필명으로 사용했다.
- CIA는 네루다를 공산주의 선동가이자 위협 요소로 여겼다. 1960년대에는 그의 명성에 대한 신뢰를 떨어뜨리기 위해 은밀한 정치 선전 작전을 펼치기도 했다.
- 스탈린에 대한 네루다의 공개적인 지지로 인해 1971년 노벨문학상 수상자로 그를 선정했던 결정은 노벨상 역사상 가장 큰 논쟁을 일으켰다.
- 네루다는 이탈리아 영화 〈일 포스티노〉의 주인공으로 시골 우편 배달부에게 시의 진가를 알아보도록 가르친다. 그러나 영화의 나머지 내용은 모두 허구다.

157 | _{WED} ◉ 음악 | 프랭크 시나트라

엘비스 프레슬리와 비틀스가 10대 팬들에 둘러싸여 팝의 센세이션을 일으키기 전, 1940년대에 단독으로 대중음악의 10대 팬층을 구축했던 사람이 프랭크 시나트라였다. 처음 유명세를 탄 후 60년 동안 시나트라는 20세기 가장 유명한 음악 공연자이자 무대와 스크린을 넘나드는 문화적 아이콘이 되었다.

시나트라는 빅밴드 그룹인 도시 브러더스 오케스트라의 멤버로 유명해졌다. 감미로운 목소리와 매력적인 외모로 특별한 팬층을 확보했는데, 보비삭서스라고 불린 푸들 스커트를 입고 양말을 발목까지 둘둘 말아 내린 10대 소녀들이 시나트라의 쇼를 보기 위해 몰려든 것이다. 시나트라가 도시 브러더스를 떠나자 그의 인기는 한층 더 증가했고, 1943년에는 할리우드볼에서 환호를 보내는 청소년 관중 1만 명 앞에서 쇼를 하기에 이르렀다.

그러나 1950년대에는 보비삭서스들 사이에서 시나트라의 인기가 시들해지기 시작했다. 그가 새로운 청중을 찾으면서 잘못된 길을 연 것이다. 하지만 1953년 영화 〈지상에서 영원으로〉에서 아카데미상을 수상한 연기로 다시 스타 반열에 올랐다. 그 후 그는 지금은 고전이 된 앨범들을 발매하는데, 그중에는 《인 더 위 스몰 아워스》, 《송스 포 스윙인 러버스》, 《컴 플라이 위드 미》 등이 있다. 이 앨범들에는 〈아이브 갓 유 언더 마이 스킨〉, 〈어텀 인 뉴욕〉, 〈컴 플라이 위드 미〉 등 영원히 그를 떠올릴 노래들이 수록됐다.

활동이 활기를 되찾으면서 시나트라는 남은 생애 동안 성공을 거듭했다. 특히 군에서 제대하고 돌아오는 엘비스 프레슬리를 맞이하는 쇼 등 그의 TV 스페셜 방송은 높은 시청률을 기록했고, 1960년 영화 〈오션스 11〉은 그해 가장 성공한 작품이었다. 시나트라가 빅밴드 리더 카운트 베이시, 브라질 작곡가 안토니오 카를로스 조빔과 함께 협업한 앨범은 가장 큰 인기를 얻었다. 가수로 활동하기 시작한 지 30년도 더 지난 1969년 그는 대표곡 〈마이 웨이〉를 발표했다.

- 갱들이 가수 조니 폰테인을 고용하지 않은 프로듀서에게 위협을 가하는 〈대부〉의 장면은(침대에 말의 머리를 집어넣은 것이 가장 유명하다) 시나트라의 초기 계약 협상에 갱이 연루되었다는 소문을 토대로 만들어졌다.
- 시나트라의 1943년 할리우드볼 쇼는 하루 저녁의 공연만으로 할리우드볼이 지고 있던 상당한 부채를 갚을 수 있을 정도로 성공적이었다.
- 컬럼비아레코드의 대우에 불만을 품었던 시나트라는 1960년 리프라이즈레코드를 시작했다. 리프라이즈는 지금도 운영 중이며 플리트우드 맥, 디페쉬 모드, 스매싱 펌킨스 등 다양한 예술가들의 음반을 녹음했다.

158 | THU 영화 | 잉그리드 버그만

스웨덴 태생의 스크린의 전설 잉그리드 버그만은 특히 〈카사블랑카〉, 〈가스등〉, 〈오명〉에서 고통받고 연약한 여성들을 연기한 배우로 잘 알려져 있다. 그러나 1949년 실생활에서 로베르토 로셀리니 감독과의 외도가 공개되면서 국제적인 스캔들이 되었고, 할리우드에서 7년 동안 쫓겨나는 신세로 전락하기도 했다.

버그만은 스웨덴과 독일에서 영화배우로 활동하다가 할리우드 제작자인 데이비드 셀즈닉이 〈인터메조〉에 출연한 그녀를 발굴하면서 미국으로 건너왔다. 그녀는 영화 〈카사블랑카〉 전에 4편의 할리우드 영화에 출연했다. 버그만은 남편(폴 헨레이드 분)과 자신이 사랑하는 남자(험프리 보가트 분) 사이에서 삼각관계에 놓인 일리자 런드를 연기했다.

2년 후 그녀는 어니스트 헤밍웨이의 《누구를 위하여 종을 울리나》를 영화화한 작품에서 선보인 연기로 처음 아카데미 여우주연상 후보에 올랐다. 그리고 이듬해 그녀는 범죄자 남편(샤를 부아예 분)에 의해 서서히 미쳐가는 여자를 연기한 〈가스등〉으로 최초의 오스카상을 거머쥐었다. 버그만은 평단의 호평과 흥행을 이룬 〈망각의 여로〉와 〈성 메리 성당의 종〉에 출연한 후, 알프레드 히치콕 감독의 〈오명〉에 출연했다. 이 영화에서 그녀는 다시 삼각관계에 빠진 여자를 연기했는데, 머지않아 실생활에서도 이 같은 상황에 놓이게 되었다.

1949년 로셀리니 감독과의 외도가 공개되었을 때 그녀와 이 유명한 이탈리아 감독은 각자 결혼을 하고 자녀가 있는 상태였다. 1950년 그녀는 로셀리니 감독과 영화 〈스트롬볼리〉에서 함께 일한 후 그와의 사이에서 사생아를 낳았다. 스캔들은 엄청난 충격을 주었다. 파문은 심지어 버그만을 공개적으로 비난한 미국 상원 의회에까지 도달했다. 그녀는 남편인 페터 린드스트롬과 이혼한 후 이탈리아로 이주했고 1950년 로셀리니와 결혼했다. 1957년 로셀리니와 이혼하기 전까지 버그만은 그와 함께 4편의 영화를 만들었고 2명의 아이를 더 낳았다.

그녀는 〈아나스타샤〉로 할리우드에 의기양양하게 돌아왔고 다시 여우주연상을 수상했다. 비록 그녀의 경력은 차츰 시들해졌지만, 〈오리엔트 특급 살인 사건〉으로 아카데미 여우조연상을 수상하며 유명세를 되찾았다. 그녀는 67세 생일에 암으로 사망했다.

• 영화 속에서 화장을 거의 하지 않았던 버그만은 영화배우 가운데 진정한 미인으로 꼽힌다.
• 〈카사블랑카〉는 버그만과 보가트가 함께 출연한 유일한 작품이다.
• 버그만의 자녀 중 딸 피아 린드스트롬은 배우이자 TV 앵커로, 이사벨라 로셀리니는 배우이자 모델로 유명해졌다.

159

FRI
社
사회

장기 이식

1954년 조셉 머레이라는 이름의 미국인 외과의가 일란성 쌍둥이 한 명으로부터 신장을 적출해 다른 한 명에게 이식한 것이 최초의 성공적인 장기 이식이었다. 약 4시간가량 소요된 이 수술은 즉시 의학 역사상 획기적인 수술로 찬사를 받았고 20세기 말 의학 발전의 주요한 장을 열어주었다.

한 사람의 몸에서 조직을 적출해 다른 사람에게 이식하는 것은 여러 가지 힘겨운 의학적 과제를 수반하는데 그중 환자의 면역체계가 새로운 조직을 거부하는 것이 가장 큰 우려다. 머레이의 수술이 성공하기 전에 행해졌던 이식은 모두 환자의 몸이 새로운 조직을 이질적인 기생충처럼 인식하면서 그 즉시 공격했기 때문에 실패했다.

그러나 일란성 쌍둥이는 동일한 유전자를 가지기 때문에 거부 반응을 피할 수 있었다. 그의 수술은 이식의 가능성을 입증했고 과학자들로 하여금 조직 거부 문제를 해결하도록 독려했다.

1950년대와 1960년대에는 제약회사들이 외부 조직에 대한 면역체계의 거부 반응을 억누를 수 있는 약물을 앞다투어 개발했다. 이런 약물들이 출시되자 가족이 아닌 사람으로부터의 장기 이식이 처음으로 가능해졌다. 1963년 제임스 하디라는 미시시피주의 내과의가 최초의 폐 이식을 집도했으며, 1967년 남아프리카공화국의 의사 크리스티안 바나드가 최초로 심장 이식 수술을 진행했다.

그로부터 10년 후 장기 이식 성공률이 상당히 증가했다. 오늘날에는 80% 이상의 환자들이 새로운 심장을 이식받고 난 후 1년까지 연명했으며, 5년 넘게 사는 환자들도 70% 이상이나 된다.

• 가장 오래 살고 있는 심장 이식 환자는 토니 휴스먼으로, 1978년 새로운 심장을 이식받은 사람이다.
• 머레이는 시애틀 의사 도날 토머스와 함께 1990년 노벨의학상을 공동 수상했다.
• 최초로 신장을 이식받은 리처드 헤릭은 수술 후 8년을 더 살았다.

160 | SAT 🏆 스포츠 | 빌 러셀

농구 역사상 빌 러셀만큼 수비와 팀플레이에 뛰어나고 우승을 많이 한 선수는 없었다. 그는 20세기 중반 보스턴 셀틱스의 주춧돌로, 1956년부터 1969년까지 셀틱스 프랜차이즈가 따낸 11번의 챔피언십 경기에 활약했다. 또한 그는 멘토였던 레드 아워백의 뒤를 이어 챔피언십 우승 경기 가운데 마지막 2번의 경기에서 선수 겸 코치로 활약하기도 했다.

207cm의 센터였던 러셀은 선수가 점수를 많이 내지 않고도 경기를 지배할 수 있음을 입증함으로써 농구에 대변혁을 일으켰다. 그는 통산 평균 15.1점밖에 올리지 못했지만 미국농구협회(NBA)의 MVP를 5번이나 수상했고 13년의 활동 기간 12번이나 올스타로 선정되었다.

당대에 그는 슛을 가장 잘 블로킹해 두려움의 대상이었고 통산 22.5개의 리바운드를 기록한 리바운드의 마법사였다. 그는 최대의 라이벌이었던 월트 체임벌린만큼 인상적인 체격은 아니었지만 타의 추종을 불허하는 본능과 보디 포지션 그리고 지능을 가진 탁월한 선수였다. 대부분의 시즌 동안 체임벌린이 더 나은 기록을 보유하긴 했지만, 러셀은 챔피언십에서 우승했다.

러셀은 샌프란시스코대학교에서 2번 대학농구 우승을 거두고 1956년 올림픽에서 금메달을 수상한 후 셀틱스에 입단했다. 그가 입단하기 전 셀틱스는 단 한 번도 NBA 우승을 한 적이 없었다. 그랬던 셀틱스가 1969년 그가 은퇴할 무렵에는 성공의 상징이 되었다.

그의 성과에도 불구하고 러셀은 보스턴에서 인종차별을 겪었고 보스턴 팬들, 언론과 좋지 못한 관계를 유지했다. 그는 사인 요청을 거절하는 사람으로 유명했고 셀틱스가 1972년 그의 등번호 6번을 영구결번으로 지정할 때도 참석하지 않았다. 또한 1974년 농구 명예의 전당에 이름을 올릴 때도 참석하지 않았다.

이후 보스턴에 대한 러셀의 악감정이 누그러지면서 1999년 셀틱스가 그의 등번호를 다시 영구결번으로 지정할 때는 기념식에 참가했다.

- 1961년~1962년 시즌에서 러셀은 평균 18.9점을 득점했고 체임벌린은 평균 50.4점을 기록했지만 동료 선수들에 의해 러셀이 MVP로 선정되었다.
- 1968년 《스포츠일러스트레이티드》가 그를 올해의 스포츠맨으로 선정했고, 《스포팅뉴스》는 그를 1960년대 최고의 선수로 뽑았다.
- 러셀은 그의 업적과 '수비 플레이의 수준을 높임으로써 농구를 혁신시킨' 공을 인정받아 2007년 하버드대학교로부터 명예박사 학위를 취득했다.

161 | SUN ✹ 팝 | 마릴린 먼로

1926년 6월 1일, 노마 진 모텐슨이라는 이름의 아이가 미혼모에게서 태어나 여러 명의 양부모 밑에서 자라다가 (잠시 고아원에서 살기도 했다) 16살에 제임스 도허티라는 이름의 상선 선원과 결혼해 캘리포니아주 LA 인근에서 살았다.

2차 대전 중 도허티가 남태평양으로 보내졌을 때 노마 진은 할리우드 군수품 공장에서 일하고 있었다. 그녀는 파병 군인들에게 배포되던 《얀크》라는 잡지에 실을 젊은 여성들의 사진을 찍던 군대 사진사의 눈에 띄어 모델 에이전시를 소개받았다. 그곳에 있는 동안 노마 진은 코를 성형하고 머리를 펴고 염색을 했으며 이름을 마릴린 먼로로 바꾸었다.

먼로의 모델 활동은 곧 스타 영화배우의 길로 이어졌다. 그녀는 폭스스튜디오에서 제작하는 시시한 영화에서 배우로 활동하기 시작했지만 곧 1950년 영화 〈이브의 모든 것〉에서 미스 캐스웰이라는 보다 진지한 배역을 따냈다. 영화가 성공적이었던 만큼 그녀는 1953년 영화 〈나이아가라〉에 출연해서 세계적인 스타 반열에 올랐고, 〈신사는 금발을 좋아한다〉, 〈백만장자와 결혼하는 법〉, 〈뜨거운 것이 좋아〉 같은 영화에서 가장 유명한 역할을 하기에 이르렀다.

대중에게 보여졌던 먼로의 성공은 떠들썩한 사생활과는 극명하게 달랐다. 그녀는 모델 활동을 시작한 후 첫 번째 남편을 떠났고 그 후로 연이어 단발적이고 극적인 관계를 가졌다. 그녀는 양키스의 외야수 조 디마지오와 1954년 결혼했지만 1년도 가지 못했고, 1956년 극작가 아서 밀러와 재혼했다. 그녀의 대중적인 이미지와 복잡한 사생활은 1962년 5월 방영된, 이른바 그녀와 외도를 한 것으로 알려진 존 F. 케네디 대통령에게 악명 높을 정도로 섹시하게 '생일 축하' 노래를 부르는 파티에서 충돌했다.

그녀는 그다음 달 영화 〈무언가 줘야 해〉에서 퇴출되었고 1962년 8월 5일 약물 과다 복용으로 사망했다.

• 1999년에 《플레이보이》는 먼로를 20세기 최고의 섹시 스타로 임명했다.
• 유명해지고 난 후, 먼로의 에이전트들은 1947년 달력에 누드로 나왔다는 사실을 은폐하려고 했지만 그녀는 그들의 말을 듣지 않고 팬들에게 사실을 인정했다.
• 〈무언가 줘야 해〉에서 퇴출당하기 전 먼로는 영화를 위해 할리우드 대표 영화배우로서 최초로 누드신을 찍었다.

162 | MON 🎩 인물 | 월터 크롱카이트

1972년 한 여론 조사 결과, 월터 크롱카이트는 미국에서 가장 신뢰받는 인물로 꼽혔다. 1962년부터 1981년까지 CBS 이브닝뉴스 앵커이자 편집장으로 일했던 그는 미국 사람들에게 뉴스를 쉽고 객관적인 방식으로 전달했고 여러 면에서 미국을 대변했다.

존 F. 케네디 대통령이 암살당했을 때 젊은 대통령이 사망했음을 전 국민에게 알린 사람이 크롱카이트였다. 그가 1968년 테트 대공세 후 베트남에서 돌아왔을 때 그는 시청자들에게 "베트남에서의 유혈전이 교착상태에 빠진 것이 보다 확실시된다"고 말했다. 이 발언을 듣고 린든 존슨 대통령은 "내가 크롱카이트를 잃으면 미국을 잃은 것이다"라고 말했다. 그리고 아폴로 11호가 달을 향해 발사되었을 때 크롱카이트는 "가, 아가야, 가!"라며 많은 미국인들이 가지고 있던 생각을 내뱉었다.

크롱카이트는 중서부 지방에서 신문사와 작은 라디오방송국에서 일하면서 뉴스 업계에 발을 디뎠다. 미국이 2차 대전에 참전한 후 그는 〈연합뉴스〉의 종군 기자로 활동했다. 그는 디데이에 해안으로 갔고, 101공수부대와 함께 낙하산을 타고 뛰어내렸으며, 독일을 폭격하는 임무를 위해 전투기를 타고 날았고, 뉘른베르크 재판을 보도했다.

1950년 CBS 워싱턴지사에 입사한 그는 전국 뉴스 사업부로 옮겼다. 그는 연이어 CBS 뉴스쇼를 진행했고 1952년부터 CBS 대통령 선거방송을 진행했다. 1962년에 더글러스 에드워즈의 후임으로 CBS 이브닝뉴스의 앵커로 발탁된 크롱카이트는 CBS 정책에 의해 은퇴하게 되는 1981년까지 뉴스를 진행했다. 앵커를 맡은 지 1년 만에 그는 15분이었던 뉴스쇼를 30분으로 늘렸는데, 이 분량은 지금까지도 CBS의 뉴스 기준이다.

그는 65세의 나이로 은퇴하면서 앵커와 편집장의 자리를 댄 래더에게 넘겨주었고, 래더는 2005년까지 그 자리를 고수했다. 은퇴한 후에도 크롱카이트는 계속해서 CBS, PBS, CNN, 디즈니채널을 위해 기사를 보도하는 등 활동을 이어갔다.

- 크롱카이트의 CBS 이브닝뉴스 엔딩 인사는 "세상이 원래 그렇습니다"였다.
- 1972년 CBS 이브닝뉴스가 《워싱턴포스트》의 보도 내용을 바탕으로 워터게이트에 관한 2부작을 제작했는데, 그로 인해 워터게이트 사건이 전국적으로 알려지게 되었다.
- 1977년 크롱카이트가 이집트 대통령 안와르 사다트에게 이스라엘과 협상하기 위해 예루살렘에 가겠느냐고 물었다. 사다트 대통령은 가겠다고 대답했고, 다음 날 이스라엘 총리 메나헴 베긴이 사다트를 예루살렘으로 초대했다. 이것은 결국 캠프데이비드 협정과 이스라엘-이집트 평화 조약으로 이어졌다.

163 | TUE 📖 문학 | 호밀밭의 파수꾼

J. D. 샐린저의 《호밀밭의 파수꾼》은 1951년 출간 즉시 문화적 현상이 되었고 20세기 미국 베스트셀러 소설로 남았다. 이 작품은 고등학생과 대학생들 사이에서 특히 많은 인기를 누려왔지만, 청소년기의 고뇌에 대한 탐구는 전 연령의 독자층에서 반향을 불러 일으켰다.

《호밀밭의 파수꾼》의 주인공 홀든 콜필드는 몇몇 사립 고등학교에서 퇴학당한 불만 많고 권위에 반발하는 16세의 남자아이다. 그는 학기 말 저조한 성적으로 또다시 퇴학당할 위기에 놓여 있다는 말을 듣자 맨해튼의 집으로 돌아가기로 한 날보다 며칠 먼저 가서 부모 몰래 호텔 방을 잡을 결심을 한다.

맨해튼에서 자유롭게 보내는 동안 홀든이 하는 경험은 대부분 목적이 없었으며 실패로 끝난다. 그는 도시를 돌아다니면서 술을 마시고 별 생각 없이 소녀들에게 추파를 던지며, 아는 사람들에게 전화를 하고, 여러 낯선 이들을 만난다. 그러는 내내 짜증스럽고 싫증난 홀든은 어른들의 세상에서 목격하는 위선에 대해 끊임없이 불평하면서 만나는 사람마다 '사기꾼'이라고 일축한다. 홀든은 통찰력이 있고, 그의 논평은 자주 정확하지만, 비판적이고 자기 자신에게만 관심이 있으며, 종종 보이는 순진한 모습은 화자로서의 신뢰성을 떨어뜨린다.

《호밀밭의 파수꾼》은 전후 10년간 사회적 순응을 그처럼 뻔뻔하게 공격하는 데 미처 대비하지 못한 1950년대 독자들에게는 충격이었다. 속어와 이따금 불경스러운 표현의 사용은 물론, 성에 대한 솔직함으로 이 소설은 계속해서 일부 독자들을 불쾌하게 만든다. 그럼에도 바로 이 특성이 소설을 베스트셀러이자 영원히 고등학교 독서 목록에 실리는 책으로 만들어주었다. 이 소설은 전 세계적으로 통틀어 1000만 부 이상 판매되었다.

- 악명 높을 정도로 은둔 생활을 했던 샐린저는 1965년 뉴햄프셔주로 이주하고 난 후 대중의 눈에서 완전히 사라졌다. 그는 1980년에 마지막으로 공개 인터뷰를 했다.
- 인기에도 불구하고 《호밀밭의 파수꾼》은 단 한 번도 연극이나 영화로 제작되지 않았는데, 샐린저가 허락하지 않았기 때문이다.
- 《호밀밭의 파수꾼》은 샐린저가 출간한 유일한 장편소설이다. 그는 대중에게서 사라지고 난 후 적어도 2편 이상의 소설을 집필한 것으로 알려졌는데, 아직까지 출간되지 않고 있다.

164 WED 음악 💿 엘라 피츠제럴드

가수 엘라 피츠제럴드는 거의 완벽에 가까운 공연을 하는 것으로 유명했다. 너무나 넓은 음역을 가지고 있어서 거의 모든 노래를 놀라울 정도로 명확하게 부를 수 있었고, 가수가 아무 의미 없는 말이나 목소리를 즉흥적으로 내는 스캣 창법이라고 알려진 스타일을 완벽하게 소화하는 그녀의 목소리는 악기 그 자체였다. 많은 공연을 했던 피츠제럴드는 《그레이트 아메리칸 송북》에 실린 가장 사랑받는 고전 곡 다수를 불렀다.

《그레이트 아메리칸 송북》이란 틴 팬 앨리 시대 말부터 로큰롤의 등장으로 이어지는 1920년에서 1960년까지 만들어진 노래들을 모은 모음집을 지칭한다. 재즈에서는 이런 곡들을 스탠더드라고 부른다. 참여자로는 작사가 겸 작곡가인 어빙 벌린(〈화이트 크리스마스〉, 〈블루 스카이〉), 호기 카마이클(〈스타더스트〉, 〈조지아 온 마이 마인드〉), 브로드웨이 작곡가 조지 거슈윈과 아이라 거슈윈(〈아이 갓 리듬〉, 〈임브레서블 유〉) 그리고 듀크 엘링턴(〈인 어 센티멘탈 무드〉) 같은 연주자들이 있다.

50여 년 동안 활동하면서 피츠제럴드는 이 모든 곡들을 비롯해 여러 곡들이 실린 음반을 작업했다. 그녀는 17세였던 1934년 할렘에 있는 아폴로시어터에서 열린 아마추어 대회에서 우승을 하면서 가수로 활동하기 시작했다. 곧이어 그녀는 한 빅밴드와 함께 공연을 시작했고, 1939년 무렵에는 엘라 피츠제럴드 앤 허 페이머스 오케스트라를 이끌었다. 그러나 피츠제럴드는 솔로로 전향했을 때 가장 큰 성공을 이뤘다. 1950년대에 버브레코드에 소속되어 있는 동안 그녀는 8개의 송북 앨범을 발매했는데, 그중에는 《엘라 피츠제럴드 싱스 더 콜 포터 송북》과 《엘라 피츠제럴드 싱스 더 어빙 벌린 송북》이 있다. 그녀는 루이 암스트롱과 협업한 것으로도 유명한데, 거슈윈의 뮤지컬 〈포기와 베스〉의 한 버전을 비롯해서 그와 함께 3장의 음반을 녹음했다.

- 작곡가 겸 작사가인 아이라 거슈윈은 다음과 같은 말로 그녀에게 최고의 찬사를 보냈다. "나는 엘라가 부를 때까지 우리 노래가 그렇게 좋을지 깨닫지 못했다."
- 《그레이트 아메리칸 송북》의 시대가 끝난 후에도 많은 예술가들이 스탠더드를 아방가르드 실험의 기초로 삼았다. 특히 유명한 사례로 색소폰 연주자인 존 콜트레인이 〈마이 페이버릿 띵스〉를 녹음한 것을 들 수 있다.
- 피츠제럴드의 송북 시리즈를 경외했던 프랭크 시나트라는 자신의 음반 회사가 자신의 공연을 작곡가별로 재편집하지 못하게 했다.

165 | THU 📽 영화 | 카사블랑카

미스터리, 서스펜스, 로맨스 그리고 코미디가 합쳐진 〈카사블랑카〉는 마이클 커티즈의 영화를 역사상 가장 사랑받는 영화로 만들었다. 전설적인 할리우드 배우 험프리 보가트와 잉그리드 버그만이 주연으로 등장하고, 2차 대전을 역사적인 배경으로 삼은 이 영화는 관객들이 수십 년 동안 대단히 좋아한 방식으로 명예, 의무, 자기희생, 잃어버린 사랑을 다룬다.

영화는 1943년 아카데미 작품상, 감독상, 각본상을 수상했다. (이 영화는 본래 1942년 개봉했지만, 1943년에야 비로소 대대적으로 상영되었다.) 그리고 2007년에는 미국영화연구소가 〈카사블랑카〉를 〈시민 케인〉과 〈대부〉에 이어 역대 최고의 미국 영화 3위로 선정했다. 비평가들은 〈카사블랑카〉의 인기가 지속되는 요인으로 주연 배우 보가트와 버그만의 조화, 조연들의 연기, 필립 엡스타인과 줄리어스 엡스타인 형제가 썼던 재치 넘치는 대사, 맥스 스타이너가 작곡한 전체를 아우르는 곡 그리고 줄거리 속의 낭만과 호기심을 꼽았다. 사실 이런 부분들 중에 어느 하나만 없었어도 〈카사블랑카〉는 〈카사블랑카〉가 되지 못했을 것이다.

영화 제작에 관한 이야기 자체도 할리우드에서만 꿈꿀 수 있는 것이었다. 영화의 시작은 머레이 버넷과 조안 앨리슨 원작의 〈에브리바디 컴스 투 릭스〉라는, 연극으로 제작되지 않은 희곡이었다. 워너브러더스가 이 대본을 2만 달러에 샀는데, 그 당시 연극으로 제작되지 않은 희곡에 대한 대가로는 기록적인 금액이었다. 시나리오 작가들은 촬영 내내 대본을 쓰고 또 썼는데, 작가들도 이 이야기가 어떻게 끝날지 아무도 몰랐다.

줄거리는 프랑스령 모로코에서 나치를 피해 도망치려고 하는 유럽 난민들과 3명의 주인공들이 연루된 삼각관계를 중심으로 펼쳐진다. (세 번째 인물은 폴 헨레이드가 연기했다.) 그러나 영화의 전체적인 주제인 자기희생과 애국주의에 비교하면 줄거리 자체는 빈약하다. 유럽 전역에서 전쟁이 발발하자 보가트가 분한 릭 블레인이 한 이 말처럼. "하지만 이 미친 세상에서 우리 세 사람의 문제는 콩 한 무더기만큼의 가치도 없다는 건 알고 있지."

- 이 영화는 1931년 발매되었을 당시 큰 히트를 치지 못했던 〈애즈 타임 고우즈 바이〉라는 곡을 널리 알렸다.
- 클라우드 레인스가 분한 르노 대령의 "짐작 가는 놈은 다 잡아들여"라는 대사는 1995년 할리우드 히트작 〈유주얼 서스펙트〉의 제목에 모티프가 되었다.
- 이 영화에서 보가트의 명대사, "루이스, 멋진 우정의 시작일 것 같군"은 촬영이 끝나고 3주 후에 더빙되었다. 이 대사는 워너브러더스 경영자이자 영화 제작을 추진했던 할 월리스가 쓴 것이라고 한다.

166 | FRI ⊕ 사회 | 제트기 여행

1952년 5월 2일, 최초의 상업용 여객기가 런던을 출발해 요하네스버그에 도착하면서 비행기 여행의 시대가 열렸다. 제트 엔진 기술의 개발은 배나 다른 낡은 비행기 유형보다 훨씬 빠르고 실용적인 방식으로 멀리 떨어진 대륙들 사이의 여행을 가능하게 만들었고 사람과 문화가 새로운 방식으로 접촉하게 해주었다.

연합군과 나치 독일은 모두 2차 대전 중 제트 엔진이 달린 비행기를 사용했다. 프로펠러로 가동되는 비행기에 비해 제트기는 50% 더 빨리 날았고 12km 이상의 높이에 도달할 수 있었다.

최초의 상업용 제트기인 드하빌랜드 커멧은 영국에서 제작되어 브리티시에어웨이스(BOAC)의 전신인 영국해외항공에 의해 남아프리카공화국의 수도까지 1만 821km의 노선을 날아다녔다. 시속 약 789km의 속도로 나는 이 제트기가 요하네스버그까지 당도하는 데는 24시간에 조금 덜 걸렸는데, 이는 같은 노선을 운행하는 프로펠러 비행기보다 약 10시간 빠른 것이었다.

출시한 지 수개월 만에 제트기는 전 세계 사람들의 마음을 사로잡았다. BOAC의 제트기에 탑승했던 한 《뉴욕타임스》기자는 '특별하고 아주 신나는 경험'이라고 말했다. 항공사들이 서둘러 제트기를 주문하면서 1960년대 무렵에는 빠른 비행기들이 거의 모든 장거리 비행을 담당하게 되었다.

실용적인 측면에서 제트기는 해외여행을 보다 저렴하고, 안전하며, 더욱 빠르게 만들었고, 수백만 명의 사람들이 한때 접근하지 못했던 세상의 여러 곳을 방문할 수 있게 해주었다. 제트기의 시대가 도래한 1952년 항공사들이 한 주에 80만 명의 승객들을 실어 날랐다. 오늘날은 미국에서만도 매주 약 1400만 명에 이른다.

- 최초의 요하네스버그 노선에는 32명의 승객이 탑승했고 5군데를 경유했다.
- 영국 여왕의 어머니 엘리자베스는 1952년 5월 말쯤에 제트기에 탑승해서 제트기 여행에 왕실의 축복을 내렸다.
- 제트기 여행은 원양 정기선의 이른 종말로 이어졌다. 현재는 퀸메리 2호만이 유럽과 북아메리카 사이를 정기적으로 오가는 유일한 여객선으로 남았다.

167 | 행크 아론

23여 년 동안 메이저리그 야구선수로 활동한 행크 아론은 꾸준한 커리어를 보여주었다. 연이은 20시즌 동안 적어도 20개의 홈런을 쳤던(1955년~1974년) 그는, 15시즌 동안 최소 30개의 홈런을 날린 유일한 선수이다. 아론은 꾸준한 탁월함으로 야구의 신성한 기록 중 하나를 깼다. 바로 베이브 루스의 통산 홈런 기록을 깨면서 불멸의 야구선수가 된 것이다.

아론의 기록은 가히 충격적이다. 통산 755개의 홈런 외에도 그는 통산 타점(2297), 장타(1477) 그리고 누타수(6856)에서 최고의 기록을 보유하고 있으며, 출루(2174)에서 2위 그리고 안타(3771) 부문에서 3위의 기록을 보유하고 있다. 그는 1957년 3할2푼2리의 타율, 44개의 홈런, 132타점을 올리면서 단 한 번의 내셔널리그 MVP를 수상했으며 밀워키 브레이브스가 월드시리즈에서 우승하도록 이끌었다.

통계 수치 말고도 베이브 루스의 714개 홈런 기록을 성공적으로 깨려고 노력했던 것과 그 과정에서 아론이 견뎌야 했던 인종차별이 항상 이 해머린 행크(아론의 별명 — 옮긴이)의 유산으로 남게 될 것이다. 아론이 홈런 714개에 근접했던 1973년 시즌 내내 그는 매일 3000통 이상의 편지를 받았는데, 대부분은 혐오스럽고 위협적인 메시지가 담겨 있었다. 이적 후 애틀랜타 브레이브스에서 활동하면서 그는 그해 40개의 홈런(392타점 만에)을 날리면서 통산 713개의 홈런을 기록했다.

아론은 시즌이 끝난 후에도 살해 위협에 시달렸지만 1974년 시즌 첫 타석에서 베이브 루스와 동률을 기록했다. 그로부터 나흘 후 애틀랜타-풀턴카운티 스타디움에서 열린 시즌 첫 홈게임 4이닝에서 아론은 LA 다저스의 투수 알 다우닝이 던진 높은 패스트볼을 레프트 센터필드 너머로 날리면서 기록을 깼다.

아론은 남은 시즌 동안 40개의 홈런을 추가했다. 그는 1976년 시즌에서 42세의 나이로 은퇴했으며, 1982년 야구 명예의 전당에 입성했다.

- 아론은 1952년에 니그로리그의 인디애나폴리스 클라운스에 입단하면서 프로야구 선수 생활을 시작했다.
- 그는 메이저리그에서 1966년 애틀랜타로 옮겨간 밀워키 브레이브스와 밀워키 브루어스 소속으로 활동했다.
- 그는 24번 올스타전에 선발되었고, 올스타전에서 500개의 홈런과 3000개의 안타를 기록한 최초의 선수였다.

168 SUN 팝 드래그 레이싱

오늘날 기업 스폰서십을 받고 TV로 중계되는 드래그 레이싱은 1930년대에 남부 캘리포니아주의 황무지에서 그 뿌리를 찾아볼 수가 있다. 필수적인 부분만 남기고 모두 뜯어 개조한 자동차의 운전사 즉, 드래그스터들이 시속 160km 이상의 속도로 척박한 호수 바닥을 가로지르며 정신없이 달리는 경주를 벌인 것이다.

텅 빈 비행장이나 심지어 해 진 후 마을의 '중심가'에서 열리기도 했던 경주의 위험성과 소음으로 인해 이 스포츠는 1955년 영화 〈이유 없는 반항〉에도 등장했고, 길거리 불량배, 가죽 재킷, 잭나이프 등과 연관되는 악명을 얻게 되었다.

그러나 1950년대에는 월리 파크스, C. J. 하트 같은 레이싱 선구자들이 이 스포츠를 불법적인 뿌리에서 분리시키기 위해 노력했다. 일반적으로 하트는 캘리포니아주 산타아나에 위치한 오렌지카운티 공항 활주로에서 열린 경기에 입장료를 받으면서 최초로 상업적인 경주로를 만든 사람으로 인정받는다. 이곳은 1950년 6월 19일에 문을 연 최초의 상업적 드래그 경주장이 되었다. 1950년대 《핫라드》의 편집자를 맡았던 파크스는 '혼란 속에서 질서를 만들고' 규칙과 보안 규정을 정하기 위해 자신의 영향력을 이용해서 1951년 미국 핫라드협회(NHRA)를 결성했다. 오늘날 NHRA는 8만 명의 회원과 3만 5000명 이상의 허가된 선수들을 보유하고 있고, 최대 3일까지 지속되는 예선 경기를 후원한다.

변화를 통해 드래그 레이싱은 주류 스포츠가 되었지만 이 스포츠를 탄생시킨 불법 거리 경주도 사라지지 않아서, 여러 공동체가 샌디에고 레이스리걸 같은 프로그램을 개최하여 레이서가 되고자 하는 사람들이 도로에서 무단으로 경주하지 못하게 하고 있다. 하트의 말처럼, "자동차가 발명되고 난 후로 드래그 레이싱은 항상 존재해왔다". 그리고 운전자들이라면 "차고에서 자동차를 끄집어내어 경주하라"는 요청에 항상 응할 것이다.

- 드래그 레이싱은 엔진에 심한 부담을 주기 때문에 한 번의 경주 즉, '패스'만으로도 5000달러에 달하는 부품 교체 비용이 드는 손상을 일으킬 수가 있다.
- 미국전기드래그레이싱협회는 1997년 전기차 경주를 위해 결성되었고 1999년부터 NHRA 규정하에 경주를 벌일 수 있게 됐다.
- 윈스턴 담배는 NHRA 시리즈를 최초로 후원한 기업이다.

169

빌리 그레이엄

빌리 그레이엄은 '미국의 목사'이자 '미국 개신교의 교황'으로 불려왔다. 세계에서 가장 유명한 전도사로 널리 알려진 그레이엄은 6개 대륙에서 거의 2억 1500만 명에 달하는 사람들에게 복음을 전도했고 11명의 미국 전 대통령들에게 영적인 자문을 해주었다.

그레이엄이 가진 매력의 상당 부분은 엄격한 종교 교리와 편파적인 정치를 삼가는 대신 세계 평화와 복음 사랑에 초점을 맞추는 따뜻한 방식을 사용한 것이었다. 또 그는 특히 라디오, TV, 영화 같은 매체의 힘을 이용해 부흥회에서 하는 설교를 신자들이 집에서 직접 들을 수 있게 했다.

그레이엄은 노스캐롤라이나주 샬로트의 낙농장에서 자랐다. 그는 16세 때 순회 전도 활동을 하는 모데카이 햄이 이끄는 부흥회에 참석한 후 종교적 깨달음을 경험했다. 그레이엄은 1939년에 남부 침례교 목사 안수를 받았고 곧 미국 전역과 유럽을 돌아다니며 설교하기 시작했다.

그레이엄의 강력한 반공산주의 입장 때문이었는지 1940년대 말 그는 언론 거물 랜돌프 허스트의 눈에 띄었고, 허스트는 자신의 다양한 매체를 활용해 LA에서 열린 그레이엄의 1949년 부흥회를 홍보해주었다. 원래 3주 동안 예정되어 있던 그레이엄의 LA 부흥회는 8주가 넘는 기간 동안 이어졌고 그는 곧 국가적인 인물이 되었다.

수십 년 동안 그레이엄은 계속해서 세계 평화에 대한 설교를 이어갔고 중국, 소비에트 연방과 미국 사이의 화해를 도모했다. 그는 1977년 헝가리를 방문하고 이후 소비에트 연방에서 설교를 하는 등 철의 장막 너머에서 설교한 최초의 주요 전도사였다. 2007년에는 조지 H. W. 부시 대통령이 "역사의 균형을 자유 쪽으로 기울게" 도와주었다며 그레이엄을 칭송하기도 했다.

• 그레이엄이 심각한 실수를 저지르지 않은 것은 아니다. 그는 1950년대 조셉 매카시 상원의원이 실시한 논란 많고 (결국에는 신빙성을 잃은) 공산주의자 사냥을 확고하게 지지했고 백악관에서 리처드 닉슨 대통령에게 반유대주의 발언을 한 것이 녹음되기도 했다.

• 그레이엄은 해리 트루먼 대통령 때부터 대통령 집무실에서 대통령과 함께 기도를 해왔다.

• 그레이엄의 초기 부흥회는 남부에서 흑인과 백인 사이에 좌석을 구분하지 않았던 최초의 공개 행사 중 하나였다.

170 | TUE 📖 문학 | 고도를 기다리며

《고도를 기다리며》는 매우 실험적이었던 아일랜드 태생의 프랑스 작가 사무엘 베케트가 집필한 가장 유명하고 가장 읽기 쉽다고 할 수 있는 희곡이다. 연극에 대한 비평가들과 관객의 의견이 분분하지만, 이 연극이 20세기 드라마에서 중심을 차지하고 있다는 데에는 반박의 여지가 없다. 이른바 부조리극의 지표인 베케트의 이 작품은 전 세계적으로 널리 읽히고 자주 무대에 올려지는 작품으로 기억되어왔다.

《고도를 기다리며》에서는 말과 아이디어가 사건보다 우선한다. 사실 연극이 진행되는 동안 행위는 거의 발생하지 않는다. 1막에서는 블라디미르와 에스트라공이라는 이름의 두 남자가 길가에서 고도라는 이름의 수수께끼 인물을 그저 기다리기만 한다. 몇 명의 이상한 사람들이 지나가고, 여러 이상한 대화들이 뒤따른다. 후에 한 소년이 나타나 고도가 다음 날에야 올 것이라고 알려준다. 그다음 날이 배경인 2막에서는 블라디미르와 에스트라공이 어제 그 장소에 다시 서 있다. 그들은 언쟁을 벌이기도 하고 대화를 나누기도 하며 전날 만났던 사람들을 또 만나기도 하는데, 이상하게도 그 사람들은 그들을 만난 것을 기억하지 못한다. 마침내, 전날 등장했던 소년이 다시 등장해서 고도가 오지 않을 것이라고 알려준다. 블라디미르와 에스트라공은 집에 가자고 말은 하면서도 연극이 끝나는 순간까지 길 위에서 기다리기를 그만두지 않는다.

아마도 그 어떤 작품보다 《고도를 기다리며》가 부조리극의 발전에 영향을 주었을 것이다. 부조리극이란 20세기 중반에, 특히 프랑스에서 일었던 드라마의 주요 운동이다. 외젠 이오네스코, 장 주네를 비롯한 극작가들과 더불어 베케트는 스타일과 내용 면에서 연극의 한계를 공격적으로 넓혔다. 부조리극은 텅 비어 있거나 최소한만 갖춘 세트, 기이한 대화나 독백, 여러 해결되지 않은 문제가 담긴 의미 없어 보이는 줄거리라는 특징을 가지고 있다. 사실 《고도를 기다리며》에서 베케트는 가장 큰 질문인, '고도가 누구인가?'라는 질문을 답하지 않은 상태로 내버려둔다.

- 비비안 메르시에라는 한 비평가는 《고도를 기다리며》를 "아무것도 벌어지지 않는 연극, 그것도 2번이나"라는 말로 2막으로 된 이 작품을 요약했다.
- 베케트는 《고도를 기다리며》를 프랑스어로 집필했지만 후에 직접 영어로 번역했다. 이 희곡의 원작은 1940년대 말에 완성되었지만 1952년에야 비로소 출간되었으며 1953년 처음으로 무대에 올려졌다.
- 베케트의 많은 다른 희곡들은 심지어 《고도를 기다리며》보다 더욱 실험적이다. 《연극》에는 무대 위 항아리에 갇힌 3명의 등장인물이 나온다. 《내가 아니야》에서는 검은 배경에 입만 보이는 여배우가 홀로 길고 뒤죽박죽인 독백을 이어나간다.

178

171 | WED 🎵 음악 | 척 베리

가수 겸 기타리스트인 척 베리는 로큰롤의 창시자로 널리 알려져 있다. 그가 다른 음악 가들에게 미친 영향은 너무나 커서 비틀스의 존 레논은 언젠가 이렇게 말했다. "로큰 롤을 다른 이름으로 부르고자 한다면, '척 베리'라고 부르는 편이 낫다."

1950년대 초 데뷔한 베리는 세인트루이스 동부에서 대부분 흑인 관객들을 대상으로 연주했다. 그의 연주는 대단히 독특했다. 베리는 블루스 같은 전통적인 흑인음악 요소 에 백인들의 '힐빌리' 음악의 리듬 체계와 거친 기타 연주를 합쳐놓았다. 그가 유명세 를 타기 시작한 것은 1955년 시카고로 이주하면서부터다. 시카고 블루스의 전설 머디 워터스의 설득으로 베리는 체스레코드의 레오나르드 체스에게 데모 테이프를 주었다. 그들은 테이프에 담긴 한 곡을 녹음했고 '메이벨린'이라는 제목으로 발매했다. 이 음반 이 히트를 치면서 스타가 탄생했다.

베리는 〈롤 오버 베토벤〉, 〈브라운아이드 핸섬 맨〉, 〈로큰롤 뮤직〉 그리고 〈조니 B. 구 드〉를 비롯해 초기 로큰롤의 여러 히트곡들을 녹음했다. 전 세계 라디오와 주크박스에 서 울려 퍼지는 그의 음악은 미네소타의 밥 딜런과 리버풀의 존 레논 같은, 가수를 꿈 꾸는 10대 음악가들에게 영감이 되었다. 이 두 사람은 모두 유명해진 후 베리에게 큰 영향을 받았다고 밝혔다.

그러나 베리의 성공은 1959년 매춘을 목적으로 미성년자를 다른 주로 데려간 혐의 로 유죄판결을 받으면서 갑작스럽게 막을 내렸다. 놀랍게도 베리의 인기는 그가 감옥 에 있는 동안에도 꾸준히 상승했다. 에어로스미스의 기타리스트 조 페리가 《롤링스 톤》에 밝힌 것처럼 "우리 세대의 많은 기타리스트와 마찬가지로 나 역시도 비틀스와 롤링스톤스 때문에 척 베리를 처음 듣게 되었다." 베리가 출소한 1963년은 영국의 비틀 스가 미국 시장을 장악하기 시작한 해였다. 베리가 출소했을 때는 새로운 관객과 기회 가 준비돼 있었다.

• 베리가 여러 히트곡을 제작하긴 했지만, 유일하게 1위를 차지한 싱글은 1972년 라이브로 녹음한 〈마이 딩어링〉이라 고 불리는 선정적인 뉴올리언스 곡이었다.

• 베리는 80대까지 여전히 그가 태어난 세인트루이스 동네의 '블루베리 힐'이라는 클럽에서 매달 1회 수요일에 연 주를 했다.

• 베리는 1979년 탈세로 수감되었는데, 그해는 그가 지미 카터 대통령을 위해 백악관에서 연주한 해이기도 하다.

172

캐리 그랜트

영국 브리틀에서 아치볼드 알렉산더 리치라는 이름으로 태어난 캐리 그랜트는 대대적으로 성공한 로맨틱 코미디 시리즈에 출연하면서 멋지고 당당한 세련미를 대표하는 배우가 되었다. 그랜트는 단 한 번도 아카데미상을 수상한 적은 없지만(1970년에 아카데미 평생공로상을 수상하긴 했다) 할리우드 역사상 가장 뛰어난 배우로 꼽힌다. 2004년에는 《프리미어》가 그랜트를 역대 최고의 영화배우로 선정하기도 했으며, 영화 역사가인 데이비드 톰슨은 그를 '영화 역사상 최고이자 가장 중요한 배우'라고 불렀다. 미국영화연구소는 그를 험프리 보가트 다음으로 전설적인 남자 영화배우 2위에 올렸다.

그랜트는 곡예사, 보드빌 배우, 연극배우로 활동하고 난 후 1931년 할리우드에 입성했다. 그는 다양한 영화 29편에 출연한 후 로맨틱 코미디 영화 〈이혼 소동〉에서 그의 인생을 규정하게 되는 세련되고 재치 넘치는 모습으로 출연했다.

그는 계속해서 〈아이 양육〉, 〈홀리데이〉, 〈그의 연인 프라이데이〉, 〈필라델피아 스토리〉를 비롯한 스크루볼 코미디(등장인물들이 어리석고 우스꽝스러운 행동을 하는 영화 ─ 옮긴이) 시리즈에서 뛰어난 웃음 포인트, 재치 있는 언어, 로맨틱한 매력을 선보였다. 이 영화 가운데 〈그의 연인 프라이데이〉를 제외하고는 할리우드의 최고 여배우가 되는 캐서린 헵번과 함께 출연했다.

일반적으로 그랜트의 영화는 감독과 다른 주연배우가 누구든 상관없이 성공했다. 그러나 2명의 감독과 특히 여러 편을 함께했는데, 하워드 호크스 감독과는 〈아이 양육〉, 〈그의 연인 프라이데이〉를 비롯해 5편의 영화를 만들었으며, 알프레드 히치콕 감독과는 〈오명〉, 〈북북서로 진로를 돌려라〉를 비롯해 4편의 스릴러를 찍었다.

그랜트는 1966년 은퇴할 때까지 총 73편의 영화에 출연했다. 많은 제작자와 감독들이 그가 재기하도록 권유했지만 그는 82세의 나이로 사망할 때까지 복귀하지 않았다.

- 그랜트는 〈페니 세레나데〉와 〈논 벗 더 론리 하트〉로 아카데미 남우주연상 후보에 올랐다.
- 토니 커티스는 빌리 와일더 감독의 클래식 코미디 〈뜨거운 것이 좋아〉에서 그랜트의 억양을 패러디했다.
- 작가 이안 플레밍은 그랜트가 제임스 본드 캐릭터에 영감이 되었다고 말했다. 그랜트는 제임스 본드 역의 출연 제의를 받았지만 영국 스파이 역을 하기에는 자신이 너무 나이가 많다고 생각해서 고사했다.

173 | FRI ⟨⟩ 사회 | 매카시즘

1953년, 위스콘신주의 조셉 매카시 상원의원은 미국 정부에 잠입했다고 생각한 공산주의 가담자들을 색출하기 위한 일련의 조사에 착수했다. 이듬해 매카시 상원의원이 세간의 이목을 끈 이 운동을 끝내기 전까지 수십 명의 사람들이 전국에 중계된 청문회에 소환되었고, 수백 명의 정부 관료와 군 간부들에게 공산주의 성향을 가졌다는 혐의를 씌우면서 냉전 초반의 두려움과 의심의 분위기를 조성했다.

1946년에 상원의원으로 선출된 전 해병대 출신의 매카시는 1952년 선거 후 공화당이 상원을 장악하면서 정부 운영에 관한 상원위원회의 회장직에 올랐다. 그는 보이스 오브 아메리카 라디오방송국에서 처음으로 공산주의자 혐의를 받은 사람들의 청문회를 방송하게 했다. 두 정당의 지도자들 모두 공산주의를 치명적인 위협으로 여겼기 때문에 초기에는 매카시의 청문회가 양당의 지지를 받았다. 초기 청문회 위원 가운데에는 존 F. 케네디의 동생이자 민주당원이었던 로버트 F. 케네디도 있었다.

그러나 상원의원이자 그의 청문회 선임위원이었던 로이 콘이 증인에 대한 증거가 부족하거나 거의 없는 상황에서도 터무니없는 혐의들을 제기하면서 1954년 매카시의 전략에 대한 비판이 고조되었다. 청문회 대상으로는 작가, 변호사, 고위급 군 간부들도 포함되었다.

비판자들은 매카시가 마녀사냥을 한다며 비난했고 심지어 전 지지자들조차 그가 근거 없는 혐의를 뒤집어씌우며 무리한 수사를 한다고 불평했다. 매카시즘에 대한 반대 의견은 군 변호사였던 조셉 웰치가 했던 가장 유명한 발언을 통해 제기되었다. 그는 1954년 진행된 열띤 청문회에서 매카시에게 이렇게 물었다. "의원님, 결국 품위마저 잃은 것입니까? 어떤 품위도 남지 않았습니까?"

1954년 말 무렵, 상원은 청문회를 중단했고 매카시 상원의원을 견책하기로 표결했다. 매카시는 3년 후 48세의 나이에 알코올 중독으로 사망했다.

● 극작가 아서 밀러는 청문회를 1692년 매사추세츠주 세일럼에서 벌어진 마녀사냥에 비유하여 1953년 드라마 〈시련〉을 집필했다.
● 공산주의자 색출 뒤에도 매카시는 동성애자로 의심되는 정부 관료들 역시 공격하기도 했다. 아이러니하게도 훗날 그의 충실한 측근이었던 콘이 게이였다는 사실이 밝혀졌다.
● 매카시 청문회는 2005년 영화 〈굿 나잇 앤 굿 럭〉의 모티프가 되었다.

174 | | 짐 브라운

1957년에서 1965년 사이의 풋볼선수와 팬이라면 알고 있던 한 가지가 있었으니, 그것은 바로 짐 브라운과 얽히지 말라는 것이었다. 185cm에 105kg이나 나가는 이 클리블랜드 브라운스의 풀백은 NFL에서 가장 거칠고 거센 공격수로, 구장 안팎에서 비열함으로 정평이 나 있는 선수였다. 그는 수비수 한 명만으로는 태클을 할 수 없는 수준의 힘을 가지고 있어서 그를 쓰러뜨리려면 한 떼의 수비수가 필요했다. 그렇게 태클을 당할 때마다 브라운은 천천히 일어서서 허들로 되돌아간 다음 수비 팀의 한가운데로 다시 뚫고 갔다.

많은 사람들이 그를 역사상 가장 위대한 풋볼선수로 꼽는다. 2002년 〈스프링뉴스〉가 그를 NFL 역사상 최고의 선수로 선정했고, 1999년에는 ESPN이 그를 20세기 최고의 풋볼선수로 꼽았다.

1965년 시즌 후 은퇴할 때, 브라운은 NFL 역사상 거의 모든 러싱(rushing, 공을 몰고 나아가는 것 — 옮긴이) 기록을 보유하고 있었다. 그는 통산 최다 야드(1만 2312), 최다 터치다운(126개), 러싱 터치다운(106개)뿐만 아니라 단일 시즌 최다 전진 야드 수(1863)까지 보유하고 있었다. 그가 고작 9시즌만 뛰었다는 점을 감안하면 그의 통계는 특히 월등하다고 할 수 있다. 그는 사회운동과 〈더티 더즌〉, 〈애니 기븐 선데이〉 같은 영화 출연에 전념하기 위해 전성기 때 은퇴했다. 그는 29세 이후로는 단 한 번도 경기에 출전하지 않았다.

브라운은 8번 NFL 러싱 기록을 보유했고, 2번 MVP로 선정되었으며(1958년, 1965년), 올해의 신인상 수상(1957년), NFL 챔피언십 우승(1964년), 프로볼즈에서 9차례 활약하면서 9시즌 동안 많은 성공을 이뤘다. 그는 시즌 중 단 한 경기에도 출전하지 않은 적이 없다.

- 시러큐스대학교에서 브라운은 풋볼과 라크로스 팀 미국 최우수선수로 활동했는데, 그가 풋볼보다 라크로스를 더 잘 했다고 말하는 사람들도 있다. 또한 그는 대학 시절 농구, 육상, 야구에서도 대표선수로 뛰었다.
- 그는 프로풋볼, 대학풋볼, 라크로스 명예의 전당에 입성한 유일한 인물이다.
- 브라운은 1988년 설립한 아메 아이 캔 프로그램을 통해 갱 멤버들이 생산적인 사회 구성원이 되도록 도와주는 일을 하는 데 상당한 시간을 할애하고 있다.

175 | SUN ✹ 팝 | 기젯

캘리포니아에서 서핑을 하는 금발의 말괄량이 이야기를 그린 〈기젯〉은 1950년대와 1960년대에 인기 있었던 책, 영화, TV 시리즈였다. 원래 시나리오 작가 프레데릭 코너가 구상했던 이 시리즈는 근심 걱정 없는 젊음의 순수함을 포착했고 서핑을 보급하는 데 일조했다.

1957년 소설에서, 프랜시스 로렌스는 해변에서 노는 다른 소녀들과 따로 떨어져 어디에도 끼지 못하는 것처럼 보인다. 따분하고 외로운 그녀는 바다에서 수영을 하다가 얽혀 있는 해초 더미에 걸리게 된다. 그녀는 지역 서퍼이자 '문도기'라고 알려진 제프리 매튜에게 구조되고 곧 서핑이라는 소문화의 일부가 된다. 신고식을 치룬 후 그녀는 '기젯[걸 미젯(아담한 소녀라는 뜻 — 옮긴이)의 줄임말]'이라는 별명을 얻게 되고, 패거리에 합류하여 문도기의 마음을 얻기 위한 작업에 착수한다.

기젯은 폴 웬드코스 감독에 의해 1959년 스크린으로 옮겨졌고 샌드라 디가 기젯으로, 제임스 대런이 문도기로 출연했다. 이 영화는 상업적으로 흥행에 성공했고, 데보라 월리는 디가 맡았던 주연 역으로 〈기젯, 하와이 가다〉라는 속편에 출연했다. 그리고 신디 캐롤이 활기 넘치는 10대로 출연한 〈기젯, 로마 가다〉라는 또 다른 속편까지 제작되었다. 1965년 ABC방송국이 〈기젯〉을 TV프로그램으로 만들면서 작고 둥근 코를 가진 활기찬 여배우 샐리 필드를 주인공으로 발탁했다.

단 한 번의 시리즈를 방영한 후 ABC는 이 시리즈를 폐지했다. 그러나 재방송이 방영되면서 이 프로그램은 더욱 인기를 얻었고 결국 1980년대에 〈뉴 기젯〉이라는 새로운 시리즈가 탄생하게 되었다.

• 소설가 코너는 그 당시 16세였던 자신의 딸 캐시의 바닷가 집 모험에 대한 꿈을 바탕으로 기젯을 그렸다.
• 원래 엘비스 프레슬리가 문도기 역할을 맡을 생각이었으나 출연료가 너무 비싸다는 이유로 제작사가 거절했다.
• 기젯과 문도기라는 이름은 입자파동 위에서 서핑과 유사하게 즐기는 스포츠 '리프팅'에 매료된 10대 소년에 관한 공상과학 만화 시리즈 《유레카 세븐》에서 등장인물들의 이름으로 사용되었다.

READ

176 | MON 인물 | 로버트 F. 케네디

로버트 F. 케네디는 평생 그의 형 존 F. 케네디의 행적을 따랐던 것 같다. 동생 케네디는 JFK의 1952년 미국 상원 선거운동을 성공적으로 치렀고 결국 그 자신도 상원의원으로 활동했다. 또 그는 형이 1960년 대통령에 당선되는 데 도움을 주었고 그를 따라 워싱턴으로 가서 미국 역사상 가장 영향력 있는 법무장관직을 수행했다.

케네디 대통령이 암살되고 5년 후 1968년 로버트는 형이 백악관에서 끝내지 못한 유산을 이어갈 태세로 등장했다. 그러나 그의 대통령 선거가 탄력을 받으면서 그도 형과 마찬가지로 비극적으로 암살당했고, 그 이유에 대해 전 국민의 궁금증을 유발했다.

아홉 남매 중 일곱째였던 로버트 케네디는 많은 형과 누나들 사이에서 자라면서 어쩔 수 없이 내면의 힘을 키워야 했다고 말했다. 그는 케네디 대통령보다 카리스마와 언변이 부족했지만 투지와 강인함이 그의 부족함을 상쇄해주었다. 이후 어떤 사람들은 그가 지나치게 야심차고, 인정사정없으며, 계산적이라고 비판했지만 그런 특성들은 그가 형 밑에서 수행하는 데 도움이 되었다. 버지니아대학교 로스쿨을 졸업하고 1년 후 케네디는 형이 매사추세츠주 상원의원으로 선출되도록 선거운동을 성공적으로 이끌었다.

1961년 법무장관이 된 후 케네디는 범죄 조직과 싸웠고, 새로운 시민권리 법안을 옹호했으며, 쿠바 미사일 위기를 완화시키는 데 핵심 역할을 했다. 그보다 더욱 중요한 역할은 그는 대통령의 가장 믿을 만한 자문이었다.

형이 사망한 후 로버트 케네디는 1964년에 뉴욕주 상원의원으로 출마해 당선되었으며, 미국의 가난한 이들을 돕고 전 세계의 인권을 발전시키는 데 헌신했다. 상원의원으로 당선된 지 4년째, 린든 존슨 대통령이 재선에 출마하지 않기로 결심하면서 케네디는 베트남전을 끝내겠다는 공약을 내세우며 대통령에 출마했다.

캘리포니아주 주요 예비선거에서 승리한 후 케네디는 LA의 앰버서더 호텔에서 총에 맞아 숨졌다. 그의 나이 42세였다.

- 케네디와 그의 부인 에델 사이에는 11명의 자녀가 있었는데 막내는 케네디가 사망한 후 태어났다. 첫째인 조셉 케네디는 매사추세츠주 하원의원으로 6번의 임기 동안 활동했다.
- 로버트 케네디가 법무장관으로서의 가장 주목할 만한 행보는 연방 보안관들과 부대를 미시시피대학교에 파견해서 그곳 최초의 아프리칸-아메리칸 학생이었던 제임스 메러디스가 학교에 입학할 수 있게 했던 일이었다.
- 케네디의 암살자 시르한 시르한은 1969년 사형선고를 받았으나, 이후 무기징역으로 감형되면서 지금도 캘리포니아 교도소에 수감되어 있다.

184

177 | TUE 📖 문학 | 트루먼 커포티

소설가 트루먼 커포티는 20세기 중반 대중문화를 대표하는 가장 유명한 인물이었다. 이 과묵한 남부 태생의 젊은이는 악명 높은 맨해튼 사교계의 명사가 되었고, 화려한 미디어 관계자가 되었으며 저널리즘 소설이라는 장르를 개척했다.

뉴올리언스에서 태어나 앨라배마주에서 자란 커포티는 외롭고 예민한 어린 시절을 끊임없이 글을 쓰면서 견뎠다. 1933년 그의 가족이 뉴욕으로 이주했고, 그곳에서 그는 《뉴요커》, 《하퍼스》, 《애틀랜틱먼슬리》에 여러 편의 단편소설을 게재하게 되었다. 그의 데뷔작 《다른 목소리, 다른 방》은 남부에서 자라면서 동성애로 고심하는 어린 소년의 이야기를 그렸는데, 주제뿐 아니라 책 표지에 실린 저자의 사진 때문에도 논란을 일으켰다. 소파 위에 드러누워 카메라를 정면으로 응시하는 커포티의 자극적인 사진이 실렸던 것이다. 이 소설과 사진으로 커포티는 미디어에 센세이션을 일으켰다. 그가 맨해튼 콜걸에 대한 《티파니에서 아침을》을 집필했을 무렵에는 이미 완전한 유명 인사가 되어 있었다.

커포티는 세상의 이목을 즐겼다. 그는 뉴욕의 부유하고 유명한 사람들이 참석하는 파티에 고정적으로 참석했고, 고음에 느릿느릿하게 말하는 그는 기억에 남는 스토리텔러가 되었다.

1960년대에 이르자 그는 저널리즘에 대단한 관심을 갖게 되었다. 이 관심은 가장 위대한 작품이자 획기적인 '논픽션 소설' 《인 콜드 블러드》의 집필로 이어졌다. 이 소설에 대한 발상은 커포티가 1959년 작은 캔자스 마을에서 발생한 일가족 살인 사건에 관한 뉴스를 읽던 와중에 떠올렸다. 이 기사에 집착했던 그는 캔자스로 건너가 조사를 벌였고, 결국 살인자들과 밀접하면서도 윤리적으로 모호한 관계를 갖게 되었다. 이 소설은 소설 기법과 저널리즘 기법을 섞었다는 점에서 전례 없는 작품으로 꼽혔고, 지금은 아주 흔한 트루크라임 장르에 속하는 거의 모든 소설의 전신으로 간주된다.

- 커포티는 《앵무새 죽이기》의 작가 하퍼 리와 같은 마을에서 자랐는데 두 사람은 평생 동안 친구로 지냈다.
- 《티파니에서 아침을》의 동명 영화가 지금은 고전으로 여겨지지만 커포티는 오드리 헵번을 캐스팅한 것과, 그녀가 연기한 홀리 골라이틀리라는 인물을 제작사가 건전하게 그린 것 모두 못마땅해했다.
- 커포티가 《인 콜드 블러드》를 집필하기까지의 이야기는 오스카상을 수상한 영화 〈커포티〉의 모티프가 되었다.

178 | WED 음악 | 조니 캐시

조니 캐시는 컨트리 음악의 원조 무법자였다. 그가 데뷔하기 전까지만 해도 컨트리 음악은 내슈빌 음악가들의 전문성을 완벽하게 보여주는 고상한 장르였다. 그러나 힘찬 가사와 굴곡진 인생을 살았던 캐시가 등장하면서 모든 것이 바뀌었다.

아칸소에서 태어난 캐시는 1955년에 엘비스 프레슬리와 계약했던 전설적인 멤피스의 선레코드와 계약하면서 가수로 활동하기 시작했다. 캐시와 그의 백업 밴드는 몇몇 히트곡을 작업했는데, 그중에는 그의 가수 활동을 통틀어 연상될 〈폴섬 프리즌 블루스〉와 〈아이 워크 더 라인〉도 있었다.

1950년대에도 캐시는 이미 내슈빌 음악가 특유의 화려한 슈트와 카우보이 부츠 대신 전체적으로 검은 유니폼을 입으면서 검은 옷의 사나이 이미지를 키워나갔다. 그는 곧 대부분의 인간관계를 멤피스에 남겨두고 1958년 컬럼비아레코드와 계약했으며 1966년에는 첫 번째 부인과도 헤어졌다.

1960년대 캐시의 반항아 이미지 그리고 위법 행위가 전성기에 도달했다. 그의 약물 남용 문제와, 그가 결국 1968년 결혼하게 되는 포크송 가수 준 카터와의 격렬한 관계가 캐시의 가장 큰 히트곡 〈링 오브 파이어〉를 통해 그려졌다. 카터는 알코올과 약물 중독 문제로 고전하던 캐시의 모습을 담은 이 노래를 함께 만들었다. 그는 주로 사유지의 꽃을 따는 등 특이한 위법으로 몇 번 체포되기도 했다.

결국 캐시가 감옥에 가긴 갔다. 물론 수감된 것이 아니라 콘서트를 열기 위해서였다. 폴섬 교도소 재소자들은 오랫동안 캐시를 우상화해왔고 그의 〈폴섬 프리즌 블루스〉를 성가처럼 여겼다. 1968년에는 그가 교도소 안에서 콘서트를 가졌는데, 이것이 《조니 캐시 앳 폴섬 프리즌》이라는 앨범으로 제작되었다. 이듬해 그는 캘리포니아의 샌퀜틴 주립교도소에서 가진 공연으로 또 다시 히트 앨범을 제작했다. 그러나 캐시의 반항적인 이미지는 1970년대 초 음주와 약물 복용 대신 새롭게 갖게 된 기독교 신앙에 심취하면서 더 이상 인기를 끌지 못했다.

- 캐시는 샌퀜틴 공연을 한 지 수년 후 인기가 떨어졌지만 1990년대 프로듀서 릭 루빈의 감독하에 연이어 음반을 재발매하면서 다시 인기를 얻었다.
- 샌퀜틴 라이브 공연 앨범에 실린 1969년도 괴짜 히트곡 〈어 보이 네임드 수〉는 쉘 실버스타인이라는 동시 작가가 작사한 곡이다.
- 1990년 캐시는 신약성경 전체를 읽은 오디오북을 발매했는데, 제작하는 데 무려 19시간이 걸렸고 16개의 CD로 제작되었다.

179 | THU 🎬 영화 | 존 휴스턴

존 휴스턴은 영화에 대한 기여만큼이나 도박사, 화가, 권투선수, 조각가, 바람둥이였던 특출난 개성으로 기억된다. 그는 몇몇 다른 장르에서 활동했으며 15번에 걸쳐 아카데미상(감독상, 각본상, 남우조연상)에 후보로 올랐다.

그는 1948년 히트작 〈시에라 마드레의 보석〉으로 오스카상(감독상과 각본상)을 수상했다. 그의 아버지인 월터 역시 이 영화로 오스카상 남우조연상을 수상했다. 주인공 프레드 돕스 역은 그가 6편의 영화에서 협력했던 험프리 보가트가 맡았다.

사실 휴스턴은 보가트가 전설적인 배우 활동을 시작되는 데 중심적인 역할을 했다. 휴스턴은 보가트를 유명하게 만든 영화 〈하이 시에라〉의 시나리오 작가였고, 어두운 현실을 보여주는 탐정영화 〈말타의 매〉에서 보가트의 연기를 연출하기도 했다. 또 이 영화는 휴스턴이 감독으로 데뷔한 작품이기도 하다. 두 사람은 또한 보가트가 유일하게 아카데미상을 수상했던 〈아프리카의 여왕〉, 〈어크로스 더 퍼시픽〉, 〈키 라르고〉, 〈비트 더 데블〉에서도 함께 작업했다.

휴스턴 영화의 특징으로는 강인함, 남자다움, 모험을 꼽을 수 있다. 일부 비평가들은 불쾌한 현실을 보여주는 어두운 걸작 〈아스팔트 정글〉을 가장 완벽한 강도영화로 꼽는다. 또한 그는 클라크 게이블과 마릴린 먼로의 마지막 작품이었던 〈기인들〉로 서부영화 장르에서도 성공을 이뤘으며, 〈왕이 되려던 사나이〉로 어드벤처 장르의 성공작을 만들기도 했다.

휴스턴의 〈프리찌스 오너〉로 그의 딸 안젤리카가 아카데미 여우조연상을 수상했고, 그로 인해 오스카 감독상을 수상하면서 부녀가 모두 오스카상을 수상하는 영예를 얻었다.

권투선수 출신으로 185cm 키의 인상적인 체구를 가진 휴스턴은 몇몇 영화에 직접 출연하기도 했는데, 그중에는 그가 오스카상 후보에 올랐던 오토 프레민저 감독의 〈추기경〉과 로만 폴란스키 감독의 〈차이나타운〉도 있었다. 골초였던 휴스턴은 81세에 폐기종으로 사망했다.

- 많은 영화 역사가들이 대실 해밋의 1930년도 동명 소설을 영화화한 〈말타의 매〉를 최초의 누아르영화로 간주한다.
- 〈아프리카의 여왕〉은 휴스턴이 감독한 최초의 컬러 영화였다.
- 휴스턴은 2차 대전 중 다큐멘터리 〈알류산스〉, 〈산 피에트로 전투〉, 〈렛 데어 비 라이트〉를 제작했는데, 감정적인 트라우마와 우울증으로 고통받던 미국 병사를 치료하는 내용을 다룬 〈렛 데어 비 라이트〉는 1980년까지 미군에 의해 개봉을 저지당했다.

180 | FRI ⦿ 사회 | 제3세계

냉전 초반에는 정치 이론가들이 세상을 세 부분으로 나누면서 민주주의를 제1세계로, 공산주의를 제2세계로 그리고 어느 쪽에도 속하지 않던 개발도상국들을 제3세계로 구분했다.

제3세계라는 용어는 프랑스 작가 알프레드 소비가 만들어낸 것으로 극심한 가난에 시달리던 아프리카, 아시아, 라틴아메리카 국가들의 광대한 영역을 가리키는 용어였다. 이런 국가들의 다수는 2차 대전 이후 몰락한 유럽 제국들의 예전 식민지였다. 예컨대 제3세계 국가들 중 가장 큰 인도는 1947년 영국으로부터 독립했다. 네덜란드는 1949년 인도네시아의 독립을 인정했고, 프랑스는 1956년 모로코에 독립을 주었다.

정의에 의하면 제3세계 국가들은 미국과 소비에트 연방 중 어느 국가와도 동맹을 맺지 않았기 때문에 두 강대국은 냉전 중에 경제 원조와 군사적 지원을 약속하며 이 나라들을 자기편으로 끌어들이려고 했다. 사실 제3세계는 두 강대국 사이에 전투가 벌어지는 주요 전쟁터였다. 베트남전쟁과 앙골라에서 벌어진 유혈 내전은 제3세계에서 벌어진 '대리전쟁'의 대표적인 사례였다.

두 강대국 사이에서 여러 제3세계 국가 지도자들은 중립국 사이의 협력을 도모하기 위해 인도 총리 자와할랄 네루가 창설한 비동맹운동에 가입했다. 이뿐만 아니라 일부 예술가와 지성인들은 이 그룹에 속한 여러 국가들이 공통적으로 갖고 있는 흔한 제국주의와 탈식민지화의 역사를 설명하기 위해 '제3세계'라는 용어를 수용했다.

냉전이 끝난 후 '제3세계'라는 표현의 원래 의미는 더 이상 쓸모없게 되었다. 지금은 몰지각한 용어로 치부되지만 지금도 세계의 가난한 지역을 설명할 때 사용되곤 한다.

• 유고슬라비아는 공산주의 국가였지만 국가 지도자인 요시프 티토가 소비에트 연방 지도자인 스탈린의 명령에 따르기를 거부하면서 비동맹운동의 창립 멤버가 되었다.
• 경제학자들 사이에서는 제3세계라는 용어 대신 개발도상국가라는 표현이 산업화 및 경제 개발에서 비교적 뒤떨어진 국가들을 칭하는 용어가 되었다.
• 비동맹운동은 냉전이 끝났음에도 불구하고 지금까지 존재하며 115개국의 회원국을 보유하고 있다.

181 | _{SAT} 🏆 스포츠 | 월트 체임벌린

월트 체임벌린은 농구 역사상 가장 강한 공격수로 꼽힌다. 213cm에 125kg이었던 센터 포지션의 그는 4번 NBA MVP로 선정되었고, 7차례의 득점왕과 11차례의 리바운드왕으로 리그를 이끌었으며 많은 기록을 보유한 상태로 은퇴했다. 그는 통산 득점(3만 1419점, 현재 역대 4위), 통산 리바운드(2만 3924, 여전히 1위임) 기록 등을 보유했다. 그가 1962년 열린 NBA 단일 경기에서 100득점한 것이 가장 기억에 남는다. 그는 통산 평균 30.1득점과 22.9리바운드를 기록했다.

14년의 선수 생활 동안 체임벌린은 언제나 라이벌인 보스턴 셀틱스의 빌 러셀과 비교됐다. '월트 더 스틸트'와 '빅 드리퍼'라는 별명으로 불린 체임벌린은 놀라운 득점력으로 알려진 반면(1961년~1962년 시즌에 평균 50.4득점을 기록), 러셀은 전체적인 팀플레이와, 셀틱스가 11차례 챔피언십을 따내도록 기여했다. 체임벌린은 8번의 플레이오프 시즌 중 7번을 러셀이 속한 셀틱스에 패했다.

체임벌린은 캔자스대학교에서 2시즌 동안 최우수선수로 활약하다가 할렘 글로브트로터스에 입단해 1시즌을 뛰었다. 그러고는 1959년~1960년 시즌에 필라델피아 워리어스 소속으로 NBA에서 활동을 시작했고, 같은 해 올해의 신인선수상과 MVP를 모두 거머쥐었다. 그는 2개 팀에서 NBA 챔피언십 우승으로 활약했는데, 1967년 셀틱스의 8연패를 끝낸 필라델피아 세븐티식서스와, 1972년에 우승한 LA 레이커스였다.

체임벌린은 1972년~1973년 시즌 후 은퇴했지만 종종 대중 앞에 등장했다. 그는 1시즌 동안 아메리칸농구협회에서 코치로 활동했고, 헤비급 챔피언 무하마드 알리에 도전해 권투 시합을 벌였으며, 프로배구 선수로 활동했고, 마라톤을 뛰었으며, 2만여 명의 여성들과 잠자리를 가졌다고 자랑하는 자서전을 출간하면서 악명을 떨치기도 했다. 그는 63세에 심장 질환으로 사망했는데, 지금까지도 그의 NBA 기록 중 다수가 깨지지 않은 채 남아 있다.

- 체임벌린은 NBA에서 놀랍게도 118회 50득점 이상을 기록한 다득점 선수였다. 그런데 성공률은 통산 5할1푼1리라서 자유투를 얼마나 못 던졌는지, 그 기록이 더욱 놀랍다.
- 놀라운 총득점 외에도 체임벌린은 패스도 훌륭하게 하는 선수였다. 그는 NBA 역사상 어시스트로 팀이 리그 우승을 차지하게 만든 유일한 센터였다(1967년~1968년 시즌).
- 다른 센터 포지션 선수들과 달리 체임벌린은 최상의 컨디션으로, 1961년~1962년 시즌 총 3890분 중 8분을 제외한 모든 경기에서 활약했다. 또 그는 NBA 선수로 활동하는 동안 단 한 번도 파울을 범하지 않았는데, 어떤 사람들은 그가 지나치게 착한 선수임을 보여주는 표시라고 한다.

182 | SUN ☀ 팝 | 파파라치

결혼식을 막 마치고 난 브래드 피트와 제니퍼 애니스톤의 사진을 위해 《피플》은 거의 10만 달러에 달하는 금액을 지불했고, 이혼한 직후 이 사진은 15만 달러에 팔렸다. 일부 추정에 의하면 팝스타 브리트니 스피어스가 아이들과 함께 있는 사진은 200만 달러까지 올랐다고 한다.

《피플》,《유에스위클리》같은 구독률이 높은 잡지들과 슈퍼에서 판매되는《내셔널인콰이어러》같은 타블로이드 신문의 탐욕에 의해 파파라치라고 불리는, 유명인의 자연스러운 모습을 담은 사진을 찍으려는 사진가들의 수가 늘어났다.

파파라치라는 용어는 이탈리아 감독 페데리코 펠리니의 1960년 영화 〈달콤한 인생〉에서 유래했다. 이 영화는 마르첼로 마스트로야니가 분한 마르첼로라는 이름의 타블로이드 신문기자의 인생을 중심으로 전개된다. 영화의 조연들 중에는 파파라초라는 이름의 사진사가 등장하는데 그 후로 유명인들을 찍는 사진사들을 파파라치라고 일컫게 되었다.

무해한 수준의 파파라치는 시상식이나 영화 개봉 행사의 레드 카펫에서 벨벳줄 밖에 서 있다. 사실 잘 알려지지 않은 유명인들은 자신들의 사진 노출을 늘리기 위해 사진사를 대동하기도 한다.

그러나 1997년 영국 왕세자비였던 다이애나와 그녀의 연인 도디 알파예드가 타고 있던 차가 파파라치를 피해 도망치다가 사고로 이어지면서 유명인 사진의 어두운 단면은 주요 뉴스거리가 되었다. 많은 사람들은 계속해서 그녀의 죽음을 파파라치 탓으로 돌렸고, 유명인들 역시 지나치게 공격적인 파파라치들이 자신의 프라이버시를 침해한다며 불평한다. 그럼에도 대중은 계속해서 파파라치 붐을 일으키고 있는데,《피플》의 구독자만도 370만 명이 넘는다.

- 펠리니는 파파라치의 이름을 시끄러운 모기를 나타내는 이탈리아어에서 따왔다.
- 디지털 카메라와 휴대폰 카메라의 급증으로 많은 아마추어들도 기회가 있을 때마다 유명인들의 자연스러운 모습을 찍기 시작했다. 이런 아마추어들은 스내파라치라는 새로운 이름으로 불린다.
- 다이애나 왕세자비의 사망 원인에 대한 공식 보고서에는 사고 발생 당시 운전사가 음주 운전을 했다고 기록됐다.

183 | MON 인물 | 야세르 아라파트

야세르 아라파트는 20세기에 가장 널리 알려진 양극화된 인물이다. 지지자들은 그를 팔레스타인 민족주의의 아버지라고 부르고, 정치인, 지도자, 순례자로 보았다. 반대파들은 그를 팔레스타인인들을 위해 거의 한 일이 없는 테러리스트로 여겼다.

1959년 아라파트는 팔레스타인 국수주의에 헌신하는 지하 비밀조직 네트워크, 파타(Fatah, 또는 Al Fatah, '정복'이라는 뜻)를 공동 창설했다. 5년 후 그는 요르단에서 파타의 이스라엘 공습을 조직하는 완전한 혁명가가 되었다. 1964년, 팔레스타인해방기구(PLO)가 결성되자 아라파트는 파타를 이 기구에 포함시켰다. 1967년 제3차 중동전쟁에서 이스라엘이 아랍 반대파들을 상대로 승리하자 파타는 타격을 입은 PLO에서 가장 강력한 파벌로 등극했다. 2년 만에 아라파트는 PLO집행위원회의 위원장이 되어 PLO를 요르단을 근거지로 한 독립적인 민족주의 조직으로 만들려고 했다.

후에 PLO는 레바논, 튀니지로 근거지를 옮기면서 이스라엘 정부에 대항하는 폭력적인 혁명 단체로 알려졌다. 아라파트가 승인한 공격들 가운데에는 1972년도 뮌헨 올림픽에서 11명의 이스라엘 선수들을 잔인하게 학살한 사건도 있다.

그러나 1988년까지 아라파트는 최소한 공개적으로는 이스라엘에 대한 자신의 입장을 바꾸었다. 그해 스위스에서 열린 국제연합 회의에서 그는 PLO가 테러를 포기하고 '평화와 안전 속에서 살기 위해 팔레스타인, 이스라엘 그리고 다른 이웃국가들을 비롯해 중동 갈등에 관여하는 모든 국가의 권리를 지지한다'고 발표했다. 1993년, 오슬로 협정은 이스라엘과 팔레스타인의 평화 관계를 향한 큰 도약이 되었고, 아라파트는 1994년 노벨평화상 공동 수상자로 선정되었다.

2년 후 그는 팔레스타인의 대통령으로 선출되었지만 2000년, 그가 이스라엘의 '평화를 위한 영토' 제안을 거부하면서 새로운 게릴라식 전투와 테러를 촉발했다.

아라파트는 생애 마지막 3년을 이스라엘에 의해 자신의 본부인 라말라에 갇힌 상태로 살다가 75세의 나이로 사망했다. 그는 이스라엘의 파괴 혹은 평화, 또 팔레스타인 국가의 창설 등 자신이 표명했던 목표 중 어느 하나도 달성하지 못했다.

- 특히 아라파트가 1988년 이후 보인 이중적인 성향과 정치는 1974년 국제연합에서 했던 "올리브 가지와 자유의 전사의 총을 품게 되었다"고 말한 그의 연설에 가장 잘 나타난다.
- 아라파트는 체크무늬 두건과 숱이 적은 턱수염으로 보는 즉시 알아챌 수 있었고, 은도금한 357구경 매그넘 권총을 항상 소지하고 다녔다.
- 아라파트는 생전에 이스라엘과 아랍으로부터 최대 40번의 공격을 받고도 살아남았다고 주장했고, 1992년의 비행기 충돌 사고에서도 살아남았다.

191

184 | TUE 📖 문학 | 롤리타

블라디미르 나보코프의《롤리타》는 1955년 출간된 이래 독자들을 매료시키기도 하고 그만큼 혐오감을 주기도 했다. 문학적 혁신을 과감하게 펼친 작품인 동시에 집착과 망상을 날카롭게 꿰뚫어본 심리적 연구이기도 한 이 소설은 대중문화와 순문학의 두 분야에서 모두 획기적인 작품으로 꼽히는 흔치 않은 작품이다.

러시아에서 태어나 영국에서 교육받은 나보코프는 비교적 젊은 나이에 작가, 번역가 그리고 학자가 되었다. 러시아어와 영어로 소설을 출간했던 그는 초기 작품들을 통해 박식하고 영리하며, 기술적으로 뛰어난 독특한 스타일을 다져나갔다. 나보코프의 몇몇 초기 작품들이 평단의 호평을 받기는 했지만,《롤리타》만큼 주목받거나 악명을 떨친 작품은 없었다.

그 당시 출간된 소아성애자에 관한 가장 진솔한 문학적 연구라 할 수 있는《롤리타》는 젊은 소녀와 성적인 열병에 빠지는 험버트 험버트라는 중년의 교수를 중심으로 전개된다. 험버트는 우연히 12세의 롤리타를 만나게 되고 그 후로는 가능한 그녀 곁에 있기 위해 자신의 생활 전체를 뒤바꾼다. 이 두 사람의 관계는 결국 성적으로 발전하게 된다. 비록 이 소설이 노골적이거나 포르노 같은 묘사는 피하지만 주제 자체가 여러 독자들과 출판사들에게 충격을 안겨주었고, 그로 인해 널리 금서로 지정되었다.

험버트는 20세기 말 포스트모던 문학에 고정적으로 등장하는, '신뢰할 수 없는 화자'의 개념을 전형적으로 보여준 캐릭터다. 오래전부터 어린 소녀들에게 이끌리는 자신의 모습이 사회적, 윤리적으로 타당한 것이라고 확신해온 험버트는, 독자들에게 자신의 행동을 정당화하기 위해 실제 사실을 능수능란하게 왜곡한다. 험버트가 매력적이기도 하고 으스스하게 느껴지기도 하는 만큼, 소설 또한 전체적으로 정신 장애를 가지고 극심한 고통에 시달리는 영혼에 대한 가벼운 유머와 진지한 묘사 사이에서 줄타기를 한다.

- 《롤리타》는 동명 영화로 제작되었다. 하나는 1962년 스탠리 큐브릭이 제작했고, 다른 하나는 1997년 애드리언 라인이 제작한 것이다.
- 나보코프가 1955년 《롤리타》의 집필을 마치고 이를 처음 접한 미국 출판사들은 그렇게 논란 많은 작품과 연관되기를 꺼렸다. 결국 1958년 푸트넘출판사가 이 소설을 출판하기로 계약했고, 그 즉시 날개 돋친 듯이 팔려나갔다.
- 나보코프는 문학 외에도 나비와 나방을 연구하는 인시류학에 몰두해 방대한 지식을 가지고 있었고, 심지어 새로운 몇몇 종을 발견하고 명명하기도 했다.

185

WED

음악

레너드 번스타인의 〈청소년 음악회〉

1958년부터 1972년까지 미국 어린이들은 〈청소년 음악회〉라고 불렸던 유명한 TV 프로그램을 통해 클래식 음악을 접할 수 있었다. 저명한 작곡가 레너드 번스타인이 감독한 이 프로그램은 CBS 방송국에서 방영되었다.

카리스마 넘치는 뉴욕 필하모닉 오케스트라 지휘자이자 〈캔디드〉, 〈웨스트 사이드 스토리〉의 작곡가였던 번스타인은 1958년에 처음으로 뉴욕 카네기홀에서 열린 공연을 녹화했다. 그전까지는 CBS 라디오에서만 아이들을 위한 공연을 방송했었다. 번스타인의 공연은 TV로 방영된 최초의 콘서트였다.

첫 번째 프로그램에는 '음악이 의미하는 것이 무엇일까?'라는 단순한 제목이 달렸다. 음악 이론의 기초를 설명하기 위해 번스타인은 클래식 곡들뿐만 아니라 재즈와 라틴 아메리카 음악에서도 예시곡들을 발췌했다.

번스타인은 총 53회의 콘서트를 이끌었고, 이 콘서트들은 결국 전 세계적으로 방영되었다. 프로그램 가운데에는 인터벌이나 모드, 소나타 형식, 콘체르토 같은 특정한 음악 개념에 집중한 것들도 있었고 또 구스타프 말러, 얀 시벨리우스 그리고 작곡가의 생일 특집으로 방영된 에런 코플랜드같이 특정한 작곡가들을 다룬 편도 있었다. 그뿐만 아니라 번스타인은 '콘서트홀에서의 재즈', '라틴 아메리카의 정신' 같은 테마 콘서트도 연출했다.

한 대가에 의한 음악 입문 프로그램으로 〈청소년 음악회〉는 타의 추종을 불허한다. 이 프로그램의 여러 회차가 기록으로 남겨졌고, 스크립트 모음집은 지금도 출간되고 있으며, DVD로도 제작되었다.

• CBS는 1962년부터 토요일 아침마다 〈청소년 음악회〉를 방영한다.
• 뉴욕 필하모니 오케스트라는 1924년 〈청소년 음악회〉를 연주하기 시작했고 초반에 어니스트 셸링이 진행했었다.
• 번스타인의 프로그램은 여러 개의 언어로 번역되어 40개국에 판매될 정도로 인기가 많았다.

186 | THU 영화 | 존 웨인

20세기 미국 대중문화 속 인물 중 영화배우 존 웨인 만큼 상징적인 사람도 없었다. 그는 전형적인 서부영화 스타이자, 터프가이, 전쟁 영웅이었다. (그가 연기했던 배역과 달리 그는 실제 전쟁에서 싸워본 적이 단 한 번도 없었다.) 1939년 명성을 얻은 이후 그는 활동 내내 거의 확실한 흥행보증수표가 되었다.

활동 초기 '공작(Duke, 웨인의 별명 — 옮긴이)'은 주로 저예산 영화에 출연하는 B급 영화배우에 불과했다. 그러다가 존 포드 감독의 획기적인 서부영화 〈역마차〉에 링고 키드로 출연하게 되었다. 이 작품은 웨인과 포드가 공동 작업한 14편 중 첫 작품이었는데, 적지인 아파치 영역을 통과하는 위험한 역마차 여행에 관한 이 영화는 서부영화 장르가 다시 활기를 띠게 해주었고 웨인을 주연급으로 만들어주었다. 사실 이후 활동 기간 동안에도 웨인은 서부영화 배우로 가장 잘 알려졌고, 〈역마차〉 외에도 포드 감독의 이른바 시련 시리즈라는 〈아파치 요새〉, 〈황색 리본을 한 여자〉, 〈리오 그란데〉, 〈리버티 밸런스를 쏜 사나이〉에 출연했다.

웨인의 최고 작품으로 꼽히는 영화는 하워드 호크스 감독의 〈붉은 강〉과 포드 감독의 〈수색자〉다. 두 영화 모두 웨인이 복합적인 인물로 등장한다. 〈붉은 강〉에서 그는 몽고메리 클리프트가 연기한 수양아들과 갈등을 빚는 거칠고 매서운 아버지 톰 던슨을 연기했다. 이 이야기는 엄청난 규모의 소몰이를 중심으로 펼쳐지는데, 웨인이 분한 던슨은 영웅이자 악한이다. 그는 여러 비평가들이 최고의 서부영화로 꼽는 〈수색자〉에서도 마찬가지로 복합적인 에단 에드워즈를 연기했다. 에드워즈는 코만치에게 납치된 조카를 되찾는 5년간의 여정을 통해 집착의 완벽한 본보기로 그려졌다.

또 웨인은 전쟁영화에도 출연했는데, 〈데이 워 익스펜더블〉, 〈유황도의 모래〉, 〈지상 최대의 작전〉 등 특히 2차 대전을 그린 작품이다. 공작은 포드 감독의 〈조용한 사나이〉에서 아일랜드와 모린 오하라와 사랑에 빠지는 신교도 권투선수로 출연하며 그동안 연기했던 배역과는 다소 다른 역할을 연기했다.

웨인은 아카데미 남우주연상 후보로 2번 올랐으며 그중 〈진정한 용기〉로 오스카상을 거머쥐었다. 이 영화는 그가 출연한 최고의 작품이나 최고의 연기를 선보인 작품이 아니어서 이때의 상을 비공식적인 평생공로상으로 여기는 사람이 많다. 웨인은 72세에 암으로 사망했다.

• 웨인의 본명은 마리온 로버트 모리슨이고, 그는 풋볼 장학금을 받고 서던캘리포니아대학교에 입학했다.
• 웨인은 〈알라모〉와 〈그린 베레〉를 감독했다.

187 | FRI ⊛ 사회 | 아파르트헤이트

아프리칸스어로 '동떨어짐'을 의미하는 아파르트헤이트는 1948년부터 1994년까지 남아프리카공화국에서 실시되었던 엄격한 인종분리정책을 가리킨다. 1980년대에 전 세계 활동가들로부터 국제적으로 극심한 반발을 샀고, 결국 민주적인 다민족 정권으로 교체되었다.

남아프리카공화국은 네덜란드 정착민들의 후손인 아프리카너들이 상당수 거주하는 영국의 이전 식민지이다. 아파르트헤이트는 아프리카너 국민당이 1948년 백인 우월주의 공약을 내세워 총선에 승리한 후 이 나라의 공식 정책이 되었다. 이 정책은 소수의 백인들이 훨씬 더 많은 흑인 인구에 대한 권력을 갖도록 고안되었다. 아파르트헤이트 체제에서는 사람들이 백인, 흑인, 인도인이나 유색인종 등 인종에 따라 분류되었고, 뒤의 두 부류에 속하는 남아프리카공화국 국민들의 인권은 심각하게 줄어들었다. 1951년에는 정부가 '반투스탄'이라고 불리는 흑인자치구역을 만들어 흑인들을 이 영역으로 몰았고, 공화국 내 다른 지역에 가려면 통행증을 가지고 다니게 했다. 아파르트헤이트에 반대하는 봉기는 혹독하게 다뤄졌다. 아프리카민족주의 지도자였던 넬슨 만델라는 테러 혐의를 받았고 1964년에는 반역으로 유죄를 선고받았다.

국제적인 반감이 고조되면서 남아프리카공화국은 1961년에 영국연방에서 탈퇴해야 했다. 그러나 이 나라가 냉전 시대에 미국의 동맹국이었기 때문에 몇몇 서양 지도자들은 남아프리카공화국 지도자들과의 직접적인 대립을 피했다.

그러나 냉전이 종식되자마자 아파르트헤이트를 끝내라는 나라 안팎의 압력이 거세지면서 남아프리카공화국은 점점 세계 무대에서 따돌림을 당하게 되었다. 아프리카너 국민당의 지도자 프레데리크 빌렘 데 클레르크가 결국 만델라를 비롯해 수감된 흑인 지도자들을 풀어주라는 압력에 굴복하고 말았다. 1994년 아파르트헤이트 체제가 무너졌고, 만델라는 남아프리카공화국 최초의 총선에서 최초의 흑인 대통령으로 선출되었다.

• 반투스탄은 불법적이거나 권력이 없는 국가를 의미하는, 국가에 대한 조롱을 나타내는 경멸스러운 용어가 되었다.
• 1980년대 무렵 국제 사회는 남아프리카공화국의 국제 스포츠 참가를 보이콧했고, 몇몇 국가들은 남아프리카공화국에 TV프로그램 판매를 거부했다. 남아프리카공화국은 1964년부터 1992년까지 올림픽 출전이 금지되었다.
• 만델라와 데 클레르크는 1993년에 공동으로 노벨평화상을 수상했다.

188 | SAT ☖ 스포츠 | 로드 레이버

역대 최고의 남자 테니스선수 후보에 오른 사람들이 몇 명 있지만 한 가지만은 확실하다. 호주의 로드 레이버 외에 같은 해에 호주오픈, 프랑스오픈, 윔블던, 미국챔피언십에서 모두 우승하며 그랜드슬램을 2번이나 기록한 사람은 아무도 없다는 것이다.

'로켓'이라고 알려진 이 왼손잡이 선수는 1962년 아마추어선수로 그랜드슬램을 달성했으며 1969년 프로선수로 다시 달성했다. 그리고 그가 1962년 시즌에 프로로 전향하지 않았다면 더욱 많은 그랜드슬램을 달성했을 것이다. 1968년 이른바 오픈 시대가 시작하기 전까지 프로는 그랜드슬램 토너먼트에 출전할 수 없었기 때문이다.

따라서 레이버는 5년간 메이저 대회에 출전하지 못했지만 그럼에도 선수 활동 기간 11번의 그랜드슬램 토너먼트 경기에서 우승을 차지했다. 이는 14번 우승한 피트 샘프러스와, 각각 12번씩 우승한 로이 에머슨, 로저 페더러 다음으로 4위에 해당한다.

오픈 시대 이전에 5년 동안 프로로 활동하면서 레이버는 그 시기 동안 치러진 15번의 메이저 대회 중 10번을 포함해 63개의 토너먼트 경기에서 우승했다.

레이버는 완벽한 올라운드 플레이어로, 효과적으로 서브 앤 발리를 했으며, 베이스라인(네트에서 3.5m 지점에 위치한 코트 양쪽 경계선 — 옮긴이)에서 강력한 그라운드 스트로크(한 번 바운드된 공을 쳐서 상대방 코트로 보내는 것 — 옮긴이)를 쳤다. 그는 적극적인 공격 스타일로 동시대 선수들 사이에서 눈에 띄었고, 현대 테니스 경기에 기본적으로 사용되는 톱스핀(공이 전진하는 방향으로 회전을 많이 주는 타구 법 — 옮긴이) 포핸드를 보급한 선수로 인정받고 있다.

그는 100만 달러의 상금을 획득한 최초의 선수였고 호주가 5번의 데이비스컵 우승을 차지하는 데 일조하기도 했다.

- 레이버가 아마추어와 프로선수 시절 모두를 통틀어 총 몇 번의 토너먼트 경기에서 우승했는지에 관해 의견이 분분하다. 109번을 우승한 지미 코너스가 역대 기록 보유자로 간주되지만, 레이버는 최소한 188번 우승한 것으로 추정된다.
- 레이버는 1981년 국제 테니스 명예의 전당에 입성했다.
- 2000년 호주오픈이 열리는 멜버른 파크의 센터코트의 명칭이 레이버의 이름을 따서 붙여졌다.
- 2020년 현재 로저 페더러의 메이저 대회 우승 횟수는 20번으로 역대 통산 1위, 2위는 19번의 라파엘 나달, 3위는 17번의 노박 조코비치다.

189 | SUN ✹ 팝 | 켄 키지

켄 키지가 평단의 찬사를 받은 작품으로 더 잘 알려졌는지, 아니면 1960년대에 환각제를 보급해서 더 유명해진 것인지에 대해서는 의견이 분분하다.

1935년 콜로라도주 라훈타에서 태어난 키지는 1958년 스탠퍼드대학교의 문예창작 프로그램에 등록하면서 명성을 얻었다. 여분의 돈을 벌기 위해 그는 멘로파크 베테랑스 병원에서 실시한 환각제 실험에 참여했는데, 이 경험이 그의 생애 전반에 지대한 영향을 미치게 되었다.

이 실험이 시작된 직후 키지는 같은 병원의 심리병동에서 일자리를 찾았다. 찬사를 받은 그의 소설 《뻐꾸기 둥지 위로 날아간 새》는 LSD 같은 환각제를 복용하며 이 병동에서 야간 당직을 하는 동안에 쓰였다. 그가 불과 27세였을 때 출간한 이 작품은 결국 잭 니콜슨이 출연하는 유명한 동명 영화로도 제작되었다.

키지는 환각으로 인한 이점을 알리기 위해 대단한 노력을 기울였다. 1964년에는 그가 메리 프랭크스터스라고 알려진 그룹을 모아 화려하게 장식된 버스를 타고 뉴욕에서 열리는 세계박람회에 참가하기 위해 캘리포니아를 출발해 동쪽으로 향했다. 이 버스에는 키지의 친구들만 가득 차 있었던 것이 아니라 가는 길에 승객들이 시험 삼아 복용할 수 있도록 대량의 LSD도 실려 있었다.

또 키지는 LSD가 들어간 쿨 에이드를 공급하는 파티에서 일반 대중들에게 효과를 검증하는 테스트를 조직한 것으로도 유명했다. 또 이런 파티는 그레이트풀 데드라는 이름의 밴드를 배출한 것으로도 알려졌다.

키지는 66세의 나이로 사망할 때까지 계속해서 록 콘서트와 정치 행사에 모습을 드러냈다.

- 시나리오와 잭 니콜슨을 주인공으로 캐스팅한 것에 화가 난 키지는 영화 〈뻐꾸기 둥지 위로 날아간 새〉의 제작자들을 고소했고, 실제로 영화를 보지도 않았다.
- 톰 울프의 베스트셀러 논픽션 《일렉트릭 쿨 에이드 애시드 테스트》는 프랭크스터스 투어의 연대기를 기록했다.
- 키지는 1966년 마리화나 소지에 대한 재판을 피하기 위해 멕시코로 도망쳤다.

190

MON
인물

닐 암스트롱

1961년, 존 F. 케네디 대통령은 미국인들에게 1960년대가 끝나기 전에 달 착륙을 한 후 안전하게 돌아오라고 요청했다. 8년 후, 닐 암스트롱이 달 착륙선에서 달의 표면으로 사다리를 내리면서 그 꿈은 현실이 되었다.

달 표면에 발을 딛고 난 후 그가 했던 첫마디는 20세기의 가장 유명한 말들로 손꼽힌다. "이것은 사람에게는 작은 걸음이지만 인류에게는 거대한 도약이다."

아폴로 11호의 지휘관이었던 암스트롱과 조종사 버즈 올드린은 달 표면에서 2시간 반을 머무르면서 실험을 하고 데이터를 수집했다. 사령선 조종사 마이클 콜린스와 함께 돌아온 그는 국가의 영웅이 되었다.

암스트롱은 우주 비행사가 되기 전에 한국전에서 해군 전투기 조종사로 복무하며 78번의 전투 임무를 완수했고, 이후에는 최대 시속 6437km로 나는 X-15를 비롯해 여러 항공기의 시험 조종사로 일했다.

1962년 우주 비행사 자격을 갖추게 된 그는 1966년 제미니 8호를 타고 첫 번째 우주 임무를 완수했다. 그러나 암스트롱은 1969년 7월 20일에 최초로 달 착륙을 한 사람으로 영원히 기억될 것이다. 달 표면까지 도달하는 데는 나흘밖에 걸리지 않았지만, 그것은 40만 명의 사람들이 240억 달러의 비용을 들여 거의 10년 동안 노력한 결과였다.

우주선이 달 표면에 다가갈 때 온보드 안내 시스템이 우주선을 거대한 분화구 속으로 이끌면서 이 임무는 위험에 처하는 듯했다. 암스트롱은 우주선이 연료를 거의 다 소진해가는 위험한 상황에서 자동조타장치를 무시하고 착륙할 새로운 장소를 발견했다. 5억 명 이상의 시청자들이 "휴스턴, 여기는 고요의 기지. 이글이 착륙했다"라는 암스트롱의 말을 들을 때까지 숨을 멈추고 지켜봤다.

과묵한 암스트롱은 1970년 우주 비행사 프로그램에서 은퇴했다. 그 후로 그는 교사와 몇몇 기업의 이사로 활동하며 조용히 살았다.

- 암스트롱은 1969년 대통령 훈장을 받았고, 1978년에는 의회로부터 우주 명예 메달을 받았다.
- 항공에 대한 암스트롱의 사랑은 포드 트라이모터 항공기를 처음 탔던 6세 때 시작되었다. 그는 운전면허증을 취득하기도 전 16세에 조종사자격증을 취득했다.
- 그의 유명한 발언에서 한 단어가 빠졌다. 그가 실제로 했던 말은, "이것은 한 사람에게는 작은 걸음이지만 인류에게 거대한 도약이다"이었다. 그러나 '한'이라는 단어가 오디오 전달 문제로 들리지 않았다.

191

밤으로의 긴 여로

《밤으로의 긴 여로》는 20세기 가장 위대한 미국 극작가로 꼽히는 유진 오닐의 최고의 성공작이다. 이 속이 뒤틀리는 희곡은 오닐 자신의 가족사를 너무나도 투명하게 드러낸 것이라 그는 죽을 때까지 이 작품이 상연되거나 심지어 출간되는 것도 거부했다.

오닐은 연극배우였던 아버지로 인해 어린 시절 끊임없이 이사를 다니면서 파란만장한 생활을 했다. 신경증에 걸려 불안정한 어머니는 평생 모르핀 중독으로 고생했고, 그의 형은 알코올 중독으로 사망했으며, 병약한 오닐 자신도 술을 많이 마셨다. 그럼에도 그는 이런 경험들을 토대로 1920년대 놀라운 수의 희곡 작품들을 집필했다. 1930년까지 그는 퓰리처상을 3번 수상했고《안나 크리스티》,《느릅나무 밑의 욕망》,《기묘한 막간극》등의 작품들로 큰 성공을 이뤘다.

부모와 형의 죽음 이후 오닐은 보다 자유롭게 자신의 작품에 자전적인 요소를 가미하기 시작했다. 이런 성향은 하루 동안 분열되는 티론 가족의 위기를 묘사한《밤으로의 긴 여로》를 탄생시켰다. 술을 많이 마시며, 여자들에게 인기가 많았던 전직 배우 아버지와 모르핀 중독인 어머니 그리고 알코올에 빠진 아들과 병들고 예민한 작가 아들, 모두 오닐의 가족을 바탕으로 그려진 것이 너무나도 분명했기 때문에 그는 출판업자에게 자신이 사망하고 25년이 지날 때까지 책을 출간하지 말 것을 요구했다. 그럼에도 오닐이 사망하고 3년밖에 지나지 않은 1956년에 그의 미망인이 이 작품을 예일대학교 출판부로 직접 가져가면서 이 합의는 깨졌고, 그해 이 작품이 출간되었다.

대부분의 그의 초기 작품처럼,《밤으로의 긴 여로》도 오닐이 안톤 체호프, 헨리크 입센, 아우구스트 스트린드베리를 비롯한 19세기 현실주의 드라마의 대가들의 계보를 잇는 작가임을 확인시켜주었다. 브로드웨이에서 상연된 이 연극은 1956년 말에 호평을 받았고, 그 후로 4번이나 재공연되었다.

• 가장 최근에 브로드웨이에서 제작된 〈밤으로의 긴 여로〉는 2003년도 연극으로 바네사 레드그레이브, 브라이언 데너히, 필립 세이모어 호프만, 로버트 숀 레너드가 출연했다.

• 《밤으로의 긴 여로》에 등장하는 알코올 중독 아들인 제이미 티론은 오닐의 마지막 희곡 《불출들의 달》에도 주인공으로 등장한다.

• 오닐은 문자 그대로 극장 세계에서 태어났다. 그의 어머니는 타임스퀘어 인근에 위치한 브로드웨이의 한 호텔에서 그를 낳았고, 특이하게도 그 역시 긴 병을 앓다가 보스턴의 한 호텔에서 사망했다.

192

레이 찰스

7세의 나이에 녹내장으로 시력을 잃은 레이 찰스는 플로리다주에 있는 맹인학교에 보내졌는데, 그곳에서 처음으로 악기 연주를 배웠다. 장애에도 불구하고 많은 곡을 만든 찰스는 20세기에 가장 다재다능한 음악가로 꼽히며 여러 장르를 넘나드는 곡들로 '천재'라는 별명을 얻게 되었다.

데뷔 첫해에 찰스는 인기 있는 재즈 가수이자 송라이터였던 냇 킹 콜의 열렬한 숭배자였다. 찰스의 첫 번째 대 히트곡은 〈아이 갓 어 우먼〉이라는 소울클래식을 리메이크한 곡이었다. 그는 뒤이어 〈힛 더 로드 잭〉, 〈드로운 인 마이 오운 티어스〉, 〈왓드 아이 세이〉 같은 소울과 R&B 히트곡들을 팝 음악 차트에 실리게 하면서 성공을 이어나갔다.

찰스의 취향이 다양했던 만큼, 그는 1962년에 컨트리 음반을 만들기로 결정하면서 제작자와 팬들을 놀라게 했다. 많은 음악 비평가들에게는 놀랍게도 이 앨범은 그의 앨범 중 가장 큰 히트를 치게 되었다. 돈 깁슨의 〈아이 캔트 스톱 러빙 유〉를 리메이크한 곡이 R&B와 팝 차트에서 모두 1위를 차지했고, 〈본 투 루즈〉, 〈유 돈 노 미〉의 리메이크 곡으로도 10위권 안에 올랐다. 이 음반이 대대적인 히트를 치면서 전반적으로 컨트리 음악을 팝 주류로 옮겨 놓는 데 주요 역할을 하게 되었다.

찰스는 수년 동안 마약 중독으로 어려움을 겪었고 1960년대 이후에는 그의 히트곡 제작도 뒤처지기 시작했다. 그러나 1980년대 들어 다시 인기를 얻었고, 그를 주인공으로 호평을 받은 전기 영화 〈레이〉가 2004년 그가 사망한 직후에 개봉되기도 했다.

- 찰스가 리메이크한 〈조지아 온 마이 마인드〉는 1979년에 조지아주의 주가(州歌)로 선정되었다.
- R&B와 팝 장르에서 모두 히트를 쳤던 찰스의 첫 번째 곡, 〈왓드 아이 세이〉는 레코드사가 '너무 길고', 함축된 성적인 내용으로 인해 '너무 선정적'이라는 이유로 하마터면 발매되지 못할 뻔했다.
- 1990년대에 찰스가 전국적으로 방영된 다이어트 펩시 광고 시리즈에 출연하면서 후세대 청취자들까지 그를 알게 되었다.

193 | THU 📷 영화 | 빌리 와일더

오스트리아에서 태어나고 자란 빌리 와일더는 할리우드에서 가장 성공적인 작가 겸 감독이었다. 걸출한 활동 기간 동안 그는 다양한 부문에서 21번 아카데미상 후보로 선정되었고, 그중 6번을 수상했다(1988년에 수상한 평생공로상 포함). 각본에 매우 공들인 그의 영화들은 재치 있고, 냉소적이며, 주로 씁쓸한 재치로 유명했다.

코미디가 와일더 작품의 기반이긴 하지만 그의 작품들은 어느 한 장르에 국한되지 않았다. 그가 전형적인 느와르영화로 꼽히는 〈이중 배상〉, 할리우드 최초로 알코올 중독을 현대적인 질병으로 조명한 영화 〈잃어버린 주말〉, 여러 비평가들에 의해 할리우드에 관한 할리우드 최고의 영화로 꼽히는 〈선셋대로〉, 그리고 미국영화연구소가 2000년에 역대 가장 웃긴 영화로 꼽았던 스크루볼 코미디 〈뜨거운 것이 좋아〉의 시나리오를 공동으로 쓰고 감독했다는 점을 생각해보라. 그의 영화에는 매우 영리하고, 주로 도발적인 대사가 들어 있는데, 대개 〈뜨거운 것이 좋아〉의 마지막 대사가 영화 역사상 최고의 마무리 대사로 꼽힌다.

와일더는 독일에서 저널리스트로 활동하다가 시나리오 작가로 전향했다. 히틀러가 정권을 장악하면서 와일더는 1933년 베를린을 떠나 처음에는 파리로 갔다가 다시 할리우드로 옮겨왔다. 할리우드에서 지냈던 첫 10년 동안 그는 시나리오 작가로만 일했고, 〈니노치카〉의 시나리오를 공동 집필하면서 처음으로 아카데미상 후보에 올랐다.

그는 1942년 〈메이저와 마이너〉라는 영화를 통해 할리우드 감독으로 데뷔했고 〈이중 배상〉으로 단시간에 엘리트 감독으로 자리잡았다. 40년간 감독으로 활동하면서 그는 26편의 영화를 만들었는데 특히 잭 레몬과 성공적인 관계를 가졌다. 이 두 사람은 7편의 영화에서 함께 작업했다.

와일더는 레몬과 월터 매소의 블랙코미디 〈버디 버디〉의 연출을 끝으로 은퇴했다. 그는 95세의 나이에 사망했다.

- 와일더 이야기의 대표적인 특징 가운데 하나로 보이스 오버 내레이션(voice-over-narration, 화면 밖에서 그 사건의 해석을 도와주는 내레이션 — 옮긴이)이 있다. 그의 최고의 작품인 〈이중 배상〉과 〈선셋대로〉가 모두 화자에 의해 과거시제로 이야기가 전개된다.
- 와일더는 아카데미 작품상을 수상한 영화 〈잃어버린 주말〉과 〈아파트먼트〉를 감독했다. 그는 하나의 작품으로 오스카 작품상, 각본상, 감독상을 수상했다. (이 모든 상은 〈아파트먼트〉로 수상했다.)
- 와일더는 12번 각본상 후보에 올랐고(3번 수상), 8번 감독상 후보로 선정되었다(2번 수상).

194 FRI 사회 | DNA

1953년 4월 25일, 생물학자 제임스 왓슨과 프랜시스 크릭이 '핵산의 분자 구조'라는 제목의 글을 과학저널지 《네이처》에 발표했다. 이 글은 1페이지 분량밖에 되지 않았지만 DNA라고 불리는 물질의 구조에 대한 설명을 통해 인류 진화의 가장 큰 수수께끼인, 생물 고유의 형질이 한 세대에서 다음 세대로 전달되는 방식을 알아낸 것으로, 이로 인해 분자생물학의 장이 열리게 되었다.

유전자에 대한 과학적 탐구는 19세기 그레고어 멘델이라는 오스트리아 사제가 정원에서 수천 개의 완두콩 식물을 가지고 실험을 벌이면서 같은 종의 식물들이 각기 다른 특성을 갖게 되는 이유를 찾고자 한 것에서 시작한다. 그는 실험을 하면서 씨앗, 꽃, 꼬투리의 모양과 색깔 등 식물의 몇 가지 특성을 주의 깊게 기록했다. 그러고는 여러 유형의 식물들을 이종교배하면서 그 결과를 관찰했다.

그 당시 우세했던 유전 이론에 따르면, 흰 꽃을 가진 식물과 보라색 꽃을 가진 식물을 교배하면 밝은 보라색 꽃을 피우는 식물이 나와야 했다. 이를 일컬어 융합유전이라고 부르는데, 멘델의 실험 결과는 이와 달랐다. 대신 그는 어떤 한 가지 특성이 우성인 반면 다른 특성은 열성이라는 사실을 발견했다. 새로운 식물은 예컨대 흰 꽃이나 보라색 꽃을 피우게 되는데 그중 하나가(우성) 더욱 흔했다.

그러나 멘델은 각각의 특성들이 어떻게 유전되는지 정확하게 밝히지 못했다. 신체의 모든 세포에 담긴 DNA 구조의 발견으로 왓슨과 크릭은 그에 대한 설명을 제시할 수 있었다. 그들은 DNA가 세습 특성을 가진 유전 명령으로 채워진 이중 나선형이라는 것을 확인했다. 또 그들은 이 구조를 복사해서 향후 세대에 전달하는 방식도 제시했는데, DNA의 한 부분이 갈라졌을 때 스스로를 복제할 수 있었던 것이다. 그러나 이런 복제가 완벽하게 이루어지는 것이 아니기 때문에 한 세대와 그다음 세대 사이에 미묘한 변화가 생기는 것이다. 하나의 그림과 그것을 수반하는 글로 왓슨과 크릭은 20세기의 주요 과학적 수수께끼를 해결했다.

- 한 쌍의 뉴클레오티드를 일컬어 유전자라고 부르고, 유전자의 집합은 염색체라고 불린다.
- DNA 구조의 발견 이후 그 속에 담긴 모든 구체적인 정보를 확인하고 위치를 찾아내는 것이 그다음 단계였다. 이 지도 그리기를 수행하기 위한 인간 게놈 프로젝트가 1990년에 착수되어 2003년도에 완성되었다.
- 왓슨, 크릭 그리고 생물학자 모리스 윌킨스는 모두 DNA 연구로 1962년 노벨의학상을 수상했다.

195 | SAT 🏆 스포츠 | 빈스 롬바디

많은 사람들이 빈스 롬바디를 역대 최고의 코치로 여기지만 그가 NFL 수석 코치로 활동했던 기간은 불과 10년밖에 되지 않는다는 사실을 아는 사람은 얼마 없다. 그러나 그 10년 동안 그는 5번의 NFL 챔피언십 우승을 이뤘고(처음 2번의 슈퍼볼 포함), 한 시즌도 패한 적이 없으며, 스포츠 역사상 가장 많은 명언을 남긴 인물이 되었다. 2000년 ESPN이 그를 20세기 최고의 코치로 선정했다.

롬바디는 45세인 1959년 그린베이 패커스의 코치 겸 단장 역할을 맡으면서 비로소 NFL 수석코치가 되었다. 이 팀은 그 전 시즌에 1승 10패 1무의 기록을 남겼고 1949년 이후로 단 한 번도 우승을 차지하지 못했다. 그러나 그의 집중훈련 기간, 선수들의 전적인 헌신을 요구하고, 감화를 주는 리더십으로 롬바디는 이 팀을 변화시켰다.

3년 만에 패커스는 NFL 챔피언십을 차지했다. 그들은 1961년과 1962년에 연이어 우승을 차지했고, 1965년에 또 다시 NFL 챔피언십 우승을 차지한 후 슈퍼볼 I과 슈퍼볼 II에서 우승하면서 3연속 NFL 왕관을 차지하는 전례 없는 기록을 달성했다.

롬바디는 슈퍼볼 II 이후 패커스의 코치를 그만두었으나 한 시즌 동안 단장으로 남아 있었다. 그는 1969년 코치 은퇴를 번복하고 워싱턴 레드스킨스를 맡았고 14년 만에 처음으로 시즌 우승을 차지하도록 이끌었다. 1969년 시즌이 그가 활동한 마지막 시즌이었다. 그는 이듬해 57세의 나이로 암으로 사망했다.

비록 그가 만들어낸 말은 아니지만, 풋볼에 대한 그의 접근 방식을 한마디로 요약하는 다음 같은 격언으로 영원히 기억될 것이다. "이기는 것이 전부가 아니다. 유일한 것이다(Winning isn't everything; it's the only thing)."

- 롬바디는 통산 105승 35패 6무의 기록으로 NFL 활동을 마치며, NFL 1960년대의 인물로 꼽혔다.
- 그는 1971년 프로풋볼 명예의 전당에 입성했고, 같은 해 슈퍼볼 트로피의 명칭이 그의 이름을 따서 붙여졌다.
- 그린베이 코치로 활동하기 전에 롬바디는 그의 모교인 포드햄대학교, 웨스트포인트에 소재한 미 육군사관학교 그리고 뉴욕 자이언츠에서 보조코치로 활동했다.

196 | SUN ☀ 팝 | 제임스 본드

정중하게 마티니를 마시는 스파이 제임스 본드는 1953년에 영국 작가 이안 플레밍의 《카지노 로열》의 주인공으로 데뷔했다. 그 후로 본드라는 캐릭터는 〈007 선더볼 작전〉, 〈007 죽느냐 사느냐〉 같은 블록버스터급 영화를 비롯해 21편의 영화에 등장하면서 플레밍의 작품을 가장 인기 있는 원작 소설로 만들어주었다.

플레밍은 2차 대전 중 영국 정보요원으로 활동했던 자신의 경험을 모티프로 활용했다. 그는 독일 방어시설 잠입을 전문으로 하는 스파이 부서를 지휘했는데, 그가 전쟁 중에 만났던 몇몇 영국 스파이들을 토대로 본드 캐릭터들을 만들었다.

첫 번째 본드 소설은 미국의 통속소설과 범죄소설 작가였던 레이먼드 챈들러의 영향을 많이 받았다. 감정을 잘 드러내지 않는 챈들러의 수사관들처럼 본드 역시 적을 잡기 위해 담배를 피우고, 술을 마시고, 도박을 하고, 규칙을 어겼다.

플레밍은 1954년 《007 죽느냐 사느냐》를, 1955년에는 《007 문레이커》를 출간했으며 죽기 전까지 11권의 다른 본드 소설을 출간했다. 한창 냉전이 진행되던 시기를 배경으로 하는 그의 소설은 주로 KGB를 토대로 만든 가상의 소비에트 연방 방첩기관인 스머시와 함께하는 공산주의 악당들에 맞선 본드의 모습을 그렸다. 이 시리즈는 존 F. 케네디 대통령이 1961년 《007 위기일발》을 가장 좋아하는 책이라고 꼽으면서 큰 인기를 얻게 되었다.

최초의 본드 영화인 〈007 살인번호〉는 1962년에 개봉했는데 스코틀랜드 배우인 숀 코네리가 주연을 맡았다. 그리고 〈007 위기일발〉, 〈007 골드핑거〉, 〈007 선더볼 작전〉이 뒤를 이었다. 그 후로 조지 레이전비, 로저 무어, 티모시 달튼, 피어스 브로스넌 등의 배우들이 본드 역할을 맡았다. 플레밍의 첫 번째 본드 소설을 영화화한 〈카지노 로열〉에 출연한 대니얼 크레이그가 현재의 본드이다.

• 플레밍은 고전 동화 《치티치티뱅뱅》을 집필하기도 했다.
• 가장 많이 등장하는 본드의 상대는 머리가 벗어지고 고양이처럼 할퀴는 악당 에른스트 스타보 블로펠트로, 〈오스틴 파워〉 영화 시리즈에서 닥터 이블이라는 캐릭터로 패러디되었다.
• 데이비드 니븐이 출연하는 1967년 버전의 〈카지노 로열〉을 포함해 본드를 패러디한 영화가 수없이 제작됐다.

197 | MON ⛑ 인물 | 애비 호프먼

1960대와 1970년대 반체제의 상징이었던 애비 호프먼은 사회적 변화를 선동하기 위해 재치 넘치는 정치적 행위를 활용한 것으로 전국적인 명성을 얻었다. 그는 시카고에서 열린 1968년도 민주당 전당대회 방해 음모를 꾸민 혐의를 받은 과격 단체, 시카고 세븐의 한 사람으로 체포되면서 가장 큰 관심을 받았다.

매사추세츠주에서 태어나 브랜다이스대학교를 졸업한 호프먼은, 이피(yippie)라고 널리 알려진 급진적인 청년 중심 운동을 이끄는 청년국제당의 공동 창시자였다.

1967년 호프먼은 2건의 정치 행위를 진두지휘하면서 전국의 헤드라인을 장악했다. 그는 반자본주의 단체를 뉴욕 증권거래소로 데리고 가 발코니에서 달러 지폐를 흩뿌려 직원들이 앞다퉈 현금을 줍게 만들었다. 또 그는 베트남전을 끝내기 위해 5만 명의 군중이 모여 초능력으로 미국 국방부를 공중부양시키고자 했던 시위를 이끌기도 했다. (이 시위는 실패로 끝났다.)

국민들의 관심을 제대로 모은 것은 시카고세븐의 재판이었다. 호프먼과 동료 이피 제리 루빈이 5개월간의 재판 절차를 사실상 서커스로 만들어버렸던 것이다. 그들은 판사 복장을 하기도 하고 법정에 생일 케이크를 들고 오기도 했으며, 배심원단에게 키스를 날리기도 하고 가슴을 드러내 보이는 등 피고석을 어지럽히는 행동을 일삼았다.

결국 7명 전원이 음모 혐의에 대해 무죄 판결을 받았지만, 호프먼과 4명의 다른 사람들은 폭동을 일으킬 의도로 주 경계선을 넘은 혐의로 유죄판결을 받았다(이 판결은 후에 번복되었다).

호프먼의 운동가 생활은 대부분 1960년대에 막을 내렸지만, 그는 1970년대까지 청년문화와 반란의 상징으로 남았다. 그는 1980년대 중반에 잠시 과격한 시위에 동참했다가 52세에 자살로 생을 마감했다.

• 호프먼은 비밀요원에게 코카인을 판매한 혐의로 체포되고 난 후 1974년부터 1980년까지 경찰을 피해 도망다니느라 1970년대 대부분 정치와 연관된 행보를 보이지 않았다. 그는 결국 1980년 ABC방송국의 바바라 월터스와 함께 인터뷰를 하면서 대중에 모습을 드러냈다.

• 은신하는 동안 호프먼은 배리 프리드라는 가명으로 뉴욕주 북부에서 살았다.

• 1987년 호프먼은 지미 카터 대통령의 딸 에이미와 함께 반CIA 시위 도중 체포되었다. 그것이 그가 사망하기 전 마지막으로 대중의 관심을 받았던 주요 사건이다.

198 | TUE 📖 문학 | 길 위에서

잭 케루악의 《길 위에서》는 1950년대 미국에서 발생한 반항적인 보헤미안 예술 운동을 나타내는 비트세대를 정의하는 문학 작품이다. 차를 타고 미국을 여행하는 몇몇 친구들의 이야기를 그린 이 작품은 미국 로드문학의 전형으로 남아 있다.

1950년대는 미국의 사회적 순응기로 기억되지만, 1950년대 중반에 들어섰을 때 예술계는 순응에 반대하기 시작했다. 작가와 시인들은 주로 샌프란시스코의 노스비치, LA의 베니스웨스트, 뉴욕의 그리니치빌리지 등 3군데 도심의 커피숍과 서점들에 모여 비트운동이라는 꼬리표를 갖는 새로운 문학적 암류를 형성했다. 비트 운동가들은 케루악, 소설가 윌리엄 버로우스 그리고 시인 앨런 긴즈버그에 이끌려 미국 문학 체계 전체에 충격적인 파장을 일으켰다.

이 운동의 중심인물인 케루악은 2차 대전 후 북미를 떠돌며 글을 썼다. 글을 더 많이 쓰면 쓸수록, 그는 자유롭게 흐르는 다듬어지지 않은 집필 기법을 선호하게 되었는데, 그가 즉흥적 산문이라고 부른 이 기법은 대부분의 전통적인 소설가들이 이용하던 철저한 글쓰기 기법과는 정반대였다. 사실 케루악은 《길 위에서》의 원고를 3주 만에 완성했다.

《길 위에서》는 케루악 자신과 그의 친구 닐 캐서디를 토대로 만들어진 젊은 두 남자가 아무런 목적 없이 미국 전역을 떠도는 로드 트립을 그린다. 여행을 다니는 동안 그들은 재즈, 불교, 음주, 여성 그리고 사회적 제약에 대한 자신들의 반감에 관해 이리저리 골똘히 생각한다. 빠른 속도의 의식의 흐름 대화 기법과 복잡한 형상화가 특징인 이 소설은 산만하다. 결국 두 남자는 점점 멀어지게 되고, 길은 그 매력을 잃게 되는데, 비트운동 작가들이 작품을 통해 기념하고 한탄하는 세속적인 덧없음에 걸맞은 결론이라 할 수 있다.

- 《길 위에서》의 초안은 36.5m 길이의 거대한 두루마리에 전체가 담겼고, 여백은 작고 단락 나누기도 없다.
- 케루악은 당대의 사회적 규범에 대한 권태감을 의미하기 위해 비트라는 용어를 직접 만들었다. 그러나 이 용어는 후에 음악의 비트나, 또는 일부 운동의 신조의 '기쁨이 넘치는', 혹은 정신적인 특성과 관련된 뜻으로 바뀌게 되었다.
- 여러 비평가들이 케루악의 작품과 전통적인 기법을 멸시하던 그를 무시했다. 예컨대 트루먼 커포티는 《길 위에서》를 "글이 아니라 타이핑이다"라는 직설적인 말로 일축했다.

199

필 스펙터

음악 프로듀서 필 스펙터는 1960년대 초 여러 히트곡에 사용된 혁신적인 팝 음악 녹음 기법 월 오브 사운드를 고안한 사람이다. 스펙터의 획기적인 기술적 업적과 기이한 성향 그리고 총에 대한 애정 덕분에 그는 여러 연주자들의 명성과 맞먹거나 능가하는 몇 안 되는 록 프로듀서가 되었다.

프로듀서로 가장 유명하긴 하지만, 스펙터는 고등학교 친구들과 함께 결성했던 팝 밴드 테디베어스의 멤버로 활동을 시작했다. 스펙터가 17세에 만든 그들의 첫 음반은 《투 노우 힘 이즈 투 러브 힘》이었다. 이 곡은 1958년 1위를 차지했고 몇 주 동안 상위권에 머물렀다. 그러나 이 그룹은 초기에 이뤘던 성공을 다시 맛보지 못했고 스펙터는 곧 제작으로 관심을 돌렸다.

1960년대 초 크리스탈스, 로네츠 같은 '걸그룹'들의 음반에 처음 사용된 스펙터의 월 오브 사운드 기법은 주크박스와 라디오용 기법이었다. 초기 주크박스들이 갖고 있던 원시적인 스피커와 AM라디오의 낮은 음질이 음반의 미묘함을 전송할 수 없었기 때문에 스펙터는 정반대 방법을 사용하기로 결심했다. 그는 비교적 좁은 공간 안에서 같은 악기를 연주하는 많은 음악가와 함께 녹음했다. 이 방법은 사운드를 한층 울리고 증폭시켰다. 이런 배경음을 가진 정교한 팝송들은 심지어 단순한 AM라디오에서도 거의 웅장하게 들리기 시작했다. 스펙터의 표현처럼, 그는 "로큰롤에 바그너식으로 접근했다. 아이들을 위한 작은 심포니를 말이다."

여러 비평가들이 그의 기법을 폄하하긴 하지만 스펙터는 100위 안에 드는 곡을 50곡 이상 만들었다. 그 가운데에는 그 시대의 대표곡이라 할 수 있는, 1963년에 발매된 〈다 두 론 론〉부터 존 레논의 대표곡으로 1971년 발매된 싱글 〈이매진〉 등이 있다.

스펙터는 어느 캘리포니아 웨이트리스를 살해한 혐의로 체포되었다. 그의 재판은 2007년도에 미결정 심리로 끝났다.

- 스펙터가 공동 작곡하고 1964년 라이처스 브러더스가 부른 〈유브 로스트 댓 러빙 필링〉은 지난 한 세기 동안 어느 곡보다 더 많이 라디오와 TV에서 흘러나왔다.
- 스펙터는 악보를 보지 않아도 음이나 다른 소리를 알아맞힐 수 있는 절대음감을 가졌다.
- 비틀스의 송라이터이자 베이스 연주자 폴 매카트니는 스펙터가 제작한 〈더 롱 앤 와이딩 로드〉가 마음에 들지 않아 프로듀서의 오버더빙(overdubbing, 원 녹음에 다른 녹음을 추가하는 것 — 옮긴이) 없이 발매하려 했지만 실패했다.

200 | THU 📹 영화 | 말론 브란도

많은 영화 역사가들이 말론 브란도를 역대 가장 영향력 있는 영화배우로 꼽는다. 그는 자신의 연기를 보다 자연스러운 스타일로 채우면서 메소드연기(연기자가 배역의 감정적인 상태를 모사하려고 노력하는 것)를 할리우드에 선보인 최초의 메이저 스타였다. 브란도는 이 방법으로 여러 상징적인 배역들을 연기했다.

브로드웨이에서 활동하던 그는 강렬하고 꾸밈없는 스타일을 할리우드에 선보였고, 그의 2번째 영화 〈욕망이라는 이름의 전차〉에서 폭력적인 스탠리 코왈스키를 연기하면서 돌풍을 일으켰다. 브란도는 〈혁명아 자파타〉와 〈줄리우스 시저〉로 성공을 거둔 후, 1950년대 반항을 그린 획기적이고 영향력 있는 〈와일드 원〉에 출연했다. 〈워터프론트〉에서 브란도는 야수 같고 어눌한 전 권투선수 테리 말로이를 연기하며("내가 도전자가 될 수도 있었는데"라고 웅얼거린다), 이것으로 처음 아카데미 남우주연상 후보에 올랐다. 이후 1950년대와 1960년대에 브란도는 슬럼프에 빠져 영화에 출연하는 횟수를 줄였고, 연기에 따분함을 느꼈으며 할리우드로부터 미움을 샀다.

그는 프랜시스 코폴라 감독의 〈대부〉에서 비토 콜레온을 연기하면서 슬럼프에서 벗어났다. 브란도는 이 배역을 위해 스크린 테스트를 거쳐야 했는데, 파라마운트 경영진은 그의 기행 때문에 출연시키는 것을 조심스러워했다. 결국 그는 영화에 캐스팅된 배우 가운데 유일하게 스타로 꼽혔고, 이 배역으로 아카데미 남우주연상 후보에 올랐다. 브란도는 노골적인 성적 묘사가 담긴 〈파리에서의 마지막 탱고〉에 출연하는 것으로 1970년대를 시작했는데, 그가 출연했던 가장 대담한 영화였다. 1970년대 이후 브란도는 가끔씩만 영화에 출연했고, 살도 많이 쪘다. 코폴라 감독의 〈지옥의 묵시록〉에서 월터 커츠 대령을 연기할 때 브란도의 비만을 어둠과 그림자로 가려야만 했다. (그래도 이 영화에 미친 그의 영향력은 여전히 강력했다.)

남은 여생 동안 브란도는 배우보다는 호기심의 대상에 가까웠다. 그의 후기 작품들은 대부분 성공을 거두지 못했고, 타히티 인근의 개인 소유 섬에 점점 은둔하면서 수수께끼 같은 인물이 되었으며, 80세의 나이에 사망했다.

- 브란도는 〈대부〉로 받은 아카데미상의 수상을 거부했고 사친 리틀페더라는 원주민 여배우를 보내 자신을 대신해 원주민들에 대한 할리우드의 부당한 대우에 관해 항의했다.
- 브란도는 영화 〈슈퍼맨〉에서 슈퍼맨의 아버지인 조 엘 역을 맡아 12일 간 촬영하는 조건으로 370만 달러와 수익의 일정 부분을 받았다. 브란도는 스크린 속에 고작 10분 출연한 대가로 약 1400만 달러를 벌었다.
- 〈와일드 원〉에서 그가 맡은 배역인 청소년 범죄자 조니 스트래블러는 불법 오토바이 갱의 리더로, 이 영화가 개봉된 후 미국 전역에서 가죽 재킷과 오토바이 판매가 급증했다.

201 | FRI ⓡ 사회 | 존버치협회

1958년, 어느 반공산주의 단체가 미국에 존재하는 모든 공산주의의 흔적을 찾아내 없애는 존버치협회라는 조직을 설립했다. 몇 년 만에 이 협회에는 50만 명 이상의 회원이 가입하면서 이른바 뉴라이트라는, 1950년대와 1960년대에 시작된 보수주의 정치의 부활에 초석이 되었다.

보스턴의 은퇴한 사탕 제조업자 로버트 윌치 주니어가 처음에 이끌었던 이 단체는 중국에서 살해된 존 버치라는 미국 정보요원의 이름을 따 만들었다. 그들은 전 세계 공산주의에 맞서 냉전 시대에 희생된 최초의 인물인 버치를 순교자로 여겼다.

1960년대 초, 전성기에는 기업 임원, 의원, 군대 장교 등이 이 조직에 가입했었다. 이 협회 회원들은 1964년 공화당 대통령 후보 배리 골드워터를 지지하는 저변을 형성했다. 주변에 도사리고 있는 위협적인 공산주의자들을 색출하기 위해 그 협회의 추종자들은 반공산주의 정치인들을 지지했고, 정치적 인물들에 대한 조사를 후원하면서 대개 아무런 근거도 없이 공산주의 동조자라는 혐의를 뒤집어 씌웠다.

그들이 인기를 얻었던 기간이 짧긴 했지만, 존버치협회는 1960년대 초 대대적인 관심을 받았고 공화당 내에서 상당한 세력을 행사했다. 존버치협회 회원들은 언론의 공격을 받았고 밥 딜런의 1964년 노래 〈토킹 존 버치 패러노이드 블루스〉에서 풍자되기도 했는데, 이 곡은 공산주의자들이 도처에 도사리고 있으며, 심지어 '우리 집 변기 속 깊숙한 곳에도' 도사리고 있다면서 협회의 신념을 조롱했다. 또 협회의 고집과 피해망상은 역사가 리처드 호프스태터의 관심을 끌기도 했다. 그는 《하퍼스》에 실린 유명한 1964년 에세이에서 존버치협회의 음모론적 언사가 그가 '피해망상'이라고 부르는 미국 정치의 오랜 전통을 따른다고 주장했다.

1965년 이후 공화당은 점점 극단적이고 어리석게 변하는 협회 지도자들과 거리를 두기 시작했다. 협회는 지금도 반국제연합, 반징세협회로 존재하긴 하지만 그 영향력은 훨씬 줄어들었다.

● 버치의 부모는 이 협회의 평생 명예회원이 되었다.
● 자유 수호에 대한 표면적인 우려에도 불구하고 존버치협회는 시민평등권 운동을 공산주의자들이 위장한 것이라며 반대했고, 존버치협회 회원 중 일부는 공산주의 비밀 첩보원으로 의심받던 아이젠하워를 특히 반대했다.

202 | SAT 🏆 스포츠 | 샌디 쿠팩스

5년 동안 눈부신 활동을 보였던 샌디 쿠팩스는 역사상 가장 뛰어난 투수였을지도 모른다. 1962년부터 1966년까지 LA 다저스의 좌완 투수로 활약한 그는 111승 34패, 2.02의 평균 자책점을 기록했다. 5년 동안 쿠팩스는 내셔널리그 MVP를 1번 수상했고, 사이영상을 3번 받았으며, 3시즌 동안 25승을 올리면서 소속팀이 2차례 월드시리즈에 출전하는 데 도움을 주었고, 1965년의 퍼펙트게임을 포함해 4번의 노히트 노런 경기를 치렀다. 피츠버그 파이어리츠의 윌리 스타젤은 "그의 공을 치는 것은 포크로 스프를 떠먹는 것과 같다"고 말했다.

쿠팩스가 메이저리그에서 활동했던 첫 6시즌 동안에는 이후 타의 추종을 불허하는 1960년대의 성공을 예상하게 할 만한 기록은 거의 없었다. 1955년부터 1960년까지 제구력으로 고전하던 그는 36승 40패, 4.10의 평균 자책점을 기록했다. 그러나 패스트볼의 속도보다 스트라이크를 던지는 것에 더 집중하기 시작하면서 그는 불멸의 투수로 거듭났다.

그가 가장 뛰어난 기량을 선보인 1965년 시즌은 26승 8패, 평균 자책점 2.04, 382개의 탈삼진을 기록하며 마감했다. 그는 사이영상을 수상했고 월드시리즈 MVP로 선정되었으며 다저스가 미네소타 트윈스를 누르고 승리하도록 도왔다. 또 그는 유대교 달력상 가장 신성한 날인 속죄일에 열린 월드시리즈 1차전의 등판을 거부함으로써 유대교 공동체 안에서 대단한 영웅으로 추대되었다.

그가 마지막 2시즌 동안 견뎌야 했던 엄청난 고통을 고려하면 그의 성적은 특히 놀랍다. 그는 왼쪽 팔꿈치 외상성 관절염으로 고생하면서도, 승률, 평균 자책점, 탈삼진 1위를 기록했다. 그러나 1966년 말 무렵, 의사들은 쿠팩스에게 그가 계속해서 투수로 활동할 경우 팔을 잃을 수 있을 정도로 관절염이 심하다고 알렸다. 그렇게 그는 한창 전성기 때 야구장을 떠나야 했다.

쿠팩스는 말년에 잠깐 동안 TV 해설자로 활동한 것 외에는 대중의 눈에 띄는 것을 꺼려하며 살았다. 그는 다저스와 뉴욕 메츠의 지도자로도 활동했다.

- 그의 이름은 본래 샌포드 브라운이었지만 그가 9세 때 이혼한 그의 어머니가 어빙 쿠팩스와 결혼하면서 성이 바뀌게 되었다.
- 쿠팩스가 1965년도 월드시리즈 1차전에서 투수로 등판하는 대신 속죄일 종교의식에 참여했다고 많은 사람들은 믿고 있지만, 전기작가 제인 리비는 그가 그날 밤 호텔에 혼자 있었다고 밝혔다.
- 그는 1972년 36세에 야구 명예의 전당에 입성했는데, 명예의 전당에 이름을 올린 투수 중 가장 젊은 선수였다.

203 | SUN ☀ 팝 | 에드 설리번

TV 장수 버라이어티 프로그램의 진행자 겸 프로듀서인 에드 설리번은 미국 최고의 스타메이커로 20년간 활동했다. 예리한 눈의 스카우터였던 설리번은 변덕스러운 시청자들의 마음에 잘 대응하면서 비틀스를 비롯한 여러 최고 연예인들을 미국에 소개했다.

설리번은 1919년 《하트포드포스트》의 스포츠기자로 시작하여, 1972년 이후에는 뉴욕의 《이브닝그래픽》 기자로 활동했다. 2년 후 브로드웨이 칼럼니스트가 되어 결국 월터 윈첼에 필적하는 최고의 엔터테인먼트와 가십란 작가가 되었다.

1948년 CBS는 설리번에게 새로운 TV 버라이어티 프로그램인 〈토스트 오브 더 타운〉의 진행을 맡겼다. 머지않아 '에드 설리번 쇼'로 제목이 바뀐 이 일요일 밤 고정 프로그램은 오페라 가수 마리아 칼라스, 무용수 루돌프 누레예프, 복화술 코미디언 셰뇨르 웬세스를 비롯해 수많은 연예인의 TV 데뷔 무대였다. 비틀스의 1964년도 데뷔 방송은 7000만 명 이상의 시청자들을 불러 모으는 기록을 달성했다.

자신의 카리스마 부족을 잘 알고 있던 설리번은 종종 흉내를 잘 내는 연예인들을 초대해 자신의 뻣뻣한 자세와 부자연스러운 말을 흉내 내게 했다. 또 그는 최고의 연예인들을 확보하기 위해 후한 금액을 지불했는데, 때로는 자신의 급여를 사용하기도 했다. 게다가 자신의 보는 눈을 믿었던 설리번은 초반에 아프리칸-아메리칸 연예인들이 쇼에 등장하는 것에 대해 우려를 표명하던 남부 광고주들을 무시했다. 방송 첫해에 설리번은 캡 캘러웨이, 카운트 베이시, 냇 킹 콜을 쇼에 출연시켰는데, 그의 예상대로 이 프로그램은 후에 남부에서도 인기를 얻게 되었다.

1971년 〈에드 설리번 쇼〉는 갑자기 폐지되었는데, 고예산에, 나이 든 시청자들이 점점 줄어들었기 때문이었다. 전국적인 문화 결정권자로, 고급문화와 대중문화를 여러 세대의 시청자들에게 선보였던 이 프로그램의 역할은 그 후에도 독보적으로 남았다.

- 설리번은 무대 위에서 보였던 갈팡질팡하는 어색한 모습과 게스트에 초점을 맞춘 프로그램의 형식 때문에 비판을 사거나, 유쾌한 조롱거리가 되기도 했다. 칼럼니스트 해리엇 반 호른은 설리번이 '개성이 있어서가 아니라 개성이 없었기 때문에' 성공을 이뤘다고 말했다. 이 쇼에 자주 등장했던 코미디언 프레드 앨런은 '재능을 가진 누군가가 존재하는 한' 설리번의 성공은 지속될 것이라고 말했다.
- 도어즈는 1967년 방송에서 〈라이트 마이 파이어〉를 연주하기 전 마약의 암시 가능성을 없애려 '소녀여, 우리가 이보다 더 흥분할 수는 없어'라는 가사를 바꿔달라는 검열관의 요구에 동의했으나 막상 생방송 프로그램에서 원 가사대로 불러 평생 이 쇼에 출연할 수 없었다. 같은 해 출연했던 롤링스톤스는 '함께 밤을 보내자'라는 코러스 가사를 '몇 시간 함께 보내자'로 바꿔달라는 요청에 보컬 믹 재거는 카메라에 대고 눈을 굴리는 것으로만 반감을 표출했다.
- 〈레이트 나이트 TV 쇼〉 진행자 데이비드 레터맨은 현재 뉴욕에 있는 에드 설리번 극장에서 이 쇼를 진행한다.

204 | MON 인물 | 찰스 맨슨

비록 아무도 죽이지 않았지만, 찰스 맨슨은 20세기 가장 악명 높은 대량 학살범으로 꼽힌다. 그는 주로 젊은 여성들로 구성된 맨슨 패밀리라는 사이비 종교에서 메시아처럼 행동하는 카리스마 넘치는 리더였다. 1969년 8월 그는 몇 명의 신자들에게 '테이트-라비앙카 살해'라고 알려진 소름 끼치는 살인 행위를 연이어 저지르라고 지시했다. 그의 제자들은 통틀어 7명을 살해했는데, 그중에는 저명한 영화감독인 로만 폴란스키의 부인이자 여배우였던 샤론 테이트도 있었다. 맨슨과 그의 '가족' 구성원 3명은 살인과 음모에 대해 1971년 유죄판결을 받고 사형선고를 받았다. 그들의 기괴한 재판은 전 국민의 관심을 사로잡았는데, 캘리포니아주 역사상 가장 길고 가장 비용이 많이 든 재판이었다. 1972년 2월 캘리포니아주 대법원이 사형을 폐지하면서 이 재소자들의 판결은 자동적으로 무기징역으로 감형되었다.

어려운 환경에서 자란 맨슨은 미혼모에게서 태어나 아버지가 누구인지 몰랐다. 그는 생애 초반 32년 중 17년을 소년원과 감옥에서 보냈다. 1967년 감옥에서 출소한 그는 샌프란시스코로 이주했고 그곳에서 히피문화에 빠져 살았다.

철학을 쌓고 기타를 두드리면서 곧 12명의 젊은 여성들과 6명의 젊은 남성들을 중심으로 하는 추종자들을 갖게 되었다. 그들 또한 대체로 버림받은, 외로운 이들이었다. 맨슨은 자신이 비틀스의 1968년 곡명을 따서 '헬터 스켈터'라고 이름 붙인 인종 전쟁이 임박했다고 믿은 것으로 전해진다. 가족이 저지른 살인 행각이 흑인들에게 책임이 전가되어 인종 전쟁을 촉발하게 될 것이라고 믿었다. 다가오는 전쟁에 대비하기 위해 1968년 네바다주로 가족을 이주시킨 그는 1969년 10월 그곳에서 장물을 소지한 혐의로 체포되었고, 두 달 후 테이트-라비앙카 살해 혐의로 기소되었다.

- 대중이 이 재판에 관심을 보이게 된 원인은 살해 정황에서 비롯되었다. 5명의 피해자가 최소한 16번 칼에 찔려 죽었고 폴란스키 감독의 친구 보리치에흐 프리코프스키는 51군데나 찔렸다. (또 그는 총에 2번 맞았고 머리를 13번이나 가격당했다.)
- 살인자들은 살해 현장의 벽과 가전제품 위에 피로 비틀스의 가사를 휘갈겨 써놓았는데, 그중 1968년 곡 〈피기스〉에 포함된 '헬터 스켈터'와 '피그'라는 가사도 있었다. 맨슨은 비틀스에 집착했는데 특히 1968년도 말 앨범 《더 비틀스》에 집착했다. (이 앨범은 흔히 화이트 앨범으로 알려져 있다.)
- 재판에서 피고석을 가로질러 찰스 허만 올더 판사를 향해 돌진하여 뾰족한 연필을 휘둘렀다거나, 또 닉슨 대통령이 맨슨이 유죄일 것이라고 믿는다고 한 말이 헤드라인에 실린 신문을 배심원들을 향해 비춰 보이는 등 맨슨의 행동은 기괴하기 짝이 없었다.

205

아인 랜드

아인 랜드는 열렬히 좋아하는 사람들만큼이나 폄하하는 사람들도 많았지만 그녀가 20세기 소설에서 가장 영향력 있는 인물로 꼽힌다는 것은 부인할 수 없다. 중요한 대중 철학가이기도 한 그녀는 논란 많으면서도 많은 독자들 사이에서 반향을 불러일으켰던 성취지향주의 세계관을 알렸다.

랜드는 러시아의 상트페테르부르크에서 태어나 교육받았다. 대학생 시절 그녀는 여러 책들을 탐독하면서 아리스토텔레스, 토마스 아퀴나스, 도스토옙스키, 니체를 비롯한 여러 서양 사상가들에 관해 확고한 의견을 갖게 되었다. 1926년 미국으로 이주한 뒤, 잠시 할리우드 시나리오 작가로 활동한 후 그녀는 집필에 집중하게 된다. 처음에는 각본, 그다음은 희곡, 그러고는 몇 편의 소설을 집필했다.

랜드는 주로 《파운틴헤드》와 《아틀라스》를 통해 명성을 얻었고, 이것을 통해 자신이 객관주의라고 부른 개인적인 철학을 제시했다. 《파운틴헤드》는 기대치에 순응하거나 수준을 낮추라는 요구에 거절해 처음에는 어려움을 겪지만 결국 승리하는 젊고 능력 있는 건축가의 이야기다. 반면 《아틀라스》는 발명가, 예술가, 기업가들이 국가가 자신들의 노력을 인정하지 않고 적절히 보상해주지 않는다는 이유로 '지성인의 파업'을 꾸민 후 미국이 무너지는 모습을 묘사한다.

두 작품 모두 객관주의 원칙을 설명하지만, 《아틀라스》에서 특히 두드러진다. 한마디로 랜드는 이성적인 판단을 할 수 있는 인류의 능력이 거대한 성공으로 이어지며, 개개인이 자신의 재능을 이용해 성공과 수익, 자기 향상 그리고 그에 따른 개인의 행복을 향해 노력해야 하는 의무를 가지고 있다고 믿었다. 수많은 독자들이 랜드의 가르침을 고무적으로 여겼지만 그녀의 공격적인 이기주의와, 자선이나 이타심 같은 전통적인 유대교-기독교적 가치를 반대하는 것처럼 보이는 주장에 더 이상 관심을 가지지 않은 사람들도 많다. 어떤 경우이든 랜드의 소설은 널리 읽히는 작품이다. 전 세계적으로 총 2200만 부 이상이 판매되었으니 말이다.

- 모던라이브러리가 독자들을 상대로 20세기 최고의 소설 100선에 대한 설문조사를 실시한 결과 《아틀라스》와 《파운틴헤드》가 각각 1위와 2위를 차지했다.
- 12개의 출판사들이 《파운틴헤드》의 출판을 거절한 후 결국 인디애나의 봅스메릴출판사가 1943년 이 책을 출판했다. 그 후로 이 작품은 600만 부 이상 판매되었다.
- 랜드는 객관주의를 '행복이 인생의 도덕적 목적이고, 생산적인 성취가 가장 고귀한 행위이며, 이성만이 절대적인, 인간을 영웅적 존재로 여기는 개념'이라고 요약했다.

206

비틀마니아

1963년 12월이 시작될 무렵만 해도 비틀스라는 이름의 영국 팝 그룹을 들어본 미국인들은 거의 없었다. 그러나 그달 초, 마샤 앨버트라는 워싱턴에 사는 한 중학교 3학년생이 비틀스의 〈아이 원 투 홀드 유어 핸드〉를 들려달라고 지역 AM 라디오방송국에 요청했다. 디제이가 영국에서 음반을 수입했고 1963년 12월 17일 방송에서 이 곡을 들려주었다. 워싱턴에서 처음으로 운명적인 방송을 타고 불과 며칠 후 미국은 비틀마니아에 단단히 빠져버렸다. 팬들과 다른 라디오 방송국에서 이 싱글 앨범 수천 장의 요청이 쇄도해서 비틀스 레코드사는 결국 12월 26일 미국에서 〈아이 원 투 홀드 유어 핸드〉를 발매할 수밖에 없었다. 그리고 3일 만에 미국 전역에서 25만 장이 판매되었다. 존 F. 케네디 대통령이 암살된 지 채 한 달도 지나지 않은 시점에 발생한 비틀스의 갑작스럽고 압도적인 인기는 유례없는 일이었다. 이 밴드가 1964년 2월 미국 순회공연을 시작했을 때, 존 F. 케네디공항으로 새롭게 이름 붙은 뉴욕의 공항에는 비틀스의 도착을 기다리는 수천 명의 청소년들이 소리를 지르고 있었다. 이틀 후 〈에드 설리번 쇼〉에서 방영된 비틀스의 데뷔 공연은 환호에 빠졌다.

비틀스는 1950년대 말 영국의 리버풀에서 결성되었다. 밴드 멤버로는 존 레논, 기타의 조지 해리슨, 베이스의 폴 매카트니 그리고 드럼의 링고 스타가 있었다. 엘비스 프레슬리, 척 베리 등의 미국 록 음악가들로부터 영향을 받은 비틀스의 첫 번째 앨범에는 10대 청중들을 설레게 만드는 밝은 러브송이 담겨 있었다. 그들이 미국에서 성공하며 롤링스톤스를 비롯한 더 많은 영국 그룹들이 대서양을 건너오는, 이른바 미국 문화 속 영국 침략 시기가 촉발되었다.

그러나 날뛰는 팬들에 지친 비틀스는 3년 만에 영원히 순회공연을 하지 않기로 결정했다. 1960년대 말 급격하게 변화한 비틀스 곡들이 연이어 스튜디오 앨범을 통해 발표되었다. 〈루시 인 더 스카이 위드 다이아몬즈〉 같은 획기적인 사이키델릭한 곡들과 〈와일 마이 기타 젠틀리 웝스〉 같은 어두운 발라드 곡들이 비틀마니아 시대의 발랄한 러브송들을 대체했다.

- 2004년에 《롤링스톤》은 비틀스를 역대 최고의 록 아티스트로 선정했다.
- 데카레코드의 A&R 담당이었던 딕 로우는 1962년 비틀스와의 음반 계약을 거절하며, 관리자들에게 "기타 음악은 인기가 사라지고 있다"고 말했다고 한다. 이듬해 그는 롤링스톤스와 계약을 체결함으로써 이 실수를 만회했다.
- 비틀스가 CBS방송국의 〈에드 설리번 쇼〉에 처음 출연했을 때 약 7300만 명의 시청자들이 이 프로그램을 시청했는데, 당시 미국 인구의 40%에 달하는 수치다.

207 | THU 📽 영화 | 시드니 포이티어

시드니 포이티어만큼 할리우드에서 흑인배우가 받아들여지는 데 큰 영향을 미친 배우는 없다. 정면으로 인종차별 문제를 제기한 몇몇 영화에 출연함으로써 포이티어는 아프리칸-아메리칸에서 더 나아가 성공한 할리우드 스타로 자리매김할 수 있었다. 그는 경쟁이 치열한 아카데미상에 후보로 오른 최초의 흑인 남성이자(〈흑과 백〉), 오스카 남우주연상을 수상한 최초의 흑인 남자 배우였다(〈들백합〉).

바하마에 있는 부모의 집을 떠나 마이애미를 향해 출발한 배 안에서 태어난 포이티어는 바하마에서 자라 10대 때 미국으로 건너갔다. 그는 연극배우로 활동하다가 〈노웨이 아웃〉을 통해 처음으로 영화 관련 일을 하게 되었다.

그는 〈폭력교실〉에서 문제 많은 고등학생을 연기하면서 처음으로 주목을 받게 되었고, 〈흑과 백〉으로 최초의 의미 있는 찬사를 받았다. 이 영화에서 그는 토니 커티스에게 족쇄가 채워진 채 도망치는 범죄자를 연기했는데, 두 사람이 살아남기 위해서는 서로를 인정하는 법을 배워야만 했다. 오스카상을 수상한 〈들백합〉에서는 동독 수녀들과 친분을 쌓아 성당 건축을 돕는 실직 중인 건설노동자, 호머 스미스를 연기했다.

포이티어의 가장 성공적인 해는 〈언제나 마음은 태양〉, 〈밤의 열기 속에서〉, 〈초대받지 않은 손님〉에 출연했던 1967년이다. 대부분의 비평가들은 〈밤의 열기 속에서〉를 포이티어 최고의 작품으로 꼽는다. 이 영화에서 그는 작은 미시시피 마을에서 벌어진 살인 사건을 수사하는 필라델피아 강력계 형사인 비질 티브스를 연기했다. 티브스가 경찰서장인 빌 길리스파이(로드 스타이거 분)와 협력하게 되면서 두 사람 모두 인종에 관한 자신의 생각을 들여다보게 된다. 비록 포이티어가 후보로 오르지는 못했지만 이 영화는 작품상, 남우주연상(스타이거)을 비롯해 5개 부문에서 아카데미상을 수상했다. 포이티어는 다른 인종 간의 관계를 탐구하는 〈초대받지 않은 손님〉에서 할리우드 전설 스펜서 트레이시, 캐서린 헵번과 함께 출연했다.

포이티어는 1970년대의 대부분은 연기보다는 감독 일에 집중하면서 보냈고 1977년 이후로는 소수의 작품에만 출연했다.

* 포이티어는 9편의 영화를 연출했다. 그중에는 리처드 프라이어와 진 와일더가 출연하는 〈폭소 감방〉도 있는데, 이 작품은 20년 동안 흑인 감독이 만든 가장 높은 수익(1억 100만 달러)을 올린 영화였다.
* 〈밤의 열기 속에서〉 이후 그는 〈외로운 추적〉과 〈조직〉에서 비질 티브스의 역할을 다시 연기했다.
* 2002년에 포이티어는 '뛰어난 연기와 스크린 속에서의 고유한 존재감'으로 아카데미 평생공로상을 수상했다.

208

비폭력 저항

1959년, 시민평등권 운동가 마틴 루터 킹 주니어는 고인이 된 인도독립 지도자 마하트마 간디의 가족을 만나기 위해 인도로 건너갔다. 킹은 그 여행을 통해 깊은 감동을 받았고 불공정에 대항하는 비폭력 저항의 힘에 대해 자신이 가지고 있던 여러 믿음이 강해졌다. 미국으로 돌아온 킹은 흑인들의 평등권을 위한 투쟁에 간디의 시민 불복종을 적용했고, 비폭력을 미국 시민평등권 운동의 이념적인 기초로 삼았다.

간디뿐만 아니라 킹은 또한 멕시코전에 참전한 미국에 저항하기 위해 1849년《시민 불복종》이라는 에세이를 저술한 19세기 미국 작가 헨리 데이비드 소로의 사상에서도 영감을 찾았다.

본질적으로 간디와 킹은 비폭력 저항이 군대를 동원해 강제로 사회를 변화시키려 하는 것보다 궁극적으로 더욱 효과적인 전략이라고 믿었다. 상징적이고 비폭력적인 방법을 사용해 불공정에 대한 의식을 불러일으킴으로써 킹은 차별에 반대하는 대중의 공감을 얻을 수 있을 것이라고 믿었다. 간디가 영국과의 투쟁에서 금식, 평화로운 행진, 보이콧을 성공적으로 사용한 것은 킹과 다른 시민평등권 지도자들을 고무시켰다.

1955년의 몽고메리 버스 보이콧과 1963년의 워싱턴 행진 등 시민평등권 운동이 수용한 가장 유명한 전술의 대부분은 비폭력 저항에 대한 신념을 나타냈다. 또 다른 주요 시민평등권 단체인 비폭력학생협력위원회(SNCC)는 1960년 결성되어 인종차별이 만연하던 남부에서 연좌 농성, 데모, 인종차별 철폐를 위한 교통수단 탑승 등을 실시했다.

킹이 예상한 대로, 1963년 앨라배마주에서 비폭력 시위자들이 백인 경찰들에게 구타당하고 경찰견에게 공격당하는 모습이 TV로 방영되면서 시청자들의 분노를 일으켰고, 짐 크로우 인종차별법에 반대하는 여론이 조성되는 데 도움을 주었다.

- 간디의 생일인 10월 2일은 국제연합이 지정한 세계 비폭력의 날이다.
- 킹은 1964년 노벨평화상을 수상했다.
- SNCC 운동가 중에는 후에 조지아주 애틀랜타 시의원으로 선출된 존 르위스도 있었다.

209 | SAT 🏆 스포츠 | 펠레

펠레는 역대 최고의 축구선수로 널리 꼽히는 사람이다. 그는 브라질 대표팀 소속으로 출전했던 92경기에서 77개의 골을 넣는 놀라운 기록을 달성하면서 브라질이 최초로 3번 월드컵 우승을 차지하는 데 기여했다. 아마 가장 예상치 못한 일은 펠레가 1970년대 중반 뉴욕으로 이적하면서 미국에서 축구가 관중몰이를 하는 인기 있는 스포츠로 발돋움하는 데 큰 역할을 한 것이다.

가난한 집안에서 에드슨 아란테스 도 나시멘토라는 이름으로 태어난 펠레는 16세였던 1956년 브라질 클럽 산토스에 입단했다. 그는 모든 참가 팀들과 겨루면서 산토스를 세상에서 가장 유명한 축구팀으로 만들었다.

그러나 펠레가 진정으로 세계적인 명성을 떨치게 된 것은 브라질 대표팀 소속으로 1958년 월드컵에 출전했을 때였다. 18세의 펠레는 준준결승에서 1골, 준결승에서 3골을 넣는 등 눈부신 활약을 했고, 결승에서 2골을 더 넣으면서 브라질 최초의 월드컵 우승에 이바지했다. 1962년과 1966년 월드컵에서 개인적으로 실망스러운 플레이를 한 후, 1970년 월드컵에서 펠레는 역대 최고의 선수임을 입증할 수 있는 마지막 기회를 얻었다. 그는 또 한 번의 월드컵 우승을 위해 구성된 최고의 팀이었던 브라질 대표팀을 이끌면서 이탈리아와의 결승전에서 골을 넣으며 팬들을 실망시키지 않았다.

펠레의 명성이 최고에 달했을 때 전 세계에서 그만큼 인기 있는 선수는 권투선수 무하마드 알리밖에 없었다. 경기장에서 곡예같이 우아한 움직임으로 유명한 펠레는 중력과 나이를 모두 거스르는 것 같았다.

그는 1974년 산토스에서 은퇴했지만 번복하고 북미축구연맹(NASL)의 뉴욕 코즈모스와 3년 계약을 하면서 축구계를 놀라게 했다. 1975년 펠레로 인해 NASL 경기의 관중 수가 80% 증가했다. 2년 후 그는 코즈모스가 리그 우승을 하도록 이끈 후 영원히 은퇴했다.

그 후로 펠레는 축구친선대사가 되었고 브라질의 스포츠 장관을 역임했으며, 다양한 기업의 국제홍보대사로 활동했다. 1999년에는 국제올림픽위원회가 그를 세기의 선수로 선정했고, 2000년에는 국제축구 운영협회인 국제축구연맹이 그를 세기의 축구선수로 선정했다.

- 펠레라는 별명은 브라질 남부에서 축구를 하는 가난한 소년 시절부터 갖게 되었지만, 정확한 유래는 알 수가 없다.
- 펠레는 3번의 월드컵 우승에 기여한 최초의 선수였다. (그는 1962년에 2경기에 출전한 후 다리 부상으로 나머지 게임에 출전하지 못했다.) 또 그는 월드컵에서만 통산 12골을 기록했다.

210 | SUN ✴ 팝 | 미니스커트

1968년, 프랑스의 식민지였던 아프리카의 콩고공화국 경찰이 수도 브라자빌 안팎에서 연이어 급습을 벌였다. 그들이 찾는 대상은 미니스커트라고 알려진 금지된 복장을 한 300명의 소녀들이었다.

1964년에 처음 도입된 미니스커트는 세상을 휩쓸면서 보수주의자들을 분개하게 만들며 사회가 급격하게 변하고 있음을 알렸다. 무릎 위 15cm에서 17cm까지 내려오는 미니스커트는 그전까지 보이면 안 되는 것으로 여겨졌던 신체의 일부를 드러냈다.

패션 디자이너 앙드레 쿠레주와 메리 퀸트가 최초로 미니스커트를 디자인한 사람이라고 인정받는다. 런던에서 가장 유행에 민감한 동네의 이름을 따서 첼시룩이라고 불렸던 퀸트의 미니스커트가 영국에서 특히 인기를 얻었다.

저메인 그리어, 글로리아 스타이넘 같은 여러 페미니스트들이 미니스커트를 젊음과 여성의 자유에 대한 상징으로 받아들였다. 사실 1970년에 실시된 갤럽 조사에 따르면 50세 이상의 여성들 중 5%만 미니스커트를 선호한 반면, 젊은 여성의 51%가 미니스커트를 선호하는 것으로 나타났다.

그러나 당연하게도 미니스커트는 격렬한 반발도 낳았다. 콩고에서의 급습뿐 아니라 한 가톨릭 추기경 또한 미니스커트를 '도발적이고 수치스러움을 모르는 것'이라고 비난했다. 말라위 정부는 미니스커트를 입은 외국 여성들이 '내국인들을 타락시키기 전에' 추방하는 명령을 승인했다. 베네수엘라의 교회들은 여성들에게 보다 단정한 옷을 입어야 '지옥에 가지 않는다'고 경고했고, 이라크는 스커트 자체를 완전히 금지했다.

하지만 반항의 상징이었던 미니스커트는 마침내 인정받게 되면서 오히려 열풍이 사그라들었다. 퀸트 자신도 1970년에 새로운 여성복 라인을 발표하면서 미니스커트가 유행에 뒤떨어졌다고 선언했다. "미니는 여성 해방을 입증하는 목적으로써 제 역할을 다했다. 이제 그것은 인정받았으니 다시 일상으로 돌아갈 수 있다"고 말했다.

- 미니스커트는 당대 영국 슈퍼모델이었던 진 슈림프턴이 직접 입기 시작하면서 본격적으로 유행하기 시작했다.
- 1960년대 말과 1970년대 초에는 미니스커트 다음으로 몇 cm 길이밖에 안 되는 초미니스커트가 유행했다.
- 아이젠하워 전 대통령은 1967년 졸업 연설에서 미니스커트를 심미적인 차원에서 비판했다. 그는 "발목은 거의 항상 깔끔하고 보기 좋지만 무릎은 항상 거의 그렇지 않다"고 말했다.

211

MON
인물

하워드 코셀

전성기 때 하워드 코셀은 미국에서 사랑도, 미움도 가장 많이 받은 스포츠 진행자였고, 가장 솔직하며 유명한 사람이었다. 1960년대와 1970년대 대부분의 스포츠 진행자들과는 달리 그는 방송 안팎에서 심술궂은 발언을 하고 박식했으며 오만했다. 그의 표현을 빌리면, 그는 '있는 그대로 말하는 사람'이었다. 말뿐만 아니라 표현법도 그랬다. 비음 섞인 독특한 브루클린식의 짧고 날카로운 억양으로 마치 셰익스피어를 낭송하는 것처럼 모든 단어의 모든 음절을 강조했다.

30년 간의 TV 활동 기간 동안 코셀은 유명한 권투 시합과 올림픽을 중계하고, 〈먼데이 나이트 풋볼〉에서 경기를 분석하는 자리까지 올랐다. 코셀은 주로 비난을 도맡아받는 사람이었는데, 빈정대는 발언 외에도, 특히 불공정이나 인종차별을 인지했을 때 논란에 대해 도덕적 입장을 취하기도 했다. 언젠가 그는 이렇게 말한 적이 있다. "오만하고, 잘난 척하며, 몹시 불쾌하고, 허영심이 많으며, 잔인하고, 장황하고, 과시하기를 좋아한다. 나는 이런 모든 말들을 들어본 적이 있다. 내가 당연히 그런 사람이니까."

코셀은 변호사의 길을 걸었으나 1956년 ABC방송국에서 스포츠 해설가로 일하기 위해 하던 일을 그만두었다. 〈와이드 월드 오브 스포츠〉에서 헤비급 권투 챔피언 무하마드 알리와 자주 인터뷰하면서 서로 친구가 되었다. 1967년, 알리가 종교적인 이유로 징병을 기피하면서 챔피언타이틀을 박탈당했을 때 코셀은 알리를 옹호했다.

1970년, ABC 책임자인 룬 알레드지가 코셀을 〈먼데이 나이트 풋볼〉 해설팀에 합류시키면서 이 결정은 엄청난 성공을 가져왔고 코셀이 엄청난 수의 시청자들을 확보하면서 프로 스포츠를 황금시간대의 TV프로그램으로 탈바꿈시켰다.

권투의 폭력과 부패에 환멸을 느낀 코셀은 1982년 권투 중계를 그만두고, 1년 후 14년 동안 해오던 〈먼데이 나이트 풋볼〉도 그만뒀다. 1985년 그의 저서 《나는 그 경기를 한 적이 없었다》가 출간되자 ABC는 그를 모든 방송에서 퇴출했는데, 저서에는 방송국 동료들에 대한 비판이 담겨 있었기 때문이다. 그는 마지막 2개의 라디오방송 프로그램을 그만두었던 1992년 방송계를 떠났다. 그는 77세의 나이에 심장 색전증으로 사망했다.

• 코셀은 우디 앨런의 영화에 카메오로 출연했고, 〈새터데이 나이트 라이브〉를 한 번 진행한 적도 있었다.
• 《TV가이드》의 설문조사 결과 미국에서 가장 사랑받는 스포츠 해설자와 가장 미움받는 스포츠 해설자가 모두 코셀로 선정되었다.
• 스포츠계에 몸담기 전에 코셀은 뉴욕대학교 로스쿨에서 법률을 검토하는 편집자였다.

212

J. R. R. 톨킨

판타지 서사소설《호빗》과《반지의 제왕》은 J. R. R. 톨킨을 현대에 가장 사랑받는 소설가이자 누구나 아는 이름으로 만들어주었다. 비록 일부 문학비평가들은 톨킨의 작품을 투박하고 지나치게 길다며 조롱하긴 했지만, 그의 소설은 20세기에 가장 큰 인기를 얻은 성공작으로 꼽히며 판타지문학 장르의 성장에 크게 기여했다.

1892년 남아프리카공화국에서 태어난 톨킨은 영국에서 자랐고 옥스퍼드대학교를 다녔으며 모교에서 앵글로색슨어와 문학 교수로 일했다. 교수로 일하는 동안 그는 몇 개의 완전히 새로운 언어를 만듦으로써 그의 창의성을 발휘했다. 그런 다음 그는 그 언어들을 중심으로 중간계라고 불리는 완전한 가상의 세계를 창조한 후 그 안에 빠져버렸고, 그 세계를 위해 포괄적이고 빈틈없는 신화적 역사를 지었다. 이런 엉뚱한 생각들 속에서 톨킨의 소설들이 탄생한 것이었다.

톨킨은 샤이어라고 불리는 중간계의 목가적인 지방에 사는 작고 친근한 생명체들의 종족에 관한 이야기,《호빗》을 원래 동화로 만들 생각이었다. 호빗과, 요정, 난쟁이, 드래곤, 마법사들이 사는 이 소설의 매력적인 풍경이 독자들 사이에서 히트를 치면서 톨킨의 출판사는 속편도 가능하다는 생각을 갖게 되었다.《반지의 제왕》으로 탄생한 이 속편은 장황하고 복잡한 3권짜리 소설로,《호빗》에 비해 훨씬 더 진지하고 어조가 어른스러웠다.

《반지의 제왕》은 가상 세계에 대한 깊이나 풍부한 상상력뿐만 아니라, 동료애, 협력, 관용, 환경에 대한 존중 등 주제의 진지함과 반향성에 있어서 다른 판타지소설과 다르다. 이 소설은 2001년부터 2003년까지 피터 잭슨 감독의 3부작 영화 버전을 통해 새로운 세대에게 다시 소개되었는데, 이 영화는 다양한 아카데미상을 수상했으며 역대 최고의 흥행 수익을 올렸다.

• 톨킨은 어느 날 시험을 채점하는 도중 종이에다 무작정 낙서를 하다가 호빗이라는 단어를 떠올렸다.
• 자신의 유명세가 항상 불편했던 톨킨은《반지의 제왕》이 순식간에 성공을 이루자 영국의 해안으로 도망쳤고 자신의 전화번호를 전화번호부에 등록하지 않았다.
• 톨킨의 작품에서 영감을 얻은 하드록 밴드 레드 제플린은 몇몇 곡의 가사에 중간계라는 단어를 사용했다.

213 | WED 음악 | 롤링스톤스

롤링스톤스는 1960년대 초 런던에서 결성됐고, 이 5명의 영국 10대들은 10년 내에 '세계 최고의 로큰롤 밴드'로 백만장자이자, 섹스 심볼, 국제적인 문화 아이콘이 되었다.

초기에 롤링스톤스는 척 베리, 샘 쿡 같은 미국 음악가들의 노래를 리메이크해서 불렀다. 밴드의 멤버인 보컬 믹 재거, 기타리스트 키스 리처드, 기타리스트 브라이언 존스가 미국 리듬앤블루스 음악으로부터 큰 영향을 받았기 때문이다.

1964년 초 비틀스가 미국 점령을 개시한 후, 롤링스톤스도 곧 대서양을 가로지르는 영국밴드 이주 물결에 합류해 1964년 첫 미국 순회공연에 올랐다. 그들의 첫 번째 주요 히트곡, 〈(아이 캔트 겟 노)새티스팩션〉은 1965년 발매되었다. 비틀스와 반대로 롤링스톤스는 단정치 못한 모습과, 1967년도 싱글 〈밤을 함께 보내요〉 같은 도발적인 가사로 나쁜 남자 이미지를 만들었다. 성공에도 불구하고 롤링스톤스는 비틀스와 끊임없이 비교당하는 것에 지쳤고, 결국 두 밴드는 우호적인 라이벌 의식을 갖게 되었다. 송라이터 재거와 리처드는 비틀스의 듀오 존 레논과 폴 매카트니와 경쟁하며 더욱 두드러진 역할을 맡았다. 1966년 발표한 롤링스톤스의 4번째 앨범 《애프터매스》에는 롤링스톤스가 직접 만든 곡들만 수록되었다. 그럼에도 이 앨범은 여전히 미국 팝 음악에 상당히 많은 영향을 받았는데, 특히 〈고잉 홈〉 같은 블루스 계열의 곡들이 그랬다. 1960년대 말, 롤링스톤스는 〈비트윈 더 버튼스〉, 〈베거스 뱅켓〉 그리고 히트곡 〈김미 쉘터〉가 수록된 《렛 잇 블리드》같은 더욱 매서운 앨범을 발매했다.

비틀스는 1970년에 해체되었지만 롤링스톤스는 1969년 존스가 수영장에서 사망한 상태로 발견된 이후에도 활동을 이어나갔다. 여러 비평가들이 그들 최고의 음반으로 꼽는, 《이그자일 온 메인스트리트》는 1972년 발매되었고, 〈텀블링 다이스〉, 〈문라이트 마일〉, 〈앤지〉를 비롯한 롤링스톤스의 여러 대표곡들 역시 1970년대에 발매되었다. 이 밴드는 1978년에 발매한 〈썸 걸즈〉와 〈이모셔널 레스큐〉가 1980년에 영국과 미국에서 1위에 오르면서 뒤늦은 성공을 맛보았고, 지금도 계속해서 순회공연을 하고 새로운 음반을 발표한다.

• 밴드의 혀와 입술로 이루어진 유명한 로고는 팝아티스트인 앤디 워홀이 디자인한 것이다.
• 2005년 롤링스톤스는 미국의 외교정책을 비판하는 〈스위트 네오콘〉이라는 곡을 《비거 뱅》 앨범을 통해 발표하면서 다시 한번 논란을 불러일으켰다.
• 롤링스톤스는 《이그자일 온 메인스트리트》를 발표할 때까지 영국에서 탈세한 소득세의 가산금을 내지 않기 위해 프랑스 남부에서 살았다.

214 | THU 📽 영화 | 폴 뉴먼

폴 뉴먼의 꿰뚫어 보는 듯한 파란 두 눈과 명성을 떨친 잘생긴 얼굴은 50년이 넘도록 그를 스크린의 아이콘으로 만들어주었다. 그러나 주로 터프하고 문제가 많아서 주인공답지 않은 주인공 혹은 범죄자를 연기하며 항상 외모가 중요하지 않은 역할만 찾았던 것처럼 보인다.

뉴먼은 예일 드라마스쿨에서 공부하고 액터스스튜디오에서 리 스트라스버그의 가르침을 받으면서 메소드연기를 배웠다. 그는 〈은배〉로 데뷔했으며, 1958년 〈길고 긴 여름날〉, 〈왼손잡이 건맨〉 그리고 처음으로 아카데미상 후보에 올랐던 〈뜨거운 양철 지붕 위의 고양이〉에 출연하며 유명세를 타기 시작했다.

그는 〈허슬러〉에서 파이퍼 로리, 조지 스코트, 재키 글리슨에 맞서 갈등을 겪는 당구 도박꾼 '패스트' 에디 펠슨을 연기하면서 주요 스타로 등극했다. 1960년대와 1970년대까지 뉴먼이 연기한 주요 역할들은 〈허드〉에서 연기한 도덕관념이 없는 주인공, 〈폭력탈옥〉에서 연기한 재소자의 리더를 비롯해서 아웃사이더나 일반적인 관행을 따르지 않는 사람들이었다. 그는 이 2편의 영화로 아카데미상 후보에 올랐다.

가장 사랑받은 그의 영화 2편은 배우 로버드 레드포드와 조지 로이 힐 감독과 함께 했던 작품들이었다. 〈내일을 향해 쏴라〉는 역대 가장 성공한 서부영화로 꼽히고, 〈스팅〉은 아카데미상 작품상을 수상했다.

뉴먼은 〈슬랩 샷〉, 〈폴 뉴먼의 선택〉, 〈심판〉에서 더욱 성숙한 역할을 연기했고, 마틴 스코세이지 감독의 〈컬러 오브 머니〉에서 '패스트' 에디 펠슨 역을 다시 연기했다. 2번째 패스트 에디 역으로 뉴먼은 처음으로 아카데미상을 수상했지만(그는 1986년 오스카 평생공로상을 수상했다), 그것이 그가 가장 잘 연기한 영화는 아니라고 생각하는 사람들이 많다.

그 후로 20년 동안 뉴먼은 드문드문 영화에 출연했으며, 〈허드서커 대리인〉과 〈로드 투 퍼디션〉같이 주로 강렬한 조연으로 출연했다.

- 뉴먼은 1958년 배우 조앤 우드워드와 결혼했다. 그들은 10편의 영화에 함께 출연했고, 뉴먼은 아카데미 작품상 후보에 올랐던 〈레이첼, 레이첼〉을 비롯해서 4편의 영화에서 아내의 연기를 연출했다.
- 뉴먼은 자선 활동을 하는 것으로도 유명하다. 샐러드드레싱, 팝콘, 살사, 레모네이드 등을 만드는 그의 뉴먼스오운컴퍼니는 자선 사업을 위해 2억 달러 이상을 모금했다. 또 그는 아픈 아이들을 위해 코네티컷주에서 '홀 인 더 월 갱'이라는 여름 캠프를 설립하기도 했다.
- 뉴먼은 1972년부터 프로 카레이서로 출전했고, 챔프 카 시리즈 팀의 공동 소유주이기도 하다.

215 | FRI 사회 | 피임약

1960년, 미국 식품의약국(FDA)이 처음으로 일반인이 사용할 수 있는 피임약을 승인했다. 매일 복용할 경우 안전하게 임신을 방지할 수 있는 이 약은 곧 임신 시기와 임신 여부를 여성들이 통제할 수 있게 함으로써 여성들의 삶을 크게 변화시켰다.

효과적인 피임약에 대한 모색은 시민운동가 마거릿 생어라는 한 여성의 주도로 이루어졌다. 생어는 1916년 최초의 산아제한 진료소를 열고, 같은 해에 '모든 소녀들이 반드시 알아야 할 것'이라는 제목의 기본적인 성교육에 관한 책을 출간했다. 1950년에 생어는 이미 영향력 있는 미국산아제한협회를 설립했으며, 콘돔과 루프 같은 피임 기구의 완전한 합법화를 위한 캠페인을 이어갔다.

그럼에도 생어는 남자들의 협조에 의존하지 않는, 보다 효과적인 피임법을 찾고자 했다. 그녀는 1950년 부유한 상속녀 캐서린 맥코믹과 함께 생물학자 그레고리 핀커스를 고용해 먹는 피임약을 개발하게 했다. 호르몬 피임의 개념은 하버드 내분비학자 풀러 올브라이트에 의해 1945년 최초로 제안되었다. 그가 자신의 아이디어를 실현시키지는 않았지만 핀커스의 연구에 시발점이 되어주었다. 다년간의 실험과 임상 시험 후, 핀커스는 마침내 FDA의 승인을 받은 약을 개발했다. 생어와 맥코믹에게는 평생 꿈꿔왔던 바람이 이루어진 것이었다.

그러나 미국에서 피임이 일반적으로 가능해지기까지는 또 다시 6년이라는 세월이 걸렸다. 여러 주의 법이 피임을 금지하고 있었기 때문이다. 법이 가장 엄격했던 코네티컷주에서는 '임신을 방해하는 어떤 약물, 의학적 물품이나 기구의 사용'도 불법이었다. 1965년에 열린 그리스월드 대 코네티컷주 재판에서 대법원이 이 법을 폐기하면서 모든 결혼한 부부의 피임을 합법화했다. 이 권한은 1972년 결혼하지 않은 커플들도 행사할 수 있게 확장되었다.

평생의 포부를 이룬 생어는 그리스월드 판결이 난 몇 개월 후에 86세의 나이로 사망했다.

• 그리스월드 대 코네티컷주 재판은 결혼한 부부들의 피임만 합법화한 것이 아니라 사생활에 대한 합헌적인 권한을 인정한 최초의 사례이기도 하다.
• 생어가 설립한 미국산아제한협회는 이후 미국가족계획연맹이 되었다.
• 생어는 피임을 옹호하기만 한 것이 아니라, 인간 집단 사이에 '우월한' 특성과 인종을 낳게 하는 선별적인 수정을 옹호하는 우생학을 지지하기도 했다.

216 | SAT 🏆 스포츠 | 무하마드 알리

그는 전 세계에서 가장 뛰어나다는 뜻의 그레이티스트(the Greatest)로 알려졌다. 무하마드 알리는 스스로 그런 별명을 붙였지만, 세계 헤비급 챔피언십 우승을 3번이나 하고 20세기의 가장 위대한 권투선수들을 상대로 타이틀을 방어하면서 별명에 걸맞는 행보를 보였다. 알리가 있기 전 그런 기술과 카리스마를 가진 운동선수는 없었고 그는 정치적, 종교적 관점으로 논란을 일으키기도 했다.

알리는 켄터키주 루이빌에서 캐시우스 클레이라는 이름으로 태어났고, 어린 시절부터 권투를 시작했다. 그는 1960년 미국 올림픽 대표팀에 선발되어 로마에서 금메달을 목에 걸었다. 그는 곧 프로로 전향했고 헤비급 순위를 꾸준히 높여갔다. 1964년 헤비급 챔피언이었던 소니 리스톤을 이긴 것은, 알리 자신이 "세상을 뒤흔들었다"고 표현한 것처럼 깜짝 놀랄만한 결과였다. 그다음 날 그는 흑인 민족주의 단체인 블랙무슬림의 일원이 되었다고 발표했고 자신의 이름을 무하마드 알리로 바꿨다.

1967년, 베트남전이 한창일 때 그는 종교적인 이유로 군대에 징집되는 것을 거부했고 끔찍한 결과를 겪었다. 타이틀은 박탈당했고 최고 5년형에 처해졌으며, 어떤 주도 그에게 권투를 허용하지 않아서 3년 반 동안 권투계를 떠나 있어야 했다. 그의 사건은 결국 대법원까지 올라갔고, 대법원은 그의 손을 들어주었다.

알리는 1970년 링으로 돌아와 1971년 조 프레이저와 챔피언벨트를 걸고 3번의 시합을 가졌다. 이때 프로로 전향한 이후 최초의 패배를 맛보았지만 결국 다시 도전해 챔피언이 되었다. 1978년에는 알리가 레온 스핑크스와의 2차례의 시합에서 졌다가 다시 이기면서 헤비급 타이틀을 3번이나 딴 최초의 권투선수가 되었다. 알리는 1979년 은퇴했지만, 은퇴를 번복하고 2번 더 시합에 참가한 후 모두 패배했다.

1984년 그는 운동기능을 악화시키는 파킨슨병에 걸렸다는 사실을 알게 되었다. 세상은 알리의 병이 그의 트레이드마크였던 신체적, 언어적 능력을 앗아가는 모습을 지켜봤다. 그러나 그는 여전히 세상을 돌아다니며 인도주의적 활동을 했고, 1966년 애틀랜타 올림픽 개막식에서 성화에 불을 붙이는 특별한 순간을 보이기도 했다.

- 알리는 12세에 자전거를 도둑맞자 한 경찰관을 찾아 자신의 자전거를 훔친 사람을 '패주고' 싶다고 말했고, 그 말을 들은 조 마틴이라는 경찰은 어린 캐시우스에게 누군가를 패주기 전에 권투하는 법을 배워야 한다고 말했다.
- 알리의 경기들 가운데에는 기억에 남을 만한 별명이 붙은 것도 있다. 1971년 뉴욕에서 열린 프레이저와의 시합은 세기의 시합이라고 불렸고, 1974년에 자이르 킨샤사에서 열린 조지 포어맨과의 시합은 럼블 인 더 정글라고 불렸다. 필리핀 케손에서 1975년에 열린 프레이저와의 재시합에는 스릴라 인 마닐라라는 별명이 붙었다.
- 알리의 딸인 라일라 알리 역시 여자 슈퍼 미들급 프로권투 선수로 챔피언에 올랐다.

217 | SUN ☀ 팝 | 조니 카슨

조니 카슨이 1992년 5월 22일 '아주 진심 어린 밤 인사'를 전했을 때 시청자들은 마치 가족을 잃은 것처럼 느꼈다. 30년 동안 카슨은 NBC 〈투나잇 쇼〉의 진행자로 집에서 편안하게 TV를 보는 미국인들을 오랫동안 즐겁게 했다.

아이오와주와 네브래스카주에서 자라면서 그는 14세에 '위대한 카소니'라는 이름으로 마술 공연을 시작했다. 그때부터 그는 〈투나잇 쇼〉에서 활약할 재능이 엿보였다. 해군에서 복무하고 1949년에 네브래스카대학교를 졸업한 카슨은 오마하와 LA에 있는 라디오와 TV방송국에서 일했다. 1954년 카슨은 자신이 대본을 써주던 코미디언 레드 스켈튼이 생방송 직전에 부상을 당하면서 기회를 얻어 대신 무대에 올랐다. 그리고 잭 파가 1962년 〈투나잇 쇼〉에서 하차했을 때 카슨은 그 자리를 이어받았다.

카슨을 조종석에 앉히고 조수 겸 아나운서 에드 맥마흔이 합류한 〈투나잇 쇼〉는 그 후에 등장한 심야 토크쇼 프로그램의 모델이 되었는데, 그중에는 후임인 제이 레노의 토크쇼도 있었다. 매 회마다 〈투나잇 쇼〉 밴드가 연주하는 음악으로 시작해서 카슨의 독백이 이어졌고, 코미디 스케치, 인터뷰, 스탠드업코미디 그리고 더욱 많은 음악이 연주되었다. 레노, 데이비드 레터맨, 조안 리버스를 비롯한 여러 연예인들이 〈투나잇 쇼〉로 데뷔했다. 스탠드업 공연 후 조니에게 허락을 받고 게스트 의자에 앉는 것이 그들에게 거대한 기회를 열어주었던 것이다.

카슨은 짜증 내는 블라비 숙모, 극우주의자 플로이드 R. 터보 그리고 가장 유명한 그의 캐릭터 카낙 더 매그니피센트를 포함해 변신한 자아로 시청자들을 즐겁게 했다. 카낙으로서, 터번을 쓴 카슨이 봉해진 봉투 속에 담긴 질문의 답을 '신성하게' 한 다음, 봉투를 찢어서 열고 질문을 읽는데, 대개는 진부하고 아이러니한 말장난으로 끝났다. 카슨은 79세의 나이에 폐기종으로 사망했다.

• 카슨은 〈헤드 오브 더 패밀리〉라는 기획 프로그램에서 TV작가인 롭 페트리 역으로 물망에 올랐지만, 딕 밴 다이크가 배역을 차지했고, 나중에 이 시리즈의 제목도 딕 밴 다이크로 변경되었다.
• 코미디언들이 모욕적인 농담을 자기만의 버전으로 들려주는 2005년도 다큐멘터리 영화 〈아리스토캣〉은 카슨에게 헌정된 작품이다.
• 레노와 레터맨 사이에 격렬한 경쟁 후 결국 레노가 1992년 카슨의 뒤를 이어 〈투나잇 쇼〉를 진행하게 되었다.

218 | MON 👤 인물 | 밥 우드워드와 칼 번스타인

저널리즘 역사상 가장 별난 것으로 꼽히는 것이 바로 이들의 이야기이다. 1972년 6월, 《워싱턴포스트》의 낮은 직급의 사회부 기자로 서로 잘 알지도 못하던 밥 우드워드와 칼 번스타인은 워싱턴의 워터게이트 사무실 단지에 있는 민주당 전국위원회본부에서 벌어진, 별다른 피해가 없어 보이는 사건을 취재하게 되었다. 그 후로 2년 동안 '3급 절도'에 관한 그들의 기사가 리처드 닉슨 대통령의 유례없는 사임으로 이어지게 된 스캔들을 푸는 열쇠가 되었고 그들은 20세기에 가장 유명한 기자가 되었다.

그들의 끈덕진 워터게이트 취재는 대통령과 행정부의 몰락을 넘어서는 더 큰 영향을 끼쳤다. 그들의 성공은 탐사 보도의 등장과 중요성으로 이어졌고, 익명의 제보 사용을 대중화했으며(워터게이트 사건을 밝힌 핵심 인물은 딥 스로트라는 잘 알려지지 않은 인물이었다), 젊은 작가들이 저널리즘을 통해 진실을 찾도록 고무시켰다. 또한 베트남전이 막바지로 치닫던 때에 이룬 그들의 업적은 전국적으로 미국 지도자들에 대한 냉소주의와 불신의 분위기를 조장했다.

워터게이트 보도에 관한 우드워드와 번스타인의 1974년 저서 《모두가 대통령의 사람들》은 베스트셀러가 되었고 1976년에 동명의 아카데미 수상작으로 만들어졌다. 다음으로 《마지막 날》을 공동 집필하고 난 후 이 두 사람은 각자의 길을 걸었다.

CIA, 대법원, 빌 클린턴과 조지 W. 부시 대통령을 비롯해 여러 주제에 눈을 돌린 우드워드는 미국 역사상 가장 성공적인 논픽션 작가가 되고 《워싱턴포스트》의 부편집장으로 남았다.

번스타인은 1976년 《워싱턴포스트》를 떠나 독립적인 작가의 길을 걸었지만 그 후로는 이따금 책을 출간했을 뿐이다. 그의 저서 중 가장 최근 작품인 힐러리 클린턴의 전기는 2007년에 출간되었는데, 이 작품을 집필하는 데만 무려 10년이 걸렸다.

- 딥 스로트의 정체는 현대 미국 역사상 가장 큰 미스터리로 꼽혔다. 전 FBI 최고임원이었던 마크 펠트가 2005년 5월에 자신이 우드워드의 비밀 제보자였다는 사실을 밝히기 전까지 그의 신분은 30년 동안 베일에 싸여 있었다.
- 할리우드 영화 〈모두가 대통령의 사람들〉에서 로버트 레드포드는 우드워드 역, 더스틴 호프만은 번스타인 역을 맡아 연기했다.
- 2003년 우드워드와 번스타인은 1972년부터 1976년까지 자신들이 쓴 글을 텍사스대학교에 500만 달러를 받고 판매했다.

219

나이트

엘리 위젤의 짧지만 충격적인 회고록《나이트》는 지난 한 세기 동안 가장 뛰어난 자전적 소설로, 홀로코스트에 관한 가장 영향력 있는 문학 작품이다. 이 작품으로 위젤은 평화주의자이자 비폭력 대변인으로 국제적인 명성을 얻었다.

《나이트》는 1945년 2차 대전이 끝날 때까지 루마니아의 정통파 유대교 가문에서 자란 위젤의 젊은 시절 경험을 들려준다. 위젤의 고향은 2차 대전 대부분의 기간 동안 나치의 박해에서 벗어나 있었지만, 1944년 3월 마침내 나치가 침공하면서 그 지역 유대인들은 강제수용소로 보내지기 시작했다. 위젤과 그의 가족은 강제수용소 중 가장 악명 높았던 아우슈비츠 수용소로 보내졌고 그와 그의 아버지는 그의 어머니, 여동생과 헤어져 다시 만나지 못했다. 아버지와 함께 위젤은 수개월 동안 힘든 노동과 비인간적인 대우를 견뎠지만, 결국 1945년 1월, 그의 아버지는 질병과 과로로 사망했다. 그 당시 위젤의 나이는 16세였다.

불과 몇 개월 후 연합군이 독일을 물리치고 수용소를 해방시켰다. 위젤은 프랑스로 이주하여 기자가 되었지만 자신이 아우슈비츠에서 목격한 일에 관해 글쓰기를 몇 년 동안 거부했다. 결국 1954년, 그는 800페이지에 걸친 장황한 회고록을 집필하기 시작했다. 1958년, 그는 작품의 분량을 대대적으로 줄여 지금의《나이트》라는 소설을 만들었다.

《나이트》는 실제 사건과 종교적 사상을 엮어놓은 작품이다. 이야기가 전개되는 동안 위젤은 나치 강제수용소의 참상이 벌어진 세상에 자애로운 하느님은 존재할 수 없다는 믿음과 자신의 독실한 유대교 신앙 속에서 갈등한다. 그러면서 그는 현대 시대에서 가장 큰 윤리적 두 질문에 답하고자 한다. 애초에 무엇 때문에 인류가 홀로코스트를 일으켰고, 인류는 왜 너무 늦을 때까지 어떤 일이 벌어지고 있는지 깨닫지 못했는가?

- 위젤은 전쟁이 끝나고 몇 년이 지날 때까지 어머니와 여동생에게 어떤 일이 벌어졌는지 확실히 알지 못했고, 나중에야 그들이 아우슈비츠에 도착하자마자 거의 즉시 가스실로 보내졌다는 사실을 알게 되었다.
- 집단 학살을 반대하고 비폭력을 도모한 노고로 위젤은 1986년 노벨평화상을 수상했다.
- 위젤은《나이트》를 출간한 후《새벽》과《데이》를 출간했다. 이 두 작품 모두 소설이기는 하나 자전적인 요소들이 여럿 포함되어 있다.

220 | WED 🔵 음악 | 모타운레코드

1960년대에 가장 성공한 레코드사이자 많은 아프리칸-아메리칸 음악가들을 발굴한 모타운레코드는 디트로이트의 송라이터 베리 고디에 의해 1959년 설립되었다. 모타운이라는 상호는 디트로이트의 별명인 모터시티에서 따왔다. 이 레코드사의 가장 큰 스타인 스모키 로빈슨과 스티비 원더가 디트로이트 출신이다.

모타운의 거의 모든 레코드 제작에 관여했던 고디는 자신의 스튜디오 안에서 행해지는 싱글 제작에 엄격한 체계를 도입했는데 이는 '히트팩토리'라는 명칭으로 알려졌다. 젊은 모타운 예술가들은 춤부터 패션에 이르는 모든 점에 관한 수업을 들었고, 자신만의 음반을 발매하기 전 모타운 순회공연을 하면서 필요한 기술을 연마해야 했다. 레코드사는 전문가들을 고용해 곡을 쓰게 한 뒤 매주 열리는 품질 관리 회의에서 고디에게 승인을 받아야만 곡을 발매할 수 있었다. 가장 유명한 송라이터 3인방으로는 라몬트 도지어, 브라이언 홀랜드 그리고 에드워드 홀랜드 주니어가 있었다. 보스의 생각이 항상 옳았던 것은 아니다. 고디는 처음에 마빈 게이의 대표곡 〈아이 허드 잇 쓰루 더 그레이프바인〉과 〈왓츠 고잉 온〉의 음반 제작을 거부했다. 그래도 대부분은 효과를 보았고, 모타운은 100여 개의 1위곡들을 발매했다.

원더와 게이 같은 일부 음악가들은 고디의 엄격한 통제를 거부했지만 슈프림스 같은 그룹은 시스템 덕분에 잘 훈련되었다. 여성 트리오인 슈프림스는 1960년대 가장 성공한 그룹이었지만 이 레코드사에 소속되고 2년 동안은 히트곡이 없었다. 결국 고디는 다이애나 로스를 리더로 정하고 플로렌스 발라드와 메리 윌슨이 뒷받침하는 라인업을 세웠다. 그들의 첫 1위곡은 〈웨어 디드 아워 러브 고〉였다. 그 후로 〈베이비 러브〉, 〈스탑! 인 더 네임 오브 러브〉, 〈유 캔트 허리 러브〉를 비롯한 히트곡들이 뒤를 이었다.

그러나 송라이터인 홀랜드, 도지어, 홀랜드 주니어가 1967년에 모타운을 떠나면서 이 레코드사도 침체기에 들어섰다. 슈프림스는 1968년 〈러브 차일드〉, 1969년 〈섬데이 위윌 비 투게더〉로 1위를 차지했지만, 1970년 로스가 솔로로 전향하기 위해 그룹을 떠나면서 해체되었다. 전성기에서 벗어난 모타운레코드는 1988년 MCA에 매각되었다.

- 1981년 뮤지컬과 2006년 영화 〈드림걸즈〉가 슈프림스의 이야기에서 대략적인 모티프를 따와 제작되었다.
- 로스는 솔로 음악가로 성공했을 뿐 아니라 여배우로도 성공했는데, 1972년 영화 〈레이디 싱스 더 블루스〉에서 빌리 홀리데이를 연기한 것으로 골든글로브상을 수상하기도 했다.
- 슈프림스는 TV 시리즈 〈타잔〉에서 수녀 역할로 카메오 출연을 하기도 했다.

221 | THU 🎬 영화 | 오드리 헵번

벨기에에서 태어나 네덜란드에서 자라고 영국에서 교육받은 오드리 헵번은 1950년대와 1960년대 할리우드에서 우아하고 세련된 유럽 배우를 대표하게 되었고, 그녀의 타고난 여성스러움과 세계적인 패션 감각은 지금까지도 팬들에게 반향을 일으키고 있다. 《뉴욕타임스》 비평가 보슬리 크라우더가 쓴 것처럼, 그녀는 '장엄함과 순진함이 번갈아 나타나는 가냘프고, 작고 여린, 아련한 미인'이었다.

어린 시절, 헵번은 2차 대전 동안 독일에 점령당한 네덜란드에서 어려움을 겪었다. (헵번은 안네 프랑크와의 관계에 관해 말하기도 했는데, 동갑이었던 두 사람은 모두 나치의 점령 아래 네덜란드에서 살았다.) 전쟁이 끝난 후 헵번은 런던에서 발레를 배우다가 배우로 전향했다. 그녀는 몇 편의 영국 영화에 출연했고, 1951년 브로드웨이로 이주해서 뮤지컬 〈지지〉에 출연했으며, 이듬해 할리우드에 입성했다. 그녀의 미국 영화 데뷔작 〈로마의 휴일〉은 하룻밤 사이에 그녀를 스타로 만들어주었다. 그레고리 펙의 상대역으로 출연한 그녀는 미국 기자와 사랑에 빠지는, 평민으로 변장한 공주를 연기했다. 그녀는 개봉 즉시 미국 관객들을 사로잡았고, 아카데미 여우주연상을 수상했다.

가장 사랑받는 그녀의 역할은 〈티파니에서 아침을〉에서 맨해튼 사교계 명사가 되는 평범한 소녀 홀리 골라이틀리와, 작품상을 비롯해 8개의 아카데미상을 수상한 〈마이 페어 레이디〉에서 연기한 엘리자 두리틀이었다. 그 당시 헵번을 〈마이 페어 레이디〉에 캐스팅한 데 대해 논란이 일었다. 브로드웨이에서 엘리자 두리틀로 성공적인 연기를 보였지만 영화계에서는 별로 알려지지 않았던 그녀가 줄리 앤드루스를 누르고 캐스팅되었기 때문이었다. 영화 속 노래에 헵번 대신 마니 닉슨의 목소리가 더빙되었고 따라서 헵번은 아카데미상 후보에 오르지 못했다. 아이러니하게도 그해 앤드루스가 〈메리 포핀스〉에 출연해 오스카 여우주연상을 수상했다.

헵번은 1967년 연기를 그만두고 스위스에 살면서 자선 활동에 전념했다. 1988년부터 대장암으로 사망할 때까지 그녀는 유니세프 굿윌대사로 세계를 돌아다녔다.

- 영화배우로 활동하는 내내 헵번은 대부분 할리우드의 슈퍼스타급인 나이 든 남자들과 함께 출연했다. 그중에는 험프리 보가트와 윌리엄 홀든(〈사브리나〉), 프레드 아스테어(〈퍼니 페이스〉), 모리스 슈발리에와 게리 쿠퍼(〈하오의 연정〉), 캐리 그랜트(〈샤레이드〉) 그리고 렉스 해리슨(〈마이 페어 레이디〉)가 있다.
- 헵번은 유럽과 미국의 패션 아이콘으로 남았다. 그녀가 〈티파니에서 아침을〉에서 입었던 검은색 민소매 드레스는 2006년 92만 달러에 경매되었다. (이 수익금은 인도에 사는 빈곤 아동들을 위해 쓰였다.)
- 1954년 헵번은 아카데미상(〈로마의 휴일〉)과 토니상(〈온딘〉)을 수상했다. 그녀는 같은 해에 두 상을 모두 수상한 3명의 여배우 중 한 명이다. (다른 두 여배우는 셜리 부스와 엘렌 버스틴이다.)

222 | FRI ⓟ 사회 | 《침묵의 봄》과 환경 운동

20세기 말에 등장한 가장 영향력 있는 정치 운동으로 손꼽히는 환경운동은 작가이자 기자였던 레이첼 카슨의 유산과 깊은 관계가 있다. 그녀는 1962년 저서《침묵의 봄》으로 공해의 치명적인 위험성에 대해 수백만 미국인들에게 경각심을 불러일으킨 최초의 인물이었다.

화학살충제 DDT가 자연 생태계에 미치는 악영향을 기록한 이 책은 정부가 무분별한 화학제품의 사용을 허가할 경우 명금(鳴禽)과 다른 야생동물이 대대적으로 멸종되면서 '침묵의 봄'을 맞이하게 될 것이라는 카슨의 경고에서 제목을 따왔다. 단기적인 측면에서 카슨의 저서는 독자들을 격분하게 만들었고 연방정부는 1972년에 DDT의 사용을 금지했다.

그러나 장기적인 측면에서《침묵의 봄》은 인간의 행동이 지구에 미치는 영향에 대해 좀 더 주의 깊게 생각하도록 여러 사람들을 자극했다. 1960년대에 미국과 다른 나라들은 1970년도의 대기오염방지법과 1973년의 멸종위기종보호법 같은 환경 관련 법안을 수용했다. 최초의 지구의 날은 1970년도에 기념되었다. 리처드 닉슨 대통령은 같은 해에 미국환경보건국을 창설했다.

《침묵의 봄》이 출간되기 전에 여러 환경 단체들은 경치 좋은 풍경을 보존하길 바라는 마음에 국토 보전에만 집중했다. 그러나 1960년대 이후 환경운동은 공해에 맞서 싸우고, 멸종위기종들을 보호하는 등 더욱 넓은 의제를 추구했고, 보다 최근에는 지구 온난화의 원인이 되는 탄소 배출을 줄이는 방법을 모색하고 있다.

그러나 카슨은 자신이 창건하는 데 도움을 준 운동이 활발해지는 것을 보지 못한 채 사망했다. 그녀는 이 책이 출간된 직후 암으로 사망했다.

• 《침묵의 봄》의 대부분은 《뉴요커》에 연재 기사로 게재되었다. 그녀의 1951년도 베스트셀러 《우리를 둘러싼 바다》도 마찬가지이다.
• 카슨은 원래 《침묵의 봄》의 '들어가는 말'과 '맺음말'만 쓰고, 나머지 부분을 과학자들과 공동 집필하려고 했다.
• 카슨은 사망하고 난 후 1980년 미국 자유의메달 훈장을 받았다.

223 | SAT 🏆 스포츠 | 1966년 NCAA 남자농구 챔피언십

이 경기가 대학농구 역사상 가장 흥미로운 경기는 아니지만 가장 중대한 경기였을 수는 있다. 36세의 텍사스 웨스턴 수석코치인 돈 해스킨스가 1966년 3월 19일 밤에 벌인 일이, 특히 남부에서 대학농구의 대변혁을 가져왔다. 그가 5명의 흑인 선수들을 출전시켜 경기를 시작했던 것이다.

그 당시에는 규율이 안 잡힌 흑인 선수들에게 꾸준한 영향을 줄 수 있도록 항상 농구 코트 안에는 최소한 1명의 백인 선수가 뛰도록 해야 한다는 것이 일반적인 통념이었다. 해스킨스가 그해 시즌 초반에 5명의 흑인 선수들을 출전시키기 전에는 역사상 미국대학체육협회(NCAA) 챔피언십 경기에서 흑인 선수들만으로 경기를 시작한 주요 대학 팀은 단 한 팀도 없었다.

또한 해스킨스가 5명의 흑인 선수들을 출전시켰던 그 경기의 상대팀은 단 1명의 흑인 선수도 기용하길 거부했던 전설적인 아돌프 루프가 코치를 맡은 켄터키 팀이었다. 64세의 루프는 그 당시 기록적이던 통산 749승과 4번의 NCAA 챔피언십을 거머쥐었던 사람이었고, 1위를 달리던 그의 와일드캐츠가 5번째 우승을 차지할 것으로 기대를 모았다. 루프 스스로도 흑인 선수들만으로 구성된 팀은 절대 자기 팀을 이기지 못할 것이라고 말하면서, 시민평등권 운동이 한창이던 때에 벌어진 경기에서 인종차별 갈등을 고조시켰다.

거의 경기 초반부터 텍사스 웨스턴의 철벽 수비가 막강한 득점력을 갖춘 와일드캐츠의 공격을 방해했다. 그리고 센터인 데이비드 래틴이 후반전에 넣은 강력한 덩크슛이 72:65로 승리를 확실시하게 했다.

이 경기는, 특히 남부에서 대학 체육과 인종에 극적인 영향을 미쳤다. 그다음 시즌에는 사우스이스턴 컨퍼런스가 처음으로 백인과 흑인 경기를 통합했다. 그러나 루프는 1970년까지도 켄터키의 유니폼을 흑인 선수에게 입히는 것을 거부했다.

- 텍사스 웨스턴의 5명의 흑인 선수들은 래틴, 해리 플루노이, 바비 조 힐, 오스틴 아티스, 윌리 워슬리였다.
- 이 경기는 메릴랜드대학교의 콜필드 하우스에서 펼쳐졌다. 밤 10시에 경기가 시작되었고 생방송도 없었으며 TV를 통해 전국으로 방영되지도 않았다. 그저 몇몇 도시에서만 녹화된 경기가 방송되었다.
- 텍사스 웨스턴은 지금의 텍사스대학교 엘파소 캠퍼스이다.

224 | SUN ☀ 팝 | 몽키스

비틀스, 롤링스톤스 같은 팝 록밴드의 인기를 기회로 삼아 NBC방송국은 1965년 몽키스를 결성했다. 몽키스는 1960년대 말 10대들 사이에서 잠시 인기를 누리기도 했지만, 창의적이지 못한데도 대대적인 마케팅에 힘입어 상업적 성공을 누리는 코포레이트록의 대명사가 되기도 했다.

사실 몽키스는 그룹이기 전에 TV쇼였다. 2명의 미국 TV프로듀서, 밥 라펠슨과 버트 슈나이더가 비틀스의 초기 영화 〈하드 데이즈 나이트〉와 〈헬프!〉를 모델로 삼아 고전하는 팝 그룹에 관한 프로그램 시리즈를 만들었다.

원래 프로듀서들은 기존에 활동하고 있는 그룹을 출연시키려 했지만 결국은 음악적 배경을 가진 음악가와 배우로 구성된 몽키스라는 새로운 그룹을 만들게 되었다. 최종 라인업으로 기타에 음악가 마이클 네스미스, 베이스에 피터 토크 그리고 보컬에 배우 데이비 존스, 드럼에 미키 돌렌즈가 결정되었다.

비틀스 멤버들이 저마다 어떤 특성으로 유명했던 것처럼 몽키스 역시 특정한 역할에 맞도록 의도적으로 훈련을 받았고, 똑똑한 멤버(네스미스), 순진한 멤버(토크), 귀여운 멤버(존스) 그리고 웃긴 멤버(돌렌즈)가 만들어졌다.

기본적인 음악 훈련과 연기와 코미디에 대한 레슨을 받은 후 이 그룹에 대한 첫 번째 에피소드가 1966년 9월 12일에 방영되었다. 그리고 곧 이 프로그램은 미국과 해외에서 인기를 얻었다.

TV프로그램으로 성공한 몽키스는 음악적으로도 성공을 거뒀다. 이 그룹은 〈라스트 트레인 투 클락스빌〉과 〈아임 어 빌리버〉(싱어송라이터 닐 다이아몬드가 만든 곡)라는 히트곡으로 1위를 달성했고 《몽키스》라는 데뷔 앨범은 100만 장 이상이 팔렸다.

팬들은 라이브 공연을 요청했지만 문제가 있었다. 《몽키스》 앨범은 그들이 실제로 연주한 것이 아니었다. 그럼에도 그들은 1966년 말에 순회공연을 했고 히트를 쳤다. 이 프로그램의 마지막 에피소드는 1968년에 방송되었고, 이 그룹은 1971년에 해체되었지만 일부 몽키스 멤버들은 지금까지도 순회공연을 계속하고 있다.

• 몽키스의 최종 오디션에서 탈락한 음악가로 스티븐 스틸스가 있었는데, 그는 1960년대 말 등장한 슈퍼 그룹 크로스비, 스틸스, 내시 앤 영의 멤버가 되었다.

• 몽키스의 여러 에피소드는 《바보 삼총사》 제작에 사용되었던 세트에서 촬영되었다.

• 몽키스의 몇몇 에피소드에서는 편집자들이 점프컷이라는 기술을 사용했는데, 한 장면에서 다른 장면으로 갑자기 변화시키는 기술로 1960년 프랑스 감독 장뤼크 고다르가 뉴웨이브 고전 〈네 멋대로 해라〉에서 처음으로 사용한 것이었다.

225 | 덩샤오핑

비록 공식적으로 국가 지도자 자리에 오른 적은 없지만 덩샤오핑은 1970년대와 1980년 대에 공산당의 권위적인 존재를 유지하면서 중국을 시장경제로 향하게 하기 위해 혁신적인 개혁을 펼쳤다. 그는 개개인들에게 경제적 수준을 향상시킬 수 있는 권리를 부여함으로써 중국이 강대국으로 발돋움하게 한 인물이다. 그러나 또한 그는 1989년 베이징의 천안문 광장에서 수백 명의 친민주주의 시위자들에 대한 잔인한 대량학살을 승인함으로써 친민주주의 세력을 무너뜨리고 반대 세력을 억압하기도 했다.

덩은 중국의 내전 시대에 공산주의 대의를 위해 충실하게 일했던 사람으로 1934년 의 그 유명한 대장정에 합류했고, 1948년~1949년에 마오쩌둥과 공산주의자들에게 권력을 가져다주었던 군사 작전을 이끄는 데 이바지했다. 덩은 1954년에 중국 공산당의 중앙위원회 비서장이 되었지만 그의 경제 이론은 마오의 공산주의 정책과 충돌했다. 1966년 그가 마오의 형편없는 대약진 프로그램을 극복하기 위해 중국이 자본주의 형식의 시장 개혁을 단행해야 한다고 주장하자 그는 '자본주의 편승자'로 비난받았고, 가택 연금에 처해졌으며, 결국 중국 남동부로 피신해야 했다.

덩은 1973년에 복귀했고, 3년 후 또 한 차례의 숙청에서 살아남았으며, 결국 반대자들의 허를 찌르고 1978년에 공산당을 장악했다. 권력을 잡은 그는 연이어 극적인 개혁을 펼치면서 경제성장에 박차를 가했고 중국을 섬유와 다른 품목에서 세계 최대 생산국의 궤도에 올려놓았다. 가장 주목할 만한 점은, 그가 시골 공동체 제도를 폐지해서 농부들이 자신의 소유지에 농작할 수 있게 허락한 것과 도시 주민들이 작은 사업체를 열 수 있게 허락한 것이다.

비판자들은 노동력 착취와 미성년 노동 그리고 오늘날까지 지속되는 저렴하고 안전하지 않은 제품의 생산이라는 덩의 경제정책의 부정적인 결과를 지적한다. 국제적으로 덩은 1979년 미국과 완전한 관계를 확립했고, 1984년 영국의 통치에 놓여 있던 홍콩을 성공적으로 반환받았다. 또한 일본과 중국과의 관계도 개선했다. 그는 1989년에 공식적으로 정계에서 은퇴했지만 그 후에도 수년 동안 정치적인 영향력을 행사했다. 그는 92세의 나이로 사망했다.

- "고양이가 쥐를 잡는 한, 검은지 하얀지는 아무 상관없다"라는 덩의 유명한 격언은 이데올로기보다 실용주의를 선호했던 그의 성향을 나타낸다.
- 덩은 사망할 때까지 경제 개혁을 통해 1억 7000만 명의 농민들이 극빈 상태를 벗어나게 한 공을 인정받고 있다.
- 덩은 《타임》에 의해 2번이나(1978년, 1985년) 올해의 인물로 뽑혔다.

226

캐치-22

《캐치-22》는 조셉 헬러의 유일한 히트작이자 역대 최고의 전쟁소설로 자리매김했다. 블랙코미디, 초현실주의자의 기발한 생각, 본능적인 폭력이 혼합된 이 소설은 이전의 어떤 문학 작품도 다루지 않은 방식으로 전쟁의 광기와 부조리를 다룬다.

헬러는 2차 대전 중 이탈리아 인근의 한 섬에 주둔한 미 공군 중대를 《캐치-22》의 배경으로 삼았다. 이 중대에는 자신의 명성에 집착하면서 갈팡질팡하는 대령, 동료 비행사에게 폭탄을 던지는 파렴치한 전쟁의 부당이득자, 하루 종일 편자놀이를 하고 부동산에 손을 대는 수수께끼의 신 같은 소령, 그리고 온몸에 붕대를 감은 채 살았는지 죽었는지 모르는 병사 등 변덕스럽고 괴짜인 사람들로 가득 차 있다.

특히 《캐치-22》의 초반 몇 챕터는 읽을수록 혼란스럽다. 전쟁의 우연성을 모방한 이 이야기는 시간순을 따르지 않고 괴상하게 펼쳐진다. 그러다 점점 조각들이 맞춰져 간다. 자세한 내용이 드러날수록, 처음에는 우습게 보이던 내용이 심각하고 비극적인 것으로 드러난다. 희화적인 장난이 실제 폭력으로 이어지고, 공군 사령관의 작은 거짓말들과 속임수가 생과 사를 결정 짓는다는 것이 분명해진다.

영어 표현에 확고하게 뿌리내린 이 소설의 제목은 비행 중대의 규칙서에 숨겨진 관료주의적 역설을 가리킨다. 규칙에는 제정신이 아닌 것으로 여겨지는 비행사의 경우 전투 임무에서 제외될 수 있다고 쓰여 있지만, 실제로 제외시켜달라고 요청할 정도라면 제외될 조건을 갖추기에는 너무 제정신이라는 것이 분명하게 드러난다. 헬러 소설의 정신에 걸맞게 캐치-22라는 표현은 그 후 역설적이거나 피할 수 없는 상황 또는 관료주의적 규정을 의미하는 것으로 쓰여왔다. 헬러가 현대 세상에서 포착한 부조리를 완벽하게 함축한 표현이다.

- 《캐치-22》가 명목상으로는 2차 대전을 다뤘지만, 이 작품은 베트남전 초기에 쓰였다. 헬러는 이 작품을 일반적으로 전쟁과 관료주의에 대한 저항으로 생각했다.
- 《캐치-22》가 출간되었을 때 모든 비평가들의 사랑을 받은 것은 아니었다. 《뉴요커》는 이 작품을 '종이 위에다 외친 것 같은 인상을 주는 씁쓸한 농담의 잔해'라고 비판했다.
- 시간순을 따르지 않는 이 작품의 구조는 너무나 혼란스러워서 헬러 자신도 집필하는 동안 사건을 놓치지 않기 위해 수백 개의 인덱스카드를 사용했다고 한다.

227

제임스 브라운

제임스 브라운은 보컬리스트 바비 버드가 이끄는 플레임스라는 리듬앤블루스 밴드의 일원으로 1956년 첫 히트곡 〈플리즈, 플리즈, 플리즈〉를 녹음했다. 간절한 소울 음악이었던 이 노래는 놀랄 것도 없이 소울의 대부, 최고의 소울 브러더라는 별명을 가진 음악가가 만든 곡이었다. 브라운이 만든 최고의 소울 음악들은 샘 쿡이나 레이 찰스의 소울 음악들에 견줄 만하지만, 그가 이룬 가장 큰 기여는 10년 후 펑크라는 음악 형태를 만들고 개척한 것이었다.

펑크는 1965년 2월 1일, 이미 베테랑 가수였던 그가 노스캐롤라이나주 샬롯에 있는 아더 스미스 스튜디오에 들어갔을 때 탄생했다. 그는 8명의 음악가들로 구성된 밴드를 대동했는데 그 가운데에는 유명한 색소폰 연주자 마세오 파커도 있었다. 그 당시 인기 있던 모든 종류의 춤을 아우르는 노래를 원했던 그는, 춤 이름을 하나씩 외쳤다. "저크", "플라이", "몽키", "매시드 포테이토", "트위스트", "부메랑".

브라운이 노래를 부르는 동안 그의 주변에 있던 음악가들은 한 명씩 빠른 스타카토 음을 하나씩 연주했다. 모든 음이 타악기 소리처럼 들렸다. 브라운이 자서전에 적은 것처럼, "모든 것이, 심지어 기타까지 드럼 소리처럼 들렸다." 그날 브라운과 그의 밴드가 한 번에 녹음한 〈파파스 갓 어 브랜드 뉴 백〉은 다른 모든 것보다 리듬을 소중하게 여기는 펑크의 완벽한 원형이었다.

그 후로 40년 동안 브라운은 '쇼비즈니스에서 가장 열심히 일하는 사람'이라는 별명을 갖게 되었다. 그는 〈아이 갓 유(아이 필 굿)〉, 〈세이 잇 라우드 – 아임 블랙 앤 아임 프라우드〉, 〈마더 팝콘〉 같은 대표곡들을 발표했다. 그는 또한 정교한 라이브쇼를 공연하기도 했는데, 그중에는 일부 비평가들이 테이프로 녹음된 가장 멋진 라이브 공연이라 꼽는 1963년도 라이브 앳 디 아폴로도 있다. 브라운은 2006년에 사망했지만 그의 펑크 혁명은 거의 모든 전 세계 팝 아티스트들에 의해 지금까지도 이어지고 있다.

- 브라운이 출연했던 1964년 〈T.A.M.I.〉쇼를 감독한 스티브 바인더는 1968년 유명한 엘비스 프레슬리의 크리스마스 스페셜을 제작하기도 했다.
- 〈섹스 머신〉, 〈더 페이백〉, 〈겟 온 더 굿 풋〉을 비롯해 브라운이 녹음한 여러 레코드의 샘플이 1970년대와 1980년대에 최초의 힙합 곡들의 토대로 사용되었다.
- 그의 라이브 공연의 대표적인 특징은 쇼의 말미에 진행자가 브라운의 어깨에 망토를 두르고 그를 무대 밖으로 에스코트하면, 브라운이 망토를 집어 던지고 다시 무대에 올라 앵콜곡을 부르는 것이었다.

228 | THU 영화 | 제임스 딘

비록, 아니, 어쩌면 제임스 딘은 단지 3작품에만 출연했기 때문에 미국과 전 세계에서 우상이 되었던 것인지도 모른다. 캘리포니아주 베이커스필드 외곽에서 자신의 포르쉐 스파이더를 몰다가 다른 차와 충돌하면서 목숨을 잃은 그는 24세의 나이에 자신이 연기했던 모습 그대로 영원히 남게 되었다. '짧고 굵게 살자'라는 그의 신조가 미국 팝문화 속에서 그렇게 강렬하게 느껴진 적은 없었다.

딘은 1950년대 초에 영화와 TV에서 작은 배역을 연기하다가 브로드웨이로 옮겼는데, 그곳에서 처음으로 큰 찬사를 받았다. 스타가 되어 할리우드로 되돌아온 그는 존 스타인벡의 동명 소설을 영화화한 엘리아 카잔 감독의 〈에덴의 동쪽〉에서 처음으로 주연을 맡았다. 딘은 장래가 유망한 폴 뉴먼을 따돌리고 상추 농부의 아들로 영원히 쌍둥이 형의 그늘에 가려 살아야 하는, 감정적으로 상처받은 칼의 역할을 차지했다.

딘의 연기가 그의 우상이었던 말론 브란도를 따라한 것이 분명하다는 일부 비평가들의 폄하에도 딘은 아카데미 남우주연상 후보에 올랐다. 그러나 그는 수상 여부가 판가름 나기도 전에 사망했다.

그는 1955년 9월 30일, 그의 2번째 영화인 니콜라스 레이 감독의 〈이유 없는 반항〉이 개봉된 지 한 달도 채 지나지 않아 사망했다. 딘의 대표작으로 꼽히는 이 영화에서 그는 새로운 마을로 이사한 지 얼마 지나지 않아 부모, 경찰, 동료들과 마찰을 빚는 17세의 짐 스타크를 연기했다. 그는 딘을 숭배했던 20세의 엘비스 프레슬리를 비롯해 그 당시와 지금의 아이들이 모두 공감할 수 있는 청소년기 고뇌의 상징이 되었다. 그의 모호한 성적 취향(레이를 비롯해 딘을 아는 사람들은 그가 양성애자라고 말했다) 역시 영화 속에서 표현되면서 그가 게이 공동체의 아이콘이 되도록 만들었다.

딘의 마지막 영화, 텍사스 원유 가문에 관한 장대한 서사극 〈자이언트〉는 그가 사망한 직후 완성되었다. 〈자이언트〉는 10개 부문의 아카데미상 후보에 올랐고(감독상 수상) 딘은 사후에 연이어 아카데미 남우주연상 후보에 오르게 되었다.

- 딘은 배우 리즈 셰리던과 약혼했었는데, 그녀는 후에 TV 시리즈 〈사인펠드〉에서 주인공 제리의 어머니인 헬렌 사인 필드를 연기했다.
- 딘은 사후에 아카데미상 연기 부문 후보에 오른 최초의 인물이었으며, 2번이나 사후에 후보에 오른 유일한 배우이다.
- 그가 〈이유 없는 반항〉에서 연기했던 짐 스타크의 스타크라는 성은 그가 〈에덴의 동쪽〉에서 연기했던 트라스크의 철자를 바꿔서 만든 것으로, 우연이 아니었다. 니콜라스 레이 감독은 딘이 짐 스타크를 연기할 운명을 타고났다고 믿었다.

229

제2물결 페미니즘

1960년대 초부터 미국에서 새롭게 부활한 여성인권 운동인 '제2물결 페미니즘'이 촉발되어 차별법과 차별적인 사회적 관행을 철폐하라는 새로운 압력을 가하기 시작했다. 1920년 여성들의 투표권을 허용하는 19차 헌법 수정안의 비준을 이끌어 낸 '제1물결 여성인권운동'의 유산을 토대로 1960년대의 페미니스트들은 낙태할 권리, 직장에서의 동등한 임금, 성적 폭력에 대한 처벌 법안 등 의제를 넓혔다.

제2물결이 촉발하게 된 계기가 많이 있었지만, 그중에서도 1963년에 발생한 2개의 큰 사건이 이 운동에 불을 지핀 것으로 여겨지고 있다. 첫 번째 사건은 여성들이 특히 직장을 비롯해 미국의 여러 영역에서 차별받고 있다는 사실을 발견한 여성지위특별위원회의 보고서가 출간된 것이었다. 1년 후 1964년도 시민평등권법에 성별을 근거로 채용을 차별하는 것을 금지하는 조항이 포함되었다.

두 번째 촉매제는 베티 프리던이 저술한 《여성의 신비》의 출간이었다. 이 책은 여성들이 "자신의 고유한 여성스러움 안에서 빛을 발하는 것보다 더한 목적을 가지지 않는다"는 개념을 비판하고 여러 여성들이 살림과 양육에만 전념해야 하는 탓에 성취감을 느끼지 못한다고 주장했다. 여성들에게 엄청나게 영향을 미친 프리던의 책은 제2물결 페미니즘 지도자들이 여성들의 법적 지위에만 관심을 가질 것이 아니라 사회 속 여성들이 차지하는 전반적인 입지까지 관심을 넓히도록 했다.

이 운동이 이룬 다른 획기적인 결과로는 1972년에 통과된 고등교육 차별 금지법인 타이틀9(Title IX)과 1973년 로 대 웨이드 사건에서 여성들에게 낙태를 선택할 권리를 보장해주는 대법원의 판결을 이끌어낸 것을 꼽을 수 있다.

- 미국여성기구(NOW)는 여성지위특별위원회의 예전 멤버들에 의해 1966년 창설되었다. 이 위원회의 회장은 전 영부인 엘리너 루스벨트로, 보고서가 완성되기 전에 사망했다.
- 1972년 의회는 남녀평등 헌법수정안(ERA)이라고 알려진 성차별을 금지하는 헌법 개정안을 승인했다. 그렇지만 법률이 되기 위한 기준인 38개 주에서 비준에 실패하면서 페미니스트 운동에는 상당한 타격이 되었다.

230 | SAT 🏆 스포츠 | 슈퍼볼 III

"우리가 경기에서 이길 거야. 확실해." 뉴욕 제츠의 쿼터백이던 25세의 조 나메스는 슈퍼볼 III가 열리기 3일 전에 이렇게 말했다. 그 당시 이 말은 웃음거리였다. 역대 최고의 풋볼팀으로 꼽히던 볼티모어 콜츠에 맞서 제츠가 이길 가능성은 거의 없었기 때문이다.

그러나 제츠는 1969년 1월 12일에 예상을 뒤엎는 기념비적인 승리를 하면서 큰소리친 만큼의 성과를 거뒀고, 나메스를 전설적인 인물로 만들었으며, 급부상한 아메리칸풋볼리그(AFL)에 신뢰를 가져다주었다. 또한 이 놀라운 승리는 미국 스포츠계에서 점점 늘어나는 풋볼의 인기를 확실하게 다지게 했다.

1966년, 이미 확립되어 있던 내셔널풋볼리그(NFL)와 1960년에 창설된 라이벌 AFL이 합병을 하기로 동의했지만(이 합병은 1970년에 마무리된다), 사람들은 훨씬 더 경험 많은 NFL 소속 팀들에 비해 AFL을 상당히 뒤떨어진 팀들로 구성된 리그로 여겼다. 처음 2번의 슈퍼볼은 이런 믿음을 강화했다. 빈스 롬바디 코치 아래 NFL의 그린베이 패커스는 AFL 1967년 우승팀(캔자스시티 치프스)과 1968년도 우승팀(오클랜드 레이더스)을 가볍게 눌렀기 때문이다. 슈퍼볼 III는 다를 것이라고 생각한 사람은 거의 없었다. 콜츠는 13승 1패로 정규 시즌을 끝냈고, 유일하게 패했던 클리블랜드 브라운스를 NFL 결승전에서 34:0의 압승으로 제압하며 설욕했다. 반면 제츠는 AFL 챔피언십 경기에서 오클랜드 레이더스를 간신히 누르고 우승했다.

그러나 마이애미의 오렌지볼 구장에서 열린 경기에서 제츠의 수비가 볼티모어 쿼터백 얼 모럴의 패스 3개와 풀백 맷 스넬의 터치다운을 가로막으면서 제츠가 7:0으로 리드하며 전반이 끝났다. 제츠는 3번째 쿼터에서 2개의 필드골을 추가했고, 팔 부상으로 시즌의 대부분을 쉬다가 3번째 쿼터에서 모럴을 대신해 출전한 볼티모어의 영웅 조니 유니타스조차 콜츠의 반격을 이뤄내지 못했다. 제츠가 16:7로 승리한 후 나메스는 슈퍼볼 MVP를 받았다. 쿼터백이었던 그가 이 경기에서는 단 한 번도 터치다운 패스를 성공하지 못했고 심지어 전설적인 4번째 쿼터에서는 단 한 번의 패스도 시도하지 못했는데 말이다.

- 1969년의 이 경기가 AFL과 NFL이 맞선 챔피언십 경기 중 슈퍼볼이라고 불린 최초의 경기였다. 처음 2번은 그 후에 슈퍼볼 I과 슈퍼볼 II라는 이름이 붙여졌다.
- 나메스는 206야드에서 28개의 패스 중 17개를 성공하고 터치다운 0개로 MVP를 수상했다. 그는 점수를 내지 않고 슈퍼볼 MVP로 선정된 유일한 쿼터백이다.
- 스넬이 121야드를 달려 제츠의 유일한 터치다운을 성공시켰다.

231 SUN 팝 우드스탁

1969년 뉴욕주 시골의 진흙밭에서 나흘 동안 이어진 음악 페스티벌, 우드스탁은 베이비부머 세대를 규정하는 사건이자 사상 최고의 로큰롤 인재들의 집합으로 거의 신화에 가까운 입지를 차지했다. 50만 명의 팬들이 비, 교통체증, 신랄한 비난을 뚫고 그레이트 풀 데드, 재니스 조플린, 지미 헨드릭스를 보기 위해 이 장대한 콘서트에 모였다.

이 페스티벌은 원래 뉴욕주 우드스탁에서 열릴 예정이었으나 관중이 다 들어갈 수 있는 큰 곳을 주최측이 찾을 수 없게 되면서 뉴욕에서 북서쪽으로 약 160km 떨어진 베델로 옮겨졌다. 사실상 거의 마지막 순간에야 농부였던 맥스 야스거가 자신의 낙농장을 빌려주겠다고 동의하면서 콘서트가 진행될 수 있었고, 야스거 또한 록 역사 속에 자리 잡게 되었다. 이 쇼의 출연진으로는 크리던스 클리어워터 리바이벌, 시타르(인도 악기 — 옮긴이) 연주자 라비 샹카르, 조안 베즈, 카를로스 산타나, 조 코커 그리고 밴드 등이 있었다. 수십 명의 음악가들을 모두 무대에 올리기 위해 우드스탁은 예정된 기간보다 하루 더 연장되어 총 나흘 동안 지속됐다.

훗날 이 공연은 마이클 워들리 감독의 1970년 다큐멘터리 〈우드스탁〉과 조니 미첼의 〈우드스탁〉이라는 노래로 영원히 남겨지게 되었다. (아이러니하게도 미첼은 우드스탁에 실제로 출연하지 않았다.)

참가자들에게는 단순한 음악 페스티벌 이상의 의미를 가졌던 우드스탁은 한 세대의 자유의 상징을 대변했다. 미첼의 노래 가사를 빌리면,

> 나는 다시 땅으로 돌아갈 거야.
> 그리고 내 영혼을 자유롭게 할 거지….

1969년 이후로 기념 콘서트가 몇 번 열렸는데, 열릴 때마다 점점 더 상업성은 높아지는 반면, 평화, 사랑, 이해의 수준은 떨어져갔다. 우드스탁이 개최됐던 자리는 야스거 가족이 1971년 매각하면서 박물관과 공연예술센터가 세워졌다.

- 2007년에 의회는 베델에 있는 우드스탁 박물관에 100만 달러의 연방기금을 제공하면서 비난을 받았고 기금은 다시 의회에 환불되었다.
- 크로스비, 스틸스, 내쉬와 영이 1970년에 자신들의 앨범 《데자뷰》에 〈우드스탁〉을 수록한 후 히트곡이 되었다.
- 만화가 찰스 슐츠는 피너츠 만화에 등장하는 캐릭터의 이름을 이 페스티벌을 기리기 위해 우드스탁으로 지었다.

232 | MON 인물 | 마거릿 대처

영국 수상이 된 최초의 여성이자 세계 주요 강대국을 통치한 최초의 여성으로 손꼽히는 마거릿 대처는 20세기에 가장 의외의 정치 경력을 쌓은 인물이었다. 그녀가 영국의 지도자 역할을 하는 11년 반 동안 영국은 경제 문제에서 벗어났고, 아르헨티나와의 전쟁에서 승리했으며 정치적 안정을 누렸다.

철의 여인이라고 알려진 대처는 식료품 판매상이자 지역 정치인의 딸이라는 평범한 신분에서 34세에 의회의원의 자리에까지 올랐다. 보수당 내에서 차근차근 승진해 내각에까지 오른 그녀는 1970년부터 1974년까지 에드워드 히스 총리 밑에서 교육부장관을 역임했다. 1975년에는 보수당 지도자가 되는 충격적인 승리를 거뒀고, 4년 후 보수당이 총선에 승리하면서 총리 자리에 앉게 되었다.

총리직을 맡는 동안 대처는 자유 시장을 옹호하고, 항공 및 철강 생산을 비롯해 몇몇 주요 산업을 민영화했다. 그녀의 성공적인 규제 철폐로 전 세계적으로 민영화의 물결이 촉발되었고 1980년대 말까지 50여개 국이 영국의 발자취를 이었다. 또 대내적으로 대처는 노동조합의 힘을 극적으로 낮추고, 소득세율을 인하했으며, 자립과 개인적 책임을 강조하는 것이 영국 경제를 자극할 것이라고 확신했다.

그녀는 아르헨티나가 남대서양에 있는 영국의 식민지 포클랜드 제도를 침략하자, 이를 상대해 1982년 대승을 거뒀다. 대처가 파병한 해군이 포클랜드 제도를 다시 차지하고 아르헨티나군을 몰아냈던 것이다.

또한 그녀는 소비에트 연방 공산당 서기장이었던 미하일 고르바초프가 서양에 문을 열 의지가 있다고 친구이자 동맹인 로널드 레이건 대통령을 설득하면서 소비에트 연방의 몰락에 주요한 역할을 하기도 했다.

노동당의 지지가 약해지면서 대처는 1990년 11월에 사임했고 150년 중 가장 길었던 그녀의 총리 임기도 그렇게 끝났다. 그녀의 뒤를 이어 전 재무장관이었던 존 메이저가 총리직에 올랐다.

• 1987년 대처는 20세기 들어 3연속 선출된 최초의 영국 수상이 되었다.
• 아일랜드 공화국군이 1984년 보수당 전당대회가 열리는 동안 대처가 머물렀던 호텔을 폭파했다. 그녀는 다치지 않았지만 5명의 사망자와 34명의 부상자가 발생했다.
• 2007년에 대처는 하원에 구리 동상이 세워진, 최초의 현존하는 전 총리가 되었다.

233 | TUE 📖 문학 | 실비아 플라스

실비아 플라스의 유명하고 비극적이며 때 이른 죽음이 그녀가 이룬 문학적 성공보다 더 주목을 받을 때도 있지만, 여전히 뛰어난 독창성과 힘을 가진 시인으로 남아 있다. 그녀의 강렬하고, 상쾌하며, 때로는 어두운 작품들은 평생 동안 그녀를 괴롭혔던 정신질환과 맞서 싸운 강인한 여성의 마음을 보여준다.

매사추세츠주 태생의 플라스는 어린 시절부터 예술적인 두각을 나타냈다. 그녀는 8세 때 처음으로 시를 출간했고 고등학교 시절 글로 여러 개의 상을 받았다. 1950년대 초 스미스대학교에 다니던 그녀는 주요 비평가들로부터 인정받으면서 성공한 시인으로 발전했다. 그러나 그녀는 심각한 우울증으로 고전했다. 1953년 신경쇠약과 자살 시도 후 정신병원에 입원해야 했는데, 그때의 경험을 바탕으로 후에 자전적 소설《벨 자》를 집필했다.

우울증에서 회복하고 스미스대학교를 졸업한 후 플라스는 장학금을 받고 영국으로 건너갔고 그곳에서 영국 시인 테드 휴스를 만났다. 그들은 1956년 결혼했고 두 아이까지 낳았지만 그들의 관계는 곧 불안정해졌다. 영국과 매사추세츠주를 오가며 시간을 보내는 동안 플라스는 최초의 시집《거상》을 발표했고, 긍정적인 평가를 받았다.

1962년에 이르자 플라스의 우울증은 더욱 악화되었고 휴스와도 별거 상태였다. 그런 데에도 불구하고 그녀는 자신이 느꼈던 소외감, 우울 그리고 점점 죽음에 매료되는 감정을 표현한, 본능적이고 가차 없는 고해시들을 대량으로 집필하며 유난히 작품 활동을 많이 했다. 마지막으로 미친 듯이 글을 써댄 후 그녀는 1963년 2월에 자살로 생을 마감했다. 그녀의 마지막 작품들은 최고로 꼽히는데, 비록 매우 어둡고 때로는 소름 끼치기도 하지만, 20대를 막 벗어난 작가로는 충격적일 정도의 직관성과 지혜를 보여준다. 후기 작품들은 1965년《에어리얼》이라는 유고집으로 출간되었다. 그 후에도 1970년대와 1980년대 동안 시집들이 출간되면서 플라스는 사후인 1982년에 퓰리처상을 수상했다.

- 대학교 1학년 때 자살 시도와 입원에도 불구하고 플라스는 다시 돌아와 몇 개월 늦게 수석 졸업했다.
- 플라스는 원래《벨 자》를 빅토리아 루카스라는 필명으로 출간했지만 사망 후 그녀의 본명으로 다시 출간되었다.
- 플라스는 여러 권의 일기를 작성했는데 현재 마지막 권만 빼고 대중에게 모두 공개되었다. 마지막 권은 그녀가 사망하기 전 마지막 몇 달의 내용이 담겨 있는데 휴스가 없애버렸다. 문학역사가들은 그의 이런 결정을 비난했지만, 휴스는 자신과 플라스의 아이들을 보호하기 위해 어쩔 수 없었다고 주장했다.

234

밥 딜런의 전격적인 전향

가수 밥 딜런(1941년 로버트 앨런 짐머만이라는 이름으로 출생)은 1960년대 초 인기 있었던 포크 음악 장르로 초기에 상업적인 성공과 평단의 호평을 받았다. 그 시기에 포크 음악은 대개 어쿠스틱 기타로 연주되었고, 전쟁과 인종차별 같은 심각한 정치적 주제를 다루는 가사가 대부분이었다. 딜런의 꾸밈없는 반전(反戰) 노래 〈바람에 실려서〉와 〈마스터스 오브 워〉는 널리 고전으로 여겨진다.

그러나 미네소타주에서 보낸 10대 시절 딜런은 원래 고루한 포크 음악의 관습에 맞선 로큰롤을 사랑했다. 포크가수로 인기가 절정에 달하던 1965년 그는 급작스럽게 장르를 변경했다. 포크 마니아들에게 충격적이게도 딜런은 《브링 잇 올 백 홈》과 《하이웨이 61 리비지티드》 같은 음반에 록 리듬과 악기를 추가하기 시작했다. 딜런은 비평가들의 불평대로 스스로를 재창조했다. 그가 "전기로 전향했던 것이다".

정치적인 가사로 이루어진 포크송들로 인해 종종 당대의 목소리라고 지칭되던 예술가 딜런의 전향은 음악계에 거대한 소동을 일으켰다. 포크 순수주의자들은 그가 전자 오르간과 기타를 사용하자 변절자로 여겼다. 1965년 초 가장 유명한 록 싱글 〈라이크 어 롤링 스톤〉을 발매한 후 딜런은 로드아일랜드에서 개최된 뉴포트 포크페스티벌에 출연했다. 그는 일렉트릭 밴드와 함께 무대에 올랐고, 반응은 즉각적이었다. 야유를 받으며 3곡을 연주하고 난 후 딜런과 그의 밴드는 갑자기 무대에서 사라졌다. 진행자가 그에게 어쿠스틱 기타를 들고 다시 무대에 오르라고 종용하자, 딜런은 그 말을 따랐다. 그리고 시기적절하게도 〈이츠 올 오버 나우, 베이비 블루〉를 불렀다.

이듬해 딜런이 영국에서 순회공연을 했을 때 부정적인 반응은 더욱 심했다. 대부분의 쇼는 2막으로 구성되었다. 1막에서는 딜런이 어쿠스틱 기타를 연주했고, 2막에서는 후끈거리는 일렉트릭 곡들을 위해 밴드를 데리고 나왔다. 청중들은 노래가 연주되는 동안 조롱하고 야유를 퍼붓거나 박수를 쳐 밴드 소리가 들리지 않았다. 유명한 일화에 따르면, 관객 중 한 사람이 "유다!"라고 외치면서 포크계가 느끼던 감정을 한마디로 요약했다. 화가 난 딜런은 밴드에게 소리를 크게 하라고 한 후 〈라이크 어 롤링 스톤〉을 요란스럽게 연주하기 시작했다.

- 유명한 "유다!" 사건이 담긴 불법복제 음반은 주로 1966년 순회공연 중 5월 26일과 27일에 열렸던 마지막 로열앨버트홀 콘서트로 알려져 있으나, 사실 5월 17일 영국 맨체스터 공연이 담긴 것이다.
- 1965년 부정적인 반응을 받은 후 딜런은 2002년까지 뉴포트 포크페스티벌에 다시 참가하지 않았다.
- 《브링 잇 올 백 홈》에 수록된 록 싱글 〈서브테라니언 홈시크 블루스〉에 대한 영화 클립이 D. A. 페네베이커에 의해 1965년에 제작되었는데, 이는 최초로 제작된 뮤직 '비디오'이다. 그는 2016년 노벨문학상을 수상했다.

235

스탠리 큐브릭

스탠리 큐브릭 감독은 거의 50년 동안 활동했지만 13편의 영화밖에 제작하지 않았다. 완벽주의, 극단적인 신중함 그리고 흔치 않게 여러 테이크를 찍는 것으로 유명했던 그였기에 더욱 많은 작품을 감독하지 못했다. 그러나 13편의 영화 가운데 몇몇은 고전으로 꼽히며, 그중 블랙코미디 〈닥터 스트레인지러브〉와 획기적인 공상과학 영화, 〈2001 스페이스 오디세이〉는 상당히 영향력 있는 작품으로 꼽힌다.

큐브릭은 사진사로 사회에 진출한 후 1951년에 영화감독으로 전향했다. 2년 후 그는 장편영화 〈공포와 욕망〉을 만들었다. 그리고 반전 고전영화인 그의 4번째 영화 〈영광의 길〉을 제작했을 때 이미 엘리트 감독으로 자리매김한 상태였다.

1차 대전 기간 중 결실 없이 끝나버린 프랑스전의 계획을 냉소적으로 엮은 〈영광의 길〉은 큐브릭이 30년 동안 완성한 반전 3부작 중 첫 작품이었다. 이 3부작은 냉전을 중심으로 펼쳐지는 〈닥터 스트레인지〉로 이어지며 베트남전으로 눈을 돌린 〈풀 메탈 자켓〉으로 끝났다. 핵전쟁을 다룬 〈닥터 스트레인지〉는 상업적으로 성공한 최초의 정치 풍자극이었는데, 큐브릭은 이 블랙코미디를 통해 미국 정부가 핵을 저지하려고 취한 방법의 불합리함을 보여준다. 이 영화는 주인공인 정신이상 과학자를 포함해 각기 다른 세 역할을 연기한 코미디 배우 피터 셀러스의 인상적인 연기로도 유명하다.

〈2001 스페이스 오디세이〉는 처음에는 큰 성공을 이루지 못했지만, 공상과학 장르가 점점 더 정교해지고 주류가 되면서 그 의미도 점점 커졌다. 이 영화는 고전적이고 단순하게 공상과학 이야기를 들려주는 대신 시각적 형상화와 음악적 환기를 사용한 완벽한 사례로 꼽힌다. 혁신적인 특수 효과를 통해 큐브릭은 관객들에게 우주의 광활함을 화려하게 보여준다.

다른 주요 영화로는 역사적인 서사극 〈스파르타쿠스〉, 블라디미르 나보코프의 동명 소설을 영화화한 〈롤리타〉, 논란이 일었던 초현대적인 작품 〈시계태엽 오렌지〉, 컬트 호러의 고전인 〈샤이닝〉 그리고 그의 마지막 작품, 〈아이즈 와이드 셧〉이 있다.

- 할리우드 시스템을 싫어하던 큐브릭은 1962년까지만 미국에서 영화를 만들었고, 남은 생을 영국에서 활동했다.
- 〈시계태엽 오렌지〉는 원래 X등급을 받았으나 재편집을 통해 1972년 재개봉되었다. 이 작품은 아카데미 작품상 후보에 오른 X등급 영화 2편 중 하나이다. (다른 하나는 1969년의 〈미드나잇 카우보이〉였다.)
- 〈아이즈 와이드 셧〉 역시 X등급에 해당하는 오늘날의 NC-17 등급을 받을 뻔했지만, 디지털로 난잡한 장면을 바꾸고 난 후 R등급을 받을 수 있었다.

236

FRI
📡
사회

담배와 암

1957년 7월 12일 과학자들이 미국 사회를 뒤집어놓는 의학적 발견을 발표했다. 그들의 주장에 따르면, 흡연이 폐암을 일으킨다는 것이었다.

그날이 오기 전까지 1950년대는 미국 담배회사들의 황금기였다. 갤럽 조사에 의하면 1954년에 약 45%의 성인들이 담배를 피웠고, 프랭크 시나트라, 로널드 레이건 같은 유명인들이 럭키 스트라이크, 체스터필즈 같은 담배회사들을 기꺼이 홍보했다. 처음에는 담배와 암의 연관성을 밝힌 이 연구가 대중들에게 큰 영향을 미치지 않았다. 담배회사들은 이 연관성을 맹렬히 부인했고 과학자들을 고용해 이 연구 결과를 공격하는 가짜 보고서를 만들게 했다. 심지어 연구 결과로 우려하던 흡연자들도 얼마 지나지 않아 담배를 끊기가 쉽지 않다는 사실을 알게 되었다.

그러나 건강 지지자들로부터 압력을 받은 의회는 1965년 담배회사들에게 담뱃갑에 건강에 관한 경고문을 넣으라고 요구했다. 1971년에는 TV 담배 광고가 전파를 타는 것이 금지되었다. 1981년에 이르자 미국 흡연 인구가 33%로 줄었다.

그러다 1982년 미국 대통령이 된 레이건이 C. 에버렛 쿱을 미국 최고의 보건관료인 대통령 의무총감으로 임명했다. 쿱은 경고문을 고쳐 더욱 명확하게 만들었다. 또한 그는 1988년에 이미 여러 흡연자들이 알고 있었던 사항을 입증해주는 보고서를 발표했다. 담배가 사실 코카인이나 헤로인보다 더 중독성이 있다고 말했다.

점점 많은 증거가 쌓이면서 문화적인 대변화를 촉발했고, 흡연은 점점 사회적으로 받아들여지지 않게 되었다. 1990년대에는 여러 주 정부와 지역 정부들이 레스토랑과 호텔에서의 흡연을 금지했고, 담배회사들은 암에 걸린 고객들이 제기한 소송으로 수십억 달러를 잃었다.

2007년에 실시한 갤럽 조사에 따르면 성인 흡연자 비율이 24%로 줄었다고 한다. 이는 1950년대 수치의 거의 절반에 해당하는 수준이다.

- 1997년 카멜은 광고 마스코트인 조 카멜의 캐릭터 사용을 중단할 수밖에 없었는데, 그 마스코트가 아이들에게 담배를 홍보하는 데 이용된다는 주장이 제기됐기 때문이다.
- 미국암학회에 따르면 매년 흡연으로 사망하는 미국인들의 수가 음주, 자동차 사고, 자살, 에이즈, 살인, 불법 마약으로 인한 사망률보다 많으며, 이는 거의 44만 명에 이른다고 한다.
- 또한 흡연은 인후암, 췌장암, 간암, 자궁경부암, 신장암, 방광암, 위암, 대장암, 직장암과도 연관성이 있다.

237 | 잭 니클라우스

잭 니클라우스가 골프장에서 이룬 기록은 믿기 어려울 정도이다. 걸출한 활동 기간 동안 그는 PGA투어에서 73번 우승했는데 기록적인 18번의 메이저대회 우승도 포함된다. 1962년부터 1978년까지 그는 매년 최소한 2번의 PGA 경기에서 우승했다. 그가 4개의 메이저대회를 최소한 3번씩 우승하며 유례없는 기록을 남긴 것이 아마 가장 의미 있는 업적일 것이다.

니클라우스는 오하이오주 콜럼버스에서 태어났고 어렸을 때부터 골프 신동이었다. 아직 아마추어로 활동하던 20세에 그는 1960년 US오픈에서 단 2타 차로 아널드 파머에 이어 2위를 차지했다. 2년 후 프로로 전향한 그는 1962년 US오픈의 18번홀 플레이오프에서 파머를 이겼다. 11번홀을 남겨둔 상황에서 5타 차로 뒤지던 신인이 왕을 누르고 이룬 놀라운 승리였다. 그들의 경쟁이 1960년대와 1970년대에 골프의 인기가 상승하는 밑거름이 되었다.

니클라우스는 26세가 되기도 전에 그랜드슬램을 달성했다. 31세 무렵에는 메이저대회에서 2번씩 우승한 최초의 선수가 되어 있었다.

20세기에 몇 명의 선수들이 다른 스포츠계를 지배하던 것처럼 이 황금곰도 1970년대 골프계를 지배했다. 그는 1970년대에 참가했던 40경기 중 8번을 우승하고, 35번의 경기에서 10위 안에 오르는 기염을 토했다.

아마도 가장 기억에 남는 그의 우승은 1986년 한물갔다고 여겨졌던 46세에 이룬 우승일지도 모른다. 그해의 마스터스대회에 참가한 그는 마지막 라운드 후반부에서 6언더파 30타라는 놀라운 경기를 펼치면서 그의 6번째이자 마지막 마스터스대회 우승 그리고 PGA투어에서의 마지막 승리를 따냈다.

니클라우스는 현재 골프 장비와 골프복 등을 판매하는 골프 비즈니스 제국을 운영하고 있다. 또 그는 200여 개의 유명한 골프 코스를 디자인했고 PGA투어 경기 중 하나인 메모리얼을 만들었으며 진행자로 활동하기도 한다.

- 1999년 《스포츠일러스트레이티드》는 니클라우스를 개인 스포츠 분야의 20세기 최고의 남자 운동선수로 선정했다.
- 니클라우스는 총 6번의 마스터스대회 우승, 4번의 US오픈 우승, 3번의 브리티시오픈 우승 그리고 5번의 PGA 챔피언십 우승을 기록했다.
- 18승 외에도 니클라우스는 주요 토너먼트에서 기록적인 수의 니어 미스(핀을 향한 곳이 빗나가 그린을 벗어나는 경우 — 옮긴이)를 치기도 했다. 그는 19번 2위를 차지했고 9번 3위를 차지했다.

238 | SUN ☀ 팝 | 세서미 스트리트

아이들에게 TV를 시청하게 하는 것이 부모가 해야 할 우선적인 일이었던 적은 한 번도 없었다. 그러나 40년간 공영방송 교육프로그램의 대들보가 되어왔던 〈세서미 스트리트〉만큼은 오랫동안 예외로 인정되었다.

〈세서미 스트리트〉를 만든 팀의 가장 유명한 사람은 인형을 조종하는 짐 헨슨이다. 헨슨은 고등학생 때부터 꼭두각시 인형을 만들어서 공연했고, 1955년부터 1961년까지는 자신이 만든 머펫이라는 인형들이 등장하는 NBC방송국의 프로그램을 제작했다.

비영리 기관인 칠드런스 TV 워크숍이 취학 전 아이들을 대상으로 하는 교육프로그램에 그의 머펫을 사용할 수 있는지 헨슨에게 연락을 취해왔다. 헨슨이 쿠키 몬스터, 오스카 더 그라우치, 버트와 어니, 엘모 그리고 물론 빅버드를 비롯한 캐릭터들을 등장시킨 것이 바로 이 시리즈였다. 〈세서미 스트리트〉는 1969년 11월 10일에 처음으로 방송되었다.

머펫과 더불어 〈세서미 스트리트〉에는 많은 배우들도 등장했는데, 특히 교육적인 부분에서 많이 등장했다. 이 프로그램은 시청하는 아이들에게 알파벳, 기본적인 읽기는 물론 숫자 세기, 산수, 도형 같은 수학적 개념들도 가르쳤다. 또한 이 프로그램은 보다 무거운 이슈에 관해서도 아이들에게 알려줬다. 1983년의 한 유명한 에피소드에서는 프로그램에서 미스터 후퍼를 연기했던 윌 리가 사망한 후 아이들은 죽음과 죽어가는 것에 관해서 배웠다.

현재 140개국에서 각기 다른 언어로 방영되는 등 성공을 이뤘음에도 불구하고 많은 비평가들은 이 프로그램이 아이들에게 악영향을 미친다고 믿고 있다. 본래 TV 광고의 현란하고 관심을 집중하게 만드는 효과를 이용해 아이들을 교육시키기 위한 목적으로 고안된 이 프로그램은 매 회마다 하나의 알파벳의 '스폰서'를 받는데, 일부 비평가들은 이것이 아이들의 집중 시간을 더욱 줄인다고 주장한다.

- 2004년에 아랍과 이스라엘 청년 사이의 문화적인 이해를 도모하기 위한 목적으로 팔레스타인과 이스라엘 방송국이 〈세서미 스트리트〉를 토대로 한 〈세서미 스토리스〉라는 프로그램을 방영했지만 얼마 지나지 않아 폐지되었다.
- 일반적인 교육프로그램 외에도 〈세서미 스트리트〉는 뉴스에 나오는 어려운 이슈들을 아이들이 이해할 수 있게 도와주려고 노력했다. 예컨대 2001년 9·11 테러가 발생한 후 〈세서미 스트리트〉의 에피소드들은 이 사건에 집중했다.
- 소비자 대변인 랠프 네이더는 패스트푸드와 아이들의 비만 사이에 연관성이 있음에도 맥도널드가 〈세서미 스트리트〉를 후원하도록 허락한 PBS방송국을 비난했다.

239

MON
인물

교황 요한 바오로 2세

1978년 카를 보이티와가 교황으로 선출되자 전 세계 많은 가톨릭 신자들은 머리를 긁적였다. 요한 바오로 2세라는 교황명을 고른 보이티와의 선출은 여러 면에서 특이했다. 그는 455년 만에 교황으로 선출된 최초의 비이탈리아인이었고, 교황 자리에 오른 최초의 슬라브인이었으며, 58세에 교황으로 선출되면서 132년 만에 탄생한 가장 젊은 교황이었다.

그는 8번째 무기명 투표에서 선출되었다. 그가 의외의 후보이긴 했지만 교황으로 지냈던 27년에 육박하는 기간 동안 그는 오래도록 영향력을 행사했다. 요한 바오로 2세는 운동선수이자 시인, 극작가, 언어학자였고, 무엇보다 대중에게 인기 있는 정치가였다. 그는 교황 시절 이탈리아를 104번 벗어나 129개국을 방문했는데, 그중에는 역사적인 이스라엘 방문과 쿠바 방문도 있었다.

요한 바오로 2세는 떠들썩한 제2차 바티칸공의회 이후 교회를 안정화시키고자 했고, 가는 곳마다 활력과 카리스마 그리고 사람을 끌어들이는 힘으로 엄청난 군중을 몰고 다녀 일부 사람들에게 '록스타' 교황이라고 불리기까지 했다. 그는 인권의 중요성, 물질주의와 세속주의, 이기주의의 위험성을 설교했다. 그는 지난 2000년간 행해졌던 가톨릭교의 여러 실수에 대해서 사과하긴 했지만, 인위적인 피임, 여성들의 사제 서품, 동성애 결혼 반대 등 극히 보수적인 인물이었다.

교황 요한 바오로 2세는 폴란드의 바도비체에서 태어났고 젊은 시절 여러 해를 크라쿠프에서 보냈다. 나치가 폴란드를 점령한 동안 그는 채석장과 공장에서 일을 하며 지하 신학교에서 몰래 공부했다. 전체주의 정권하에서 살았던 경험이 이후 그가 취하게 되는 입장에 영향을 미쳤고, 많은 역사가들이 소비에트 영역에서 공산주의가 몰락하는 데 그가 크게 기여했다고 믿는다. 특히 그가 1979년 폴란드를 찾았던 감동적인 방문은 그곳에서 공산주의가 몰락하는 데 촉매제 역할을 했다고 여겨진다.

파킨슨병과 다른 건강상의 문제로 잘 움직이지 못하던 요한 바오로 2세는 말년에 해외 방문을 줄였고, 84세의 나이로 선종했다.

- 교황 요한 바오로 2세는 1981년 있었던 암살 시도를 모면했다. 성 베드로 광장에서 총기범이 그의 복부와 오른팔 그리고 왼손에 총을 쏴 그는 창자의 일부를 잘라내는 등 5시간에 걸친 수술을 거쳐야 했다.
- 그와 바티칸은 2002년 미국에서 벌어진 성추행 해결 방식으로 비판을 받았다. 교황이 피해자들에 대해 유감을 표명했지만 교회 정책상 큰 변화가 없었던 것이다.
- 요한 바오로 2세는 8개 국어를 구사했다. 그중 스페인어는 교황이 된 후에 배웠다.

240

시계태엽 오렌지

《시계태엽 오렌지》는 영국 소설가 앤서니 버지스의 가장 유명한 작품이다. 잔혹하지만 카리스마 넘치는 10대 불량배에 관한 충격적인 이 희극 소설은 폭력에 대한 솔직한 묘사, 신조어의 창의적인 사용과 1971년 동명 영화의 제작으로 관심을 받았다.

1961년, 이미 6편의 소설을 집필한 버지스는 휴가차 소비에트 연방을 방문했다. 여행 기간 중 그는 소비에트 정권이 국민들을 완전히 장악하고 있는데도, 당시 레닌그라드라고 불린 지금의 상트페테르부르크에 통제할 수 없는 난폭한 젊은 갱들이 존재한다는 모순적인 사실도 알아차렸다. 이런 관찰의 영향으로 버지스는 집으로 돌아와《시계태엽 오렌지》의 집필을 마무리했다.

소설의 화자인 알렉스라는 이름의 젊은 폭력배는 막연하게 미래에 대한 환상을 가진 채 억압된 사회 속에서 살고 있다. 그와 친구들은 동네 바에서 마약을 탄 우유를 마시면서 습관적으로 환각 상태에 빠져 거리를 돌아다니고, 무장강도 행각부터 가학적인 성폭행에 이르는 잔혹한 범죄를 벌이면서 시민들을 공포에 빠뜨린다. 이런 행각을 벌이는 동안 그들은 러시아어와 런던내기의 운을 맞춘 속어가 섞인 기이한 사투리로 말한다. 그러나 알렉스는 평범한 폭력배가 아니다. 끔찍한 폭력을 좋아하면서도 예민한 젊은이이고, 특히 베토벤의 음악 같은 클래식 음악에 대한 열정을 가지고 있다. 알렉스의 성폭행 피해자가 사망한 후 알렉스는 체포 수감되고, 정부는 그의 폭력적인 성향을 교화하려고 세뇌 치료의 대상으로 삼는다. 그러나 이런 마인드콘트롤 기법은 알렉스의 잔인한 성향을 치료하는 것을 넘어 그의 자유의지까지 통째로 앗아간다. 열렬한 개인주의자인 버지스에게는 용인될 수 없는 일이다.

1971년 스탠리 큐브릭 감독이 〈시계태엽 오렌지〉를 노골적이고 생생하게 그려 X등급을 받은 영화가 개봉되면서 엄청난 논란을 일으켰다. 이 영화가 그 즉시 고전 컬트영화가 되긴 했지만 버지스는 소설의 마지막 챕터를 빼고 결말의 의미를 완전히 바꾼 것에 대해 애통해했다.

• 소설의 제목은 런던내기의 속어 '시계태엽 오렌지만큼 이상한'에서 유래했다. 버지스는 이 제목이 살아 있는 생물인 알렉스가 인공적이고 기계적인 힘에 의해 치료 또는 교정되는 이야기를 적절하게 묘사한다고 느꼈다.

• 한 인터뷰에서 버지스는 《시계태엽 오렌지》가 너무나 충격적이라 "나를 대단히 속상하게 만드는 소재를 다루기 위해 거의 술에 취한 상태에서" 책을 썼다고 고백했다.

• 버지스는 《시계태엽 오렌지》가 자신의 최고 작품 축에도 들지 못한다고 생각했고, 사람들이 이 소설로 자신을 가장 잘 기억한다는 사실에 실망감을 표시했다.

241

아레사 프랭클린

아레사 프랭클린에게 대표곡이 있다면 그건 의심할 여지없이 1967년에 1위를 차지한 히트곡 〈리스펙트〉일 것이다. 그녀는 이 노래를 너무나도 완벽하게 소화해서 많은 청취자들이 소울 가수 오티스 레딩의 1965년 히트곡을 그녀가 리메이크한 것이라는 사실을 알아차리지 못했다. 그러나 심지어 레딩도 프랭클린의 열광적인 리메이크 곡을 듣고 난 후 이렇게 패배를 인정했다. "나는 이제 내 노래를 잃어버렸어요. 저 소녀가 나에게서 이 곡을 가져가버렸어요."

1960년대 말 프랭클린이 연이은 히트곡을 발표했을 때 그녀는 이미 스타였다. 테네시주 멤피스에서 태어난 그녀는 아주 어린 나이에 성가대에서 노래하기 시작했고, 전설적인 가수 샘 쿡을 본보기 삼아 팝 음악으로 전향했다.

프랭클린이 컬럼비아레코드와 계약을 체결하고 어느 정도 성공하긴 했지만 1966년 애틀랜틱레코드로 소속사 이전을 하고 나서야 슈퍼스타급에 들게 되었다. 그녀는 《아이 네버 러브드 어 맨 더 웨이 아이 러브 유》, 《레이디 소울》, 《소울 '69》을 비롯한 대표 음반들을 연이어 발매했다. 그녀는 가스펠에서 《오즈의 마법사》의 〈오버 더 레인보우〉 같은 스탠더드에 이르기까지 거의 모든 장르의 노래를 녹음했다.

그럼에도 그녀가 가장 잘 알려진 장르는 '소울의 여왕'이라는 별명을 갖게 해준 소울이었다. 소울 음악은 그전까지 따로 분리되어 있던 리듬앤블루스와 가스펠이라는 음악을 한데 합쳐놓은 것이다. 리듬앤블루스는 표준 12바 블루스에 명확하게 정의된 비트를 합쳐놓은 개인적인 장르고, 가스펠은 고해 같은 교회음악 양식이다. 그 결과 R&B의 템포에 가스펠의 찬송가가 합쳐진 형태가 탄생했다. 프랭클린은 레딩, 쿡, 레이 찰스와 더불어 가장 인정받는 소울 가수로 꼽힌다.

- 1967년부터 1974년까지 프랭클린은 기록적인 8년 연속 수상을 비롯해 그래미상 여성 R&B 보컬 최고상을 수상한 적이 너무나 많기 때문에 이 상이 아레사상이라는 별명으로 불린 적이 있다.
- 1970년대 말 조용하던 프랭클린의 활동은 1980년 클래식 영화 〈블루스 브러더스〉에서 카메오로 출연한 후 다시 활발해졌다.
- 1987년에 프랭클린은 여성으로서는 최초로 로큰롤 명예의 전당에 이름을 올렸다.

242

엘리자베스 테일러

수십 년 동안 엘리자베스 테일러는 성공적인 배우 활동보다 스크린 밖의 생활에 더욱 많은 관심을 받았던 대스타였다. 메가스타였던 리처드 버튼과의 2번의 결혼을 비롯해 그녀가 했던 8번의 결혼은 10대 시절부터 그녀를 영화 잡지와 타블로이드의 기삿거리로 만들었다.

테일러는 〈녹원의 천사〉에서 아역으로 출연하며 영화계에 발을 들였다. 그녀는 여러 번 청소년 역할로 출연하다가 1950년 〈신부의 아버지〉에 출연했는데, 공교롭게도 그해는 그녀가 첫 번째 결혼을 한 해이기도 하다. 1년 후 그녀는 비극적인 〈젊은이의 양지〉에 아름답고 열정적인 여성으로 출연하면서 성인 배우로서 이미지를 다졌다.

그녀는 4년 연속 아카데미상 후보에 올랐는데, 그중에는 테네시 윌리엄스의 울적한 동명 희곡을 영화화한 〈양철 지붕 위의 고양이〉와 〈지난 여름 갑자기〉도 있다. 그녀는 4번 만에 〈버터필드 8〉으로 아카데미상을 수상했다.

존 오하라의 동명 소설을 영화화한 〈버터필드 8〉 이후 그녀는 3년 간 떠들썩한 나날을 보내면서 영화에 출연하지 않았다. 그 시기 동안 그녀는 연이은 건강 문제로 고전했고, 〈클레오파트라〉라는 형편없는 작품에 출연했다. 이 작품은 4400만 달러의 제작비가 들었고, 20세기폭스에게 1000만 달러 이상의 손실을 가져다주었다. 〈클레오파트라〉를 찍는 동안 유부녀였던 테일러와 함께 출연했던 유부남 버튼의 외도가 널리 공개되었다. 그들의 사랑은 바티칸으로부터 질책을 샀고, 에디 피셔와 했던 4번째 결혼 생활을 끝내면서 1964년 버튼과의 첫 번째 결혼 생활을 시작하게 되었다. (그들은 1974년에 이혼했고, 1975년에 재결합한 후 1976년 다시 이혼했다.)

테일러는 극작가 에드워드 올비의 《누가 버지니아 울프를 두려워하랴?》를 영화화한 동명 영화에서 버튼의 상대역으로 아카데미상을 수상했다. 여러 비평가들은 이 작품을 테일러의 연기 중 가장 탁월한 것으로 꼽는다. 1970년대에 평범한 영화에만 출연한 테일러는 1980년부터는 비교적 적은 수의 영화에만 출연했고, 2011년 사망했다.

- 이후 테일러는 연기보다 마이클 잭슨의 친한 친구, 보석에 대한 애정, 에이즈 퇴치에 대한 열정적인 헌신으로 더욱 잘 알려져 있다.
- 테일러는 〈클레오파트라〉의 출연료로 100만 달러와 영화 수익금의 10%를 개런티로 받으면서 그때까지 여배우들 중 가장 많은 출연료를 받게 되었다.
- 〈누가 버지니아 울프를 두려워하랴?〉는 '빌어먹을(bugger)'과 '성교(screw)' 같은 단어를 처음 사용하면서 '성인 전용 등급'으로 개봉된 최초의 영화였다.

243 | FRI 📡 사회 | 우주 개발 경쟁

1957년 10월 4일, 스푸트니크 1호라고 불리는 작은 알루미늄 위성이 지구 대기권 위의 궤도에 들어섰다. 소비에트 연방이 카자흐스탄의 외딴 기지에서 쏘아올린 이 작은 인공위성은 미국과 소비에트 연방 사이의 '우주 개발 경쟁'의 신호탄이 되었다.

그 후로 30년간 냉전 시대의 두 강대국은 우주 개발에 수십억 달러를 쏟아부었다. 우주 개발 경쟁은 자국의 자존심이 걸린 문제이기도 했지만, 이를 통해 상당한 과학적 혜택과 대기권 밖의 우주에 대한 보다 심오한 이해를 얻기도 했다.

스푸트니크 발사 후 미국은 자국의 독립적인 우주 프로그램에 박차를 가했다. 의회는 우주 개발을 진두지휘하기 위해 미국항공우주국(NASA)을 신속히 설립했다.

그러나 처음에는 소비에트 연방의 프로그램이 훨씬 더 성공적이었다. 스푸트니크를 발사하고 한 달도 채 지나지 않아서 라이카라는 이름의 개를 우주로 보냈지만, 미국은 간단한 위성을 발사하려던 NASA의 시도조차 암울한 실패로 이어졌다. 4년 후 러시아의 파일럿 유리 가가린이 인류 최초로 우주로 나가 지구 궤도를 돌았다. 그보다 뒤떨어진 NASA는 소련을 따라 잡기 위해 극적인 무언가가 필요했다.

그 극적인 일이 무엇인지에 대해서는 존 F. 케네디 대통령이 1961년에 직접 발표했다. "나는 1960년대가 지나기 전에 이 나라가 달 표면에 인간을 착륙시키고, 다시 안전하게 지구로 돌아오게 하는 그 목적을 달성하기 위해 전념할 것이라고 믿습니다."

케네디의 약속은 1969년 아폴로 11호의 우주 비행사 닐 암스트롱과 버즈 올드린이 달 표면을 걷는 임무를 완수하면서 지켜졌다. 그 후 수년 동안 NASA는 재사용 가능한 우주선, 무인 화성 탐사선, 우주 정거장, 태양계의 가장 먼 곳까지 탐사하고 목성과 토성의 위성들의 멋진 이미지를 전송했던 보이저 1호 같은 우주선을 도입했다.

- 아폴로 프로그램의 시작은 비극적이었다. 최초의 유인 우주선 아폴로 1호의 시험 도중 화재가 발생하면서 탑승자가 전원 사망했던 것이다.
- NASA는 외계 생명체가 발견될 경우에 대비해 보이저 위성 안에 순금 축음기판을 설치했다. 이 판에는 바흐에서 루이 암스트롱, 척 베리에 이르는 다양한 예술가들의 노래가 담겨 있었다.
- TV 위성방송 안테나, 화재 감지기, 스키 부츠 등 지금은 흔한 여러 발명품이 원래 우주에서 사용될 목적이거나 우주에서 발견한 것을 바탕으로 만들어졌다. 그 예로 스키 부츠는 우주복에서 변형된 것이다.

244 | SAT 🏆 스포츠 | 조 나메스

가장 대단한 기록을 보유하거나 가장 오래 활동한 선수는 아니었지만 '브로드웨이' 조 나메스는 격동의 1960년대 풋볼을 대변한 사람이었다. 그는 오른쪽 로켓 팔, 절름발이 오른쪽 무릎 그리고 풍부한 카리스마를 가지고 1965년 앨라배마대학교를 떠났다.

뉴욕 제츠의 쿼터백이었던 나메스는 1969년 슈퍼볼 Ⅲ에서 강력한 우승팀으로 점쳐지던 볼티모어 콜츠를 상대로 우승을 다짐한 후 실제로 실행에 옮겼다. 이것은 슈퍼볼 역사상 가장 예상을 뒤엎는 승리였다. 대부분의 관중들은 이 경기로 미국풋볼리그(NFL)가 미국에서 가장 인기 있는 스포츠 리그로 등극하는 시기가 앞당겨지면서 현대 아메리칸프로풋볼이 탄생했다고 여긴다.

나메스는 1965년부터 1976년까지 제츠와 12년을 함께하다가 1977년에는 1년 동안 LA 램스에서 뛰면서 2만 7663패싱 야드와 173개의 터치다운을 달성했다. 그가 맨 처음 제츠와 계약했을 당시 연봉이 40만 달러 이상이라고 알려졌는데, 이는 그 당시 프로풋볼선수로는 최고의 금액이었다.

제츠의 투자는 그 즉시 결실을 보기 시작했다. 1965년 나메스는 리그 최고의 신인선수였고 1967년에는 한 시즌에 4000야드 이상을 던진 최초의 쿼터백이 되었다. 1969년 시즌 그는 제츠의 슈퍼볼 우승을 견인했고 MVP에도 올랐다.

긴 갈색 머리에 양끝이 아래로 처진 콧수염을 한 나메스는 영웅적이지 않은 주인공들을 포용했던, 1960년대 말 청년 문화의 아이콘이었다. 그는 자만심에 가득 찬 반항적인 섹스 심볼이었지만 또 다가가기 쉽고 재미를 추구하는 사람이기도 했다. 이런 그의 모습은 뷰티미스트 팬티스타킹의 TV 광고에 출연한 것만 봐도 알 수가 있었다.

프로 생활 초반에 이른 성공을 거둔 나메스는 무릎 부상으로 제대로 실력을 발휘하지 못했다. 그는 결국 50%의 패스 완성률과 터치다운보다 가로채기를 47회 더 많이 당한 기록을 보유하는 등 통산 패전 기록을 남겼다.

그러나 그가 프로풋볼과 미국 문화에 끼친 영향은 상당했고 1985년 프로풋볼 명예의 전당에 입성했다.

- 나메스는 떠오르는 야구 스타이기도 했다. 시카고 컵스가 5만 달러의 보너스를 제시하는 등 메이저리그 6개 팀이 그에게 관심을 보였다. 그러나 나메스는 야구 대신 앨라배마에서 풋볼을 하기로 결정했다.
- 앨라배마의 전설적인 수석코치 베어 브라이언트는 나메스를 "내가 코치한 선수들 중 가장 훌륭한 선수"라고 극찬했다.
- 나메스의 화려함은 구장 밖에서의 모습에만 국한되지 않았고, 경기가 벌어지는 와중에도 사이드라인에 있을 때마다 긴 털코트를 걸치기도 했다.

245

메리 타일러 무어

브루클린 태생의 여배우 메리 타일러 무어가 1955년 TV에서 춤추며 주방 가전제품 광고 활동을 시작했을 때만 해도 그녀가 1960년대와 1970년대에 변화하는 미국 여성의 역할을 반영하는 유명한 TV 캐릭터를 연기하게 되리라고는 생각지도 못했다.

1961년, 무어는 〈딕 밴 다이크 쇼〉에서 TV작가 밥 페트리의 아내인 로라 페트리 역을 맡으면서 행복한 주부의 모습을 대변했다. 무어는 이 CBS방송국 시리즈에서 변덕이 심하지만 사랑스러운 아내이자 어머니 역할로 2개의 에미상을 수상했다. 1966년 시리즈가 끝나고, 영화계에서 험난한 시기를 보낸 후 1970년에 TV로 돌아온 무어는 로라 페트리와 정반대되는 역할을 맡았다. 〈메리 타일러 무어 쇼〉에서 메리 리처즈라는 독립적인 커리어우먼을 연기한 것이다.

이 시리즈에서 메리 리처즈는 수년 동안 동거했던 남자친구와 헤어진 후 미니애폴리스로 이주한다. 주제가 가사처럼, 그녀는 TV 속 여자 캐릭터가 늘상 아내나 여자친구로만 존재하던 때에 처음으로 '결국 해내고', '스스로 이뤄간다'. 리처즈는 고전 중인 TV 뉴스룸의 협력 프로듀서로 취직하고 뉴욕에서 온 로다 모겐스턴과 집주인이 사는 집에 세 들어 살게 된다. TV에 처음으로 등장한 또 다른 여성의 모습 가운데에는 무어가 분한 역할이 때때로 사귀는 남자들과 함께 밤을 보내기도 하지만, 항상 '직장 가족'보다 연애가 뒷전인 모습도 있다.

그 시대 '신여성'의 모델을 따랐던 메리 리처즈는 페미니즘을 친근한 방식으로 제시했고, 이 쇼는 TV 속 일하는 여성에 대한 기준을 세웠다. 이 시리즈는 1977년 마지막 방송으로 이야기의 종결을 제시한 최초의 시리즈이기도 했다. 아이러니하게도 방송국의 우둔한 앵커인 테드 백스터만 빼고 나머지 사람들이 모두 해고되었고, 메리 리처즈는 마지막으로 뉴스룸 불을 끈다.

• 〈메리 타일러 무어 쇼〉는 독일에서 '오, 메리'라는 제목으로 방송되었다.
• 2002년 이 프로그램 오프닝에서 무어가 모자를 허공에 던졌던 미니애폴리스의 그곳에 메리 리처즈의 동상이 세워졌다.
• 원래 메리 리처즈는 이혼하는 것으로 되어 있었지만 프로듀서들은 논란이 일 것을 두려워했고, 시청자들이 그녀가 〈딕 밴 다이크 쇼〉의 밥 페트리와 이혼하는 것으로 오해할 소지가 있다고 생각했다.

246

아야톨라 호메이니

길고 하얀 수염, 검은 터번, 찡그린 얼굴을 한 아야톨라 호메이니는 이란의 이슬람 혁명과 서양에 대한 노골적인 적대감을 상징했다.

호메이니는 1979년 2월, 서양을 등에 업었던 독재자 모하마드 레자 팔라비가 퇴위한 후 이란의 정권을 장악했다. 호메이니는 스스로 최고의 지도자가 되어 이란을 이슬람교 국가로 만들었다. 호메이니 통치하에서 이란의 여성들은 차도르와 베일을 착용해야 하는 새로운 법을 제정하면서 한층 더 원리주의 국가이자 반서양 국가로 변했다. 그의 통치에 대한 비판은 허용되지 않았고, 음악과 술도 금지되었다. 혁명 후 수천 명의 사람들이 공개 처형되었고 호메이니가 권력을 강화하면서 다른 사람들은 정부와 군대에서 숙청되었다. 한편 호메이니는 미국을 '거대한 사탄'이라고 지칭하고, 기회가 있을 때마다 이스라엘과 시온주의자들을 비난했으며, 다른 중동 국가에서 혁명을 조장하려 들었다.

이란의 지도자가 되기 전에 호메이니는 이슬람의 철학, 율법, 윤리를 가르치는 시아파 무슬림의 학자이자 교사였다. 그는 1941년 이슬람 문화를 파괴한 왕을 비판하고 이슬람 국가에 대한 자신의 비전을 제시한 저서 《언베일링 더 미스터리》를 출간하면서 정치적 인물로 떠올랐다. 1964년 호메이니는 왕의 타도를 지지해서 추방당했다. 이라크에 머물던 그는 계속해서 이란 정권을 약화시켰고 이란 내 반체제 인사들에게 영감을 불러일으켰다. 여전히 망명 중이던 1978년이 되자 그는 왕에 반대하는 대중의 분노를 상징하는 인물이 되어, 1979년 2월 이란에 돌아왔을 때 정복 영웅으로 추대되었다.

통치 기간 동안 그는 이란의 인질 위기(1979년~1981년, 테헤란 미국대사관에 52명의 미국 외교관들이 444일 동안 억류되었던 사건 — 옮긴이)와 대가가 컸던 이라크와의 전쟁(1980년~1988년)에 대한 대중의 지지를 결집하면서 국수주의적인 안건을 촉진시켰다. 그가 89세의 나이로 사망할 때까지, 이란에서의 이슬람 혁명은 확고히 자리 잡았고 지금도 그의 후임자 아야톨라 알리 하메네이의 통치하에 지속되고 있다.

- 호메이니는 1950년대 말에 아야톨라('알라의 모습'이라는 뜻)라는 칭호를 받았다. 1962년에는 당시 6명의 이슬람교 율법학자들만 가지고 있던 그랜드 아야톨라라는 경칭이 그에게 주어졌다.
- 호메이니가 태어난 해는 의견이 분분하다. 어떤 자료에 의하면 1900년에 태어났다고 하지만 1901년이나 1902년에 태어났다고도 한다. 《뉴욕타임스》에 의하면 1900년 5월 27일이 가장 유력하다.
- 호메이니의 공개적인 발언 중 가장 많이 알려진 것은 1989년, 영국의 작가 살만 루시디를 죽이라는 파트와(종교적 포고령)를 내린 것이다. 루시디의 저서 《악마의 시》가 '이슬람교에 대한 신성 모독'으로 간주되었기 때문인데, 그 파트와 때문에 루시디는 더욱 강화된 보안 속에 살아야 했다.

247

누가 버지니아 울프를 두려워하랴?

극작가 에드워드 올비의 《누가 버지니아 울프를 두려워하랴?》는 20세기에 가장 위대한 미국 극문학으로 손꼽힌다. 세속적이고, 우스꽝스러우며, 당시 신선했던 이 작품은 1950년대 미국 문화를 지배한 가정 생활의 장밋빛 환상을 깨는 데 큰 역할을 했다.

올비의 이 희곡은 조지와 마사라는 이름의 술을 많이 마시는 중년 커플을 중심으로 흘러간다. 조지는 작은 대학교의 역사교수이고 마사는 그 대학교 총장의 딸이다. 어느 늦은 밤, 교직원 파티에서 술에 취해 돌아온 그들은 서로에게 욕을 해댄다. 조지가 짜증스러워하는데도, 자신만만하고 위협적인 마사는 파티에 있었던 또 다른 커플, 닉이라는 이름의 젊은 생물학 교수와 그의 아내인 허니를 초대해서 술을 더 마시겠다고 한 것이다.

닉과 허니가 도착했을 때 마사는 자신의 결혼 생활에 대한 추잡한 일을 폭로하고 잘생기고 자신감이 넘쳐흐르는 닉 앞에서 남편 조지를 가차 없이 조롱하며 싸움을 건다. 그리고 언어 학대, 성적인 솔직함, 치밀하게 연출된 심리 게임이 펼쳐지는 긴 밤이 이어지는데, 이 모든 것은 조지와 마사가 거의 끊임없이 서로에게 모욕과 창피를 주는, 올비의 뛰어나고 잔인한 대화를 통해 펼쳐진다.

단순히 방관자로 남으려던 노력에도 불구하고 닉과 허니가 조지와 마사의 싸움에 휘말리게 되면서 두 커플이 감추려고 했던 고통스런 비밀들이 하나둘 공개된다. 결국, 조지와 마사의 씁쓸한 언쟁이 서로에 대한 깊은 애정과, 결혼 생활을 통해 경험했던 좌절과 실망감에 대한 크나큰 슬픔을 덮고 있는 허울에 지나지 않는다는 것이 명확하게 드러난다. 모든 잔인한 발언이 진정되면서 조지와 마사는 괴물 같은 커플이 아니라 결혼 생활의 두려움과 문제들에 지친 아주 인간적인 커플이라는 인상을 남긴다.

- 엘리자베스 테일러와 리처드 버튼이 출연한 1966년 동명 영화 〈누가 버지니아 울프를 두려워하랴?〉에는 4명의 배우만 등장하는데, 그들 모두 오스카상 후보로 올랐다.
- 올비는 뉴욕 그리니치빌리지의 한 화장실 거울에 휘갈겨 있던 낙서에서 이 희곡의 제목에 대한 아이디어를 얻었다.
- 《누가 버지니아 울프를 두려워하랴?》는 올비의 첫 번째 장편 희곡이었다. 그의 처음 몇몇 작품은 단막극이었는데, 그중에서 가장 유명한 작품은 《동물원 이야기》이다.

248

지미 헨드릭스

1967년 6월, 롤링스톤스의 브라이언 존스가 캘리포니아에서 3일 동안 진행된 몬터레이 팝 페스티벌에서 지미 헨드릭스라는 이름의, 비교적 잘 알려지지 않은 시애틀 출신의 기타리스트를 소개했다. 존스는 "그는 내가 들은 가장 흥미진진한 연주자"라고 외쳤다. 몬터레이에서 헨드릭스가 했던 연주는 돌풍을 일으켰다. 그는 기타를 등 뒤로 연주하고, 기타 줄을 이로 물어뜯으며, 마침내 기타에 불을 붙이면서 연주를 끝내는 장대한 장면을 연출했다.

헨드릭스의 몬터레이 공연으로 그의 데뷔 앨범 《아 유 익스피어리언스드?》의 판매가 급증했다. 그의 짧은 활동 기간 동안 발매된 《아 유 익스피어리언스드?》와 2개의 후속 스튜디오 앨범이 1960년대 말 사이키델릭 운동의 초석을 다진 것으로 간주된다. 그러나 이 앨범들과 헨드릭스는 단순히 사이키델릭하기만 한 것이 아니었다. 지미 헨드릭스는 울부짖는 전자기타로 리듬앤블루스, 재즈, 포크, 록 그리고 펑크를 연주하기도 했다. 헨드릭스는 전자기타를 단순히 전기에 연결된 어쿠스틱기타처럼 연주한 것이 아니라, 그 전의 어느 기타 연주자보다도 전자기타 특유의 소리를 잘 활용했다. 그는 피드백, 디스토션, 와와 페달 같은 기술을 개척해 악기 자체가 노래를 부르게 했다. 헨드릭스는 지금도 많은 사람들이 역대 가장 위대한 록 기타리스트로 꼽는다.

몬터레이에서 공연하고 2년 후 헨드릭스는 세계 음악가들 가운데 가장 대스타가 되었다. 그의 3번째 앨범 《일렉트릭 레이디랜드》는 미국 앨범 차트에서 1위를 차지했고, 그는 1969년 유명한 우드스탁 페스티벌의 주요 연주자로 선정되었다. 페스티벌이 벌어지던 어느 비 내리는 월요일 아침 7시 반, 헨드릭스는 〈더 스타 스팽글드 배너〉의 전자기타 솔로 연주로 잠자고 있던 콘서트 관객들을 깨웠다. 디스토션과 즉흥 연주로 가득 찬 그의 공연은 히피 세대와 미국의 변화하는 분위기의 상징이 되었다.

그로부터 1년도 지나지 않아 헨드릭스는 런던의 한 호텔에서 약물 과다복용에 따른 합병증으로 사망했다. 고작 27세에 불과했던 그는 이미 록 음악의 얼굴을 바꿔놓았으며 하드 록, 헤비메탈, 펑크를 한층 더 발전시켰다.

• 1992년에 헨드릭스는 사후 그래미상 평생공로상을 수상했다.
• 몬터레이 팝 페스티벌에서 했던 헨드릭스의 공연은 D. A. 페네베이커의 다큐멘터리 영화 〈몬터레이 팝〉에 담겼다.
• 헨드릭스의 첫 번째 북미 순회공연은 TV용으로 결성된 몽키스 밴드의 홍보를 위해 함께 진행되었다.

249

우리에게 내일은 없다

"우리는 은행을 털어." 대공황기 은행 살인강도 행각을 벌인 보니 파커와 클라이드 배로에 관한 아서 펜 감독의 장편영화가 개봉했을 때 대부분의 영화 비평가들은 그들이 무엇을 보고 있는지 이해하지 못했지만, 마음에 들지 않는다는 것만큼은 알았다. 〈우리에게 내일은 없다〉는 1967년 여름에 개봉되자마자 폭력을 미화하고 살인을 코미디와 섞었다며 거의 모든 곳에서 혹평을 받았다. 이 영화는 얼마 지나지 않아 영화관에서 내려졌고 펜 감독과 주연 배우 워렌 비티 모두의 실패작이 된 것처럼 보였다.

그럼에도 이 영화는 미국 청년문화에 강력한 영향을 미쳤다. 사운드트랙에서 플랫 앤 스크럭스가 부른 블루그래스 곡(기타와 밴조로 연주하는 미국 전통 컨트리 음악 — 옮긴이)이 차트 1위를 차지했고, 영화에 영향을 받은 패션이 유행하기 시작했다. 새로운 세대의 영화 관객을 대표하는 로버트 이버트라는 이름의 25세 비평가는 '진실성과 뛰어남이 돋보이는, 미국 영화 역사상 획기적인 작품'이라며 이 영화를 옹호했다.

그러자 곧 이 영화에 대한 태도가 달라지면서 미국 영화관에 대변혁을 일으켰고 5000만 달러라는 수익을 냈다. 〈졸업〉과 더불어 〈우리에게 내일은 없다〉는 많은 젊은 이들이 1960년대에 느끼던 사회에 대한 불만을 다뤘다. 영화역사가 로버트 스클라는 미국 아이들이 〈우리에게 내일은 없다〉를 "불운한 무법자를 그들 자신의 사회적 소외감에 대한 비유로 여겼다"고 썼다.

이 영화의 결정적인 구절처럼 보니와 클라이드는 은행을 털고 사람을 죽인다. 특히 프랑수아 트뤼포와 장뤼크 고다르의 작품 등 누벨바그(1950년대 후반에 프랑스 영화계에 일었던 새로운 물결 — 옮긴이) 영화에서 보이는 허무적인 감성을 가진 그들은, 할 수 있고, 따분하고, 어떤 것도 신경 쓰지 않기 때문에 강도짓을 하고 사람을 죽인다.

오늘날의 기준으로는 시시하게 느껴지는 성과 폭력에 대한 펜 감독의 적나라한 표현은 1967년의 관객을 충격에 빠뜨렸다. 또한 이 영화는 영화학교에서 교육을 받은 젊은 작가, 감독, 배우들이 뮤지컬이나 서사극 같은 스튜디오 영화에서 벗어나 보다 개인적이고 현대적인 뉴 할리우드 시대의 도래를 알리기도 했다.

- 〈우리에게 내일은 없다〉는 10개 부문의 아카데미상 후보에 올랐는데, 그중 에스텔 파슨스가 여우조연상을, 버넷 구피가 촬영상을 받았다.
- 영화는 여자용 베레모와 미니스커트 그리고 1930년대의 폭력배 복장(페도라, 더블 재킷 양복)을 유행시켰다.
- 이 영화는 페이 더너웨이, 진 해크먼, 파슨스는 물론 작은 배역을 맡았던 진 와일더 같은 주요 연기자들이 배우로 성공하는 데 도움을 주기도 했다.

250 | FRI ⓟ 사회 | 소수집단 우대정책

소수집단 우대정책은 소수 인종과 여성들에게 고용과 대학 입학 시 혜택을 주기 위해 1960년대와 1970년대에 널리 실시된 이후 미국에서 가장 의견이 분분한 정치 이슈가 되었다. 이 이슈에 대한 지속적인 불협화음을 나타내는 일례를 들면, 2005년도 갤럽 조사 결과 50%의 미국인들이 과거의 인종차별과 성차별을 만회하는 수단으로 소수집단 우대정책을 선호한 반면, 반대하는 사람들도 42%나 되는 것으로 나타났다.

소수집단 우대정책은 1960년대의 시민평등권과 여성인권 운동을 통해 드러난 미국 사회의 불평등에 관한 우려가 고조된 데서 기인했다. 마틴 루터 킹 주니어 같은 시민평등권 지지자들은 "수백 년 동안 흑인들에게 불리한 무언가를 해온 사회가 이제는 흑인들을 위해 특별한 무언가를 해야 할 때"라고 주장했다.

1965년, 린든 존슨 대통령은 공공 사업체들이 소수 인종 근로자들을 적극적으로 고용하게 하는 소수집단 우대정책을 공표했다. 소방서, 경찰서 같은 지역 정부 기관은 물론 여러 공립대학교와 사립대학교들이 이 정책을 따랐다.

그러나 구상 단계에서부터 이 프로그램은 거대한 논란을 낳았다. 비판자들은 소수집단 우대정책이 백인에게 불리한 역차별을 가져온다고 주장했다. 실제로 일부 주에서는 소수집단 우대정책에 반대하는 투표 결과가 나오기도 했는데, 그중 가장 유명한 주는 1996년 총선거를 통해 대학 입학에서 인종차별을 금지했던 캘리포니아주가 있다.

그러나 최근 들어 2003년도에 대법원이 소수집단 우대정책의 합법성을 인정했다. 그해 대법원은 자신보다 자격이 부족한 소수 인종 지원자로 인해 자신의 입학이 거절되었다며 소송을 제기한 한 여성의 사건에서 미시건대학교 로스쿨이 신입생 선발 기준의 하나로 인종을 사용할 수 있다고 판결했다.

- 2005년 실시된 어느 여론 조사에 따르면 여성들이 현재 직장에서 동등한 대우를 받고 있다고 믿는 남성들은 61%에 달하는 것으로 나타났으나 그렇게 생각하는 여성들은 45%에 불과했다.
- 미시건대학교 사건 후 2006년 유권자들이 주립대학교에서 소수집단 우대정책을 금지하는 법안을 통과시켰다.
- 소수집단 우대정책을 시행하는 몇몇 다른 나라들도 있다. 그중 인도는 카스트 제도에서 가장 낮은 달리트 계층에게 특혜를 주기 위해 이런 법을 제정했다.

251 | SAT ♔ 스포츠 | 마크 스피츠

8일 동안 지속된 경기에서 수영선수 마크 스피츠는 어떤 올림픽 출전 선수도 해내지 못한 성적을 올렸다. 그는 7개 종목에 출전하여 7개의 금메달을 땄고, 7개의 세계기록을 깼다. 많은 사람들이 뮌헨 올림픽에서 펼친 스피츠의 경기를 올림픽 역사상 가장 위대한 성과이자 한 개인 운동선수가 성취한 가장 뛰어난 결과로 꼽는다.

그로부터 4년 전 1968년 멕시코시티 올림픽에서 18세의 스피츠는 6개의 금메달을 딸 수 있을 것이라며 경솔하게 예측했으나 그가 그해 올림픽에서 거둔 성적은 실망스러웠다. 그는 계주로 금메달 2개를, 100m 접영에서 은메달을 그리고 100m 자유형에서 동메달을 따는 데 그쳤다. 실력을 향상시키기로 결심한 스피츠는 인디애나대학교에 입학해 유명한 코치 제임스 쿤실만 밑에서 훈련을 받았다. 그곳에서 스피츠는 8개의 개인 대학수영 우승을 차지했고, 인디애나대학교 후지어스가 4연속 우승을 하는 데 일조했다.

그는 뮌헨 올림픽에 출전하기 전까지 올해의 세계 수영선수로 선정되었고(1969년, 1971년), 1971년에는 최고의 미국 아마추어 선수로 설리번상을 수상했다. 부담이 가중되었지만 1968년과는 달리 스피츠는 출전한 모든 부문(100m, 200m 자유형, 100m, 200m 접영 그리고 계주 3종)에서 금메달을 목에 걸었다.

유대인인 스피츠는 홀로코스트가 있은 지 30년도 채 지나지 않은 때에, 독일에서 올림픽이 개최된 만큼 특히 전 세계 유대인 공동체에 대단한 자부심을 가져다주었다. 그러나 그 자부심은 '검은9월단'이라는 팔레스타인 군사조직이 올림픽 기간에 11명의 이스라엘 선수들을 살해하면서 공포로 변했다. 스피츠는 스스로를 보호하기 위해 폐막식이 열리기 전에 뮌헨을 떠났다.

스피츠는 22세에 은퇴했고 수영에서 이룬 성공과 섹스 심볼 이미지를 이용해 할리우드 스타 반열에 오르기를 희망했다. 그는 올림픽이 끝난 후 2년 동안 유명인으로 광고에 출연하며 700만 달러를 벌었다고 한다. 그러나 그의 할리우드 배우 활동은 곧 흐지부지되어버렸다. 그는 후에 캘리포니아주에서 부동산업에 뛰어들었다.

• 경쟁이 심한 운동선수로 활동하는 동안 스피츠는 아버지 아널드의 이런 주문을 들으며 살았다. "수영은 전부가 아니야. 이기는 것이 전부지." 10세에 그는 이미 17개의 해당 연령대 기록과 1개의 세계기록을 보유한, 세계 상위 10위 안에 드는 수영선수가 되어 있었다.

• 1977년 스피츠는 국제수영 명예의 전당에 이름을 올렸고 1983년에는 미국 올림픽 명예의 전당 창립위원이 되었다.

252 | ☀ SUN 팝 | 둔즈베리

게리 트뤼도가 그린 만화 〈둔즈베리〉는 1970년 10월 26일 28개의 신문에 처음으로 실렸다. 38년 후 이 만화는 1400개의 신문에 판매되었고 미국 역사상 가장 영향력 있고 가장 논란이 많은 만화영화가 되었다.

트뤼도는 1968년 예일대학교 신문에 실을 〈불 테일스〉라는 만화를 그리기 시작했다. 대학교 생활과 1960년대 젊은이들의 반문화를 다룬 이 만화는 마리화나를 피우고, 징병을 걱정하는 캐릭터들을 묘사했는데, 어느 회에서는 낯선 사람 옆에서 깨어나는 모습도 그려졌다. 트뤼도가 졸업한 후 이 만화는 주인공 마이크 둔즈베리의 이름을 따서 '둔즈베리'로 제목을 바꾸었고 미국 전역에 판매되기 시작했다.

처음부터 이 만화는 마약 복용에 대한 언급, 좌파 성향의 정치적 발언으로 논란에 휩싸였다. 그러나 베이비부머 세대의 독자들 사이에서 엄청난 인기를 누렸고, 첫해만 해도 수십 개의 신문들이 이 만화를 실었다. 또한 〈둔즈베리〉는 경쟁 만화들보다 훨씬 더 많은 지식을 담았고 훨씬 더 발전된 캐릭터들을 등장시키면서 보다 세련된 스타일의 일간 만화를 개척했다.

워터게이트 사건 중 트뤼도는 리처드 닉슨 대통령을 겨냥한 수십 개의 만화를 그렸다. 그 덕에 트뤼도는 1975년 만화 사설로 퓰리처상을 수상했는데, 만화에게 처음 주어진 것이었다.

그 후로 트뤼도의 대단히 정치적인 내용과 동성애, 에이즈, 인종차별에 대한 진솔한 묘사로 〈둔즈베리〉는 논란을 일으키는 동시에 사랑을 받게 되었다. 이 만화의 문화적인 비중을 나타내는 일례로, 둔즈베리라는 가상의 캐릭터가 1990년 에이즈로 사망하자,《샌프란시스코크로니클》은 신문에 사망 기사를 싣기도 했다.

- BD라는 캐릭터의 이름은 전 예일대학교 쿼터백이자 뉴잉글랜드 페이트리어트의 쿼터백이었던 브라이언 도울링의 이름을 따서 붙여졌다.
- 트뤼도는 NBC방송국의 〈투데이 쇼〉의 전 진행자였던 제인 폴리와 결혼했다.
- 트뤼도는 1977년 〈둔즈베리〉 특별판 애니메이션으로 아카데미상 후보에 올랐다.

253 | MON · 인물 | 로널드 레이건

영원히 긍정적인 태도를 가진 로널드 레이건 대통령은 8년을 백악관에서 보내면서 대내외적으로 미국의 자신감을 회복한 인물로 꼽힌다. 그의 임기 동안 빈부의 차가 더욱 커지기는 했지만, 미국은 불황에서 벗어나 경제적 확장을 경험했다. 한편, 일부 역사가들은 레이건 대통령의 반공산주의적 미사여구와 대대적인 방위비 증가가 1991년 소비에트 연방이 몰락하는 데 기여한 것으로 보기도 한다.

레이건은 일리노이주에서 태어났고 성공한 할리우드 배우, 라디오 방송인, 광고인으로 활동하다가 정치에 발을 들였다. 본래 민주당 지지자였던 그는 1962년 공화당에 입당했다. 레이건은 1966년에 캘리포니아 주지사로 당선되어 2번의 임기를 역임했다. 그 후 그는 1976년 공화당 대통령 후보 경선에서 재임 중인 제럴드 포드 대통령을 거의 끌어내릴 뻔했다. 1980년 레이건은 보다 작은 정부, 낮은 세율 그리고 균형 잡힌 예산을 공략으로 내세우며 민주당 대통령인 지미 카터를 쉽게 물리쳤다.

그러나 세금을 낮추고 연방 프로그램을 삭감했음에도, 레이건은 소비에트 연방 지도자들을 위협해 무기 경쟁에서 미국과 경쟁할 수 없다고 믿게 하기 위해 수십억 달러의 방위비를 쓰면서 연방정부의 적자는 거의 3배로 늘었다. 또 그는 소비에트 연방을 '악의 제국'이라 지칭하며 냉전을 벌이기도 했다.

레이건 대통령의 두 번째 임기는 스캔들에 휩쓸렸다. 그는 자신의 부하들이 이란에 무기를 판매하고 그 수익의 일부를 쿠바를 등에 업은 니카라과의 샌디니스타 정권과 싸우는 게릴라 자금으로 대주었던 1986년 이란-콘트라 사건에 대해 책임을 져야만 했다. 그 후로 열린 청문회에서 레이건은 주연보다는 대리인 역할을 하는, 내용을 모르는 지도자로 종종 묘사되었다.

그러나 스캔들은 레이건의 높은 지지율을 그다지 떨어뜨리지 못했고, 그는 1989년 역사상 가장 인기 있는 대통령으로 퇴임했다. 그는 1994년 알츠하이머에 걸렸다고 발표했고 93세의 나이로 사망할 때까지 캘리포니아주에서 조용히 살았다.

- 첫 번째 임기 6일 만에 레이건은 암살자의 총에 왼쪽 폐를 맞았지만, 생명이 위험할 정도로 피를 흘린 후에도 특유의 유머감각을 잃지 않고 아내에게 이렇게 말했다고 한다. "여보, 엎드리는 걸 잊었지 뭐야."
- 레이건은 50여 편의 할리우드 영화에 출연했는데, 가장 유명한 역할은 〈크누트 로크니, 올 아메리칸〉의 전설적인 노터데임의 풋볼선수 조지 깁 역할이 가장 유명하다.
- 할리우드에 오기 전에 레이건은 아이오와주에서 라디오 스포츠 아나운서로 일했다. 그는 시카고에서 온 전신 보고를 토대로 실황 중계를 재현하면서 디 모인의 WHO방송국에서 야구 경기를 중계했다. 한 일화에 따르면 9회에서 전신이 끊겨서 레이건은 파울 볼에 대한 묘사를 아주 오랫동안 자세히 들려주었다고 한다.

254

문학

커트 보니것

비록 큰 문학상을 수상하지는 못했지만 커트 보니것은 20세기에 가장 널리 인정받는 미국 작가의 한 사람으로 꼽힌다. 그의 별나고 기이한 소설들은 모순에 대한 완벽한 예가 되어준다. 재미있지만 비관적이고, 희화적인 동시에 심각하고, 읽기에 단순하면서도 이해하기는 어렵다. 그의 소설들은 '진지한' 문학에 약간의 공상과학을 가미했고, 평화주의적인 성향은 보니것을 베트남전 시대의 반전 반문화의 영웅으로 만들어 주었다.

인디애나주 태생의 보니것은 잠깐 대학을 다니다가 2차 대전이 절정에 달했던 1943년 군에 입대했다. 이 결정은 그의 인생에서 가장 의미심장한 단 하나의 경험으로 이끌었다. 바로 1945년 2월 연합군이 독일 드레스덴을 폭격하면서 유럽에서 위대한 역사적 도시 하나를 파괴하고 하룻밤 사이에 최소한 3만 5000명이 죽었다고 추정되는 사건을 목격한 것이다. 1944년에 나치의 포로가 되었던 보니것은 그 폭격에서 살아남은 몇 안 되는 미국인 포로였고 완전한 파괴와 살상이 벌어지던 광경이 그의 기억 속에 불타버렸다.

전쟁이 끝난 후 보니것은 미국으로 돌아와 작가 활동을 시작했다. 호평을 받은, 과학의 파괴적인 잠재성에 관한《캣츠 크레이들》을 비롯해 몇 권의 소설을 집필하고 난 후 보니것은 마침내《제5도살장》을 통해 전쟁에서의 경험을 집필했다. 에일리언, 시간 왜곡, 다른 공상과학적 요소가 담긴 참혹한 자전적 에피소드가 담긴 이 작품은 보니것의 특성을 대변한다. 이 소설의 주인공은 드레스덴의 화염 폭격을 뚫고 살아나서, 시간순에서 벗어나 인생의 각기 다른 순간을 살고 또 살며, 스스로 통제하지 못하는 상태로 '시간에 매이지 않게' 된다. 이 소설의 반전 메시지는 베트남전 시대의 시위자들 특히, 보니것이 사실상 남은 생애 동안 숭배의 대상이 되었던 대학 캠퍼스에서 더욱 큰 반향을 불러일으켰다.

- 1947년, 시카고대학교 학부가 '전문적이지 않다'면서 보니것의 인류학 석사논문을 승인하지 않았다. 그들은 1971년에야 비로소 그의 소설 《캣츠 크레이들》이 논문으로서의 자격을 갖추었다고 주장하며 그에게 석사학위를 수여했다.
- 1950년대 초 보니것은 매사추세츠주에서 사브 자동차 판매상을 시작했지만 머지않아 파산했다. 이후 그는 이 실패 때문에 스웨덴에 본부를 둔 노벨상위원회가 자신에게 노벨상을 수여하지 않는 것이라고 농담했다.
- 보니것은 말년에도 열렬한 반전주의자로 활동했고, 2003년 미국의 이라크 침공을 맹비난하는 연설과 글을 썼다.

255

WED
음악

벨벳 언더그라운드

벨벳 언더그라운드는 짧게 활동하는 동안 단 하나의 히트곡도 없었고, 팬들로 가득 찬 스타디움 안에서 공연한 적도 없었다. 그럼에도 이 그룹의 영향력은 상당했다. 록 프로 듀서 브라이언 이노가 말했듯이, 벨벳 언더그라운드의 음반이 발매되었을 때 구입한 사람들은 수천 명에 불과했지만 앨범을 구입한 사람들은 모두 밴드를 결성했다.

이 그룹은 1964년 뉴욕에서 만난 가수 겸 기타리스트인 루 리드와 클래식 음악가 존 케일이 결성했다. 그 당시 리드는 전문적으로 팝송을 만들고 있었고, 영국 웨일스 출신의 케일은 실험적인 클래식 곡들을 작곡하고 있었다. 두 사람은 기타리스트 스털링 모리슨, 드러머 앵거스 맥리스를 영입해 그룹을 완성했다. 이 밴드는 몇몇 작은 쇼에서 공연하기도 했지만, 팝 아티스트 앤디 워홀의 눈에 띄면서 크게 발전하기 시작했다.

벨벳 언더그라운드를 발견했을 때 워홀은 이미 예술계의 유명인사였다. 워홀은 후원을 시작한 지 몇 달 만에 레코드 계약을 따냈다. 그는 밴드에게 모든 것을 맡겼지만, 독일 태생의 모델 겸 가수인 니코에게 몇몇 곡을 부르게 한다는 한 가지 조건을 내세웠다. 밴드는 동의했고 1967년 워홀의 유명한 '천천히 벗겨 보는' 바나나 아트 커버의 《벨벳 언더그라운드 앤 니코》를 발매했다. 이 앨범에는 〈헤로인〉, 〈아임 웨이팅 포 더 맨〉, 〈올 투모로우 파티〉 등 이 그룹의 가장 잘 알려진 곡들이 수록되어 있다. 니코는 곧 이 밴드를 떠나고, 벨벳 언더그라운드는 그녀 없이 1968년 《화이트 라이트/화이트 히트》를 발매했다. 그다음으로 케일이 밴드를 떠났고 이 그룹은 그 없이 마지막 앨범 《벨벳 언더그라운드》와 《로디드》를 발매했다.

벨벳 언더그라운드의 앨범들은 잘 팔리지 않았지만, 그들이 개척한 로 파이(Lo-fi, 일부러 거칠고 정제되지 않은 사운드를 구현하는 것 — 옮긴이)가 가진 영향력은 깊고 오래갔다. 오늘날 성공한 여러 밴드들은 자체 제작한 '인디 록' 그룹으로 시작했다. 그들은 저마다 오리지널 인디밴드인 벨벳 언더그라운드에게 빚을 지고 있다.

- 이 밴드의 이름은 가학피학성 성애에 관한 한 책의 제목에서 따왔다.
- 1996년도 영화 〈나는 앤디 워홀을 쏘았다〉에서 인디 요 라 탱고가 벨벳 언더그라운드로 분했다.
- 레코드사가 '히트곡들로 장전된' 음반의 제작을 요청했기 때문에 마지막 앨범의 제목을 '로디드'로 정했다.

256 | THU 📹 영화 | 졸업

"로빈슨 부인, 지금 저를 유혹하시는 겁니까?" 마이크 니콜스의 블랙코미디 〈졸업〉은 1960년대 말 미국에서 고조되고 있던 격변을 다뤘다. 이 영화는 미국 교외 문화 속의 소외감, 혼란스러움, 권태감 같은 주제를 다뤘는데, 일부 비평가들은 베이비부머 세대를 규정하는 영화로 간주하기도 했다.

처음 주연을 맡았던 더스틴 호프먼은 대학을 갓 졸업하고 중상류층 가정으로 돌아와 점점 따분함과 불만을 느끼는, 어색한 21세의 벤저민 브래독을 연기했다. 그는 아무 목적 없이 하루 종일 부모의 수영장에서 시간을 보내는데, 수영장은 특히 대학 캠퍼스에서 일던 미국의 극적인 격변의 시대 속 불확실성을 상징한다.

캠퍼스 문화 대 교외 생활 그리고 두 세대의 충돌이 영화의 가장 큰 주제인데 두 주제 모두 벤저민과 여성들의 관계 속에서 불거져 나온다. 교외 생활 중 그는 아버지의 비즈니스 파트너의 아내 로빈슨 부인(앤 밴크로프트 분)과 관계를 가지는데, 근본적으로 다른 할 일이 없기 때문이다. 부모와 함께 사는 그는 목적의식과 열정도 없이 스스로 유혹당하게 내버려둔다. 대학 캠퍼스에서 벤저민은 로빈슨 부인의 딸 일레인(캐서린 로스 분)의 마음을 얻으려고 열심이다. 그러나 일단 그녀의 마음을 얻고 나자, 그들 세대에 스며든 불확실성이 벤저민과 일레인 모두를 다시 엄습한다.

이 영화는 의외로 흥행에 성공했고, 박스오피스에서만 1억 400만 달러의 수익을 올리며 1960년대에 가장 성공한 희극이 되었다. 또 이 영화는 미 전역의 대학 캠퍼스에서 영화에 대한 관심을 일으키며 특히 젊은 평론가들에게 평단의 호평을 받았다. 대표적인 노래 〈사운드 오브 사일런스〉와 〈미세스 로빈슨〉을 비롯한 사이먼 앤 가펑클의 사운드트랙 또한 당시의 청년 문화를 이용했다.

〈졸업〉은 아카데미상 7개 부문에 후보로 올랐고 1개의 오스카상을 거머쥐었다. 니콜스 감독은 두 번째 장편영화 만에 감독상을 수상했다.

- 영화는 로빈슨 부인과 벤저민 사이에 상당한 나이 차이가 있음을 나타냈지만, 실제로 앤 밴크로프트와 더스틴 호프먼은 6살 차이밖에 나지 않는다.
- 이 영화로 더스틴 호프먼은 스타가 되었고 할리우드가 전형적인 주연배우에서 벗어나 보다 개성 있는 배우들이 출연하는 데 도움을 주었다.
- 호프먼이 〈졸업〉의 대본 리딩에 초대받았을 때는 이미 멜 브룩스 감독의 〈프로듀서스〉에 조연으로 출연하기로 계약을 맺은 상태였다. 자신의 아내 밴크로프트가 이미 로빈슨 부인 역으로 캐스팅되어 있었기 때문에 이 영화에 대해 잘 알고 있던 브룩스 감독이 호프먼에게 오디션을 보게 허락했지만, 호프먼이 주연을 따낼 것이라고 생각하지 않았고, 그의 생각은 틀렸다.

257

블랙파워

주류 시민평등권 운동에서 파생된 급진적인 운동인 1960년대와 1970년대의 블랙파워 운동은 아프리칸-아메리칸의 정치적 권력을 쟁취하기 위해 보다 공격적이고 대립을 일삼는 전술을 사용했다. 블랙파워를 대표하는 가장 유명한 흑표범단은 마틴 루터 킹 주니어 같은 주류 평등권 지지자들의 비폭력 원칙을 배격하고 세간의 이목을 끄는 당국과의 충돌에 몇 번 연루된 후 1970년대에 서서히 사라져갔다.

킹과 전미유색인종촉진동맹(NAACP) 같은 인정받은 지도자들은 백인들과 나란히 행진을 하고 인종차별 철폐를 권장하는 것이 인종 간의 평등을 이룰 수 있는 최선의 방법이라고 믿었다. 그러나 스토클리 카마이클 같은 블랙파워 지지자들은 흑인들이 자신만의 운동을 펼치며 백인들의 지지에 덜 의존할 필요가 있다고 여겼다. 유명한 1966년 연설에서 카마이클은 "단결하고, 흑인들의 유산을 인정하고, 공동체 의식을 구축하는 것이 이 나라의 흑인들이 해야 할 일입니다. 흑인들이 자신만의 목적을 정의하고, 자신만의 조직을 이끌어야 합니다"라고 말했다.

블랙파워 운동은 킹의 암살로 많은 흑인들이 시민평등권 운동과, 시민평등권 운동이 고집하던 비폭력과 통합에 환멸을 느끼던 1960년대에 큰 인기를 누렸다. 흑인들의 자립을 향한 노력의 일환으로 아프리칸-아메리칸 공동체에서 의료 프로그램과 식량 구호 프로그램을 조직했다. 또 그들은 무기 비축을 늘렸고, 코네티컷주에서 발생한 유명한 사건에서는 경찰과 협력한다는 의심을 받은 회원 1명을 살해하기도 했다.

이 운동은 얼마 지나지 않아 흑표범단이 특히 흑인들을 비난받게 만드는 폭력에 빠져, 흑인들을 오히려 소외시키고 주류에서 몰아내기만 한다고 주장하는 목소리가 흑인공동체 사이에서 불거져 나오면서 비판을 받게 되었다.

블랙파워 운동은 1970년대에 사라졌지만 일부 블랙파워 운동은 이후 흑인 예술 운동 같은, 보다 긍정적인 노력의 비호 속으로 흡수되었다.

- 블랙파워라는 단어가 처음으로 기록된 것은 아프리칸-아메리칸 작가 리처드 라이트의 1954년 저서의 제목이었다.
- 1969년 블랙파워의 노래 제임스 브라운의 〈세이 잇 라우드 - 아임 블랙 앤 아임 프라우드〉는 《롤링스톤》이 2004년에 선정한 역대 최고의 곡 500위 안에 들었다.
- 2명의 미국 단거리달리기 선수, 토미 스미스와 존 카를로스는 1968년도 멕시코시티 올림픽 시상식에서 주먹을 위로 쳐드는 블랙파워식 인사를 한 후 출장 정지를 당했다.

258 | SAT 🏆 스포츠 | 세크리테어리엇

세크리테어리엇은 경마 역사상 가장 우성의 순종으로 널리 여겨진다. 1973년 그는 25년 만에 경마의 트리플 크라운인 켄터키 더비, 프리크니스 스테이크스, 벨몬트 스테이크스에서 모두 우승한 최초의 말이 되었고 지금도 이 중 2개의 최단 기록을 보유하고 있다.

빅 레드라는 별명이 붙은 세크리테어리엇은 1970년에 1958년도 프리크니스 우승마인 발드 룰러와 섬씽로열 사이에서 태어났다. 이 말은 루시엔 로린에게 훈련을 받았다.

세크리테어리엇의 대표 경기는 1973년 벨몬트 스테이크스였다. 켄터키 더비와 프리크니스에서 2위를 차지한 샴을 비롯해 4필의 말만이 우승후보 세크리테어리엇에 도전했다. 초반에 샴과 막상막하를 이루던 세크리테어리엇은 앞서 내달리기 시작했고 2.5km를 2분 24초에 끝내는 세계 기록을 달성하며 31마신으로 이길 때까지 계속해서 내달렸다.

경마를 중계하던 칙 앤더슨은 "그가 엄청난 기계처럼 움직이고 있습니다!"라는 유명한 말을 외쳤다. 경기 후반 기수인 론 터코트는 다른 말들이 얼마만큼 따라왔는지 뒤돌아봤다. 다른 말들은 새로운 트리플 크라운 우승자 근처에도 오지 못했다. 후에 터코트는 세크리테어리엇 위에서 자신이 한 일은 아무것도 없었다고 말했다. 그는 그저 자신이 탄 말이 '기어를 올리게만' 했다고 한다.

세크리테어리엇은 1973년 6월에 《타임》, 《뉴스위크》, 《스포츠일러스트레이티드》에 모두 실릴 정도로 돌풍을 일으켰다. 그는 21년간 출전했던 21경기 중 16경기에서 우승했고, 130만 달러를 벌었으며, 2세 때와 3세 때 올해의 말로 선정되는 영예를 얻었다.

세크리테어리엇은 종마 사육장에서 16년을 보낸 뒤 발굽 제엽염으로 고생한 후 1989년 안락사되었다. 부검 결과 그는 일반 말이 가지고 있는 심장보다 2배 더 큰 심장을 가지고 있었던 것으로 밝혀졌다.

- 그전에 트리플 크라운을 달성한 말은 1948년 우승한 사이테이션이었다. 그 후 7필의 말이 켄터키 더비와 프리크니스에서 우승했지만 벨몬트에서는 우승하지 못했다.
- 1973년에 소유주 페니 체너리가 세크리테어리엇을 번식연합체에 판매했는데, 그 당시로는 기록적인 608만 달러에 매각했다.
- 세크리테어리엇은 1988년 프리크니스와 벨몬트 우승마인 라이즌 스타와, 1986년 올해의 말로 선정된 레이디스시크릿의 아버지다. 또 그의 혈통에는 2004년도 켄터키 더비와 프리크니스에서 우승한 스마트 존스도 있다.

259 | SUN ☀ 팝 | 아치 벙커

1971년 1월 12일 CBS방송국은 시트콤 〈올 인 더 패밀리〉와 편견이 아주 심한 가장 아치 벙커가 미국에서 전파를 타기 시작하자 넘쳐 나는 시청자 불만을 처리하기 위해 교환수들을 2배로 충원했다. 빛바랜 데뷔 후(그리고 겨우 20통의 전화를 받은 후), 이 프로그램은 5000만 명의 시청자들을 모았고, 5년 동안 최고의 시청률을 기록한 TV 시리즈가 되었다. 2004년에 《TV가이드》는 아치 벙커를 역대 가장 위대한 TV 속 아버지 캐릭터 50인 중 하나로 선정했다.

캐롤 오코너가 연기한 부두 감독이자, 택시 운전사에 이어 결국에는 바를 운영하게 되는 솔직하고 보수적인 아치 벙커는 '프랭클린 델라노 루스벨트에 의해 파괴된' 나라의 변화를 안타까워했고 소수집단에 대해 불평했다. 뉴욕 퀸즈 하우저 스트리트 704번지의 거실에 놓인 그의 트레이드마크 윙체어에서 그는, 롭 레이너가 연기한 자유분방한 사위 마이클 스타이빅, 샐리 스트러더스가 연기한 여성해방 운동가인 딸 글로리아와 언쟁을 벌였다. 진 스태플톤은 그가 "멍청이"라고 부르는 벙커의 아내 이디스를 연기했다. ("입 다물어, 이디스!"라는 그의 대사가 《TV가이드》가 2005년 선정한 TV 속 캐치프레이즈 20위에 선정되었다.)

허황된 국내 코미디 시대에 〈올 인 더 패밀리〉는 인종차별, 성적 취향, 베트남전 같은 사회 관련 주제들을 놓고 가족들이 옥신각신 다투고, 미국 TV에서 처음으로 변기가 내려졌던 사실적인 세트 안에서 펼쳐졌다. 공격적인 동시에 공감되기도 하는 벙커는, 어떤 사람들은 심한 편견에 맞서 싸우는 인물로 보기도 하고, 또 어떤 사람들은 심한 편견을 오히려 부추긴다고 여기는 양극화된 인물이긴 하지만 미국의 평범한 남자의 상징이자 아이콘이 되었다. 1970년대 초에는 불만이 많은 낮은 계층 백인들을 묘사하는 벙커 보트라는 말이 생기기도 했다.

이 쇼는 〈메리드 위드 칠드런〉 같은, 이후 프로그램에서 노동자 계층 가장의 모습이 그려지도록 길을 터주었다. 그럼에도 아치 벙커가 그랬던 것처럼 정곡을 찌르는 TV 캐릭터는 없었다. 시트콤에 출연한 한 배우가 했던 말처럼, "아치는 그 이후로 TV 속에서 아무도 하지 않은 말들을 했다".

- 아치 벙커라는 캐릭터는 이 프로그램의 프로듀서 노먼 리어의 아버지에게 모티프를 얻었다. 세일즈맨이자 러시아계 유대인 2세인 그의 아버지는 아들을 "내가 본 가장 게으른 백인 아이"라고 불렀고, 아내에게 "입 다물어"라고 말하곤 했다.
- 배우 미키 루니는 너무 많은 논란을 일으킬 것을 우려해 아치 벙커 역을 거절했다.
- 아치는 캐롤 오코너가 계약 분쟁으로 4번의 녹화에 참여하지 않아 5번째 시즌에서 죽는 것으로 나올 뻔했다.

260 | MON 인물 | 샌드라 데이 오코너

어렸을 때부터 샌드라 데이 오코너는 개척자가 되겠다고 결심했다. 어린 시절 애리조나주의 동떨어진 목장에서 자란 그녀는 여성으로서는 드물게 소 목장을 운영하려는 열망을 가지고 있었다. 대신 오코너는 미국 최초의 여성 대법관이자 미국 역사상 가장 강력한 여성 중 한 사람이 되었다.

오코너는 1950년 스탠퍼드대학교를 졸업했고 그로부터 2년 후 스탠퍼드대학교 로스쿨을 졸업했다. 로스쿨을 마친 후 그녀는 로펌에 지원했지만 여성이라는 이유로 계속 거절당하다가 결국 캘리포니아주 산마테오카운티의 검사보가 되었다. 그녀는 나중에 애리조나주의 법무부 보좌관, 애리조나주 상원의원(이곳에서 그녀는 여성으로서는 미국 역사상 최초로 주 상원의 다수당 리더가 되었다), 매리코파카운티 고등법원, 애리조나 항소법원에서 일했다.

여성을 대법관 후보로 삼겠다는 공약을 이행하기 위해 로널드 레이건 대통령은 포터 스튜어트의 후임으로 1981년 오코너를 임명했다. 오코너는 상원에서 찬성 99표, 반대 0표로 대법관직이 확정되었고 2005년 7월 퇴임할 때까지 대법관으로 일했다. 24년간 대법관직을 수행하는 동안 그녀는 주로 낙태, 소수집단 우대정책, 사형 등 논쟁이 많은 이슈들에 관해 결정표를 던졌다. 그녀가 공화당에 의해 후보로 선출되긴 했지만, 오코너는 보수적인 이데올로기를 따르지 않았고, 대법원의 온건파로 여겨졌다. 그녀의 후임으로 보다 보수적으로 여겨지는 재판관 새뮤엘 알리토 주니어가 임명됐다.

그녀가 내린 가장 중요한 결정은 낙태에 관한 것이었다. 낙태에 관한 여성의 권리에 도전했던 미국 가족계획연맹 대 케이시 재판에서 결정권을 가졌던 그녀는 로 대 웨이드 사건에서 낙태 찬성에 손을 들었다.

그녀를 비판하는 사람들은 넓은 사법 철학의 부족이 대법원의 불안정을 초래했다고 생각했지만 지지자들은 그녀의 사례별 접근 방식이 실용주의를 따른 것이라고 말했다. 2004년 그녀는 자신의 태도를 다음 같은 말로 표현했다. "균형 잡힌 사례별 접근 방식과… 그 과정에 놓인 모든 것을 파괴하는 엄격한 규칙을 수용하는 것 가운데 결정해야 한다면… 나는 전자를 선택할 것이다."

- 오코너는 유방암 진단을 받은 후 1988년에 성공적인 치료를 받고 살아남았다.
- 그녀는 로스쿨을 3등으로 졸업했다. 후에 대법원 수석 재판관으로 오코너의 동료가 되는 윌리엄 렌퀴스트가 1등으로 졸업했다.
- 2006년 4월, 애리조나주립대학교는 오코너를 기리기 위해 로스쿨 이름을 오코너로 지었다.

261 | TUE 📖 문학 | 존 업다이크

미국 문학에서 여성과 소수 집단의 목소리가 그 어느 때보다 두드러졌던 시대에 소설가 존 업다이크는 20세기 말 남성들의 예리한 대변자로 남았다. 그는 특히 결혼 생활의 권태 속에 갇혔다고 느끼는 중산층의 개신교 신자인 백인 남성을 묘사한 것으로 잘 알려져 있다.

업다이크가 자란 환경은 그의 주인공들의 모습과 많이 닮아 있다. 그는 펜실베이니아주의 교외에서 자라 하버드대학교를 다녔고 잠시 맨해튼에 살다가 매사추세츠주 북동부의 어느 작은 마을에 정착했다. 작가가 되기 위한 길을 꾸준히 걸으면서 그는 하버드대학교에서 처음으로 희극을 쓰고, 영어를 전공하고 그 후에는《뉴요커》의 기고자가 되었다.

큰 인정을 받은 몇몇 단편소설과 논픽션 작품들을 집필하는 동안 업다이크는 자세하고 현실적인 글쓰기 스타일을 연마해 최초의 주요 소설《달려라, 토끼》에 사용했다. 이 책과 4권의 속편《돌아온 토끼》,《토끼는 부자다》,《잠든 토끼》,《토끼 기억되다》는 해리 '토끼' 앵스트롬이라는 캐릭터의 일생을 그린다. '토끼'는 전 스타 농구선수로 영광스러운 젊은 시절이 지난 후 충실한 결혼 생활과 책임감에 안주하는 데 어려움을 겪는다. 토끼 소설의 성공을 발판으로 업다이크는 이후 다른 장르를 가지고도 실험했는데, 그중에는 판타지 소설인《이스트윅의 마녀들》과 메타픽션인《브라질》,《거트루드와 클로디어스》도 포함된다.

업다이크의 중심 주제인 미국 남성들의 가정생활과 성적인 불안감은 찬사와 조롱을 모두 받았다. 그의 소설 애호가들은 그가 미국 주류의 중요한 연대기 작가라고 주장하는 반면, 비판자들은 그의 작품을 유치하고 여성을 혐오하는 작품이라며 격렬하게 비판했다. 1997년의 한 에세이는 업다이크에게 '유의어 사전을 가진 남근'이라는 유명한 꼬리표가 붙게 만들기도 했다. 그러나 업다이크를 당시 가장 널리 읽히는 작품을 집필하고 가장 많은 찬사를 받은 미국 소설가로 꼽는 데에는 반박의 여지가 없을 것이다.

- 업다이크는 소설 외에도 동화책, 시집 그리고 예술에서 골프에 이르는 모든 것에 관한 방대한 에세이들도 집필했다.
- 업다이크의 몇몇 작품은 영화로 제작되기도 했는데, 그중 가장 주목할 만한 것으로는 잭 니콜슨과 셰어, 수전 서랜던, 미셸 파이퍼가 출연한 1987년 영화〈이스트윅의 마녀들〉이 있다.
- 업다이크의 출판사인 노프는 외설로 소송이 제기될 것을 우려해《달려라 토끼》의 성적으로 노골적인 몇몇 구절의 수위를 낮추라고 요청했다. 그 구절들은 1980년대에 재발간되면서 원래대로 되돌려졌다.

262

엘비스 프레슬리의
1968년도 컴백 스페셜

1960년 말은 엘비스 프레슬리가 히트곡을 내지 못한 지 몇 년이 지난 때였다. 썬레코드 에서 발매했던 그의 대표 음반들은 이미 10년도 더 되었고, 그가 〈하트브레이크 호텔〉 같은 곡을 만든 지도 수년이 지났다. 독일에 주둔한 미군에서 잠시 복무한 후 그는 새 로운 목표를 가지고 미국으로 돌아왔다. 그러고는 바로 레코딩 스튜디오와 콘서트홀 을 뒤로 한 채 할리우드에서 배우로서 활동을 시작했던 것이다. 그의 뮤지컬들은 흥행 했고, 심지어 〈비바 라스베가스〉 같은 보석 같은 곡이 간혹 들어 있기도 했지만, 대부 분의 비평가들과 록 팬들은 그를 땅딸막하고 한물간 사람으로 인식했다.

1968년 한 TV 프로듀서가 NBC방송국의 크리스마스 스페셜 녹화를 위해 엘비스에 게 접근했던 때의 상황이 바로 이러했고 어느 누구도 예상하지 못한 결과를 낳았다. 〈블루 크리스마스〉의 방송분이 짧지는 않았지만, 그 프로그램에서 크리스마스와 관련 된 것은 그것이 전부였다.

대신 프로듀서들은 엘비스 프레슬리가 멤피스에서 활동하던 시절 함께했던 밴드를 불러모았다. 기타리스트 스코티 무어, 찰리 호지, 드러머 D. J. 폰타나와, 전체적으로 가 죽으로 된 슈트를 입은 가수가 무대에 올랐다. (그들은 가죽 슈트가 엘비스가 초기 콘서트에 서 입던 옷이라고 착각했다.)

마지막 순간에 조그만 무대 주변에 옹기종기 모여든 청중 앞에서 이 그룹은 역대 가 장 멋진 록과 블루스 공연을 선보였다. 그들은 〈하트브레이크 호텔〉, 〈원 나이트〉, 〈블 루 스웨이드 슈즈〉 등 엘비스를 유명하게 해준 곡들과, 엘비스가 처음으로 취입한 곡 〈댓츠 올 라잇, 마마〉를 들려주었다. 또 그들은 〈로우디 미스 클로우디〉와 〈트라잉 투 겟 투 유〉 같은 대표곡들의 놀라운 버전을 연주하기도 했다. 이 쇼는 대히트를 쳤고, 엘 비스는 다시 세상의 주목을 받게 되었다. 초대형급 보석이 달린 라스베가스의 슈트들 이 그 뒤를 이었다.

- 이 그룹은 〈원 나이트〉를 2회 연주했는데, 엘비스가 원곡의 가사대로 부르는 경우가 많았다. 프레슬리가 1956년 발 매한 곡의 가사는 "당신과의 하룻밤 / 그것이 내가 바라는 것 / 우리가 함께 계획할 수 있는 것들이 / 내 꿈을 실현시 켜줘"였다. 사창가에서의 하룻밤에 관한 스마일리 루이스의 원곡 코러스는 "하룻밤의 죄 / 그것이 내가 지금 지불할 수 있는 것 / 내가 하고 보았던 것들이 / 세상을 멈추게 할 거야"였다.
- 프레슬리의 매니저 톰 파커 대령은 원래 이 특별 방송에서 엘비스가 턱시도를 입고 20개의 크리스마스 음악을 부르 길 원했다.
- 무대에 드럼 세트를 올릴 공간이 없었기 때문에 드러머 폰타나는 기타 케이스 뒷면을 두드리면서 박자를 맞췄다.

263

로버트 알트먼

로버트 알트먼은 45세까지 할리우드를 대표하는 감독이 되지는 못했지만, 그럼에도 그의 감독 활동에는 전통과 장르에 대한 젊은이다운 저항이 돋보였다. 그는 할리우드 규칙과 할리우드 제작자들을 혐오한, 타협하지 않는 예술가였다. 그리고 그의 영화들은 캐릭터, 이미지, 사운드를 엮어 즉흥, 혁신, 자연주의를 증표로 보여주었다.

알트먼은 1957년에 단편 상업영화를 졸업하고 〈범죄자들〉로 장편영화 제작을 시작했다. 그러나 그는 〈매시〉라는 영화의 감독을 맡을 때까지 10년이 넘는 기간 동안 빛을 보지 못했다. 45세의 나이에 알트먼은 한국전을 배경으로 한, 반전 블랙코미디의 연출을 맡았는데, 이미 15명 이상의 다른 감독들이 거절한 프로젝트였다.

〈매시〉는 베트남전 시대의 환멸과, 성과 폭력에 대한 보다 자유분방해진 할리우드의 태도를 활용해 전쟁 장르를 재창조한 작품이다. 이 작품의 부분적으로 중복되는 희미한 사운드와 롱테이크는 그만의 특이한 트레이드마크가 되었다.

그는 1970년대가 흘러갈수록 계속해서 장르를 재정의하는 작품을 만들었다. 비평가 로저 이버트가 "완벽한 영화"라고 극찬했던 〈맥케이브와 밀러 부인〉에서 알트먼은 세기말 서부의 투지와 오점을 보여주면서 이전의 서부영화들이 가지고 있던 화려함을 저버렸다. 〈긴 이별〉에서는 필름 느와르 기법을 이용해, 경찰 캐릭터를 터프하고 감정을 잘 드러내지 않는 인물이 아니라 바보 같고 어찌할 바를 모르는 인물로 그렸다.

알트먼의 대작이라 할 수 있는 〈내슈빌〉은 즉흥적이고 부분적으로 겹치는 대화와 롱테이크 그리고 한 명의 주인공이 아니라 5일 간 등장하는 24명의 인물들에 모두 집중하는 실험적인 서술 기법을 사용했다. 이 영화는 워터게이트 후의 시대와 베트남전 이후의 시대를 맞이하는 미국 사회의 태피스트리다.

알트먼은 1980년대에 단 한 편의 성공작도 만들지 못하고 고전했지만 〈플레이어〉라는 할리우드에 대한 신랄한 풍자극을 만들며 재기했다. 이듬해 그는 레이먼드 카버의 이야기들을 각색한 〈숏 컷〉을 감독했다. 알트먼은 〈고스포드 파크〉로 5번째이자 마지막으로 아카데미 감독상 후보에 올랐지만 그가 수상한 유일한 오스카상은 2006년 받은 평생 공로상이 전부다. 그는 그해 말 81세의 나이에 백혈병으로 사망했다.

- 알트먼이 아카데미상을 수상한 적은 단 한 번도 없지만, 칸느영화제에서 〈매시〉로 1970년에 작품상을 받았고 1992년에는 〈플레이어〉로 감독상을 수상했다.
- 2006년에 오스카 평생공로상을 수상했을 때 알트먼은 심장 이식을 받았다고 밝혔는데, 1990년대 중반에는 계속해서 일을 하기 위해 이를 비밀에 부쳤다고 한다.
- 한국전을 배경으로 하는 〈매시〉는 동명의 TV 시리즈로 제작되기도 했다.

264 | FRI ⏻ 사회 | **68세대**

1968년은 전 세계적으로 확대된 학생 시위가 절정에 달하던 때로 베이비부머 세대들 사이에 점점 늘어나는 환멸을 상징했다. 그해 파리, 프라하, 시카고, 뉴욕을 비롯한 여러 도시에서 대대적인 시위가 발생하면서 수천 명의 화난 젊은이들을 거리로 이끌어냈다. 각 나라의 상황은 전혀 달랐지만 시위대가 젊은이들로 구성되었고, 권위적이고 불공평하며 시대에 뒤떨어진 통치에 이의를 제기하겠다는 그들의 결심만은 같았다.

뉴욕에서는 컬럼비아대학교 학생들이 베트남전이 벌어지는 동안 군대에 협력하기로 한 학교의 방침에 저항하기 위해 연좌 농성을 벌이고 학교 건물을 장악했다. 그들은 또한 대학 캠퍼스를 가난한 할렘까지 확대하겠다는 계획에도 분노했고, 그 계획은 결국 시위로 인해 철회되었다. 시카고에서는 호전적인 휴버트 험프리를 대통령 후보로 세우는 데 반대하기 위해 반전 시위대가 민주당 전당대회가 열리는 곳 바깥 거리에서 경찰과 충돌했다. 파리에서는 학생들이 캠퍼스 검열, 남녀 공용 기숙사 금지, 졸업 후 고용 가능성 제한 등에 반대하는 시위를 벌었다. 결국 노동조합원들까지 시위에 가세해서 몇 주 동안 프랑스를 마비시켰다. 프라하에서는 소비에트 연방에 불만을 품고 나라를 해방시키고자 하는 알렉산데르 둡체크를 지지하는 기반이 형성되었다. 1969년에 얀 팔라흐라는 학생이 시위 도중 자기 몸에 불을 질러, 심지어 로큰롤 음악까지도 '체제 전복적'이라면서 금지하는 정부에 대한 체코슬로바키아 학생들의 좌절감을 상징적으로 나타냈다. 멕시코시티에서 벌어진 한 시위는 1968년 10월 2일, 200명~300명의 학생들이 경찰에 살해당하면서 비극적으로 끝났다.

데모는 베이비부머들 사이에서 느끼는 소외감과 불안감으로 더욱 힘을 얻었는데, 이는 전 세계적으로 확대된 트렌드였다. 시위들이 각기 다른 결과를 낳긴 했지만, 세대의 정체성을 나타내는 배지가 되었고 이후에는 2차 대전 세대가 가지고 있던 가치에서 벗어나 주요 문화적 변화를 나타내는 첫 번째 신호로 여겨졌다.

- 파키스탄, 이탈리아를 비롯한 다른 나라에서도 시위가 벌어졌다.
- 프랑스 대통령이었던 샤를 드골은 파리 시위의 목표 대상이었다. 2차 대전의 군사 영웅은 시대와 동떨어진 보수적인 프랑스의 전형으로 여겨졌다.
- 체코 작가 밀란 쿤데라의 1984년도 소설 《참을 수 없는 존재의 가벼움》은 프라하의 봄(1968년 체코슬로바키아에서 발생한 자유 민주화 운동 ― 옮긴이)을 배경으로 한다. 소설은 대니얼 데이 루이스가 출연한 영화로도 제작되었는데 이 영화에는 소비에트 연방의 탱크가 올드 타운 광장을 가로지르는 실제 영상이 담겨 있다.

265 | SAT 🏆 스포츠 | 성 대결

1973년 2명의 테니스 스타들의 떠들썩한 선전으로 시작된 것이 미국 여자스포츠 역사상 중요한 순간으로 변했다. 그 당시 여자스포츠는 대중의 인정을 받기 위해 고군분투 중이었다. 여자 프로테니스 투어가 생긴 지 고작 3년밖에 되지 않은데다, 성을 근거로 차별을 금지하는 연방법, 타이틀나인이 제정된 지도 고작 1년밖에 지나지 않았다. 이 법은 결국 학교와 대학에서 여학생들과 여자 운동선수들에게 크나큰 영향을 미치게 된다.

이런 분위기 속에 등장한 것이 당대 최고의 선수로 꼽히는 29세의 빌리 진 킹이었다. 킹은 여성의 권리에 대해 솔직하게 말하는 챔피언이었고 여자 테니스 투어를 창설하는 데 이바지한 사람이었다. 1973년 9월까지 그녀는 5번의 윔블던 우승을 비롯해 10번의 그랜드슬램 단식 우승을 차지했다. 그녀는 단식, 복식, 혼합 복식에서 총 39번의 그랜드슬램 타이틀을 거머쥐게 되는데, 그중 가장 기억에 남는 우승은 스스로 '남성 우월주의자'라고 주장하는 55세의 바비 릭스를 누른 것이다. 1939년 윔블던 챔피언 릭스는 1973년 어머니의 날 시범 경기에서 최우수 여자선수였던 마거릿 코트를 이미 이긴 전적이 있었다.

릭스가 이긴 후 킹은 여성의 명예를 위해서 그와 경기를 벌일 수밖에 없다고 생각했다. 그들은 10만 달러의 상금을 승자가 독차지하기로 한 데 동의한 후, 휴스턴에 있는 거대한 애스트로돔에서 경기를 벌였다. 킹은, "내가 그 경기를 이기지 못한다면 우리를 50년 전의 상황으로 되돌릴 것이라고 생각했다. 그러면 여자 투어를 엉망으로 만들 것이고, 모든 여성들의 자존감에 영향을 줄 것이다"라고 말했다. 킹은 마치 클레오파트라처럼 4명의 근육질 남자들에 의해 테니스 코트로 옮겨졌다. 릭스는 '바비스 보좀 버디스'라는 별명을 가진 노출이 심한 모델들과 함께 마차를 타고 코트에 들어섰다. 애스트로돔에 모인, 테니스 경기 역다 최대 관중인 3만 492명의 관중들과 5000만 명으로 추정되는 시청자들이 킹이 릭스를 6:4, 6:3, 6:3으로 누르고 승리하는 것을 지켜봤다. 이 경기를 통해 여자 테니스는 대중의 신뢰가 두터워졌고, 엄청난 수의 새로운 관중들을 테니스 경기에 몰리게 했다.

• 미국 테니스에서 킹이 가지고 있는 유명세는 2006년 8월. 뉴욕주 플러싱 메도우스에 있는 미국테니스협회(USTA) 내셔널 테니스 센터의 이름이 USTA 빌리 진 킹 내셔널 테니스센터로 바뀌었을 때 절정에 달했고, 이곳에서는 US오픈 대회가 열린다.

• 릭스와 킹은 성 대결 경기 후 친한 친구가 되었고, 1995년 릭스가 사망하기 전날 밤 전화 통화를 했다.

• 킹의 남동생 랜드 모핏은 주로 샌프란시스코 자이언츠 소속으로 활동했던 메이저리그 투수였다.

266 | SUN ☀ 팝 | 퐁

할로 3, 타이거 우즈 PGA 투어, 슈퍼마리오 형제가 있기 전에 퐁이 있었다.

널리 인기를 얻었던 최초의 합법적인 아케이드 비디오 게임으로 꼽히는 퐁은 캘리포니아주 컴퓨터 회사인 아타리가 1972년 11월에 만든 것이다. 이 게임은 플레이어들이 코트의 반대편에 마주 하고 있는 패들 사이에서 공을 치고받는 탁구의 기본적인 전자 형태다. 테니스처럼 상대가 받지 못하게 공을 치는 것이 게임의 목적이다.

가능성을 시험하기 위해 아타리는 퐁의 첫 아케이드 버전을 캘리포니아주 서니베일에 소재한 아타리 본사 인근의 앤디 캡스라는 바에 설치했다. 스콧 코헨의 〈잽! 더 라이즈 앤 폴 오브 아타리〉에 의하면 이 게임은 문자 그대로 하룻밤 사이에 돌풍을 일으켰고 다음 날 오전 10시가 되자, 이 게임을 하려는 손님들이 바 밖에 줄을 섰다고 한다. 다음 날 이 게임기는 25센트짜리 동전이 모이도록 내부에 설치된 우유곽이 넘쳐 기계를 막는 바람에 고장이 났다.

아타리는 약 3만 8000개의 동전으로 가동되는 퐁 기기를 판매했다.

퐁은 퐁 더블스, 쿼드라퐁, 슈퍼 퐁, 닥터 퐁 같은 여러 가지 버전을 낳았다. 그러나 브레이크아웃이라고 불렸던 1976년도 버전만큼 큰 인기를 누린 것은 없었다. 단일 플레이어 게임으로 벽에다 공을 쳐서 가능한 많은 수의 벽돌을 제거하는 브레이크아웃은 결국 1980년대에 아카노이드라는 게임으로 업데이트되었다.

1980년대 초에 이르자 퐁은 팩맨 같은 더욱 세련된 비디오 게임들에 뒤처지게 되었으나 지금도 마니아들을 위해 최신식 컴퓨터 운영체계상에서 가동된다.

- 테니스 스타 앤디 로딕은 2006년 아메리칸 익스프레스 광고에 퐁 같은 상대와 경기를 벌이는 모습으로 출연했다.
- 픽시스의 리드 보컬인 프랭크 블랙은 자신의 앨범 《틴에이저 오브 더 이어》에 수록된 〈왓에버 해픈 투 퐁?〉이라는 곡을 만들었다. 이 곡은 미국 전역의 바에서 열리던 퐁 대회를 기념하는 곡이다.
- 큰 규모의 퐁 게임기를 만들기 위해 아타리는 버려진 롤러스케이트장을 빌렸고 서니베일 주민들을 고용해 콘솔을 만들게 했다.

267 | MON 🎩 인물 | 톰 울프

톰 울프는 논픽션을 기사 같은 신문 형식에서 벗어나 자유로운 형식으로 쓰도록 하기 위해 1960년대에 등장한 뉴저널리즘이라는 문학 양식의 아버지로 널리 인정받고 있다. 여전히 보도를 기반으로 하지만 이 양식은 전형적인 신문 기사보다는 픽션과 더 많은 공통점을 가진 것으로 간주된다.

울프의 방식은 현실적인 대화, 경험에 대한 1인칭 시점의 설명, 느낌표, 반복, 전통적이지 않은 기울임꼴의 사용을 포함한다. 그가 쓴 가장 유명한 예로는 1968년 출간된 《일렉트릭 쿨 에이드 애시드 테스트》와 1979년 출간된 《라이트 스터프》가 있다.

울프는 1965년 《에스콰이어》에 실린 '캔디 콜로드 탠저린-플레이크 스트림라인 베이비'라는 제목의 자동차에 관한 기사로 새로운 시대의 서막을 알렸다. 이 기사는 원래 울프가 편집자 바이런 도벨에게 자신의 노트와 기사에 대한 생각을 한데 엮어 보낸 편지였다. 이 편지에 큰 인상을 받은 도벨은 '바이런 씨에게'라는 말을 뺀 나머지를 게재해버렸다. 이 이야기는 후에 울프의 잡지 이야기 모음집의 제목이 되었다.

1968년에 울프는 LSD와 히피에 관한 책으로 일부 사람들이 1960년대를 거의 완벽하게 다룬 이야기로 꼽기도 하는 《일렉트릭 쿨 에이드 애시드 테스트》와 기사 모음집인 《펌프 하우스 갱》을 출간했다. 2권의 저서 모두 베스트셀러가 되었다.

2차 대전 이후, 미국 우주 프로그램 초반에 이루어진 로켓 비행기 실험에 대한 연대기 《라이트 스터프》는 평단의 호평과 큰 상업적 성공을 거뒀다. 이 책은 울프에게 논픽션 부문 미국도서상 수상 등 몇 가지 영예를 가져다주었고 1983년 개봉하여 4개의 아카데미상을 수상한 성공적인 할리우드 영화로도 제작되었다.

그 후 그는 3권의 베스트셀러 소설을 집필했다. 1984년부터 《롤링스톤》에 연재된 《허영의 불꽃》과 《어 맨 인 풀》 그리고 《아이 엠 샬롯 시몬즈》이다. 《어 맨 인 풀》은 미국 픽션의 거장들인 존 어빙, 노먼 메일러 그리고 존 업다이크로부터 혹평을 받았는데, 울프는 그들을 '바보 삼총사'라고 부르며 자신이 받은 비판을 되돌려주었다.

• 크림색 슈트, 화려한 타이와 그에 매칭한 포켓 스퀘어, 구식 신발은 울프의 트레이드마크였다.
• 울프는 버지니아주에서 태어나 신문기자로 글쓰는 일을 시작했으며, 《스프링필드(매사추세츠)유니온》, 《워싱턴포스트》, 《뉴욕헤럴드트리뷴》에서 일했다.
• 뉴저널리즘에 속하는 다른 작가로는 메일러, 헌터 톰슨, 게이 탈레스, 조안 디디온 그리고 트루먼 커포티가 있다.

268

마야 안젤로

지난 세기의 대부분을 시인이자 회고록 집필자, 연설가, 교사로 보낸 마야 안젤로는 현대 미국 문학계에서 널리 알려진 인물이다. 어린 시절 트라우마, 가난, 인종차별로 분투하던 자신의 모습을 강렬하게 나타낸 글은 수많은 독자들에게 영감과 힘을 주었다.

1928년 미주리주에서 태어난 안젤로는 부모가 이혼하면서 아칸소 시골에 사는 할머니에게 보내졌다. 8살에 어머니의 남자친구에게 강간당한 그녀는 그 사실을 공개적으로 인정한 후 강간범이 폭력을 휘두르는 군중의 손에 사망하자 더욱 큰 상처를 받았다. 그 후로 안젤로는 불안정한 삶을 살았다. 그녀는 어머니와 샌프란시스코에서 살다가 LA에서 한동안 노숙하기도 했으며 16세에는 사생아를 출산하기도 했다. 그녀는 결국 뉴욕으로 갔다.

1960년대 초부터 안젤로는 비영리기관이었던 할렘작가조합의 도움을 받아 글을 쓰기 시작했다. 그리고 1960년대 말 무렵에 그녀 최초의 주요 작품《새장에 갇힌 새가 왜 노래하는지 나는 아네》가 탄생했다. 이 자전적 소설은 아칸소에서 보냈던 어린 시절부터 10대 초반 LA에서 보냈던 시절까지 안젤로의 초기 생애를 연대순으로 그렸다. 이 회고록은 여성과 흑인의 인권을 온몸으로 표현한 증언이라는 찬사를 받았고 안젤로는 문학계의 대표 작가로 등극했다.

그 후로 20년 동안 안젤로는 더욱 많은 수의 회고록을 집필하면서 자신의 이야기를 이어나갔다. 또 그녀는 상당수의 시를 쓰기 시작했고《저스트 기브 미 어 쿨 드링크 오브 워터 포 아이 다이아이》,《앤드 스틸 아이 라이즈》등의 시집을 출간했다. 주목할 만한 후기 시로는 1993년에 빌 클린턴 대통령 취임식에서 낭송했던〈온 더 펄스 오브 모닝〉이 있다.

- 안젤로는 최소 6개 국어를 구사하고 활동하는 내내 여러 곳을 여행했는데, 이집트와 가나에서 긴 시간을 보냈다.
- 안젤로의 성을 안젤루로 잘못 발음하는 경우가 많지만, 사실 그녀의 이름은 '안젤로'처럼 끝을 장음 오로 발음해야 한다.
- 안젤로가 2002년 연하장에 글을 쓰기로 홀마크와 계약을 체결했을 때 일부 비평가들은 안젤로가 글을 '처분'한다며 흠잡았다. 이에 대해 그녀는 다음 같은 말로 반박했다. "나의 작품은 사람들의 손에 있어야 한다. 책을 사지는 않아도 카드를 사는 사람들은 많다."

269 | WED 🎵 음악 | 마일스 데이비스와 퓨전 재즈

트럼펫 연주자이자 작곡가인 마일스 데이비스는 재즈 역사의 거의 모든 부분에서 큰 역할을 했다. 그는 비밥과, 비밥보다 느린 사촌격인 쿨재즈의 초기 연주자였다. 그의 1959년 음반 《카인드 오브 블루》는 모달재즈의 전형으로 여겨지며, 그의 1982년 앨범 《위 원트 마일즈》에는 심지어 랩도 포함되어 있다. 그러나 데이비스의 가장 주요한 공헌은 전자악기로 전향하면서 퓨전재즈라고 알려진 새로운 형식을 만든 것이다.

1967년, 데이비스는 유명한 전자기타를 포함한 최초의 곡 〈서클 인 더 라운드〉를 녹음했는데, 그것이 다가올 일들의 신호탄이 되었다. 그 후 몇 년 동안 데이비스는 지미 헨드릭스와 헨드릭스의 음악에 소개되었으며, 슬라이 스톤, 제임스 브라운의 음악과 더불어 큰 영향을 미쳤다. 1969년 무렵 데이비스는 전자기타, 전자오르간 그리고 록 음악의 큰 부분인 페달과 기기만을 가지고 거의 모든 작업을 했다.

이 시기에 발매된 최초의 주요 음반은 《인 어 사일런트 웨이》로 제목에 걸맞게 신비하고 조용한 앨범이다. 이 앨범은 대부분 데이비스의 이전 재즈 음반처럼 라이브 녹화를 하는 대신 대체로 스튜디오 안에서 녹음되었고, 음악을 연주한 음악가들만큼이나 프로듀서였던 테오 마세로의 덕을 많이 봤다.

이 시기의 가장 유명한 작품은 1969년에 발매된 《비치스 블루》였다. 기타리스트 존 맥러플린의 연주에 큰 신세를 진 이 음반은 록 청중은 물론이고 재즈 마니아들 사이에서도 큰 인기를 누렸다.

이 시기의 마지막 주요 앨범은 1972년의 《온 더 코너》로 그 전의 앨범들이 록을 접목했던 것처럼 펑크의 영향을 가미했다. 앨범 발매 이후 데이비스는 라이브 공연에 치중하기 시작했다. 안타깝게도 그의 헤로인 중독이 이 시기에 악화되었고, 1975년에는 자신이 개척한 퓨전 스타일이 음악계의 주류가 되어가는 동안 그는 5년 동안 휴식을 가져야 했다.

- 데이비스는 그레이트풀 데드 앤 카를로스 산타나 같은 공연자들을 위해 오프닝을 해줌으로써 자신이 로큰롤에 빚을 졌음을 분명하게 드러냈다.
- 〈어 트리뷰트 투 잭 존슨〉은 데이비스가 녹음한 유일한 사운드트랙이 아니었다. 그는 1957년 프랑스의 루이 말 감독의 첫 영화 《사형대의 엘리베이터》를 위해 사운드트랙을 제공했다.
- 기타리스트 맥러플린이 〈인 어 사일런트 웨이〉를 위해 유명한 기타 솔로를 연주했을 때, 그는 리허설을 하는 것이라고만 생각했다. 그는 완성된 앨범에서 자신의 연주를 듣고 놀랐다.

270 | THU 📽 영화 | 2001 스페이스 오디세이

대부분의 사람들이 공상과학 영화를 떠올릴 때면, 좋은 사람들, 나쁜 사람들, 에일리언, 광선총, 폭발, 전투기들이 등장하는 강력한 이야기를 떠올린다. 여러 영화 팬들이 역대 가장 위대한 공상과학 영화라고 여기는 스탠리 큐브릭 감독의 〈2001 스페이스 오디세이〉에는 이런 것들이 하나도 등장하지 않는다. 큐브릭 감독은 인류의 시작에서 가까운 미래로 이어지는 인류의 역사를 나타내면서, 그 과정에서 우주의 광활함을 탐험하는, 서술적인 영화의 규칙을 깨는 작품을 만들고자 결심했다. 큐브릭은 비교적 적은 대화, 고전 음악 그리고 획기적인 특수 효과가 담긴 영화를 제시하는데, 특수효과는 효과의 선구자 더글러스 트럼불이 대부분 만들어낸 것이다. 조지 루카스 감독의 〈스타워즈〉에서부터 마틴 스코세이지 감독의 〈갱스 오브 뉴욕〉에 이르기까지 공상과학 영화뿐 아니라 여러 영화들이 〈2001 스페이스 오디세이〉에 빚을 졌다.

큐브릭은 아서 클라크의 글에서 영감을 얻었는데, 특히 그의 1948년 단편소설 《센티넬》에서 모티프를 얻었다. 두 사람은 영화 시나리오를 공동 집필했지만, 〈2001 스페이스 오디세이〉는 시각화와 음악과 사운드의 사용에 특히 뛰어나다.

이 영화는 서술적인 형태와는 여러 면에서 다르다. 특히 대화의 사용, 아니 대화의 부족면에서 더욱 그렇다. 이 영화는 4막으로 나뉘어 있고(이 또한 평범하지 않다) 1막과 4막에서는 대화가 전혀 없다. 영화가 시작되고 처음 25분간 아무런 대사도 들리지 않는다. 그리고 대화가 있을 때도 대부분 아무런 서술적 목적을 가지고 있지 않는 것 같다. 대화는 '이야기'를 전개하는 것이 아니라 다양한 상황에 처한 사람들이 할 만한 현실감 있는 말들뿐이다. 이는 비평가들과 관객들을 따분하고 혼란스럽게 할 수도 있었지만 큐브릭은 전형적인 할리우드 영화를 만들 생각이 전혀 없었다. 영화를 있는 그대로 본 비평가들도 있다. 신기한 특수 효과와, 인류 역사와 광활한 우주에 대한 해석을 관객 개개인에게 맡기는 획기적인 작품으로 보는 것이다. 비평가 로저 이버트는 이 영화가 "우리를 전율하게 만들려고 하지 않고 경외감으로 고무시키려고 한다"고 썼다.

• 이 영화의 가장 기억에 남을 만한 캐릭터는 사실 우주선 승무원의 일원으로 여겨지는 HAL9000이라는 슈퍼컴퓨터이다. 이는 기술이 너무나 강력해서 그것을 만든 사람들까지도 파괴할 정도의 힘을 가진 미래를 시사한다.

• 큐브릭은 원래 음악을 따로 만들어달라고 요청하려 했으나 결국 일반 클래식 음악을 사용하게 되었다. 가장 유명한 리하르트 스트라우스의 〈차라투스트라는 이렇게 말했다〉는 영화 초반에 월식이 일어나는 장면에서 연주된다.

• 러닝타임이 141분인 이 영화 속에서 대화는 총 40분도 되지 않는다. 원래는 160분짜리로 편집되었으나, 개봉날 관객들이 너무 길다고 불평한 후 큐브릭 감독이 19분을 더 잘라냈다.

271

남녀공학

1960년대부터 여러 대학교들이 남학생과 여학생을 모두 받아들이기 시작했고, 그 즉시 대학은 수백만 미국인들에게 훨씬 더 강렬하게 다가왔다. 남녀공학이라고 알려진 이 변화는 1980년까지 대부분 마무리되었는데, 오늘날 소수의 고등교육기관만이 여학생 전용이나 남학생 전용으로 남아 있다.

특히 미국에서 상위권에 속하는 많은 사립대학들은 전통적으로 남학생만 받았다. 비평가들은 여학생을 되돌려 보냄으로써 엘리트대학들이 여성들을 권력층에서 제외시키는 '동문회'를 영원히 지속한다고 비난했다.

압력은 받은 예일대학교는 1969년 처음으로 여학생을 받아들이기 시작했다. 그 뒤를 이어 다트머스대학교가 1972년에 처음으로 여학생을 받았다. 이 변화는 여러 여자대학교에도 영향을 주었다. 바사대학교는 1969년 처음으로 남학생을 받아들이기 시작했고 래드클리프대학교는 하버드대학교가 여학생을 받아들이기 시작한 1970년부터 이웃한 하버드에 흡수되기 시작했다.

일반적으로 남녀공학 지지자들은 성을 섞어놓으면 모든 사람들에게 보다 나은 교육 환경으로 이어질 것이라고 주장했다. 예컨대 프린스턴대학교의 학생신문은 1965년에 여학생을 받아들이는 것이 "프린스턴의 병을 고쳐주는 해결책이다… 젊은 남성의 마음의 발전은 여성들과의 일상적인 접촉으로 인해 방해를 받지 않을 뿐만 아니라 오히려 향상된다고 믿을 만한 충분한 근거가 있다"고 주장했다.

그러나 웰즐리와 스미스같이 전통적으로 여자대학이었던 일부 학교들은 남자들이 없는 환경이 일부 여성들에게 교육적으로 도움을 준다고 주장하면서 남녀공학을 반대했다. 2007년 기준, 총 54개의 여자대학이 운영되고 있지만, 그 숫자는 계속해서 줄고 있다.

• 사관학교는 1976년에 남녀공학이 되었고, 컬럼비아대학교는 1983년 아이비리그 대학 중 마지막으로 남녀공학이 되었다.
• 버지니아주의 햄든시드니대학교과 인디애나주의 와바시대학교를 비롯해 극소수의 대학만이 남자대학으로 남아 있다.

272 │ SAT 🏆 스포츠 │ 스릴라 인 마닐라

권투선수 무하마드 알리와 조 프레이저의 3번째이자 마지막 시합은 무자비함에 경악할 정도였고 두 선수가 보여준 용기와 의지는 고무적이었으나, 알리가 결국 병들게 되는 슬픈 전조가 되었다.

두 사람은 앞서 벌어진 1971년과 1974년 시합에서 한 번씩 승리를 주고받았다. 1975년 10월 1일 마지막 시합의 막이 올랐을 때 일반적으로 챔피언인 알리가 전성기가 이미 지났다고 여겨지는 프레이저를 쉽게 이길 것이라는 통념이 만연했다. 지나치게 과신하면서 시합을 위한 훈련을 게을리했던 알리가 누구보다 더 그 통념을 믿었다. 반면 알리의 공개적인 조롱에 자극을 받은 프레이저는 투지가 넘쳐났다. 1971년 첫 번째 시합 이후 알리는 프레이저를 '못생기고', '무식한' '고릴라'이자 '엉클 톰(백인들의 비위를 맞추려는 흑인을 지칭하는 모욕적인 표현 — 옮긴이)'이라고 불러왔다.

마지막 시합이 시작되었을 때 2만 8000명의 관중들이 필리핀 케손시티의 아라네타 콜리세움을 가득 메웠다. 이 경기는 3막으로 구성된 경기가 되었다. 1막에서는 알리가 처음 4라운드에서 전 챔피언 프레이저를 강력한 잽으로 두드리면서 프레이저보다 더 많은 점수를 땄다. 그러나 5라운드가 시작되었을 때 끈질긴 스타일로 알리에게 커다란 충격을 가하던 프레이저가 시합을 장악하기 시작했다. 그리고 7라운드가 되었을 때, 알리가 "조, 사람들은 당신이 이미 한 물 갔다고 하던데"라고 하자, 프레이저가 대답했다. "그 사람들이 거짓말한 거야." 훗날 프레이저는, "나는 한 도시의 벽을 모두 허물어 버릴 정도의 펀치를 알리에게 날렸다"고 말했다.

그러나 알리는 프레이저의 맹공격을 견뎠고 10라운드 중반이 되자 에너지를 모아 응수를 하기 시작했다. 11라운드에 알리는 프레이저의 얼굴을 마구 때렸고 프레이저의 눈은 거의 뜰 수 없을 정도로 부어올랐다. 프레이저의 트레이너 에디 퍼치는 결국 14라운드가 끝난 후 경기를 중단시켰다. 프레이저가 항의하자 퍼치는 "오늘 여기서 네가 한 일을 잊는 사람은 아무도 없을 거야"라고 말했다. 시합이 끝난 후 탈진한 알리는 이런 말을 했다. "마치 죽는 것 같았다. 내가 아는 죽음에 가장 가까운 것이었다"라고 말했다.

- 후에 알리는 "우리가 마닐라에 도착했을 때는 조도, 나도 챔피언이었다. 그러나 돌아올 때는 노인이 되어 있었다"고 말했다.
- 프레이저는 그 후 2번 더 시합을 해서 한 번은 이겼고 다른 한 번은 무승부로 끝났다.
- 알리는 1978년 레온 스핑크스에 헤비급 타이틀을 빼앗겼다가 그해 말에 다시 스핑크스로부터 타이틀을 빼앗아왔고, 1980년에 마지막으로 래리 홈즈에게 내주었다. 많은 사람들은 알리가 프레이저와 3번째 시합을 치른 후 예전 같지 않았다고 생각했다.

273 | SUN ☀ 팝 | 프리 투 비… 유 앤 미

1960년대와 1970년대에 자란 많은 아이들, 그중에서도 특히 자유로운 사고를 가진 가족 안에서 자란 아이들은 〈프리 투 비… 유 앤 미〉의 곡조를 흥얼거리며 자랐다. 1972년 동요 앨범 《프리 투 비… 유 앤 미》는 성별에 대한 고정관념을 깨는 것이 목적이었다. 페미니즘운동의 영향을 많이 받은 이 앨범은 아이들에게 남자로 태어났든 여자로 태어났든 상관없이 원하는 것은 무엇이든 될 수 있다는 관념으로 가득 차 있다.

여배우 말로 토머스가 자신의 어린 조카딸 디온에게 개성과 자신감에 대해 가르치기 위해 〈프리 투 비… 유 앤 미〉 프로젝트를 진두 지휘했다. 다른 참여자들로는 배우 앨런 알다, 캐럴 채닝 그리고 가수 해리 벨라폰테가 있다.

〈페어런츠 아 피플〉이라는 곡에서 토머스와 벨라폰테는 아이들에게 엄마도 의사가 될 수 있고 아빠도 제빵사가 될 수 있다고 말한다. 또 다른 소묘곡에서는 멜 브룩스 감독과 토머스가 성별에 대한 고정관념을 통해 누가 남자아이이고 누가 여자아이인지를 알아내고자 하는 병원 신생아실에 있는 신생아들의 목소리를 연기했다. 전 뉴욕 자이언츠 미식축구팀의 디펜시브 태클이었던 로지 그리어는 〈이츠 올라이트 투 크라이〉라는 발라드 곡을 통해 자신이 가지고 있던 터프가이 이미지에 도전했다. 그리고 〈윌리엄스 돌〉에서는 알다와 토머스가 친구들의 놀림과, 공과 방망이를 가지고 놀라는 다그침에도 불구하고 인형을 갖고 싶어 하는 소년 윌리엄의 이야기를 들려준다.

이 앨범은 대히트를 쳤고 고전이 되었다. 《프리 투 비… 유 앤 미》는 성공적인 TV 스페셜 프로그램으로 제작되기도 했다.

● 〈프리 투 비… 유 앤 미〉의 원수익금은 미즈 파운데이션 포 위민(Ms. Foundation for Women, 미국 최초의 여성들을 위한 비영리 기관 — 옮긴이)에 보내졌다.
● 페미니스트 작가 글로리아 스타이넘이 이 앨범의 해설에 기여했다.
● 이 앨범과 TV 스페셜 프로그램에 등장하는 유명인들로는 마이클 잭슨, 크리스 크리스토퍼슨, 디온 워릭, 로버타 플랙 등이 있다.

274 | MON 🎩 인물 | 브루스 스프링스틴

음악 역사상 가장 잘 판매되는 곡을 만든 싱어송라이터 중 브루스 스프링스틴은 노동자 계층의 투쟁과 분투에 관한 자기성찰적이면서 이해하기 쉬운 곡들과 E 스트리트 밴드와의 마라톤 콘서트 공연을 통해 국제적인 팬층을 모아왔다.

1972년에 스프링스틴은 전설적인 컬럼비아레코드의 존 해먼드와 계약을 체결했는데, 그의 다채로운 가사와 포크 록 사운드가 일부 청취자들 사이에서 해먼드가 발굴했던 밥 딜런을 연상시켰기 때문에 '뉴 딜런'이라는 별명으로 홍보되었다.

1973년에 발매된 스프링스틴의 처음 두 앨범은 모두 딜런의 사운드가 엿보였는데, 어떤 것도 상업적인 성공을 거두지 못했다. 그러나《본 투 런》의 발매로 스프링스틴은 독특한 스타일을 가진 싱어송라이터로 등장했고, 여러 비평가들의 눈에 방종한 디스코와 글램의 시대에서 록 음악을 구해낸 사람으로 여겨졌다.

《본 투 런》은 스프링스틴의 인생과 활동을 영원히 바꾸어놓았다. 그는 이 앨범이 발매되기 전에 컬럼비아레코드가 펼쳤던 대대적인 광고에 부합했고, 라이브공연의 강렬함을 스튜디오로 옮기는 데 성공했다. 그 결과 여러 비평가들이 로큰롤 역사상 가장 위대한 앨범으로 꼽는 음반이 탄생했고, 그로 인해 그는 1975년 10월《타임》과《뉴스위크》의 커버에 동시에 실리게 되었다. 이후로 스프링스틴은《다크니스 온 디 엣지 오브 타운》,《매직》등 E 스트리트 밴드와 함께하는 클래식 록 사운드 앨범과《네브래스카》,《위 쉘 오버컴: 더 시거 세션스》등 솔로 또는 다른 음악가들과 함께 만든, 포크에 영향을 받은 앨범들을 번갈아 발매했다.

주류 청취자들 사이에서 그는《본 인 더 U.S.A.》로 가장 잘 알려져 있을 것이다. 10위 안에 든 노래가 7곡이나 수록된 이 앨범은 1500만 장이 판매되면서 대히트를 쳤다. 이 앨범으로 그는 1980년대의 문화적 아이콘의 기준이 되기도 했다. 또 스프링스틴은《더 라이징》이라는, 호평과 함께 상업적으로도 성공한 앨범을 통해 2001년 9·11 테러 공격을 다룬 최초의 주요 예술가이기도 했다.

- 스프링스틴은 15개의 그래미상을 수상했고, 영화 〈필라델피아〉의 〈스트리츠 오브 필라델피아〉라는 곡으로 아카데미 주제가상을 수상하기도 했다. 그는 6000만 장 이상의 앨범을 판매했고 1999년에는 로큰롤 명예의 전당에 입성하기도 했다.
- 베트남전 이후 산산조각난 아메리칸 드림을 다룬《본 인 더 U.S.A.》의 힘찬 타이틀곡은 로널드 레이건에 의해 예나 지금이나 애국심을 나타낸 노래라고 잘못 해석되는 경우가 많다.
- 스프링스틴은 팝 차트에서 단 한 번도 1위를 차지한 적이 없다. 팝 차트에서 가장 높은 순위에 오른 곡은 〈댄싱 인 더 다크〉로 1984년 2위를 차지했다.

275

필립 로스

지난 반세기 동안 필립 로스는 노먼 메일러, 솔 벨로 등과 더불어 미국의 주요 소설가로 꼽히며, 현대의 유대계 미국 문학의 리더로 자리매김해왔다. 부분적으로 자전적인 성격을 가지고 있는 그의 소설들은 외설적인 코미디와 문화적, 개인적 정체성이라는 이슈에 대한 무거운 탐구 사이에서 균형을 유지한다.

1933년에 태어난 로스는 뉴저지주 뉴어크의 대부분 중산층 유대인들로 구성된 공동체에서 자랐다. 이 공동체는 그의 작품의 배경으로 여러 번 등장했고 적어도 모티프가 되었는데, 이런 특수한 환경은 수년에 걸쳐 세부 사항을 살피는 로스의 눈을 예리하게 만들어주었지만, 그가 '편협한 초점'을 가진 작가라는 비평을 받게 만들기도 했다.

로스는 《굿바이, 콜럼버스》라는 단편소설집으로 먼저 이름을 알렸다. 이 소설집은 유대계 미국인들이 자신들의 양육방식과 주류 미국인들의 문화적, 사회적, 성적 요구를 조화시키기 위한 분투라는, 그의 작품에 반복해서 등장하는 주제를 탐구한다. 《굿바이, 콜럼버스》가 호평을 받긴 했지만, 로스가 확고한 유명세를 타기 시작한 것은 10년 후 《포트노이의 불평》을 출간하면서부터였다. 이 희극 소설은 뉴저지주 출신의 젊은 유대인이 치료사의 도움으로 성적인 죄책감과 고압적인 어머니와의 관계에 대해 분투하는 모습을 그린다. 비록 소재의 대부분은 훗날 전형적인 것이 되었지만, 《포트노이의 불평》은 그 당시 상당히 새로운 신기원을 열었다. 치료사의 소파 위에 누워서 말하는 독백의 흥분되고 노골적인 내용으로 인해 여러 사람들은 이 작품에 외설적이라는 꼬리표를 붙였다.

로스는 《저커맨 바운드》에서 《미국의 목가》, 《휴먼 스테인》에 이르기까지 계속해서 주목할 만한 소설들을 출간했다. 일부 비평가들은 그가 여성을 혐오하고 성적으로 집착한다고 일축하기도 하지만 오늘날에 가장 앞선 미국 소설가로 꼽는 사람들도 많다. 사실 그가 유대인 공동체라는 정황 속에서 탐구하는 갈등, 즉 전통과 현대성, 정체성과 동화, 부모와 자녀 사이의 갈등은 보편적인 것이기도 하다.

- 로스는 여러 작품에 캐릭터를 화자 또는 관찰자로 반복해서 등장시키는데, 그중 네이슨 저커맨은 현재까지 9개의 작품에 등장했다.
- 로스의 가장 기이한 소설이라 할 수 있는 《브레스트》는 어느 날 깨어보니 여성의 거대한 유방의 모습으로 변해버린 자신을 발견한 한 남자에 관한 이야기이다.
- 이후 로스는 테러리즘의 등장에서 유대계 미국인들과 이스라엘과의 관계에 이르기까지, 소설에서 좀 더 심각한 정치적 주제를 다루었다.

276

WED
음악

레드 제플린

1960년대의 여러 위대한 로큰롤 밴드와 마찬가지로 영국 그룹 레드 제플린도 미국 블루스 음악에서 영감을 찾았다. 그러나 동일한 영향을 받은 롤링스톤스 같은 다른 그룹에 비해 사운드가 훨씬 더 딱딱하고 무거웠다.

레드 제플린은 보컬 로버트 플랜트, 베이스 기타 존 폴 존스, 드러머 존 본햄 등 4명으로 이루어진 그룹이었다. 이 그룹이 1969년에 그룹명과 동일한 데뷔 앨범을 발매했을 때 〈유 슉 미〉, 〈아이 캔트 큇 유 베이비〉 같은 곡 속에 블루스의 영향력이 분명하게 담겨 있었다. 그러나 레드 제플린은 어느 누구보다도 더 크게 볼륨을 높였고, 최초의 헤비메탈 밴드라는 명성을 얻게 되었다.

히트곡이 없었음에도 이 그룹의 데뷔 앨범은 성공적이었다. 2번째 앨범 《레드 제플린 II》는 영국과 미국에서 모두 1위에 올랐다. 이 그룹의 2번째 앨범이 가진 영향력은 첫 번째 앨범보다 더 넓었고, 이번에는 켈틱 신화와 판타지 소설도 참조했다. 《레드 제플린 III》에는 〈이미그런트 송〉같이 강력한 곡들도 수록되었지만 〈브론 이 아우 스톰프〉처럼 보다 조용한 어쿠스틱 곡들도 수록되었다.

모두 사기라는 비난을 받아 짜증이 난 이 밴드는 1971년 다음 앨범을 발매하면서 제목도, 그룹명도 없이 4개의 의미 없는 심볼만 표시했지만, 판매에 악영향을 끼친 것은 아니다. 이 앨범의 수록곡 〈스테어웨이 투 헤븐〉은 많은 팬들이 이 그룹의 대표곡으로 꼽는다.

레드 제플린은 1970년대 말까지 《하우지스 오브 더 홀리》, 《피지컬 그래피티》, 《인 쓰루 더 아웃 도어》 같은 히트 앨범들을 계속해서 녹음했다. 그러나 레드 제플린은 갑작스럽게 비극적인 종말을 맞았다. 1980년 드러머 본햄이 32세의 나이에 하루 종일 과음한 뒤 사망하면서 나머지 멤버들은 밴드를 해체했다. 그 후로 이 그룹은 자선 콘서트를 위해 몇 번 재결합했는데, 본햄의 아들 제이슨이 종종 드럼을 맡았다.

- 1984년 모큐멘터리인 〈디스 이스 스파이널 탭〉은 대부분 레드 제플린을 패러디한 것이다.
- 이 밴드는 첫 앨범 커버에 불타는 비행선 힌덴버그를 사용하면서 이 비행선 발명가의 친척인 에바 본 제플린으로부터 법적 소송을 당할 뻔했다.
- 레드 제플린은 콘서트 영화 〈송 리메인스 더 세임〉을 1976년에 개봉했고 2003년에는 2개의 라이브 공연 DVD를 발매했다.

277 | THU 🎥 영화 | 클린트 이스트우드

클린트 이스트우드는 터프가이 TV 스타이자 할리우드 아웃사이더에서 전쟁 영화와 감동적인 드라마의 배우, 감독, 프로듀서로 영화계 전설이 되는 놀라운 경력을 다져왔다.

1959년부터 1965년까지 TV 서부영화로 그 시대에 가장 인기 있었던 〈로우하이드〉에서 로우디 예이츠를 연기했다. TV에서 성공했음에도 이스트우드는 할리우드 제작자들이 TV 배우가 진지한 영화배우로 전환할 수 없다고 믿는다는 사실을 알게 되었다.

할리우드를 피하던 이스트우드는 이탈리안 감독 세르지오 레오네와 함께 훗날 스파게티 서부영화라고 알려지는 시리즈를 만든다. 스파게티 서부영화란 미국 서부를 배경으로 하지만 이탈리아에서 제작된 영화를 말한다. 그중 첫 작품인 〈황야의 무법자〉에서 이스트우드는 무명의 남자라고 알려진, 차가운 눈빛의 과묵한 캐릭터로 데뷔했다. 그는 〈석양의 무법자〉와 많은 비평가들이 대작으로 꼽는 〈석양에 돌아오다〉 등 레오네 감독과 두 작품을 더 만들었다.

1971년은 이스트우드에게 중요한 해였다. 그는 〈어둠 속에 벨이 울릴 때〉로 감독으로 데뷔했고, 〈더티 해리〉의 주인공으로 또 다른 상징적인 역할을 만들어냈다. 이스트우드의 멘토 중 한 사람인 돈 시겔 감독이 만든 〈더티 해리〉는 주인공이 무심한 청부살인업자에서 무심한 부패 경찰로 바뀐, 레오네 영화의 발전상이라 할 수 있다. 이스트우드는 1980년대에 감독한 대부분의 영화에 직접 출연했는데, 주목할 만한 예외 작품으로는 전설적인 재즈 색소폰연주자 찰리 파커의 전기 영화로, 포레스트 휘태커가 주인공으로 출연해 호평받은 〈버드〉가 있다.

경험이 풍부해진 이스트우드는 비평가들과 관객들에게 깊은 감동과 연민을 느끼게 하는, 점점 더 간결해지는 연출 방식을 개발했다. 이를 이용해 그는 〈용서받지 못한 자〉로 최초의 큰 성공을 이뤘다. 서부영화 장르로 되돌아간 이 작품은 4개의 아카데미상을 수상했는데, 그중에는 이스트우드가 처음으로 받은 2개의 오스카 작품상과 감독상도 포함된다.

1990년대 이스트우드는 〈미스틱 리버〉, 〈밀리언 달러 베이비〉 그리고 2차 대전 드라마 〈아버지의 깃발〉, 〈이오지마에서 온 편지〉 등으로 당대 주요 감독이라는 명성을 다졌다. 〈밀리언 달러 베이비〉도 이스트우드에게 오스카 감독상과 작품상을 선사했다.

• 비평가 팀 덕스가 '1970년대의 중대한 자경대 영화'라고 불렀던 〈더티 해리〉는 여러 유사 작품들뿐 아니라 이스트우드가 출연한 4개 속편의 모티프가 되었다.

278 | FRI ⦿ 사회 | 버싱

공립학교에서 인종 구성비의 균형을 위한 노력으로, 1970년대 초부터 연방법원은 여러 학군들이 흑인 학생들을 백인 학군에 버스로 태워 보내고 그 반대로도 할 것을 명령했다. 버싱이라고 알려진 이 정책은 공격적인 반대에 부딪혔고 일부 도시에서는 폭동까지 일었다.

버싱은 1950년대와 1960년대, 학내에서의 인종차별 폐지를 요구하는 연이은 대법원 판결에서 비롯되었다. 가장 중요한 재판 사례였던 1954년의 브라운 대 교육위원회 재판은 학군이 흑인과 백인을 별개의 학교에 배정하는 것을 불법화했다. 그러나 시민평등권 옹호자들은 브라운 재판이 평등한 교육을 보장하지 못한다고 주장했다. 그들은 단순히 차별을 불법화한다고 해서 인종 구성비 면에서 균형 잡힌 학교가 되지는 않는다고 했다. 학군은 지리적 위치와 도심의 인접 지역에 따라 배정되기 때문에 결국 학교들 사이에서 실질적인 차별이 생길 수밖에 없었다. 그리고 버싱 지지자들은 백인 동네의 학교들이 부유하기 때문에 흑인들은 불가피하게 열등한 교육을 받게 될 것이라고 주장했다.

최초의 버싱 명령은 1969년 노스캐롤라이나주의 샬롯에서 내려졌다. 수십만 명의 백인 부모들이 이 명령에 항의하는 청원에 서명했고, 1971년 법원이 이 명령의 타당성을 인정하면서 다른 도시에서도 버싱 명령이 발동하는 물꼬를 터주었다. 같은 해 버지니아주 리치몬드에서, 1981년에는 인디애나주 인디애나폴리스에서 버싱 명령이 내려졌고, 수십 개의 다른 도시들에서도 인종적으로 균형 잡힌 학교를 만드는 과제가 안겨졌다. 그러나 국가적인 관심을 받은 것은 보스턴에서 발생한 버싱 사건이었다. 1974년 보스턴 학교들이 인종차별 패턴을 보여왔다고 확신한 한 연방판사가 버싱을 의무화했던 것이다. 학부모들은 격노했고 백인 시위자가 깃대로 흑인 변호사를 찌르려고 한 사건도 발생했다.

학교들은 1990년 버싱을 폐지하기 시작했고, 2007년 대법원이, 지난 과거의 차별을 시정하기 위한 의도가 아니라면 인종 구성비의 균형을 이루기 위해 학교 배정 요인으로 인종을 삼는 것은 불법이라는 판결을 내리면서 일부 학군들이 '우연에 의한' 인종차별을 바로잡으려는 노력을 하지 못하게 했다. 비판자들은 대법원이 다시 인종차별이 생기게 허용했다고 비난했다.

• 사진작가 스탠리 포먼은 1976년 보스턴 시청 앞에서 열린 반버싱 집회를 찍은 사진으로 퓰리처상을 수상했다.
• 2001년에 한 재판관이 30년 동안 이어져온 버싱 프로그램을 끝내면서 샬롯에서 폐지되었다. 보스턴은 2000년에 버싱 프로그램을 폐지했다.
• 《USA투데이》에 따르면 미 공립학교에 다니는 백인 학생들의 약 43%가 백인이 90% 이상인 학교에 다닌다고 한다.

279 | SAT 🏆 스포츠 | 데일 언하트

위협자이자 아이언헤드로 알려진 한 남자가 자신을 유명하게 만들어준, 공격적이고 두려움 없는 자동차 경주를 하다가 사망했다. 2001년 데이토나 500 나스카 경주에서 데일 언하트가 과감하게 앞지르기를 시도하다가 다른 차와 충돌한 후 시속 257km로 벽에 정면충돌했다. 거친 선수라는 명성 때문에 언하트가 다시 레이싱을 하지 못하게 되리라고 믿는 사람은 거의 없었다. 그러나 충돌 사고가 일어나고 몇 시간 만에 그에게 두개골 골절로 인한 사망 진단이 내려졌다.

그것은 눈부신 활동을 끝내는 충격적인 결말이었다. 언하트는 76번 나스카 대회 우승을 차지했고 윈스턴컵 우승도 7번 차지하면서 리처드 페티와 우승 횟수에서 동률을 이뤘다. 대부분 트레이드마크인 쉐보레 몬테카를로 3번을 몰았던 그는 레이싱에서 거둔 승리로 통산 4100만 달러 이상의 상금을 모았고, 지역 스포츠에 불과하던 스톡카 레이싱을 전국적인 엔터테인먼트 경기로 탈바꿈시키는 데 이바지했다.

레이싱 트랙에서 이룬 업적 외에도 그는 또한 데일 언하트 인코퍼레이트 레이싱팀을 운영하는 성공적인 경영자이기도 했다. 그가 죽은 경주에서 그의 레이서 2명이 1위와 2위를 차지했다. 마이클 월트립이 1위를 차지했고, 데일 언하트 주니어가 2위를 차지했던 것이다.

아버지 언하트는 대단한 인기도 누리고 있었는데, 그로 인해 1990년대 말까지 레이싱 외에도 홍보와 기념품 판매로 매년 4000만 달러 이상으로 추정되는 돈을 벌었다. 언하트가 사망한 후 조지 부시 대통령은 그를 '국가의 아이콘'이라고 불렀고, 언하트의 팬들은 모든 나스카 경기의 3바퀴째에 세 손가락을 세우는 등 다양한 방식으로 그를 추모했다.

그의 가장 기억에 남는 승리는 1998년 데이토나 500이었다. 그는 데이토나 인터내셔널 스피드웨이에 출전한 어느 누구보다 더 많은 경주에서 우승을 했지만, 단 한 번도 나스카 슈퍼볼에서 우승한 적이 없었다. 그러나 20번째 시도 만에 마침내 우승을 거머쥐면서 59연속 무승 행진에 종지부를 찍었다.

- 언하트는 올해의 나스카 신인 레이서로 선정되고, 이듬해 연속으로 윈스턴컵 우승을 차지한 유일한 레이서이다.
- 언하트가 사망한 후 열린 첫 번째 데이토나 경기인 펩시 400에서 그의 아들이 우승을 차지했다. 언하트 주니어는 그의 아버지가 우승한 1998년 이후 6년 뒤인 2004년에 데이토나 500에서 우승을 차지했다.
- 언하트 최고의 시즌은 1987년으로, 11경주에서 우승했고, 29번 출전한 경주 중 5위권에 21번을 들었다. 그해 그가 받은 총 상금은 200만 달러가 넘었다.

280 | SUN ✻ 팝 | 리처드 프라이어

리처드 프라이어는 인종차별 및 다른 사회적 병폐에 대한 직접적인 발언과 저속하고 노골적인 중독성 유머로 당대에 가장 인기 있는 스탠드업코미디언이 된 선구적인 아프리칸–아메리칸 코미디언이었다.

프라이어는 일리노이주 피오리아에서 매춘부와 포주의 아들로 태어났다. 그는 6세 때 이웃 사람에게 강간당했고 몇 년 후 가톨릭 신부에게 성추행을 당했으며, 10세 때 어머니에게 버림받고 14세 때 학교에서 퇴학당했다.

프라이어는 아주 어린 시절에 코미디로 눈을 돌려 어려움에 대처하는 법을 배웠다. 그는 12세 때 룸펠슈틸츠킨의 프로덕션에서 처음으로 촌극을 연기했다. 최초의 성공적인 아프리칸–아메리칸 주류 코미디언인 빌 코스비의 사례에서 영감을 받은 프라이어는 1963년에 뉴욕으로 이주했고 머지않아 주요한 존재로 자리매김하기 시작했다. 데뷔하고 몇 년 만에 그는 〈에드 설리번 쇼〉 같은 주요 TV프로그램에 등장하기 시작했다. 그는 1967년 〈비지 바디〉에 영화배우로도 데뷔했다.

1970년대에는 그의 연기는 코스비가 위협적이지 않은 프로그램에서 보여왔던 모습에서 벗어나면서 훨씬 더 많은 논란을 일으켰다. 프라이어는 미국에서의 인종 갈등에 대해 솔직하게 말했고, 비속어를 사용했으며, 한번은 한창 중독이 심할 때 실제로 '코카인 흡입'을 했다고 주장하면서 코카인 남용 같은 터부시되는 주제를 논하기도 했다. (순화 코카인을 제조하다가 자기 몸에 불이 붙기도 했다고 한다.) 프라이어는 계속해서 이런 식으로 몇 년 동안 일하면서 널리 호평을 받은 음반과 영화를 발매하고 여러 영화에 출연했다.

그러나 1986년 프라이어는 다발성경화증 진단을 받았다. 그는 그 후에도 몇 년 동안 계속해서 연기를 했지만 곧 은퇴할 수밖에 없었다. 그는 65세의 나이로 사망했다.

- 1979년 고무적이었던 케냐 여행 후 프라이어는 '니거'라는 단어를 다시는 사용하지 않았다.
- 프라이어는 1974년도 영화 〈블레이징 새들스〉의 시나리오를 멜 브룩스 감독과 공동으로 작업했다.
- 1997년에 프라이어는 데이비드 린치 감독의 영화 〈로스트 하이웨이〉에 카메오로 출연했다. 그 당시 그는 병으로 인해 상당히 약해져 있었고 휠체어를 타고 다녀야 했다.

281 | MON 👤 인물 | 미하일 고르바초프

미하일 고르바초프는 글라스노스트(개방)와 페레스트로이카(개혁)가 공산주의 체제를 활성화하고 현대화해줄 것이라는 믿음이 거짓으로 드러나자 병든 소비에트 연방을 개혁하고 다시 활성화시키기 위한 탐색을 한 끝에 1991년 자국을 죽음으로 몰았다.

고르바초프가 1985년 소비에트 공산당 서기장에 올랐을 때 소비에트 연방은 경제적인 침체에 직면한 상태였다. 그는 문제를 해결하기 위해 글라스노스트를 통해 국민들에게 더 많은 언론의 자유를 주었다. 페레스트로이카를 통해서는 시장경제를 향해 천천히 전환하기 시작하면서 소규모 사업장의 개인 소유와 수익성을 허용하고 경제에 대한 정권의 통제를 줄여나갔다.

그러나 그의 개혁은 나라를 활성화하기는커녕 오히려 의도하지 않은 결과를 낳았다. 소비에트의 강경파들은 그를 지나치게 진보적이라고 비판했고, 진보주의자들은 새롭게 얻은 자유를 이용한 그의 개혁이 충분하지 않았다고 비판했다.

국제적으로 그는 미국과의 무기 경쟁에 대한 중단을 요구했고, 1988년 아프가니스탄과 소비에트 연방과의 전쟁이 끝났다고 발표했다. 또 다른 동유럽 연합국가들이 스스로 정치의 미래를 결정할 수 있게 허락하겠다고 선언했다. 그 결정은 1989년 동유럽, 체코슬로바키아, 폴란드를 비롯한 유럽 전역에서 공산주의 정권의 잇따른 붕괴로 이어졌다. 도미노 현상은 소비에트 연방까지 영향을 미치면서, 먼저 글라스노스트가 독립을 향한 더욱 큰 외침으로 이어졌고, 에스토니아, 라트비아, 리투아니아 같은 지역이 독립을 선언하게 되었다. 주변 국가들이 무너지면서 소비에트 강경파들이 이끄는 쿠데타에 의해 1991년 8월, 고르바초프는 정권에서 물러났다. 그는 며칠 만에 다시 정권을 탈환했지만 정치적으로 상당히 약해져 있었고, 4개월 후 소비에트 연방은 역사 속으로 사라졌다.

고르바초프의 유산에 대한 평가는 복합적이다. 《타임》이 소비에트 모델을 해체하고 냉전을 끝낸 선지자적인 지도자로서 그를 1980년대의 인물로 선정하는 등 서양에서는 찬사를 받았으나 러시아에서 그의 리더십은 생필품을 얻기 위한 긴 줄, 부패로 향하는 새로운 방법, 빈부격차의 심화, 충격적이고 수치스러운 제국의 붕괴를 가져왔다.

• 고르바초프는 소비에트 연방의 스타브로폴에서 농부의 아들로 태어나 1952년 공산당에 입당했고 1971년 중앙위원으로 선출되었으며, 1980년 정치국원이 되었다.
• 고르바초프는 1990년 노벨평화상을 수상했다.
• 그의 외모에서 가장 두드러진 특징은 이마에 난 포트와인색 모반이다.

282

백년 동안의 고독

세계의 눈을 라틴 아메리카 문학의 풍부함으로 돌린 단 하나의 작품이 있다면 그것은 누가 뭐래도 《백년 동안의 고독》일 것이다. 콜롬비아 소설가 가브리엘 가르시아 마르케스의 이 대표작은 토착 인종의 뿌리에서부터 유럽의 지배, 현대의 독재 정권에 이르기까지 전반적인 라틴 아메리카의 역사를, 한 마을을 관찰한 렌즈를 통해 한 편의 소설 속에 모두 담아놓았다.

《백년 동안의 고독》의 배경은 가르시아 마르케스의 고향 콜롬비아 아라카타카를 대략적인 모티프로 삼은 마콘도라는 가상의 마을이다. 소설의 장황한 줄거리는 부엔디아 가족의 가장 호세 아르카디오 부엔디아가 이 마을을 세울 때부터 그 후 다섯 세대에 이르기까지 걸쳐 있다.

시간이 지나면서 마콘도에 닥친 사건들은 콜롬비아와 라틴 아메리카 전체의 역사를 반영한다. 아주 작은 마을로 시작했던 이 도시는 번성하는 교역 허브로 발전하며 외부의 관심을 받게 된 뒤 진보주의자와 보수주의자들 사이에 장기간에 걸친 잔인한 내전의 발화점이 되기도 한다. 점점 수가 늘어나는 부엔디아 가족은 이런 정치 경제적 사건의 중심에 있고, 그들의 집은 건축에서 수리까지 콜롬비아 자체를 농축한 상징이다. 심지어 집의 장식까지도 캐릭터의 좌파 혹은 우파 성향에 따라 빨간 페인트나 파란 페인트로 칠해진다.

소설은 자세하고 현실적인 묘사가 환상적인 요소와 매끄럽게 혼합되는 마술적 사실주의의 걸작이다. 소설 전체에 담긴 가르시아 마르케스의 중심 주제는 역사의 순환으로, 그는 부엔디아 가문 대대로 캐릭터의 이름을 반복하면서 강조하는데, 캐릭터와 이름은 예측 가능한 패턴으로 나뉜다. 예컨대 호세 아르카디오라는 이름의 남자들은 강압적이고 경솔한 반면, 아우렐리아노라는 이름을 가진 사람들은 예민하고 사려 깊은 경향을 보인다. 한 세대에 적어도 17명의 아우렐리아노라는 이름이 반복되어 읽기에 혼란스럽지만 가르시아 마르케스 글만의 명확성과 묘한 매력으로 그 혼란스러움이 감소된다.

• 가르시아 마르케스의 소설은 1970년에 처음으로 영어로 번역 출간되었고 세계적인 베스트셀러가 되었다. 그 후로 이 작품은 30여 개의 언어로 번역되어 3000만 부 이상이 판매되었다.
• 그는 쿠바의 피델 카스트로 정권을 지지하고 좌파 정치의 대의를 지지한다고 알려져 있다.
• 가르시아 마르케스의 작품들은 사실과 픽션의 경계가 모호한데, 특히 그의 아버지와 어머니의 사랑을 바탕으로 한 소설 《콜레라 시대의 사랑》은 이 특징이 더 두드러진다.

음악

283 블랙 사바스

1960년대 말, 영국의 산업 도시 버밍엄에 사는 4명의 어린 시절 친구들이 재즈 블루스 밴드를 결성했다. 크림, 레드 제플린 같은 무거운 기타 연주 기반의 그룹에 영감을 받은 이 소년들은 자신들의 기타 볼륨을 최대한 올리고 컬트소설의 제목 블랙 사바스를 밴드의 이름으로 삼았다. 사바스는 날카롭게 외치는 보컬, 사악한 테마, 질벅질벅하고 무거운 베이스를 합쳤고, 1970년 밴드명과 동명의 데뷔 앨범을 발매하면서 헤비메탈 장르를 창조했다.

사바스의 사운드가 무겁고 가사가 그토록 사악한 데 대해서는 전해오는 이야기가 있다. 베이스기타의 테렌스 '기저' 버틀러는 어두운 판타지와 흑마술의 팬이었다. 사고로 손가락 끝을 절단한 기타리스트 토니 아이오미는 자신의 기타를 연주하기 편하게 낮은 음으로 세팅해야 했다. 비관적인 가사와 무거운 사운드는 무대 위 리드보컬 오지 오스본의 괴상한 행동과 완벽하게 맞아 떨어졌다. 그는 노래를 제대로 부르는 데는 크게 신경 쓰지 않고 흐느끼고 몸부림만 쳤다.

블랙 사바스는 복잡하거나 지나치게 지적인 곡은 만들지 않았다. 비평가들과 안목 있는 음악가들 사이에서는 평생 인기가 없었지만 그렇다고 이 밴드가 팬이 없었던 것은 아니다. 10대들은 사바스가 마약, 정신질환, 섬뜩한 판타지 등 청소년기의 어두운 면에 대해서 이야기했기 때문에 이 밴드에 열광했다. 어쩌면 새로운 세대의 10대들이 1960년대의 평화와 사랑에 피로감을 느꼈을지도 모르고, 어쩌면 사바스가 터부시되던 아픈 곳을 건드렸는지도 모른다. 이 밴드는 팬들에게 소리치고, 요동치고, 도발적이고 엉망이 되라고 독려했고 메탈리카, 판테라, 슬레이어 같은 헤비메탈 밴드를 만든 사람들에게 영감을 주었다.

- 오지 오스본은 1979년에 심각한 마약 문제로 블랙 사바스에서 퇴출되었고, 그 후 블랙 사바스 매니저의 딸 샤론 아든과 결혼했다.
- 블랙 사바스는 이 밴드의 3번째 이름이었다. 처음에는 폴카 터크 부르스 컴퍼니로 지었다가 어스(Earth)로 바꿨다. 그런데 어스라는 이름을 가진 또 다른 순회공연 밴드가 있었기 때문에 블랙 사바스로 밴드명을 교체했다.
- 2002년부터 2005년까지 MTV는 오지 오스본과 그의 가족의 생활을 시간순으로 다룬 〈더 오스본즈〉라는 리얼리티 쇼를 방영했다.

284

우디 앨런

우디 앨런은 가장 작품을 많이 만드는 현대 미국 영화의 거장으로 지난 반세기 동안 거의 매년 장편영화 한 편을 잇달아 제작했다. 그의 영화들은 드라마와 코미디, 로맨스와 관계의 불안, 삶, 죽음과 뉴욕에 대한 애정이 혼합돼 있다.

앨런(본명 앨런 코니스버그)은 희극 작가 겸 스탠드업코미디언에서 극작가, 시나리오 작가 그리고 마침내 영화감독으로 변신했다. 〈돈을 갖고 튀어라〉라는 페이크 다큐멘터리로 시작된 연출 초기에는 〈바나나 공화국〉, 〈슬리퍼〉, 〈사랑과 죽음〉 등 마르크스 형제(미국 가족코미디 예능 단체 ― 옮긴이)에게 영향을 받은, 주로 부조리주의의 엉뚱한 코미디들을 연출했다. 이런 영화는 그가 가장 많은 작품을 연출한 시기로 이어져 가장 이지적이고 달콤 쌉쌀한 로맨틱코미디 영화들이 탄생했다.

호평과 상업적인 성공을 거둔 〈애니 홀〉은 아카데미 작품상, 감독상, 각본상(앨런과 마샬 브릭맨) 그리고 여우주연상(다이앤 키튼)을 받았다. 〈애니 홀〉은 1970년대 말 할리우드에서 가장 소중한 것을 짤막하게 묘사한다. 신경질적인 유대계 뉴요커가 똑같이 신경질적인 중서부 앵글로색슨계 백인 신교도와 사랑에 빠지는 이야기를 그린 앨런의 영화는 보통 30대와 40대가 말하고 살아가는 모습을 그린다. 지적이면서도 대중 문화적 요소가 가득 차 있는 이 영화는 약 4000달러의 수익을 냈는데, 같은 해 크게 성공한 〈스타워즈〉에 비하면 보잘것없지만 그해 오스카 작품상은 〈애니 홀〉에게 돌아갔다.

앨런은 잃어버린 사랑에 대한 사랑의 노래인 동시에 그가 사랑한 뉴욕에 대한 찬가이기도 한 〈맨해튼〉으로 또 한 번의 호평을 이끌어냈다. 〈젤리그〉는 경이로운 특수 효과가 담긴 작품으로, 10년 후 〈포레스트 검프〉라는 기술적으로 획기적인 작품이 탄생하도록 길을 터주었다.

- 앨런은 총 21번 오스카상 후보에 올랐는데, 각본상 후보로 14번, 감독상 후보로 6번 그리고 연기로 단 1번 후보에 올랐고, 그중 3번 수상했다(각본상 2번, 감독상 1번).
- 〈애니 홀〉로 앨런은 〈시민 케인〉의 오손 웰스 이후 한 영화로 아카데미상 감독상, 남우주연상, 각본상에 후보로 오른 2번째 인물이 되었다.
- 앨런은 미아 패로, 다이앤 키튼 등 여주인공들과의 연애로 유명하다. 특히 패로우와 앨런은 12년간 결혼 생활을 이어가다가 뉴욕 타블로이드지에 실린 쌉쌀한 양육권 다툼을 끝으로 헤어졌다. 앨런은 후에 패로우가 피아니스트 앙드레 프레빈과 결혼했을 당시 입양한 순이 프레빈과 결혼했다.

285 | FRI ⓟ 사회 | 데탕트

'긴장 완화'를 뜻하는 단어 데탕트(Détente)는 1960년대에 시작되어 소비에트 연방과 그 동맹국들이 보다 평화적인 입장을 수용하도록 정책 입안자들을 이끌었던 미국 외교 정책의 전환을 가리킨다. 미국에서는 데탕트가 로널드 레이건이 대통령으로 선출되어 다시 소비에트에 대해 강경 노선을 취하기 시작했던 1980년에 끝났다.

데탕트 기간 동안 가장 중대한 두 사건으로 1972년 미국과 공산주의 국가인 중국과의 외교 동맹 체결과, 미국과 소비에트 연방의 핵무기 규모를 줄이기 위해 무기통제 조약협상을 이룬 것을 꼽을 수 있다.

데탕트는 두 냉전 국가의 지도자들이 1962년에 발생한 쿠바 미사일 사건 때 하마터면 핵전쟁으로 이어질 뻔한 위기를 타개할 방법을 모색하면서 1960년대 초에 등장했다.

양측에는 경제 또한 중요한 역할을 했다. 소비에트 연방 지도자인 레오니트 브레즈네프는 미국 군사력과 보조를 맞추다가 자국을 파산시킬까 두려워했고 미국 경제 또한 1970년대 초에 고전을 면치 못했다.

중국과의 동맹은 국가안보보좌관이었던 헨리 키신저와 중국 지도자들 사이의 은밀한 협상이 진행된 지 6개월도 더 지난 후에야 체결되었다. 1972년 리처드 닉슨 대통령이 베이징을 방문했고 중국의 만리장성을 둘러본 후 중국의 지도자 마오쩌둥과 만났다.

같은 해 후반, 미국과 소비에트 연방의 협상가들이 양측의 전략 핵미사일 발사 장치의 수를 제한하는 전략무기제한협정(SALT)에 합의했다. 이 협정 덕분에 냉전 중 긴장이 줄어들게 되었다.

그러나 일부 미국인에게는 데탕트가 공산주의에 대한 조건부 항복을 나타내는 것으로 비춰지기도 했다. 레이건은 1980년 대통령 선거에서 보다 공격적인 외교 정책을 펼치겠다는 공략을 내세웠고, 대통령직에 오른 후 소련을 '사악한 제국'이라고 부르는 등 정치적 미사여구와 방위비 예산을 대대적으로 늘리며 소비에트 연방에 대해 열을 올렸다.

- 미국과 소비에트 연방은 1972년에 생화학무기 금지에 대해서도 동의했다.
- 미국과 소비에트 연방의 관계가 나아졌다는 실질적인 표시로 양국은 1975년 아폴로 소유즈 프로젝트에 협력했다.
- 데탕트를 끝낸 대형 사건은 1979년 크리스마스에 시작된 소비에트 연방의 아프가니스탄 침공이다.

286 | SAT 🏆 스포츠 | 마르티나 나브라틸로바

발리 기술이 뛰어난 테니스선수 마르티나 나브라틸로바는 타의 추종을 불허하는 기록을 세웠다. 그녀는 1978년 첫 번째 메이저 우승을 차지했을 때부터 2006년 마지막으로 우승했을 때까지 18번의 단식 우승, 31차례의 여자복식, 10번의 혼합복식에서 우승하는 등 59번의 커리어 그랜드슬램 토너먼트 우승을 따냈다. 또한 9번의 윔블던 단식 우승, 167번의 단식 우승, 178번의 복식 우승도 있다. 어떤 사람들은 단식, 여자복식, 혼합복식에서 커리어 그랜드슬램을 달성한 그녀를 역사상 가장 위대한 여자 단식, 복식 선수로 꼽기도 한다. 또한 그녀는 최초로 동성애자임을 밝힌 적극적인 프로선수로서 명성도 얻고 수백만 명의 사람들로부터 존경도 받았다.

나브라틸로바는 공산주의 국가인 체코슬로바키아의 프라하에서 태어났고 16세에 프로여자 테니스투어에 합류했다. 2년 후인 1975년 그녀가 호주오픈과 프랑스오픈 결승에 진출하고 미국으로 망명하면서 프로선수로, 그리고 개인적으로도 돌파구를 마련했다.

그녀는 미국의 패스트푸드 식습관에 적응하면서 활동 초반에는 몸무게로 고생했지만 신체 단련에 전념했고, 1980년대에 가장 우세한 여자 테니스선수가 되었다. 그녀는 1982년부터 1987년까지 매년 최소한 2번씩 우승하는 등 1980년대에 출전했던 18번의 메이저 단식 대회 가운데 15번 우승을 차지했다.

나브라틸로바는 라이벌인 에버트와 벌인 초반 25번의 경기 중 21번을 졌지만, 결국 43승 37패라는 통산 기록을 세우게 되었다. 그들의 경쟁과 상반되는 경기 스타일로 1980년대 여자 테니스의 인기가 급증했다.

나브라틸로바는 1994년에 은퇴했다가 2000년에 재기한 후 대부분 복식 경기에만 출전했다. 그녀는 2006년 마지막 커리어 토너먼트 경기인 US오픈에서 혼합복식 우승을 차지하며 영원히 은퇴했다.

● 나브라틸로바가 차지한 20번의 윔블던 우승(단식, 복식, 혼합복식)은 빌리 진 킹의 기록과 동률이다.
● 나브라틸로바는 1981년 미국 시민이 되었다.
● 그녀가 가장 우수한 성적을 보였던 해는 1983년과 1984년으로, 모두 3개의 그랜드슬램 단식 우승을 차지했다. 1983년에는 단식에서 86승 1패를 기록했고, 1984년에는 74경기에서 연속으로 승리했다.

287

새터데이 나이트 라이브

1975년 10월 11일에 첫 방영된 〈새터데이 나이트 라이브(SNL)〉는 그 후로도 쇼의 구성 방식을 대부분 그대로 유지했다. 유명 진행자, 고정출연하는 코미디언 그리고 게스트 뮤지션들의 막간 공연으로 이루어진 구성은 지금도 그대로다. 현재 가장 장수하는 고정 TV프로그램인 이 쇼는 처음 방송된 후 수십 년간 많은 우여곡절을 겪었고 수많은 코미디언들의 시발점이 되어주었다.

〈SNL〉은 원래 NBC방송국이 주중 심야 TV 방송 시간대에 최고의 시청률을 누리던 프로그램을 활용해 주말 심야 프로그램으로 만들어 그 시간대까지 장악하려던 의도로 출발했다.

원작 〈SNL〉 출연진은 대부분 유명하지 않은 뉴욕과 토론토의 코미디언으로 구성되었다. '낫 레디 포 프라임 타임 플레이어스('프라임 시간대에 출연하기에는 아직 준비가 덜 된' 이라는 뜻 — 옮긴이)'라고 알려진 출연진들에는 셰비 체이스, 댄 애크로이드, 존 벨루시, 길다 래드너 등이 포함되었는데, 모두 후에 상당한 유명세를 타게 되었다. 벨루시와 애크로이드는 그들의 코너 〈블루스 브러더스〉를 바탕으로 만든 성공적인 영화에 출연하면서 1980년 더욱 많은 관객을 확보했다. 다른 많은 영화들도 〈SNL〉의 코너를 바탕으로 했는데, 가장 유명한 것이 1992년의 〈웨인즈 월드〉이다.

〈SNL〉은 체이스의 서툴고 엉덩방아를 잘 찧는 제럴드 포드 대통령에서부터 에디 머피가 분장한 스티비 원더에 이르기까지 출연진이 연기했던 여러 분장으로도 주목할 만하다. 이 쇼는 지금도 계속해서 새로운 희극 인재들을 육성하는 요람 역할을 한다. 최근에는 〈SNL〉 스타 티나 페이가 직접 시트콤을 제작하기도 했다. 〈30 록〉이라는 이 시트콤은 〈SNL〉 같은 촌극 코미디쇼의 은밀한 어려움을 그린다.

- 〈SNL〉 첫 회의 진행자는 코미디언 조지 카린이었다.
- 〈웨인즈 월드〉만큼 성공한 영화는 없었지만, 〈SNL〉 코너가 낳은 장편영화로는 〈콘헤드〉, 〈남자 그리고 여자〉 그리고 〈해결사 스튜어트〉 등이 있다.
- 짐 헨슨은 〈SNL〉의 원년 멤버로, '랜드 오브 고치'라는 코너에 그의 머펫들을 출연시켰지만 오래가지 못했다.

288

퍼블릭 에너미

1980년대, 선구적인 힙합 그룹 퍼블릭 에너미가 사회 인식이 담기고 정치적인 동기가 부여된 가사뿐 아니라 1990년대 갱스터랩(도시의 범죄단, 폭력, 마약, 여성 비하 등의 가사로 된 랩 음악 ─ 옮긴이)의 전조가 되는 보다 거친 사운드로 랩을 만들었다.

리더인 척 디가 이끄는 퍼블릭 에너미의 멤버들은 1980년대의 아프리칸-아메리칸들의 분노와 사회적 불만에 다가갔고, 마약, 폭력, 인종차별에 시달리는 흑인 공동체의 대변인이 되어, 스스로를 '검은 CNN'이라고 평가했다. 〈파이트 더 파워〉, 〈돈 빌리브 더 하이프〉 같은 곡들로 이 그룹은 흑인 미국인들의 의식을 고취시키고 보다 넓은 정치적, 사회적 정황 속에서 그들의 곤경을 이해하도록 유도했다.

원래 척 디, 플래보 플래브, 프로페서 그리프, 디제이 터미네이터엑스로 구성되었던 이 그룹은 1982년 롱아일랜드의 아델피대학교에서 결성되었다. 척 디의 쉽고 직접적인 리듬과 플래보 플래브의 때로는 터무니없고 거친 가사를 사용해, 퍼블릭 에너미는 1987년 《요! 범 러시 더 쇼》라는 첫 번째 앨범을 발매했다.

그러나 이 그룹을 스타 반열에 올려준 것은 퍼블릭 에너미의 2번째 앨범 《잇 테이크스 어 네이션 오브 밀리언스 투 홀드 어스 백》이었다. 이는 R&B 차트에서 1위를 차지했고, 중대한 힙합 앨범이자, 1980년대에 가장 영향력 있는 앨범으로 꼽힌다.

이듬해 퍼블릭 에너미는 싱글 〈파이트 더 파워〉로 문화적 절정에 이르렀다. 스파이크 리 감독의 논란 많은 영화 〈똑바로 살아라〉의 주제곡이었던 〈파이트 더 파워〉는 흑인 공동체와 모든 젊은 미국인들이, 이 그룹이 부패한 권력 구조로 여겼던 것의 포악함을 인식하고 그에 맞서 싸우기 위해 무장을 하라는 외침이었다.

이 곡으로 퍼블릭 에너미의 3번째 앨범 《피어 오브 어 블랙 플래닛》이 팝 차트에서 10위에 올랐지만, 이 밴드의 영향력과 상업적인 파급력은 곧 약해졌다. 플래브 플래보의 마약 문제와 법적 다툼은 물론, 프로페서 그리프의 반유대교적 발언이 이 그룹의 신뢰에 해를 가하기도 했지만, 그저 그들의 시대가 지나버린 탓도 있었다.

• 플래보 플래브는 사이드킥 랩의 역할을 만든 사람으로 인정받고 있으며, 그의 금니, 만화 같은 선글라스 그리고 그가 목에 걸었던 커다란 시계로 한눈에 알아볼 수 있다.
• 플래보 플래브는 〈서리얼 라이프〉와 〈플레이버 오브 러브〉 등 다양한 리얼리티 TV프로그램에 출연했다.
• 퍼블릭 에너미는 세계 순회공연을 한 최초의 힙합 그룹이었고 1992년 U2의 주TV(Zoo TV) 순회공연의 오프닝에 등장하기도 했다.

289

포스트모더니즘

포스트모더니즘 문학은 1940년대 즈음에 뿌리를 내렸고 지금까지도 번성하는 장르이다. 범위도 넓고, 모호하게 정의되는 포스트모더니즘은 여러 형태로 글을 쓰는 여러 국적의 다양한 작가들을 아울렀다. 그러면서도 포스트모더니즘 작품들은 여러 가지 중심적인 특성들을 가지고 있는데, 자기표현, 아이러니한 유머, 각기 다른 스타일과 장르의 모호성, 고급문화와 저급문화의 혼합, 비주류사회의 관점을 대변하는 목소리, 초기 작품이나 인물들을 새로운 관점으로 재구성하는 것 등이 있다.

이름이 암시하듯이 포스트모더니즘은 앞서 발생했던 주요 모더니즘 문학에서 대부분 발전했다. 제임스 조이스, 버지니아 울프, 윌리엄 포크너, T.S 엘리엇 같은 모더니즘 작가들은 20세기 세상이 인류의 고립, 소외감, 불확실성이 영글어 산산조각 난 풍경으로 급속하게 변해가고 있는 것을 보았다. 그러나 포스트모더니즘 작가들에게 이 세상은 더 이상 새롭거나 낯설지 않았다. 주어진 그대로를 받아들인 그들은 좀 더 재미있고, 동떨어져 있으며, 유머감각이 넘치는 관점으로 세상을 살펴봤다.

여러 포스트모더니즘 작품들은 현 세상이 가진 문제를 조사하기 위해 블랙코미디와 아이러니를 사용한다. 조셉 헬러의 《캐치-22》, 커트 보니것의 《제5 도살장》 같은 소설들은 부산하고 희화적인 스토리텔링을 이용해 현대 전쟁의 참상을 드러낸다. 토머스 핀천과 돈 드릴로의 소설들은 피해망상, 잘못된 의미 그리고 정보의 과부하로 가득 차 있다.

이뿐만 아니라 포스트모더니즘 작품들은 종종 작가, 독자 그리고 작품 사이의 관계를 가지고 장난치기도 한다. 《프랑스 중위의 여자》에서 존 파울즈는 이야기 속에 자기 자신을 삽입하고, 3가지 각기 다른 결말을 포함시켰으며, 그 자신도 자신의 성격을 통제할 수 없다는 것을 암시해놓았다. 이탈로 칼비노의 《어느 겨울밤 한 여행자가》는 전혀 다른 10가지 소설의 챕터들을, 칼비노가 독자들에게 직접 제시하는 구절들과 섞어 읽는 경험 자체를 탐구하게 했다.

• 포스트모더니즘 작가라는 꼬리표가 붙은 무수히 많은 작가들 중에는 톰 스토파드, 진 리스, 움베르토 에코, 존 가드너, 블라디미르 나보코프, 폴 오스터, 트루먼 커포티, 살만 루시디, 존 바스, 윌리엄 개디스, 지넷 윈터슨, 필립 딕, 토니 모리슨 등이 있다.

• 포스트모던 문학은 광범위한 작품들을 아우르는 포스트 식민주의와 메타픽션 등 여러 가지 운동으로 구성돼 있다.

• 포스트모더니즘은 문학에만 국한되지 않았으며 가장 생산적인 분야는 건축이다. 주목할 만한 예로, 파리에 있는 퐁피두센터와 뉴욕에 있는 AT&T 건물을 들 수 있다.

290

스티비 원더

미시건주에서 스티블랜드 하다웨이 저킨스로 태어난 스티비 원더는 12세에 첫 번째 음반 계약을 맺었고 그로부터 1년도 지나지 않아 히트곡 〈핑거팁스(Pt. 2)〉를 녹음했다. 그 후 8년 동안 그는 〈마이 쉐리 아모르〉, 〈사인드, 실드, 딜리버드 아임 유어스〉 등 대표적인 팝 음악들을 연이어 발매했다.

성공에도 불구하고 태어날 때부터 앞을 보지 못했던 젊은 원더는 그의 레코드사 모타운에 점점 불만이 많아졌다. 그 당시 모타운의 사장 베리 고디는 예술가의 활동에 관한 모든 부분을 통제할 것을 고집했다. 자기 곡을 직접 고르고 싶었던 원더는 1971년에 음악 제작에 대한 통제권이 자신에게 더 주어지지 전까지 재계약을 거부했다.

그 후로 원더가 발매했던 5장의 앨범은 상업적으로도 성공했고, 발매 즉시 대표곡이 되면서 모타운의 우려를 가라앉혔다. 그중 첫 번째 앨범은 1972년에 발매된《뮤직 오브 마이 마인드》였고, 그해 후반《토킹 북》이 뒤이어 발매됐다.《토킹 북》에는 최고 히트곡 〈슈퍼스티션〉이 수록되어 있는데, 원더가 그전에 몇 년 동안 실험했던 고유한 리듬과 악기의 편곡이 완전하게 꽃을 피운 곡이었다.

그 후 원더는 몇 년 동안 팝의 세계를 지배했다. 가장 사회적으로 의식적인 앨범《이너비전》은 1973년에 발매되었고, 〈하이어 그라운드〉와 서사곡 〈리빙 포 더 시티〉가 수록되어 있다. 그는 이 앨범의 후속으로 1974년《풀풀링니스 퍼스트 피날레》를 발매했고 2장으로 구성된 앨범《송스 인 더 키 오브 라이프》를 1976년에 발매했다. 이 3장의 앨범 모두 그에게 그래미 최고앨범상을 안겨주었다.

원더는 지금도 새로운 앨범을 녹음하고 있고 계속해서 세계 순회공연을 다닌다.

- 원더는 1968년 에이베츠 레드나우(Eivets Rednow, 스티비 원더의 이름 스펠링을 거꾸로 써 놓은 것이다)라는 이름으로 기악 앨범을 발매했다.
- 1980년 앨범《하터 댄 줄라이》에 수록된 〈해피 버스데이〉는 시민평등권 운동의 지도자 마틴 루터 킹 주니어의 생일을 국경일로 지정하기를 요구했던 원더의 성공적인 캠페인의 일부였다.
- 스모키 로빈슨 앤 더 미라클스의 〈티어스 오브 어 클라운〉을 비롯해 다른 모타운 예술가들의 히트곡들 중에는 원더가 만들었거나 공동으로 만든 곡들이 있다.

291 | THU 🎥 영화 | 로버트 레드포드

한때 세계 최고의 영화배우였던 로버트 레드포드는 독립영화의 주요 지지자가 되었다. 그가 배우, 감독, 제작자로 이룬 업적은 무명 예술가가 최고가 되는 성공에 견줄 만했다.

무대와 TV에서 연기를 시작한 후 레드포드는 〈워 헌트〉로 스크린에 데뷔했고 닐 사이먼의 브로드웨이 히트 연극 〈맨발 공원〉의 동명 영화에서 제인 폰다의 상대역으로 첫 주연을 맡았다. 2년 후 그는 조지 로이 힐의 〈내일을 향해 쏴라〉에 출연하면서 할리우드 슈퍼스타가 되었다. 폴 뉴먼과 함께 연기한 2명의 주인공 중 선댄스 키드 역으로 분한 레드포드는 위험, 미스터리, 유머를 발산하며 전 세계 여성들의 갈망을 불러일으킨 얼굴이 되었다.

4년 후, 힐 감독과 뉴먼과의 협업은 1930년대 시카고에서 활동하던 사기꾼의 이야기를 그린 〈스팅〉으로 절정에 달했다. 이 영화는 작품상 등 7개의 아카데미상을 수상했고, 조니 후커를 연기한 레드포드는 남우주연상 후보에 올랐다.

그가 연기를 인정받은 작품들로는 정치에 초점을 맞춘 영화(〈후보자〉, 〈모두가 대통령의 사람들〉)와 스포츠 영화(〈다운힐 레이서〉, 〈내추럴〉) 그리고 스파이 영화(〈콘돌〉, 〈스니커즈〉, 〈스파이 게임〉)가 있다. 또 그는 메릴 스트립과 〈아웃 오브 아프리카〉에 함께 출연했는데, 이 영화는 7개의 아카데미상을 수상했다.

레드포드는 감독으로 데뷔한 영화 〈보통 사람들〉로 오스카 감독상을 수상했지만 대부분의 비평가들은 1950년대 〈트웬티 원〉이라는 TV 게임프로그램에 관한 스캔들을 다룬 〈퀴즈 쇼〉를 그가 감독한 최고의 작품으로 꼽는다.

1981년 레드포드는 유타주 파크시티 외곽에 선댄스재단을 설립하고 할리우드 스튜디오 체계 밖에서 제작되는 독립영화들을 양성하고 촉진하는 환경을 조성했다. 이 재단의 가장 눈에 띄는 결과물은 선댄스영화제로, 독립영화들이 개봉되어 주류의 성공을 이루기도 하는 포럼이다.

- 레드포드는 시드니 폴락 감독의 영화 7편에 출연했다. 그중에는 〈제레미아 존슨〉, 〈추억〉, 〈콘돌〉 그리고 〈아웃 오브 아프리카〉 등이 있다.
- 레드포드는 야구로 장학금을 받고 콜로라도대학교에 입학했지만 곧 음주로 팀에서 쫓겨났다.
- 그는 2002년 아카데미 평생공로상을 수상했다.

292 | FRI ☉ 사회 | 제왕적 대통령

1973년, 역사가 아서 슐레진저 주니어는 '제왕적 대통령'이라는 제목의 책을 출간했다. 500페이지로 된 이 저서에서 존 F. 케네디와 린든 존슨 대통령의 전 고문이었던 슐레진저는 미국 대통령들이 대내외적 사안에서 모두 합헌적인 권한을 체계적으로 넘어섰다고 비난했다.

슐레진저의 저서는 1970년대에 대통령직이 미국 정치체계 안에서 지나치게 많은 권력을 쌓아왔다는 우려를 구체화했다. 그 결과 의회는 대통령의 역할을 정부기관으로써 재확인하기 위해 일련의 법들을 통과시켰다.

제왕적 대통령의 기원은 프랭클린 루스벨트 대통령이 백악관의 관료제를 확대하고 대통령이 경제에 보다 직접적인 권한을 갖는 대내 정책을 도입했던 때로 거슬러 올라간다. 2차 대전 이후 양 정당의 대통령들은 외교 분야에서 자신들의 권력을 확대할 방법을 모색했다. 군대를 파병하기 위해서는 의회가 선전포고를 통과시켜야 했지만, 해리 트루먼 대통령은 1950년 선전포고 없이 미국의 주요 분쟁 중 처음으로 한국전에 개입했다.

1960년대와 1970년대에는 리처드 닉슨이 대통령 권한을 적극적으로 옹호했다. 유명한 1977년도 인터뷰에서 그는 대통령이 사실상 원하는 것을 전부 할 수 있다고 생각한다는 뜻을 밝혔다. 그는 "대통령이 하면, 그것은 불법이 아니라는 뜻입니다"라고 말했다. 부분적으로 닉슨에 반대하는 일환으로 의회는 1973년 전쟁제한결의안을 통과했다. 이 결의안은 군대를 전쟁에 파병하는 대통령의 권한을 제한했다. 의회는 또한 이듬해에 연방지출에 대한 통제권을 확장하기도 했다.

보다 최근에는 조지 W. 부시 행정부가 잠재적인 테러리스트들과 기소된 테러리스트을 감지하고 심문하기 위해, 대통령이 불법적인 도청과 고문을 지시할 수 있다고 선언하면서 대통령 권한을 확장하는 닉슨의 캠페인을 재개했다. 비평가들은 그가 제왕적 대통령을 소생시켰다고 비난했고, 의회는 이 관행을 맹렬히 비난하는 다수의 성명을 발표했다.

• 2차 대전 이후 미군이 수많은 분쟁에 관여했지만, 1942년 이후 의회가 외국에 대한 선전포고를 한 적은 없다.
• 의회는 '자금력'으로 외교정책에 대한 일부 통제권을 유지하고 있다. 입법자들은 베트남전에 참전한 미군 병력에 자금을 대기를 거부함으로써 베트남전을 끝낼 수 있었다.
• 슐레진저가 2004년에 재출간한 《제왕적 대통령》에는 부시 행정부까지 포함된다.

293 | SAT ♛ 스포츠 | 은반 위의 기적

1980년 동계 올림픽이 뉴욕주 레이크플래시드에서 열렸을 때 미국은 높은 물가상승률, 원유 부족, 이란에서의 충격적인 인질 사건으로 어려움을 겪고 있는 반면, 소비에트 연방은 아프가니스탄에 군대를 파병한 직후였다. 미국 전역은 사기가 떨어져 있었고 스피드 스케이트의 에릭 하이든 외에는 기대가 없었다. 20명의 대학생 선수들과, 허브 브룩스가 코치를 맡은 미국 하키 팀이 미국의 운을 바꿔놓을 것으로 생각하는 사람은 더욱 없었다. 올림픽 개막 3일 전에 열린 시범경기에서 그 전에 열렸던 6번의 올림픽 중 5번의 금메달을 획득했던 소비에트 연방이 미국 팀을 10:3으로 대파했다.

그러나 예선전이 시작되자 미국 팀에 탄력이 붙어 메달 기대주였던 스웨덴 팀과 2:2 무승부를 기록했고, 그다음 경기에서는 예상을 깨고 또 다른 메달 기대주인 체코슬로바키아를 7:3으로 눌렀다. 예선전 경기에서 3번 더 승리한 후 미국 팀은 준결승에 진출했고, 1980년 2월 22일 무적으로 여겨지는 소련 팀과 경기를 앞두었다.

모든 사람들의 예상을 깨고 미국 팀은 3:2로 1점만 뒤진 상태에서 3피리어드를 맞이했다. 소련 코치 빅토르 티호노프는 1피리어드 후에 이미 스타 골키퍼인 블라디슬라프 트레티아크를 빼고 블라디미르 미스킨을 출전시킨 상태였는데, 양 팀 모두가 의외로 생각한 선수 교체였다. 반면 미국 골키퍼 짐 크레이그는 미국 골대 안에서 멋지게 활약하고 있었다. 3피리어드가 8분 39초 지났을 때 3:3 동점이 됐고, 불과 1분 21초 후 주장 마이크 에루지온이 리스트샷을 때리면서 미국이 처음으로 경기를 역전시켰다. 경기의 마지막 10분은 몇 초가 몇 시간처럼 길게 느껴졌으나 레이그와 미국의 수비는 견고했다. 시계가 마침내 경기 종료를 알리자 스탠드와 음반 위 그리고 미국 전체가 난리를 피우는 가운데 ABC방송국의 알 마이클스가 마이크에 대고 외쳤다. "기적을 믿습니까? 네!"

미국이 금메달을 따려면 한 경기를 더 이겨야 했다. 이틀 후 미국은 핀란드를 4:2로 이기고 금메달을 차지했다.

- 미국은 7경기 가운데 6경기에서 끌려갔다. 끌려가지 않은 유일한 경기는 루마니아가 유일하다.
- 소련과의 경기에서 골을 넣은 미국 선수는 버즈 슈나이더, 2골을 넣은 존슨 그리고 에루지온이었다. 크레이그는 상대방의 골을 39번 막았다.
- 승리와 관련된 가장 유명한 순간들에는 보통 주장만 올라가는 시상대 위로 팀의 주장 에루지온이 팀원들을 불러 금메달을 기념하게 한 일도 있다.

294 | SUN ☀ 팝 | 누가 J. R.을 쏘았는가?

1980년, CBS 히트 시리즈 〈댈러스〉의 제작자들은 2번째 시즌의 마지막 회에 놀라운 반전 요소를 넣기로 결정했다. 그 유명한 마지막 회에서 드라마의 주인공 중 한 명인 래리 해그먼이 연기한 탐욕스러운 석유 거물 존 로스 'J. R.' 유잉 주니어가 자신의 사무실에서 알 수 없는 사람에게 총에 맞아 크게 다친 것이다.

시청자들이 쇼의 캐릭터 중 누가 총을 쏘았는지 궁금해하면서 이 극적인 줄거리의 반전이 1980년 여름 미국 전역의 이야깃거리가 되었다. '누가 J. R.을 쏘았는가?'라는 문구가 새겨진 티셔츠가 수천 장 팔렸다. 한 항공사 기장은 비행기에 타고 있던, 〈댈러스〉에서 J. R.의 형수 파멜라 반스 유잉을 연기한 여배우 빅토리아 프린시플에게 비밀을 알려주기 전까지 비행기를 착륙시키지 않겠다고 협박하기도 했다. (그 파일럿은 비밀을 알지 못한 채 비행기를 착륙시킬 수밖에 없었다. 이 쇼에 출연했던 다른 출연자들과 마찬가지로 프린시플도 누가 쐈는지 알지 못했기 때문이다.)

나중에 범인이 누구인지 밝혀 충격을 주기 위해 비밀이 새어나가지 못하도록, 〈댈러스〉의 제작자들은 모든 주요 등장인물들이 J. R.을 쏘는 장면을 찍기로 결정했다.

이 전략은 효과가 있었다. 결말은 비밀에 부쳐졌고, 1980년 11월 21일, 미국 TV 시청자들의 53.3%인 4100만 시청자들이 범인의 정체가 드러나는 회를 시청하면서 그 당시 역사상 최고의 시청률을 올리게 되었다. 제작자들이 마지막 순간에 범인을 누구로 할지 결정하면서 대부분의 〈댈러스〉 출연진들과 제작진들도 그 회가 방송되고 나서야 범인이 누구인지 알 수 있었다.

아래에 스포일러가 있다.

범인은 크리스틴이었다.

- J. R.을 쏜 범인의 정체가 드러나는 회에 달린 1분짜리 광고는 그 당시 50만 달러로, 지금으로 환산하면 130만 달러가 넘는다.
- '범인이 누구일까?'라는 제목이 달린 그 회는, 125만 시청자들이 〈매시〉의 마지막 회를 시청했던 1983년 2월 28일 전까지 역사상 가장 시청률이 높았던 TV 에피소드라는 기록을 보유했다.
- 해그먼은 자신이 연기한 인물을 쏜 범인이 누구인지 밝혀지기 전 여름 동안, 회당 10만 달러의 출연료를 받지 않으면 〈댈러스〉에 더 이상 출연하지 않겠다고 협박했고, 제작자들이 동의하면서 새 계약을 체결했다.

295 | MON 인물 | 스티븐 호킹

알베르트 아인슈타인 이후 가장 뛰어난 물리학자로 불린 스티븐 호킹 은 세계적으로 유명한 강사이자 문화적 인물로〈심슨네 가족들〉,〈스타 트렉〉같은 TV프로그램에 게스트로 출연하기도 했다.

호킹은 40여 년간 근위축성측색경화(흔히 루게릭병이나 ALS로 알려져 있 다)를 앓는 와중에도 이 모든 것을 이루었다. 그는 수십 년 동안 휠체어 생활을 했고 휠체어를 타고 다닌 대부분의 기간 동안 컴퓨터로 가동되는 목소리 합성 기의 도움 없이는 말로 의사소통을 할 수가 없었다.

호킹이 몸담은 분야는 이론물리학과 양자물리학으로, 특히 블랙홀, 시공간 특이성 (물리학의 법칙이 깨지는 것처럼 보이는 현상) 그리고 우주의 기원에 초점을 맞췄다. 어린 시절부터 수학과 과학에 관심을 가졌던 그는 옥스퍼드대학교에서 장학금을 받았고 1962년에 졸업했다. 그는 훗날 케임브리지대학교에서 박사학위를 취득했고 결국 동 대학교의 루커스 석좌교수직에 올랐다. 이 교수직은 300년 전 물리학자 아이작 뉴턴을 따르는 자리였다.

호킹은 아인슈타인의 공식들을 이용해 새로운 아이디어를 개발하고, 이미 인정받은 선대 물리학자들의 개념에 의문을 제기하면서 처음 명성을 얻었다. 그의 가장 의미 있 는 업적 중 하나는 블랙홀에서 아원자가 배출되는 현상 호킹복사(Hawking radiation)를 발견한 것이었다. 그전까지는 블랙홀이 가지고 있는 중력이 너무나 커서 방사선, 빛 등 그 어떤 것도 빠져나올 수 없다고 믿었다.

호킹은 1988년《시간의 역사》를 출간하면서 대중의 인지도를 극적으로 높였다. 우 주에 대한 아이디어를 평범한 독자들이 쉽게 이해할 수 있게 엮어 놓은 이 책은 출간 즉시 베스트셀러가 되었고,《런던선데이타임스》베스트셀러 목록에 4년 이상 오르면 서 역사상 가장 오래 베스트셀러로 꼽힌 책이 되었다.

• 호킹은 20대 초반 대학원생이었을 때 ALS 진단을 받았다. 그는 2년~4년 정도밖에 더 살 수 없을 것이라는 말을 들 었지만 40년이 넘게 살았다. 병에도 불구하고 그는 첫 번째 아내와의 사이에서 3명의 자녀를 낳았다.

• 그의 컴퓨터 목소리 합성기는 그의 눈동자의 움직임을 추적하는 적외선 기기에 의해 가동된다.

• 2007년 4월, 호킹은 총 4분 동안 휠체어 밖에서 무중력 상태로 있게 하는 무중력 비행을 했다. 그는 "우주로 가지 않 는다면 인류에게는 미래가 없다"고 주장하면서 언젠가 우주에 가기를 희망했다.

296

중력의 무지개

토머스 핀천의 작품《중력의 무지개》는 미국 포스트모더니즘 문학의 가장 유명한 작품이며 20세기에 가장 '어려운' 책으로 꼽힌다. 출간되자마자 이 작품은 비평가들로부터 강한 의견을 이끌어냈다. 어떤 비평가들은 오만하고 잘 읽히지 않는 책이라고 매도한 반면, 어떤 비평가들은 제임스 조이스의 모더니즘 걸작《율리시스》에 비견되는 포스트모더니즘 작품이라고 칭찬했다.

《중력의 무지개》는 2차 대전 말기 독일군이 기술적으로 발전된 새로운 V-2 로켓을 런던 전역에 투하한 때를 배경으로 한다. 줄거리는 타이런 슬로스롭이라는 이름의 미군 중위를 중심으로 대략적으로 흘러가는데, 그가 성관계를 갖는 장소마다 며칠 후면 독일 로켓이 투하되는 것처럼 보인다. 슬로스롭의 예측 능력을 알게 된 연합군 사령관은 그를 조사하기 위해 데려갔다. 전쟁이 끝날 무렵 그는 도망을 치고 유럽 여기저기를 돌아다닌다. 그 와중에 그와 마찬가지로 독일의 극비 로켓과, 그것이 가지고 있는 신비한 폭발력의 본질을 알아내고자 하는 비밀스런 인물에게 쫓긴다.

핀천의 믿을 수 없을 정도로 난해하고 복잡한 이 소설은 전통적인 시간의 흐름을 따르는 대신 여러 개의 스토리라인과 수백 명의 등장인물들이 얽힌 이야기를 들려준다. 이 이야기는 수학 공식, 노래, 다른 지엽적인 흐름으로 어지럽고, 페이지마다 록 음악에서 로켓 과학, 타로카드에 이르는 다양한 것들에 대한 암시와 언급으로 가득 차 있다.

《중력의 무지개》가 명목상으로는 2차 대전에 관한 책이지만, 피해망상, 전쟁, 성, 죽음, 현대적인 생활, 심지어 의미의 본질 그 자체에 이르기까지 폭넓은 주제를 다룬다. 이 소설은 실제 역사적 사건, 초현실적인 요소 그리고 지대한 영향을 미치는 음모 이론을 담아 음울한 회화적 잡탕으로 만들어놓았다. 조셉 헬러의《캐치-22》나 커트 보니것의《캣츠 크레이들》과도 비슷하지만 훨씬 더 복잡하다. 그 결과, 현대의 더욱 불가사의하고, 어렵고, 매력적인 책으로 남게 되었다.

- 물리학과 엔지니어링 지식을 가진 핀천은 1960년대 초 보잉의 기술 작가로 일했다. 그는 엄청난 양의《중력의 무지개》초안을 엔지니어들이 사용하는 모눈종이에다 썼다.
- 비평가들 사이에 의견이 분분한 이 소설의 유명세를 나타낸 일화로, 심사위원들이 1974년에 만장일치로《중력의 무지개》를 집필한 핀천에게 퓰리처상을 수여하기로 투표했지만, 시상위원회가 '읽을 수 없는' 책이라며 수여를 거부했다고 한다.
- 핀천은 활동기간 내내 대중의 주목을 받길 꺼렸다. 그의 사진은 몇 장만 출간되었고 대중이 들을 수 있는 그의 음성이 담긴 녹음은 2004년 〈심슨네 가족들〉에서 짧게 카메오로 녹음한 것이 전부다.

297 | WED 💿 음악 | 브라이언 이노

제작자 브라이언 이노는 1970년대와 1980년대 가장 중요한 팝 음악 트렌드의 선두에 섰던 인물로, 지금까지도 현대 음악계에서 가장 유명한 제작자 중 한 명이다. 이노는 영향력 있는 록밴드 록시 뮤직의 창설멤버였고, '앰비언트'의 초기 선구자였다. 그뿐만 아니라 그는 U2의 《조슈아 트리》를 비롯해 다른 메가히트 음반들을 제작했다.

영국의 한 예술학교를 졸업한 이노는 1971년 대학 친구 앤디 맥케이와 함께 록시 뮤직을 결성했고, 이 그룹은 1972년 《록시 뮤직》을 발매하여 어느 정도 성공을 이뤘다. 그다음 앨범은 《포 유어 플레져》였다. 이 앨범은 데뷔 앨범보다는 덜 성공적이었지만, 복잡한 편곡, 실험적인 악기와 사운드의 자유로운 사용, 의도적으로 꾸밈이 심한 가사로 프로그레시브 록, 또는 프로그 록 스타일의 전형이 되었다.

《포 유어 플레져》후 이노는 자신만의 프로젝트를 추구하기 위해 록시 뮤직을 떠났다. 그는 1970년대에 4장의 솔로 앨범 《히어 컴 더 웜 제츠》, 《테이킹 타이거 마운튼》, 《어나더 그린 월드》, 《비포 앤 애프터 사이언스》를 발매했는데, 이 앨범에 수록된 곡들 중에 가장 크게 히트친 곡으로는 〈니들스 인 더 카멜스 아이〉와 〈써드 엉클〉 등이 있다.

또 이노는 영향력 있는 앰비언트 음반들을 연이어 녹음하기도 했다. 앰비언트 음악이란 환경을 변화시키고 환경과 교류하는 분위기를 조성하기 위해 만들어진 곡으로 듣는 사람의 완전한 집중을 요구하는 곡과는 반대다. 앰비언트 스타일로 만든 그의 첫 번째 앨범은 1975년에 발매된 《디스크리트 뮤직》이었다. 그러고는 4파트로 된 앰비언트 시리즈를 발매했는데, 그중 가장 유명한 것이 《앰비언트 1: 뮤직 포 에어포츠》였다.

그 후로 이노는 데이비드 보위와 콜드플레이를 비롯한 주요 록 음악가들의 음반을 제작했다.

- 이노는 마이크로소프트의 윈도우 95가 켜질 때 나오는 3.25초 길이의 사운드를 작곡했다.
- 이노가 떠나고 수년 후, 록시 뮤직은 1981년도 리메이크곡 〈젤러스 가이〉로 히트를 쳤는데, 원곡은 존 레논이 자신의 1971년 앨범 《이매진》에 수록한 곡이다.
- 이노에게 가장 큰 영향을 준 곡 중에는 〈히 러브드 힘 매들리〉가 있는데, 마일스 데이비스가 1974년에 녹음한, 듀크 엘링턴에 대한 헌정곡이었다.

298 | THU 영화 | 잭 니콜슨

진행자 빌리 크리스탈이 1993년도 아카데미 시상식에서 작품상 시상자를 소개했을 때, 그가 이름만 말했는데도 모두들 누구인지 알아차렸다. '잭'이었다.

데니스 호퍼 감독의 〈이지 라이더〉에서 주정뱅이 변호사를 연기하면서 무명에서 벗어난 잭 니콜슨은 미국의 문화적 아이콘이 되었다. 강렬하면서도 힘이 들어가지 않은 연기와, 스크린 안팎에서 보인 그의 호전성, 걱정 근심 없어 보이는 애정 행각, LA 레이커스에 대한 불굴의 헌신, 수많은 언론 노출로 유명한 그는 대중문화 속에서 이름만 들어도 알 수 있는 자리에 올랐다. 그러나 연애(그는 4명의 각기 다른 여성들 사이에서 5명의 자녀를 두었다), 마약, 공개적인 분노 폭발이 있기 전에 영화가 있다.

1969년부터 1975년까지 니콜슨은 밥 라펠슨 감독의 1970년 영화 〈잃어버린 전주곡〉과 로만 폴란스키 감독의 1974년 영화 〈차이나타운〉 등 성공적인 영화에 연이어 출연했고, 주로 거칠고 차가운 분노, 과묵한 아이러니가 합쳐진 반체제적인 캐릭터들을 연기했다. 영화역사가 데이비드 톰슨에 의하면, 험프리 보가트가 〈하이 시에라〉, 〈카사블랑카〉에서 연기한 배역의 현대 버전을 연기한 것이었다. 그 후 7년 동안 니콜슨은 5번 아카데미상 후보로 선정되었고, 5번의 절묘한 연기 끝에 밀로스 포먼 감독의 〈뻐꾸기 둥지 위로 날아간 새〉에서 반항적인 랜들 패트릭 맥머피를 연기한 것으로 오스카를 거머쥐었다.

니콜슨이 했던 몇몇 명대사로 〈샤이닝〉의 잭 토랜스["여어어어어어어어기 조니가 있어!(Heeeeeeeere's Johnny!)"], 〈배트맨〉의 조커("흐릿한 달빛 아래서 악마와 춤을 춰본 적이 있나?"), 〈어 퓨 굿 맨〉의 네이선 제섭 대령("넌 진실을 감당할 수 없어!") 등이 꼽혔다.

비록 성공하지 못한 몇 편의 영화에도 출연했지만, 니콜슨은 배우로서 단 한 번도 휴지기를 가진 적이 없다. 그는 아카데미상 후보에 12번 올랐는데, 이는 다른 모든 남자 배우들보다 많은 횟수이며, 또 다시 후보에 오르기까지 6년 이상 소요된 적이 없다. 〈뻐꾸기 둥지 위로 날아간 새〉의 맥머피를 연기한 것 외에도, 그는 〈이보다 더 좋을 순 없다〉로도 오스카 남우주연상을 수상했고, 〈애정의 조건〉으로 오스카 남우조연상을 수상하기도 했다.

- 니콜슨이 할리우드에서 가장 먼저 한 일은 하루에 30달러를 받고 MGM의 우편물 접수원으로 일한 것이었다.
- 그는 할머니를 어머니로, 어머니를 누나로 알고 자랐다. 어느 《타임》 기자가 1974년 자신의 배경을 확인할 때까지 이 사실에 대해서 알지 못했다.
- 그는 50년에 걸쳐 오스카상 후보에 오른 2명의 배우 중 한 명으로(1960년대~2000년대) 또 다른 배우는 마이클 케인이다.

299 | FRI 사회 | 신보수주의

현대 미국 정치의 가장 많은 논란을 불러일으킨 신보수주의는 1960년대 말과 1970년대 초, 좌파 정책의 과잉에 대한 반응으로 일부 진보주의자들 사이에서 등장했다. 유명한 신보수주의자들 중에는 자신이 가지고 있던 신념에 대해 생각을 달리하고, 대신 대내외적인 사건에 보다 보수적인 입장을 지지했던 전 진보주의자이자 전 공산주의자들이 많았다. 사실 이 운동의 지도자 어빙 크리스톨은 신보수주의를 '현실에 강도를 당한 진보주의'라는 유명한 정의를 내렸다.

노만 포드호레츠가 편집한 《코멘터리》는 이 운동의 핵심 저널로써 크리스톨과 다른 신보수주의자들의 작품을 실었다. 정계에서는 워싱턴주 민주당 상원의원인 헨리 '스쿱' 잭슨이 신보수주의의 다양한 면과 밀접한 관련이 있다.

신보수주의가 처음 등장한 이유는 소수집단 우대정책과 복지 등 1960년대에 진보주의자들이 지지한 여러 프로그램들이 효과가 없거나 심지어 해롭다는 우려 때문이었다. 대대적인 정부 지출이 불평등 같은 사회적 문제를 해결할 수 없다고 느낀 그들은 정부의 사회적 프로그램 확장에 반대하는 주장을 펼쳤다.

외교적인 측면에서 신보수주의는 국외에서의 민주주의와 인권에 대한 강력한 옹호를 지지했다. 신보수주의는 소비에트 연방의 군사력의 위험성을 과소평가하고 인권 남용을 못 본 체한다고 주장하면서 1970년대의 데탕트에 대한 비판을 이끌었다.

2000년대에는 조지 W. 부시 대통령이 자신의 행정부 고위직에 신보수주의자들을 기용하고 2003년에는 이라크 침공을 강행하면서, 신보수주의 작가들이 오랫동안 열망하던 목적을 이뤘다.

신보수주의에 대해 비판하는 사람들은 미국에서 사회적 프로그램을 지지하지 않는 것과 해외에서의 대대적인 군사 침공을 지원하는 것 사이의 모순을 지적한다. 2004년에 대통령 후보로 출마했다가 낙선한 존 케리는 "바그다드에서는 소방서를 열면서 미국 내의 소방서들은 문을 닫는다"면서 부시 대통령을 비난했다.

- 소수집단 우대정책 대신에 능력에 기반한 승진 제도가 신보수주의자들이 가장 선호하는 대의가 되었다. 2007년 《코멘터리》 편집장에 임명된 포드호레츠의 아들 존은 이 잡지가 용감하게 펼치는 능력주의를 이어가고 있다.
- 공화당이 신보수주의의 여러 교리를 수용하긴 했지만, 여러 신보수주의자들은 민주당 지지자다. 진 커크패트릭은 로널드 레이건 행정부에서 외교관을 역임할 때도 민주당원이었다.
- 신보수주의라는 용어는 사회주의자이자 이 운동을 비판하는 마이클 해링턴이 만들었다.

300

조 몬태나

'조 쿨'이라고 알려진 조 몬태나는 특히 압박감이 최고조에 달했을 때를 비롯해 어떤 상황에서도 침착함을 유지할 수 있는 능력으로 정평이 나 있다. 그는 샌프란시스코 포 티나이너스를 4차례 슈퍼볼 우승으로 이끌었고, 슈퍼볼 MVP로 3번 선정되었으며, 제 리 라이스와 함께 NFL에서 가장 많은 점수를 낸 쿼터백-리시버 콤비를 이뤘다.

샌프란시스코 포티나이너스와 캔자스시티 치프스의 쿼터백이었던 몬태나는 자신 의 팀을 4쿼터에서 역전시킨 적이 31번이나 있었다. 1989년에 열린 슈퍼볼 XXⅢ에서 이룬 우승만큼 가장 기억에 남는 역전승도 없었다. 이 경기에서 몬태나는 29야드 터치 다운 드라이브를 이끌었고, 34초가 남은 상황에서 터치다운 패스를 던져 신시내티 벵 골스를 누르고 우승을 차지했다. 압박을 받는 상황에서 차분함을 보인 예로, 그는 우승 드라이브가 시작되기 직전에 한 팬을 가리키면서 팀 동료에게 이렇게 물었다고 한다. "저 사람 존 캔디(캐나다 배우이자 코미디언 ─ 옮긴이) 아냐?"

몬태나가 1977년 노터데임대학교 2학년 때 학교 팀을 전국 우승팀으로 이끌긴 했어 도, 그가 NFL에서 두각을 나타낼지 예측할 수 없었다. 그는 몸집이 그렇게 큰 것도 아 니었고 (187cm 키에 몸무게 90kg), 그렇다고 대단한 팔 힘을 가진 것도 아니었다.

포티나이너스가 1979년 NFL 드래프트의 3번째 라운드에서 그를 선택하면서 그는 전체에서 82번째만에 선발된 선수가 되었다.(그는 4번째로 선발된 쿼터백이었다.) 그러나 그는 4만 551야드의 패스, 273개의 터치다운 패스를 던졌고, 2번의 MVP를 수상했으며 (1989년과 1990년), NFL 올스타전인 프로볼에 8번 선정되었다.

출전했던 4번의 슈퍼볼에서 모두 우승을 차지한 몬태나는 지금까지도 최고의 슈퍼 볼 패스 기록을 보유하고 있다. 치프스에서 2시즌을 뛴 후 그는 1994년 시즌 후에 은퇴 했고 2000년 프로풋볼 명예의 전당에 이름을 올렸다.

- 몬태나는 훌륭한 만능 선수였다. 그가 노터데임대학교에서 풋볼선수로 활약하긴 했지만, 농구 1부 리그 유력 팀인 노스캐롤라이나주립대학교로부터 농구 장학금을 제안받기도 했다.
- 1990년에 그는 《스포츠일러스트레이티드》에 의해 올해의 스포츠맨으로 선정되었다.
- 몬태나는 NFL 역사상 전설적인 플레이로 꼽히는 패스를 하기도 했다. 팬들 사이에서 단순히 '더 캐치'라고만 알려진 이 패스는, 1981년 내셔널풋볼컨퍼런스 결승전에서 드와이트 클락이 엔드존 끝에서 패스를 받아 터치다운한 것으 로 유명하다.

301 | SUN ☀ 팝 | 양배추 인형

하비에르 로버츠는 조지아에서 21세 대학생이던 시절에 양배추 인형(Cabbage Patch Kids)이라는 누빔으로 된 인형 시리즈를 만들었다. 대중에게 소개된 직후 양배추 인형은 예상치 못한 인기를 누렸고, 아이들의 요구에 못 이겨 장난감을 '입양'하기 위해 광분한 부모들이 서로 밀치고 떠미는 모습을 TV에서 방송할 정도였다.

처음에 로버츠는 이 인형들을 리틀 피플 오리지널이라고 불렀고, 공예품 애호가들만을 대상으로 판매했었다. 그러다가 장난감 회사인 콜레코의 눈에 띄면서 1982년 대량 생산되기 시작했다.

인형들은 저마다 입양 동의서와 생년월일, 고유의 이름까지 가지고 있었다. 아이들이 입양동의서를 작성해서 회사에 보내면, 인형의 첫돌 때 콜레코로부터 생일 카드를 받았다. 각각의 인형은 나름대로 고유한 모습을 가지고 있었다. 다문화주의 정신이 팽배하던 1980년대에 인형들은 다양한 혈색, 인종, 머리 색깔, 주근깨의 유무 등의 조합으로 만들어졌다.

그러나 콜레코가 이 장난감의 수요를 맞추지 못하면서 배달 트럭이 장난감 가게에 양배추 인형을 꺼내놓을 때도 사람들이 몰려들었다. 특히 크리스마스 때가 대단했는데, 상점은 부모들이 새치기를 하지 못하도록 보안요원을 고용해야만 했다. 이런 부족 현상은 차익을 노리는 사람들로 가득 찬 암시장을 낳았고, 열풍 속에서 현금을 챙기려는 양배추 인형 사기꾼들이 생겨났다.

그러나 다른 열풍과 마찬가지로 양배추 인형의 유행도 결국 끝나버렸다. 1986년 무렵 콜레코가 양배추 인형을 과잉 생산했다. 새로운 특징을 추가해 열풍을 되살리려는 노력에도 불구하고 유행은 끝나버렸고, 콜레코는 1988년 파산을 선언했다.

- 로버츠는 훗날 1930년대 아기 이름 책에서 양배추 인형들의 이름을 찾았다고 밝혔다.
- 양배추 인형 열풍은 떼쓰는 아이들을 위해 맹목적인 엄마들이 극단적인 일까지 벌이게 만들었다. 사우스다코타주 수폴스에 사는 한 엄마는 지역 토이저러스 매장에 끝이 갈라진 스푼과 비비총을 들고 나타나서 인형을 내놓으라고 협박했다.
- 오리지널 리틀 피플과 마찬가지로 양배추 인형의 엉덩이에도 로버츠의 사인이 새겨져 있다.

302 | MON 🧑 인물 | 도널드 트럼프

2007년《포브스》에 따르면, 30억 달러의 순자산을 가진 부동산 거물 도널드 트럼프보다 더 부유한 사람이 116명 있었다. 그러나 그보다 높은 순위를 기록한 사람들 중에 '도널드의 화려한 생활방식, 대중에게 비치는 자만심 가득한 모습, 타블로이드지를 장식하는 성향'에 필적할 만한 사람은 없었다.

트럼프는 브루클린과 퀸즈에서 중산층 주택에 집중했던 부동산 개발업자, 아버지 프레드로부터 뉴욕의 부동산 세계를 배웠다. 1970년대 도널드는 그의 관심과 거대한 야망을 맨해튼으로 돌렸고 거대한 건물들을 건설하기 위해 엄청난 금액을 대출했다.

그의 첫 번째 주요 프로젝트는 1982년 5번가에 건설된 트럼프타워였다. 또 그는 애틀랜틱시티에서 카지노를 인수하기도 했으며, 스스로를 억만장자로 만들었다. 그러나 1990년대 초반 발생한 부동산 시장 붕괴로 인해 9억 달러의 개인 빚을 지면서 하마터면 파산할 뻔했다.

트럼프는 자산을 매각하고, 부채를 상환하면서 재기에 성공했고, 기민한 비즈니스 거래를 성사시키면서 10년 만에 다시 억만장자 반열에 올랐다.《포브스》가 2007년 그를 30억 달러의 순자산을 가진 사람으로 올렸을 때, 그는 그 수치에 반박했다. "나는 70억 달러의 가치가 있는 사람이다."

트럼프가 미국 전역의 관심 대상으로 부상하게 된 원인으로는 언론에 많이 등장하는 이유도 있었다. 그는 세간의 이목을 끄는 2번의 이혼(그 사이의 외도)과 24살이나 어린 3번째 부인 멜라니아와의 결혼으로 신문에 단골로 실리게 되었다.

2004년에는 그가 NBC방송국의 〈어프렌티스〉라는 리얼리티 쇼를 시작해 성공하면서 TV 스타가 되는 동시에 '너는 해고야(You're fired)'라는 캐치프레이즈로 인기를 얻었다. 또한 그는 다른 유명인들과 공개적으로 불화를 빚고, 몇 권의 저서를 집필했으며, 심야 코미디프로그램에 흔하게 출연했다(게스트로 출연하기도 했는데, 특히 그의 독특한 헤어스타일로 조롱의 대상이 되기도 한다).

- 1990년대 초 파산 지경에 이른 후, 트럼프는 1999년 개혁당 후보로 대통령에 출마할 생각이라고 밝히면서 다시 돌아올 것을 알렸다. 그는 미국의 45대 대통령이 되었다.
- 그는 세균혐오자이기 때문에 세균이 옮을까 봐 누구하고도 악수를 하는 것을 좋아하지 않는다고 한다.
- 트럼프의 별명인 '더 도널드'는 체코 출신의 첫 번째 부인 이바나가 만든 것이다.

303

포스트식민주의

19세기 대부분과 20세기 초반, 아루바에서 한국, 짐바브웨까지 전 세계의 많은 지역들이 식민국들의 통치 아래 놓였었다. 영국과 프랑스가 가장 넓은 식민 제국을 가지고 있었지만, 일본에서 미국에 이르는 여러 국가들도 자국 국경 너머의 땅을 감독했다. 이런 제국과 식민지들의 구조가 2차 대전 이후 대부분 붕괴되면서 식민 지배를 받던 국가들이 정치적, 문화적 독립을 요구하기 시작했다.

그 후로 식민지 지배를 받던 국민들에 관한 작품이나 그런 사람들에 의한 작품을 통틀어 포스트식민주의 문학이라고 지칭해왔다. 특정한 대륙이나 특정한 언어에 국한되지 않는 이 장르는 아프리카, 아시아, 오스트랄라시아, 아메리카 대륙에서 만들어진 방대한 양의 문학을 아우른다. 그러나 이런 다양성에도 불구하고 포스트식민주의 작품들은 유사한 주제를 탐구하는 경향이 있다. 문화적, 국가적 정체성, 종교적 긴장감, 하나의 인종이나 민족이 또 다른 인종이나 민족에게 예속되는 현상, 문화적 합성과 충돌과 관련된 다른 이슈들이 대표적이다.

포스트식민주의 문학은 1978년 이론가 에드워드 사이드가 획기적인 저서 《오리엔탈리즘》을 출간하면서 알려졌다. 이 두꺼운 책은 서양 문화가 의식적으로 비서양권 문화와 사람들을 모두 이국적으로 여기면서 세계관을 서양과 '나머지'로 나누는 경향이 있다고 강조했다. 에메 세제르와 호미 바바 같은 다른 이론가들이 사이드의 생각을 확장하면서 포스트식민주의 학문 분야가 더욱 깊어졌다.

주요 포스트식민주의 작가들은 수없이 많다. 주요 작품으로는 치누아 아체베의 《모든 것이 산산이 부서지다》, 진 리스의 《광막한 사르가소 바다》, V. S. 나이폴의 《강이 굽어지는 곳》, 살만 루시디의 《한밤의 아이들》 등이 있다. 이 장르는 새로운 포스트식민주의 작가 세대가 영국, 미국을 비롯한 여러 서양 국가들에 살고 있는, 비서양권 이주자들의 경험을 탐구하면서 오늘날까지도 계속해서 번창하고 있다.

- 포스트식민주의로 분류되는 작가들로는 아체베, 에드위지 당티카, 네이딘 고디머, 자마이카 킨케이드, 하니프 쿠레이시, 도리스 레싱, 로힌톤 미스트리, 마이클 온다치, 제이디 스미스, 데릭 월컷 등이 있다.
- 많은 포스트식민주의 문학이 영어로 쓰이긴 했지만, 포스트식민주의 전통은 아프리칸스어, 아랍어, 프랑스어, 힌두어, 스페인어를 비롯한 여러 언어로도 존재한다.
- 이안 부루마와 아비샤이 마갈릿의 《옥시덴탈리즘》은 에드워드 사이드의 《오리엔탈리즘》을 역으로 생각한 것으로 비서양인들이 서양 세계에 대해 가지고 있는 부정적인 가정을 탐구한다.

304 | WED · 음악 | 밥 말리

1960년대 말, 레게라고 알려진 자메이카 음악 스타일이 전 세계적으로 인기를 누렸을 때 밥 말리만큼 레게에서 큰 성공을 거둔 음악가는 없었다. 말리의 재능은 어린 시절부터 인정받았고, 때 이른 죽음을 맞이한 이후 수년 동안 그의 명성은 꾸준히 높아졌다.

로버트 네스타 말리는 자메이카 세인트앤 교구에서 흑인 어머니와 백인 아버지 사이에서 태어났고, 1955년 아버지가 사망하자 자메이카의 가장 큰 도시인 킹스턴으로 이주했다. 말리는 그곳에서 후에 웨일러스라고 불리게 되는 첫 번째 밴드를 결성했다. 이듬해 웨일러스는 자메이카에서 여러 히트곡을 발매했는데, 대부분 스카(자메이카에서 발달한 관악기 위주의 음악 — 옮긴이)와 록 스테디 장르의 곡들이었다.

그러나 말리는 1966년까지 '말리' 하면 떠오르는 2가지, 레게와 라스타파리아니즘(Rastafarianism)을 받아들이지 않았다. 레게는 카리브해 리듬과 악기를 미국 재즈와 블루스에 접목시킨 것으로, 대개 템포가 느리고 심지어 늘어지기까지 한다. 자메이카의 라스타파리아니즘은 1930년대에 시작된 것으로 포스트식민주의 아프리카 국가의 최초의 군주였던 에티오피아 황제 하일레 셀라시에 1세를 신으로 모신다. 오늘날에는 라스타파리아니즘이 주로 말리 같은 신자들이 하는 여러 가닥으로 꼰 머리와, 마리화나를 영적으로 사용하는 것만을 관련 지으며 신앙은 주로 간과한다.

웨일러스의 첫 정규 앨범 《캐치 어 파이어》는 1973년에 발매되었고 그해 후반에는 《버닌》이라는 앨범이 발매되었는데, 이 앨범에는 〈겟 업, 스탠드 업〉과 〈아이 샷 더 셰리프〉 같은 곡들이 수록되어 있다. 말리는 곧 〈노 우먼, 노 크라이〉를 시작으로 세계적인 성공을 이루었고 1977년 앨범 《엑소더스》와 1978년 앨범 《카야》로 계속해서 성공을 이어나갔다.

말리는 1977년 발가락에 종양이 생겼다는 진단을 받았지만 종교적인 이유로 절단하기를 거부했고, 몇 년 만에 종양이 몸 전체로 전이되면서 1981년 36세의 나이로 사망했다. 그의 사후에 발매된 컴필레이션 앨범 《레전드》는 역대 가장 많이 판매된 레게 앨범이다.

• 1999년에 《타임》은 말리의 1977년도 앨범 《엑소더스》를 20세기 가장 훌륭한 앨범으로 선정했다.
• 자기가 믿는 종교의 메시아와 신을 기리려고 말리는 하일레 셀라시에의 1963년 UN연설을 토대로 자신의 노래 〈워〉를 만들었다.
• 1974년 에릭 클랩튼이 리메이크한 〈아이 샷 더 셰리프〉가 최고 히트곡이 되면서 말리는 세계적으로 유명세를 타기 시작했다.

305

프랜시스 포드 코폴라

8년의 동안 프랜시스 포드 코폴라는 할리우드 역사상 가장 호평을 받은 4편의 영화, 〈대부〉, 〈컨버세이션〉, 〈대부 2〉, 〈지옥의 묵시록〉을 완성했다. 이 4편은 총 33번 아카데미상 후보에 올라 11개의 오스카상을 수상했다.

영화로 제작되는 〈대부〉의 감독으로 고용되었을 때, 코폴라는 성공적인 연출 경력이 없는 상태였다(그는 1971년 아카데미상을 수상했는데, 그것은 프랭클린 샤프너 감독의 전쟁 영화 〈패튼 대전차 군단〉의 각본을 공동 집필한 것으로 수상한 것이었다). 비교적 경험이 부족한 데다, 파라마운트가 그를 고용하는 것을 탐탁지 않아 했음에도 코폴라는 재정적으로 불안정했던 할리우드를 소생시키는 영화를 만들었다. (이 영화는 미국에서만 1억 3300만 달러의 수익을 올렸는데, 그 당시 역대 최고의 흥행 수익이었다.)

〈대부〉는 1940년대와 1950년대 뉴욕 마피아 암흑가 내에서 한 가족이 차지한 위치를 상세하게 들여다본 마리오 푸조의 동명의 소설을 영화화한 작품으로, 1970년대 성공한 대부분의 영화들처럼 전형적인 할리우드식 스토리텔링을 보다 개인적인 스타일과 연결시켜 놓았다. 출연진은 물론 브란도라는 스타와 당시 무명이었던 배우들로 구성되었는데, 알 파치노, 로버트 듀발, 다이앤 키튼, 제임스 칸 같은 배우들이 후에 유명 배우로 활동하게 되었다.

〈대부〉가 개봉되고 2년 후 코폴라 감독은 〈컨버세이션〉과 〈대부2〉를 필모그래피에 추가했다. 전자는 녹음 감시전문가의 밀실공포증에 관한 작품이고, 후자는 〈대부〉의 속편으로 이 또한 흥행에 성공했다.

〈지옥의 묵시록〉은 세트장을 무너뜨린 태풍, 마틴 신의 심장 마비, 촬영의 대부분이 진행되던 필리핀의 내전 발발, 변덕스러운 브란도와의 불화, 코폴라 감독 자신의 재정적, 감정적 문제까지 겹치며 하마터면 완성되지 못할 뻔했다. 〈지옥의 묵시록〉 이후 코폴라는 감독이자 제작자로 몇몇 작품을 만들었지만 1970년대의 전작들에 견줄만한 작품은 없었다.

• 코폴라 집안에서는 3대가 아카데미상을 수상했다. 프랜시스와 그의 아버지 카민(〈대부2〉 주제가상), 딸 소피아(〈사랑도 통역이 되나요?〉 각본상) 그리고 조카 니콜라스 케이지(〈라스베가스를 떠나며〉 남우주연상)가 수상했다.

• 코폴라는 캘리포니아주 나파밸리의 루비콘 에스테이트 와이너리를 소유하고 있는데, 와인, 파스타, 파스타 소스를 만들어 판매한다. 또한 그는 과테말라와 벨리즈에도 리조트를 소유하고 있다.

• 그의 여동생 탈리아 샤이어는 영화 〈록키〉에서 에이드리언, 〈대부〉 3부작에서 콘스탄지아 '코니' 콜레온을 연기한 것으로 유명하다.

306

동성애자 인권

1948년, 생물학자 알프레드 킨제이가 《킨제이 보고서》라는, 수천 명의 남성들의 성생활을 살펴본 800쪽 분량의 저서를 출간했다. 킨제이의 조사 결과 중 가장 논란이 많았던 점은 37%의 남성들이 살면서 적어도 한 번 이상의 동성애 만남을 가진 적이 있다는 내용이었다. 이는 그 당시 대부분의 미국인들이 생각하는 것보다 동성애가 훨씬 더 흔하다는 것을 의미했다. 킨제이의 조사 결과는 동성애에 대한 태도가 바뀌는 데 이바지했지만 미국에서 동성애자인 남성과 여성들에 대한 아주 오래된 선입견과 법적 규제가 사라지기까지는 수십 년이 더 걸렸다.

동성애는 고대 그리스에서 수용되었고, 일부 사회에서는 자연스러운 일이기도 했다. 그러나 특히 기독교 같은 대부분의 주요 종교들은 동성애를 비난했다. 미국에서는 대부분의 주가 남색을 불법으로 규정했고, 많은 미국인들 역시 동성애를 부도덕하다고 여겼다.

1950년대와 1960년대에 동성애자들에게 불리한 법률을 완화시키려는 조직적인 노력이 시작되었다. 1950년 초기 동성애자 인권단체인 마타신 소사이어티가 캘리포니아 주에서 창설되었다. 1969년 6월 28일, 미국의 동성애자 인권운동의 진정한 시초로 여겨지는 이른바 스톤월 항쟁이 이런 노력을 확대했다. 이 사건의 스톤월은 뉴욕 그리니치빌리지에 있는 한 게이바의 이름이다. 이곳에서 게이와 레즈비언 한 무리가 경찰의 급습에 맞서 싸우면서 3일 동안 폭동을 일으켰다. 1970년대에는 대부분의 도시경찰 병력이 게이바를 급습하는 것을 중단했고, 1980년대에는 몇몇 주가 동성애자 차별을 금지하는 법적 보호장치를 허용하기도 했다. 대법원은 2003년 남색을 금지하는 법을 폐지했고, 2004년에는 매사추세츠주가 동성애자들의 정식 결혼을 허용하는 첫 번째 주가 되었다.

그러나 동성애자의 군 입대 금지를 비롯해 동성애에 반하는 여러 규칙들이 지금까지도 남아 있다. 1996년 빌 클린턴 대통령은 주들이 다른 관할권에서 행해진 동성 결혼을 무시할 수 있는 연방결혼보호법에 서명했다. 또 많은 주들이 동성 결혼을 노골적으로 금지하는 법을 국민 투표로 통과시켰다.

- 미국 대부분의 지역에서는 동성 결혼이 불법이긴 하지만 남아프리카, 벨기에, 스페인, 네덜란드, 캐나다에서는 동성 결혼이 합법화되었다.
- 미국 심리학회는 1973년까지 정신장애 진단 및 통계 편람에 동성애를 질병으로 명기했다.
- 동성애에 관한 대중의 태도는 지난 30년간 급격히 변했다. 2007년 89%의 미국인들이 동성애자들이 직장에서 동등한 권한을 가져야 한다고 생각하지만, 1977년 그렇게 생각하는 사람들은 55%에 불과했다.

307 | SAT 🏆 스포츠 | 래리 버드

1980년대에 NBA 결승전에서 3번이나 만났던 LA 레이커스와 보스턴 셀틱스만큼 라이벌 의식이 강하고 극적인 팀도 없었다. 두 팀의 리더는 농구 역사상 가장 위대한 선수, 어빈 "매직" 존슨과 인디애나주 프렌치 릭 출신의 겸손한 포워드 래리 버드였다.

셀틱스에서 13년의 선수 생활 동안 래리 버드는 '프렌치 릭에서 온 촌놈'에서 '래리 레전드'로 발전했다. 버드는 뛰어난 슈팅과 패스 기술이라는 보기 드문 조합과 강인함, 리더십 역량 그리고 팀 동료들을 빛내는 능력을 205cm, 113kg의 체구 안에 담고 있었다. 또한 그는 중요한 경기의 결정적인 순간에 슛을 넣거나 공을 가로채는 등 승부를 결정짓는 슛으로 연결되는 클러치를 가장 잘하는 선수였다.

버드는 3번의 리그 결승전에서 셀틱스를 이끌었고 3번 MVP로 선정되었으며, 12번 올스타전에 출전했고, 2번 NBA 결승전의 MVP가 되었으며 1980년에는 올해의 신인 선수로 꼽히기도 했다. 또 그는 1992년 미국 올림픽 팀의 공동주장을 맡기도 했는데, 드림팀이라 불린 이 팀은 바르셀로나에서 금메달을 획득했다.

셀틱스에 입단하기 전 1979년~1980년 시즌에, 버드는 2시즌 동안 인디애나주립대학교에서 최우수선수로 활동했다. 졸업반 때 시카모어를 이끌고 무패 행진 기록을 세운 후 전미대학 경기협회 결승전에서 미시건주립대학교와 맞붙었다. 2학년생 매직 존슨이 이끄는 스파르타가 이기면서 버드 대 매직이라는, 농구에서 가장 오래 가는 라이벌 구도가 탄생했다. 버드와 존슨이 그다음 시즌에 NBA에 합류하면서 그들의 라이벌 관계로 NBA의 인기가 높아졌다. 그들의 팀은 NBA 결승전에서 3번 맞붙었는데(1984년, 1985년, 1987년), 그중 2번을 매직의 레이커스가 이겼다.

버드는 마지막 4시즌에서 입은 등과 발 부상으로 고생하다가 1992년 올림픽 이후 은퇴할 수밖에 없는 지경에 이르렀다. 그는 1998년 농구 명예의 전당에 이름을 올렸다. 그는 3시즌(1997년~2000년) 동안 인디애나 페이서스를 코치했고 2003년부터 페이서스의 농구단 운영 사장을 역임했다.

• 버드는 경기당 평균 24.3점, 리바운드 10개, 어시스트 6.3개의 기록으로 NBA 활동을 끝냈다.

• 버드는 농구 장학금을 받고 전설적인 코치 바비 나이트가 있는 인디애나대학교에 입학했지만, 한 달 후 향수병에 걸려 자신의 고향 프렌치 릭으로 돌아갔다. 그는 인디애나주립대학교에 등록하기 전 2년제 대학인 노스우드인스티튜트에도 잠시 다녔다.

• 셀틱스는 버드가 2학년을 마친 1978년 드래프트에서 7번째 전체 선발로 버드를 지명했다. 그는 인디애나주립대학교에서 1년을 더 활동하고 그의 드래프트 권리를 보유하고 있던 셀틱스와 5년에 325만 달러의 계약을 체결했다. (그 당시 NBA 신인선수로는 파격적인 금액이었다.)

308 | SUN ✳ 팝 | 빌 코스비

코미디언 빌 코스비는 고향인 필라델피아의 템플대학교를 다니던 시절에 활동을 시작했다. 생활비를 벌기 위해 술집에서 일을 하던 그는 고객들의 격려에 힘입어 무대에서 자신의 유머를 펼쳐 보이기 시작했다. 코스비는 결국 1962년 뉴욕의 가스라이트 카페까지 가게 되었고 그곳에서 히트를 쳤다. 그는 미국 최초로 성공한 아프리칸-아메리칸 코미디언이 되기 위해 대학교를 그만두기로 결심했다.

가스라이트에 처음으로 등장한 지 3년 후인 1965년, 코스비는 〈아이 스파이〉라는 TV 시리즈에서 CIA 첩보원 알렉산더 스콧의 역할을 따냈는데, 이것은 획기적인 사건이었다. 코스비가 주요 시리즈에서 반복적으로 출연하는 최초의 흑인 배우가 된 것이다. 〈아이 스파이〉에서 잠시 동안 출연 후 1968년 코스비는 어린 시절 친구들의 모습을 토대로 한 캐릭터들이 등장하는 〈팻 알버트 앤 코스비 키즈〉라는 만화를 제작했다. 1972년에 방영된 이 만화는 성공적이었다.

코스비는 영화에서 성공하지 못했지만 TV에서는 승승장구했다. 1984년 그는 〈코스비 가족 만세〉에서 브루클린에 거주하는 성공한 산부인과 전문의, 히스클리프 헉스터블의 역할을 맡아 출연했다. 이 시리즈는 미국 TV 역사상 또 다른 중대한 사건이었다. 〈샌포드 앤 선〉 같은 과거 프로그램에서 소수인종 가족을 가난하고 결손 가정으로 그린 것과는 달리 이 프로그램은 헌신적인 아내와 잘 큰 아이들이 등장하는 성공한 중산층 흑인 가족을 묘사했기 때문이다. 이 프로그램은 1992년 또 다른 혁신적인 시리즈 〈심슨네 가족들〉에게 왕좌를 내줄 때까지 TV를 지배했다.

- 〈코스비 가족 만세〉는 원래 노동자 계층 가족의 이야기를 그릴 생각이었지만, 1969년 데뷔한 〈코스비 가족 만세〉 원작에서는 코스비가 의사가 아닌 교사로 나온다. 이 시리즈는 2시즌만 방영되었다.
- 코스비는 1977년 매사추세츠대학교에서 박사학위를 취득했다.

309 | MON 인물 | 보노

보노는 록 그룹 U2의 리드 보컬이자 거의 틀림없이 세계에서 가장 눈에 띄는 인도주의의 챔피언이다. 그는 제3세계, 특히 아프리카의 빈곤과 에이즈를 퇴치하기 위해 U2의 명성과 지위를 이용했다.

보노는 아일랜드 더블린의 천주교 신자인 아버지와 개신교 신자인 어머니 사이에서 폴 휴슨이라는 이름으로 태어났다. 그는 노래를 잘 부르지도, 기타를 아주 잘 치지도 못했지만 1976년 10월, 후에 U2가 되는 밴드에 합류했다. 그러나 그의 새로운 밴드 동료들은 그의 잠재적인 카리스마와 성공에 대한 압도적인 열망을 이미 알았다.

보노가 자신의 테너 목소리와 작사작곡 실력 그리고 극적인 무대 연출법을 연마하면서 U2는 1980년대 초반 라이브 공연을 통해 팬층을 구축했다. 1983년 발매된 밴드의 3번째 앨범 《워》로 세계적인 돌풍을 일으켰다. 4년 후 《조슈아 트리》의 발매로 지구상에서 가장 큰 밴드가 되었으며 전 세계 공연장을 관객으로 가득 채웠다. U2의 후속 앨범인 《악퉁 베이비》, 《올 댓 유 캔트 리브 비하인드》, 《하우 투 디스맨틀 언 아토믹 밤》은 새로운 음악적 방향을 탐구했고 세계적인 인기를 한층 더 높여주었다.

U2의 명성이 치솟으면서 보노는 사회운동가로 발전해갔다. 그와 베이스 연주자 애덤 클레이튼은 에티오피아의 기근 구호자금을 모으기 위해 1984년 자선곡 〈두 데이 노우 잇츠 크리스마스?〉를 발매했다. 1985년 7월 U2는 런던 웸블리 스타디움에서 열린 아프리카 기근 구호를 위한 세계적인 콘서트, 라이브에이드에 참여했다. U2의 신나는 공연으로 수천 명의 새로운 팬이 생겼고, 콘서트가 끝난 후 보노와 그의 아내 앨리슨 휴슨은 에티오피아에서 기근 구호와 교육 프로젝트에 참여해 6주 동안 일했다.

이후 보노는 원 캠페인과 다타(DATA, Debt, AIDS, Trade in Africa)의 공동창립자로서 제3세계의 부채 탕감, 가난과 세계의 질병과 싸우는 데 주력했다. 2005년에는 가난한 국가들이 진 40억 달러 가량의 부채를 탕감하도록 직접 G8 정상들을 설득하기도 했다. 이런 노력으로 그는 노벨평화상 후보로 3번이나 선정되었다(2003년, 2005년, 2006년).

- 보노가 이런 이름을 갖게 된 이유 중 가장 믿을 만한 것은 보나복스라는 보청기 브랜드에서 따왔다는 이야기인데, 라틴어로 '좋은 목소리'를 뜻하는 보노 복스와 가장 비슷하다.
- 보노의 사회운동 이미지를 가장 잘 보여주는 가사는 아마도 U2의 2004년 곡 〈크럼스 프럼 유어 테이블〉일 것이다. "어디에 사는지가 / 당신이 삶과 죽음을 결정해서는 안 된다."
- 보노가 무대 위의 특징으로는 정치적인 연설(이로 인해 그는 비난을 받게 되었다)과 여성 관객을 끌어내 함께 춤을 추게 하는 것, 1992년~1993년도 순회공연에서 분장했던 플라이, 미러볼맨, 맥피스토가 있다.

310 | TUE 📖 문학 | 토니 모리슨

1931년 오하이오주에서 출생한 토니 모리슨은 지난 50년간 가장 선도적인 미국 작가로 손꼽히며 문학계의 세계적인 주요 인물이다. 19세기와 20세기 아프리칸-아메리칸의 경험에 관한 몇몇 찬사받은 소설을 집필하고 난 후 모리슨은 1993년 노벨문학상을 수상한 최초의 흑인 여성이 되었다. 그녀의 소설들은 시적인 언어와 아프리칸-아메리칸의 추억, 민속 그리고 혈통을 탐구하는 것으로 정평이 나 있다.

모리슨은 어린 시절 책을 많이 탐독했고 이야기하기를 좋아하는 가족들 속에서 성장했다. 대학교와 대학원을 졸업한 후 그녀는 수년 동안 교수로 일하다가 랜덤하우스 출판사의 소설 편집장이 되었다. 이 시기 그녀는 자신만의 소설을 처음으로 집필하기 시작했고, 1970년 첫 번째 소설 《가장 푸른 눈》을 출간했다. 파란 눈을 가진 젊은 흑인 소녀의 이야기를 담은 이 소설은 훗날 모리슨의 트레이드마크가 되는 아프리칸-아메리칸 음악, 문화, 종교적인 요소가 섞인 단편적이고 비연대기적 서술로 구성되었다.

두 여성의 떠들썩한 우정을 그린 모리슨의 두 번째 소설 《술라》는 더 크게 주목을 받았고 전미도서상 후보로 선정되었다. 그러나 그녀의 명성을 확고하게 다져준 것은 그녀의 세 번째 소설 《솔로몬의 노래》였다. 성경에 대한 암시로 가득한 이 대하소설은 자신의 가족사를 이해하고자 하는 한 젊은이의 여정을 그린다.

《빌러비드》는 가장 잘 알려진 모리스의 소설이며 일반적으로 그녀의 소설 중 최고로 꼽힌다. 남북전쟁 시절을 배경으로 하는 이 작품은 추노꾼에 쫓기는 도망친 노예가 절망적인 순간에 자신의 어린 아이들이 노예로 자랄 운명을 살게 하느니 차라리 아이들을 직접 살해하려고 결심하는 이야기를 들려준다. 이 결정은 문자 그대로 그녀를 평생 동안 괴롭힌다. 《빌러비드》는 1988년 퓰리처상을 수상했고 10년 후에는 영화로도 제작되어 상을 수상하기도 했다.

- 소설가로서 활동을 계속한 것 외에도 모리스은 수십 년 동안 텍사스서던, 하워드, 예일, 프린스턴, 뉴욕주립대학교 등에서 문학과 작문을 가르치며 학자의 길을 걸었다.
- 모리스은 어느 한 운동이나 장르에 들어맞지 않는다. 그녀는 버지니아 울프처럼 모더니즘 작가로 분류되기도 하고, 랠프 앨리슨같이 미국 흑인 작가로도 분류되며, 가브리엘 가르시아 마르케스처럼 마술적 사실주의 작가로 분류되기도 한다.
- 모리스의 본명은 클로이 앤서니 워포드였지만 이름을 잘못 발음하는 사람들이 너무 많아서 이름 대신 미들네임 토니(앤서니의 애칭)를 이름으로 사용했다.

311 | WED · 음악 | 패티 스미스

뉴저지주의 가난한 가정에서 자란 패티 스미스는 1967년 '자신의 문제를 해결하기 위해' 뉴욕으로 이주했다. 책을 좋아하는 깡마른 젊은 여성 스미스는 곧 시인이자 공연예술가로 뉴욕의 예술계에 합류했다. 1970년대 등장한 펑크록 장르에 영감을 받은 스미스는 결국 패티 스미스 그룹을 결성해 자신의 시를 가공되지 않은 펑크 에너지와 합쳐 놓았다. 이 밴드는 음반 계약을 체결한 최초의 뉴욕 펑크 그룹이 되었다(또 다른 주요 펑크 밴드 라몬스가 계약을 체결하기 직전에 먼저 체결했다).

명성이나 부에 관심이 없던 스미스는 그녀가 자란 노동자 계층과 자신의 불안하고 원시적인 스타일을 반영하는 가사를 썼다. 예컨대 〈피스 팩토리〉라는 노래에는 다음 같은 가사가 담겨 있다.

> 열여섯, 이제는 돈을 벌 시간 / 나는 거지 같은 공장에서 파이프를 검사하는 일자리를 얻었네.
> 한 주에 40시간 36달러 / 그렇지만 이게 급료야, 잭.

그 당시 여성 음악가로는 평범하지 않은 가사를 썼던 스미스에게는 펑크록의 계관 시인이라는 별명이 붙었다. 그러나 스미스는 단 한 번도 스스로를 페미니스트 선구자로 여기지 않았고, 자신을 단순히 예술가라고만 생각했다. 그녀와 함께 작업한 사람들은 사진작가 로버트 메이플소프, 시인 짐 캐롤, 윌리엄 버로우스 등이 있다. 청중을 끌어들이는 데 성에 의존하지 않겠다는 스미스의 의지는 다른 많은 여성 로커들에게 고무적이었다.

스미스는 계속해서 직접 만드는 단순한 펑크 미학을 옹호하면서 사람들에게 나가서 말을 하고 아이디어의 끝을 보고, 강력한 음악을 만들라고 촉구한다. 또 그녀는 정치에도 적극적이어서 2003년 미국의 이라크 침공에 반대하는 행사에 출연하기도 했다.

• 패티 스미스는 록밴드 MC5의 기타리스트인 프레드 '소닉' 스미스와 결혼했다. 두 사람은 두 자녀를 키우기 위해 일시적으로 음악 활동을 중단하기도 했다.
• 패티 스미스의 곡 〈피플 해브 더 파워〉는 랠프 네이더의 2000년 대선 캠페인의 집회곡이 되었다.
• 전설적인 록 클럽 CBGB가 2006년 문을 닫았을 때, 패티 스미스는 3시간 반짜리 작별 콘서트에서 공연의 마지막에 나와 여러 펑크 밴드들이 데뷔했던 CBGB 무대를 장식했다.

312

영화 | 대부

〈대부〉가 지닌 의미는 많다. 프랜시스 코폴라 감독의 대작이었고, 2차 대전 이후 가장 유명한 영화였으며, 물론 브란도가 가장 멋진 연기를 보였던 영화였다. 이 영화는 미국 극장가를 소생시켰고, 예술적인 야망이 상업적인 성공과 공존할 수 있음을 입증했다. 그러나 무엇보다 〈대부〉는 훌륭한 엔터테인먼트였다.

마리오 푸조의 소설을 바탕으로 한 이 영화는, 푸조가 뉴욕에서 운영하던 5개의 강력한 마피아 가문 중 하나를 토대로 만든 가상의 코를레오네 가문의 이야기를 그린 작품이다. 이 영화는 가문의 미래를 보호하기 위해 잇따라 결정을 내려야 하는 나이든 돈 비토 코를레오네(물론 브란도 분)가 몰락하는 1945년~1955년을 대략적인 배경으로 삼았다. 가장 중요한 결정은 세 아들 중 누가 자신이 일군 범죄 제국의 열쇠를 이어받게 하느냐는 것이다.

비평가들은 〈대부〉가 갱스터 장르를 재정의했다고 호평했다. 비록 폭력적이고 범죄 활동을 생생하게 묘사하긴 했지만 가장 중요한 주제는 가문의 충성에 관한 것이다. 이 전에 할리우드에서 제작된 갱스터 영화들과 달리 〈대부〉에 등장하는 인물들은, 비록 영화의 시각적 어두움이 그들의 내면의 어두움을 반영하긴 하지만, 악한이기보다 동정 어린 영웅으로 다뤄진다.

〈대부〉가 할리우드의 상징적인 영화가 된 것은 가히 놀랍다. 제작사인 파라마운트가 32세의 감독을 교체하려고 몇 번이나 고민했기 때문이다. 게다가 출연진 중 스타라고는 브란도밖에 없었다. 그의 비토 코를레오네 연기는 영화 역사상 가장 유명한 연기가 되었고, 그는 이 역으로 아카데미 남우주연상을 수상했다. 또 이 영화는 오스카 작품상과 각색상도 수상했다.

〈대부〉는 첫 개봉에 1억 3300만 달러의 수익을 올리면서 박스오피스 기록을 깼다. (스티븐 스필버그 감독의 〈죠스〉가 3년 후에 그 기록을 다시 깼다.) 또한 작품상 등 6개의 아카데미상을 수상한 〈대부2〉와 〈대부3〉라는 속편이 제작되었다.

- 파라마운트는 특이하고 세트장에서 까다롭게 굴기로 유명한 브란도에게 비토 코를레오네 역을 맡기기를 꺼렸다. 이 역을 맡을 후보 중에는 로렌스 올리비에, 어니스트 보그나인, 프랭크 시나트라 등이 있었다.
- 파라마운트는 알 파치노에게 주어진 마이클 역을 좀 더 유명한 배우에게 맡기길 원했다. 워렌 비티, 잭 니콜슨, 더스틴 호프만이 모두 제안을 받았고 로버트 레드포드와 라이언 오닐도 고려 대상이었지만, 코폴라 감독은 알 파치노가 자신의 마이클이라는 데 확고했다.
- 2007년 미국영화연구소가 〈대부〉를 〈시민 케인〉 다음으로 역대 최고의 미국 영화 2위에 선정했다.

313 | FRI ⏺ 사회 | CNN과 24시간 뉴스

1980년 이전에는 대부분의 TV 뉴스가 정규방송 채널에서 1시간으로 구성되어 30분은 지역 뉴스를, 30분은 국내 뉴스를 방송했다. 그러나 그해에 케이블뉴스네트워크(CNN) 라고 불리는, 애틀랜타의 신생 케이블 방송이 생방송으로 논스톱 뉴스를 시작했고 곧 언론비즈니스에 대변혁을 일으켰다.

기업가 테드 터너가 설립한 CNN은 판돈이 많이 걸린 도박이었다. 비평가들은 해외 보도국에 쏟은 터너의 투자금을 회수할 수 있을 정도로 충분한 수의 시청자들이 매일 24시간 뉴스를 시청할지 궁금해했다.

그러나 1차 걸프전(1990년~1991년)이 이 방송의 큰 혜택이 되었다. 때때로 종군기자 피터 아넷의 호텔방에서 보도하기도 했던 CNN은 이라크에서 직접 라이브 보도를 하는 유일한 미국 방송국이었다. CNN의 시청률은 주요 방송국 3개의 시청률을 능가하며 한때 케이블 방송이 이룰 수 없을 것이라 여겨졌던 위업을 달성했다. 이 방송의 성공은 터너에게 좋은 보상을 가져다주었다. 타임워너가 1996년 65억 달러에 CNN의 모회사였던 터너브로드캐스팅을 사들인 것이다.

또한 CNN은 전 세계 사람들이 뉴스를 접하는 방식을 변화시키면서 보다 큰 사회적 영향을 달성했다. 신문이나 전통적인 TV 뉴스들과 달리 CNN은 사건이 발생하는 대로 시청자들이 실시간으로 뉴스를 시청할 수 있게 했다. 언론 관계자들은 이것을 '24시간 뉴스 사이클', 또는 그저 'CNN 효과'라고 불렀다. 그리고 이제 시청자들이 최신 정보에 접근할 수 있게 된 만큼, 정치 지도자들은 사건에 대한 결정을 신속히 내리고 즉각적으로 반응해야 하는 압력을 더욱 많이 받게 되었다.

CNN의 성공에 뒤이어 몇몇 다른 뉴스 전용채널들이 방송을 타기 시작했는데, 그중에는 MSNBC, CNBC, 폭스뉴스를 비롯해 CNN 헤드라인 뉴스처럼 CNN에서 파생된 몇몇 채널들도 있다. 보다 최근에는 인터넷 뉴스가 생기면서 CNN이 개척한 24시간 뉴스 사이클의 지배를 확고히 했다.

- CNN이 1차 걸프전을 보도한 모습을 그린 HBO 영화 〈라이브 프롬 바그다그〉는 CNN의 모기업인 타임워너가 제작했다.
- CNN의 자매 방송국 중 CNN 헤드라인 뉴스는 지금도 방송되고 있고, 스포츠 채널인 CNNSI와 경제 채널인 CNNfn은 더 이상 운영되지 않는다.
- 터너는 자선 사업을 하는 것으로도 잘 알려져 있다. 그는 UN에 10억 달러를 약속했고, 환경의 위험에 대해 아이들을 교육시키기 위해 TV 시리즈 〈캡틴 플래닛〉을 만들었으며 세계에서 가장 많은 들소 떼를 소유해 한때 줄어들던 종의 수를 상당히 늘리고 있다.

314

매직 존슨

어빈 '매직' 존슨은 2가지 유산을 남겼다. 204cm 키의 혁신적인 포인트가드였던 그는 1980년대에 NBA가 소생하도록 도왔고 LA 레이커스가 챔피언십에서 5번 우승하도록 이끌었다. 또 다른 유산은 전혀 예상치 못한 것이었다. 1991년 11월 7일, 존슨은 HIV 양성 판정을 받아 은퇴하겠다고 세상에 알렸다. 그 후로 그는 HIV에 대한 사람들의 인식을 바꾸기 위해 대사가 되었고 책을 저술하고 여러 단체에서 연설을 하면서 기금을 모금해왔다.

농구장 안에서 존슨은 타의 추종을 불허하는 열정과 실력으로 활약했으며 눈부신 패스 기술은 전 세계 농구 팬들을 열광하게 만들었다. 그는 래리 버드의 보스턴 셀틱스와의 라이벌 구도로 유명한, 레이커스의 자랑스러운 '쇼 타임' 팀의 중심이었다.

존슨은 짧은 선수 생활 동안 크나큰 성공을 이뤘다. 대학교 2학년 때 전미대학운동협회(NCAA) 결승전에서 무패를 이어가던 버드의 인디애나주립대학을 누르고 미시간주립대학이 우승하도록 이끌었다. 1년 후 매직은 그의 대표 경기인 필라델피아 세븐티식서스와의 파이널 6차전에서 활약하며 레이커스를 NBA 우승으로 이끌었다. 부상당한 센터 카림 압둘 자바의 교체 선수로 들어간 20세의 존슨은 대개 키가 가장 큰 선수가 차지하는 피벗 포지션에서 42포인트를 올렸고, 15개의 리바운드와 7개의 어시스트를 기록했다. 그는 NBA 결승전 MVP로 선정된 최초의 신인선수였다. 존슨의 레이커스는 4번 더 우승했고(1982년, 1985년, 1987년, 1988년), 그는 3회 NBA MVP로 선정되었다 (1987년, 1989년, 1990년).

1991년 은퇴한 후 그는 그 시즌 NBA 올스타전에 다시 출전했고 올스타전 MVP로 선정되었다. 그러고는 1992년 바르셀로나 올림픽에서 금메달을 차지한 미국의 드림팀을 이끌었다. 존슨은 1995년~1996년 시즌에 다시 복귀해서 레이커스를 위해 마지막 32경기를 뛴 후 완전히 은퇴했다.

낮은 가망성에도 불구하고 존슨은 1991년 발표 후 지금까지도 건강 상태가 양호한 것으로 알려졌고, 성공적인 기업가이자 해설가가 되어 TV에 자주 출연해왔다.

- 존슨은 경기당 평균 19.5점, 7.2 리바운드, 11.2 어시스트를 기록하고 은퇴했다. 1991년 처음으로 은퇴했을 때 그는 NBA 통산 최다 어시스트 보유자였지만 존 스톡턴에게 왕좌를 빼앗겼다.
- 존슨은 고등학생인 그를 보고 경탄한 스포츠 전문 기자로부터 '매직'이라는 별명을 얻었다.
- 4년의 기간 동안 존슨은 고등학교 주 선수권 대회 우승, NCAA 우승 그리고 NBA 우승을 모두 이뤘다.

315 | SUN ✹ 팝 | 헐크 호건

헐크 호건은 유료 TV에서 프로레슬링의 인기가 폭발했던 1980년대와 1990년대에 세계레슬링연맹(WWF)에서 가장 유명했던 선수다. 호건은 TV로 중계된 경기에서 6번 WWF '우승'을 차지했고, 스테로이드 사건으로 선수 생활이 끝나기 전까지 팬들 사이에서 널리 인기를 누렸다.

본명이 테리 볼레아인 호건은 조지아주 애틀랜타에서 태어나 플로리다주 탬파에서 자랐다. 그는 젊은 나이에 보디빌딩을 시작했고, 1978년 프로레슬러로 데뷔했다. 데뷔 즉시 성공을 거둔 그는 곧 고도로 연출된 가짜 레슬링 경기를 꾸미는 WWF와 미국레슬링협회(AWA)로 옮겼다. 호건은 신일본 프로레슬링에 참여하면서 일본에서도 슈퍼스타가 되었다.

1980년대 초에 이르자 호건은 세계적인 스타로 자리매김했다. 심지어 그는 영화 〈록키 III〉에도 출연했다. 그는 당시 유료 프로그램이라는 새로운 매체에서 방송한 초기 레슬매니아 경기를 비롯해 세간의 이목을 집중시키는 여러 경기에 출전했다. 스판덱스를 입은 전사들이 출전하는 프로레슬링은 결국 큰 인기를 얻었고 NBC가 황금 시간대에 레슬링 경기를 편성하기에 이르렀다.

호건은 레슬매니아의 영원한 챔피언으로 가장 널리 알려진 WWF 스타이자 누구나 아는 이름이 되었다. 그의 선수 생활은 끝나지 않을 것 같아 보였지만 1990년대 초 WWF를 휩쓸었던 스캔들로 중단되었다. 재판에서 호건은 자주 스테로이드를 복용했다고 인정했고 WWF에서 스테로이드의 사용이 만연하다고 밝혔다.

2007년 호건은 그의 사생활에 대한 리얼리티 쇼인 VH1의 〈호건 노즈 베스트〉에 출연하기도 했다.

● 호건은 TV에서 인크레더블 헐크를 연기했던 루 페리그노와 함께 TV프로그램에 출연했는데, 프로그램의 진행자가 호건이 페리그노보다 몸집이 상당히 더 크다고 지적하는 말을 듣고 헐크라는 별명을 자신이 사용하기 시작했다.
● 일본 레슬링에서 호건을 부르는 별명은 일본어로 '1위'를 뜻하는 '이치방'이었다.
● WWF는 세계자연기금(World Wildlife Fund, WWF)으로부터 항의를 받은 후 2002년에 세계레슬링엔터테인먼트(World Wrestling Entertainment)로 이름을 변경해야 했다.

316

빌 클린턴

빌 클린턴 대통령의 8년간 임기는 경제적으로 부흥하고 국제적으로 평화로웠으며, 백악관 역사상 가장 큰 분열을 초래한 스캔들 하나가 포함되어 있다. 그의 정책적 성과, 군사적 성공, 재정 의무 기록은 백악관 인턴이었던 모니카 르윈스키와의 성관계에 대한 거짓말에 이은 탄핵소추로 빛이 바랬다.

클린턴은 조지타운대학교, 옥스퍼드대학교(로즈장학금을 획득한 후)와 후에 아내가 되는 힐러리 로댐 클린턴을 만난 예일대학교 로스쿨을 다녔다.

1973년 예일대학교를 졸업한 후 그는 고향인 아칸소로 돌아와 정치 활동을 시작했다. 32세였던 1978년 아칸소 주지사가 되었고 2년 후 재선에서 낙선했다가 1982년 다시 주지사로 선출되었다. 클린턴은 1988년 대선 출마를 고려했지만 1992년까지 출마하지 않았다. 그해 예상치 않게 민주당 대선후보로 선출된 후, 재임 중이던 조지 W. 부시 대통령과 억만장자 사업가 H. 로스 페로를 누르고 대통령에 당선되었다.

아내가 이끌었던 주요 보건 정책안을 통과시키려다 실패하면서 이목을 끌었던 클린턴 임기 첫 2년은 대부분 완전한 실패로 끝났다. 보건 정책의 낭패로 1994년 공화당이 의회를 차지하면서 이른바 공화당 개혁이라는 중대한 결과가 발생했다. 그러나 그는 인내했고, 루스벨트 대통령 이후로 재선에 성공한 최초의 민주당 대통령이 되었다. 르윈스키 스캔들이 터지기 전까지 클린턴은 대통령 임기 중 연방 예산의 성공적인 균형, 북미자유무역협정, 아이티와 보스니아에서 군사 개입을 다루고 있었다.

그러나 스캔들이 터지면서 그의 임기 활동을 둔화시켰고, 1998년 미국 하원에 의해 탄핵된 2번째 대통령이 되었다. (1808년부터 1875년까지 대통령을 역임했던 앤드류 존슨이 첫 번째였다.) 훗날 상원이 위증죄와 사법방해죄에 대해 클린턴에게 무죄 판결을 내렸다. 비록 클린턴이 22세 인턴과의 관계에 대해 국민들과 아내에게 거짓말을 하긴 했지만, 많은 미국인들은 그가 반대파에 의해 불공정한 표적이 되었다고 느꼈다. 그는 전후 대통령 중 가장 높은 지지도인 65%를 기록하고 백악관을 떠났다.

- 백악관에 입성한 최초의 베이비부머였던 클린턴은 〈아르세니오 홀 쇼〉에서 선글라스를 쓰고 테너 색소폰으로 엘비스 프레슬리의 노래를 연주했던 '쿨한' 대통령 후보였다.
- 대통령 임기를 마친 후 클린턴은 인도주의적인 대의에 치중하면서 특히 HIV, 빈곤, 공중위생 이슈에 관한 인식을 높이기 위해 기금을 모금해왔다.
- 클린턴은 대통령 임기 후 2000년 뉴욕주 상원의원으로 출마한 힐러리의 성공적인 선거 운동과 2008년 힐러리의 실패한 대선 운동에서 활동하기도 했다.

317

컬러 퍼플

앨리스 워커의 《컬러 퍼플》은 20세기 상반기에 조지아주의 시골 마을에 사는 가난하고 교육을 받지 못한 젊은 흑인 여성의 가혹하지만 궁극적으로 희망을 주는 인생 이야기를 들려준다. 이 소설로 워커는 미국 문학의 주요 목소리가 되었고, 마야 안젤로와 토니 모리슨과 더불어 아프리칸-아메리칸 페미니즘을 대변하는 인물이 되었다.

《컬러 퍼플》은 등장인물의 편지나 일기를 통해서만 전개되는 서간체 소설이다. 주인공인 셀리는 하나님과 여동생 네티에게 자신이 마주하는 고난을 고백조로 자세하게 설명한 여러 통의 편지를 쓴다. 10대 시절 셀리는 의붓아버지로부터 성폭행을 당해 임신을 하고, 나중엔 아버지에 의해 더욱 폭력적인 남편에게 팔려간다. 처음에는 소심하고 내성적이었던 셀리는 결국 몇몇 강한 여성들을 만나게 되고, 그들은 그녀를 이끌어 개인적이고 성적인 자아를 발견하게 해준 셀리는 점차 보다 적극적이고 독립적인 목소리를 갖도록 도와주는 그들에 의해 고무된다. 소설 속에서 셀리의 이야기와 더불어 아프리카에서 선교 일을 하는 똑똑하고 호기심 많은 여동생 네티의 이야기가 나란히 펼쳐진다.

워커의 소설은 그 당시에도 그리고 지금까지도 성적인 솔직함과 폭력에 대한 생생한 묘사로 논란을 일으키고 있으며 미국 도서관과 학교에서 가장 자주 시험대에 오르는 작품들 중 하나로 꼽힌다. 그러나 강력한 줄거리는 평단의 호평과 상업적인 성공을 가져왔으며 워커에게는 1983년에 퓰리처상과 전미도서상을 안겨주었다. 그 후로 《컬러 퍼플》은 영화와 연극으로 제작되었는데, 하나는 우피 골드버그가 출연한 스티븐 스필버그의 1985년 동명 영화이고, 다른 하나는 오프라 윈프리가 제작한 2005년 브로드웨이 뮤지컬이었다.

• 워커는 조지아주 시골 마을의 소작인 가정에 8남매 중 막내로 태어났다.

• 1960년대에 워커는 미시시피주에서 살면서 그곳의 시민평등권 운동에 적극적으로 참여했다.

• 그녀는 20세기 초에 살았던 소설가 조라 닐 허스턴의 재발견에 큰 역할을 했다. 워커와 학구적인 한 동료가 허스턴의 작품을 홍보했고 심지어 플로리다주에 있는 묘비조차 없었던 그녀의 무덤을 찾아내기도 했다.

318

WED
음악

더 클래시

1977년, 영국에서는 가죽 재킷과 강렬한 가사가 담긴 펑크록이 폭발적인 인기를 얻고 있었다. 그해 섹스 피스톨스가 히트 음반 《네버 마인드 더 볼록스, 히어스 더 섹스 피스톨스》를 발매했고 더 클래시가 동명의 데뷔 음반을 발매했다.

이 두 밴드를 함께 묶는 경우도 종종 있지만, 두 밴드는 굉장히 다른 관점을 가지고 있다. 허무주의에 독설이 가득 찬 섹스 피스톨스에 반해 더 클래시는 보다 지적이고 자신들의 펑크 밴드에 대해 사색적인 음악적 접근 방식을 취했다.

사실 기타리스트이자 보컬리스트 조 스트루머, 베이시스트 폴 시모논, 기타리스트 믹 존스, 드러머 테리 차임스로 구성된 더 클래시는 이상주의자들이었다. 이 네 사람의 곡은 실업 문제, 사회적 부패, 인종차별, 경찰 폭력, 정치적 문제점들을 다뤘다. 예컨대 그들의 데뷔 앨범에 수록된 노래 〈(화이트 맨)인 해머스미스 팔레〉는 동시대 영국인들의 정치적 무관심을 비판했다.

> 백인 젊은이들, 흑인 젊은이들
> 다른 해결책을 찾는 것이 더 나을 듯
> 로빈 후드에게 전화를 걸지 그래
> 재산을 나눠달라고 요청하지 그래
> …
> 새로운 그룹들은 신경도 안 써
> 더 배울 게 뭐가 있는지는

더 클래시는 진정으로 로큰롤이 무언가를 의미하고 사회를 더 나은 방향으로 변화시킬 수 있다고 믿었다. 펑크록은 그들이 가진 좌파 성향의 정치적 견해와 레게, 더브, 댄스, 재즈 음악에 대한 애정을 이상적으로 보완해주었다. 백인과 흑인의 음악적 유산을 융합한 것이 1960년대 이후 밀려든 영국 문화를 완벽하게 나타냈다.

더 클래시는 호평을 받은 몇몇 앨범을 발매했지만 1986년에 내부 갈등으로 인해 해체했다.

- 리드 보컬인 조 스트루머는 외교관의 아들이었다.
- 2006년에 《타임》은 《런던 콜링》을 역대 최고의 앨범 100선 중 하나로 선정했다.
- 스트루머는 1997년 영화 〈그로스 포인트 블랭크〉의 사운드트랙을 작곡했다.

319

마틴 스코세이지

우디 앨런, 스파이크 리와 더불어 마틴 스코세이지는 전형적인 현대 뉴욕 출신의 영화 감독이다. 스코세이지의 작품은 대부분 맨해튼의 리틀 이탈리아에서 성장했던 시절에 큰 영향을 받았다.

길거리 폭력, 지역 마피아 단원, 도시 생활의 폐쇄공포증에 노출되었던 경험은 가톨릭교에 대한 관심과 더불어 그의 여러 작품 속 주인공들의 이중성에 영향을 미쳤고, 죄를 지었지만 구원을 바라면서 살아가는 모습을 그린다(대개는 그런 바람이 아무런 결실을 맺지 못한다).

스코세이지 작품들은 활기 넘치는 시각 양식, 한 장면에서 다음 장면으로의 갑작스런 전환, 로큰롤 사운드트랙과 극도의 폭력성이 특징이다. 그의 최고의 영화들은 소외감, 피해망상, 유혈 사태를 탐구하는데, 뉴욕이 단순히 배경으로서만 등장하는 것이 아니라 캐릭터 자체를 부여받는 경우가 많다.

스코세이지 감독이 주목을 받게 된 영화는 〈비열한 거리〉로, 하찮은 폭력배로 살던 젊은이가 독실하게 살려고 하는 모습을 그린 작품이다. 영화의 첫 대사는 스코세이지 감독이 직접 들려주는 해설인데 감독의 향후 의도가 다분히 담겨 있다. "네가 회개하는 곳은 교회가 아니야. 거리에서 회개하지. 집에서 말이야. 다른 데서 하는 건 모두 엉터리야."

이 감성은 집착, 외로움, 도시의 부패에 관한 걸작 〈택시 드라이버〉에서부터 뉴욕 폭력배의 삶을 일인칭 시점으로 그린 〈좋은 친구들〉, 오스카 작품상을 수상하고 스코세이지 감독에게 최초의 아카데미 감독상을 가져다준 〈디파티드〉에 이르기까지 가장 호평을 받은 대부분의 스코세이지의 작품 속에 드러난다.

또 스코세이지의 감독 활동은 하비 카이텔, 로버트 드 니로 그리고 레오나르도 디카프리오 등 특히 세 배우와 협업한 특징을 가지고 있다.

• 스코세이지 감독은 영화에 대한 애착이 사제를 열망하던 삶에서 벗어나게 해 주었다고 말했다.
• 스코세이지 감독은 오스카 감독상 후보에 5번 올랐지만 2007년 〈디파티드〉로 감독상을 받을 때까지 한 번도 수상하지 못했다. 또 이 영화는 스코세이지 감독이 연출한 작품 중 처음으로 아카데미 작품상을 수상하기도 했다.
• 스코세이지는 이른바 영화 악동들(movie brats)이라고 불리던 집단의 일원이었다. 대부분 영화 학교를 졸업한 미국 감독들로 구성된 이 집단은, 할리우드 영화와 감독들에 대한 박식한 지식을 가졌던 프랑스 누벨바그 감독들과 유사하게, 1970년대에 할리우드 시스템에 새로운 활기를 불어넣었다. 이 집단의 다른 주요 멤버로는 스티븐 스필버그, 프랜시스 코폴라, 조지 루카스 감독이 있다.

320 | FRI ⓟ 사회 | 여피족

1984년, 《뉴스위크》의 커버스토리는 새로운 부류의 미국인들이 등장했음을 경고했다. 이 잡지가 '도시에 사는 젊은 전문직 종사자(young urban professional)'를 줄여 만든 이 용어 여피족(Yuppies)은, 1960년대 이상주의자였다가 1980년대에 직장인이 되면서 나팔바지 대신 BMW를 몰고 다니는, 급격히 변화하는 베이비붐 세대의 모습을 포착하기 위해 만들어졌다.

실제로 비평가들은 1980년대를 완전하고 유래 없는 탐욕의 시대로 묘사했다. 톰 울프의 소설 《허영의 불꽃》 등 여피족에 대한 소설은 뉴욕의 젊은 화이트칼라 증권거래인들을 얄팍하고 탐욕스러운 인물로 그렸다. 브렛 이스턴 엘리스의 소설 《아메리칸 사이코》는 고민할 것이라고는 넥타이의 색깔과 명함의 글꼴밖에 없는 공허한 삶을 사는 부유한 젊은 투자 은행가의 광기를 들려준다.

인구학적으로 1980년대의 젊은 미국인들은 이전 세대에 비해 늦게 자녀를 가졌기 때문에 고급 장식품, 성형 수술, 광천수를 비롯해 여피족들이 과시적인 요소에 쓸 수 있는 가처분 소득이 훨씬 더 많았다. 이 세대에 속하는 많은 사람들은 '여피'라는 경멸투의 단어가 자신들에 대해 불공정한 선입견을 갖게 한다고 불평했지만, 이 용어는 베이비부머들이 1960년대에 가지고 있던 이상주의에서 벗어나 스스로에게 눈을 돌렸다는 인식이 만연하다는 걸 포착했다.

그러나 여피족들도 점차 사라지기 시작했고, 1991년 《타임》이 경제 침체를 다루면서 여피족의 '사망 기사'를 게재하기도 했다. 이 용어는 지금도 사용되고 있는데, 주로 부유하고 젊은 전문직 종사자들을 조롱하는 형태로 사용된다.

• 여피라는 용어는 몇 가지 파생어를 낳았는데, 그중에는 버피(흑인 도시 전문직 종사자)와 스쿠피(사회적 의식을 가진 출세지향자)가 있다.
• 《아메리칸 사이코》 출간 이후 브렛 이스턴 엘리스는 여피족의 탐욕과 이기주의를 가차 없이 묘사했다는 이유로 수차례에 걸쳐 살해 위협을 받았고 수많은 혐오 편지를 받았다.
• 1980년대에는 오늘날 만성 피로라고 알려진 질병을 가리켜 '여피 독감'이라고 부르기도 했다. 여피족 같은 특성을 가진 사람들 사이에서 가장 많이 발병했기 때문이다.

321

SAT
🏆
스포츠

웨인 그레츠키

웨인 그레츠키가 '그레이트 원'이라고 불리는 이유는 하키 역사상 가장 우수한 선수였기 때문이다. 베이브 루스 외에 팀 스포츠에서 그레츠키만큼 자신의 스포츠 기록을 갈아치운 북아메리카 선수는 아무도 없었다. 그리고 그의 말처럼 그레츠키도 베이브처럼 신체적으로 우월한 선수가 아니었다. "내 눈과 마음이 대부분의 일을 해야 한다."

온타리오주 브랜포드 출신의 자그마한 덩치를 가진 이 센터는 9세부터 캐나다에서 전 국민의 기대를 받으며 경기에 임했다. 기자들은 그를 이미 가장 유명한 하키의 전설 고디 하우에 비유하고 있었다. 놀랍게도 그레츠키는 기대치를 능가했다. 그는 에드먼튼 오일러스가 스탠리컵(북아메리카 프로아이스하키 플레이오프 우승팀에게 주어지는 트로피 — 옮긴이)을 4번 수상하도록 이끌었으며, NHL의 MVP를 9번 수상했고, 10차례의 득점왕과 2번의 플레이오프 MVP로 선정되었다. 1999년에 은퇴했을 때 그는 통산 골(894), 어시스트(1963), 득점(2857)를 비롯해 61개의 NHL 기록을 보유했다. 그레츠키가 기록한 어시스트보다 더 많은 통산 포인트를 기록한 하키선수는 없었다.

그레츠키는 1978년에 세계하키협회(WHA)의 인디애나폴리스 레이서스에 입단하면서 프로로 데뷔했고 그해 후반 에드먼튼 오일러스로 이적했다. 그는 그해 WHA의 올해의 신인선수상을 수상했다. 그 이후 WHA가 폐지되면서 오일러스는 1979년~1980년 시즌에 NHL에 가입했다. 그레츠키는 그 즉시 두각을 나타냈고 연이어 8번의 MVP를 수상했다. 그는 1981년~1982년 시즌 첫 39경기에서 50골을 넣고 시즌 통산 92골로 그해를 마무리한 것과, 1983년~1984년 시즌에서 51게임 연속 포인트를 기록한 것, 1984년~1985년 시즌에서 47 플레이오프 포인트를 달성한 것 그리고 1985년~1986년 시즌에서 215점이라는 기록을 세웠다.

그레츠키는 또한 1988년 에드먼튼에서 LA 킹스로 트레이드되었을 때 미국의 따뜻한 기후를 가진 지역에서 하키를 보급하는 데 일조하기도 했다. 그는 1993년에 킹스가 스탠리컵을 수상하도록 이끌었고, 훗날 세인트루이스 블루스와 뉴욕 레인저스에서 선수로 활동하다가 은퇴했다.

• 그레츠키는 1998년도 나가노 올림픽에 캐나다 대표선수로 참가했고, 2002년도 솔트레이크시티 올림픽에서는 캐나다의 운영위원으로 참가해서 캐나다가 50년 만에 처음으로 금메달을 딸 수 있게 이끌었다.
• 그레츠키는 다른 선수들은 한 시즌 200포인트 달성도 못할 때 NHL 경기에서 시즌당 200점 이상을 4번 달성했다.
• 2000년 NHL 올스타전에서 그의 등번호 99번이 영구 결번으로 지정됐다.

322

뉴 키즈 온 더 블록

1984년 보스턴에서 결성된 뉴 키즈 온 더 블록은 혈기 왕성한 남성 팝 그룹으로, 아주 짧은 기간 동안 미국 팝 뮤직의 미래를 대변하는 것처럼 보였다.

프로듀서 모리스 스타에 의해 결성된 이 그룹은 조이 매킨타이어, 도니 월버그, 대니 우드, 조던 나이트 그리고 조던의 동생 조너선으로 구성되었다. 이 그룹이 결성되었을 당시 멤버들 가운데 16세를 넘은 사람은 아무도 없었다.

밴드의 명칭과 동일한 제목을 가진 데뷔 앨범은 1986년 발매되었을 때 대대적인 실패작으로 여겨졌다. 컬럼비아레코드로부터 계약을 해지당할 위기 속에서 1년 반 만에 2번째 앨범《행인 터프》를 발매했다.

1988년 팝 가수 티파니와 함께 순회공연을 다니는 동안《행인 터프》에 수록된 곡〈유 갓 잇〉이 MTV에서 정기적으로 전파를 탔다. 뒤를 이어〈아윌 비 러빙 유〉가 빌보드 음악 차트에서 1위에 올랐다. 이 곡과 차기 앨범《스텝 바이 스텝》의 성공으로 이 그룹은 코카콜라의 후원을 받고 세계 순회공연에 돌입했다.

그러나 이 밴드의 혜성 같은 상승세는 1992년 전 사운드 엔지니어가 이 그룹이《행인 터프》에 수록된 여러 곡들을 립싱크했다고 주장하면서 멈췄다. 이 주장과 더불어 10대 소녀 가수들과 이른바 보이밴드의 인기가 시들해지면서 이 10대 그룹의 끝도 보이기 시작했다.

그들의 마지막 앨범《페이스 더 뮤직》은 1994년 발매되었고 그저 그런 평가를 받았다. 이 그룹은 이 앨범 홍보를 위한 콘서트 마지막 날이던 1994년 6월, 해체를 발표했다.

- 1991년 3월, 밴드 멤버인 도니 월버그는 켄터키주 루이빌의 질바흐 호텔에서 발생한 화재에 연루되어 1급 방화죄로 체포되었다.
- 멤버는 아니었지만 아마도 이 그룹과 관련되어 가장 유명한 사람은 도니의 남동생인 마크 월버그일 것이다. 마크 월버그는 마키 마크 앤 더 펑키 번치라는 그룹과 함께 레코딩 아티스트로 등장했다. 그는 아무 탈 없이 팝 스타덤에서 살아남았고 지금은 영화계 최고 배우로 활동하고 있다.
- 마크 월버그는 HBO TV 시리즈〈앙투라지〉의 제작책임자이다. 조니 드라마(빈센트 체이스의 형으로 한물간 배우)라는 가상의 인물이 마크의 실제 형인 도니를 모델로 한 것으로 널리 여겨지고 있다.

323

러시 림보

무례한 유머와 확고한 보수적 정치 견해의 조합으로 사랑과 미움을 동시에 받는 러시 림보는 미국에서 가장 청취율이 높은 국영방송 라디오 토크쇼를 개발했다. 거의 600여 방송국에서 매주 약 2000만 명의 청취자들을 갖고 있는 그는 우익에게는 영웅이 되었고 좌익에게는 적이 되었다.

림보는 철저한 엔터테이너이다. 그러나 공화당 지지자들과 민주당 지지자들의 피를 끓게 만드는 것은 그의 정치적인 발언이다. 지지자들은 그가 1994년 공화당이 의회를 장악하도록 돕는 데 큰 역할을 했다고 여긴다. 반대파들은 그가 기껏해야 솔직하지 못한, 가장 나쁘게는 명백한 거짓말쟁이라고 말한다. 어떤 주장이 옳든 그는 방송계의 거인이다.

림보는 변호사 집안에서 태어났으며 그의 할아버지(그와 마찬가지로 이름이 러시다)는 아이젠하워 대통령 시절에 인도 주재 미국대사였다. 림보는 1967년, 고등학생 때 자신의 고향 미주리주 케이프지라도의 방송국에서 디스크자키로 라디오 관련 일을 처음 시작했다. 몇몇 라디오 관련 일에서 실패하면서 라디오업계에서 경력을 쌓지 못하자 그는 1979년 캔자스시티 로열스 야구팀의 영업사원으로 일했다.

그는 1983년 라디오업계로 돌아와 캔자스시티의 KMBZ 방송국에서 정치평론가로 활동했다. 1년 후 그는 새크라멘토의 KFBK 방송국에 고용되었고 그곳에서 4년 간 청취율을 3배로 올리면서 극적인 성공을 이뤘다.

그는 1988년에 배급 계약을 맺고 뉴욕으로 이주했으며, 그곳에서 지난 20년 간 진보주의자들의 골칫거리가 되었다. 림보의 성공은 수십 명의 보수적인 라디오 토크쇼 진행자들의 모티프가 되었는데, 그중에는 숀 해너티, 마이클 새비지, 알 프랑켄 같은 소수의 진보주의 평론가들도 있다.

- 림보는 고등학생 때 러스티 샤프라는 가명으로 최초의 라디오 쇼를 진행하며 활동을 시작했다. 나중에 피츠버그에서 일하는 동안에는 제프 크리스티라는 이름을 사용했다.
- 그는 1993년 라디오 명예의 전당에 이름을 올렸고 1998년에는 방송인 명예의 전당에 입성했다. 그는 또한 1992년에 마르코니 올해의 방송인상을 수상하기도 했다.
- ESPN 방송국은 2003년에 〈선데이 NFL 카운트다운 쇼〉의 해설자로 림보를 고용했다. 그러나 한 달도 지나지 않아 필라델피아 이글스의 쿼터백 도노반 맥냅에 대한 언론 보도에 관해 인종차별적인 발언을 한 후 스스로 사임했다.

324 | TUE 📖 문학 | 참을 수 없는 존재의 가벼움

체코 소설가 밀란 쿤데라의 《참을 수 없는 존재의 가벼움》은 아마도 근대 동유럽 소설 중 가장 뛰어난 작품일 것이다. 여러 장르를 흥미롭게 섞어놓은 이 작품은 공산주의 체제가 지배하던 전 체코슬로바키아의 지적, 예술적 억압을 배경으로 픽션, 정치, 철학, 역사를 섞어놓았다.

소설의 특이한 제목은 중심 주제를 가리키는 것으로 인생을 '가볍게' 또는 '무겁게' 살 수 있다는 생각을 가리킨다. 소설의 도입부에서 쿤데라는 인간이 인생을 영원히 반복적으로 다시 살아야 한다면 어떠할 것인지 물었던 철학자 프리드리히 니체의 생각에 대해 숙고한다. 니체는 그런 '영겁회귀'의 가능성이 끔찍하며, 생각하는 것만으로도 무거운 짐이 된다고 믿었다. 그러나 쿤데라에게는 우리가 살 수 있는 기회가 단 한 번밖에 없다는 사실이 더욱 고통스러웠다. 우리가 내리는 중요한 결정의 각기 다른 결과들을 비교해볼 수 있는 기회가 전혀 없기 때문에, 인생은 본질적으로 독단적이거나 무의미할 수밖에 없다. 따라서 '참을 수 없을 정도로 가벼운 것'이다.

이런 주장을 바탕으로 한 쿤데라의 이야기는 1960년대 프라하를 배경으로 인생을 제법 가볍게 사는 토머스라는 이름의 외과의에 관한 이야기이다. 굉장한 바람둥이인 그는 순간에 오고 가는 즐거움을 만끽한다. 그러나 그의 아내인 사진사 테레자는 인생을 무거운 것으로 여겨, 모든 행동에 의미가 담겨 있다고 본다. 토마스와 테레자는 서로 사랑하지만, 전혀 다른 세계관이 그들의 결혼 생활을 상당히 복잡하게 만든다. 토마스가 체코 공산당을 비판한 후 일자리를 잃게 되면서 해외로 도망쳐야 할 상황에 닥치게 되고, 그와 마찬가지로 가벼움을 추종하는 자유로운 영혼의 예술가 내연녀 사비나와 테레자 사이에서 결정을 내려야 할 때가 온다. 소설 전반에 걸쳐 이 세 인물들은 모두 예술과 정치 사이의 복잡한 교차점을 헤맨다. 쿤데라 자신이 공산주의 정권의 제약 속에서 글을 썼던 것처럼 말이다.

- 쿤데라는 초기 소설들을 그의 모국어인 체코어로 집필했으나 1975년 프랑스로 이주한 후에는 모두 프랑스어로 집필했다.
- 1988년, 《참을 수 없는 존재의 가벼움》이 영화로 제작되어 다니엘 데이 루이스가 토머스로, 쥘리에트 비노슈가 테레자로, 레나 올린이 사비나로 출연했다.
- 《참을 수 없는 존재의 가벼움》에서 토머스에게 벌어지는 많은 사건들은 1968년 프라하의 봄 동안 쿤데라가 직접 경험한 것에서 비롯되었다. 프라하의 봄은 체코슬로바키아에서 단기간 정치적 자유가 고조되면서 일었던 혁명으로, 소비에트 군대가 재빨리 잔인하게 진압했다.

325

WED
음악

필립 글래스

필립 글래스는 자신의 작품이 미니멀리스트라고 묘사되는 것을 불편하게 여겼지만, 그럼에도 그는 미니멀리스트 음악의 세계적인 주요 작곡가로 꼽힌다. 미니멀리즘은 명확한 정의가 없다. 그보다 미니멀리즘은 글래스와, 그와 생각이 비슷한 작곡가들의 작품이 공통적으로 가진 일련의 특성을 가리킨다. 그중에는 매우 짧은 악구의 반복과 상당히 일정한, 거의 수학적인 비트가 있다.

볼티모어에서 태어난 글래스는 줄리아드음대와 파리에서 음악을 공부했다. 그는 1960년대에 뉴욕으로 돌아와 스티브 라이히 등 다른 분투하는 젊은 아방가르드 작곡가들의 공동체에 합류했다. 이 집단의 음악가들은 서양적이지 않은 자료에서 예술적 영감을 이끌어낸 것으로 유명하다. (예컨대 라이히는 가나로 5주 동안 여행을 가서 아프리카 드러머들과 함께 공부하기도 했다.) 글래스는 인도에서 가장 큰 영향을 받았다. 실제로 인도 리듬을 공부하고 시타 연주자인 라비 샹카와 함께 작업한 후, 글래스는 그 전의 작품들을 모두 저버리고 오늘날 그를 유명하게 만든 방향으로 전환했다. 이 시기에 만들어진 가장 야심찬 곡은 4시간 길이의 〈뮤직 인 트웰브 파트〉이다.

글래스는 미니멀리스트라는 명칭을 인정한 적이 없다. 대신에 그는 극작곡가라는 명칭을 제안했다. 실제로 글래스의 가장 큰 대작은 오페라 3부작이었다. 하나는 가장 유명한 작품인 〈아인슈타인 온 더 비치〉가 수록된 〈포트레이트 트릴로지〉이다. ('아인슈타인 온 더 비치'라는 제목은 해변을 거니는 동안 최고의 생각이 떠올랐다는 아인슈타인의 말을 가리킨다.) 다른 하나는 남아프리카에서 변호사로 사회생활을 시작했던 마하트마 간디의 초기 삶을 토대로 한 〈사티아그라하〉이다. 마지막은 이집트 파라오의 이야기를 토대로 만든 작품 〈아크나텐〉이다. 그는 1990년대에 또 다른 3부작을 발표해서 호평을 받았다.

글래스의 가장 최근 오페라 작품은 노벨상을 수상한 남아프리카 공화국 작가 J. M. 쿳시의 동명 소설을 토대로 만든 〈야만인을 기다리며〉이다. 미국 남북전쟁에 관한 글래스의 오페라 〈어프로마톡스〉는 2007년 초연되었다.

- 글래스는 티베트의 대의를 지지하는 사람으로 1972년 처음으로 달라이 라마를 만났다.
- 아카데미상 후보에 올랐던 글래스의 〈디 아워스〉 삽입곡의 초기 버전은 1988년도 다큐멘터리 〈가늘고 푸른 선〉에 사용되었다.
- 초년에 돈을 벌기 위해 글래스는 뉴욕에서 택시를 운전했고 라이히와 함께 이사업체를 시작하기도 했다.

326

로버트 드 니로

로버트 드 니로는 가장 많은 찬사를 받은 그 세대 남자배우들 중 한 명으로 꼽힌다. 뉴욕에서 태어난 그는 브라이언 드 팔마 감독의 1968년도 코미디 영화 〈그리팅〉으로 데뷔했다. 5년 후 드 니로는 위독한 야구선수를 연기했던 〈대야망〉과 〈비열한 거리〉에 출연하면서 주목을 받기 시작했다. 〈비열한 거리〉는 마틴 스코세이지 감독과 함께한 8개 작품 중 첫 작품이었다. 이 작품 속에서 드 니로가 등장한 첫 장면은 문자 그대로 폭발적이었다. 자기 파괴적인 조니 보이로 등장한 첫 장면에서 그는 우편함을 폭파하고 웃으면서 도망친다.

조니 보이를 통해 그가 보인 연기는 향후 드 니로 특유의 연기 스타일의 기준이 되었다. 메소드 연기파의 지지자였던 그는 역할에 대한 몰입으로 유명했는데, 후에 그가 연기한 인물들은 잘 흥분하고, 공격적이며 때로는 정말 미치기도 했다.

〈비열한 거리〉에서 괄목할 만한 연기를 보이고 1년 후, 드 니로는 프랜시스 코폴라 감독의 〈대부3〉에서 젊은 비토 코를레오네를 연기하면서 아카데미 남우조연상을 수상했다.

1976년 그는 〈택시 드라이버〉로 다시 스코세이지 감독과 만나, 할리우드에서 가장 오래 기억되고 문제 많은 인물 트래비스 비클을 연기했다. "나한테 말하는 거야? 여긴 나밖에 없다고"라는 그의 대사는 이 인물의 극심한 외로움과 소외감을 나타내는 것으로 할리우드 역사상 가장 기억에 남는 대사로 꼽힌다.

드 니로는 마이클 치미노 감독의 〈디어 헌터〉가 아카데미 작품상을 수상하는 데 이바지했고, 스코세이지 감독의 〈성난 황소〉에서 또 한번 그만의 대표적인 캐릭터를 만들었다. 미들급 챔피언 제이크 라모타를 연기한 드 니로는 오스카 남우주연상을 수상했는데, 권투선수를 연기하기 위해 중년에도 불구하고 체중을 20㎏ 이상 찌웠다.

최근 들어 드 니로의 작품들은 질보다는 양이 특징이었지만 〈애널라이즈 디스〉, 〈애널라이즈 댓〉, 〈미트 페어런츠〉, 〈미트 페어런츠 2〉 등 대대적으로 흥행에 성공한 두 코미디 시리즈에 출연하기도 했다.

- 드 니로는 영화 〈브롱스 이야기〉와 〈굿 셰퍼드〉를 연출했다.
- 말론 브란도와 드 니로는 모두 비토 코를레오네라는 같은 캐릭터를 연기한 것으로 아카데미상을 수상한 유일한 배우들이다. 브란도는 〈대부〉로 남우주연상을 수상했고, 드 니로는 〈대부3〉로 남우조연상을 수상했다.
- 드 니로는 2001년 9월 11일 뉴욕에 테러 공격이 벌어진 후 트라이베카 영화제를 공동 창설했다. 이 영화제의 목표 중 하나는 9·11 사건으로 파괴된 로어맨해튼에 다시 활기를 불어넣는 것이다.

327 | FRI ⓟ 사회 | 글라스노스트

러시아어로 '개방'을 뜻하는 글라스노스트는 소비에트 연방 지도자 미하일 고르바초프가 공산주의 국가였던 소비에트에서 언론의 자유를 허용하기 위해 1980년대에 도입한 개혁 방침을 가리킨다. 고르바초프는 시민의 자유를 더 많이 허용함으로써 소비에트 체제에 다시 활기를 불어넣기를 바랐지만, 그의 개혁은 오히려 공산주의 정부를 위축시켰다는 비판을 받았고, 전 세계적으로 공산주의의 종말을 앞당겼다.

고르바초프는 1985년 정권을 장악한 직후 첫 번째 개혁을 도입했다. 그의 명령으로 그전까지 금지되었던 책과 영화들이 합법화되었고 정치적 반체제 인사들이 풀려났으며 대중매체에 대한 제한이 철폐되었다. 글라스노스트는 우크라이나의 원자력 발전소가 폭발하는 사건이 터졌을 때 가장 큰 시험대에 올랐다. 고르바초프는 이 사건을 30일 동안 은폐한 후 언론이 체르노빌 사태에 대해 보고하는 걸 허용했는데, 이 유례없는 결정은 소련이 저지른 다른 실수들에 대한 조사에도 박차를 가했다. 이후 자칭 '세계에서 가장 발전한 사회'라는 국가에서 수백만 명의 사람들이 비누, 우유 같은 생필품을 구하기 위해 며칠 동안 줄을 서서 기다리는 현실이 드러났다. 또 글라스노스트는 전 소비에트 지도자 스탈린 하에서 수백만 명이 숙청과 기근으로 사망하는 등 소비에트의 고통스런 과거에 대한 논의도 허용했다. 2차 대전에서 소비에트가 이룬 승리도 정부의 무능력으로 수백만 명이 불필요하게 죽었다는 사실이 밝혀지면서 퇴색되었다.

소비에트 연방과 바르샤바 협정 국가들 사이에서 순식간에 공산당에 대한 신뢰가 무너졌다. 1989년 무렵, 6만 개의 독립 단체와 클럽이 소비에트 연방에서 활동하고 있었고, 1990년 선거에서는 50개의 러시아 도시에서 개혁파 후보들이 당선되었다. 주요 도시에서 벌어진 민중 시위와 1991년 일어난 전국 광산기술자 파업이 전국 여론조사를 통해 이미 드러난 사실을 확인해주었다. 즉, 대부분의 러시아인들이 자국의 정치 체제가 급진적인 변화를 필요로 한다고 느낀 것이다.

고르바초프는 글라스노스트를 선전도구로 여겼던 블라디미르 레닌에게서 이 용어를 차용했다. 자신의 권력을 보호하기 위해 이 정책을 실시했으나 글라스노스트가 소비에트 연방을 무너뜨리고 세상을 변화시킬 것이라고는 상상도 하지 못했을 것이다.

- 펩시콜라와 맥도널드 같은 회사들의 글라스노스트를 주제로 한 광고들이 1988년부터 미국 언론을 장악했다. 이런 광고들은 글라스노스트 이전에 인기 있었던, 러시아 생활을 조롱하는 정형화된 형태를 버리고 러시아를 호의적인 시선으로 보여주었다.
- 1990년 26명의 러시아 예술가들의 작품이 《인터뷰》에 '앱솔루트 글라스노스트'라는 제목으로 실렸다. 고르바초프는 창간호에 실렸다.

328 | SAT 🏆 스포츠 | 칼 루이스

육상 경기에서 칼 루이스가 이룬 위업은 타의 추종을 불허한다. 그가 수상한 통산 9개의 금메달은 올림픽 역사상 꽤 오랫동안 가장 많은 금메달 수상 기록이었다. 그는 동일한 하계 올림픽 종목(멀리뛰기)에서 4번 우승한, 3명밖에 안 되는 선수 중 한 사람이다. 1984년 그는 올림픽 한 회 동안 100m, 200m, 400m 계주 그리고 멀리뛰기에서 금메달을 획득하면서 제시 오언스가 이룬 역사적인 위업을 반복했다. 그리고 10년이라는 시간 동안 루이스는 멀리뛰기 대회에서 65연속 우승이라는 기록을 세웠다.

이런 업적으로 그는 세계올림픽위원회로부터 '세기의 스포츠맨'으로 불렸고,《스포츠일러스트레이티드》로부터 '세기의 올림피언'이라는 찬사를 받았다.

그러나 그 모든 성공에도 불구하고 루이스는 유럽과 아시아에서만큼 미국에서 따뜻한 환대를 받지 못했다. 어떤 사람들은 그가 겸손하지 못하고 1984년 LA 올림픽에서 이룬 성공을 이용해서 수익성 좋은 홍보 계약과, 엔터테인먼트와 패션계 활동을 하면서 돈을 벌려고만 한 탓으로 돌리기도 한다.

그럼에도 스포츠계에서 루이스의 위상을 고려하면 그는 분명 그렇게 오만해질 만도 하다. 1984년 올림픽에서 4개의 금메달을 획득한 후 1988년 올림픽에서 2개의 금메달을 추가하면서 그는 올림픽에서 100m 달리기와 멀리뛰기 타이틀을 성공적으로 방어한 최초의 선수가 되었다. 그는 1992년 멀리뛰기와 400m 계주에서 또 다시 금메달을 차지했다. 그리고 1996년 애틀랜타 올림픽에서 그는 가장 희한하고 극적으로 우승했다. 가까스로 미국 멀리뛰기 대표팀에 선발된 그였지만 예상을 깨고 걸출한 선수 생활의 마지막 금메달을 획득하면서 모든 사람들을 놀라게 했던 것이다.

- 루이스가 1988년 서울 올림픽에서 100m 달리기 금메달을 획득했지만 실제 경기에서 1위로 들어온 사람은 캐나다의 벤 존슨이었다. 그러나 존슨이 금지 약물이었던 스테로이드 스타노졸롤 양성 반응을 보이는 바람에 루이스에게 금메달이 수여되었다.
- 루이스는 세계선수권대회에서 10개의 메달(금메달 8개, 은메달 1개, 동메달 1개)을 수상했다. 가장 기억에 남는 그의 경기는 1991년 도쿄에서 열린 세계선수권대회로, 그가 100m에서는 세계 기록을 깼지만(9.86초), 멀리뛰기에서는 밥 비먼의 세계기록을 깬 동료 미국인 마이크 파월에게 지면서 10년 연속 무패행진이 막을 내렸다.
- 루이스가 농구나 풋볼을 하지는 않았지만 1984년에 NBA의 시카고 불스(10번째 라운드에서)와 NFL의 댈러스 카우보이스(12번째 라운드)에 의해 드래프트되기도 했다.

329 | SUN ✹ 팝 | 그래픽 노블

1986년에 만화가 아트 슈피겔만이 《쥐》 1권을 발매했다. 슈피겔만의 아버지가 2차 대전에서 겪었던 경험에 관한 만화 《쥐》는 홀로코스트라는 가장 민감한 주제를 다뤘다. 슈피겔만의 책은 만화의 격을 진지한 문학의 형태로 올려놓았고 그래픽 노블이라는 떠오르는 새로운 장르를 정의하는 데 기여했다.

1970년대까지는 신문에 매일 연재되는 만화나 《슈퍼맨》, 《배트맨》 같은 단면적인 슈퍼히어로 만화들이 가장 주류를 이뤘다. 그러나 《쥐》 같은 그래픽 노블들은 대단히 현실적이고 극적이었다. 슈피겔만의 책은 나치가 폴란드를 침공하는 이야기와 그 후 폴란드에 사는 유대인들을 검거하는 이야기를 들려주었다. 1992년 홀로코스트에서 살아남은 사람들의 심리적인 고통을 다룬 슈피겔만의 《쥐 II》는 퓰리처 특별상을 수상했다.

그래픽 노블은 1990년대와 2000년대에도 꾸준히 인기가 증가했다. 아버지 없이 자란 아이의 이야기를 다뤄 호평을 얻은 크리스 웨어의 《지미 코리건, 세상에서 가장 똑똑한 아이》가 2000년에 출간되었다. 다른 주요 작품으로는 성병으로 인해 변이가 되는 시애틀 10대들의 이야기를 그린 찰스 번스의 《블랙홀》과, 이란에서 벌어졌던 이슬람 혁명의 회고록 마르잔 사트라피의 《페르세폴리스》가 있다.

《페르세폴리스》 같은 책들이 성공하면서 여러 주요 출판사들이 그래픽 노블들을 출간하기 시작했고 진정한 문학 작품으로 점점 더 긍정적인 관심을 받기 시작했다. (《뉴요커》는 《지미 코리건》을 '걸작'이라고 불렀다.) 그래픽 노블 작가들은 만화가 아동용이라는 고리를 끊고 아동용 매체로 여겨져 왔던 형태를 이용해 성숙한 문학 작품들을 만들었다.

- 영국에서 전체주의 정부가 정권을 잡는 모습을 상상한 그래픽 노블 《브이 포 벤데타》는 2006년에 동명 영화로 제작되었고, 2008년 대통령 예비선거에서 공화당 후보로 출마하려다 실패한 론 폴을 지지한 민중들에게 영감을 주기도 했다.
- 슈피겔만은 1985년 톱스가 발매한 트레이딩 카드 시리즈인 가비지 페일 키즈의 공동 창작자였다.
- 2007년에는 사트라피의 《페르세폴리스》가 장편 애니메이션 영화로 제작되었다.

330 MON 인물 | 다이애나 왕세자비

비극적인 죽음으로 전 세계를 충격에 빠뜨렸던 그녀는 영국의 왕세자비이자 세계적인 유명인, 인도주의자로 알려진 인물이었다. 20세의 수줍은 소녀였던 다이애나 스펜서는 1981년 영국의 찰스 왕세자와 결혼했고, 많은 사람들은 그 결혼이 동화 같은 사랑이라고 믿었다. 수억 명의 시청자들이 그들의 결혼식을 보기 위해 TV 앞에 모였고, 16년 후에는 25억의 인구가 그녀의 장례식을 시청한 것으로 추정된다.

다이애나는 영국 왕가의 위엄과 영화배우 같은 카리스마가 합쳐져 패션과 유명인 세계를 사로잡았고 세상에서 가장 사회적으로 강력한 여성으로 에이즈, 나병, 암 등의 피해자들을 위해 끊임없이 일했다.

그러나 그녀는 강한 모습과 더불어 사생활이 대중에 공개되면서 취약함을 드러내기도 했다. 찰스 왕세자와의 결혼 생활이 행복하지 않았던 것이다. 시간이 지나면서 두 사람은 같이 대중에 모습을 드러내는 일이 거의 없었으며, 함께 모습을 드러냈을 때조차도 행복해 보이지 않았다. 곧이어 진실이 밝혀졌다. 찰스 왕세자가 카밀라 파커볼스와 다시 외도하는 동안, 다이애나는 우울증과 섭식장애를 얻었고 자살 시도까지 했던 것이다. 다이애나는 1992년 공식적으로 별거할 때까지 남편의 부정에 맞서 자신도 외도를 했다. 이런 사생활이 밝혀지면서 파파라치가 집요하게 따라 다니는 동안에도 그녀는 자신의 두 아들 윌리엄과 해리 왕자를 키우려 애썼다.

다이애나와 찰스가 1996년 이혼하면서 왕세자비는 자신만의 독립적인 생활을 꾸려나가게 되었다. 대중은 여전히 그녀에게 매료되어 있었고 사진작가들은 계속해서 그녀를 따라다녔다. 그녀와 남자친구 도디 파예드가 파리에서 과속으로 인한 차 사고로 사망했을 때, 많은 사람들은 그들이 호기심 많은 파파라치의 눈을 피해 도망치던 중이었다고 말했다. 조사 결과 비극적인 사고로 충돌이 일어났으며 운전사인 앙리 폴이 음주 운전을 했던 것으로 밝혀졌다. 그럼에도 파예드의 아버지 모하메드 알 파예드가 제기한 것을 비롯해 여러 음모론들이 존재한다.

100만여 명의 사람들이 켄싱턴궁에서부터 웨스트민스터사원까지 이어지는 다이애나의 장례 행렬에 모였다. 그녀는 36세의 나이로 사망했다.

• 다이애나 역시 귀족 가문 출신으로, 8대 스펜서 백작의 딸이자 제임스 2세 왕의 후손이었다.

• 그녀는 찰스 왕세자와 결혼하기 전 유치원 교사로 일했다.

• 엘튼 존은 다이애나를 추모하기 위해 자신의 히트곡 〈캔들 인 더 윈드〉의 가사를 고쳐서 (원곡은 마릴린 먼로를 추모하기 위해 1973년에 만들어진 것이었다) 다이애나의 장례식에서 불렀다.

331 | TUE 📖 문학 | 악마의 시

살만 루시디의 소설《악마의 시》를 두고 일었던 세계적인 격분은 현대 문학에서 타의 추종을 불허한다. 1988년 이 책이 출간되었을 때, 이슬람교를 신성 모독했다는 주장이 제기되면서 전 세계적으로 시위가 번졌고, 분서, 폭동, 폭격, 루시디 목에 걸린 현상금, 수십 명의 죽음이 뒤를 이었다.

《악마의 시》의 주된 주제는 앵글로 인디언의 문화적 정체성과 이민이지만, 이슬람교의 민감한 면을 건드리는 구절들도 담겨 있다. 일부 학자들에 의하면 이 소설의 제목은 원래 코란에 포함되었다가 얼마 지나지 않아 예언자 무함마드에 의해 삭제된 몇몇 절을 가리킨다고 한다. 무함마드는 애초에 이 구절을 포함시킨 이유가 사탄이 그렇게 하도록 자신을 유혹했기 때문이라고 주장했다. 이 '악마의 시'는 일부 아랍 부족들이 숭배했던 세 명의 잡신의 신성을 인정한 것으로 전해지는데, 이는 유일신을 믿는 이슬람의 교리에 정면으로 위배되는 것이다.

이런 절들의 비화는 고사하고 이런 절들의 존재 자체가 이슬람교 학계의 오랜 논쟁거리인데, 루시디의 소설이 그 신경을 건드린 것이었다. 게다가 특히 이 소설의 한 부분, 즉 사창가의 매춘부들이 무함마드 아내들의 이름을 사용해서 호객 행위를 하는 꿈의 연속이 무함마드와 이슬람을 대단히 모욕한 것으로 여겨졌다.

1989년 이란의 종교적 지도자인 호메이니가 루시디와,《악마의 시》출간에 관여한 모든 사람들의 처형을 요구하는 파트와, 즉 법령을 발표했다. 루시디의 머리에 현상금이 걸리면서 그는 도서 출간 행사를 취소하고 숨어야 했다. 몇몇 국가에서는 수십 명의 시위자들이 반루시디 폭동 중 사망했고, 이 소설의 번역가들에 대한 3번의 암살 시도가 발생해 그중 한 번은 실제 암살로 이어졌다. 아이러니하게도 서양 비평가들은 일반적으로《악마의 시》를 뛰어난 작품으로 여기면서, 현대 다문화주의를 복잡하면서도 솜씨 있게 그린 이야기로 꼽는다.

• 《악마의 시》는 싱가포르, 남아프리카공화국, 파키스탄, 이집트, 사우디아라비아, 심지어 루시디가 태어난 인도 등 20여 개국에서 금서로 지정되었다.
• 루시디는 1990년《악마의 시》를 집필한 데 대해 공식적으로 사과했지만, 후에 사과한 것이 "내 인생의 가장 큰 실수"라면서 사과를 철회했다.
• 1998년 이란의 지도자들이 루시디의 처형을 실행하지 않겠다고 밝혔지만, 2005년과 2006년에 한 번 내려진 사형선고는 영원한 것이라고 재차 확인해주었다.

332

DJ 쿨 허크

DJ 쿨 허크로 더 잘 알려진 클라이브 캠벨은 힙합의 창시자로 여겨진다. 그랜드마스터 플래시 같은 몇몇 다른 뉴욕 예술가들과 더불어 허크는 1980년대와 1990년대에 랩을 세계적인 음악적 현상으로 만들어놓은 여러 기술들을 발명했다.

1955년 자메이카 킹스턴에서 태어난 허크는 12세 때 미국으로 이주했다. 그는 브롱크스에 정착했고 10대 시절부터 가난한 지역의 동네 파티에서 디제이를 하기 시작했다. 그 당시 브롱크스는 대대적인 실업률과 폭력, 사회적 문제에 시달렸는데 초기 랩 가사들에 이런 상황이 반영되었다.

캠벨이 DJ로서 이룬 가장 큰 혁신은 곡 가운데 가장 댄스에 알맞은 부분, 즉 '브레이크'를 골라 턴테이블 상에서 지속적으로 반복하면서 그의 비트를 따라 가사를 읊는 랩퍼에게 배경 음악을 제공해준 것이었다. 2005년 인터뷰에서 그가 밝힌 것처럼, "나는 여러분이 자리를 박차고 일어나도록 음반을 연주하고, 다시 자리에 앉을 수 있는 음반을 연주합니다. 여러분이 음악을 들으며 이야기할 수 있는 음반을 연주하고 여러분을 다시 댄스 무대로 향하게도 합니다. 그게 나의 포맷입니다." 허크는 오래된 펑크 음반들을 뒤져 좋은 브레이크를 찾아낸 다음 자신의 공연에 포함시켰다. 끊임없이 반복되는 펑크의 브레이크가 후에 힙합의 주요 요소가 되었다.

초반의 랩 음악은 거의 아프리칸-아메리칸 아티스트들에 의해서만 연주되었고 지리적으로는 뉴욕의 가난한 동네에서만 연주되었다. 1979년에 슈가 힐 갱이라는 그룹이 《래퍼스 딜라이트》라는 싱글 음반을 발매하면서 그런 현상이 바뀌었는데, 이 음반은 800만 장 이상 판매되었다. 1980년대 내내 랩은 퍼블릭 에너미 같은 그룹들 덕분에 주류로 옮겨졌고 결국 백인 가수들도 랩을 하기 시작했다.

그러나 DJ 쿨 허크는 브롱크스를 떠나지 않았다. 그는 1970년대 말 파티 후에 칼에 찔렸고, 사람들에게 잊혀져 랩이 큰 비즈니스가 되었을 때도 주목을 받지 못했다. 그러나 오늘날 그는 랩의 대부로 인정받고 있다. 그는 계속해서 DJ를 하곤 한다.

- 2006년 허크와 다른 랩의 전설들이 스미소니언협회의 '힙합 오운트 스탑'의 오프닝에 등장했다. 이 행사는 워싱턴의 국립미국사박물관에서 주관하는, 뉴욕의 초창기 랩 관련 기념품 수집 계획의 일환으로 실시되었다.
- 제임스 브라운 같은 아프리칸-아메리칸 펑크 음악가들의 브레이크를 이용한 것으로 가장 잘 알려지긴 했지만, 허크와 그랜드마스터 플래시는 호주 밴드 AC/DC 같은 백인 헤비메탈 그룹들의 곡들을 샘플링하기도 했다.
- 1970년 허크는 뉴욕에서 가장 큰 사운드 시스템을 가진 DJ로 유명했다. 그는 때때로 뉴욕의 전력망을 불법으로 이용해서 사운드 시스템의 전력을 공급하기도 했다.

333 | THU 📽️ 영화 | 스티븐 스필버그

스티븐 스필버그는 당대 가장 성공한 영화감독이다. 그는 〈죠스〉, 〈레이더스〉, 〈E.T.〉, 〈쥐라기 공원〉 같은 블록버스터는 물론, 〈미지와의 조우〉, 〈쉰들러 리스트〉, 〈라이언 일병 구하기〉같이 예술성으로도 누구와 견줄 수 없는 상업적인 성공을 거뒀다.

스필버그는 영화학교에는 탈락했지만 할리우드에 입성할 때는 성공한 TV감독이었다. 그는 TV영화 〈대결〉로 초기에 주목을 받았고, 첫 장편영화로 〈슈가랜드 특급〉을 연출했다. 스필버그의 진정한 할리우드 입성을 알린 작품은 여름을 블록버스터 영화 시즌으로 만들어놓은 혁신적인 영화 〈죠스〉였다. 1200만 달러의 제작비가 든 이 영화는 미국 내에서만 2억 6000만 달러의 수익을 거둬들이면서 당시 역대 최고의 수익을 올린 작품이 되었다. 보이지도 알지도 못하는 대상에 대한 두려움을 이용한 스필버그는 영화 내내 신화에 가까운 거대한 백상아리가 드물게 나타나도록 연출했다.

스필버그는 〈죠스〉 다음으로 〈미지와의 조우〉라는 경이로운 특수 효과가 담긴 작품을 연출했는데, 이 작품은 〈스타워즈〉와 더불어 블록버스터 공상과학 영화의 시대를 열었다. 해리슨 포드가 모험과 액션을 일삼는 고고학자로 출연한 〈레이더스〉를 시작으로 그의 인디애나 존스 시리즈는 대단히 성공했다. 각각의 작품이 미국 내에서만 1억 7900만 달러 이상의 수익을 벌어들였다. 〈E.T.〉는 그 당시까지 가장 큰 수익을 올린 〈스타워즈〉를 능가하는 또 하나의 경이로운 공상과학 영화다(〈스타워즈〉의 미국 내 수익은 3억 5900만 달러였다). 이 영화는 교외에서 아버지 없이 살아가는 한 소년과 또 다른 행성에서 온 길 잃은 방문객 사이의 관계를 중심으로 흘러가는데, 스필버그 감독은 아이의 시선을 현실적으로 연출하기 위해 낮은 앵글로 촬영함으로써 이야기에 감동을 더했다.

1993년은 스필버그가 상업과 예술적인 능력 모두를 갖추었다는 것을 입증한 한 해였다. 가장 현실적으로 공룡을 재현한 〈쥐라기 공원〉은 엄청난 히트를 쳤으며, 그의 홀로코스트 영화 〈쉰들러 리스트〉는 작품상과 감독상을 비롯해 7개의 아카데미상을 수상했다. 그는 전투의 격렬함을 사실적으로 그림으로써 전쟁영화 장르를 재정의한 〈라이언 일병 구하기〉로 또 한 번 오스카 감독상을 수상했다.

- 스필버그는 〈폴터가이스트〉, 〈백 투 더 퓨처〉, 〈누가 로저 래빗을 모함했나〉, 〈맨 인 블랙〉, 〈아버지의 깃발〉 등을 제작하기도 했다.
- 그의 영화들은 주로 낙관주의와 순진함으로 찬사를 받았지만, 스필버그는 또한 홀로코스트(〈쉰들러 리스트〉), 노예제도(〈아미스타드〉), 인종차별(〈컬러 퍼플〉), 테러리즘(〈뮌헨〉)처럼 진지한 주제를 다루기도 했다.
- 스필버그는 12번 아카데미상 후보에 올랐고 그중 3번을 수상했다(감독상 2번, 공동 제작자로 작품상 1번).

334 | FRI ⏻ 사회 | 정치적 정당성

1980년대와 1990년대에 미국의 여러 대학과 캠퍼스에서는 '정치적 정당성(Political Correctness)'에 관한 적대적이고 감정적인 논쟁이 불붙었다. 많은 대학 관계자들은 모든 인종과 신앙을 가진 사람들이 환영받는 캠퍼스를 만들기 위해 모욕적으로 들릴 수 있는 발언에 제한을 두겠다는 방침을 두고 자유롭게 표현할 권리에 대한 논쟁이 불붙은 것이었다.

예컨대 1989년에는 코네티컷대학교가 학생들이 모욕적으로 들릴 수 있는 '사려 깊지 않은 농담'을 하거나 '부적절한 의도의 웃음'에 동참하는 것을 금지하는 규정을 채택했다. 1993년에는 펜실베이니아대학교의 한 학생이 한 무리의 흑인 학생들에게 '물소'라고 소리쳤다는 이유로 조사를 받고 징계조치에 직면하기도 했다.

다른 학교들이 채택한 규정으로는 인종차별적인 욕설, 홀로코스트에 대한 부인, 성차별적인 용어, 또 다른 학생의 자존감에 해를 가할 수 있다고 여겨지는 농담의 금지도 있었다.

정치적 정당성을 비판하는 사람들에게 '언어 규범'은 기껏해야 좋은 매너를 규정으로 통제하려는 어설픈 시도이자, 표현의 자유를 위반하는 최악의 검열 체제에 불과했다. 이뿐만 아니라 비판자들은 정치적 정당성이 소수집단 우대정책같이 진지하지만 민감한 정치 주제에 대한 논의를, 다른 사람에게 모욕적으로 들릴 수 있다는 이유만으로 억누를 수 있다고 주장했다.

대학 캠퍼스 밖의 세상에서는 정치적 정당성이 여러 민족과 사회적 집단을 묘사하는 용어의 변화를 가리키기도 했다. 예컨대 이 시기 동안에는 보다 문화적으로 세심하게 여겨지는 용어들로 전환되면서 지체(retarded)라는 용어가 발달장애로, 니그로가 아프리칸-아메리칸으로, 인디언이 아메리칸 원주민으로 바뀌기도 했다.

- 코미디언이자 정치평론가인 빌 마는 〈정치적 부당성〉이라는 TV 프로그램을 진행했다. 아이러니하게도 이 프로그램은 마가 테러와의 전쟁에 관한 미국의 정책에 대해 정치적으로 올바르지 않은 발언을 한 후 폐지되었다.
- 펜실베이니아대학교는 결국 '물소'라는 단어를 사용한 혐의로 조사를 받은 학생에 대한 징계를 취하했다.
- 정치적 정당성이라는 용어는 마르크스주의에서 유래했다. 마르크스주의 추종자들은 정치적인 질문에 관한 '기본방침'에 동의해야만 했다.

335 | SAT 🏆 스포츠 | 재키 조이너커시

1962년 일리노이주 이스트 세인트루이스에서 재클린 조이너가 태어났을 때 그녀의 이름을 미국의 영부인 재클린 캐네디의 이름을 따서 지었다. 조이너커시의 할머니가 "언젠가 이 아이도 무언가의 영부인이 될 거야"라고 말했는데, 그녀의 말이 옳았다. 재키 조이너커시는 20세기에 가장 위대한 여자 운동선수이자 육상의 영부인이 되었기 때문이다.

조이너커시의 주 종목은 7종 경기로, 100m 허들, 높이뛰기, 포환 던지기, 200m 달리기, 멀리뛰기, 창던지기, 800m 달리기 등 7개 종목으로 구성된 힘든 경기이다. 그녀는 2번의 올림픽 금메달(1988년, 1992년)과 은메달(1984년)을 수상했고 1988년에는 세계 신기록을 세우기도 했다.

그녀는 또한 멀리뛰기에서 3개의 메달을 수상하기도 했다(1988년 금메달, 1992년과 1996년 동메달). 그녀가 출전한 경기 중 가장 기억에 남는 것은 아마도 1996년 애틀랜타 올림픽일 것이다. 그녀는 오른쪽 허벅지 햄스트링 부상을 당하는 바람에 7종 경기는 기권했지만 6일 후 멀리뛰기에는 출전하기로 결심했다. 마지막 시기에서 들어선 그녀는 통증을 극복하고 뛰어 동메달을 차지했다.

조이너커시는 미국 여자스포츠의 성장에 중요한 역할을 했다. 그녀는 20세기 최고의 여자 운동선수로 손꼽히는 베이브 디드릭슨에게서 영감을 받았다. 그리고 여자축구에서 높은 득점을 올린 미아 햄과 더불어 교육계에서 성차별을 없애기 위해 제정된 법률, 타이틀나인 시대 최초의 주요 선수인 조이너커시는 그다음 세대 미국 여자아이들에게 영감이 되었다.

부상과 건강 문제로 힘겨워하던 조이너커시는 1998년 육상에서 은퇴했다.

- 조이너커시의 남동생 알 조이너는 1984년 LA 올림픽 3단 뛰기에서 금메달을 차지했다. 그는 후에 올림픽 금메달 3관왕의 플로렌스 그리피스 조이너와 결혼했다.
- 조이너커시는 자신의 코치 밥 커시와 1986년 결혼했다. 그들은 남편이 코치였고 그녀가 농구팀과 육상팀 스타선수로 뛴 UCLA에서 처음 만났다. 4학년생이었던 그녀는 UCLA 브루인스 농구팀의 최우수선수였다.
- 그녀가 1988년 올림픽 7종 경기에서 세운 7291점의 세계 기록은 아직까지 깨지지 않고 있다.

336 | SUN ☀ 팝 | 제리 사인펠드

'아무것도 아닌 것에 관한 쇼'라고 묘사되는 〈사인펠드〉는 1990년대의 TV 히트 시리즈로, 주인공인 코미디언 제리 사인펠드를 누구나 아는 유명인으로 만들었다. 이 프로그램의 마지막 에피소드는 TV 역사상 가장 많이 시청되었는데, 이 시리즈는 지금도 여전히 여러 방송국에서 방영되고 있다.

뉴욕에서 태어난 사인펠드는 스탠드업코미디 분야에서 시작해, 마침내 조니 카슨과 함께 〈투나잇 쇼〉에, 그리고 데이비드 레터맨과 함께 〈더 레잇 쇼〉에 출연하게 되었다.

1980년 사인펠드는 〈벤슨〉이라는 TV 시리즈에서 프랭키로 출연하면서 처음으로 시트콤에 도전했다. 몇 번의 에피소드 후 퇴출된 그는 상당한 통제권을 가지지 않는 한 시트콤에 출연하지 않겠다고 결심했다.

1989년에 NBC방송국이 그의 이름을 내건 쇼를 방송하기로 하면서 사인펠드는 마침내 기회를 잡았다. 〈사인펠드〉는 주인공과, 제이슨 알렉산더가 연기한 조지 콘스탄자, 마이클 리처즈가 연기한 코스모 크레이머, 줄리아 루이스 드레이퍼스가 연기한 일레인 베네스 등 그와 친한 친구들에 관한 이야기다. 이 시리즈는 초반에 그다지 인기가 없었으나 비평가들로부터 호평을 받았다. 결국 〈사인펠드〉는 역대 가장 성공적인 TV 프로그램이 되었다. 이 프로그램은 1994년부터 1998년까지 매년 닐슨 시청률 조사에서 상위 2위 안에 들었고 2002년에는 《TV가이드》가 역사상 가장 위대한 TV쇼로 선정하기도 했다.

9번째 시즌이 끝난 후 1998년 이 프로그램을 떠나기로 결심한 사인펠드는 다시 스탠드업코미디언으로 돌아갔다. 그는 1998년 8월에 뉴욕에서 오래된 소재를 사용해 세 코너를 공연했고, 다시는 그 소재들을 이용하지 않겠다고 공언했다. (그중 한 코너는 HBO방송국에서 〈아임 텔링 유 포 더 라스트 타임〉으로 방송되었다.) 그런 다음 사인펠드는 새로운 소재로 다시 무대에 올랐고, 그의 연기는 2002년 다큐멘터리 〈코미디언〉에 연대순으로 기록되었다. 이 다큐멘터리는 오니 애덤스라는 이름의 젊은 코미디언을 다루기도 했다. 2007년에는 사인펠드 최초의 장편영화인 〈꿀벌 대소동〉이 개봉했는데, 이 영화 속에서 그는 배리 비 벤슨이라는, 말하는 꿀벌의 목소리를 연기했다.

• 〈사인펠드〉의 공동제작자 래리 데이비드는 그가 직접 출연하고 대단한 호평을 받은 HBO시리즈 〈커브 유어 인수지애즘〉으로 네트워크TV에서 성공을 이어나갔다.

• 2006년 리처즈는 한 코미디 클럽에서 인종차별적인 욕설을 하는 모습이 휴대폰 카메라에 포착된 후 대대적인 비난을 받았고, 이후 TV에 출연해 사과했다.

• 사인펠드는 가수 빌리 조엘로부터 구입한 뉴욕주 롱아일랜드의 햄프턴에 사유지를 소유하고 있다.

337 | MON 🪖 인물 | 티모시 맥베이

2001년 9월 11일의 비극적인 사건이 발생하기 전까지 미국 역사상 최악의 테러 공격은 급진적인 이슬람 극단주의자가 아니라 걸프전에서 미국을 위해 뛰어난 군인으로 복무했던 미국인이 저지른 것이었다.

1995년 4월 19일 아침, 티모시 맥베이는 3175kg의 수제 폭탄이 실린 노란색 렌트 트럭을 오클라호마주 오클라호마시티의 알프레드 머레이 연방건물에서 몇 발자국 떨어진 곳에 주차하고 사라졌다. 잠시 후 오전 9시 2분에 폭탄이 폭발하면서 168명의 사망자를 냈다. 1시간 후 맥베이는 오클라호마 페리에서 이 사건과 관련 없는 신호 위반과 총기 소지 혐의로 체포되었다. 이틀 후 당국은 그가 폭발 사건의 용의자라고 발표했다. 이후 맥베이는 연방정부를 응징하기 위해 그런 행위를 저질렀다고 실토했다. 그는 특히 아이다호주 루비능선 대치에서 연방 정부요원들이 급습해 분리주의자 랜디 위버의 부인과 아들을 살해하고, 텍사스주 와코 인근의 어느 건물에서 요원들이 다윗교 신자 76명을 살해한 사건에 분노를 느꼈다.

오클라호마시티 폭파범이 외국인이 아니라 미국인이라는 사실이 미국 전체를 충격에 빠뜨렸고 대중에게 자국 내 테러의 위험성에 대한 경각심을 불러일으켰다. 맥베이는 뉴욕주 북부에서 나고 자랐으며 고등학교를 졸업한 후 미 육군에 입대해서 걸프전 기간 청동성장(용감한 군인에게 수여하는 상 ― 옮긴이)을 수상하기도 했다. 1991년에 명예 제대를 한 후 그는 총기 전시회에 참가하기 위해 차를 몰고 미국 전역을 돌아다니면서 단기 체류를 했다. 그는 미시건주의 우파 분리주의자 단체와 연루되었고 인종차별주의자와 반정부 문학에 고취되었다. 오클라호마시티 폭파 사건 후 그는 폭탄이 건물 전체를 무너뜨리지 못한 것이 유일하게 후회스럽다고 밝혔다.

1997년 6월 2일, 맥베이는 건물 내 8명의 연방요원 사망과 관련해 11건의 살인과 공모 혐의에 대해 유죄 판결을 받았다. 11일 후 그는 사형 선고를 받았다. 2001년 6월 11일, 1963년 이후 사형에 처해진 첫 번째 연방 죄수가 되었다.

• 맥베이가 오클라호마주 노블카운티 법정에 서기 5분 전 FBI는 지방 검사에게 전화를 걸어 죄수를 붙잡고 있어달라고 했다. 그러지 않았다면 그는 신호 위반과 총기 혐의에 대해 500달러의 보석금을 지불하고 사라졌을지도 모른다.
• 맥베이와 함께 공모한 테리 니콜스는 후에 살인과 고살에 대해 유죄 판결을 받고 무기징역에 처해졌다.
• 사형이 집행될 때 맥베이는 어떤 말도 남기지 않았으나, 그전에 인디애나주 테레호트에 있는 교도소장에게 영국 시인 윌리엄 어니스트 헨리의 1875년 시 〈인빅터스〉를 건네주고 자신의 마지막 말 대신 배포해달라고 요청했다.

338

에이미 탄

캘리포니아주 오클랜드 태생의 소설가 에이미 탄은 1980년대 이후 세계 문학계의 주요 인물이 되었다. 그녀의 작품이 중국계 미국인 어머니와 딸들 사이의 관계에 치중하는 경향이 있긴 하지만, 세대 갈등, 가족의 역학, 이민, 여러 문화가 혼재된 삶에 대한 통찰은 훨씬 더 넓은 독자층을 매료시켰다.

대부분 탄의 작품은 중국 가족 속에서 미국인으로 성장했던 그녀 자신의 경험을 바탕으로 한다. 언어학 석사학위를 취득하고 프리랜서 카피라이터로 활동을 시작한 후 탄은 1987년에 어머니와 함께 중국에 가서 두 이부 언니들을 만나기로 결심했다. 이 여행과 가족의 재회가 탄의 첫 번째 주요 작품 《조이 럭 클럽》의 영감이 되었다. 이 작품은 지금까지도 그녀의 작품 중 가장 잘 알려지고 가장 널리 읽혀진 작품으로 남아 있다.

대개 《조이 럭 클럽》이 하나의 장편소설이라고 알려져 있지만, 실제로는 샌프란시스코 베이 에어리어에 사는 4쌍의 중국계 미국인 어머니와 딸들이 서로 얽히는 16편의 단편소설로 구성되어 있다. 의사 불통과 문화적 차이로 인해 완전히 미국화된 딸들과 그들의 전통적인 중국 어머니들 사이에는 빈번하게 오해가 발생한다. 딸들은 자신의 어머니를 간섭하기 좋아하고, 못마땅해하고, 현대 미국 생활에서 요구되는 것들을 이해하지 못하는 사람으로 보는 반면, 어머니들은 딸들을 버릇없고, 잘못된 판단을 내리고, 그들의 중국 유산을 업신여긴다고 생각한다. 탄은 두 세대를 대변하는 여러 명의 화자들을 이용해서 두 세대가 서로에 대해 가지고 있는 생각이 모두 옳지 않으며 좋은 의도와 풍부한 개인적 역사가 언어와 문화적 장벽을 넘어 제대로 해석되기 어렵다는 점을 서서히 드러낸다.

첫 번째 저서로 순식간에 성공을 거둔 후 탄은 《부엌신의 아내》와 《접골사의 딸》을 출간했다. 두 작품 모두 같은 맥락에서 아시아계 미국인 가족들의 이야기와, 특히 어머니와 딸, 자매들 사이의 관계를 그린다.

- 탄은 웨인 왕이 연출하고 올리버 스톤이 제작해서 흥행에 성공한 1993년 동명 영화 〈조이 럭 클럽〉의 시나리오를 집필하기도 했다.
- 탄은 같은 베이 에어리어 출신의 맥신 홍 키스톤과 비교되기도 한다. 호평을 받은 그녀의 회고록 《여전사》는 이후 아시아계 미국인 문학이 출간되도록 길을 터준 작품이다.
- 동료 작가 스티븐 킹, 데이브 배리, 미치 앨봄을 비롯해 여러 작가들과 더불어 탄은 락 바텀 리메인더스라고 불리는 자선 록밴드에서 연주한다. 그녀의 대표곡은 낸시 시나트라의 〈디즈 부츠 아 메이드 포 워킨〉이다.

339

WED
음악 | 스릴러

마이클 잭슨이 1982년 블록버스터 앨범《스릴러》를 발매할 무렵 그는 이미 팝 음악계에서 가장 성공한 예술가였다. 그러나 이 앨범은 그를 세계적인 아이콘으로 승격시켜 주었다.

잭슨은 1963년, 형제들과 잭슨5를 결성하면서 5세에 음악 활동을 시작했다. 곧이어 마이클은《ABC》와《아월 비 데어》등 이 그룹의 가장 큰 히트 앨범을 이끌게 되었다. 그는 1979년 솔로 앨범인《오프 더 월》을 발매했다. 이 앨범은 작곡가 겸 제작자인 퀸시 존스가 편곡한 그의 첫 번째 앨범으로 〈돈 스탑 틸 유 겟 이너프〉와 〈락 위드 유〉 등 1위곡이 수록되어 있다.

그러나 그의 데뷔 앨범이 이룬 성공은《스릴러》에 의해서 완전히 가려졌다. 현재까지 1억 장을 훌쩍 넘긴 판매량을 기록한《스릴러》는 역대 최고의 베스트셀러 음반이 되었다. 수록된 10곡 가운데 7곡이 빌보드 차트에서 10위 안에 들었다. 차트에서 가장 먼저 상위권을 기록한 곡은 〈더 걸 이즈 마인〉으로, 전 비틀스 멤버 폴 매카트니와 함께 부른 듀엣곡이었다. 그밖에도 〈워너 비 스타틴 썸씽〉, 〈비트 잇〉, 〈빌리 진〉 그리고 타이틀곡인 〈스릴러〉 등이 있다.

또《스릴러》는 가장 독특하고 혁신적인 뮤직비디오들을 낳았다. 가장 유명한 것으로는 〈빌리 진〉, 〈비트 잇〉, 〈스릴러〉의 뮤직비디오이다. 사생아를 다룬 논란 많은 곡 〈빌리 진〉의 뮤직비디오는 MTV에서 방송한 최초의 흑인 아티스트 뮤직비디오였다. 1980년대 초반의 뮤직비디오들은 단시간에 제작된 저렴한 것이 대부분이었던 반면, 〈빌리 진〉, 〈비트 잇〉, 〈스릴러〉의 비디오들은 단편영화처럼 취급되고 제작되면서 뮤직비디오에 대한 새로운 기준을 세웠다.

그럼에도 잭슨의 획기적인 곡들이 모두 다 정교한 기술을 거친 것은 아니었다. 1983년에 잭슨은 모타운레코드 25주년 기념 콘서트에서 〈빌리 진〉을 공연했다. 그 쇼에서 그는 '문워크'라는 댄스 동작을 처음으로 선보였다. 그의 활동 가운데 가장 유명한 순간이 바로 그때였다. 그리고 어떤 특수효과도 필요치 않았다.

- 잭슨과 매카트니는 여러 해 동안 친분을 쌓았지만, 그들의 우정은 1985년 잭슨이 매카트니보다 높은 입찰가를 불러 비틀스 카탈로그의 판권을 사는 바람에 끝나버렸다.
- 〈스릴러〉의 내레이션은 여러 공포영화에서 악한을 연기했던 전설적인 영화배우 빈센트 프라이스가 연기했다.
- 《스릴러》가 가진 단일 앨범의 최다 히트곡 기록과 동률을 기록한 앨범을 보유한 예술가는 2명밖에 없다. 하나는 브루스 스프링스틴의 《본 인 더 U.S.A.》이고 다른 하나는 마이클의 여동생 자넷 잭슨의 《리듬 네이션 1814》이다.

340 | THU 📹 영화 | 스타워즈

"포스(Force)가 그대와 함께하기를." 조지 루카스의 장편 우주서사 영화 〈스타워즈〉는 공상과학 장르를 재활성화시킨 것뿐만 아니라 할리우드의 비즈니스에 혁신을 일으켰고 제다이, 포스, 라이트세이버 같은 단어들을 전 세계 어휘에 추가했다.

영화는 순진한 청년 루크 스카이워커가 저항세력을 결집해서 반인 반기계인 다스 베이더가 이끄는 사악한 갈라틱 제국에 맞서 싸우는, 전형적인 선과 악의 이야기이다. 이 영화는 인간의 가장 전통적인 전형, 신화, 전설과 첨단 특수효과를 합쳐 역대 가장 인기 있는 영화를 창조해냈다.

〈스타워즈〉는 또한 1970년대 중반을 장악했던 보다 개인적이고 냉소적인 영화들 대신, 속편과 수익성 있는 블록버스터 영화들을 추구하는 할리우드의 시대에 기여하기도 했는데, 이런 현상은 대부분 지금까지도 유지되고 있다. 이 작품은 베스트셀러 소설이나 브로드웨이 뮤지컬 등을 영화화했던 할리우드의 전통도 깨버렸다. 〈스타워즈〉는 루카스가 집필한 고유한 시나리오가 있었고, 주인공에 어떤 스타배우도 기용하지 않았다. 이 영화가 개봉한 후 주요 배우들은 모두 스타가 되었는데, 특히 용병이었던 파일럿 한 솔로를 연기한 해리슨 포드는 대스타가 되었다.

〈스타워즈〉는 영화산업에 어마어마한 영향을 미쳤다. 이 영화는 최초로 5편의 후속 영화(속편 2편, 프리퀄 3편)와 장난감, 비디오 게임, 홈 비디오, DVD, 다양한 출간물 등 파생 상품이 포함된 '프랜차이즈'를 시작했다고 합법적으로 주장한다. 2005년《포브스》가 추정한 바에 의하면 〈스타워즈〉 프랜차이즈는 통틀어 200억 달러 이상의 수익을 올렸다. 재개봉을 포함해서 6편의 스타워즈 영화들은 전 세계에서 43억 달러 이상의 흥행 수익을 올렸다. 본편은 〈죠스〉를 능가하면서 역사상 상업적으로 가장 성공한 영화가 되었고 〈타이타닉〉 다음으로 미국 내 수익 2위를 기록했다. 1982년과 1997년의 재개봉을 포함해 〈스타워즈〉가 미국 내에서 올린 4600만 달러의 수익은 물가상승률을 고려하면 11억 달러가 되는데, 이는 〈바람과 함께 사라지다〉 다음으로 역대 2위에 해당한다. 〈스타워즈〉의 제작비는 고작 1300만 달러로 추정된다.

- 이 영화의 원 제목은 〈스타워즈, 에피소드 IV: 새로운 희망〉이다.
- 루카스는 〈스타워즈〉에 특수효과를 제공하기 위해 인더스트리얼 라이트 앤 매직이라는 회사를 창립했고, 이 회사는 할리우드 특수효과 제작업계의 선구자가 되었다.
- 루카스는 시나리오를 집필하고 연출하는 대가로 17만 5000달러밖에 받지 않는 대신 상표권의 40%를 받았다. 이 결정은 현명한 것으로 판명되었다. 〈스타워즈〉 상품 수익이 영화의 흥행 수익을 하찮게 보이도록 만들었기 때문이다.

341

FRI
📡
사회

인터넷

루마니아 작가이자 시인인 안드레이 코드레스쿠는 초기의 인터넷 성장을 생각하며 이렇게 썼다. "산업계가 사이버 공간에서 네트워크를 형성하는 속도는 기적적이다. 페트리 디쉬(Petri dish, 세균 배양 따위에 쓰이는 둥글넓적한 접시 — 옮긴이) 안에 있는 무언가가 사흘 만에 날아다니는 코뿔소의 크기만큼 자라는 것을 보는 것과 같다."

인터넷은 작은 무언가에서 커다란 무언가로만 성장한 것이 아니다. 아르파넷이라고 불리는 대단히 작고 전문적인 군사 통신망이, 전혀 본 적 없는 방대하고 새로운 것으로 성장한 것이었다. 인터넷은 방대한 거리 간의 통신을 쉽고 사실상 무료로 만들어 사람들이 물건을 사고, 사람을 사귀고, 배우는 방식을 바꾸어놓았다.

미 국방부의 실험적인 연구 프로젝트였던 아르파넷은 1969년에 온라인상에 가동되었다. 처음에는 몇 명의 군사 연구가들과 대학교 전문가들만 사용했다. 1980년대 중반까지만 해도 사용자들의 수가 몇천 명을 넘지 않는 것으로 추정되었다.

1980년대 말에 이르자 네트워크 이용자들 중에 군사 전문가가 차지하는 비율보다 시민들의 수가 더욱 많아졌다. 그러나 일반 대중에게 인터넷은 여전히 혼란스럽고 소수만 즐기는 컴퓨터 집단에 불과했다.

하이퍼텍스트라는 개념으로 인해 마침내 비전문가들도 네트워크에 접근할 수 있게 되면서 코드레스쿠가 묘사한 혁명이 촉발되었다. 하이퍼텍스트는 가시적인 형태로 인터넷의 문서들을 서로 '연결'시켰고 인터넷 검색을 보다 쉽게 만들어줬다.

1990년대 중반에 모자이크 커뮤니케이션스 코퍼레이션이라고 불리는 작은 회사가 복잡하게 타이핑된 명령어 대신 그래픽으로 된 인터페이스를 사용해 인터넷을 서핑할 수 있는, 하이퍼텍스트 '브라우징' 도구를 개발했다. 곧 넷스케이프 브라우저라는 새 이름을 갖게 된 이 도구는 가정용 컴퓨터 사용자들이 한때 금지되었던 미 국방부 네트워크를 이용할 수 있게 해주었다. 오늘날 인터넷 사용자의 수는 전 세계적으로 10억 명이 넘는다.

- 아르파넷상에서 최초로 보이는 신호는 원래 로그인이라는 단어여야 했다. 그러나 l과 o가 전송된 후 시스템이 고장 나면서 최초의 신호는 lo가 되었다.
- 아르파는 1960년대에 초기 인터넷 연구의 기금을 제공했던 국방부의 선진연구프로젝트 기관의 머리글자다.
- 오늘날 넷스케이프 브라우저를 사용하는 사람들은 인터넷 이용자의 1%도 되지 않는다.

342 | SAT 🏆 스포츠 | 마이클 조던

1980년대와 1990년대에는 전 세계 스포츠계에서 마이클 조던보다 더 상징적인 인물이 없었다. 195cm 키로 시카고 불스의 가드였던 그는 비현실적인 농구선수이자 세계적인 마케팅의 거장이었으며, 문화적 유행의 선도자였다.

코트에서 그는 지금까지 가장 위대한 농구선수라는 타이틀에 걸맞는 강렬한 사례가 되었다. 그는 혀를 내밀고 날아다니는 득점 기계에서 불스를 6차례나 NBA 우승 팀으로 만들어놓은 선수로 발전했다. 그는 기록적인 10번의 득점왕과 5번의 MVP를 수상했으며 NBA 결승에서 6번 MVP가 되었다. 그러나 대부분의 관중들은 엄청난 재능을 가진 다른 선수들과 조던의 차별점은 누구에게도 견줄 수 없는 승부욕과, 위태로운 경기에서 극적인 슛을 날리는 능력이라는 데 동의할 것이다.

코트 밖에서 조던만큼 성공적으로 마케팅을 한 선수는 없었다. 그는 유명한 기업의 모델이었고 그의 에어조던 운동화는 모든 운동화들이 따르는 마케팅의 기준을 세웠다. 유명한 게토레이 광고의 문구처럼 모든 사람들이 '마이크처럼' 되길 바랐다. 그가 머리를 면도하거나 왼쪽 귀에 귀걸이를 하면 농구선수와 팬들도 따라 했다.

시카고 불스에 입단한 첫 몇 해 동안 조던은 대단한 고득점자이자 덩크 슛을 날리는 선수로 여겨졌지만 비평가들은 그가 팀을 우승으로 이끌지 의구심을 가졌다. 1991년에 불스가 LA 레이커스를 누르고 NBA 타이틀을 땄을 때 그는 이런 의구심을 잠재웠다. 그 후 그의 팀은 1992년, 1993년, 1996년, 1997년, 1998년에 5번의 우승을 더 차지했다.

조던은 3번 은퇴했다. 처음에는 아버지가 살해되고 그에게 도박 혐의가 제기되면서 괴롭힘을 당한 후 1993년~1994년 NBA 시즌 전에 은퇴했다. 그는 그해 클래스 AA 버밍햄 바론스에 입단해 마이너리그 야구선수로 활동했지만 그다지 성공하지 못하고, 1995년에 불스로 돌아왔다. 그는 1998년 NBA 우승 후 다시 한 번 은퇴했지만 3년 후 워싱턴 위저즈로 복귀해 2시즌을 뛰었다. 조던은 위저즈의 소수 지분을 소유했지만 지분을 매각하고 코트로 복귀했다. 그는 워싱턴이 플레이오프에 진출하도록 돕는 데 실패했고, 그의 유산이 오히려 망가졌다는 비난을 받았다.

- 조던의 전설은 그가 노스캐롤라이나대학교 신입생 시절 1982년도 전미대학경기협회(NCAA) 결승전에서 우승 골을 넣었을 때 생겼다. 2년 후 그는 학교를 떠나 미국 최고의 대학선수로 NBA에 진출했다. 놀랍게도 그는 1984년 신인선수 선발전에서 휴스턴 로켓츠의 하킴 올라주원과 포틀랜드 트레일 블레이저스의 샘 보위 다음으로 선발되었다.
- 조던은 1984년에는 아마추어로, 1992년에는 드림팀의 선발 멤버로 2번의 올림픽 금메달을 수상했다.
- 1999년 조던은 ESPN에 의해 20세기의 가장 위대한 북미 운동선수로 선정되었다. 그는 또한 다른 어떤 사람들보다 더 많이 《스포츠일러스트레이티드》 커버에 실렸다(49차례).

343 | SUN ☀ 팝 | O. J. 심슨

풋볼 슈퍼스타, 코미디언, 허츠의 대변인, 세계적인 살해 용의자였던 O. J. 심슨은 1995년 전 부인 살해 혐의에 대한 무죄 판결 이후 할리우드 유명인에서 전국적으로 버림받은 사람으로 전락했다.

오렌설 제임스 심슨은 샌프란시스코에서 태어나 장학금을 받고 사우스캘리포니아 대학교의 러닝백이 되었다. 1968년, 미국에서 매년 뛰어난 대학 풋볼선수에게 수여하는 하이즈먼 트로피를 수상했다. 심슨의 NFL 프로 경력 또한 그만큼 놀라워 1973년에 버펄로 빌스 소속으로 한 시즌 동안 활동하면서 최초로 2000야드 이상을 돌파해 NFL의 MVP로 선정되었다.

NFL에서 선수 생활을 하는 도중 배우 활동을 시작한 심슨은 TV 미니시리즈 〈루츠〉에서부터 코미디 영화 시리즈인 〈총알 탄 사나이〉에 이르기까지 다양한 프로젝트에서 작은 역할을 연기했다. 또한 허츠 렌터카의 TV 광고 모델이 되기도 했다.

1994년 6월 12일, 심슨의 전 부인인 니콜 브라운 심슨이 친구 로널드 골드먼과 함께 그녀의 집 밖에서 죽은 채 발견되었다. 곧이어 흰색 포드 프롱코를 타고 도망치려고 했던 심슨이 의심을 받았다. 그 후 진행된 재판은 1990년대에 가장 논란 많은 사건 중 하나가 되었다. 134일 간의 재판은 F. 리 베일리, 배리 쉑, 로버트 샤피로, 로버트 카다시안, 앨런 더쇼비츠, 조니 코크란이 포함된 심슨의 변호사 '드림팀'에 맞선 수석검사 마샤 클락에게 오점을 남겼다.

재판 중에 중대한 2가지 사건이 벌어졌는데, 하나는 사건 담당 경찰관 마크 펄먼이 아프리칸-아메리칸을 지칭할 때 인종차별적인 속어를 사용했다는 점과, 범죄 현장에서 발견된 장갑이 심슨에게 맞지 않은 점이었다.

논란 많고, 인종적 설전까지 이어진 끝에 1995년 10월 3일, 배심원은 살인 혐의에 대해 심슨을 무죄로 판명했다. 그러나 이후 골드먼의 가족들이 심슨을 상대로 제기한, 불법행위에 의한 사망 민사 소송에서 3350만 달러의 합의금을 받으면서 평결에 대한 논란은 가열되었다.

- 심슨은 2위인 퍼듀대학교의 르로이 케예스를 1750점 차로 제치면서 가장 큰 점수 차로 하이즈먼 트로피를 수상한 기록을 보유하고 있다.
- 아널드 슈워제네거가 1984년도 영화 〈터미네이터〉의 주인공으로 캐스팅되기 전에 심슨이 주인공 후보에 올랐다. 제작자들은 그가 악한의 역할을 설득력 있게 연기하지 못할 것이라고 생각해서 그를 캐스팅하지 않았다.
- 2007년에 심슨은 1994년도 살인 사건에 관한 책 《내가 만일 그랬다면》을 대필 작가와 함께 작업했다. 이 책은 골드먼 가족이 제기한 소송 합의금으로, 판권이 골드먼 가족에게 부여되기 전까지 출간이 금지되었다.

344

MON
인물

가리 카스파로프

세계 체스챔피언 가리 카스파로프는 수십 년 동안 체스계를 평정했지만 역사상 가장 널리 알려진 경기 중 하나인 IBM 컴퓨터를 상대로 한, 인간 대 기계의 극적인 대전에서 패했다. 2005년에 경쟁이 심한 체스계에서 은퇴한 후 카스파로프는 민주주의를 지지하는 운동가이자 러시아 지도자 블라디미르 푸틴의 주요 정적으로 재부상했다.

카스파로프는 소비에트령 아제르바이잔에서 태어나 어린 시절부터 체스 신동으로 인정받았다. 그는 어렸을 때 체스 특수학교를 다녔고 1985년에 세계 챔피언이 되었다. 당시 22세였던 그는 역대 가장 젊은 챔피언이었다. 그 후로 15년 동안 카스파로프는 같은 소비에트 출신의 그랜드마스터 아나톨리 카르포프를 비롯해 체스계 대스타들을 상대로 타이틀을 방어했다. 그러나 카스파로프의 가장 유명한 대전은 1997년 IBM 엔지니어 팀이 구축한 체스 슈퍼컴퓨터, 딥 블루와의 대전이었다. 그가 딥 블루를 상대로 뉴욕에서 6차례에 걸쳐 대전을 벌이는 데 동의했던 것이다.

딥 블루는 특별히 카스파로프를 이기기 위해 고안된 것으로, 매 초마다 200만 가지 체스 말의 움직임을 분석할 수 있었다. 그럼에도 카스파로프와 딥 블루는 한 경기씩 이기고 3번 무승부를 기록하면서 비겼다. 그러나 승부를 결정짓는 6번째 경기에서 컴퓨터가 19번째 말에서 카스파로프를 이기면서 완승했다. 카스파로프가 그렇게 빨리 경기에서 진 적은 단 한 번도 없었다.

이 경기는 전 세계 언론의 1면을 장식했고 일부 국가에서는 TV로 중계되기도 했다. 인간의 지능에 대한 전통적인 테스트에서 카스파로프가 패한 것은 20세기 말 컴퓨터 기술의 힘과 정교함에 대한 상징으로 여겨졌다.

사람과의 대전에서는 2000년에 세계챔피언십에서 패했다. 5년 후 카스파로프는 더 이상 증명할 것이 없다면서 체스계에서 은퇴했다.

은퇴한 후 카스파로프는 정치적 반체제인사로 새로운 경력을 쌓기 시작했다. 잠시 수감되기도 했고, 러시아 대통령에 반대한다는 이유로 친푸틴 성향의 폭력배에게 체스보드로 맞은 유명한 사건도 있었다. 카스파로프는 2008년 러시아 대선에 출마했지만 대통령으로 선출되는 데 실패했다.

● 딥 블루의 무게는 1.4t이었다.
● 컴퓨터가 카스파로프를 이긴 다음 날 IBM의 주가는 주당 6달러, 즉 3.6% 올랐다.
● 2005년에 정적에게 체스보드로 구타당한 후 카스파로프는 이런 재담을 남겼다. "소비에트 연방의 인기 스포츠가 야구가 아니라 체스여서 다행이다."

345

메타픽션

'이후' 또는 '너머'라는 뜻을 가진 그리스 접두사, 메타는 메타피직스에서 메타분석에 이르기까지 여러 학문 용어를 낳았다. 심지어 메타라는 단어는 자기 지시적이거나 내성적인 아이디어 또는 상황 등 그 자체만으로도 의미를 갖는다. 문학계에서는 픽션에 대한 픽션인 메타픽션이 중요하고 흥미 있는 장르로 등장했다.

메타픽션은 작가와 문학 작품, 독자와 문학 작품, 또는 한 문학 작품과 다른 문학 작품의 관계를 살피는 데 도움이 되는 다양한 장치와 방법을 아우른다. 본질적으로 인위적이고 창조된 것이라는 실체에 주목하게 하는, 정확하게 자기 인식적인 작품이다.

흔한 메타픽션 장치로 작가는 작품 속에 자기 자신을 등장시키는데 예컨대 존 파울즈의 《프랑스 중위의 여자》와 커트 보니것의 《브렉퍼스트 오브 챔피언스》에서 이 방법이 사용됐다. 다른 메타픽션 작품들은 독자들과 직접적으로 관계를 맺기도 하는데 이탈로 칼비노의 《어느 겨울밤 한 여행자가》는 독자를 소설 속 등장인물로 만들었고, 데이브 에거스의 《비틀거리는 천재의 가슴 아픈 이야기》는 독자를 위한 작품 안내와 상징주의 활용법으로 논란을 가중시켰다.

자주 이용되는 또 다른 기법은, 주로 원래의 주인공이 아닌 다른 등장인물의 관점에서 이전의 문학 작품을 재검토하는 것이다. 예컨대 존 가드너의 《그렌델》은 고대 서사시 베오울프를 괴물의 관점에서 재해석했고, 그레고리 머과이어의 《위키드》는 《오즈의 마법사》를 사악한 서쪽 마녀의 눈으로 재구성해놓은 것이다.

새롭게 생긴 장치로 여겨질 수 있으나, 사실 메타픽션은 1605년과 1615년에 출간된 미겔 데 세르반테스의 《돈키호테》만큼 오래된 것으로, 서양 문학의 골조 중 하나로 여겨진다. 이 고전의 2권에서 돈키호테와 그의 조수 산초 판사는 세르반테스를 사칭하는 사람이 자신들의 공적에 관한 가짜 속편을 출간했다는 사실을 알게 되는데, 1권이 엄청난 성공을 거둔 후 세르반테스의 캐릭터들을 이용해 이야기를 출간하는 실제 모방꾼들을 토대로 꾸민 전개였다. 두 캐릭터는 모방에 대한 아이디어를 열심히 조롱한다.

• 스티븐 킹은 메타픽션의 요소를 가져와 인기 문학작품 속에 포함시켰다. 《미저리》는 미친 팬에게 사로잡힌 로맨스 소설가의 이야기를 그리는데, 팬은 작가에게 자신이 원하는 대로 글을 쓰라고 한다. 《다크 하프》는 작가의 필명이 현실에 나타나 살인과 폭력을 저지르는 이야기를 그린다.

• 시나리오 작가 찰리 코프먼은 수전 올린의 소설 《난초 도둑》을 영화화하는 데 어려움을 겪을 때, 자기 자신을 시나리오 속에 녹여냈는데, 그 결과 메타픽션의 정수인 〈어댑테이션〉이라는 영화가 탄생했다.

• 메타픽션에 관여한 다른 주목할 만한 작가로는 폴 오스터, 줄리언 반스, 밀란 쿤데라, 얀 마텔, 블라디미르 나보코프, 제이디 스미스 그리고 존 업다이크가 있다.

346

마돈나

마돈나는 역대 가장 성공한 여성 아티스트이자 세계적인 팝의 아이콘이다. 그녀는 활동 기간 동안 전 세계 200만 장 이상의 앨범을 판매했다. 2005년도 앨범《컨페션 온 어 댄스 플로어》를 홍보하기 위한 컨페션 투어는 여성 아티스트로서는 가장 높은 수익을 올린 콘서트 투어였다. 1991년 그녀의 다큐멘터리〈트루스 오어 데어〉는 개봉 당시 가장 높은 수익을 거둬들인 다큐멘터리기도 했다. 그녀의 저서《섹스》는 지금도 역대 탁자용 책(쉽게 넘겨보도록 만든 사진과 그림이 많이 실린 책 — 옮긴이) 베스트셀러 1위로 남아 있다.

미시건주에서 태어나 원래 발레 교습을 받던 마돈나는 1983년에 자신의 이름을 제목으로 삼은 데뷔 앨범을 발매해서 좋은 반응을 얻었다. 다음 앨범《라이크 어 버진》은 동명의 타이틀곡과 히트곡〈머터리얼 걸〉의 강세로 1위에 올랐다. '머터리얼 걸'은 지금까지도 이 가수와 연관된 별명이 되었다. 이 무렵 마돈나는 또한 대부분 뉴욕의 이스트 빌리지에 있는 힙스터 세계에서 차용한 그녀만의 독특한 패션 감각으로도 유명했다.

그 후로 몇 년 동안 그녀는 여러 곳에서 받은 영향을 비디오 작업에 접목시켰다. 〈익스프레스 유어셀프〉(1989년 앨범《라이크 어 프레이어》에 수록) 비디오에 담긴 이미지들은 프리츠 랑의 1927년도 무성영화〈메트로폴리스〉에서 영감을 받았다. 논란 많은 비디오〈저스티파이 마이 러브〉는 가학피학성성애에서 가져왔고 아마도 가장 유명하다 할 수 있는 그녀의〈보그〉비디오는 마를레네 디트리히와 리타 헤이워드 등 마돈나가 좋아하는 영화 속 여주인공들의 화려한 사진들에 직접적으로 경의를 표한 작품이었다. (마돈나는 또한 더욱 이해하기 힘든 자료에서 영감을 받기도 했는데 예컨대 일부 비평가들은 그녀의 비디오를 앤디 워홀이 소설을 영화로 제작했지만 개봉되지 않은 1965년 동명 영화〈시계태엽 오렌지〉와 비교하기도 했다.)

마돈나는 1990년대 말, 그 당시 그녀가 새롭게 흥미를 느끼던 유대교 신비주의에서 영향을 받은 전자 앨범《레이 오브 라이트》를 발매하며 완전히 다른 방향으로 전환했다. 후에 그녀는 영국으로 이주했고 그곳에서 계속 새로운 음악을 제작하고 있다.

- 마돈나가 건드린 것이 모두 황금이 되지는 않았다. 1987년도 영화〈후스 댓 걸〉은 완전한 실패작이었다.
- 마돈나는 라이브 공연에서 논란을 산 적이 많았다. 종교적 도상을 에로틱하게 사용한 것부터 푸에르토리코 국기를 다리 사이에 끼고 문지르는 행위들에 이르기까지 다양했다.
- 마돈나의 첫 밴드는 브렉퍼스트 클럽이었다. 그녀는 이 밴드에서 드럼을 연주하다가 리드보컬이 되었다.

347

THU

영화 | **메릴 스트립**

메릴 스트립은 지난 25년 동안 할리우드의 주요한 대표 여배우로 활약했다. 그녀는 이 시대의 가장 존경받는 여배우로 21차례 아카데미상 후보에 올랐으며(어떤 배우나 여배우보다 많다) 8개의 골든글로브상을 수상했고(어떤 여배우보다 많다) 2번의 에미상을 수상했다.

영화 〈줄리아〉로 데뷔한 이 예일대학교 드라마스쿨 졸업생은 처음으로 아카데미상 후보에 오른 〈디어 헌터〉, 〈맨해튼〉 그리고 오스카 여우조연상을 수상한 〈크레이머 대 크레이머〉를 비롯해 평단의 호평을 받은 일련의 영화에 출연했다.

그녀는 1980년대 내내 호평을 받으며 연기했는데, 특히 〈프랑스 중위의 여자〉와, 첫 오스카 여우주연상을 수상한 〈소피의 선택〉에서 폴란드 강제수용소 생존자를 연기하며 찬사를 받았다. 스트립을 비판하는 사람들은 그녀의 재능은 인정하면서도 여배우로서 너무 꾸밈이 없다고 꼬집는다. 그리고 시드니 폴락 감독의 〈아웃 오브 아프리카〉에 로버트 레드포드와 함께 출연한 후, 지난 20여 년 동안 엄청나게 성공하지는 않은 영화들에도 출연해왔다.

1990년대에는 스트립이 블랙코미디(〈죽어야 사는 여자〉), 어드벤처 영화(〈리버 와일드〉)뿐만 아니라 클린트 이스트우드가 로맨스 소설을 영화화한 〈매디슨 카운티의 다리〉에서 이스트우드와 함께 공감 어린 연기를 보이면서 연기 변신에 성공했다.

6년 간 아카데미 여우주연상 후보에 오르지 않던 그녀는 〈악마는 프라다를 입는다〉로 11번째 여우주연상 후보에 올랐다(연기 부문에서는 총 14번째 후보에 오른 것이었다). 그녀는 이 영화로 골든글로브상을 수상했다. 이후 2012년 〈철의 여인〉으로 2번째 아카데미 여우주연상을 수상했다.

• 스트립은 2004년에 미국영화연구소로부터 평생공로상을 수상했다.
• 스트립은 〈어댑테이션〉으로 13번째 아카데미상 후보에 오르면서 캐서린 헵번의 기록을 깼다.
• 본명은 메리 루이즈 스트립이다.

348 | FRI ⚡ 사회 | 클로닝

1952년에 2명의 필라델피아 연구원인 로버트 브리스와 토머스 킹이 올챙이를 복제하면서 처음으로 동물 복제에 성공했다. 그러고는 1963년에 중국 연구원인 통 디조우가 잉어 복제에 성공했다. 수십 년 후 이 논란 많은 분야에 대한 수년 간의 연구 끝에, 과학자들은 훨씬 더 인상적인 결과를 만들어냈다. 1996년 7월 5일에 스코틀랜드에서 돌리라는 이름의 복제 암컷 양이 탄생했던 것이다.

살아 있는 동물과 똑같은 복제품을 만들어내는 클로닝(Cloning)은 20세기 말 가장 위대한 과학적 업적 중 하나로, 과학자들이 질병을 치료하고 그 본질을 더 잘 이해할 수 있게 도와준 기술이다. 일부 과학자들은 인간의 세포 클로닝이 당뇨, 파킨슨병, 알츠하이머, 기타 심각한 질환의 치료법을 찾는 데 도움을 줄 것이라고 예측한다.

그러나 비판자들에게는 연구소에서 복제를 만들어내는 것이 과학적 자만심의 정수를 나타내는 것으로, 과학자들이 신의 흉내를 낼 수 있는 위험한 방식이다. 클로닝은 무수히 많은 공상과학 소설과 영화 속에서 대개 사악하게 조명되어왔고, 몇몇 국가들은 클로닝에 법적인 제재를 가해왔다.

돌리의 탄생 후 몇 년 동안 연구원들은 생쥐, 쥐, 토끼, 고양이, 개, 돼지, 염소, 젖소, 말, 노새를 복제할 수 있었다. (돌리는 2003년에 사망했다.) 그럼에도 과학자들은 아직까지 원숭이 복제에는 성공하지 못했는데, 이는 가장 발전된 영장류인 인간 복제에서는 한참 뒤처져 있다는 것을 의미한다. 그러나 그동안 몇몇 국가에서는 인간 복제를 금지하는 규정을 세웠고, 여론조사에서도 인간 복제에 대한 대중의 강한 거부감이 드러났다.

- 클론이라는 단어는 잔가지를 뜻하는 고대 그리스어 'klon'에서 유래했다. 이는 식물로부터 잘라낸 것을 심거나 접붙이기를 통해 식물을 복제하는 과정을 가리킨다.
- 공영라디오 프로그램 〈디스 아메리칸 라이프〉는 1회 동안 오리지널 황소 주인의 부추김으로 텍사스 에이앤엠대학교에서 제작한, 챈스라는 이름의 브라만 황소의 클론 세컨 챈스의 이야기를 다뤘다.
- 2005년도의 한 갤럽 조사 결과 미국인들의 87%가 인간 복제를 도덕적으로 잘못된 것으로 여기는 것으로 나타났다. 9%만이 허용 가능하다고 답했다.

349 | SAT 🏆 스포츠 | 랜스 암스트롱

랜스 암스트롱이 25세가 되었을 때, 그는 이미 타고난 사이클링 재능을 가진 오만하고 자신만만한 텍사스 사람이자 그에 어울리는 자존심을 가진 사람으로 알려져 있었다.

그 후로 10년 동안 그는 유명하고 사랑받는 운동선수였다. 7차례 투르 드 프랑스 챔피언이 되었으며, 암을 이기고 생존한 사람으로 전 세계 수백만 명에게 영감을 주었다.

1996년 세계 1위로 등극한 암스트롱은 세계에서 가장 유망한 젊은 사이클선수였지만 불행하게도 10월에 고환암 진단을 받았는데, 이미 그의 폐와 뇌까지 전이된 상태였다. 의사들은 그에게 공격적인 화학요법을 처방하기 전에는 생존 가능성이 50%도 되지 않는다고 알려주었다.

암스트롱은 1998년에 기적적으로 암을 이기고 재기에 성공해 미국 포스탈 서비스 팀 소속으로 사이클 경기에 출전했다. 그러나 파리-니스 경기 도중에 기권하며 거의 은퇴할 지경에까지 이르렀다. 그는 노스캐롤라이나주로 가서 크리스 카마이클 코치의 훈련을 받으면서 다시 한번 사이클링의 즐거움을 발견했다. 그해 말 그는 투르 드 스페인과 세계선수권 경기에서 5위 안에 들었다.

1999년 투르 드 프랑스 경기에서 암스트롱은 프롤로그를 1위로 마친 후 절대 뒤돌아보지 않았고, 그렉 레몬드 이후로 가장 명망 있는 사이클 경기에서 우승한 최초의 미국인이 되었다. 그 후로 그는 투르 드 프랑스 경기마다 우승하면서 2005년 은퇴할 때까지 6년 동안 우승을 이어나갔다. 어떤 선수도 이 경기에서 6번 이상 우승하지 못했다.

그는 2004년에 인기 있는 리브스트롱 팔찌를 출시하는 등 랜스 암스트롱 재단을 통해 기금을 모으고 암 퇴치를 위한 인식을 넓히는 데 공헌했다. 그리고 암스트롱은 암에 걸리는 것이 "나에게 일어난 최고의 일이었다"라고 말한다. 선수로 활동하면서 약물 복용 혐의에 직면했지만 단 한 번도 약물 검사에서 양성 반응이 나타난 적이 없다면서 자신의 결백을 단호하게 주장했다.

• 암스트롱은 〈연합뉴스〉에 의해 올해의 남자 운동선수로 4차례 선정되었다(2002년~2005년). 그는 또한 《스포츠일러스트레이티드》로부터 2002년에 올해의 스포츠맨으로 선정되었다.

• 암스트롱은 올림픽에 3번 출전했으며(1992년, 1996년, 2000년), 2000년에는 타임 트라이얼 종목에서 동메달을 수상했다.

• 1993년에 그는 세계도로사이클선수권 챔피언이었고, 21세에는 투르 드 프랑스의 한 구간을 1위로 돌파한 가장 나이 어린 선수였다. 현재는 약물 혐의가 사실로 밝혀져 기록이 박탈되었다.

350 | SUN ✳ 팝 | 프렌즈

10년 동안 미국 시청자들은 NBC방송국의 시트콤 〈프렌즈〉를 매주 기분 전환용으로 시청했었다. 이 프로그램은 6명의 주인공과 그들의 캐릭터를 전국적인 유명인으로 만들어주었다.

마르타 카프만과 데이비드 크레인이 HBO 시리즈 〈드림 온〉의 후속 작품으로 만든 〈프렌즈〉는, 같은 동네에 살면서 카페와 센트럴파크에서 자주 만나는 6명의 젊은 싱글(적어도 초반에는 싱글이었다. 몇몇 등장인물은 결국 결혼했다) 뉴요커들의 일상을 그렸다.

이 프로그램이 획기적인 것은 아니었다. 그러나 이 시트콤의 이야기는 1990년대의 스타벅스 감성과 잘 맞아떨어졌다. 로스(데이비드 슈위머 분)와 레이첼(제니퍼 애니스톤 분), 모니카(코트니 콕스 분)와 챈들러(매튜 페리 분) 그리고 피비(리사 쿠드로 분)와 조이(매트 르블랑 분)가 치는 사고와 함께 그들의 연이은 데이트와 독립적인 생활을 보며 젊은 이들은 크게 예찬했다.

〈프렌즈〉의 문화적 충격은 상당했다. 이 프로그램의 여자 주인공들, 특히 제니퍼 애니스톤은 유행의 선도자가 되었고 전 세계 미용실들은 아직도 애니스톤처럼 중단발 레이어드컷을 해달라는 요청을 받는다.

이 프로그램의 언어 또한 대중의 어휘 속으로 파고들었는데, 특히 'so'라는 단어를 '확실히', '분명히'의 뜻으로 사용하는 것이 그랬다. (예: "You are so moving to a new apartment.) 로스와 레이첼처럼 만남과 헤어짐을 반복하는 "할까 하지 않을까?(will they or won't they)"식의 커플을 가리키는 말이 이 프로그램의 가장 오래 남은 유산이다. NBC방송국의 히트작인 〈스크럽스〉에서도 J. D.(잭 브래프 분)와 엘리엇(세라 초크 분)의 떠들썩한 관계를 묘사하는 데 이 표현이 사용되었다.

에미상과 골든글로브상을 놓친 〈프렌즈〉는 결국 2004년 5월 6일에 마지막 방송을 내보냈다.

• 이 프로그램의 가제로는 〈어크로스 더 홀〉, 〈프렌즈 라이크 어스〉, 〈식스 오브 원〉 그리고 〈인섬니아 카페〉 등이 있었다.

• 로스라는 캐릭터는 데이비드 슈위머를 염두에 두고 만들어진 것이었다.

• 〈프렌즈〉는 100여 개국에서 방송되었다. 마지막 회는 전 세계적으로 5100만 명이 시청한 것으로 추정된다.

351 | MON 인물 | 오프라 윈프리

그녀는 오프라라는 이름만으로 전 세계에 알려진, 대중문화에서는 드문 아이콘 중 하나이다. 그러나 오프라 윈프리가 현대문화에 준 영향은 어느 한 가지에만 국한되지 않는다. 그녀는 방송계의 주요 인물이자 출판계의 거물이고, 미국 전역에 방영되는 그녀의 프로그램을 시청하는 수백만 명의 시청자들에게는 친구 같은 사람이다.

《포브스》에 따르면 윈프리를 위시한 거대한 언론이 그녀에게 25억 달러로 추정되는 재산을 벌어다주면서, 그녀를 세상에서 가장 부유한 사람 중 하나로 만들어주었다고 한다.《타임》은 1998년에 그녀를 20세기에 가장 영향력 있는 인물 중 한 사람으로 꼽았다.

윈프리는 실내 배관이 없는 미시시피주 농장에서 할머니의 손에 자랐다. 그녀가 의외로 명성을 얻기 시작한 것은 고등학생 때 내슈빌 라디오방송국에서 일하기 시작하면서부터였다. 그녀는 19세 때 이미 내슈빌의 WTVF-TV에서 가장 젊은 앵커이자 최초의 아프리칸-아메리칸 여성 앵커가 되어 있었다.

볼티모어에서 잠시 머문 후 그녀는 1984년 시카고에 정착해 아침 토크쇼를 진행하기 시작했는데, 이 토크쇼는 머지않아 오프라 윈프리 쇼로 제목이 바뀌게 되었다. 이후 2년 만에 이 쇼는 미국 전역에 판매되었고 TV 역사상 가장 시청률이 높은 토크쇼가 되었다.

그녀의 인기 요인은 지성과 언론 상식 그리고 시청자를 솔직하게 대하는 데서 비롯되었다. 성폭행 피해, 마약 복용, 체중 증가와 다이어트, 연애의 고비 등 자신의 이야기를 들려줌으로써 그녀는 시청자들과 그녀만의 고유한 유대감을 쌓았다.

최근 들어 윈프리는 그녀의 제국을 TV, 영화, 라디오, 음악 제작사(하포 엔터테인먼트 그룹), 잡지(《오, 더 오프라 매거진》)까지 확장했고, 그녀의 북클럽은 수십 권의 책을 베스트셀러로 만들어놓았다.

윈프리는 또한 미국에서 가장 눈에 띄는 독지가이기도 하다. 그녀의 여러 재단은 전 세계 여성, 아동, 가족의 교육과 권리를 지지하는 단체에 보조금을 제공해왔다. 그녀는 또한 남아프리카공화국 소녀들을 위한 오프라 윈프리 리더십 아카데미의 창설을 위해 4000만 달러를 기여했는데, 이 아카데미는 2007년 1월에 문을 열었다.

- 〈오프라 윈프리 쇼〉는 매주 4900만 명이 시청하는 것으로 추정되고, 134개국에서 방영된다.
- 윈프리는 또한 인상적인 연기 경력을 쌓기도 했다. 그녀는 스티븐 스필버그의 〈컬러 퍼플〉에서 배우로 데뷔했는데, 그로 인해 아카데미상과 골든글로브상 후보에 오르기도 했다.
- 윈프리의 강점 중 하나는 시청자들을 행동하게 만드는 능력에 있다. 1998년에 그녀는 대부분 시청자들의 기부금으로 운영되는 자선 단체, 오프라 엔젤 네트워크를 창설했다. 이 단체는 7000만 달러 이상을 모금했다.

352 | TUE 문학 | 돈 드릴로

뉴욕 출신의 돈 드릴로는 수십 년 동안 포스트모던 문학의 주요 인물 중 한 명으로 꼽혀왔다. 10여 권의 소설 속에서 그는 어두운 유머와 재치를 이용해 현대 미국문화의 특성인 소비지상주의, 물질만능주의, 언론의 포화 상태, 정보의 과다를 풍자했다.

1936년 브롱크스에서 태어난 드릴로는 노동자 계층의 이탈리아계 미국인들이 사는 동네에서 자랐고, 포드햄대학교에서 대학을 다녔다. 졸업 후 광고 회사 카피라이터로 사회생활을 시작한 그는 지루함을 느끼고 소설을 집필하기 시작했다. 드릴로는 첫 소설 《아메리카나》를 시작으로 비평가들의 호평을 받았지만 일반 대중들 사이에서는 잘 판매되지 않은 소설들을 출간했다.

드릴로는 《화이트 노이즈》로 마침내 큰 성공을 이뤘는데, 이 책은 지금까지도 그의 최고 작품이자 가장 중요한 작품 중 하나로 꼽힌다. 이 소설은 어느 작은 마을에 있는 대학의 히틀러 연구과 회장으로 있는 잭이라는 사람에 관한 터무니없는 블랙코미디다. 그의 부인인 바베트는 죽음에 대한 두려움을 떨쳐 버리기 위해 남몰래 약을 복용한다. 대대적인 화학 성분이 유출되어 그들이 사는 집 근처에 '유독성 공기 사건'이 발생하자 잭 또한 죽음에 집착하게 된다.

《화이트 노이즈》는 포스트모던 소설의 정수이다. 줄거리는 그저 2차적인 문제에 불과하다. 그보다 이 작품은 뒤죽박죽 어지러운 브랜드명, 소수만 이해하는 학자들의 논쟁, 대중문화에 대한 언급, 무신론자 간호사가 운영하는 병원과 같은 코믹한 요소들이 넘쳐나는 이야기이다. 드릴로는 테크놀로지, 대중문화, 건강 위험, 지나친 물질적 풍요에 집착하고, 끊임없이 방송되는 언론과 정보의 지속적인 '화이트 노이즈'에 둘러싸인 사회를 묘사한다. 역설적이게도, 모든 사람들이 서로 연결되고 정보를 받는 것처럼 보이는 이 세상에서 개개인들은 그 어느 때보다 더욱 혼란스럽고 고립되었다고 느낀다.

• 드릴로는 《화이트 노이즈》 이후로 리 하비 오스왈드에 관한 《리브라》, 테러리즘을 탐구한 《마오 II》 그리고 가공의 인물과 실제 인물이 등장하는 20세기 미국의 역사를 담은 《언더월드》 등을 출간했다.
• 드릴로는 재즈 음악, 추상적 인상주의 그림 그리고 해외 영화에서 예술적 영향을 받는다고 밝혔다.
• 그는 "어느 누구와도 진지한 관계를 맺지 않는 것"이 자신이 작가가 될 수 있었던 가장 큰 방법이라고 주장했다.

353 | WED 음악 | 너바나

1990년대 초 가장 영향력 있는 록밴드 중 하나인 너바나는 1987년에 워싱턴 주 애버딘에서 결성되었으며, 리더 커트 코베인, 베이시스트 크리스 노보셸릭 그리고 1989년에 합류한 드러머 데이브 그롤로 구성되었다. 몇 년 동안 고전하던 너바나는 1991년에 가장 중요한 음반인《네버마인드》를 발매하면서 이 밴드와 그런지 스타일이라고 알려진 시애틀 음악계를 주류로 만들었다. 거의 하룻밤 만에 너바나는 그 당시 얼터너티브 록이라고 불리던 것의 선구자가 되었고 이른바 X세대의 전형이 되었다.

《네버마인드》는 전 세계에 거의 2000만 장 가까이 판매되었는데 이 밴드의 최대 히트곡인 그들의 데뷔곡 〈스멜스 라이크 틴 스피릿〉이 수록되었다. 고등학교 응원전을 대중들이 춤추는 곳으로 만들어놓은 이 데뷔곡의 뮤직비디오에는 플란넬을 입은 10대들과 실의에 빠진 치어리더들에게 이 밴드가 노래를 들려주는 모습이 담겨 있다. MTV는 이 비디오를 자주 방송했고, 언론은 얼터너티브와 그런지라는 단어를 반복적으로 쏟아냈다. 너바나는 곧 소외, 불안, 권태감 등 X세대에 대한 모든 것과 연관 지어졌다. 이런 목적 없는 좌절 의식이 〈스멜스 라이크 틴 스피릿〉의 가사에 담겨 있다.

나는 멍청하고 전염병에 걸린 것처럼 느껴
지금 여기 우리가 있어
우리를 즐겁게 해줘

이 밴드의 사운드는 가공되지 않고 서정적이며 시끄러웠다. 주류 팝 음악에는 분명한 도전이었지만, 얼터너티브 음악은 곧 대중음악의 확고한 하나의 카테고리가 되었다. 너바나의 성공에 인상을 받은 레코드사들은 서둘러 앨리스 인 체인스, 사운드가든과 같은 밴드들로 얼터너티브 부문의 구색을 맞추기 시작했다. 얼터너티브는 주요 음반사들이 빗겨간 여러 틈새 장르들을 가리키는 일반적인 용어가 되었다. (여러 사람들에게 이 용어는 실제적인 음악 장르라기보다 마케팅적인 단어에 더 가깝다.)

그러나 너바나는 인기가 전성기에 달했을 때 흐트러지기 시작했다. 고통스런 위장 질병과 헤로인 중독으로 고전하던 코베인은 1994년에 자살했다.

• 1992년에 코베인은 홀(Hole)이라는 밴드의 리드보컬이었던 코트니 러브와 결혼했다.
• 코베인이 죽고 난 후 그롤은 푸 파이터스의 창립멤버가 되었다.
• '스멜스 라이크 틴 스피릿'이라는 제목은 여성용 데오드란트 브랜드인 틴 스피릿을 가리키는데, 코베인의 여자친구 중 하나가 이 데오드란트를 사용했다고 한다.

354

스파이크 리

스파이크 리는 영화 역사상 가장 성공한 아프리칸-아메리칸 감독이며 또한 가장 논란이 많은 사람 중 한 명이기도 하다. 그의 작품은 대부분 인종적인 주제를 다뤘는데, 특히 〈스쿨 데이즈〉, 〈정글 피버〉 그리고 비평가들로부터 가장 호평을 받은 〈똑바로 살아라〉가 그렇다. 흑인 지도자의 전기영화 〈말콤 X〉에서도 큰 부분을 차지했다.

리는 졸업 작품인 단편영화 〈조의 이발소〉로 받은 상금을 첫 장편영화 제작에 쏟아부었다. 대부분 재단 보조금으로 받은 17만 5000달러의 예산으로 그는 〈그녀는 그것을 가져야만 해〉의 시나리오를 쓰고, 연출하고, 편집하고 출연했다. 2주 만에 촬영하고 반 컬러, 반 흑백으로 제작된 이 작품은 미국 박스오피스에서만 700만 달러 이상의 수익을 거둬들였다. 리는 〈그녀는 그것을 가져야만 해〉에서 그가 연기한 마스 블랙몬이라는 캐릭터로 마이클 조던과 함께 나이키 광고에 출연하면서 사람들 사이에서 급격히 유명해졌다.

〈똑바로 살아라〉는 리에게 세계적인 유명세를 가져다주었다. 이 영화는 인종 간의 폭력이 발생한 브루클린의 흑인 동네에서 무더운 하루 동안 벌어진 일을 탐구한다. 〈똑바로 살아라〉는 개봉 즉시 논란을 일으켰다. 일부 비평가들은 이 영화가 인종 간의 화합을 도모하지 않고 인종적인 폭력과 편협을 부추긴다고 주장했다. 그럼에도 이 영화는 리의 시나리오를 인정하는 각본상 등 2개 부문의 아카데미상 후보에 올랐으며 4부문의 골든글로브상 후보에 올랐고(각본상, 감독상), 칸느영화제에서 황금종려상 후보로 선정되기도 했다.

〈말콤 X〉는 특히 흑인 공동체에 의미 있는 문화적 영향을 끼쳤다. 이 영화를 통해 여러 젊은 아프리칸-아메리칸들이 처음으로 말콤 X의 가르침을 접하게 되었고, 여러 팬들은 X자가 새겨진 옷들을 자랑스럽게 입고 다니곤 했다. 리는 〈뱀부즐리드〉를 통해 TV산업과 미국 팝 문화를 풍자했고, 〈25시〉에서 9·11 사태 이후 유죄판결을 받은 마약 거래범의 남은 시간을 탐구했으며, TV 다큐멘터리 시리즈로 제작된 〈제방이 무너졌을 때〉에서 허리케인 카트리나의 여파를 시간순으로 기록했다.

• 리는 몇몇 배우들과 여러 작품에서 협업했는데, 가장 주목할 만한 배우로는 덴젤 워싱턴이 있다. 리는 〈모베터 블루스〉, 〈말콤 X〉, 〈히 갓 게임〉, 〈인사이드 맨〉 등에서 4차례 워싱턴과 작업했다.

• 리는 〈포 리틀 걸스〉로 장편 다큐멘터리 작품상 후보에 오르기도 했다.

• 리의 아버지는 재즈 베이시스트인 빌 리로, 〈그녀는 그것을 가져야만 해〉, 〈스쿨 데이즈〉, 〈똑바로 살아라〉, 〈모베터 블루스〉 등 리의 장편영화 4편을 위해 음악을 작곡했다.

355

반세계화 운동

1993년, 미국 상원은 멕시코, 캐나다와 함께 세 나라 간의 무역에 대한 대부분의 제재를 철폐하는 북미자유무역협정(North American Free Trade Agreement, NAFTA)을 승인했다. 1990년대 말까지 미국은 다른 여러 나라와 관세 및 다른 무역 장벽들을 내리는, 세계화라고 불리는 협정을 체결했다.

지지자들에게 세계화는 세계 곳곳에 있는 개발도상국들이 유럽과 북미에 있는 선진국들에게 상품을 판매하게 함으로써 생활 수준을 높이도록 보장해주는 것이었다.

그러나 클린턴의 재임 기간이 끝날 무렵, 세계화에 반대하는 강력한 반대파가 생겨났다. 반대파들은 NAFTA와 같은 무역 협정으로 인해 미국의 제조사들이 중국과 베트남처럼 임금이 낮은 국가의 공장들과 경쟁하게 됨으로써 미국 내에서 수천 개의 일자리가 없어진다고 주장했다. 미국 기업들이 단순히 근로자들을 해고한 후 오프쇼링(Off Shoring)이라고 알려진 과정을 통해 해외로 이전하는 사례가 많았던 것이다.

세간의 이목을 끄는 첫 반세계화 운동은 1999년 시애틀에서 열린 세계무역기구 회의 기간 내내 연이어 시위가 벌어진 것이었다. 며칠에 걸쳐 3만 명의 시위자들이 세계무역정책에 항의하는 행진을 벌였다. 이와 유사한 시위들이 2000년 몬트리올과 2001년 이탈리아 제노아에서도 벌어졌다.

세계화에 반대하는 사람들은 또한 무역협정으로 인해 개발도상국의 노동자들이 결국 서양에 판매될 의류, 자동차, 전자제품들을 조립하는 스웻샵(sweatshop, 노동력 착취 현장 ─ 옮긴이)으로 몰리면서 치명적인 효과를 낳는다고 주장하기도 했다.

노동조합들은 일반적으로 자유무역협정을 반대하는 반면 월스트리트는 선호하면서, 세계화는 미국 정책 가운데 가장 의견이 분분한 방침 중 하나로 남아 있다.

• 2004년에 실시한 여론조사에 따르면 미국인들의 38%가 NAFTA가 미국에 유리하다고 생각하는 반면, 46%가 부정적인 영향을 낳는다고 생각하는 것으로 나타났다.
• 오늘날 스웻샵이라는 용어가 제3세계의 근로 조건을 묘사하는 데 사용되긴 하지만, 스웻샵의 근로 조건은 업톤 싱클레어가 미국 고기 도축 산업을 폭로한 1906년도 고전 소설 《정글》에도 나와 있듯이 뿌리가 깊다.
• 세계화라는 단어는 1980년대 초 경제학자들에 의해서 처음으로 사용되었다.

356 | SAT 🏆 스포츠 | 미아 햄

여자든 남자든 세계 축구 역사상 미아 햄보다 더 많은 골을 넣은 선수는 없다. 17년간 미국 대표팀에서 활약하는 동안 그녀는 158골을 기록하며 미국 대표팀에게 2번의 월드컵 우승(1991년, 1999년)과 2번의 올림픽 금메달(1996년, 2004년)을 안겨주었다. 그녀는 2004년도 아테네 올림픽이 끝난 후 세계에서 가장 유명한 여자선수 중 한 명으로 은퇴했다.

햄의 역동적인 플레이를 선봉에 세운 미국 대표팀은 전혀 주목받지 못하던 여자축구라는 종목을, 1999년 여자 월드컵 경기가 벌어졌을 때 65만 명의 팬들과 미국에서만도 4000만 명의 시청자들이 시청하는 인기 종목으로 만들어놓았다. 1999년도 결승전에서는 9만 185명의 관중들이 로즈볼 구장에 모여 미국팀이 페널티킥으로 중국팀을 이기는 장면을 지켜보았다. 브랜디 차스테인이 우승골을 넣은 후 자신의 셔츠를 찢어버린 일은 유명하다.

그러나 햄은 그런 과장된 모습을 보인 적이 없다. 경기장에서 그녀는 항상 맹렬한 태도를 보였지만 단 한 번도 주목받으려고 한 적이 없다. 사실 그녀는 가능하면 팀 동료들에게 관심을 돌리게 했다. 그러나 그렇게 스포트라이트를 받는 것을 불편해하면서도 그녀는 미국 여성 스포츠계의 얼굴이 되었다.

여자 월드컵에서의 성공은 2001년에 여자 프로축구 리그인 위민스 유나이티드 사커 어소시에이션(WUSA)의 탄생으로 이어졌다. (햄이 창립 멤버였지만 이 리그는 고작 3시즌 동안만 유지되었다.)

햄이 체결한 홍보 계약 가운데에는 나이키와의 계약도 있었는데, 나이키는 오레곤 지사의 가장 큰 건물의 명칭을 그녀의 이름을 따서 붙였다. 그녀는 1997년에 《피플》이 선정한 가장 아름다운 사람 50명 안에 들기도 했다.

2003년에 햄은 LA 다저스의 유격수인 노마 가르시아파라와 혼인했으며 2007년에 쌍둥이를 낳았다.

- 1987년에 15세의 나이에 햄은 여자 대표팀에 가장 어린 선수로 발탁되었다.
- 햄은 노스캐롤라이나대학교에게 4번의 대학축구 우승을 가져다주었고 애틀랜틱 코스트 컨퍼런스 역사상 가장 뛰어난 점수로 대학선수 생활을 마쳤다. (103골, 72어시스트, 278포인트)
- 그녀는 1994년부터 1998년까지 올해의 미국 여자축구 선수로 선정되었고 2001년과 2002년에는 국제축구연맹으로부터 올해의 여자선수로 선정되었다. (이 상이 생기고 첫 2년 동안 선정되었다.)

357 | SUN ☀ 팝 | 마사 스튜어트

마사 스튜어트의 이름은, 거칠지만 우아하고, 손으로 만든 듯하지만 전문적이며, 유죄 판결을 받았지만 가석방된 상류층의 특성과 유의어가 되었다. 스튜어트가 이런 스타일을 타고난 것처럼 보이지만 그녀는 강물이 흐르고 구릉진 언덕이 있는 곳에서 자라지 않았다. 그녀는 뉴욕의 교외인 뉴저지주의 저지시티에서 마사 코스티라라는 이름으로 태어났다.

도회적인 환경에서 자랐지만 스튜어트는 어린 시절 아버지가 원예를 가르치고, 어머니가 요리하고 바느질하는 법을 가르친 것이 이후 경력에 주요한 자산이 되었다.

스튜어트는 1967년부터 월스트리트의 증권중개인으로 일했다. 몇 년 후 일을 그만둔 그녀는 1976년에 출장요리 사업을 시작했다. 처음에는 보통 수준이었으나 1986년에 이르렀을 때는 100만 달러 이상의 매출을 올리는 사업체로 성장했다.

사업을 하면서 스튜어트는 또한 신문과 잡지에 우아하게 사는 법에 대한 글을 쓰기도 했다. 1982년에는 그녀의 첫 저서《엔터테이닝》을 출간하면서 미국 전역에서 인정을 받게 되었다. 그녀는 1980년대에 〈투데이 쇼〉, 〈오프라 윈프리 쇼〉에 종종 출연하고 1993년부터 매주 자신만의 TV프로그램을 진행하면서 사람들에게 더욱 알려지게 되었다. 이 프로그램은 결국 폐지되었지만 부수적으로 시작한《마사 스튜어트 리빙》이라는 잡지는 지금도 출간되고 있다.

2004년에 스튜어트는 내부 거래로 유죄 판결을 받고 5개월형에 처해졌다. 석방된 이후로 스튜어트는 계속해서 자신의 사업을 확장하면서 다양한 제품을 추가하고, 시리우스 위성라디오 방송에 매일 진행되는 토크쇼와 24시간 채널을 방송하고 있다. 이런 모험들은 모두 성공적이었다. 오늘날 그녀의 순 자산은 6억 달러 이상으로 추정된다.

* 스튜어트는 1990년에 남편과 이혼했지만 미혼 때의 성을 다시 사용하지 않고 이미 잘 알려진 남편 성을 그대로 유지하고 있다.
* 뉴욕주 바너드 칼리지 시절 스튜어트는 돈을 벌기 위해 모델 일을 했다.
* 스튜어트는 다양한 제품에 자신의 이름을 사용하도록 허가했다. 케이마트와 메이시스백화점에서 판매하는 가정용품과, 로우스에서 판매하는 페인트가 그녀의 이름으로 된 브랜드를 사용하고 있다.

358 | MON ♟ 인물 | 루퍼트 머독

루퍼트 머독은 현대에 재현된 저널리즘의 거물이다. 그리고 아마도 이 업계에서는 마지막 거물일 것 같다. 윌리엄 허스트, 헨리 루스 등과 같은 언론 부호들의 발자취를 따라 머독도 신문, 잡지, 영화 스튜디오, TV 및 케이블 방송국, 위성 서비스, 인터넷 매체를 아우르는 세계적인 제국을 직접 관장한다.

머독이 처음부터 거물이었던 것은 아니다. 1953년, 23세였던 그는 적자를 보고 있던 호주 신문사《애들레이드뉴스》를 아버지로부터 물려받았다. 그는 이 신문사를 수익성 좋은 기업으로 바꾸어놓았는데, 이는 그런 성공적인 여러 희생 프로젝트의 시작에 불과했다. 50여 년이 지난 후, 그의 뉴스코퍼레이션은 약 620억 달러의 가치가 있는 세계 3위의 언론 대기업이 되어 있었고, 북미에서부터 아시아까지 확장해 있었다. 이 기업은 단일 소유주에 의해 통제되는 몇 안 되는 거대 기업 중 하나이다.

머독 자신도 그의 매체가 다루는 뉴스에 빈번하게 등장한다. 그의 호화로운 비즈니스 전략뿐만 아니라 3번의 결혼과 2번의 이혼, 6명의 자녀가 포함된 떠들썩한 사생활 때문에도 자주 등장한다.

호주에서 태어나 영국에서 교육받은 머독은 기민한 사업 결정으로 이 두 나라를 정복했는데, 내용 면에서 공통점이 적은 두 나라의 구미에 제각각 부응하면서 성공을 이뤘다고 보는 사람도 있다. 머독이 런던의《선》을 인수한 후, 이 신문은 재빨리 눈에 확 띄는 타블로이드 스타일의 헤드라인과 상반신을 노출한 여성들의 사진을 실으면서 자리를 잡아갔다. 머독은 1970년대에 미국으로 눈을 돌렸고 1973년에《산안토니오 뉴스》매입을 시작으로,《뉴욕포스트》,《뉴욕》잡지를 추가로 매입했다. 머독의 리더십 아래《뉴욕포스트》는《선》의 타블로이드 스타일과 (기억에 남는 헤드라인 중 하나로 '상반신을 노출하는 바에서 머리 없는 시신 발견'이 있었다) 보수적인 정치적 성향을 수용했다.

그 후로 뉴스코퍼레이션은 미국의 6대 주요 영화 스튜디오 중 하나인 20세기폭스는 물론 폭스브로드캐스팅컴퍼니, 다이렉트TV 그리고 마이스페이스닷컴을 인수했다. 2007년에는 머독이 미국에서 2번째로 큰 신문사인《월스트리트저널》을 50억 달러에 매입하는 데 성공하면서 논란을 일으키기도 했다.

• 2007년에《포브스》가 머독을 미국에서 23번째로 부유한 사람으로 선정했다. 그의 순자산은 88억 달러로 추정된다.
• 《선》에 실린 가장 유명한 헤드라인 중에는 1982년에 포클랜드 전쟁에서 영국이 아르헨티나의 순양함을 침몰시킨 사건을 기념하는 '갓차(GOTCHA)'라는 헤드라인이 있다.
• 1964년에 머독은 호주 최초의 신문사인《오스트레일리안》을 설립했다.

359

  가즈오 이시구로

특출 난 인물들로 가득한 현대 소설계에서 소설가 가즈오 이시구로는 분명 이목을 끌지 않으려는 인물이다. 그러나 비평가들은 그를 가장 성공한 현대문학 장인들 중 한 사람으로 존경한다. 그는 특히 과거의 슬픔과 놓쳐버린 기회를 인정하려 들지 않는 인간의 거리낌을 세심한 1인칭 서술로 그리는 것으로 유명하다.

1954년 일본에서 태어난 그는 어린 시절 영국으로 이주해 런던 인근에서 자랐다. 그는 두 문화권에서 모두 아웃사이더처럼 느낀다고 말했는데 실제로 그를 영국 작가나 일본 작가라고 부르기 힘든 것이 사실이다. 그에 걸맞게 그의 《창백한 언덕 풍경》은 영국에서 사는 일본 이민자에 관한 작품이고, 《부유하는 세상의 화가》는 과거의 불쾌한 정치적 충성심을 인정하기 어려워하는 나이 든 일본 남자의 이야기를 들려준다.

이시구로의 부커상 수상작인 《남아 있는 나날》은 거의 만장일치에 가까운 찬사를 받았다. 이 작품은 영국 저택을 관리하는 스티븐스라는 이름의 나이 든 집사의 시선으로 이야기를 들려준다. 스티븐스는 자기 자신을 그리고 독자를, 임무와 전문성 그리고 그의 전 고용주인 영국 귀족을 향한 헌신에 몰두하게 만든다. 그러나 스티븐스의 확고한 신념에 점점 금이 생기기 시작한다. 그가 그럴 만한 가치도 없는 주인을 섬기느라 평생을 낭비했다는 사실이 분명해지면서 그 과정에서 그는 인생을 바꿔줄 수도 있는 사랑으로부터 스스로를 차단해버린다.

스티븐스는 이른바 신빙성 없는 화자의 본보기이다. 자신이 충성심과 우선순위의 대상을 잘못 골랐다는 불편한 진실에 마주하기 싫었던 그는, 자신의 삶 속에서 옳은 결정을 내렸다고 자기 자신과 독자를 속이려 든다. 스티븐스는 또한 이시구로의 주인공 전체를 나타내는 본보기이기도 하다. 그들은 말을 통해 많은 것을 드러내지만, 말하지 않는 것을 통해 더욱 많은 것이 드러난다.

- 앤서니 홉킨스, 엠마 톰슨 그리고 크리스토퍼 리브가 출연한 《남아 있는 나날》의 동명 영화는 8개 부문의 오스카상 후보에 올랐다.
- 1990년 인터뷰에서 이시구로는 그의 소설들이 "사람들이 자기기만에 의존하고, 스스로에게 과거에 발생한 일에 대한 완전하지 않은 이야기를 들려주면서 사람들이 특정한 것들을 직시할 수 없는 방식"을 살핀다고 말했다.
- 이시구로의 《우리가 고아였을 때》, 《나를 보내지 마》 모두 부커상 후보에 올랐다. 부커상은 매년 영국 시민이나, 미국을 제외한 영국의 예전 식민지 국가의 시민이 쓴 최고의 영어 소설에 주어지는 명망 있는 상이다.
- 그는 2017년에 노벨문학상을 수상했다.

360 | WED 🎵 음악 | 투팍과 비기

1990년대 초, 힙합 음악이 전 세계적으로 대대적인 인기를 끌면서 미국 래퍼들이 이스 트코스트와 웨스트코스트 스타일로 나뉘며 격렬한 경쟁을 벌였다. 한동안 그런 경쟁 으로 인해 닥터 드레와 2인조 힙합 그룹 맙 딥과 같은 예술가들은 점점 더 획기적인 작 품을 만들어야 한다는 압박감을 느끼기도 했다.

그러나 결국 음악인들의 경쟁이 실제 폭력으로 번지면서 비극을 가져왔다. 웨스트 코스트 래퍼 투팍 샤커와, 그의 이스트코스트 경쟁자이자 노토리어스 B.I.G.로 알려지 는 비기 스몰스의 경쟁이 이런 양상을 분명하게 보여주었다.

샤커는 첫 솔로 앨범인《2파칼립스 나우》를 1991년에 발매했다. 이 앨범은 꽤 성공을 이뤘는데, 폭력과 도심 지역의 삶에 대한 생생한 가사 때문에 대단히 많은 논란을 일으 켰다. 그는 1992년도 영화 〈주스〉에 출연한 이후 더욱 유명해졌고 1995년에 성폭행 사 건으로 수감되면서 한층 더 유명해졌다. 샤커는 매리언 '슈그' 나이트의 후원으로 항 소한 후 조기 출소했다. 그의 도움에 보답하기 위해 샤커는 나이트의 데드로레코드와 3장의 음반을 녹음하기로 계약했고, 1996년도에 2장짜리 음반《올 아이즈 온 미》를 발 매했다.

샤커의 가장 사나운 경쟁자인 스몰스는 이스트코스트 힙합에 다시 활력을 불어넣은 뉴욕 래퍼였다. 스몰스의 1994년도 앨범《레디 투 다이》는 주요 히트 앨범이었다. 그러 나 여러 웨스트코스트 래퍼들은 스몰스를 무시했고, 샤커는 스몰스의 아내와 성관계 를 가졌다는 가사가 담긴 〈히트 뎀 업〉을 발매하면서 스몰스를 조롱했다.

곧이어 두 코스트의 래퍼들 사이의 경쟁은 샤커가 1996년에 달리는 차에서 쏜 총에 맞아 사망하면서 훨씬 더 심각한 국면에 접어들었다. 많은 사람들은 이 비극적인 사건 이 점점 더 폭력적으로 변해가는 경쟁에 종지부를 찍어주길 바랐고, 주요 힙합 인물들 은 샤커의 죽음 이후 이 문제를 논의하기 위해 '비폭력 정상 회담'을 소집했다. 스몰스 는 회담에 참석하지 않았고, 이듬해 그 자신도 캘리포니아주에서《라이프 애프터 데 드》라는 앨범을 홍보하는 와중에 살해당했다. 두 살인 사건 모두 미결로 남아 있다.

- 샤커는 그의 3번째 앨범 《미 어게인스트 더 월드》가 1위에 올랐을 때 성폭행으로 수감 중이었다. 그로 인해 그는 수 감 중에 1위 앨범을 갖게 된 최초의 예술가가 되었다.
- 스몰스는 래퍼 릴 킴의 멘토였는데 연인이라고도 주장했다. 그녀의 1996년도 데뷔 앨범 《하드 코어》는 그 당시까지 여성 래퍼의 앨범 중 가장 성공한 것이었다.
- 텍사스주의 한 젊은이가《2파칼립스 나우》에 영향을 받아서 주 경찰관을 총으로 쏘았다고 주장한 후, 댄 퀘일 부통 령은 "이런 음반이 발매되어야 할 이유가 없다. 이것이 우리 사회 속에서 차지할 자리는 없다"고 말했다.

361

타이타닉

"내가 세상의 왕이다!" 〈타이타닉〉보다 더 많이 아카데미상을 수상하거나(11개), 아카데미상 후보에 오르거나(14부문), 미국 박스오피스(6억 달러)나 전 세계적으로(18억 달러) 많은 수익을 올린 영화가 없다. 이 작품은 역사적인 서사 영화인 동시에 로맨스, 어드벤처 그리고 재난 영화이고, 역대 가장 인기 있는 영화 중 하나이다. 이 작품과 진정으로 유사한 영화는 〈바람과 함께 사라지다〉가 유일하다.

제임스 카메론은 그 당시 할리우드 역사상 가장 비쌌던 약 2억 달러의 예산으로 〈타이타닉〉을 연출했다. 이 영화의 개봉이 1997년 여름에서 그해 12월로 연기되었을 때 많은 비평가들은 이 영화가 흥행에 참패해 어마어마한 비용을 회수하지 못할지도 모른다고 짐작했었다. 그런 비평가들의 생각은 틀렸다.

이 영화는 1912년에 침몰한 RMS 타이타닉호의 이야기를 현재 시점에서 과거를 회상하는 형태로 들려준다. 첨단 원양정기선인 RMS 타이타닉호는 절대 침몰하지 않을 것으로 여겨졌다. 줄거리는 상류 계층의 10대 소녀 로즈 드윗 부카터(케이트 윈슬렛 분)와 가장 낮은 3등 선실에 머무는 자신만만한 소년 잭 도슨(레오나르도 디카프리오 분)의 사랑을 중심으로 진행된다. 물론 그들의 연애 위로 타이타닉호의 불운이 드리워진다.

카메론 감독은 크고 작은 몇 개의 타이타닉 모형들을 이용하는 등 놀라운 특수효과로 거대한 배의 침몰을 재현했다. 그런 모형들 중에는 268m에 달하는, 타이타닉 원형의 90% 크기로 제작된 것도 있었다.

일부 비평가들이 시나리오가 탄탄하지 못하고 윈슬렛과 디카프리오의 사랑이 지나치게 진부하다고 지적하기도 했으나 전 세계 관객들은 그런 비평가들의 지적에 동의하지 않았다. 아카데미상 수상식에서 카메론 감독은 잭 도슨의 대사를 인용해 "내가 세상의 왕이다!"라고 외쳤다.

- 14개 부문의 오스카상 후보에 오른 〈타이타닉〉의 기록은 〈이브의 모든 것〉과 같다. 11개의 오스카상을 수상한 〈타이타닉〉의 기록은 〈벤허〉와 동률이며, 후에 〈반지의 제왕: 왕의 귀환〉도 이와 같은 기록을 달성했다.
- 현재의 로즈를 연기한 87세의 글로리아 스튜어트는 오스카상 후보(여우조연상)에 오른 최고 연장자가 되었다.
- 〈타이타닉〉은 세계 흥행 수익에서 최초로 10억 달러 이상을 올린 영화였다.

362

유럽연합

과거의 적국들을 단일 깃발 아래 모은 27개 유럽 민주주의 국가들의 국제 조직, 유럽연합(EU)은 그 기원을 2차 대전의 암울한 여파 속에서 찾아볼 수 있다. 전쟁으로 인한 완전한 파괴로 인해 유럽 지도자들은 향후에 빚어질 갈등을 피하고 전후의 회복 속도를 높이기 위해, 보다 밀접한 정치적, 경제적 연관성을 서로 모색하게 되었다.

이탈리아, 서독, 프랑스, 벨기에, 네덜란드, 룩셈부르크 사이에서 1957년에 맺어진 로마조약은 공동 시장을 형성해 이 6개 국가들 사이에서 사람과 상품의 신속한 교류를 가능하게 했다. 아일랜드, 덴마크, 영국은 1973년에 이 공동 시장에 가입했고 그리스, 포르투갈, 스페인은 자국에 민주주의가 재건된 후에 가입했다.

유럽 경제 공동체를 구축하기 위해서는, 양대 세계 대전에서 모두 적국으로 맞섰던 프랑스와 독일 사이에 남아 있는 적대감을 누그러뜨릴 지속적인 외교가 필요했다. 또 일부 시민들은 자국이 이 조직에 가입함으로써 자주권을 잃게 될까 봐 두려워했는데, 이는 여러 유럽인들이 지금까지 우려하는 점이기도 하다. (예컨대 노르웨이의 유권자들은 자주권을 보존하기 위해 EU 가입을 모두 거부했다.)

그러나 냉전이 끝나고 독일이 통일하면서 유럽 통합의 속도가 빨라졌다. 마스트리흐트조약은 이 집단의 이름을 EU로 바꿨고, 깃발, 노래 그리고 무엇보다 중요한 유로라는 통화 등 EU에 여러 가지 과시적인 요소들을 부여해주었다. 대부분의 회원 국가들은 유로를 사용하기 위해 자국의 통화를 버렸으며 이 전환 과정은 2002년에 마무리되었다.

EU는 20세기에 가장 위대한 외교적 성과 중 하나이자 국제적인 세계화의 신모델로 꼽히지만, 그 미래는 아직도 안정적이지 않다. 2004년에 EU가 대부분 동유럽권의 예전 공산주의 국가들이었던 12개국을 새로운 회원으로 받아들였을 때, 일부 비판자들은 EU가 지나치게 거대해졌다고 말했다. 터키는 EU 가입을 모색 중이지만 여러 유럽인들은 전반적으로 이슬람교 국가인 터키가 자신들의 클럽에 가입하도록 허가하는 것에 반대한다. 2016년 영국은 국민투표를 통해 EU 탈퇴를 결정했다.

- 전통적으로 중립을 유지해온 스위스는 EU 회원국이 아니다. 다른 비회원국으로는 아이슬란드, 우크라이나 그리고 러시아가 있다.
- 2004년에 예전 동유럽 연합 국가들 중 다수가 EU에 가입했다. 2004년에 EU에 가입한 10개국은 키프로스, 체코공화국, 에스토니아, 헝가리, 라트비아, 리투아니아, 몰타, 폴란드, 슬로바키아공화국 그리고 슬로베니아였다.
- 덴마크는 EU 회원국이지만 자국의 통화인 크론을 유지하기로 했다.

363 | SAT 🏆 스포츠 | 타이거 우즈

골프선수 타이거 우즈는 종목을 막론하고 당시 가장 지배적인 운동선수이다. 31세 때까지 그는 잭 니클라우스를 제외하고 역사상 그 누구보다도 더 많은 메이저대회 우승을 차지했다(12번). 우즈는 한 해에 4개의 메이저대회 타이틀을 보유한 최초의 선수였고(타이거 슬램이라고 알려져 있다), 커리어 그랜드슬램을 달성한 가장 젊은 선수였다(현재까지 2번 달성했다).

우즈는 PGA 역사상 가장 많은 상금을 획득했고(7000만 달러 이상), 후원사들과의 계약을 통해 약 7500만 달러를 더 벌어들인 것으로 추정된다. 일부 추정치에 따르면 2010년에는 그가 10억 달러를 번 최초의 운동선수가 되었을 것이라고 한다.

골프장과 매디슨 애비뉴를 지배하는 것 외에도 우즈는 또한 인종으로 골프 발전에 힘이 되어왔다. 아프리칸-아메리칸, 중국인, 미국 원주민, 백인, 태국인의 혈통을 가진 그는 스스로를 '캐블리내시안(Cablinasian, 백인, 흑인, 인디언, 아시안의 머리 글자를 따서 타이거 우즈가 만든 명칭 — 옮긴이)'이라고 부르면서 소수인종 선수들에게 골프에 대한 영감을 주었던 것이다.

우즈는 최고의 신동이었다. 그는 9개월 때 클럽을 잡고 아버지 얼의 스윙을 따라했다. 2세 때는 타이거가 〈마이크 더글러스 쇼〉에 출연해 엔터테이너 밥 호프를 상대로 퍼팅을 했다. 3세 때는 우즈가 나인 홀에서 48타를 쳤고 5세 때는 《골프다이제스트》에 실리기도 했다.

역사상 가장 성공적인 아마추어로 활동한 후 그는 1996년 8월, 20세의 나이에 프로로 전향했다. 그 즉시 그는 6000만 달러에 후원사와 계약을 맺었고 신인선수로 2차례의 토너먼트에서 우승했다. 그는 1년 만에 1997년 마스터스대회를 지배하면서 첫 번째 메이저 우승을 차지했다.

그가 압도적으로 활약한 해는 2000년으로, 벤 호건과 더불어 3개의 메이저대회에서 우승한 사람이 되었다. 우즈는 그해 메이저 챔피언십 역사상 가장 큰 타 차인 15타 차로 US오픈에서 우승하면서 방점을 찍었다.

• 우즈의 이름은 엘드릭이다. 그는 얼 우즈가 베트남전에서 친분을 맺었던 부옹 당 퐁이라는 베트남 병사와 '타이거'라는 별명을 공유하고 있다. 얼 우즈에 따르면 퐁이 그의 목숨을 구해줬다고 한다.

• 우즈의 트레이드마크 중에는 일요일마다 빨간색 셔츠를 입는 것도 있다.

• 우즈는 《스포츠일러스트레이티드》가 두 번 올해의 스포츠맨으로 선정한 유일한 인물이다 (1996년, 2000년). 그는 또한 〈연합뉴스〉에 의해 3번 올해의 남자선수로 선정되었다(1997년, 1999년, 2000년).

364 | SUN ☀ 팝 | 소프라노스

〈소프라노스〉는 뉴저지주 마피아 가족의 인생을 신랄하게 그려 평단의 호평을 받는 동시에 대중의 인기도 얻은, 유례없는 성공을 달성한 획기적인 TV 프로그램이었다. 데이비드 체이스가 제작한 이 프로그램은 1999년 1월 10일부터 2007년 6월 10일까지 케이블방송 HBO에서 방영되었다.

이 시리즈는 허구의 범죄조직 디 메오의 보스인 앤서니 '토니' 소프라노의 삶에 초점을 맞추었다. 이 프로그램은 제임스 갠돌피니가 연기하는 소프라노가 범죄와 가정생활 사이에 균형을 잡으려고 노력하는 모습을 그린다. 두 생활 모두 소프라노의 정신과 의사인 로레인 브라코가 연기하는 닥터 제니퍼 멜피의 소파 위에서 분석된다.

〈소프라노스〉는 검열되지 않은 포맷과, 범죄조직의 어두운 약점을 묘사한 것만으로 시청자를 사로잡은 것이 아니다. 이 시리즈는 예기치 못한 줄거리 전개를 펼치면서, 시청자들이 매 회마다 그다음 회에 대한 추측을 하게 만들어 시청자들의 관심을 모았다.《네이션》의 2001년 기사에서 비평가 엘렌 윌리스는 이 프로그램이 "아직 끝나지 않은 19세기 소설 같은 느낌이 든다. […] 순수한 엔터테인먼트와 반전의 긴장감은 디킨스와 그의 초기 연재작품을 연상시킨다"라고 썼다. 이 시리즈가 1999년에 데뷔한 직후《뉴욕타임스》는 이 프로그램이 "20세기 마지막 분기의 가장 위대한 미국 대중문화 작품이 될지도 모른다"고 선언했다.

〈소프라노스〉는 비평가들의 존경을 받았을 뿐 아니라 또한 프리미엄 케이블네트워크 프로그램에 대한 시청률의 기준을 세우기도 했다. 이 프로그램의 시즌4 첫 회의 시청률은 1340만 명으로 HBO 프로그램으로는 가장 높은 시청률을 기록했다.

• 2005년 초에 A&E 방송국이 〈소프라노스〉 전 회에 대한 편집본을 방송할 수 있는 독점권을 1억 9500만 달러에 구입했다.
• 2002년에《TV가이드》는 〈소프라노스〉를 〈사인펠드〉, 〈아이 러브 루시〉, 〈허니무너스〉, 〈올 인 더 패밀리〉 다음으로 역대 가장 위대한 프로그램 50선 가운데 5위로 선정했다.
• 토니 소프라노의 아내 카멜라는 마리오 푸조의 소설《대부》에서 비토 코를레오네의 아내 이름을 따서 지어졌다.

365 | MON 인물 | J. K. 롤링

출판 역사상 영국 작가 J. K. 롤링의 《해리포터》만큼 문화적, 경제적 영향을 미친 시리즈 소설은 없다. 전 세계에 3억 부 이상 책으로 판매되었고, 대단히 성공적인 장편영화 시리즈와 심지어 뮤지컬로까지 제작되면서 롤링은 소년 마법사를 거대 산업으로 만들어놓았고, 그 과정에서 그녀 역시 억만장자가 되었다.

롤링은 1990년에 맨체스터에서 런던으로 향하는 기차 안에서 처음으로 자신이 아직 마법사인줄 모르는 어린 소년 캐릭터를 고안했다. 기차는 4시간이나 지연되었는데, 지연되는 동안 그녀는 해리포터의 세계관을 구축하기 시작했다.

그로부터 4년 뒤에도 롤링은 아이를 홀로 키우는 이혼녀로 정부주택에서 보조금으로 생활하며 스코틀랜드에서 거주하고 있었다. 1995년에 마침내 이 책을 완성했지만 영국에서 출간되기까지는 2년이 더 걸렸다. 1997년에 블룸스버리 출판사가 《해리포터와 마법사의 돌》의 초판을 1000부 인쇄해서 출간했다. 그렇게 롤링은 예상 밖의 문학과 문화 스타덤에 올랐다.

스콜라스틱 출판사는 미국 판권을 위해 무명작가 작품으로는 상당한 금액이었던 10만 5000달러를 지불하고 《해리포터와 마법사의 돌》을 출간했다.

롤링이 다음 권을 출간할 때마다 매번 이전 기록이 깨졌다. 제7권이자 이 시리즈의 마지막 권인 《해리포터와 죽음의 성물》은 미국 내에서만 1200만 권이 인쇄되는 기록을 세웠으며, 2007년에 미국에서 출간된 후 첫 24시간 동안 830만 권이 판매되었다.

놀라운 판매 기록과 영화의 거대한 수익을 넘어(첫 5편은 전 세계에서 44억 달러의 수익을 올렸다) 《해리포터》 시리즈가 아이들의 독서 습관에도 큰 영향을 끼쳤다는 연구 결과들이 있다. 2005년에는 당시 영국의 재무장관이었던 고든 브라운(2007년도에 영국 수상이 됐다)이 "J. K. 롤링이 어떤 사람보다 더 전 세계 문맹률 퇴치에 기여했다고 생각한다"고 말했다.

• 롤링은 젊은 남자 독자들을 더 끌기 위해 조앤이라는 자신의 이름 대신 조앤의 이니셜인 J와 할머니 중 한 분의 이니셜(Kathleen의 K)을 필명으로 사용했다.

• 롤링은 6세 때부터 거의 끊임없이 글을 써왔다고 한다. 그녀는 여동생 디(Di)를 즐겁게 해주기 위해 스토리텔링 기술을 개발했다.

• 그녀가 처음으로 《해리포터》와 그 세계관을 고안했던 기차에 타고 있었을 때 그녀에게는 펜이 없었고 그렇다고 낯선 사람에게 빌리기에는 너무나 수줍음이 많았다. 그녀는 집에 도착하자마자 자신의 생각을 미친 듯이 적었다.

인문 교양서의 흐름을 바꾼 〈1일 1페이지, 세상에서 가장 짧은 교양 수업 365〉 시리즈에서 빠져서는 안 될 제3편 [현대문화편]이 출간되었습니다. 이 책에서 저자들은 처음 우리의 눈과 귀를 사로잡았던 현대문화의 첫 페이지를 탐구하면서, 오늘날 우리가 일상을 살아가는 데 있어서 알아두면 시야를 훨씬 더 넓힐 수 있는 필수적인 지식들을 하루 한 페이지씩 1년 동안 읽을 수 있게 엮어놓았습니다.

우리가 살아가는 방식을 정의해준 문학, 음악, 영화, 인물, 사회, 스포츠, 팝에 관한 간단명료한 개요들을 통해 알 듯 말 듯했던 지적 갈증을 말끔히 해소할 수 있길 바랍니다. 이 책은 피츠제럴드와 《시계태엽 오렌지》, 톨킨부터 〈시민 케인〉, 롤링스톤스, 트루먼 커포티에 이르기까지, 100년 동안의 현대문화사의 키워드를 섭렵하여 문화 교양의 빈틈을 채우고 흐름을 예측하기 어려운 복잡한 현대문화의 트렌드를 놀랍도록 이해하기 쉽고 선명하게 만들어드립니다. 잡학 지식을 꿰뚫고 있는 사람이든, 대중문화 마니아든, 아니면 열렬한 독서광이든, 현대문화가 이끄는 광범위한 여행에 푹 빠져들게 될 것입니다.

INDEX

아래의 인덱스는 페이지가 아닌 001일부터 365일까지의 날짜의 숫자로 표기하였습니다.

1일 1페이지,
세상에서 가장 짧은 교양 수업 365 【현대문화편】

초판 1쇄 발행 2020년 10월 29일 **초판 6쇄 발행** 2024년 1월 20일

지은이 데이비드 S. 키더, 노아 D. 오펜하임
옮긴이 고원
펴낸이 이승현

출판1 본부장 한수미
와이즈 팀장 장보라
디자인 김준영

펴낸곳 ㈜위즈덤하우스 **출판등록** 2000년 5월 23일 제13-1071호
주소 서울특별시 마포구 양화로 19 합정오피스빌딩 17층
전화 02) 2179-5600 **홈페이지** www.wisdomhouse.co.kr

ISBN 979-11-91119-16-9 04030
      979-11-90908-07-8 04030 (세트)